Oracle8
Tuning

Oracle8
Tuning

Don Burleson

San Francisco ■ Paris ■ Düsseldorf ■ Soest (NL) ■ London

Titel der amerikanischen Originalausgabe: High Performance Oracle8 Tuning
by Don Burleson
Original English language editon published by The Coriolis Group, Inc.,
14455 N. Hayden Drive, Suite 220, Scottsdale, Arizona 85260, USA,
telephone (602) 483-0192, fax (602) 483-0193.
Copyright © 1998 by The Coriolis Group. All rights reserved.

Übersetzer: TriniDat Software-Entwicklung GmbH, Düsseldorf,
           G & U Technische Dokumentation GmbH, Flensburg
           Christine Kränzler

Projektmanagement/Lektorat: Daniel Danhäuser, Rita Weidner-Nerowski
Produktion: Mathias Kaiser, Düsseldorf
Satz: VER Lucky Letters, Bree (B)
Umschlaggestaltung: Michal Obszarski, SYBEX-Verlag, Düsseldorf
Farbreproduktionen: TYPE & IMAGE GmbH, Düsseldorf
Belichtung, Druck und buchbinderische Verarbeitung: Bercker Graphischer Betrieb,
                                                        Kevelaer

ISBN 3-8155-7291-6
1. Auflage 1998

Inhalt auf einen Blick

	Vorwort	XVII
	Einführung	XVIII
Kapitel 1:	Was ist neu in Oracle8?	1
Kapitel 2:	Logisches Design zum Zweck hoher Leistung	61
Kapitel 3:	Physisches Design zur Leistungssteigerung	113
Kapitel 4:	Die Optimierung der Oracle-Architektur	147
Kapitel 5:	Oracle SQL-Optimierung	195
Kapitel 6:	Oracle-Sperren optimieren	261
Kapitel 7:	Oracle DBA – Leistung und Tuning	297
Kapitel 8:	Leistungssteigerung bei verteilten Oracle-Datenbanken	331
Kapitel 9:	Performance und Tuning von Verbindungswerkzeugen für Oracle-Datenbanken	379
Kapitel 10:	Tuning von Oracle Data Warehouse- und OLAP-Anwendungen	425
Kapitel 11:	Anwendungsüberwachung in Oracle	483
Kapitel 12:	Die Zukunft der Oracle8-Technologie	549
	Stichwortverzeichnis	579

Inhaltsverzeichnis

	Vorwort	XVII
	Einführung	XVIII
Kapitel 1:	**Was ist neu in Oracle8?**	**1**
	Oracle ConText	2
	Oracle Express	3
	Die Grundlagen von Datenbankobjekten	3
	Abstrakte Datenbestimmung	4
	Die Definition aggregierter Objekte	5
	Die Verbindung von Daten und Verhalten	6
	Polymorphismus	7
	Kapselung	10
	Erweiterbarkeit	11
	Probleme bei objektorientierten Entwürfen	12
	Der Entwurf von IS-A-Beziehungen	14
	Entwerfen mit Objekten	17
	Entwerfen mit abstrakten Datentypen von Oracle	20
	Der Gebrauch von Objekt-IDs	22
	Navigation mit Zeigern (OIDs)	25
	Gegen das Prinzip der Ersten Normalform entwerfen	26
	Sich wiederholende Gruppen zur Verbesserung des Datenbankentwurfs	26
	Verweise auf Tabellen	34
	Die Verwendung verschachtelter Tabellen	38
	Überprüfung der Auswirkung von OIDs auf den Entwurf mit Oracle	42
	Der Entwurf aggregierter Objekte	43
	Der Entwurf von Methodenprototypen	45
	Zusammenfassung: Datenbankobjekte	52
	Einen Schritt weiter - Oracle8.2	53
	Vererbung	54
	Abstraktion	55
	Die IS-A-Konstruktion	55
	Das Verstehen multidimensionaler Zeiger und Oracle	56
	Zusammenfassung	60

Kapitel 2:   **Logisches Design zum Zweck hoher Leistung**   **61**

Das Design verteilter Datenbankarchitekturen   62
   Die wirtschaftliche Seite des Datenbankdesigns   63
   Örtliche Transparenz und Datenbankdesign   65
   Fragen der Leistung und Optimierung verteilter
   Datenbankarchitekturen   69
   Ein Beispiel für das Design verteilter
   Datenbankarchitektur   71
Referentielle Integrität   73
Logisches Datenbankdesign zur Leistungsmaximierung   78
   Theorie der Normalisierung und Modellierung von
   Daten   78
   Die Aufhebung der Normalform bei 1:N-Beziehungen   81
   Irreführende Datenbeziehungen   85
   Aufheben der Normalform bei N:M-Datenbeziehungen   86
   Rekursive Datenbeziehungen   87
   Sternschema-Design   92
Logisches Design von Datenbankobjekten   95
   Abstrakte Datentypen   97
   Oracle8 und Zeiger   98
   Grundlegende Datenstrukturen von Objekten   99
   Ein Modell zur Darstellung von Daten für Oracle8   100
   Vorteile von Methoden und Datenbankobjekten   104
   Planung einer Methodenhierarchie   106
   Datenflußdiagramme und Objektanalyse   108
Zusammenfassung   111

Kapitel 3:   **Physisches Design zur Leistungssteigerung**   **113**

Designfragen und ihre Bedeutung für die Datenbankleistung   114
   Indizes   115
Tabellen zuweisen   124
Referentielle Integrität und Leistung   127
   Gespeicherte Prozeduren   129
   Pakete in der SGA festsetzen   131
   Trigger   138
   Cluster   140
   Parallelabfragen   143
Zusammenfassung   146

Kapitel 4:	**Die Optimierung der Oracle-Architektur**	**147**

Die Oracle-Architektur 148
Die internen Oracle-Strukturen 153
    Puffer-Cache 155
    Gemeinsam genutzter Pool 156
    PGA 156
    Metadaten – Die V$-Strukturen 157
    Der Speicherbereich von Oracle 157
    Die Einstellung der SGA-Größe 158
    Die Optimierung der PGA 159
    Optimierung des Sortierens unter Oracle 160
    Die Optimierung des Datenpuffers 162
    Die Verwendung des Parameters *db_block_size* im
    Zusammenhang mit dem Parameter
    db_file_multiblock_read_count 163
    Den Nutzen zusätzlicher Blockpuffer einschätzen 164
    Die Optimierung von *shared_pool_size* 172
    Optimieren des Library-Caches 172
    Optimieren des Dictionary-Caches 176
    Den Multithread-Server optimieren 179
    Die Simulation festgesetzter Datenbankzeilen 181
    Stapelverarbeitende Oracle-Instanzen 183
Die Ein- und Ausgabe von Oracle optimieren 184
    Festplattenzuordnung 184
    Striping 185
    Oracle und die RAID-Technologie 187
    Oracle und der Einsatz optischer Speicherplatten 189
    Der Einsatz von Raw-Partitionen unter Oracle 190
    Optimieren der Datenfragmentierung 191
    Plattenanforderungen für andere Systemressourcen 192
Zusammenfassung 192

Kapitel 5:	**Oracle SQL-Optimierung**	**195**

Die SQL-Syntax von Oracle optimieren 197
    Überlegungen zum Aufwand 198
    Die logischen SQL-Operatoren 199
    Allgemeine Regeln für die effiziente Verwendung
    von SQL 202

SQL mit Indizes optimieren	204
Verkettete Indizes	206
Der Operator NOT	207
Das Oracle-Hilfsprogramm EXPLAIN PLAN	207
Optimieren mit den Oracle-Optimizern	212
SQL-Optimizer	213
Das Problem der Ad-hoc-SQL-Generatoren	214
Den kostenbasierten Optimizer von Oracle optimieren	215
Hinweise in SQL-Abfragen verwenden	217
Mit dem regelbasierten Optimizer optimieren	222
Fehlschläge des regelbasierten Optimizers	225
Eine Strategie für das Optimieren mit dem Optimizer	227
Einen Standard-Optimizer auswählen	228
Den kostenbasierten Optimizer als Standard festlegen	228
Den regelbasierten Optimizer als Standard auswählen	229
SQL-Unterabfragen optimieren	229
Die korrelierte im Unterschied zur nicht korrelierten Abfrage	230
Ein Test zur Ausführung von Unterabfragen	232
Die EXISTS-Klausel in Oracle-Unterabfragen	235
PL/SQL-Optimierung	238
Die Verwendung gespeicherter Prozeduren und von Triggern unter Oracle	240
ODBC als Server-Schnittstelle verwenden	242
Die Entwicklung zur objektorientierten SQL	244
SQL- und Oracle8-Objekte	246
SQL und die Impedanzabweichung	249
SQL und Verletzungen der Kapselung	250
Konflikte zwischen SQL und den Objekten	252
SQL und die benutzerdefinierten Datentypen	252
Erzeugen und Verändern von Oracle8-Objekten	253
Benutzerdefinierte Datentypen mit SQL ausgeben	256
Benutzerdefinierte Datentypen mit SQL aktualisieren	256
Oracle-SQL und die Objektbezeichner	257
Hinweise zum Umgang mit Oracle8-Objekten	259
Zusammenfassung	260

Kapitel 6:	**Oracle-Sperren optimieren**	**261**
	Das Problem zusammenhängender Updates	263
	Dirty Reads	264
	Nicht reproduzierbare Resultate	264
	Inkonsistente Daten in Nicht-Oracle-Datenbanken	265
	Datenbanksperren und Kapselung	266
	Oracle-Sperrfunktionen	268
	Deadlocks in Datenbanken	269
	Eskalation von Sperrungen in anderen Datenbank-Servern	272
	Alternative Sperrmechanismen unter Oracle	274
	Die WHERE-Klausel	275
	Die Lösung mit dem Datum/Zeit-Stempel	277
	Sperren in verteilten Datenbanken	278
	Verstehen des *Two-Phase-Commits*	279
	Sperren überwachen	280
	Konflikte erkennen	283
	Sperren anschauen	284
	Oracle Parallel Server und der DLM	289
	Freispeicherlisten und Oracle Parallel Server-Zugriffsprobleme	289
	Die *V$LOCK_ACTIVITY*-Datensicht	291
	Die Datensicht *V$SYSSTAT*	292
	Zusammenfassung	295
Kapitel 7:	**Oracle DBA – Leistung und Tuning**	**297**
	Die Verwendung der Option *UNRECOVERABLE*	298
	Die Verwendung von schreibgeschützten Tablespaces	299
	Wo sollten Indizes erstellt werden?	300
	Die Verwendung von Bitmap-Indizes	305
	Die Verwendung des Oracle Table-Caches	310
	Einschalten der *Table-Cache*-Option	313
	Der Einsatz von Cluster-Indizes	314
	Wie wird ein Cluster-Index erstellt?	316
	Wann sollten Indizes rekonstruiert werden?	319
	Index-Tablespace-Probleme	326
	Wiederherstellen aus dem Gleichgewicht geratener Indizes	328
	Zusammenfassung	329

Kapitel 8:   **Leistungssteigerung bei verteilten Oracle-Datenbanken**   **331**

Replikation von Oracle-Tabellen   332
     Der Einsatz von Oracle-Snapshots   333
     Das Erzeugen von Snapshots für kleine Tabellen   335
     Das Erzeugen von Snapshots für große Tabellen   335
     Praxistips und Techniken zu Oracle-Snapshots   337
     Aktualisieren von Snapshots mit Triggern   339
     Der Einsatz von Snapshots, um Teile von
     Originaltabellen zu replizieren   340
     Asynchrone Aktualisierung von Oracle-Tabellen   341
Parallelität und Oracle-Datenbanken   343
     Multitasking und Multithreading   344
     Der Einsatz von parallelen Oracle-Prozessen   348
Wachstum planen   350
     Bestimmen der Blockgröße   351
     Tablespace-Überlegungen   355
     Fragmentierung von Tablespaces   356
     Reorganisation von Tablespaces   358
     Tabellenfragmentierung   363
     Datensatzfragmentierung   364
Entwicklung von Expertensystemen zur Messung der
Datenbankleistung   368
Lastverteilung und Oracle   371
Heterogenität   373
Tuning des Oracle WebServers   374
     Leistungsbeeinflussende Faktoren des WebServers   375
Zusammenfassung   377

Kapitel 9:   **Performance und Tuning von Verbindungswerkzeugen
für Oracle-Datenbanken**   **379**

Datenbank-APIs   380
Die internen Zusammenhänge von ODBC   384
Programmierung zum Zwecke der Portabilität   386
Systemübergreifende Konnektivität   389
Die internen Zusammenhänge von Oracle SQL*Net
und Net8   391
     Anwendungsverbindung mit SQL*Net und Net8   395
     SQL*Net und Net8 für Client/Server   395

Der SQL*Net- und Net8-Listener 399
SQL*Net- und Net8-Verbindungen verwalten 401
Two-Phase-Commit (2PCs) verwalten 406
SQL*Net- und Net8-Sitzungen einrichten 408
Datenbankübergreifende Konnektivität mit IBM-Großrechnern 410
Oracle und andere Datenbanken per Link verknüpfen 414
Die Geschichte des Einsatzes von Datenbanken mehrerer Hersteller 414
Gateways 419
Datenreplikation 422
Middleware 423
Remote Measurement 423
Zusammenfassung 424

Kapitel 10: **Tuning von Oracle Data Warehouse- und OLAP-Anwendungen** **425**

Data Warehouse und mehrdimensionale Datenbanken 426
Expertensysteme 426
Entscheidungsunterstützungssysteme 428
Data Warehouses 431
Relationale Antworten auf MDDB 439
Sternabfrageschemata mit verteiltem SQL-Code auffüllen 443
Aggregation, Kumulation und Sternabfrageschemata 445
Die Geschichte von OLAP 447
Simulation kubischer Datenbanken 448
Alternativen zur kubischen Datenrepräsentation 449
Datengewinnung und OLAP 453
Die Leistungsmerkmale des Oracle Data Warehouse 455
Parallelabfrage für Data Warehouses 455
Sternabfragehinweise und -verknüpfungen in Oracle 457
Oracle Bitmap-Indizes 459
Oracle *Hash-JOIN* 460
Die neuen Leistungsmerkmale in Oracle8 461
Tabellen- und Indexpartitionierung 462
Erhöhte Verfügbarkeit bei der Partitionierung 462
Verbesserte Performance durch Partitionierung 464
Tabellenpartitionierung mit Oracle8 465

Indexpartitionierung in Oracle8 469
Parallele Operationen 471
Parallele Datenbanken und Server in Oracle 472
Parallele Abfragen in Oracle 476
Paralleles *CREATE TABLE AS SELECT* 477
Parallele Indexerstellung 478
Zusammenfassung 481

Kapitel 11: Anwendungsüberwachung in Oracle 483

Proaktive und reaktive Meßsysteme 484
Ein proaktives Oracle-gestütztes Überwachungssystem 485
Sammeln der Oracle-Performance-Statistikwerte 486
Oracle-Statistiken 501
Oracle-Dienstprogramme für das Anlegen eines
Performance-Repositories 502
Die Oracle-Dienstprogramme *utlbstat* und *utlestat* 504
Eine Oracle-Performance-Datenbank 512
Tägliche und wöchentliche Systemverarbeitung 516
Lokale Oracle-Verarbeitung 517
cron-Ausführungsplan 518
Performance-Berichte 519
Online-Menü für das Performance-System 526
Oracle-Berichte und -Warnberichte ausführen 532
Näher betrachtet – Patrol von BMC 533
Das Wissensmodul von Patrol 535
Patrol-Berichte 538
Patrol-Fehlerverarbeitung 538
Oracle-Werkzeuge für die Performance-Überwachung 540
Top Sessions 540
Oracle Expert 543
Oracle Performance Manager 545
Oracle Trace 546
Oracle Tablespace Manager 546
Zusammenfassung 547

Kapitel 12:   **Die Zukunft der Oracle8-Technologie**   **549**

Künftige Standards für Datenbankobjekte   550
    Objektverwaltung   550
    Die Vorteile der Objektorientierung   553
    Die Komponenten des Objekt-Managements   555
    Das OMG-Objektmodell   556
    Die Objekt-Management-Architektur (OMA)   557
    Der Object Request Broker   559
Oracle-Objekte und Vererbung   562
    Die Zukunft von Oracle – Ein Vererbungsbeispiel   562
Oracle und das Jahr 2000   564
    Übersicht über Datumsformate in Oracle   564
    Datumsanzeige   565
    Einfügen von Daten   567
    Überprüfen vorhandener Jahrhundertwerte   570
    Ein Vorschlag für einen Implementierungsplan   571
Oracle 64-Bit-Option – Ein Blick in die Zukunft   573
    SQL-Komplexität und Reaktionszeit   574
Zusammenfassung   576

Stichwortverzeichnis   **579**

Vorwort

Heutzutage stehen professionelle Oracle-Anwender an einem Wende-
punkt. Während die Oracle-Technologie in das 21. Jahrhundert strebt,
wird die Komplexität von Datenbanksystemen immer größer. Oracle-
Anwender müssen Experten auf den Gebieten der Datenbank-Performance und des Tunings, der Datenbankadministration, des Data
Warehousing, der Integration von Oracle in das Internet und mit OLAP
sowie auf vielen anderen Gebieten sein. Die sowohl neuen als auch robusten Funktionen bedeuten eine Herausforderung für alle, die die
Oracle-Technologie zur Bereitstellung von Lösungen für daten-
orientierte, komplexe Fragestellungen einsetzen.

Oracle stellt als führendes Datenbanksystem eine Vielzahl von Funktionen und Optionen zur Verfügung; weit mehr, als ein Oracle-Profi auf
einfache Weise handhaben kann. Oracle bietet mit der Einführung von
Objekttechnologien, Data Warehouses und Internet-Applikationen neue
Möglichkeiten.

Für Oracle-Spezialisten ist es nicht mehr ausreichend, nur allgemeines
Wissen über die Datenbank zu besitzen. Vielmehr ist es erforderlich, alle
Facetten von Oracle sowie deren Interaktion zu verstehen. Dies erfordert ein entsprechend tiefes Wissen, um die Funktionen effektiv einsetzen zu können. Hierzu sollten Sie sich auf die Kenntnisse von Experten
berufen, die Sie durch das Labyrinth der Funktionen führen, ohne daß
Sie auf die technischen Dokumentationen zurückgreifen müssen.

Während Sie mit der modernsten Technologie Schritt halten, machen
wir es uns daher zur Aufgabe, Ihnen die bestmögliche Dokumentation
zur Verfügung zu stellen, die Ihnen durch das Dickicht der vielen hundert Oracle-Funktionen hilft.

Don Burleson
Raleigh, North Carolina

Einführung

Dieses Buch ist geschrieben worden, weil es einen echten Bedarf für ein umfassendes Nachschlagewerk für Anwendungsentwickler und Datenbankadministratoren (DBA) gibt, die schnelle, effiziente und zuverlässige Client/Server-Anwendungen erstellen müssen. Anders als theoretische Bücher zu diesem Thema bietet Ihnen dieses Buch handfeste Beispiele und leichtverständliche Techniken, so daß Sie das Beste aus Ihren Datenbank- und Client/Server-Anwendungen machen können. Bis jetzt sind keine Bücher auf dem Markt, die sich komplett mit Client/Server beschäftigen und eine Gesamtstrategie für die Abstimmung bieten. Dieses Buch füllt diese Lücke in der Welt von Oracle und soll Ihnen leichtverständliche, realistische Ratschläge geben, damit Ihr Oracle-System so funktioniert, wie Sie es möchten.

Oracle-Entwickler bemühen sich, zu verstehen, wie die neuen Objekterweiterungen die Art verändern werden, in der ihre Anwendungen geplant und ausgeführt worden sind. Das Engagement von Oracle für Objekte ist nicht einfach nur eine Masche. Die Vorteile, Objekte unterstützen zu können, sind sehr real, und die spannenden neuen Erweiterungen von Oracle8 werden eine neue Basis für die Datenbanksysteme des einundzwanzigsten Jahrhunderts schaffen. Dieses Buch erkennt die tiefgreifenden Veränderungen, die hinsichtlich der Objektunterstützung in Oracle8 eingeführt werden, und gibt klare Definitionen und Beispiele für die neuen Objektgebilde bei Oracle8. In den folgenden Kapiteln zeige ich, wie die Objektmöglichkeiten von Oracle8 beim Entwurf von höchst leistungsfähigen Anwendungen verwendet werden können. Darüber hinaus erklärt das Buch dem Leser, wann es sinnvoll ist, die Objektmöglichkeiten zu verwenden, und es spricht auch die Leistungsimplikationen bei der Verwendung von Oracle8-Objekten an.

Ein Hauptmangel vieler anderer Bücher über die Möglichkeiten von Oracle ist, daß sie das Tuning von Oracle nicht in einfacher Sprache erklären. Sogar für die erfahrensten Oracle-Profis sind diese Bücher schwer zu verstehen, weil sie mit Jargon und Fachterminologie überladen sind. Dieses Buch wurde mit Blick auf den Oracle-Profi geschrieben. Ich habe versucht, komplexe Wechselwirkungen zwischen Datenbanken in einfacher Sprache zu erklären; daher können Entwickler sofort mit dem „Tunen" ihrer Oracle-Anwendungen beginnen. Und statt jede Besonderheit von Oracle zu beschreiben, bedient sich dieser Text der bewährten Techniken mit den schnellsten Leistungsgewinnen. Im ganzen Buch verwende ich echte Code-Beispiele aus Oracle-Datenbanken und leite den Entwickler durch alle Schritte von der ersten Planung bis hin zum endgültigen Produkt. Dabei stütze ich mich auf meine langjährige Praxiserfahrung in der Performance-Verbesserung umfangreicher Anwendungen und lege den Schwerpunkt auf die effektive Nutzung von

Oracle und der Client/Server-Technologie. Die dem Buch beiliegende CD-ROM ermöglicht es Ihnen, sofort mit der Überwachung und dem Tuning Ihrer Oracle-Datenbank zu beginnen.

Der Kernpunkt dieses Buches liegt in den Oracle-Anwendungen, deren Leistung durch Oracle-Tuning-Techniken verbessert werden sollen. Schritt für Schritt wird der Leser durch sämtliche Leistungsanalysetechniken geführt und erhält zahlreiche Code-Listings, sofort verwendbare Skripts und andere Hilfsprogramme zur Verwendung bei der Diagnose und Behandlung von Leistungsproblemen. Der Text konzentriert sich auch auf spezielle Komponenten der Leistung von Oracle und beschreibt sie jeweils detailliert.

Dieses bietet ebenfalls eine Einführung in die Entwicklung und innere Struktur des Datenbank-Managements und der Client/Server-Technologie und zeigt, wie bewährte Techniken durch Verwendung vorhandener Hardware- und Software-Ressourcen zur vollen Ausnutzung von Oracle verwendet werden können. Weiterhin zeigt es dem professionellen Anwendungsentwickler, wie er auf intelligente Weise das Client/Server-Paradigma nutzen kann, um schnelle und effiziente Systeme zu realisieren.

Viele der vorhandenen Publikationen über das Tuning von Oracle versagen in einer Reihe von wichtigen Bereichen. Sie fühlen sich gezwungen, jeden einzelnen Parameter innerhalb von Oracle zu beschreiben, ohne Berücksichtigung der Haupttechniken, die eine schnelle Leistung sicherstellen, und Oracle-Profis müssen sich durch Dutzende von unwichtigen Seiten kämpfen, um die Hilfsprogramme zu finden, die sie zum Tunen ihrer Datenbank benötigen. Zusätzlich betrachten alle existierenden Bücher über Performance und Tuning von Oracle nur Szenarien einer bestehenden Datenbank und versagen bei der Diskussion darüber, wie ein effektiver Plan vor dem Anlegen einer neuen Datenbank die Leistung von Oracle dramatisch verbessern kann, vollständig. Dieses Buch geht ganzheitlich an das Tuning von Oracle heran und berücksichtigt dabei, daß die Leistung von Oracle in allen Phasen der Systementwicklung beeinflußt wird. Daher schauen wir uns an, wie die Analyse und Konstruktion von Oracle dazu verwendet werden kann, Oracle-Datenbanken zu erstellen, die die vorhandenen Ressourcen optimal nutzen. Keine noch so gute Tuning-Maßnahme kann eine schlecht angelegte Datenbank verbessern, und dieses Buch führt den Leser durch die Analyse- und Konstruktionsphase bei Oracle und illustriert die Leistungstechniken anhand von klaren, leichtverständlichen Beispielen.

Dieses Buch wurde von einem Oracle-Datenbankadministrator mit 15jähriger Erfahrung geschrieben und ist unentbehrlich für alle Oracle-Profis, die ihre Oracle-Datenbanken analysieren, entwerfen, kodieren und tunen müssen, um die höchstmögliche Leistung zu erzielen. Schon die umfangreiche Sammlung von Tuning-Skripts auf der beiliegenden CD-ROM wiegen die Kosten für das Buch auf. Diese Skripts gestatten es Ihnen, schnell einen Einblick in Ihre Datenbank zu gewinnen und korrigierend einzugreifen, bevor Ihr System wirklich beeinträchtigt wird.

Der Prozeß der Bestimmung von Leistungsproblemen bei Oracle ist zwar außerordentlich komplex, das Konzept hinter dem Tuning von Oracle ist jedoch ganz einfach und sehr klar. Dieses Buch erklärt das Tuning von Oracle auf einfache, leichtverständliche Weise anhand von Dutzenden klaren anschaulichen Beispielen. Ich habe die Skripts in mühevoller Arbeit geschrieben, so daß Sie sie schnell zur Identifikation Ihrer Leistungsprobleme verwenden können.

Don Burleson

Was ist neu
in Oracle8?

KAPITEL

Oracle8 repräsentiert mit der Einführung objektorientierter Techniken die nächste Generation der Datenbankarchitektur. Frühe Dateisysteme speicherten reine Daten, spätere Netzwerkdatenbanken speicherten Daten und Beziehungen, und nun speichern objektorientierte Datenbanken zusätzlich das Verhalten der Daten. Alles wird hierbei innerhalb der Datenbank abgelegt und verwaltet.

Die Oracle8-Datenbank-Engine ist der relationalen Engine von Oracle7.3 sehr ähnlich. Allerdings existieren einige wichtige Erweiterungen, die sowohl die relationale Struktur als auch die Verwaltung von Indizes betreffen. Oracle hat hierbei besonderen Wert darauf gelegt, die Universalität der Datenbank-Engine zu erhalten, und sich nicht auf ein Konzept festzulegen. Aus diesem Grund bezeichnet Oracle seine Datenbank auch als „Oracle8 Universal Data Server", dessen Engine neben den relationalen Funktionen auch Texte, Mehrdimensionalität und Objektorientierung unterstützt. Die interessantesten Erweiterungen betreffen die Einführung von Oracle ConText und Oracle Express. Noch wichtiger ist aber, daß Oracle die relationale Datenbank-Engine mit einer objektorientierten Ebene kombiniert hat. Im folgenden erhalten Sie einen kurzen Überblick über Oracle ConText und Oracle Express und anschließend eine ausführliche Beschreibung der Objektebene.

Oracle ConText

Oracle ConText ist eine Funktion zum Suchen nach Texten. Diese Funktion ist fest in der Datenbank-Engine verankert. Sie erlaubt die thematische Suche nach Texten innerhalb der Datenbank. Die ConText-Funktion indiziert jedes einzelne Wort eines Textes. Im Zusammenspiel mit der Front-End-Software kann diese Indizierung ihre vollen Fähigkeiten entfalten. Es gibt zwei Möglichkeiten, die Vorteile einer Textsuchfunktion zu bewerten:

- *Präzision* – Die Fähigkeit, nur die relevanten Dokumente zu finden. Es sollten möglichst keine falschen und nicht richtig passenden Dokumente gefunden werden.

- *Abfrage* – Die Möglichkeit, alle relevanten Daten einer bestimmten Gruppe abzufragen.

Zusammen bestimmten diese beiden Merkmale die Qualität eines Text-Retrieval-Systems. Im Zusammenhang mit solchen Systemen wird auch oft der Ausdruck „natürliche Sprache" zitiert. Hierbei kommt die Technik der Morphologie zum Einsatz. Die Morphologie erkennt teilweise die Bedeutung einer Anfrage. In diesem frühen Stadium ist es noch nicht abzusehen, wie sich Oracle ConText gegen andere Text-Engines wie ConQuest, Fulcrum oder Folio durchsetzen wird.

Oracle Express

Oracle Express ist eine unverwüstliche multidimensionale Datenbank, die sowohl MOLAP (Multidimensional Online Analytical Processing) als auch ROLAP (Relational Online Analytical Processing) unterstützt. Anders als bei Oracle7.3, wo die multidimensionale Datenbank Express unabhängig von Oracle installiert wird, integriert Oracle8 Express in den Datenbank-Kernel. Dies bedeutet eine weitere Änderung für Datenbankadministratoren (DBAs), die jetzt sowohl die relationalen als auch die multidimensionalen Komponenten von Oracle verwalten müssen. Oracle Express wird jetzt auf einer NT- und Unix-Plattform angeboten. Die grundlegenden Berichtfunktionen von Express sind zur Ermöglichung von Vorhersagen und zum Bau von Modellen erweitert worden.

Ursprünglich war IRI Express eine multidimensionale Datenbank (IRI war die Gesellschaft, die ursprünglich Express entwickelt hat). Oracle Express war ursprünglich ein MOALP Hilfsprogramm für die Analyse von Lagerdaten. Als Oracle Express ist dieses Hilfsprogramm so erweitert worden, daß man zuvor keine Daten in die multidimensionale Datenstruktur zu laden braucht. Diese Verbesserung erlaubt es Express, relationale Daten direkt aus dem relationalen Oracle zu lesen, sie dynamisch umzuformen und die Daten für eine multidimensionale Präsentation zu sammeln. Diesen Ansatz nennt man ROLAP, und die doppelte MOLAP und ROLAP Funktion bedeutet, daß Express jetzt mit anderen nachgeschalteten relationalen Produkten wie Holos und MetaCube konkurrieren kann. Wir haben nun einen zusammenfassenden Überblick über Oracle ConText und Oracle Express gewonnen und wollen uns nun der Objektschicht der Datenbank Oracle8 zuwenden.

Die Grundlagen von Datenbankobjekten

Statt die Datenbank-Engine von Oracle als objektorientierte Architektur neu zu gestalten, entschied sich Oracle dafür, die grundlegende relationale Datenbank-Maschine beizubehalten und die Objektfunktion auf die standardmäßige relationale Architektur zu setzen. Oracle behauptet zwar, aktives Mitglied in der Object Management Group zu sein, hat sich aber von den Normen der OMG für „reine" Objektdatenbanken, wie sie von der Object Data Management Group (ODMG) definiert werden, entfernt. Statt dessen, wie schon erwähnt, bietet Oracle eine auswählbare relationale Datenbank und erweitert die

Architektur, so daß Objekte ermöglicht werden. Die Objektschicht von Oracle8 hat eine Reihe neuer Eigenschaften realisiert. In diesem Abschnitt werden wir uns den folgenden objektbezogenen Problemen zuwenden:

- Abstrakte Datentypen bei Oracle benutzerdefinierten Typen

- Aggregierte Objektdefinitionen

- Die Verbindung von Daten und Verhalten

- Polymorphismus

- Kapselung

- Erweiterbarkeit

Abstrakte Datenbestimmung

Oracle8 ist nicht beschränkt auf die grundlegenden relationalen Datentypen *int*, *varchar* und *float*; vielmehr gestattet Oracle8 die Definition von Datentypen, die aus vielen Untertypen zusammengesetzt sind. Oracle nennt diese benutzerdefinierten Typen *ADTs* (Abstract Data Types bzw. Object Types). Beispielsweise könnte die folgende Datendefinition in Oracle8 als ein Datentyp realisiert werden:

```
CREATE TYPE full_address_type  (
street_address    varchar2(30),
city_address      varchar2(30),
state_abbr        char(2),
zip_code          char(5));
```

Auf diese Art können aggregierte Datentypen in einer Tabellendefinition definiert und adressiert werden wie jeder andere relationale Datentyp. Im folgenden Beispiel sieht man, wie die Datentypen *phone_nbr* und *full_address_type* in einer Tabellendefinition verwendet werden:

```
CREATE TYPE customer_t AS OBJECT (
    cust_name          full_name,
    cust_phone         phone_nbr,
    cust_address       full_address_type);

CREATE TABLE CUSTOMER OF customer_t;
```

Man sieht hier, daß ein einzelnes Datenfeld in einer Tabelle eine Reihe von Werten oder eine ganze Tabelle sein kann. Dieses Konzept nennt man *komplexe* oder *unstrukturierte Datenbestimmung*. Die Wertedomäne für ein bestimmtes Feld in einer relationalen Datenbank kann durch dieses Vorgehen definiert werden. Die Fähigkeit, Datentabellen zu verschachteln oder einzubetten, ermöglicht es, Daten, die eine Beziehung beinhalten, direkt in die Tabellenstruktur einzubauen. Das *Occupation*-Feld in der Tabelle in *Abbildung 1.1* stellt zum Beispiel eine Beziehung zwischen einem Angestellten und mehreren bestehenden Beschäftigungen (*1:N*-Beziehung) dar. Wichtig ist auch die Fähigkeit, die gesamte *Skills*-Tabelle in einem einzigen Feld unterzubringen; hierbei spricht man vom Prinzip der verschachtelten Tabellen (*Nested Tables*) von Oracle8. In diesem Beispiel können nur gültige Fähigkeiten in dem *Skills*-Feld verbleiben, und dies realisiert das relationale Konzept der Domänenintegrität.

Abb. 1.1:
Beispiel für abstrakte Datentypen (Abstract Data Types = ADTs)

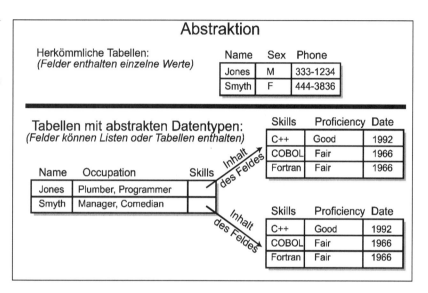

Abstraktion

Herkömmliche Tabellen:
(Felder enthalten einzelne Werte)

Name	Sex	Phone
Jones	M	333-1234
Smyth	F	444-3836

Tabellen mit abstrakten Datentypen:
(Felder können Listen oder Tabellen enthalten)

Name	Occupation	Skills
Jones	Plumber, Programmer	
Smyth	Manager, Comedian	

Inhalt des Feldes

Skills	Proficiency	Date
C++	Good	1992
COBOL	Fair	1966
Fortran	Fair	1966

Inhalt des Feldes

Skills	Proficiency	Date
C++	Good	1992
COBOL	Fair	1966
Fortran	Fair	1966

Die Definition aggregierter Objekte

Bei Oracle8 können aggregierte Objekte zum schnellen Wiederauffinden definiert und zusammengesetzt werden. Zum Beispiel könnte man ein *REPORT_CARD*-Objekt für die Datenbank einer Universität definieren. Das *REPORT_CARD*-Objekt könnte so definiert werden, daß es in der Laufzeit aus seinen atomaren Komponenten zusammengesetzt wird (ähnlich der Datensichten bei Oracle), oder die *REPORT_CARD* könnte vorher zusammengestellt und in der Datenbank gespeichert werden. Diese zusammengesetzten Objekte können mit Methoden (z.B. gespeicherten Prozeduren) verbunden sein, so daß ein Objekt bei Oracle Daten und Verhalten miteinander verbindet. Einzelheiten über die Realisierung von aggregierten Objekten bei Oracle finden Sie in *Kapitel 2: Logisches Design zum Zweck hoher Leistung*.
Die Einführung aggregierter Objekte bedeutet eine riesige Verbesserung gegenüber dem traditionellen Erfordernis, alle Daten auf ihrer kleinsten atomaren Ebene zu modellieren (d.h. Dritte Normalform). Oracle8 gestattet es dem Datenbankdesigner nun, die reale Welt, wie sie existiert,

zu modellieren, indem er sowohl die kleinen atomaren Daten als auch die aggregierten Objekte, die aus den atomaren Einheiten zusammengesetzt sind, modelliert.

Hinsichtlich der Leistung hat der Oracle8-Designer den Vorteil, innerhalb der Datenbank Bestandteile von Daten „vorzubauen" und vorzusortieren. Statt jedesmal ein aggregiertes Objekt mit Hilfe der Oracle-Datensicht neu zu schaffen, wenn es erforderlich ist, gestattet es Oracle8, die aggregierten Objekte im voraus zu schaffen und als unabhängige Objekte auf sie zurückzugreifen. Die richtige Verwendung von aggregierten Objekten in Oracle8 verbessert die Datenbankleistung stark, weil die festen Kosten für eine Verbindung (*JOIN*) und das Sortieren von Tabellen entfallen, und das vorher gestaltete Objekt kann schnell aus den Objekt-IDs, die das aggregierte Objekt umfassen, zusammengestellt werden.

Die Verbindung von Daten und Verhalten

Die Datenbank-Engine von Oracle8 gestattet die direkte Verbindung einer Datenbankeinheit (eine Tabelle oder ein Objekt) mit einem Satz vorher bestimmter Verhaltensweisen, *Methoden* genannt. Methoden können entweder Prozeduren oder Funktionen sein, die durch die Spezifikation im Rumpf eines Typs *(type body)* erstellt werden. Auf diese Weise werden Befehle an Oracle erteilt, indem man einen Objektnamen und die mit dem Objekt verknüpfte Methode spezifiziert, z.B. :

```
CUSTOMER.check_credit(123);
```

Diese Aufforderung weist Oracle an, die *check_credit*-Methode aufzurufen (in diesem Fall eine Prozedur, da sie die Datenbank auf den neuesten Stand bringt), die mit dem *CUSTOMER*-Objekt verbunden ist und dabei die vorgegebenen Parameter (hier die Kundennummer) benutzt. Man kann erwarten, daß diese neue Art von Datenbankaufruf bedeutende Vorteile für Entwickler und Administratoren mit sich bringt. Oracle8 schafft automatisch Methoden für die Erstellung einer neuen Zeile („Konstruktor" genannt) und für die Entfernung der Zeile („Destruktor" genannt).

Für Entwickler können Objektanwendungen innerhalb von Oracle8 SQL-los sein und bestehen ganz aus Anrufen von Oracle8-Methoden (genannt „Mitgliedsfunktionen"). Das hat natürlich den wichtigen Vorteil, daß Anwendungen quer durch Plattformen übertragen werden können; außerdem erleichtert es das Auffinden und die Wiederverwendung von Codes. Da zusätzlich jede Methode verkapselt ist und unabhängig getestet wird, können die vorher getesteten Methoden mit anderen Methoden zusammengefügt werden, ohne daß man nicht beabsichtigte Nebeneffekte befürchten muß.

Für Datenbankverwalter verändert die Koppelung von Daten mit Verhalten dramatisch die Art und Weise, in der Aufgaben der Datenbankverwaltung erledigt werden. Statt nur mit Daten und Tabellen umzugehen, ist der Datenbankverwalter bei Oracle8 auch für die Verwaltung von Objekten und der mit jedem Objekt verbundenen Methoden zuständig. Diese neuen Funktionen eines „Objektverwalters" müssen definiert werden, so daß die Entwickler die Funktion der Methoden und die Parameter jeder Methode kennen.

Polymorphismus

Polymorphismus ist die Fähigkeit verschiedener Objekte, die gleiche Nachricht zu erhalten und sich unterschiedlich zu verhalten. Seit Oracle7 hat Oracle einen Pseudopolymorphismus unterstützt, indem es ermöglichte, daß gespeicherte, identisch benannte Prozeduren aufgrund ihrer Eingabeparameter differenziert werden. Oracle8 erweitert jedoch dieses Konzept.

In der realen Welt hat der Polymorphismus viele Parallelen. Ein Ereignis wie z.B. ein Vulkanausbruch *(eruption)* hat viele unterschiedliche Auswirkungen auf die lebenden Organismen in der Gegend: Die giftigen Gase bringen unter Umständen die lungenatmenden Tiere *(animal)* um und sind gleichzeitig Futter für die kleinen Meeresorganismen in der Nähe. Das einzelne Verhalten ERUPTION hat unterschiedliche Auswirkungen auf Objekte innerhalb der ANIMAL-Klasse. Eine weitere Analogie findet man im Geschäftsleben. Das Ereignis PROMOTION (Beförderung) hat ein unterschiedliches Verhalten je nach der Gruppe von EMPLOYEE (Arbeitnehmer), die die PROMOTION erhalten. MANAGEMENT-Objekte erhalten vielleicht Anrechte auf Aktien oder die Mitgliedschaft in einem Country Club, was STAFF (Personal)-Objekten nicht angeboten wird.

Aufgrund der im wirklichen Leben gewonnenen Erfahrung kann man den Steuermechanismus eines Autos als polymorph ansehen. Die Steuerung hat eine normale Benutzerschnittstelle (das Lenkrad), und das komplexe Innere des Steuermechanismus bleibt dem Benutzer verborgen. Obwohl der Steuermechanismus sehr verschieden sein kann (Zahnstangenlenkung oder Servolenkung), bleibt die Schnittstelle gleich.

Der Name Ron Popeil mag Ihnen zunächst nicht vertraut vorkommen; aber er war ein Meister des Polymorphismus. Viele Menschen können sich vielleicht noch an die Glanzzeit von Ronco und Popeil erinnern, als polymorphe Produkte im ganzen Land inseriert wurden. Betrachten Sie die Aussage: „Es ist zugleich eine Pomade UND ein Bohnerwachs!" *(„It's a hair cream AND a floor wax!")*. Wenn das tatsächlich stimmt, würde die Methode *spread_it_on* ganz unterschiedliche Prozesse hervorrufen, je nachdem, ob man die Creme auf dem Boden oder auf dem Kopf verwendet. Das Konzept des Polymorphismus entstammt dem Programmierkonzept des *Overloading*. Overloading bezieht sich auf die Fähigkeit einer Programmierfunktion, mehr als einen Argument- und/oder Ergebnistyp zu unterstützen, je nachdem, in welchem Zusammenhang die Funktion verwendet wird. Betrachten Sie beispielsweise das folgende Basic-Programm:

```
REM Polymorphismus

REM    Zähler erhöhen

COUNTER = COUNTER + 1

REM Zeichenketten verbinden

N$ = „Mr. Burleson"
S$ = „Hello there, „ + N$

END
```

In diesem Beispiel wird der Operator + in einem Zusammenhang verwendet, um Addition anzuzeigen und in einem anderen, um eine Verkettung darzustellen. Aber was bestimmt die Art, in der der Operator wirkt? Es ist klar, der Basic-Kompilierer weiß, daß der +-Operator Addition bedeutet, wenn er in einem Zusammenhang verwendet wird, wo eine Zahl als Parameter (Argument) angegeben ist, und daß eine Verkettung erforderlich ist, wenn eine Zeichenfolge als Argument an den Operator gegeben wird.

Die wichtigste Bedeutung des Polymorphismus ist, daß man eine Standardschnittstelle für eine verwandte Gruppe von Objekten schaffen kann. Die spezielle Aktion, die von einem Objekt vorgenommen wird, hängt von der Nachricht ab, die an die Schnittstelle geleitet wird. Da der Programmierer sich nicht mehr länger mit dem inneren Aufbau des Objekts befassen muß, können äußerst komplexe Programme geschaffen werden. Er braucht zur Benutzung des Objekts nur die Schnittstelle zu verstehen.

Im wirklichen Leben kann man den Polymorphismus beschreiben, indem man sich die Standardschnittstelle betrachtet. In der Regel hat die F1-Taste bei PC-Software eine besondere Bedeutung. Oft ruft die F1-Taste eine kontextsensitive Hilfefunktion auf. Diese Hilfefunktionen haben sehr unterschiedliche Methoden und unterschiedliche Techniken der Datenspeicherung, aber die Standardschnittstelle (F1) ist polymorph.

Jede Kommunikation zwischen Objekten und ihrem Verhalten wird durch Botschaften erreicht, die als Verhalten weitergegeben werden. Schauen wir uns beispielsweise die beiden Objekte *rush_order* (Eilauftrag) und *cod_order* (Nachnahme) an. Beide Objekte gehören zur OR-DER-Klasse. Wenn eine Nachricht wie *prepare_invoice* (Rechnung vorbereiten) aufgerufen wird, kann sie Unterverhalten wie *prepare invoice* und *compute_charges* (Gebührenberechnung) *(siehe Abbildung 1.2)* enthalten. Die Nachricht *prepare_invoice* weist das System an, die Versandkosten zu berechnen. Es werden dann unterschiedliche Vorgänge in

Gang gesetzt, je nachdem, ob das angesprochene Objekt ein *rush_order* oder ein *cod_order*-Objekt ist, obwohl sich beide Objekte in der *ORDER*-Klasse befinden. Zu einem Eilauftrag gehört die Berechnung der Nachttarife, während ein Nachnahmeauftrag zusätzliche Berechnungen für den gesamten fälligen Betrag erfordern. Dies entspricht dem folgenden verfahrensorientierten Programmiersprachencode:

```
IF (rush_order)
   COMPUTE SHIPPING = TOT_AMNT * 0.25
ELSE
   COMPUTE SHIPPING = TOT_AMNT * 0.10

IF (cod_order)
   COMPUTE TOT_DUE = TOT_AMNT + SHIPPING
ELSE
   COMPUTE TOT_DUE = 0
```

Oracle8 erreicht den Polymorphismus, indem es unter dem gleichen Namen gespeicherte Prozeduren oder Funktionen schafft, jedoch mit unterschiedlichen Daten für die Eingabefunktion. Für Oracle8 sind zwei Prozeduren gleichen Namens und mit unterschiedlichen Eingabeparametern unterschiedliche Prozeduren. Es wird ein unterschiedlicher Code aufgerufen, je nachdem, welcher Datentyp an die Prozedur gegeben wird. Man könnte beispielsweise zwei Oracle8-Funktionen mit dem Namen *add_them* (Hinzufügen) definieren. Eine *add_them*-Funktion könnte zwei ganze Zahlen aufnehmen, weil die andere zwei Zeichenfolgen erwartet. Wenn man *add_them* mit Zahlen aufruft, addiert die Funktion die Zahlen. Wenn man andererseits *add_them* mit einer Zeichenfolge angibt, wird die andere *add_them*-Funktion aufgerufen, und Oracle verkettet die Zeichenfolge miteinander.

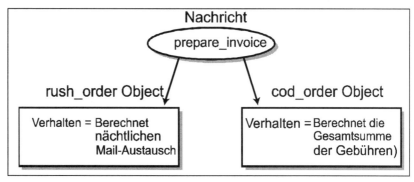

Abb. 1.2:
Ein Beispiel für
Polymorphismus

Oracle hat zugesagt, daß in künftigen Versionen von Oracle8 Klassenhierarchien unterstützt werden. Bei Klassenhierarchien verwendet man den Polymorphismus ebenfalls, indem man Methoden innerhalb zweier unterschiedlicher Objekttabellen in einer Klassenhierarchie assoziiert. Man hat zum Beispiel zwei Objekttabellen, *CONTRACTOR* (Auftragnehmer) und *EMPLOYEE* (Arbeitnehmer), die beide eine Methode mit Namen *compute_pay* (berechne Bezahlung) haben. Wird die Methode *compute_pay* aufgerufen, untersucht Oracle den Objekttyp und ruft die entsprechende Methode auf. Hier sieht man wieder den Polymorphismus, weil Oracle8 die jeweils entsprechende *compute pay*-Methode aufrufen kann.

Kapselung

Kapselung bedeutet, daß innerhalb eines Systems jedes Objekt eine klar definierte Schnittstelle mit deutlicher Umgrenzung hat. Klar ausgedrückt heißt das, daß die Kapselung sich auf lokalisierte Variablen bezieht, die innerhalb eines Objektverhaltens verwendet werden können, auf die jedoch außerhalb des Verhaltens nicht zugegriffen werden kann. Dies ist eine enge Parallele zu dem Konzept des Verbergens von Informationen. Die Kapselung stellt auch sicher, daß jede Aktualisierung einer Datenbank mittels des Verhaltens vorgenommen wird, das mit den Datenbankobjekten verbunden ist, Code und Daten können in einer *black box* zusammengefaßt werden. Diese „Schachteln" können dann völlig unabhängig von allen anderen Objekten innerhalb des Systems funktionieren *(siehe Abbildung 1.3)*. Unter dem Gesichtspunkt der Programmierung ist ein Objekt eine verkapselte Routine von Daten und Verhalten. Objekte können *öffentliche Variablen* (Variablen, die benutzt werden, um die Schnittstellen für ein Objekt zu handhaben) und *private Variablen* (Variablen, die nur dem Objekt bekannt sind) beinhalten. Sobald einmal erstellt, wird ein Objekt als Variable eigenen Typs behandelt.

Abb. 1.3:
Ein Beispiel für
Kapselung

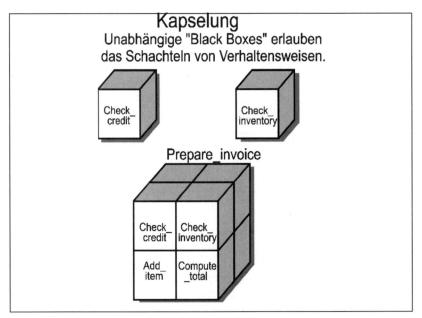

Man verwendet die Kapselung in nicht datenbankobjektorientierten Anwendungen, um sicherzustellen, daß alle Operationen durch die vom Programmierer definierte Schnittstelle durchgeführt werden und Daten nicht außerhalb der Anwendungsschnittstelle modifiziert werden können. Aber wie ist es mit ad hoc-Abfragen und Updates? Es scheint, daß jede deklarative Datenbanksprache, wie z.B. SQL, die Datenwiedergewinnung und Updates von außen ermöglichen, nicht dem Diktat der Kapselung folgen; deshalb stimmt Oracle SQL nicht mit dem objektorientierten Datenbank-Management überein.

In einer relationale Datenbank könnte zum Beispiel definiert werden, daß sie ein Verhalten, genannt *add_line_item*, aufweist, welches dazu dient, den Warenbestand für einen Artikel zu überprüfen. Sie fügt diesen Artikel der Bestellung nur dann hinzu, wenn der Lagervorrat groß genug ist. Dieses Verhalten stellt sicher, daß Aufträge für Artikel, die nicht am Lager sind, nicht aufgenommen werden. Mit einer Sprache wie SQL jedoch könnte man das objektorientierte Verhalten umgehen, und *line_item*-Datensätze könnten ohne Rücksicht auf den Lagerbestand hinzugefügt werden.

Man sollte sich vor Augen halten, daß die Kapselung darauf begründet ist, daß man zu einem Objekt nur über seine Methoden Zugang haben kann. Weil die Kapselung und SQL klar inkompatibel sind, kann man nur zu dem Schluß kommen, daß in Oracle8 die Kapselung durch die Verwendung von Ad-hoc-Hilfsprogrammen wie SQL*Plus verletzt werden kann, welche die Umgehung der Oracle8-Methoden ermöglichen.

In gewissem Sinne verschafft Oracle8 einer primitiven Form von Kapselung Geltung, indem es für jede Objektdefinition Konstruktoren und Destruktoren erstellt; aber Oracle8 SQL ermöglicht es, daß man zu Oracle8-Objekten unabhängig von ihren Methoden Zugang bekommen kann. Natürlich werden einige objektorientierte Puristen diesen Mangel kritisieren. Sorgfältige Planung kann jedoch diese Eigenheit von Oracle8 überwinden.

Erweiterbarkeit

Erweiterbarkeit ist die Fähigkeit einer Datenbank, einer bestehenden Anwendung ein neues Verhalten hinzuzufügen, ohne die bestehende Anwendungsumgebung zu beeinträchtigen. Dies ist ein besonders wichtiges Konzept, weil es der Datenbank die Erweiterung bestehender Klassenhierarchien gestattet und garantiert, daß durch die Einführung einer neuen Objektklasse keine unerwünschten Nebenwirkungen auftreten. Was Oracle8 angeht, wird man bis zur Einführung von Oracle8.2 keine Klassenhierarchien (und die Vererbung und Erweiterbarkeit, die mit Klassenhierarchien verbunden ist) finden.

Wenn eine künftige Version von Oracle8 um die Erweiterbarkeit ergänzt wird, bedeutet das eine sehr große Verbesserung der Datenbank-

Engine, sich auf bestehende Methoden auszudehnen, was gleichzeitig die Zeit zur Modifizierung der Datenbanken drastisch reduziert. Zum Verständnis für das Konzept der Erweiterbarkeit wollen wir uns eine Firma anschauen, die Dienstleistungen im Zusammenhang mit Lohnzahlungen für Firmen in vielen Staaten *(USA)* anbietet. Einige Lohnberechnungen sind global (z.B. *gross_pay = hours_worked * payrate* [Bruttozahlung = Arbeitsstunden * Lohnsatz]), während andere Berechnungen speziell für eine Kommune oder einen Staat gelten. Bei der Benutzung von Oracle8 kann eine bestehende Definition der Objektklasse erweitert werden, so daß sich das neue Objekt genau wie die Definition der übergeordneten Klasse (mit allen spezifizierten Ausnahmen) verhält. Wenn z.B. New York City neue Bestimmungen für Lohnzahlungen für die Bewohner von New York City einführen würde, dann könnte die allgemeine Definition für die eben diese um eine neue Klassendefinition für New Yorker Lohnzahler erweitert werden. Die einzige Methode, die dieser Klassendefinition hinzugefügt würde, wäre der Code für New York City - alle anderen Methoden würden von bestehenden übergeordneten Klassen vererbt. Denken Sie trotzdem daran, daß Oracle momentan Klassenhierarchie und Vererbung nicht unterstützt. Dies ist jedoch für eine spätere Version von Oracle8 geplant.

Da Sie jetzt ein wenig vertrauter mit einigen der in Oracle8 realisierten Veränderungen sind, einschließlich der Objektschicht von Oracle8, schauen wir uns die Probleme an, denen ein Oracle-Profi gegenübersteht, wenn er Objektentwürfe in seine Oracle-Strukturen einbaut.

Probleme bei objektorientierten Entwürfen

Das objektorientierte Vorgehen bei Oracle lehnt sich sehr stark an die Sprachen C++ und Smalltalk an. Beide Sprachen gestatten die Speicherung von Verhalten mit Daten, so daß die Daten und Geschäftsregeln an einem allgemeinen Fond teilhaben.

Mit den Eigenschaften der Kapselung, der Abstraktion und des Polymorphismus bewegen sich objekttechnologische Systeme auf ein vereinheitlichtes Datenmodell zu, das die reale Welt viel wirksamer abbildet als bisherige Modelltechniken. Weiterhin verspricht ein ordentlich entworfenes objektorientiertes Modell, wartungsfrei zu sein, da alle Veränderungen von Datenattributen und -verhalten Aufgabe der Datenbank und nicht der Programmierung werden.

Vergleichen wir das objektorientierte Vorgehen mit dem menschlichen Verhalten. Es ist für menschliche Wesen ganz natürlich, Objekte zu erkennen und Objekte mit Klassen in Verbindung zu bringen. Es ist ein ganz natürliches Konzept, ein Objekt mit seinem erwarteten Verhalten zu assoziieren. Genau wie kleine Kinder lernen Menschen es, das Verhalten mit bestimmten Eigenschaften eines Objekts zu assoziieren. Wenn man z.B. einen Zoo besucht, ist es nicht ungewöhnlich, wenn ein dreijähriges Kind alle vierbeinigen Tiere als „Hündchen" bezeichnet. Das Kind hat gelernt, die Objektklasse (Hund) mit einem Datenattribut (vier Beine) zu assoziieren. Später verfeinert das Kind das objektorientierte Beispiel, indem es andere Datenattribute mit tierischen Objekten assoziiert. Ein Kind lernt auch, Verhalten (z.B. Spielen, Spaß haben, Schmerz empfinden usw.) mit verschiedenen visuellen und akustischen Reizen zu verbinden. Viele kleine Kinder lernen es, unangenehme Gefühle (Schmerz) mit einem Besuch bei einem Erwachsenen in einem weißen Kittel (dem Arzt) zu assoziieren. Die Firma McDonalds hat Millionen Dollar dafür aufgewendet, dieses Prinzip (sehr zur Bestürzung vieler Eltern) auszunutzen, indem gutes Benehmen mit Objekten wie goldenen Bögen, Happy Meals und Ronald McDonald assoziiert wurde.

Verhalten muß dynamisch sein, und die menschliche Erfahrung zeigt, daß sich auch die menschlichen Assoziationen von Verhalten mit Datenattributen im Laufe der Zeit ändern. In den 30er Jahren wurden Menschen mit Tätowierungen gewöhnlich in die Klasse der Seeleute eingeordnet. In den 70er Jahren wurden sie in die Klasse der Kriminellen eingeordnet. Heute sind Tätowierungen ein Hinweis auf die menschliche Klasse *college_student*. Das ODMG-Modell, wonach Objekte von objektorientierten Datenbanksystemen eine Lebensdauer zugeteilt wird, wies zum Teil auf dieses Problem hin. Leider ist das Konzept der Lebensdauer von Objekten in Oracle8 nicht enthalten.

Menschen sind auch mit dem Konzept der Abstraktion vertraut. Nicht faßbare Objekte, wie z.B. die Zeit, werden leicht verstanden, und die begriffliche, nicht konkrete Existenz der Zeit hat für die meisten Menschen eine Bedeutung.

Das unterscheidende Merkmal einer objektorientierten Datenbank ist ihre Fähigkeit, das Verhalten von Daten zu speichern. Aber wie wird das Verhalten von Daten in die Datenbank eingebaut? Auf den ersten Blick könnte das eine Methode der Verschiebung des Anwendungscodes aus einem Programm in eine Datenbank sein. Es ist zwar richtig, daß eine objektorientierte Datenbank Verhalten speichert, diese Datenbanken müssen aber auch die Fähigkeit haben, viele unterschiedliche Objekte zu verwalten – jedes davon mit unterschiedlichen Daten.

Aber ein objektorientierter Entwurf bedeutet mehr, als einfach nur Daten und Verhalten zu verknüpfen. Wir müssen auch in der Lage sein, Polymorphismus und Vererbung zu planen, was durch die Hinzufügung von Klassenhierarchien zum Datenbankentwurf erreicht wird. Diese Klassenhierarchien werden normalerweise *IS-A-Beziehungen* genannt.

Der Entwurf von IS-A-Beziehungen

Eines der Grundkonzepte hinter der Objektorientierung ist die Bereitstellung eines Mechanismus, durch den ein Modell von unterschiedlichen Varianten der gleichen Dateneinheit erstellt werden kann. In
objektorientierten Datenbanken können diese Varianten unterschiedliche Datenattribute und Methoden haben. Der Prozeß der Schaffung dieser Strukturen wird *Aufbau einer Klassenhierarchie* genannt. Während
Oracle8 die Definition von Klassenhierarchien noch nicht unterstützt,
hat man dies für künftige Versionen zugesagt. Die IS-A-Beziehung (ausgesprochen wie das englische „is a" = „ist ein") ist eine Datenbeziehung, die eine Datenbeziehung von Typ/Untertyp anzeigt. Während die traditionelle Erstellung eines Modells von Dateneinheit/
Beziehung sich nur mit einzelnen Dateneinheiten befaßt, erkennt das IS-
A-Vorgehen, daß viele Typen oder Klassen einer einzigen Dateneinheit
existieren können. In der Tat ist die IS-A-Beziehung die Grundlage der
objektorientierten Programmierung, die dem Entwerfer die Schaffung
von Hierarchien verwandter Klassen und dann die Verwendung von
Vererbung und Polymorphismus gestattet, um zu kontrollieren, welche
Datenelemente an den Objekten auf niedriger Ebene teilhaben. Nachdem man mit dem E/R (Entity/Relation)-Modell eine Klassenhierarchie
erstellt hat, wird das objektorientierte Prinzip der Verallgemeinerung
verwendet, um die Klassenhierarchie und den mit jeder Klasse verbundenen Abstraktionsgrad zu identifizieren. Die Verallgemeinerung beinhaltet eine sukzessive Verfeinerung einer Klasse und gestattet den
Superklassen von Objekten, Datenattribute und -verhalten zu übernch-
men, die für die niedrigeren Ebenen einer Klasse gelten. Die Verallgemeinerung errichtet *Taxonomiehierarchien (taxonomy hierarchies)*.
Taxonomiehierarchien organisieren Klassen nach ihren Eigenschaften in
ansteigenden Detailebenen. Diese Hierarchien beginnen auf einer sehr
allgemeinen Ebene und gehen dann weiter auf eine spezielle Ebene, wobei jede Unterebene ihre eigenen, bestimmten Datenattribute und -ver-
halten hat.

In *Abbildung 1. 4* wird die IS-A-Beziehung verwendet, um eine Hierarchie innerhalb der *CUSTOMER*- (Kunde) und der *ORDER* (Bestellung)-Dateneinheiten zu schaffen. Alle Klassen auf der niedrigeren Ebene übernehmen die Datendefinitionen und das Verhalten der
Basisklassen. Datenstrukturen werden übernommen, wenn ein Objekt
erstellt wird (unter Verwendung des Konstruktors), und die Datenbank
baut die Datenstruktur für das Objekt. Methoden werden während der
Laufzeit übernommen, wenn eine Methode aufgerufen wird, und die
Datenbank durchsucht die Klassenhierarchie nach der entsprechenden
Methode. Die IS-A-Beziehung wird verwendet, um ein Modell der Hierarchie herzustellen, welche geschaffen wird, wenn die Klasseneinheit in
ihre logischen Unterbestandteile zerlegt wird. Kunden können
preferred_customers (Vorzugskunden) oder *new_customers* (neue Kunden) sein. Bestellungen können *cod_orders* (Aufträge per Nachnahme)

oder *prepaid_orders* (frachtfreie Aufträge) sein. Jeder von ihnen hat seine eigenen Daten und sein eigenes Verhalten. Daten, die Kunden und Aufträgen zu eigen sind, befinden sich in den *CUSTOMER*- und *ORDER*-Einheiten, während die Daten, die nur für *preferred_customers* gelten (z.B. *percent_discount* = Prozent Rabatt) in den Einheiten auf der niedrigeren Ebene sitzen.

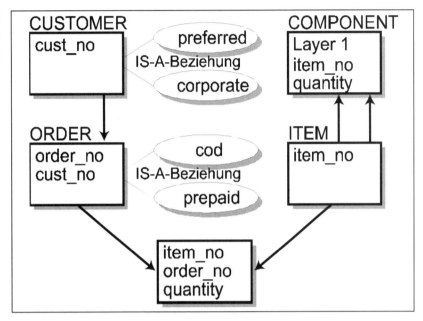

Abb. 1.4:
Ein ER-Modell mit
IS-A-Beziehung

Schauen wir uns ein weiteres Beispiel an. Es soll die IS-A-Beziehung für einen Fahrzeughändler angewendet werden, wie in *Abbildung 1.5* gezeigt wird. Wie man sieht, ist die höchste Ebene in der Hierarchie *VEHICLE* (Fahrzeug). Unterhalb der *VEHICLE*-Klasse könnte man die Unterklassen *CAR* (Auto) und *BOAT* (Boot) finden. Innerhalb der *CAR*-Klasse könnten die Klassen weiter aufgeteilt werden in die Klassen *TRUCK* (Lastwagen), *VAN* (Lieferwagen) und *SEDAN* (Limousine). Die *VEHICLE*-Klasse würde die Daten enthalten, die eindeutig zu Fahrzeugen gehören, einschließlich der Fahrzeug-ID und des Herstellungsjahres. Die *CAR*-Klasse würde, weil sie IS-A *VEHICLE* ist, die Daten der *VEHICLE*-Klasse übernehmen. Die *CAR*-Klasse könnte Daten enthalten, wie die Zahl der Achsen und das Bruttogewicht des Fahrzeugs. Weil die *VAN*-Klasse IS-A *CAR* und diese wiederum IS-A *VEHICLE* ist, übernehmen die Objekte der *VAN*-Klasse, somit alle Daten und Verhalten, die sich auf die *CAR*- und *VEHICLE*-Klasse beziehen.

Abb. 1.5:
Ein Beispiel für
eine Klassen-
hierarchie

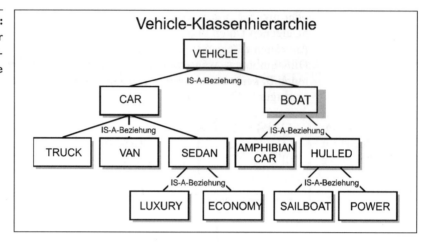

Diese Typen von IS-A-Beziehungen sind zwar einleuchtend unter dem Gesichtspunkt der Datenmodellierung, es gibt jedoch keine einfache Möglichkeit, in Oracle8 realisiert zu werden. Da die laufenden Oracle8-Versionen hierarchische Beziehungen nicht unterstützen, ist es momentan unmöglich, direkt die Tatsache darzustellen, daß eine Datenbankeinheit Untereinheiten hat. Dieser Typ von Beziehung kann in Oracle8 jedoch auf zwei Arten dargestellt werden.

Die erste Technik ist, Untertabellen für Auto, Boot, Limousine usw. zu bilden. Dies verkapselt die Daten innerhalb ihrer entsprechenden Tabellen, schafft aber auch die Komplikation, unnötige Zusammenfügungen vorzunehmen, wenn man ein Element auf einer hohen Ebene in der Hierarchie wieder auffinden will. Es wäre z.B. die folgende SQL-Anweisung erforderlich, um alle Datenelemente für eine Luxuslimousine aufzufinden:

```
SELECT
        VEHICLE.vehicle_number,
        CAR.registration_number,
        SEDAN.number_of_doors,
        LUXURY.type_of_leather_upholstery
FROM
        VEHICLE,
        CAR,
        SEDAN,
        LUXURY
WHERE
VEHICLE.key = CAR.key
AND
CAR.key = SEDAN.key
AND
SEDAN.key = LUXURY.key;
```

Die zweite Vorgehensweise ist, eine Megatabelle zu bilden, in der jedes Datenelement als Spalte repräsentiert wird (ohne Rücksicht darauf, ob es von der Zeile benötigt wird). Eine *TYPE*-Spalte könnte identifizieren, ob die Zeile für ein Auto, einen Lieferwagen oder ein Boot steht. Zusätzlich muß die Anwendung die Intelligenz haben, nur auf die Spalten zuzugreifen, die für eine Zeile anwendbar sind. Die Spalte für die Segelgröße würde eine Bedeutung für die Segelbootzeile haben, wäre aber irrelevant für die Limousinenzeile.

Die IS-A-Beziehung ist am besten für das objektorientierte Datenmodell geeignet, wo jede Ebene in der Hierarchie assoziierte Datenelemente und -methoden hat, und Übergabe und Polymorphismus können zur Vervollständigung des Bildes verwendet werden. Es ist wichtig, festzuhalten, daß nicht alle Klassen innerhalb einer verallgemeinernden Hierarchie mit Objekten assoziiert sind. Diese Klassen ohne Objektinstanz dienen nur dem Zweck, Datendefinitionen an die Klassen auf niedriger Ebene weiterzugeben. Dieses objektorientierte Paradigma ermöglicht Abstraktion, was bedeutet, daß eine Klasse nur zu dem Zweck existieren kann, übernommene Daten und Verhalten an die Einheiten auf der niedrigeren Ebene weiterzugeben. Die Klassen *VEHICLE* und *CAR* werden wahrscheinlich keine konkreten Objekte beinhalten, während Objekte innerhalb der *VAN*-Klasse von den abstrakten Klassen *VEHICLE* und *CAR* übernommen werden.

Die vielfache Übernahme kann anhand der *AMPHIBIAN_CAR*-Klasse illustriert werden. Beispiele dieser Klasse würden wahrscheinlich Daten und Verhalten sowohl aus der *CAR*-Klasse als auch aus der *BOAT*-Klasse übernehmen.

Es ist wichtig, festzuhalten, daß es einen sehr großen Unterschied zwischen einer 1:N- und einer IS-A-Beziehung gibt. Die IS-A-Konstruktion beinhaltet keinen Typ sich wiederholender Assoziationen, während die 1:N-Beziehung und die N:M-Beziehung vielfache Ereignisse der Unterklassen beinhalten. In dem vorigen Beispiel beschreibt die ganze Klassenhierarchie Fahrzeuge, die mit der *ITEM*-Einheit in der gesamten Datenbank verbunden sind. Die Tatsache, daß es eine Klassenhierarchie gibt, beinhaltet *nicht* Datenbeziehungen zwischen den Klassen.

Während ein *CUSTOMER* viele *ORDERs* erteilen kann, ist es nicht wahr, daß ein *CAR* viele *SEDANs* haben kann. Da Sie jetzt im allgemeinen verstehen, wie das Prinzip des objektorientierten Designs funktioniert, wollen wir schauen, wie die Prinzipien innerhalb des Oracle8-Objektmodells entworfen und realisiert werden.

Entwerfen mit Objekten

Es gibt sehr viel Verwirrung darüber, wie Oracle8 sein Datenbankobjektmodell realisiert. Die folgenden Abschnitte untersuchen, wie die Objekteigenschaften von Oracle8 zum Entwurf von robusten Objektsystemen verwendet werden können. Zusätzlich werden Oracle-Designer unterrichtet, wie Sie die Verwendung dieser Eigenschaften planen können.

Die Definition von abstrakten Datentypen

Anders als bei Oracle7, das nur eine Handvoll von eingebauten Datentypen liefert, gestattet Oracle8 die Schaffung abstrakter Datentypen (wie bereits vorher in diesem Kapitel erwähnt). Die von Oracle7 angebotenen Datentypen waren für die meisten relationalen Datenbankanwendungen ausreichend, aber den Entwicklern wird langsam klar, daß die Fähigkeit, abstrakte Datentypen zu schaffen, den Entwurf von Datenbanken stark vereinfacht und die Systemleistung verbessert. Während diese abstrakten Datentypen in Sprachen wie C++ beliebt sind, sind sie erst kürzlich in die Hauptrichtung der Welt von Datenbankobjekten eingeführt worden.

Oracle8 hat abstrakte Datentypen durch Einfügung einer *CREATE TYPE*-Definition realisiert. Diese Definition verwendet man, um die Domänen der Untertypen, die innerhalb eines neuen Datentyps existieren, zu definieren. Auf der elementarsten Ebene ist ein abstrakter Datentyp nicht mehr als eine Sammlung kleinerer, grundlegender Datentypen, die als Einheit behandelt werden können. Das ist zwar ein einfaches Konzept, aber die Veränderungen bei dem Design von Oracle-Datenbanken wird dramatisch sein.

Es ist interessant, festzustellen, daß die Fähigkeit, abstrakte Datentypen darzustellen, vor der Zeit von relationalen Datenbanken allgemein angewendet wurde, aber verlorenging als das relationale Modell eingeführt wurde. In der Zeit vor den relationalen Datenbanken gab es nur ein paar zulässige Datentypen (Zahl oder Zeichen), aber diese Datenbanken erlaubten es, die atomisch kleinen Werte in größere Einheiten zu gruppieren. Diese größeren Einheiten konnten dann leicht innerhalb der Datenbank umher bewegt werden. Eine *full_address* (vollständige Adreßangabe)-Konstruktion konnte beispielsweise definiert und in zahlreiche Datensatzdefinitionen hinein kopiert werden, wo sie als einzelne Einheit manipuliert werden konnte.

Während diese nicht-relationalen Datenbanken, wie IMS und IDMS, ADTs unterstützten, wurde die *strenge Typisierung* erst um 1990 mit den ersten kommerziellen objektorientierten Datenbanken eingeführt. Auch sind viele „neue" Eigenschaften von Oracle8 seit vielen Jahren in anderen Datenbank-Managementsystemen verfügbar. UniSQL, die relationale/objektorientierte Datenbank, die von Dr. Wong Kim, entwickelt wurde, unterstützt zum Beispiel das Konzept der verschachtelten Tabellen, in denen ein Datenfeld in einer Tabelle eine Reihe von Werten oder eine ganze Tabelle sein kann. Mit diesem Vorgehen kann die Wertedomäne für ein spezielles Feld in einer relationalen Datenbank definiert werden. Diese Fähigkeit, Datentabellen zu verschachteln, macht es möglich, daß Beziehungsdaten direkt in die Tabelle eingebaut werden.

Übrigens bietet Oracle8 die strenge Typisierung, wenn innerhalb der Tabelle eine Objekt-ID-Spalte definiert wird. Wir könnten z.B. innerhalb einer *ORDER*-Tabelle eine Spalte definieren, die die *OID* (Auftrags-ID) des Kunden, der den Auftrag erteilt hat, enthält.

Oracle8 gestattet es nur, OIDs, die zu *customer*-Zeilen gehören, in diese Spalte zu setzen. In dem folgenden Beispiel haben wir eine *ORDER*-Tabelle mit einer Tabelle *customer_placing_order* (Kunde, der Auftrag erteilt) geschrieben, die nur OIDs akzeptiert, welche aus einer *customer*-Zeile kommen. Sie können sehen, daß dies mit einem *SCOPE IS*-Parameter geschieht:

```
CREATE TYPE customer_type AS OBJECT (
    customer_name      full_name,
    customer_address   full_address
    );

CREATE TABLE CUSTOMER OF customer_type;

CREATE TYPE order_type AS OBJECT (
    order_date                  date,
    shipping_details            varchar2(200),
    customer_placing_order      REF customer_type SCOPE IS CUSTOMER);
```

Jetzt, wo Sie den grundlegenden Gedanken hinter den abstrakten Datentypen verstehen, wollen wir einige der zwingenden Vorteile dieses Vorgehens untersuchen. Es gibt mehrere Gründe, weswegen ADTs innerhalb eines Oracle8-Entwurfs nützlich sind:

■ *Kapselung* - Da jeder abstrakte Datentyp als vollständige Einheit existiert, einschließlich der Datendefinitionen, Standardvorgaben und Werteinschränkungen, stellt diese Einheit Einheitlichkeit und Beständigkeit sicher. Wenn ein abstrakter Datentyp einmal definiert ist, kann er an vielen anderen abstrakten Datentypen teilhaben, so daß der gleiche logische Datentyp immer die gleiche Definition, die gleichen Standardvorgaben und Werteinschränkungen hat, ganz gleich, wo er in der Datenbank erscheint.

■ *Wiederverwendbarkeit* - Da eine Hierarchie von üblichen Datenstrukturen zusammengestellt wird, kann sie innerhalb vieler Definitionen weiterverwendet werden und erspart so Kodierzeit und sichert die Einheitlichkeit.

■ *Flexibilität* - Die Fähigkeit, Datendarstellungen, die der realen Welt entsprechen, zu erstellen, gestattet es dem Designer von Datenbankobjekten, die reale Welt abzubilden, wie sie ist.

Man sieht, daß es viele zwingende Gründe für die abstrakten Datentypen gibt, vorausgesetzt, die Datentypen werden ordentlich analysiert und in das Modell des Datenbankobjekts eingebaut. Nun wollen wir einen Blick auf die Realisationsprobleme werfen, die mit Oracle8 und den abstrakten Datentypen zu tun haben.

Entwerfen mit abstrakten Datentypen von Oracle

Einer der Nachteile von Oracle7 war die Notwendigkeit, alle Einheiten auf ihrer kleinsten Ebene zu modellieren. Wenn man z.B. die Informationen über eine Kundenadresse auswählen wollte, war es notwendig, *street_address, city_address* und *zip_code* (Postleitzahl) als drei getrennte Aussagen zu behandeln. Mit den Möglichkeiten der abstrakten Datentypen bei Oracle8 kann man jetzt einen neuen Datentyp mit Namen *full_address* schaffen und ihn behandeln, als wäre er ein atomarer Datentyp. Wie früher erwähnt, ist dies zwar eine riesige Verbesserung für Oracle, aber es ist interessant, festzuhalten, daß diese Konstruktion bereits vor den relationalen Datenbanken unterstützt wurde und daß COBOL diese Möglichkeit, aus Untertypen zusammengesetzte Datentypen zu erstellen, geboten hat. Zum Beispiel kann man in COBOL eine komplette Anschrift wie folgt definieren:

```
05  CUSTOMER-ADDRESS.
    07  STREET-ADDRESS      PIC X(80).
    07  CITY-ADDRESS        PIC X(80).
    07  ZIP-CODE            PIC X(5).
```

Dann kann man die *CUSTOMER-ADDRESS* verschieben, als wäre sie eine einzelne Einheit wie:

```
MOVE CUSTOMER-ADDRESS TO PRINT-REC.
MOVE SPACES TO CUSTOMER-ADDRESS.
```

Mit einem ähnlichen Befehl gestattet eine Objektdatenbank die Definition eines *full_address_type*-Datentyps wie folgt:

```
CREATE TYPE full_address_type (
    street_address      char(20),
    city_address        char(20),
    state_name          char(2)
    zip_code            number(9));
```

Dann könnte man *full_address_type* als gültigen Datentyp behandeln und ihn zum Erstellen von Tabellen und zur Auswahl von Daten verwenden:

```
CREATE TABLE CUSTOMER AS OBJECT (
    cust_name           full_name_type,
    cust_address        full_address_type,
    . . .
    );
```

Wenn jetzt eine Tabelle in Oracle definiert ist, könnte man mittels SQL auf *full_address_type* zugreifen, als ob es ein primitiver Datentyp wäre:

```
SELECT DISTINCT full_address_type FROM CUSTOMER;

INSERT INTO CUSTOMER VALUES (
    full_name_type ('ANDREW','S.','BURLESON'),
    full_address_type ('123 1st st.','Minot','ND','74635');
```

Bedenken Sie, daß sich die *SELECT*-Anweisungen bei Oracle SQL verändern, wenn man auf Zeilen zugreift, die abstrakte Datentypen enthalten. Es folgt die Oracle SQL-Syntax, die erforderlich ist, um eine Komponente innerhalb des *full_address_type* auszuwählen:

```
SELECT full_address.zip_code
FROM CUSTOMER
WHERE
full_address.zip_code LIKE '144%';
```

Jetzt wollen wir bei der Betrachtung dieses Konzepts der abstrakten Datentypen einen Schritt weitergehen und überlegen, wie abstrakte Datentypen innerhalb anderer Datentypen verschachtelt werden können.

Verschachtelung von abstrakten Datentypen

Der Hauptgrund für die Einführung von abstrakten Datentypen ist, die Fähigkeit zu gewinnen, Komponenten übereinstimmend in der ganzen Datenbankdomäne wiederzuverwenden. Weil Datentypen zur Verkapselung anderer Datentypen geschaffen werden, müssen Datenbankverwalter abstrakte Datentypen innerhalb anderer abstrakter Datentypen verschachteln können. Zum Beispiel könnte man einen Datentyp schaffen, der die Daten in einer Tabelle verkapselt, und man könnte den Datentyp in einer Tabellendefinition wie folgt verwenden:

```
CREATE TYPE customer_stuff_type AS OBJECT (
    customer_name      full_name_type,
    customer_address   full_address_type);
```

Wenn der *customer_stuff_type*-Typ definiert ist, wird die Tabellendefinition einfach:

```
CREATE TABLE CUSTOMER (customer_data    customer_stuff_type);
```

oder

```
CREATE TABLE CUSTOMER OF customer_stuff_type;
```

Indem die abstrakten Datentypen so verwendet werden, wiederholt man notwendigerweise das objektorientierte Konzept der Verkapselung. Das heißt, man plaziert Gruppen von verwandten Datentypen in einen Behälter, der völlig selbständig ist und die vollständige Vollmacht über die eingebauten relationalen Datentypen, wie z.B. *int* und *char*, hat.

Die Anzeige verschachtelter abstrakter Datentypen geschieht auf gleiche Weise, wie die frühere vorgestellten Musterabfragen, mit der Ausnahme, daß die Zieldatentypen mehrere Punkte (*dots*) benötigen, um die Ebene der Verschachtelung innerhalb der Datenstruktur abzugrenzen. Die folgende Abfrage zeigt z.B. die *street_address* eines Kunden:

```
SELECT customer_stuff.customer_name.zip_code
FROM CUSTOMER
WHERE customer_stuff.customer_name.zip_code LIKE '144%';
```

Hier sieht man, daß bei einem Bezug auf *zip_code* der *customer_name* vorangehen muß, weil er an diesem Datentyp partizipiert. Weiterhin ist der Datentyp *customer_name* in dem Datentyp *customer_stuff* verschachtelt. Von daher wird der richtige SQL-Verweis auf *zip_code* wie folgt ausgedrückt:

```
customer_stuff.customer_name.zip_code
```

Sie haben jetzt ein allgemeines Verständnis für die Funktion und die Operation von abstrakten Datentypen innerhalb von Oracle8 gewonnen. Nun wollen wir einen Blick darauf werfen, wie Zeiger in Oracle verwendet werden, um Beziehungen zwischen Tabellenzeilen herzustellen.

Der Gebrauch von Objekt-IDs

Bevor wir unsere Diskussion über das Navigieren in den Datenbanken von Oracle mit Hilfe von Zeigern beginnen, ist es wichtig, genau zu verstehen, was Objekt-IDs repräsentieren und wie sie innerhalb von Oracle8 realisiert werden. In der Zeit vor den relationalen Datenbanken hatte jeder Eintag in eine Datenbank eine klare Datenbankadresse. Die Adressen waren den ROWIDs von Oracle ähnlich, da die Adressen einem physikalischen Datenbankblock entsprachen. Die Adresse enthielt auch den Offset-Wert des Zielsatzes in dem Block. Eine Adresse von 665:2 bezog sich auf den zweiten Satz im Datenbankblock Nummer 665. Wenn sie einmal definiert waren, konnten diese Adressen innerhalb anderer Sätze gespeichert werden und ermöglichten es, daß ein Satz auf einen anderen verwies. Diese Zeiger wurden in nicht-relationalen Zeiten die Grundlage für die Errichtung von Beziehungen zwischen Einheiten.

In den heutigen Objektdatenbanken haben Objekte, die in einer Objekttabelle gespeichert sind, eine Objekt-ID, gewöhnlich *OID* genannt. Eine OID ist garantiert auf der ganzen Welt einmalig. Jede OID besteht aus einem hexadezimalen Wert von 128 Byte. Allein kann eine OID nicht verwendet werden, um ein Objektexemplar zu lokalisieren. Nur eine *REF* (oder Referenz; Besprechung später in diesem Kapitel), die die Speicherstelle enthält, kann zur Lokalisierung des Objektexemplars verwendet werden.

Oracle verwendet das ROWID-Konzept (eingeführt in Oracle7), um jede Zeile in jeder Tabelle einer Datenbank eindeutig zu identifizieren. Die ROWID in Oracle7 ist eine *varchar2*-Darstellung eines binären Wertes, der im hexadezimalen Format gezeigt wird. Sie wird wie folgt dargestellt

```
bbbbbbbbssssffff
```

wobei

- *bbbbbbbb* die Block-ID,

- *ssss* die Nummer des Blocks und

- *ffff* die Datei-ID darstellt.

In Fällen, in denen der primäre Schlüssel für eine Tabelle doppelte Werte ermöglicht, kann die ROWID benutzt werden, um die doppelten Zeilen aufzuspüren und zu beseitigen. In der folgenden SQL-Anweisung werden die ROWIDs für doppelt vorhandene Kunden angezeigt:

```
SELECT
    ROWID,
    cust_no
FROM
    CUSTOMER A
WHERE
A.cust_nbr >
    (SELECT
        min (B.ROWID)
        FROM
        CUSTOMER B
        WHERE
        A.cust_nbr = B.cust_nbr
    );
```

Neu bei Oracle8 ist das Konzept von Objekten und OIDs. Die Objekte bei Oracle8 haben Kennzeichen, die der ursprünglichen ROWID hinzugefügt werden und ein *EXTENDED ROWID*-Format ergeben, welches 10 Byte lang ist, im Gegensatz zu dem 6-Byte-Format, das in Oracle7 verwendet wurde. Die ROWID in Oracle8 ist eine *varchar2*-Darstellung einer Zahl auf der Basis 64. Die ROWID bei Oracle8 wird dargestellt als

```
ooooooffbbbbbbsss
```

wobei

- *oooooo* die Datenobjektnummer,

- *fff* die relative Dateinummer,

- *bbbbbb* die Blocknummer und

- *sss* die Slot-Nummer darstellt.

Bei Oracle8 haben Datenbankverwalter die Möglichkeit, eine eindeutige OID zu schaffen, um jede Zeile in einer Tabelle eindeutig zu identifizieren. Wie erwähnt, sind diese OIDs 128 Byte lang. Oracle garantiert, daß die OIDs einmalig für die Datenbank-Software sind, sogar wenn sie gelöscht wurden. Wie ein traditioneller Zeiger, wie man ihn in normalen Datenbanken findet, können OIDs in Spalten eingebettet werden und bieten die Fähigkeit, auf andere Zeilen in der Datenbank zu verweisen.

Wie zuvor erwähnt, benutzten viele Datenbanken vor der Zeit der relationalen Systeme *Zeiger* und verwendeten Datenstrukturen mit verbundenen Listen. Diese Datenstrukturen waren eingebettete Zeiger im Vorspann einer jeden Datenbankeinheit. Diese Zeiger wurden zur Erzeugung von 1:N- und N:M-Beziehungen zwischen den einzelnen Einheiten benutzt. Obwohl das Design von Datenbanken auf der Basis von Zeigern sehr elegant war, in dem Sinne, daß fremde Schlüssel zur Errichtung von Beziehungen zwischen Daten nicht benötigt wurden, gab es ernsthafte Probleme mit der Realisierung. Es war schwierig, in Netzwerkdatenbanken, z.B. CA-IDMS, in hierarchischen Datenbanken, wie z.B. IMS, zu navigieren, weil der Programmierer die Speicherstelle, den Namen und den Typ jedes Zeigers in der Datenbank kennen mußte. Die Entwickler hatten nicht den Luxus einer deklarativen Sprache wie SQL.

Die Einführung von OIDs verändert das Design von Datenbanken bei Oracle dramatisch. Weil Entwickler jetzt in der Lage sind, ohne auf eine OID zuzugreifen, die Werte zu erhalten, die ein Objekt enthält, sind SQL-*JOIN*s nicht mehr erforderlich. Es gibt jedoch einen Nachteil: Weil die Datenverbindungen eng mit eingebetteten Zeigern verbunden sind, erfordert die Hinzufügung einer neuen OID besondere Dienstprogramme, um jedes einzelne betroffene Objekt in der Datenbank zu „reinigen". Auch wenn ein Objekt in Oracle8 gelöscht wird, muß der Programmierer wissen, welche Objekte OIDs haben, die die Adresse des gelöschten Objekts haben. Daher ist es in Oracle8 möglich, verwaiste OIDs zu haben, die auf gelöschte Objekte zeigen. Adressen bei Oracle zeigen dies durch die SQL-Erweiterung *IF oid_column IS DANGLING*; welche *TRUE* angibt, wenn der OID-Verweis auf ein gelöschtes Objekt zeigt.

Wie versprochen, wollen wir jetzt, wo wir das Konzept der OIDs geklärt haben, aufzeigen, wie Sie in den Datenbanken von Oracle unter Verwendung von Zeigern als Alternative zu *JOIN*-Operationen navigieren können.

Navigation mit Zeigern (OIDs)

Eine Haupteigenheit des relationalen Datenbankmodells ist die Notwendigkeit, daß Zeilen durch den Inhalt ihrer Datenwerte angesprochen werden können (mit Ausnahme der ROWID-Konstruktion). Bei Oracle8 haben Datenbankdesigner eine andere Zugangsmethode zu Zeilen, in der Form, daß Zeilen entweder durch ihre Datenwerte oder durch ihre OIDs identifiziert werden können. Man kann z.B. die folgende Oracle-Abfrage stellen:

```
SELECT
     customer_stuff
FROM
     CUSTOMER
WHERE
     customer_ID = 38373;
```

Bei Oracle8 kann man auch SQL verwenden, um Zeilen durch ihre OIDs anzusprechen und dabei die folgende zeigergestützte Datenbanknavigation zu ermöglichen:

```
SELECT
     customer_stuff
FROM
     CUSTOMER
WHERE
  OID = :host_variable;
```

Das Konzept des Wiederauffindens von Daten durch OIDs beinhaltet, daß man jetzt mit PL/SQL in einer Oracle-Datenbank in jeweils einer Zeile navigieren kann, indem man eine OID erfaßt, wenn man eine Zeile aufsucht, die OID für den Zugang zu einer anderen Zeile verwendet usw. Im traditionellen Oracle-SQL ist der Zugangspfad nicht klar, sondern versteckt weil der Zugang durch den SQL-Optimierer bestimmt wird.

Sie haben jetzt ein sehr gutes Verständnis von der auf OID basierenden Datenbanknavigation. Daher wollen wir jetzt erörtern, wie eine Oracle-Datenbank zur Aufnahme sich wiederholender Gruppen innerhalb einer Zeilendefinition entworfen werden kann. Diese Eigenschaft beinhaltet ein Design, welches nicht in der Ersten Normalform realisiert ist, und damit verletzt die Einführung von sich wiederholenden Gruppen die Normalformregel von Cobb.

Gegen das Prinzip der Ersten Normalform entwerfen

Viele Jahre lang ist der Gedanke von sich wiederholenden Daten innerhalb eines Objekts von Oracle-Designern abgelehnt worden. Der Glaubenssatz der Datennormalisierung diktierte, daß die Entfernung von sich wiederholenden Daten der allererste Schritt in Richtung auf ein sauberes Datenmodell sei. Jedoch gestatteten viele der früheren Datenbanken, wie z.B. IDMS, die Definition von sich wiederholenden Gruppen. Die Einführung von Wertelisten in relationalen Datenbanken wurde zuerst von der Datenbank UniSQL realisiert. Zu dieser Zeit wurde diese der Ersten Normalform widersprechende Möglichkeit der Gestaltung mit Mißtrauen behandelt und rief den Zorn der Titanen des relationalen Gestaltens hervor. Aber sich wiederholende Gruppen wurden angesehener, und C.J. Date führte ein „Satz" genanntes Konzept in das relationale Modell ein, um sich wiederholende Gruppen in das relationale Gedankengebäude einpassen zu können. Heute erkennen Datenbankdesigner an, daß es bestimmte Fälle gibt, in denen die Einführung sich wiederholender Gruppen einen Datenbankentwurf bei Oracle8 verbessert.

Sich wiederholende Gruppen zur Verbesserung des Datenbankentwurfs

Nehmen wir an, daß es jetzt akzeptabel ist, die Erste Normalform zu verletzen und wiederholende Gruppen in Tabellen einzufügen, dann muß ein Satz von Regeln entwickelt werden, die vorschreiben, wann dies akzeptabel ist. Es gilt folgende Richtlinie:

- Sich wiederholende Daten sollten klein sein.

- Sich wiederholende Daten sollten statisch sein und selten verändert werden.

- Sich wiederholende Daten sollte man nie als Satz abfragen, d.h., man sollte nie alle sich wiederholenden Werte innerhalb einer einzigen SQL-Abfrage auswählen.

Um dieses Prinzip zu illustrieren, stellen Sie sich folgendes Szenario vor: Nehmen wir an, Sie entwerfen eine Datenbank für eine Universität und stellen fest, daß ein Student bis zu dreimal die ACT-Prüfung ablegen kann. Ihre Datenbank muß diese Information erfassen. Ohne wiederholende Gruppen hat man zwei Möglichkeiten:

- Innerhalb Ihrer Studententabelle können Sie einzelne Spalten bilden, wobei Sie jede sich wiederholende Gruppe wie folgt mit einem Index benennen:

```
CREATE TABLE STUDENT (
    student_ID       number(5),
    . . .
    act_score_one    number(3),
    act_score_two    number(3),
    act_score_three number(3));
```

- Sie können die sich wiederholenden Gruppen normalisieren und sie in eine andere Tabelle verschieben:

```
CREATE TABLE ACT_SCORE (
    student_ID    number(5),
    act_score     number(3));
```

Schauen wir uns jetzt einmal an, wie die sich wiederholende Gruppe innerhalb einer Studententabelle bei Oracle 8 realisiert werden könnte:

```
CREATE TYPE act_type AS VARRAY(3) OF act_score;

CREATE TABLE STUDENT (student_id number(5), act_scores act_type);
```

Hier sieht man, daß eine Datenstruktur definiert worden ist, die einen implizierten Index zum Zugriff auf die Daten verwendet. Um beispielsweise die Testergebnisse von Don Burleson einzufügen, könnte man eingeben:

```
INSERT INTO
            STUDENT
VALUES
    act_type(
            act_score(300),
            act_score(566),
            act_score(624))
WHERE
student_name.last_name = 'Burleson'
AND
student_name.first_name = 'Don';
```

Um das Testergebnis für Don Burleson auszuwählen, könnte man die *act_scores* unter Hinweis auf den Index des Datums in der Oracle-SQL wie folgt abfragen:

```
SELECT
        act_score(1),
        act_score(2),
        act_score(3)
```

```
FROM
        STUDENT
WHERE
student_name.last_name = 'Burleson'
AND
student_name.first_name = 'Don';
```

Sie sollten jetzt ein grundlegendes Verständnis des Konzepts der Verwendung sich wiederholender Werte innerhalb eines Datenbankobjekts oder in einer relationalen Tabelle haben. Fahren wir fort und schauen uns die Vor- und Nachteile dieser Vorgehensweise an. Danach werden wir uns ansehen, wie man sich entscheidet, wenn wiederholende Gruppen verwendet werden sollen.

Die Vorteile sich wiederholender Gruppen

Der Hauptvorteil des Entwurfs von sich wiederholenden Gruppen ist die Leistung. Sich wiederholende Gruppen stehen zur Verfügung, wenn eine Tabellenzeile abgerufen wird, ohne daß man eine weitere Tabelle zusammenfügen muß (wie bei Oracle7 erforderlich). Wie man aus dem vorigen Beispiel ersieht, wird weniger Speicherplatz verbraucht, weil keine weitere Tabelle zur Aufnahme der ACT-Ergebnisse geschaffen und keine fremden Schlüssel in neue Tabellen kopiert werden müssen. Erinnern Sie sich: Wenn Sie eine weitere Tabelle erstellen, müssen Sie überflüssigerweise die *student_ID* für jede einzelne Zeile der *ACT_SCORE*-Tabelle kopieren.

Die Nachteile sich wiederholender Gruppen

Der Hauptnachteil sich wiederholender Gruppen ist, daß man sie nicht leicht als deutlichen Satz von Werten innerhalb von Oracle SQL abfragen kann. Mit anderen Worten: Es ist für eine Abfrage unmöglich, alle Studenten zu erfassen, die ein ACT-Ergebnis von über 500 erreicht haben, ohne einen PL/SQL-Schnipsel wie den folgenden zu schreiben:

```
DECLARE
CURSOR c1 IS
        SELECT * FROM STUDENT;
BEGIN
        OPEN c1;
        FETCH c1 INTO score;
        FOR score IN c1
        LOOP

            FETCH c1 INTO score;
```

```
FOR i IN act_score.first...act_score.last LOOP

    IF act_score(i) > 500
    THEN
        dbms_output.put_line(student_name);
    END IF
  END LOOP
END LOOP
```

Eine weitere, etwas plumpe Alternative in Oracle8 SQL wäre die Verwendung des *UNION*-Operators bei SQL. Wie man in dem folgenden Codestückchen sieht, beinhaltet dies die Erstellung einer Datensicht, um die Werte in einer einzigen Spalte zusammenzuhalten:

```
CREATE VIEW ALL_ACT AS
(
SELECT act_score(1) FROM STUDENT
UNION
SELECT act_score(2) FROM STUDENT
UNION
SELECT act_score(3) FROM STUDENT
);
SELECT act_score FROM ALL_ACT WHERE act_score > 500;
```

Entscheiden, wann sich wiederholende Gruppen verwendet werden sollen

Die zentrale Frage ist einfach: Lohnen die zusätzliche Leistung und Plattenspeicherbelegungen die Verwendung von sich wiederholenden Gruppen? Um diese Frage zu beantworten, schauen wir uns an, was geschehen würde, wenn man die sich wiederholende Gruppe *act_score* entfernen und in eine Tabelle mit Namen *ACT_SCORE* einsetzen würde. Man könnte die Tabelle leicht abfragen und so leicht eine Studentenliste wie die folgende erhalten:

```
SELECT student_name
FROM STUDENT, ACT_SCORE
WHERE
   ACT_SCORE.student_ID = STUDENT.student_ID
   AND
   act_score > 500;
```

Wenn man sich wiederholende Gruppen oder verschachtelte Tabellen verwendet, weiß man im voraus nicht, wie viele Zellen eines *varrays* Daten enthalten oder wie viele Zeilen innerhalb einer Speichertabelle existieren. Deshalb muß man testen, wie viele Werte vorhanden sind. Oracle8 bietet mehrere PL/SQL-Funktionen, den ersten (*first*) und letzten (*last*), ferner den vorigen (*prior*) und den nächsten (*next*) Wert innerhalb einer Sammlung zu bestimmen. Der folgende Code setzt den Wert *j* für die Anzahl der ACT-Punkte. Daher wird sich unsere PL/SQL-Schleife entsprechend oft wiederholen:

```
j:=act_score.last;

FOR i - 1 TO j
LOOP
    . . .
END LOOP
```

Kurz gesagt, sich wiederholende Gruppen können innerhalb eines Entwurfs mit Oracle8 sehr nützlich sein, wenn sie klein sind und eine übliche Anzahl von sich wiederholenden Werten enthalten. In diesen Fällen verbessern sich wiederholende Gruppen die Leistung unter Umständen beträchtlich, wobei man zusätzlichen Oracle-Overhead bei der Verbindung mehrerer Tabellen vermeiden muß.

Schauen wir uns nun an, wie die sich wiederholenden Werte in dem objektrelationalen Modell von Oracle erscheinen, und diskutieren wir, wie sie mit abstrakten Datentypen verwendet werden können.

Sich wiederholende Gruppen und abstrakte Datentypen

Die Engine von Oracle8 verwendet die Sprachkonstruktion mit verändernder Zuordnung von PL/SQL (*varray*), um wiederholende Gruppen anzuzeigen. Das bedeutet, daß man den *varray*-Mechanismus verwenden kann, um innerhalb von Tabellenspalten sich wiederholende Gruppen zu deklarieren.

Es gibt bei Oracle8 zwei Arten zur Realisierung wiederholender Gruppen. Man kann sich wiederholende Gruppen als Daten definieren, oder man kann sie von OIDs als Zeilen in einer anderen Tabelle definieren. Schauen wir uns zunächst die OIDs an, und untersuchen wir dann die gleichwertige Struktur mit sich wiederholenden Gruppen von Datenwerten.

Sich wiederholende Gruppen von OIDs

Der einfachste Weg, sich wiederholende Gruppen von OIDs anzugehen, ist, sich ein Beispiel anzuschauen. Das folgende SQL-Listing fügt eine sich wiederholende Gruppe mit Namen *job_history* einer Kundentabelle hinzu. Zunächst muß ein *TYPE* mit Namen *job_history* mit höchstens drei Werten geschaffen werden:

```
CREATE TYPE full_address_type (
    street_address    char(20),
    city_address      char(20),
```

```
    state_name          char(2),
    zip_code            char(5));

CREATE TYPE job_details AS OBJECT (
    job_dates               char(80),
    job_employer_name       char(80),
    job_title               char(80),
    job_address             full_address_type);

CREATE TYPE job_history_type IS
    varray(3) OF REF job_details;
```

Da jetzt die Datentypen definiert sind, sieht man hier, wie man unter Verwendung der Datentypen das Oracle8-Objekt schaffen kann:

```
CREATE TABLE CUSTOMER (
    customer_name       full_name_type,
    cust_address        full_address_type,
    prior_jobs          job_history_type);
CREATE TABLE JOB_HIST OF job_details;
```

Eine sich wiederholende Liste von Referenzpunkten ist geschaffen worden. Deswegen kann man die *job_hist*-Objekte jetzt speichern, die OIDs für diese Objekte einlesen und sie in der *prior_jobs*-Spalte als Referenzspalten speichern. Dann kann man die Daten aus dem entfernten Objekt unter Verwendung der folgenden *DEREF*-Anweisung herausnehmen:

```
SELECT DEREF(CUSTOMER.prior_jobs.job_title(3))
FROM CUSTOMER
WHERE
CUSTOMER.customer_name.last_name LIKE 'JONES%';
```

Wie man sich denken kann, ist der Zugang zu entfernten Zeilen durch OIDs weit schneller, als auf *job_history*-Zeilen mit einem SQL-*JOIN* zuzugreifen. Es gibt jedoch eine weitere Methode bei Oracle8, die noch schneller ist, als die Referenz bei einer OID. Oracle8 gestattet es, daß man eine sich wiederholende Gruppe direkt innerhalb einer Spalte mit sich wiederholenden Datengruppen speichert. Schauen wir uns nun an, wie diese sich wiederholenden Datengruppen bei Oracle8 erscheinen können.

Sich wiederholende Gruppen von Datenwerten

Wie wir zuvor gesehen haben, kann man eine *varray*-Konstruktion verwenden, um sich wiederholende Gruppen anzuzeigen. Deshalb kann man als sicher annehmen, daß ein *varray*-Mechanismus verwendet werden kann, um den *job_history*-Posten zu benennen, z.B.:

```
CREATE TYPE full_address_type (
    street_address      char(20),
    city_address        char(20),
    zip_code            char(5));

CREATE TYPE job_details (
    job_dates               char(80),
    job_employer_name       char(80),
    job_title               char(80),
    job_address             full_address_type);

CREATE TYPE job_history_type (
    varray(3) OF job_details);
```

Jetzt kann man unter Verwendung der definierten Datentypen die *CUSTOMER*-Tabelle erstellen:

```
CREATE TABLE CUSTOMER AS OBJECT (
    customer_name       full_name_type,
    cust_address        full_address_type,
    prior_jobs          job_history_type);
```

Es ist eine Tabelle mit drei Ereignissen in einer Job-Geschichte erstellt worden. Wie Sie schon gesehen haben, müssen Sie *prior_jobs* indizieren, um der Datenbank mitzuteilen, welches der drei Ereignisse Sie wünschen. Der folgende Code zeigt, wie das geschieht:

```
SELECT CUSTOMER.prior_jobs.job_title(3)
FROM CUSTOMER
WHERE
CUSTOMER.customer_name.last_name LIKE 'JONES%';
```

Hier sieht man, daß wir eine sich wiederholende Liste innerhalb unserer Tabellendefinition geschaffen haben *(siehe Abbildung 1.6)*. Der folgende Code wählt die Straße in der Anschrift des ersten früheren Arbeitgebers aus:

```
SELECT CUSTOMER.prior_jobs.job_address.street_address(1)
FROM CUSTOMER
WHERE
CUSTOMER.customer_name.last_name LIKE 'JONES%';
```

Es ist darauf hinzuweisen, daß mit Oracle8 die Herstellung sich wiederholender Gruppen möglich ist, die sowohl Daten als auch Zeiger auf Zeilen innerhalb anderer Tabellen enthalten. Aber was geschieht, wenn man Datentypen, die sich wiederholende Gruppen enthalten, verschachtelt?

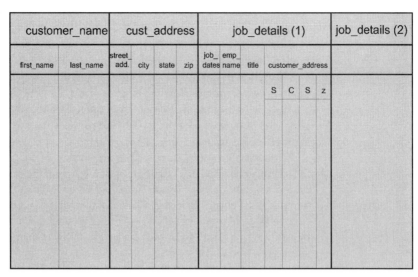

Abb. 1.6:
Eine sich wiederholende Liste innerhalb einer Tabellenspalte

In den Zeiten vor relationalen Datenbanken war es einfach, einen Satz aufzuzeichnen, der eine begrenzte sich wiederholende Gruppe enthielt. In COBOL z.B. könnte die Definition einer Aufzeichnung so definiert werden, daß sie drei sich wiederholende Gruppen von Informationen über die Job-Geschichte enthält:

```
03 EMPLOYEE.
   05 EMPLOYEE-NAME         PIC X(80).
   . . .
   05 JOB-HISTORY OCCURS 3 TIMES.
      07 JOB-DATE           PIC X(80).
      07 JOB-EMPLOYER-NAME  PIC X(80).
      07 JOB-TITLE          PIC X(80).
      07 EMPLOYER-ADDRESS
         09 STREET-ADDRESS PIC X(80).
         09 CITY-ADDRESS   PIC X(80).
         09 ZIP-CODE       PIC X(80);
```

Daher wird in COBOL auf den *JOB_HISTORY*-Bestandteil mit einem Index zugegriffen, wie in dem folgenden Beispiel deutlich wird:

```
MOVE JOB-HISTORY(2) TO OUT-REC.
MOVE 'DATABASE ADMINISTRATOR' TO JOB-TITLE(3).
```

Die Entwickler von Datenbanken werden feststellen, daß die Verwendung von *varrays* in Oracle8 eine direkte Verletzung der Ersten Normalform ist.

Falls es möglich ist, sich wiederholende Werte in einer Tabellenzelle zu gestatten, warum gestattet man nicht auch den Zugriff auf eine völlig neue Tabelle? Dies ist eine innerhalb von Oracle8 gültige Option und wird *verschachtelte Tabelle* (*Nested Table*) genannt. Im nächsten Abschnitt schauen wir uns Verweise auf Tabellen an.

Verweise auf Tabellen

Stellen Sie sich eine Datenbank vor, die die Verschachtelung innerhalb von Tabellen in der Weise ermöglicht, daß eine einzelne Zelle einer Tabelle auf eine andere Tabelle zeigen kann. Dieses Konzept mag oberflächlich sehr fremd erscheinen, ist jedoch nicht schwer zu verstehen, wenn Sie bedenken, daß viele Objekte in der realen Welt aus Unterbestandteilen bestehen.

Erinnern Sie sich an unsere Diskussion der OIDs. Um Datenbeziehungen zwischen Datenbankeinheiten zu errichten, muß ein Zeiger dauerhaft, einmalig und nicht vergänglich sein. Bei relationalen Datenbanken wird eine relationale ROWID verwendet, um eine Zeile zu identifizieren. Leider ist eine ROWID die Nummer eines physikalischen und der Zeilenersatz innerhalb des Datenblocks. Das Problem ist, daß eine solche relationale Datenzeile unabsichtlich in einen anderen Block bewegt, oder, was schlimmer ist, gelöscht werden könnte. Um dieses Problem anzugehen, hat Oracle OIDs für jede Zeile geschaffen. Auf diese Weise wird jede Zeile individuell identifiziert, ohne Rücksicht auf den Status der Zeile oder die physikalische Plazierung in Datenbankblöcken. Weiterhin kann eine Datenbank jetzt gelöscht werden, und die OID, die mit der Datenbank verbunden war, wird von Oracle nie wieder verwendet.

Um eine Tabelle mit OIDs zu schaffen, muß ein Datentyp erstellt werden, der alle erforderlichen Zeileninformationen enthält. Im folgenden Beispiel nehmen wir an, daß der Datentyp *customer_stuff* die für eine *CUSTOMER*-Tabelle erforderlichen Daten enthält. In einer traditionellen relationalen Datenbank könnte man eine Tabelle wie diese schaffen:

```
CREATE TABLE CUSTOMER (customer_data        customer_stuff);
```

Durch die Einführung der OIDs ändert sich die Syntax der Tabellenbildung leicht. Das folgende Beispiel erstellt genau die gleiche Tabelle wie das vorherige Beispiel, mit der Ausnahme, daß die Tabelle eine OID für jede innerhalb der *CUSTOMER*-Tabelle gebildete Zeile enthält:

```
CREATE TYPE customer_stuff AS OBJECT (
customer_name      full_name,
cust_address       customer_address,
prior_jobs         job_history);

CREATE TABLE CUSTOMER OF customer_stuff;
```

Es war immer ein Mangel des relationalen Modells, daß nur atomare Elemente direkt dargestellt werden konnten, und es wurden relationale Datensichten benötigt, um aggregierte Objekte zusammenzusetzen. Die Professoren der Objekttechnologie machten sich über die Unfähigkeit des relationalen Modells lustig, aggregierte Objekte darzustellen, und sie sagten, daß das genau so wäre, wie wenn man jeden Abend nach der Rückkehr von der Arbeit seinen Wagen auseinanderbauen würde, nur um ihn wieder zusammenzubauen, wenn man ihn das nächste Mal benötigt. Endlich gestatten es verschachtelte, abstrakte Datentypen den Benutzern von Oracle, Objekte der realen Welt darzustellen, ohne Zuflucht zu Datensichten nehmen zu müssen *(siehe Abbildung 1.7)*.

Abb. 1.7:
Verweise auf an-
dere Datensätze

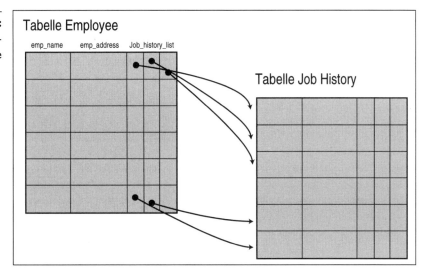

Schauen wir uns nun an, wie dieser Typ von sich wiederholenden Datenbeziehungen innerhalb von Oracle dargestellt werden kann. Die folgende SQL-Anweisung erstellt eine *TYPE*-Definition für eine Liste von Bestellungen. Diese Liste von Zeigern auf Bestellungen könnte eine Spalte in einer Oracle-Tabelle werden, wie folgt:

```
CREATE TYPE order_set AS TABLE OF order;

CREATE TYPE customer_stuff_type AS OBJECT (
    customer_id            integer,
    customer_full_name     full_name,
    order_list             order_set);

CREATE TABLE CUSTOMER OF customer_stuff_type
    NESTED TABLE order_list;
```

Hier sieht man den neuen Stil der Syntax zur Schaffung von Tabellen. Während *Abbildung 1.7* die Zeigerstruktur zeigt, wie sie begrifflich aussehen würde, müssen die objektrelationalen Datenbanken eine interne Matrix verwenden, um diese sich wiederholenden Zeigergruppen zu realisieren. Bei Oracle8 werden Matrizen unterschiedlicher Länge verwendet, um die Struktur darzustellen *(siehe Abbildung 1.8)*.

In *Abbildung 1.8* ist eine Liste von Zeigern innerhalb jeder Spalte verschachtelt, und jede Zelle innerhalb einer Spalte enthält eine Liste von

Zeigern auf Zeilen in der *ORDER*-Tabelle. Wenn man objektorientierte SQL-Erweiterungen verwendet, kann man nun im voraus eine Verbindung mit der *ORDER*-Tabelle herstellen, um die drei Aufträge für diesen Kunden hinzuzufügen:

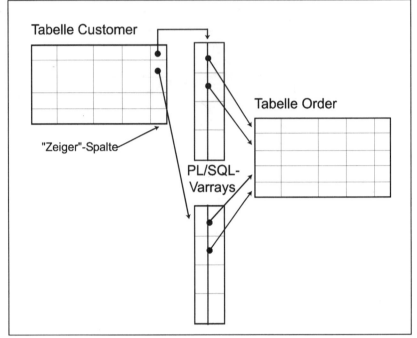

```
UPDATE CUSTOMER
    SET order_list (
        SELECT REF(order)       /* this returns the OIDs from all
order rows                                                      */
        FROM ORDER
        WHERE
        order_date = SYSDATE
        AND
        ORDER.customer_ID = (123)
    );
```

Hier kann man die Verwendung des *REF*-Operators sehen, der den Bezugspunkt, oder OID, der angeforderten Zeilen zurückgibt. Dies ähnelt dem Abruf von ROWIDs in einer relationalen Datenbank, abgesehen davon, daß man jetzt die Zeileninformation innerhalb einer relationalen Tabelle speichert.

Wenden Wir uns nun der Frage zu, wie man zwischen Tabellen navigieren kann, ohne Tabellen zusammenfügen zu müssen. Aus unserer früheren Diskussion werden Sie sich daran erinnern, daß das objektrelationale Modell zwei Möglichkeiten bietet, Daten aus Ihrer Datenbank abzurufen. Man kann SQL verwenden, um die gewünschten Daten zu selektieren und den SQL-Optimierer den Zugangspfad wählen lassen, oder man kann Zeile für Zeile in der Datenbank navigieren, um die benötigten Informationen zu sammeln. Es folgt der Code, um den Inhalt der drei Zeilen in dem *varray* von *order_list* zurückzubringen.

```
SELECT DEREF(order_list)
FROM CUSTOMER
WHERE
customer_id = 123;   /* This will return 3 rows in the order table
*/
```

Der wichtige Punkt bei dem vorausgehenden Beispiel ist, daß man zwischen Tabellen navigieren kann, ohne jemals einen SQL-*JOIN* durchführen zu müssen. Betrachten Sie die Möglichkeiten. Man braucht *nie* einen fremden Schlüssel für die *CUSTOMER*-Tabelle in den Auftragsaufzeichnungen einzubetten, weil man die Zeiger in jeder Kundenzeile speichern könnte. Natürlich könnte man nie einen relationalen *JOIN* zwischen der *CUSTOMER*- und der *ORDER*-Tabelle durchzuführen. Aber das spielt in Wirklichkeit keine Rolle, solange man die Fähigkeit behält, mit Zeigern zwischen den Kunden und den Bestellungen zu navigieren.

Natürlich sind dies Einwegzeiger von den Kunden zu den Bestellungen, und man hätte keine Möglichkeit, von der *ORDER*-Tabelle zur der *CUSTOMER*-Tabelle zu gelangen, es sei denn, man bettet einen Zeiger ein, der auf die Zeile zeigt, die den Kunden für jeden Auftrag enthält. Das kann man machen, indem man einen Verweis auf den Eigentümer innerhalb jeder Auftragszeile schafft, welcher die OID des Kunden enthält, der den Auftrag erteilt hat.

Schauen wir uns an, wie dieser Typ von sich wiederholenden Datenbeziehungen in einer objektrelationalen Datenbank wie Oracle8 dargestellt werden kann:

```
CREATE TYPE order_type AS OBJECT (
    order_date    date,
    total_amount  number);

CREATE TABLE ORDER_LIST AS TABLE OF order_type;

CREATE TYPE customer_type AS OBJECT (
    customer_id             integer,
    customer_full_name      full_name,
    customer_full_address   full_address_type,
    . . .
    cust_order_list         order_list);

CREATE TABLE CUSTOMER OF customer_type
    NESTED TABLE cust_order_list;
```

Hier sieht man, daß die *ORDER*-Tabelle konzeptionell innerhalb der *CUSTOMER*-Tabelle verschachtelt ist (mehr über das Verschachteln im nächsten Teil). Wie geht es weiter? Wie bestückt man diese neue Struktur? Schauen wir uns an, wie diese Tabelle bestückt werden könnte:

```
INSERT INTO CUSTOMER VALUES (
    full_name ('ANDREW','S.','BURLESON'),
    customer_address('246 1st St.','Minot','ND','74635');
```

Hier kommt der Teil, wo man den Leistungsgewinn erkennen kann. Man kann jetzt im voraus die *CUSTOMER*-Tabelle mit der *ORDER*-Tabelle verbinden, um die drei Aufträge für diesen Kunden hinzuzufügen:

```
UPDATE CUSTOMER
   SET order_list (
       SELECT REF(order)     /* OID reference */
       FROM ORDER
       WHERE
       order_date = SYSDATE
       AND
       ORDER.customer_ID = (123)
   );
```

Was haben wir jetzt hier? Es scheint, daß der *order_list*-Eintrag in der *CUSTOMER*-Tabelle Zeiger auf die drei von diesem Kunden erteilten Aufträge enthält. Daher kann man auf diese Zeiger zugreifen, ohne einen relationalen *JOIN* herzustellen:

```
SELECT DEREF(order_list)
FROM CUSTOMER
WHERE
customer_id = 123;  /* This will return 3 rows in the order table
*/
```

Diese Abfrage setzt den Zeiger auf die drei Zeilen in der *ORDER*-Tabelle zurück. Dann sollte es eine einfache Sache sein, den Zugriff auf diese Zeiger rückgängig zu machen, um den Inhalt der *ORDER*-Tabelle herauszufinden. Abhängig von der jeweiligen SQL-Realisierung durch den Hersteller könnte dies etwa folgendermaßen aussehen:

```
SELECT DEREF(order_list)
FROM CUSTOMER
WHERE customer_ID = 123;
```

Wir wollen jetzt einen detaillierteren Blick auf die Fähigkeit zur Verschachtelung von Tabellen bei Oracle8 werfen.

Die Verwendung verschachtelter Tabellen

Wie an verschiedenen Stellen in diesem Kapitel diskutiert, enthält die neue objektrelationale Datenbank eine sehr interessante Zeigerstruktur, die es gestattet, daß eine einzelne Zelle in einer Dateneinheit eine ganze andere Dateneinheit enthält. Auf diese Weise ist es möglich, eine Struktur zu schaffen, in der Objekte (oder Tabellen) innerhalb anderer Objekte (oder Tabellen) verschachtelt werden können. Für eine objektrelationale Datenbank bedeutet dies, daß die Werte in einer einzelnen Spalte innerhalb einer Tabelle eine vollständige Tabelle enthalten können. Diese Untertabellen der Tabellen wiederum können einzelne Spaltenwerte besitzen, die auf andere Tabellen zeigen usw. bis ins Unendliche. *Abbildung 1.9* illustriert dieses Konzept.

Abb. 1.9:
Verschachtelte
Tabellen

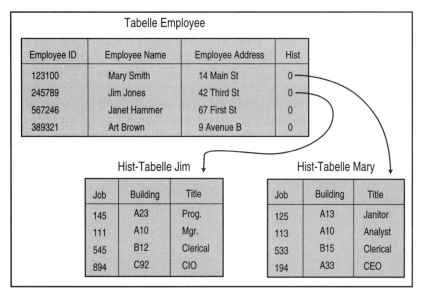

Die Anwendung dieser neuen Datenstruktur ist zwar nicht offensichtlich, sie bietet jedoch aufregende Möglichkeiten zur Modellierung komplexer, aggregierter Objekte. In objektorientierten Datenbanken mit C++, z.B. ONTOS und Objectivity, können Datenbankdesigner eine Struktur schaffen, bei der ein Objekt eine Liste von Zeigern enthält. Jeder dieser Zeiger verweist auf eine separate Liste von Zeigern. Diese Zeiger wiederum zeigen auf andere Objekte in der Datenbank. Im Sprachgebrauch der C-Sprache ist diese Struktur als **char bekannt, welche „Zeiger auf einen Zeiger auf ein Zeichen" genannt wird.

Bei Oracle8 wird diese Struktur unter Verwendung einer sogenannten *Speichertabelle (store table)* realisiert. Die Tabelle auf der obersten Ebene enthält eine Zelle, die als Zeiger auf eine Tabelle definiert ist. Die Spalte, die als Zeiger auf eine ganze Tabelle definiert ist, hat eine große Einschränkung, nämlich daß jeder einzelne Zeiger auf eine Tabelle mit genau der gleichen Definition zeigen muß. Mit anderen Worten: Jeder Spaltenwert muß einen Zeiger auf eine Tabelle enthalten, die mit genau der gleichen Definition definiert ist.

Es scheint zwar, daß jede Zelle auf eine ganze Tabelle zeigt, die objektrelationalen Datenbanken realisieren diese Struktur jedoch durch die Definition einer Speichertabelle. Eine *Speichertabelle* ist eine interne

Tabelle, die eng mit der Eigentümertabelle verbunden ist. Im wesentlichen ist eine Speichertabelle nichts anderes, als eine interne Tabelle, die als untergeordnet gegenüber der Eigentümertabelle mit einem festgelegten Satz von Spalten definiert wird.

Wir wollen die Verwendung dieser Datenstruktur an einem einfachen Beispiel erläutern. Kommen wir auf die Datenbank der Universität zurück. Die Datenbank der Universität hat eine N:M-Beziehung zwischen Kursen und den Dateneinheiten der Studenten. Ein Student kann viele Kurse belegen, und ein Kurs hat viele Studenten. In einem traditionellen relationalen System wurde die Beziehung zwischen Studenten und Kursen durch die Erstellung einer Verbindungstabelle zwischen den Dateneinheiten für Studenten und Kurse und durch das Kopieren der primären Schlüssel aus den Studenten- und Kurstabellen in diese Einheit realisiert. In unserem Beispiel wird diese Einheit *grade* (Stufe) genannt, und die *grade*-Einheit enthält die *student_ID* und die *course_ID* als fremde Schlüssel *(siehe Abbildung 1.10)*.

Abb. 1.10:
Die physikalische
Implementierung
einer Speicher-
tabelle

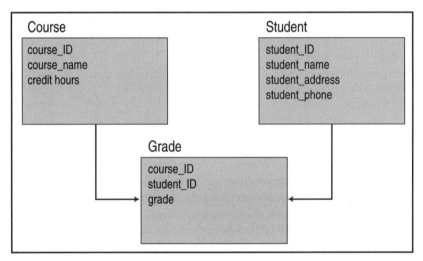

Jetzt wollen wir einen Blick darauf werfen, wie dies unter Verwendung von Zeigern auf ganze Tabellen realisiert werden könnte. Um einen Klassenplan für einen Studenten mit einer traditionellen relationalen Realisierung zu erstellen, müßte man die *student*-Zeile auswählen, sie mit der *GRADE*-Tabelle und dann noch mit der *COURSE*-Tabelle „JOINen":

```
SELECT
        student_full_name,
        course_name,
        course_date,
        grade
FROM
        STUDENT, GRADE, COURSE
```

```
WHERE
      student_last_name = 'Burleson'
      AND
      STUDENT.student_ID = GRADE.student_ID
      AND
      GRADE.course_ID = COURSE.course_ID;
```

Um den dreifachen SQL-*JOIN* der Tabellen zu vermeiden, könnte man sich entschließen, eine Speichertabelle zu schaffen, die der *STUDENT*-Tabelle untergeordnet ist. Diese Tabelle würde *course_name, course_date* und *grade* für jeden Studenten enthalten:

```
CREATE TYPE student_list_type (
      student_full_name      full_name,
      student_full_address   full_address,
      grade                  char(1));

CREATE TYPE student_list AS TABLE OF student_list_type;

CREATE TYPE course_type AS OBJECT (
      course_name       varchar2(20),
      dept_ID           number(4),
      credit_hrs        number(2),
      student_roster    student_list);

CREATE TABLE COURSE OF course_type
   NESTED TABLE student_roster;
```

Hier kann man sehen, daß die *student_roster* (Dienstplan)-Spalte der *COURSE*-Tabelle einen Zeiger auf eine Tabelle *TYPE student_list_type* enthält. Darin liegt die Illusion. Es scheint zwar in der Anwendung so, daß jeder einzelne Spaltenwert auf eine ganze Tabelle zeigt; in Wirklichkeit jedoch zeigt die Spalte auf einen Satz von Zeilen innerhalb der Speichertabelle. Die Speichertabelle ist allen Spalten gemeinsam, die diese Zeigerstruktur enthalten, und die Speichertabelle enthält eine spezielle Spalte, die auf den Eigentümer der Zeile in der Elterntabelle verweist *(siehe Abbildung 1.11)*. Diese Spalte nennt man *SETIDD$*, und sie existiert für jede Zeile in der Speichertabelle.

Der Gedanke der Verschachtelung von Tabellen ist zwar eine hervorragende Methode zur Gestaltung von hierarchischen Strukturen; aber es gibt noch Fragen bezüglich der Anwendung dieser Datenstruktur auf Datenmodelle der realen Welt. Die schöne Eigenschaft von verschachtelten Tabellen ist, daß eine einzige *SELECT*-Anweisung die zutreffenden Zeilen einer Speichertabelle zurückholen kann und so die Abfrage erleichtert. Da eine verschachtelte Tabelle in Wirklichkeit nur eine weitere Tabelle mit der gleichen Spaltenstruktur für jede Zeile ist, ist es immer noch fraglich, ob es besser wäre, diese Struktur zu verwenden oder einfach eine weitere Tabelle zu schaffen.

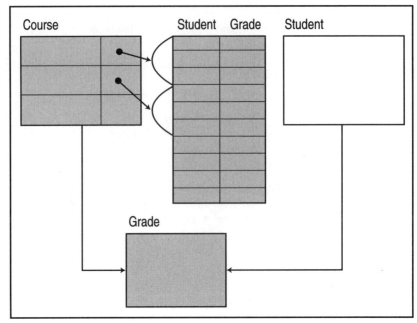

Da wir jetzt die Grundlagen von OIDs und Zeigern kennen, sind wir
soweit, daß wir einen Blick auf eine der am höchsten entwickelten
Strukturen bei Oracle8 werfen, auf die multidimensionale Anordnung
von Objekt-IDs.

Überprüfung der Auswirkung von OIDs auf den Entwurf mit Oracle

Bis zu diesem Punkt sollten Sie festgestellt haben, daß die Fähigkeit, abstrakte Datentypen zu unterstützen, den Datenbankdesignern ein wirk-
sames Werkzeug in die Hand gibt, welches sie in die Lage versetzt:

■ sich wiederholende Gruppen innerhalb einer Zelle einer Tabelle zu
speichern,

■ Tabellen innerhalb von Tabellen zu verschachteln,

■ auf Zeigern basierende Navigation für relationale Daten zu bieten,

■ aggregierte Objekte darzustellen.

Betrachten Sie die Verästelungen bei der auf Elementzeigern beruhen-
den Navigation nach relationalen Daten. Stellen Sie sich die Möglichkeiten vor, die sich ergeben, wenn Sie SQL umgehen könnten. Bei Oracle8
kann man in einem Datenmodell navigieren, ohne Tabellen zusammenfügen zu müssen. Wichtiger noch, man hat jetzt die Möglichkeit, komplexe Objekte darzustellen. Das bedeutet, man kann im voraus aus
Unterobjekten bestehende Objekte schaffen, ohne sie jedesmal erstellen

zu müssen, wenn man sie sehen will. Weil aggregierte Objekte eine eigenständige Existenz haben, kann man diesen Objekten Methoden anhängen. Zusätzlich kann man Datenbankkosten einsparen, indem man im voraus komplexe Datenbankobjekte erstellt und sie sofort für die Datenbank zur Verfügung hat.

Eine der aufregendsten neuen Eigenschaften von Oracle8 ist die Fähigkeit zur Erstellung von Objekten, die der realen Welt entsprechen und in der Datenbank existieren. Einer der Mängel der relationalen Datenbanken war das Erfordernis, alle Daten in ihrer kleinsten (d.h. der Dritten Normalform) Größe zu speichern und aggregierte Objekte durch die Zusammenfügung von Tabellen aufzubauen. Oracle8 hat jetzt diese Einschränkung beseitigt, und aggregierte Objekte können im voraus aus ihren Bestandteilen zusammengebaut und innerhalb der Datenbank gespeichert werden. Schauen wir uns an, wie das funktioniert.

Der Entwurf aggregierter Objekte

Um ein aggregiertes Objekt zu erstellen, müssen wir die Natur der Aggregation bei Oracle8 verstehen. Benutzt man die Eigenschaft abstrakter Datentypen bei Oracle8, kann man ein neues Objekt definieren, das *ORDER_FORM* heißt und Zeiger auf die verschiedenen, einen Bestellschein umfassenden Komponenten enthält. Es ist nie nötig, ein *ORDER_FORM*-Objekt neu zu bauen, es sei denn, Elemente werden gelöscht oder der *ORDER_FORM* hinzugefügt. Wenn z.B. die Spalte *quantity_ordered* in der *ORDER_LINE*-Tabelle verändert wird, übernimmt das *ORDER_FORM*-Objekt automatisch diesen neuen Wert, wenn der Zugriff auf die *order_line*-Zeile beendet wird.

So funktioniert es. Zunächst muß man einen Zeiger definieren, der die Zeile zurückholt, welche dem Kunden entspricht, der den Auftrag erteilt hat. Nehmen wir an, Sie haben bereits einen ADT für die gesamte *customer*-Zeile erstellt und die *CUSTOMER*-Tabelle folgendermaßen erstellt:

```
CREATE TABLE CUSTOMER (customer_data    customer_adt);
```

Jetzt kann man einen *customer_ref TYPE* bilden, der den Zeiger auf den Kunden enthält:

```
CREATE TYPE customer_ref AS TABLE OF customer_adt;
```

Weil man eine *order*-Zeile aufsucht, kann man das gleiche für die *ORDER*-Tabellenzeile tun:

```
CREATE TYPE order_ref AS TABLE OF order_adt;
```

Die erste Komponente des *ORDER_FORM*-Objekts ist der Bezug auf die *customer* und *order*-Zeilen:

```
CREATE TABLE ORDER_FORM (
    customer        customer_ref,
    order           order_ref);
```

Wo man jetzt die Kunden- und Auftragsdaten hat, muß man Zeiger einrichten, die die N:M-Beziehung zwischen den *ORDER-* und *ITEM*-Ele-
menten darstellt. Um dies zu erreichen, beginnt man mit der Definition
einer sich wiederholenden Gruppe jeder *order_line* für jeden Auftrag:

```
CREATE TYPE item_list
  AS TABLE OF order_line;
```

Dieser Code definiert *item_list*. Jetzt muß man *ORDER_FORM* definieren:

```
CREATE TABLE ORDER_FORM (
    customer        customer_ref,
    order           order_ref,
    lines           item_list);
```

Als nächstes muß man Zeiger auf jedes Element setzen, das in der
ORDER_LINE-Tabelle dargestellt wird. Aber wie geschieht das? Man
kennt die *item_ID*-Nummern nicht, die an dem Auftrag beteiligt sind,
bevor man nicht die *order_line*-Zeilen wiederauffindet. Deshalb benötigt
man Eigentümerzeiger innerhalb jeder *order_line*-Zeile, so daß man den
Zugriff auf die Elementetabelle beenden kann. Angenommen, die
LINE_ITEM-Tabelle ist so definiert worden, daß wie folgt einen Bezugs-
zeiger auf die *ITEM*-Tabelle definiert worden ist:

```
/* example of an owner pointer */
CREATE TYPE item_ref AS TABLE OF item_type;

CREATE TABLE line_item_type AS OBJECT (
    order_ID            integer,
    item_ID             integer,
    item_pointer        REF item_type,
    quantity_ordered integer);

CREATE TYPE line_items AS varray(30) OF line_item_type;
```

Jetzt wollen wir schauen, ob man alle Daten für das *ORDER_FORM*-
Objekt anzeigen kann:

```
CREATE TABLE ORDER_FORM AS OBJECT (
    customer            REF customer_type,
    order               REF order_type,
    lines               line_items);
```

```
SELECT
  DEREF(customer),
  DEREF(order),
   . . .
;
```

Die Definition von Oracle-Objekten

Wie früher in diesem Kapitel diskutiert, kann man eine Zeile nur darstellen, wenn sie mit einer OID definiert worden ist. Dafür muß die Tabelle definiert werden als

```
CREATE TABLE CUSTOMER OF customer_stuff_type;
```

im Gegensatz zu:

```
CREATE TABLE CUSTOMER (customer_data  customer_stuff_type);
```

Diese Tabellendefinitionen sind gleich. Der einzige Unterschied ist, daß die erste eine Spalte mit Namen *OID$* hat, die eine einmalige OID für jede Zeile enthält.

Wir verstehen jetzt, wie man Oracle8-Objekte bildet und wollen nun einen Blick auf die Verkoppelung dieser Objekte mit den Methoden von Oracle8 werfen. Der Vorgang des Verbindens von Daten und Methoden erfordert sorgfältige Planung, und dieser Prozeß beginnt gewöhnlich mit der Spezifikation von „Prototypen" für jede der Methoden von Oracle8.

Der Entwurf von Methodenprototypen

Der Ausgangspunkt für die erfolgreiche Verkoppelung von Oracle8-Daten und Methoden ist die Erstellung von Methodenprototypen. Für dieses Beispiel werden die Definitionen der Datentypen aus dem Datenwörterbuch und der Pseudocode aus dem Mini-spec als Hilfe bei der Diskussion der hierarchischen Abbildung von Methoden verwendet. In dieser Analyse wird auf einen Satz von Flußdiagrammen (DFDs) zugegriffen, beginnend mit Ebene eins (Beschreibung des *fill_order*-Vorgangs) und einschließlich der Datenflußdiagramme auf allen unteren Ebenen.

Zu Beginn der Diskussion wollen wir jeden Prozeß auflisten und die Untermethoden innerhalb jedes Prozesses zeigen:

```
1 - fill_order
   1.1 - check_customer_credit
   1.2 - check_inventory
      1.2.1 - check_stock_level
      1.2.2 - generate_backorder_notice
      1.2.3 - decrement_inventory
```

```
      1.2.4 - prepare_packing_slip
   1.3 - prepare_invoice
      1.3.1 - compute_order_cost
      1.3.2 - compute_shipping_charges
      1.3.3 - add_handling_charge
      1.3.4 - assemble_invoice
```

Diese Hierarchie zeigt Ihnen, wie Methoden innerhalb anderer Methoden verschachtelt werden. Wenn diese natürliche Hierarchie einmal entwickelt ist, sind Sie bereit, die Darstellung dieser Prozesse für Ihre Datenbankklassen zu definieren.

Sie wissen wahrscheinlich, daß die Datenflußdiagramme der untersten Ebene *funktionelle Primitive* darstellen oder Prozesse, die nicht in kleinere Prozesse zerlegt werden können. Natürlich werden funktionelle, primitive Prozesse zu Methoden, aber bedeutet das nicht, daß sie niemals Unterkomponenten haben? Wenn ein Analytiker seine Arbeit ordentlich erledigt hat, gibt es keine Untermethoden, ausgenommen die eigenständigen Methoden, z.B. die *compute_shipping_charges*-Methode.

Beginnt man mit den primitiven Prozessen, kann man eine Methode entwerfen, die die gleichen Werte akzeptiert, wie auf der DFD und die gleichen Werte an das Programm zurückgibt, welches die Methode aufruft. Man hat z.B. einen Prozeß wie *compute_shipping_charges*, der einen *valid_in_stock_order* als Eingabe annimmt. Innerhalb dieses Prozesses sammelt er das Gewicht und die Kosten der Artikel, berechnet die Gebühren und gibt die Frachtgebühr und das Gesamtgewicht aus.

Im wesentlichen ist ein Prototyp eine formelle Definition einer Methode, die den gesamten Eingabe- und Ausgabe-Datenfluß beschreibt. Die akzeptierte Form eines Prototyps ist:

```
return_data_type Method_name
      (input_data_name_1 input_data_type_1,
       input_data_name_2 input_data_type_2,
       . . .);
```

Bevor wir mehr ins Detail gehen, führen wir uns die möglichen, von Methoden benutzten Datentypen vor Augen. Diese Datentypen können verwendet werden, um einen Datenwert zurückzugeben, oder sie können von der Methode als Eingabeparameter benutzt werden:

- *int* - Integer-Wert

- *varchar* - Zeichenkette unterschiedlicher Länge

- *TYPE* - Zeiger auf eine Datenstruktur (identisch mit einer OID von Oracle8)

Für die meisten Neulinge bei Objekten ist *TYPE* der verwirrendste Datentyp, weil er auf Zeiger verweist. Ein Zeiger in einer Datenbank ist eine OID, die auf das Objekt zeigt, welches der Methode die Werte liefert. Weil Oracle8 die strenge Typisierung durch die Verwendung der

SCOPE-Klausel der *CREATE TABLE*-Anweisung unterstützt, muß man zwischen verschiedenen OID-Typen unterscheiden. Ein Zeiger auf ein Auftragsobjekt, z.B. (*order*), ist völlig verschieden von einem Zeiger auf ein Kundenobjekt (*customer*). Praktisch gesehen ist es effizienter, den Daten einen Zeiger beizugeben, als die Daten selbst weiterzugeben, weil der Zeiger *(OID)* kompakter ist.

Der Gedanke der strengen Typisierung ist lebendig und bei Oracle8 gut vertreten. Oracle8 sieht vor, daß die Verwendung des Verbs SCOPE *in der* CREATE TABLE-*Anweisung den Typ einer Bezugsspalte auf eine spezielle OID-Tabelle begrenzt wird. Wenn man beispielsweise eine Kundentabelle mit einem* varray *von OIDs für Aufträge eines Kunden definiert, kann man die* SCOPE-*Klausel verwenden, um sicherzustellen, daß nur OIDs aus der* ORDER-*Tabelle innerhalb dieser Spalten gespeichert werden.. Für weitere Informationen über* SCOPE *siehe* Kapitel 5: Oracle SQL-Optimierung.

In der Sprache der Objektdatenbanken: Man entwirft einen Prototyp für jeden Prozeß auf seinen DFDs. Wir wollen dies illustrieren, indem wir untersuchen, wie man den Prototyp für die *compute_shipping_charges*-Methode, die eine *valid_in_stock_order* akzeptiert und für den Auftrag *shipping_charge* auswirft. Daher könnte man einen Prototyp schaffen, der *compute_shipping_charges* (Frachtgebühr) als ganze Zahl zeigt und einen Zeiger auf ein anderes Objekt akzeptiert:

```
int compute_shipping_charge(valid_in_stock_order *order);
```

Für dieses Beispiel wollen wir annehmen, daß *valid_in_stock* die vier folgenden Werte enthält, die für die Berechnung der Frachtgebühren erforderlich sind:

- Gewicht in Pfund
- Versandart
- Postleitzahl des Versandortes
- Postleitzahl des Bestimmungsortes

Wie bekommt man nun diese Daten, wenn man nur eine OID für den Auftrag hat? Die Methode löst den Zugriff auf die OID auf, geht zu dem anderen Objekt und sammelt die erforderlichen Informationen. Das heißt, die Methode nimmt die OID und benutzt zur Entgegennahme von Daten des Objekts die entsprechende SQL-Anweisung. So etwa könnte die SQL-Anweisung innerhalb der *compute_shipping_charges*-Methode aussehen:

```
SELECT
    item_weight,
    shipping_class,
    origination_zip_code,
```

```
        destination_zip_code
FROM
    ORDER O
WHERE
    REF(O) = :valid_in_stock_order;
```

Diese Funktion gibt die Frachtgebühren aus, ausgedrückt als ganze Zahl. Wenn man keinen Zeiger auf das Objekt dieser Methode gesetzt hat, wird der Prototyp für *compute_shipping_charges* viel komplizierter, wie man hier sieht:

```
int compute_shipping_charge
    (weight int, class char(1),
     origination_zip_code number(9),
     destination_zip_code number(9));
```

Halten Sie fest, daß das erste Zeichen *int* sich auf den Datentyp bezieht, der durch die Methode zurückgegeben wird. Bei Methoden, die einen Wert nicht zurückgeben, ist das erste Zeichen in einem Prototyp *void*. Zum Beispiel gibt eine Methode mit Namen *give_raise* keinen Wert zurück und könnte somit als Prototyp lauten:

```
void give_raise(emp_ID number(9), percentage int);
```

Dies waren die Grundlagen der Bildung von Prototypen. Wir wollen jetzt die Prototypen für einige Methoden bilden. Um einen Prototyp für eine Methode zu bilden, benötigt man die Namen und Datentypen aller eingegebenen Daten und den Namen und die Datentypen des zurückgegebenen Werts. Diese werden im allgemeinen aus den Datenflußdiagrammen in der ersten Systemanalyse abgeleitet:

```
*order        fill_order(cust_info *customer);

int           check_customer_credit(cust_info *customer);

int           check_inventory(item_number int);

*invoice      prepare_invoice(valid_in_stock_order *order_form);

int           check_stock_level(item_number int);

*backorder    generate_backorder_request(item_number  int);

void          decrement_inventory(item_number int);

*packing_slip prepare_packing_slip(valid_in_stock_order
*order_form);

int           compute_order_cost(valid_in_stock_order
*order_form);
```

```
    int         compute_shipping_charges(valid_in_stock_order
*order_form);

    int         add_handling_charge(total_weight int);

    *invoice    assemble_invoice(item_total_cost int,
                                 shipping_charge int,
                                 handling_charge int);
```

Wir wollen diese Prototypen beschreiben, damit Sie mit den Definitionen zurechtkommen. Bei diesen Prototypen sieht man, daß einige Prototypen eine ganze Zahl, einige Werte und wieder andere Zeiger auf Objekte erbringen. In objektorientierten Datenbanken ist es nicht ungewöhnlich, Übertragungsanweisungen mit Methodenaufrufen zu verbinden.. Nehmen wir an, man hätte in dem folgenden Code den Datentyp für *order_OID* als Zeiger auf einen Auftrag definiert. Der folgende Vorgangscode berechnet die Frachtgebühren für den Auftrag und verweist das Ergebnis an eine Variable namens *my_shipping_charges*:

```
    my_shipping_charges :=
compute_shipping_charges(:my_order_form_OID);
```

Mit dem gleichen Zeichen kann man auch eine OID in den Methodenaufruf geben, so daß man eine OID in ein anderes Objekt einbetten kann. Nehmen wir an, im folgenden Code hat man den Datentyp für *order_OID* als Zeiger auf einen Auftrag definiert. Man kann jetzt in einer einzigen Anweisung zwei Dinge tun: Man kann die *fill_order*-Methode aufrufen und gleichzeitig die OID des neuen Auftragsobjekts wie folgt in die *order_OID*-Variable zurückgeben:

```
    order_OID := fill_order(:cust_info);
```

Sie sehen, es ist eine vollständige Spezifikation für jede Methode erstellt worden, die den Namen und Datentyp jeder Eingabe- und Ausgabevariablen festlegt. Es ist erforderlich, daß jede dieser Methoden unabhängig voneinander getestet wird. Es mag sein, daß die interne Variable der Aufrufmethode unbekannt ist. Dies nennt man *information hiding* (Verstecken von Informationen) und wird verwendet, wenn *private Variablen* benannt und innerhalb der Methode verwendet werden. Denken Sie daran, daß eins der Ziele der objektorientierten Datenbankmethode die Verwandlung jeder Methode in eine wiederverwertbare *black box* ist, die ständig verläßlich ist und gut funktioniert. Dies ist die Grundlage für die Wiederverwertbarkeit von Objektmethoden.

Wir wollen jetzt das Oracle8-Modell in dieses System einführen. Sie wissen nun wahrscheinlich, daß es mehrere Komponenten gibt, um den objektrelationalen Datenentwurf zu beschreiben. Zunächst müssen wir das objektrelationale Modell wegen der grundlegenden Objekte ansprechen. *Abbildung 1.12* zeigt die grundlegenden Klassen des Auftragsverarbeitungssystems und beschreibt die Indizes, den Tabellenplatz und die Unterklassen jeder Klassendefinition.

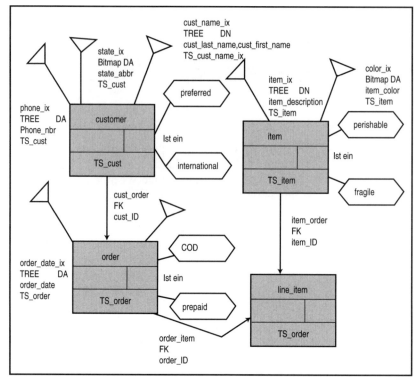

Als nächstes werfen Sie einen Blick auf das aggregierte Klassendiagramm in *Abbildung 1.13*. Hier sieht man zwei aggregierte Klassendefinitionen, ihre interne Zeigerstruktur und die Index- und Tabellenplatz-informationen für alle Klassen, die ganz aus Zeigern auf andere Objekte zusammengesetzt ist.

Halten Sie fest, daß in den Modellen sowohl grundlegende als auch aggregierte Klassen gezeigt werden. Es taucht die Frage auf, wie man seine Methoden auf diesen Klassen abbildet. Da das objektrelationale Modell alle Objekte als Tabellen darstellt, gestattet die Verfügbarkeit von aggregierten Objekten nun die Ankopplung aggregierter Methoden an die Eigentümertabelle. Auf diese Weise weiß ein aggregiertes Objekt, wie es sich auf der Grundlage dieser Methoden verhalten soll.

Automatische Methodenerzeugung

In den meisten objektorientierten und objektrelationalen Datenbanken werden die Grundmethoden für alle Objekte automatisch zum Zeit-punkt der Definition einer Objektklasse geschaffen. Diese Grund-methoden werden gebraucht, wenn Objekte erstellt, gelöscht, auf den neuesten Stand gebracht und angezeigt werden, und sie entsprechen den Verben *INSERT, DELETE* und *UPDATE* bei SQL.

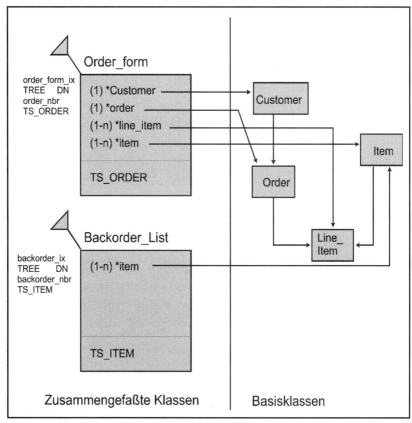

Abb. 1.13:
Die Klassen-
hierarchie des
Bestellsystems

Es ist wichtig, zu erkennen, daß innerhalb einer Datenbank-Engine Methoden in der folgenden Form existieren:

- *Alleinstehende Methoden* - Diese Methoden sind nicht mit einer Datenbankklasse verbunden.

- *Grundklasse* - Diese Methoden beeinflussen Objekte auf der untersten Ebene innerhalb einer Datenbank.

- *Aggregierte Klasse* - Diese Methoden operieren an aggregierten Objekten und können auf Daten innerhalb von Teilobjekten zugreifen.

Komplexere Methoden können jedoch an ihre Zielobjekte angekoppelt werden. Ein *order_form*-Objekt kann z.B. eine Methode mit Namen *check_payment_history* enthalten, die für einen Kunden, der einen Auftrag erteilt, detaillierte Kontrollen bezüglich der Zahlungen in der Vergangenheit erstellt.

Schauen wir uns jetzt eine Analyse der Methoden an, die mit diesen Objekten verbunden sein können. Wann immer eine Methode gleichen Namens in mehr als einer Klassendefinition auftaucht, schaut sich die Datenbank zunächst das Objekt an und durchquert dann während der Laufzeit auf der Suche nach einer Methode die Datenhierarchie auf-

wärts. Im folgenden Beispiel sieht man einige Beispielmethoden, die mit
jedem Typ von Studentenobjekt verbunden werden können:

```
Methods for student;
    display_student();
    compute_tuition();
    enroll_student();
Methods for graduate_student;
    assign_mentor();
    compute_tuition();
    update_thesis_status();
Methods for non_resident_students;
    compute_tuition();
    record_transfer_statistics();
Methods for foreign_students;
    compute_tuition();
```

Hier sieht man, daß einige Definitionen, die nur für eine Unterklasse
gelten, auch nur in der Definition der Unterklasse erscheinen. Beispielsweise hätte *update_thesis_status* (aktualisiere den Stand der Doktorar-
beit) für einen Studenten in den ersten Semestern keinen Sinn.

Dies sollte jetzt eine allgemeine Methode für die Abbildung von Prozessen auf Datenbankobjekte bieten. Wie wiederholt in diesem Text
festgestellt, ist es entscheidend für den Entwurf einer Objektdatenbank,
daß vor der Definition eines Datenbankschemas die Methoden sorgfältig geplant werden.

Wir verstehen jetzt die Leistungsimplikationen der Eigenschaften von
Objekten bei Oracle8 für den Entwurf unserer Datenbanken. Nun wol-
len wir uns anschauen, was uns in der nächsten Version von Oracle -
Oracle8.2 - erwartet.

Zusammenfassung: Datenbankobjekte

Alle Werkzeuge zur Erstellung von Datenbanken sind sehr interessant.
Aber vielleicht ist es nicht klar, wann man sie benutzen sollte. Die *Tabelle 1.1* bietet allgemeine Richtlinien für die Verwendung von Eigenschaften von Oracle8 zum Entwurf von Datenbanken. Aus dieser Tabelle
ersieht man den Typ sich wiederholender Beziehungen (z.B. N:M-Bezie-
hung) und wie er bei Oracle7 und Oracle8 gehandhabt wird.

Man sieht, in allen Fällen, in denen die vielen Seiten einer Beziehung
eine feste Anzahl von Datenelementen haben, sind die *varrays* die entsprechende Datenstruktur. In Fällen, wo die vielen Seiten einer Beziehung eine variierende Anzahl von großen Elementen enthalten, kann
man eine Oracle8-Speichertabelle zur Gestaltung der Beziehung verwenden. In Fällen, in denen viele Seiten einer Beziehung von mehr als einem
Eigentümer geteilt werden (d.h. eine Übergangstabelle bei einer n-Weg-

Beziehung von vielen zu vielen), ist die traditionelle Oracle7 Methode angemessen:

	TYP	ORACLE7	ORACLE8
	Beziehung zu vielen	Darstellung	Darstellung
	Feste, kleine Anzahl	Tabelle	*varray* von Daten
	Variable, große Anzahl	Tabelle	Speichertabelle
	Viele Eigentümer (d.h. Verbindungstabelle)	Tabelle	Tabelle

Tab. 1.1: Die Verwendung von Oracle-Konstrukten für bestimmte Fälle

Es gibt einen Satz von Entscheidungsrichtlinien dafür, wann es richtig ist, sich wiederholende Gruppen in eine Oracle-Tabelle einzufügen:

- Attributsätze, die eine niedrige, feste Anzahl von Ereignissen haben, sollten in *varrays* untergebracht werden. (Dies ist u.U. nicht richtig, wenn Integritätsregeln oder direkte Vergleiche erforderlich sind.)

- Attributsätze mit vielen Ereignissen oder Sätze, die viele Integritäts-regeln und Wert-zu-Wert-Vergleiche verlangen, sollten in verschach-telten Tabellen untergebracht werden.

- Attributsätze, die gleich dem Hauptobjekt sind, sollten in einer *TYPE*-Definition untergebracht werden, so daß das ganze Objekt mit einem Typ definiert werden kann.

- Verwenden Sie immer die *WITH ROWID* und *OIDINDEX*-Klauseln, wenn Sie eine Objekttabelle definieren. Vergleichen Sie *Kapitel 5: Oracle SQL-Optimierung* bezüglich der Einzelheiten zur Erstellung von Oracle8-Objekten.

Einen Schritt weiter - Oracle8.2

Oracle8 hat schon große Schritte hinsichtlich der Einbeziehung objektorientierter Eigenschaften, benutzerdefinierter Daten-typen, aggregierter Objekte sowie der Verkoppelung von Da-ten und Methoden gemacht. Weitere Verbesserungen sind geplant. Oracle8.2 wird die Unterstützung von Klassenhierarchien unterstützen, was den Grundstein für echte Vererbung und echten Polymorphismus legen wird.

Vererbung

Vererbung wird als die Fähigkeit definiert, Objekte niedrigerer Klassen, Datenstrukturen und Verhaltensweisen zu beerben, die mit allen Klassen in der Klassenhierarchie darüber verbunden sind. Mehrfache Vererbung bezieht sich auf die Fähigkeit eines Objekts, Datenstrukturen und Verhaltensweisen aus mehr als einer übergeordneten Klasse zu erben. Oracle hat zugesagt, bei der Version 8.2 die Vererbung zu unterstützen.

Um Vererbung zu illustrieren, schauen wir uns eine Anwendung für ein Geschäft aus dem Fahrzeughandel an. Vorkommnisse bei *ITEM* (Positionen) sind *VEHICLE* (Fahrzeuge). Unterhalb der *VEHICLE*-Klasse findet man u.U. Unterklassen für Automobile (*CAR*) und Boote (*BOAT*). Innerhalb der *CAR*-Klasse kann man weitere Unterteilungen für Klassen von LKW, Lieferwagen und Limousinen finden. Die *VEHICLE*-Klasse enthält die Daten, die nur für Fahrzeuge gelten, einschließlich der Fahrzeug-ID und des Baujahres. Die *KFZ*-Klasse, weil sie ein IS-A *VEHICLE* ist, würde die Daten der *VEHICLE* (Fahrzeug)-Klasse erben, Die *CAR*-Klasse könnte z.B. Positionen wie Achsenzahl und Bruttogewicht des Fahrzeugs enthalten. Weil die *VAN*-Klasse IS-A *CAR* ist, die wiederum IS-A *VEHICLE* ist, erben alle Objekte der *VAN*-Klasse alle Datenstrukturen und Verhaltensweisen von *CAR* und *VEHICLE*.

Wichtig für das Verständnis der Vererbung ist, daß die Vererbung zu verschiedenen Zeiten innerhalb der Lebenszeit eines Objekts geschieht. Die folgenden Punkte beschreiben die beiden Dinge, die innerhalb der Datenbank vererbt werden:

- *Vererbung von Datenstrukturen* - Zum Zeitpunkt der Erstellung eines Objekts ist die Vererbung der Mechanismus, durch den die anfängliche Datenstruktur eines Objekts geschaffen wird. Nur Datenstrukturen werden vererbt, nie aber Daten. Es ist ein allgemeines Mißverständnis, daß Daten in der Weise vererbt werden, daß ein Auftrag die Daten eines Kunden, der den Auftrag erteilt hat, erben kann. Vererbung wird nur eingesetzt, um die anfängliche, leere Datenstruktur eines Objekts zu erzeugen. In dem Fahrzeug-Beispiel würden alle Fahrzeuge erben, die Daten innerhalb der *VEHICLE*-Klasse erben, während ein Objekt auf einer niedrigeren Klasse (z.B. *SAILBOAT*) die Datenstrukturen, die nur für Segelboote gelten (z.B. *sail_size*) erben.

- *Vererbung von Methoden* - Vererbung geschieht auch während der Arbeit *(runtime)*, wenn ein Aufruf *(call)* einer Methode vorgenommen wird. Nehmen wir den folgenden Aufruf eines *SAILBOAT*-Objekts an:

```
SAILBOAT.compute_rental_charges();
```

Die Datenbank würde zunächst nach *compute_rental_charges* (berechne Mietgebühren) in der *SAILBOAT*-Klasse suchen. Wenn dies nicht gefunden wird, sucht die Datenbank die Klassenhierarchie hinauf, bis *compute_rental_charges* lokalisiert ist.

Abstraktion

Abstraktion war für Oracle8 zugesagt worden. Sie ist jedoch bis zur Einführung von Oracle8.2 aufgeschoben worden. Man definiert Abstraktion als die begriffliche (nicht konkrete) Existenz von Klassen innerhalb einer Datenban k. Eine Datenbank könnte z.B. eine Klassenhierarchie mit Klassen ohne Objekte haben. Eine Datenbank für das Militär könnte die begrifflichen Einheiten *DIVISION*, *BATTALLION*, *SQUADRON* und *PLATOON* enthalten. Die Funktion der Datenbank wäre es, die Züge (*PLATOONs)* aufzuspüren, und die Klassen der Einheiten *DIVISION*, *BATTALION* und *SQUADRON* hätten keine damit verbundenen Objekte. Das heißt nicht, daß abstrakte Klassen sinnlos wären. Wenn eine Klasse definiert wird, wird sie mit Verhaltensweisen verbunden, die wiederum von jedem Objekt der *PLATOON*-Klasse geerbt werden. Aus der Datenbankperspektive gibt es keine Exemplare irgendwelcher Objekte außer *PLATOON*, aber die höheren Ebenen in der Klassenhierarchie enthalten Verhaltensweisen, die die *PLATOON*-Objekte erben.

Die IS-A-Konstruktion

Oracle plant die Einführung einer Erweiterung seines Designer/ 2000-Produktes, damit Klassenhierarchien modelliert werden können. Diese neue Erweiterung soll es ermöglichen, objektorientierte Konstruktionen zu beschreiben und zu modellieren. Leider unterstützt Oracle8 die IS-A-Beziehung mit Vererbung nicht, aber diese Eigenschaft ist für Oracle8.2 zugesagt.

Hier eine Vision, wie dies funktionieren könnte: Nach der Errichtung einer Klassenhierarchie mit dem E/R-Modell wird das Prinzip der Verallgemeinerung verwendet, um die Klassenhierarchie und die Abstraktionsebene zu identifizieren. *Verallgemeinerung* impliziert die sukzessive Verbesserung einer Klasse, wobei den höheren Objektklassen gestattet wird, Attribute und Verhaltensweisen zu erben, die für die niedrigeren Ebenen einer Klasse gelten. Verallgemeinerung schafft taxinomische Hierarchien und organisiert die Klassen nach ihren Eigenschaften - gewöhnlich in ansteigenden Ebenen von Details. Verallgemeinerung beginnt auf einer sehr allgemeinen Ebene und geht weiter zu einer speziellen Ebene, wobei jede Unterebene ihre eigenen, unverwechselbaren Datenattribute und -verhaltensweisen aufweist.

Die IS-A-Beziehung wird verwendet, um eine Hierarchie innerhalb der Objektklasse zu schaffen, wobei die Klassen auf niedrigerer Ebene Verhaltensweisen erben. Die IS-A-Beziehung modelliert die geschaffene Hierarchie, während die Klasseneinheit in ihre logischen Unterkomponenten zerlegt wird. Kunden können z.B. *perferred_customers* (Vorzugskunden) oder *new_customers* (neue Kunden) sein, und Aufträge können *cod_orders* (Aufträge per Nachnahme) oder *prepaid_orders* (frachtfreie Aufträge) sein - jeder mit seinen eigenen Datenelementen und -verhaltensweisen.

Das Verstehen multidimensionaler Zeiger und Oracle

Zur Zeit unterstützt Oracle8 nur eine Dimensionsebene bei den OIDs. Einfach gesagt, Oracle8 gestattet keine Definition einer OID-Spalte, die ein *varray* von OIDs zeigt. Dies ist eine starke Einschränkung der Architektur von Oracle8, aber es ist zugesagt, daß künftige Versionen mehrfache Ebenen von OIDs gestatten, so daß die Realisierung hierarchischer Zeigerstrukturen möglich wird. Um multidimensionale Zeiger zu verstehen, wollen wir mit dem einfachen Beispiel einer natürlichen Hierarchie von Datenbeziehungen beginnen *(siehe Abbildung 1.14)*. An diesem Beispiel erkennt man, daß jede Universität viele Abteilungen hat, jede Abteilung bietet viele Kurse an, und jeder Kurs bietet viele Abschnitte. Dies ist eine natürliche absteigende Hierarchie von 1:N-Beziehungen.

Sie wissen wahrscheinlich, daß es viele Optionen für die Modellierung dieser Art von absteigenden 1:N-Datenbeziehungen gibt. In einer „lupenreinen" relationalen Datenbank existiert jede Einheit als Tabelle, und der primäre Schlüssel der Eigentümertabelle wird in die Mitgliedstabelle kopiert. Aber es gibt für die Modellierung dieser Struktur im objektrelationalen Modell auch Alternativen. Das folgende *Listing 1.1* zeigt, wie eine hierarchische Datenstruktur in einer künftigen Version von Oracle8 realisiert werden könnte:

Abb. 1.14:
Eine Hierarchie
von Beziehungen

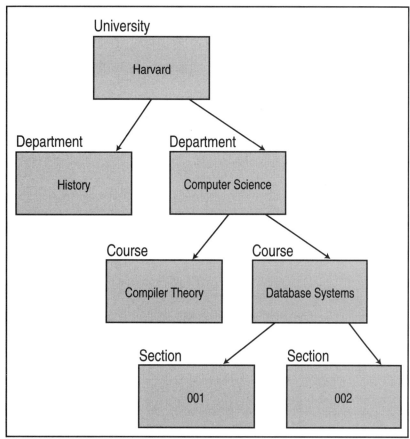

Listing 1.1:
Realisierungs-
möglichkeit
einer hierar-
chischen
Datenstruktur
in einer künfti-
gen Version
von Oracle8

```
CREATE TYPE full_name (
        first_name    varchar2(20),
        MI            char(1),
        last_name     varchar2(20));

CREATE TYPE section_type (
        section_number    number(5),
        instructor_name   full_name,
        semester          char(3),
        building          varchar2(20),
        room              char(4),
        days_met          char(5),
        time_met          char(20));

CREATE TABLE SECTION OF section_type;
CREATE TYPE section_array AS varray(10) OF section_type;

CREATE TYPE course_type (
        course_ID         number(5),
```

```
    course_name        varchar2(20),
    credit_hours       number(2),
    section_list       section_array);

CREATE TABLE COURSE OF course_type;

CREATE TYPE course_array AS varray(20) OF course_type;

CREATE TYPE dept_type (
    dept_name          varchar2(20),
    chairperson_name   full_name,
    course_list        course_array);

CREATE TABLE DEPARTMENT OF dept_type;
```

Abbildung 1.15 illustriert die in *Listing 1.1* definierte Datenstruktur. Man sieht in *Abbildung 1.15*, daß Zeiger den schnellen Zugriff vom Eigentümer auf ein Mitglied in der Hierarchie gestatten. Aber wo sind die Eigentümer der Zeiger? Es zeigt sich, daß man zunächst eine Hierarchie definieren muß, bevor man die zum Einschluß von Zeigern erforderlichen Definitionen erhält.

Abb. 1.15:
Eine Implementierung mehrdimensionaler Zeilenzeiger

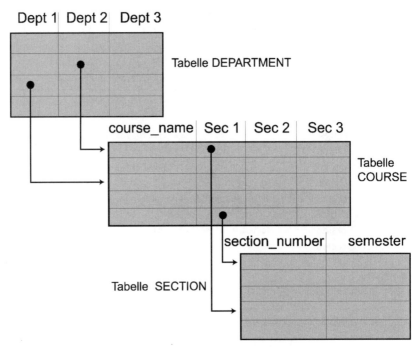

Man kann Eigentümerzeiger unter Verwendung der *ALTER TYPE*-Anweisung hinzufügen:

```
ALTER TYPE section_type
   ADD COLUMN course_owner_pointer     course_type;
ALTER TYPE course_type
   ADD COLUMN department_owner_pointer department_type;
```

Sie haben jetzt eine Zwei-Weg-Zeigerstruktur geschaffen, in der Form, daß alle Eigentümerzeilen in der Hierarchie auf ihre Mitgliedszeilen zeigen, während alle Mitgliedszeilen auf ihre Eigentümer zeigen. Sie müssen jedoch daran denken, daß dies nur Datenstrukturen sind. Es liegt am Programmierer, diese Zeiger zuzuweisen, wenn die Zeilen geschaffen werden.

In gewisser Weise ist diese Datenstruktur bei Oracle8 der **char-Datenstruktur der C-Sprache ähnlich (wie zuvor erwähnt). In unserem Oracle8-Beispiel hat die Abteilung eine Zeigeranordnung auf die Kurse, die wiederum eine Zeigeranordnung auf die Sektionen haben.

Die nächste Frage ist dann also, wie man diese Zeiger mit Oracle-SQL abfragt. Um sich auf die neuen Objekteigenschaften einzustellen, realisieren die meisten objektrelationalen Hersteller *CAST* und *MULTISET*-Erweiterungen bei SQL. Hier beispielsweise, wie eine Abfrage zur Bestückung der internen Tabelle *STUDENT_LIST* aussehen könnte:

```
INSERT INTO
   COURSE (STUDENT_LIST)
   (CAST
      (MULTISET
         (SELECT
               student_name,
               student_address,
               grade
         FROM
               GRADE, STUDENT
         WHERE
               GRADE.course_name = 'CS101'
               AND
               GRADE.student_name = STUDENT.student_name
         )
      )
   );
```

Sie sehen, daß die neuen Erweiterungen bei SQL ziemlich fremd sind für diejenigen, die an die reine relationale Syntax gewöhnt sind.

Zusammenfassung

Wir haben jetzt einen Blick auf die Neuheiten bei Oracle8 geworfen und können nun mit der detaillierteren Erforschung des Innenlebens von Oracle beginnen, wobei wir Leistung und Abstimmung im Auge behalten. Die neuen Objekteigenschaften von Oracle8 versprechen zwar aufregende neue Möglichkeiten zur Leistungsverbesserung von Oracle8-Systemen, wir müssen aber sehen, daß es mehrere Jahre dauern wird, bis diese Neuheiten in Produktionssystemen erscheinen. Das nächste Kapitel werden wir mit einem Blick auf die logische Analyse hinsichtlich der Leistung beginnen. Dann folgt ein Kapitel über den physikalischen Entwurf in bezug auf die Leistung. Die folgenden Kapitel erkunden das spezielle Innenleben von Oracle, insoweit sie für die speziellen inneren Komponenten der Oracle8-Architektur gelten.

Logisches Design zum Zweck hoher Leistung

Es werden viele Bücher über moderne relationale Datenbankumgebungen mit Tips für das effiziente Design relationaler Datenbanksysteme angeboten. Leider sind viele dieser Texte reine Theorie und berücksichtigen nicht die tatsächlichen Fragen beim Entwerfen einer hochleistungsfähigen Oracle-Datenbank. Gleichzeitig behauptet eine Reihe von CASE-Anbietern (CASE = Computer Aided Systems Engineering), ihre Werkzeuge seien zum Entwerfen von Datenbanken unverzichtbar. Es gibt auf diesem Gebiet keinen Ersatz für reale Erfahrungen, insbesondere bei all den aufregenden neuen objektorientierten Konstruktionen, die mit Oracle8 vorgestellt werden. Trotzdem ist dieses Buch nach echten Erfahrungen die zweitbeste Möglichkeit, weil viele der in diesem Kapitel angesprochenen Techniken in keinem der Oracle-Handbücher behandelt werden.

Dieses Kapitel befaßt sich mit folgenden Themen:

- Design von Datenbanken mit verteilter Architektur
- Referentielle Integrität
- Logisches Design zum Zweck hoher Leistung
- Logisches Design von Datenbankobjekten

Es ist äußerst wichtig, stets im Blick zu behalten, daß das Datenbankdesign der einzige Faktor von entscheidender Bedeutung bei der Entwicklung eines hochleistungsfähigen Systems ist. Daher dient dieses Kapitel als Grundlage für die weiteren Kapitel des Buches, die in der Reihenfolge ihrer Wichtigkeit angeordnet sind.

Das Design verteilter Datenbank-architekturen

Es ist äußerst wichtig, daran zu denken, daß die verteilte Architektur von Datenbanken eine Frage des Designs ist, nicht der Analyse. Die strukturierte Spezifikation für die Systemanalyse legt die logischen Datenspeicher fest, liefert aber keinen Hinweis auf die physische Plazierung oder den Typ der Datenspeicher. In der Analysephase kommt es nicht darauf an, ob die Daten in einer VSAM-Datei auf einem Großrechner, in einer Oracle-Datenbank auf einem VAX oder in einer Rolodex-Kartei auf dem Schreibtisch des Benutzers gespeichert werden. Das Anliegen der Analyse besteht darin, den Datenfluß zwischen den logischen Prozessen zu dokumentieren und die Wechselwirkungen zwischen den Daten und den logischen Speicherorten der Daten zu zeigen. Möglicherweise ist es zwar für einige Analytiker sehr verlockend, Fragen des physischen Designs mitten in der Analyse anzugehen, aber die

Trennung von Analyse und Design ist für die Entwicklung eines effizienten Oracle-Systems entscheidend. In der Tat ist die Vermischung einer logischen Analyse mit Fragen des physischen Designs einer der Hauptgründe dafür, daß Projekte an *Analyseparalysierung* leiden. Diese tritt normalerweise dann auf, wenn das Analytikerteam mit Aufgaben eingedeckt wird, die den Schwerpunkt von der Frage „Wie funktioniert es?" zu der Frage „Wie können wir die Funktion implementieren?" verschieben.

Wenn wir die Prämisse akzeptieren, daß das Entwickeln einer Datenbank mit hoher Leistung eine Frage des physischen Designs ist, folgt daraus, daß jede allgemein akzeptierte Analysemethode für die Dokumentation der Anforderungen des Systems ausreicht. Strukturierte Spezifikationen mit Datenflußdiagrammen (beispielsweise in der beliebten Art von DeMarco oder nach den Methoden der Systemanalyse von Gane und Sarson) bilden zusammen mit einem Data Dictionary und Spezifikationen zur Prozeßlogik einen hervorragenden Ausgangspunkt für das Systemdesign.

In den folgenden Abschnitten werden wir das Thema Datenbankdesign aus den verschiedensten Blickwinkeln betrachten. Zunächst wollen wir die wirtschaftliche Seite untersuchen. Dann gehen wir zur örtlichen Transparenz und zur Leistung und Optimierung von Datenbanken mit verteilter Architektur über. Um die Einzelteile zusammenzufügen, sehen wir uns schließlich ein Beispiel einer Datenbank mit verteilter Architektur an. Fangen wir am Anfang an – an der Startlinie – und werfen einen Blick auf die wirtschaftliche Seite des Datenbankdesigns.

Die wirtschaftliche Seite des Datenbankdesigns

Das Versprechen, offene Systeme mit kostengünstigerer Hard- und Software zu betreiben, ist einer der wesentlichen Gründe dafür, daß sich Unternehmen von zentralen Großrechenanlagen trennen. Da die Kosten für ein Großrechnerdatenzentrum von IBM bei etwa einer Million DM pro Monat liegen, überrascht es nicht, daß viele EDV-Führungskräfte ihre Organisationen zwingen, den langen Marsch in offene Datenbanken mit verteilter Architektur anzutreten. Außer den Kosten für die Hardware liegen auch die Kosten für Datenbankprogramme bei Großrechnern deutlich höher. Ein umfangreiches DBMS-Paket für Großrechner erreicht mühelos die Preisklasse von einer halben Million Mark, während eine gute relationale Datenbank für einen Unix-Rechner der mittleren Datentechnik nicht mehr als DM 20.000,– kostet.

So attraktiv diese Einsparmöglichkeiten auch klingen mögen, müssen sie dennoch mit den Kosten für die Pflege verteilter Systeme verglichen werden. Da Prozessoren an entfernte Rechnerstandorte verlagert werden, müssen auch die menschlichen Arbeitskräfte – System-, LAN- und Datenbankverwalter – vermehrt werden. Die Kosten eines Datenbank-

Servers mögen zwar gering sein, aber viele Unternehmen erleiden einen Schock, wenn sie 1.000 PC-Arbeitsplätze an den Server anschließen müssen und feststellen, daß die Kosten dafür bis zu DM 4.000,– pro Datenbank-Client betragen. PC-Arbeitsplätze, die ein GUI mit mehreren Datenbankverbindungen verwenden, kosten mehr als DM 6.000,– eine Zahl, die Führungskräfte häufig veranlaßt, die wirtschaftliche Berechtigung des Downsizing (Umstieg auf kleinere Einheiten) in Frage zu stellen. Eine korrekte Kosten-Nutzen-Analyse erfordert, daß alle potentiellen Kosten und Einsparungen für Hardware, Software und menschliche Arbeitskräfte ermittelt und quantifiziert werden.

Viele EDV-Führungskräfte erkennen nicht, daß ihr Mitarbeiterstab je nachdem, auf welche Art offenes System die Datenbanken umgestellt werden, auf mehr als das Doppelte anwachsen kann. Offene Systeme bringen immense Anfangskosten mit sich, und die Einsparungen ergeben sich erst mehrere Jahre nach ihrer Implementierung. Wenn eine Großrechnerdatenbank auf 20 Oracle-Fern-Server aufgeteilt wird, kann sich das Personal für Datenbank- und Systemverwaltung tatsächlich verdreifachen.

Finanzielle Einsparungen stellen jedoch nicht den einzigen Grund für Downsizing dar. Unternehmen, die auf Wettbewerbsinformationen angewiesen sind, sehen sich häufig gezwungen, auf Plattformen der mittleren Datentechnik umzustellen, um die neuesten Programme nutzen zu können.

Abb. 2.1:
Kosten-Nutzen-
Analyse für die
Umstellung auf
verteilte Systeme
bei Datenbanken

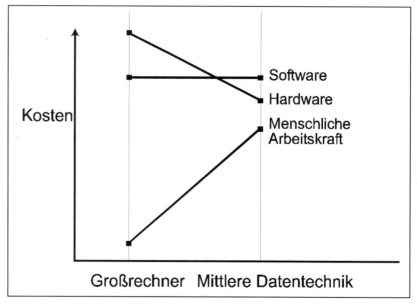

Wenn Unternehmen auf den Zug des Downsizing aufspringen, treffen sie auf eine Reihe von Problemen, denen sie in den Tagen der Großrechner nicht begegnet sind. Sie stehen insbesondere vor der Notwendigkeit, daß ihre Netzwerke ständig funktionieren und als einheitliche

Systeme erscheinen müssen. Bei der Einrichtung von Datenbanken mit verteilter Architektur ist es sehr wichtig, die Standorte so zu planen, daß die erforderliche Transparenz zwischen den entfernten Rechnern erreicht wird. Der folgende Abschnitt behandelt die Frage, wie dies in Oracle am besten zu erreichen ist.

Örtliche Transparenz und Datenbankdesign

Örtliche Transparenz bezeichnet die Fähigkeit einer verteilten Datenbankarchitektur, als einheitliches Ganzes zu funktionieren und den Endbenutzern als ein einziges, einheitliches System zu erscheinen. Für den Endbenutzer ist es nicht von Bedeutung, wo sich die Datenbank befindet, welche Art von Datenbank verwendet und mit welcher Methode auf diese zugegriffen wird. Bei Oracle ist diese Art von Transparenz absolut möglich – aber nicht ohne Aufwand. Selbst ein verteiltes System, das vollkommen aus relationalen Datenbanken besteht, muß mit unterschiedlichen SQL-Dialekten zurechtkommen *(siehe Abbildung 2.2).*

Abb. 2.2:
Beispiel für Datenbankabfragen mit einheitlicher Architektur

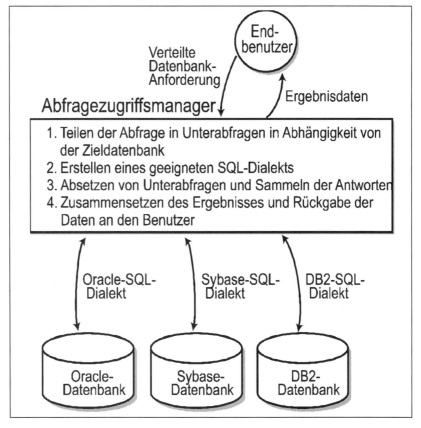

Der Umgang mit den verschiedenen SQL-Dialekten ist eines der drängendsten Probleme bei verteilten Datenbankarchitekturen. Jeder wichtige Datenbankanbieter bringt (angeblich, um die SQL-Implementierung zu verbessern) eigene Funktionen und Erweiterungen ein. Oracle gehört in dieser Beziehung zu den fruchtbarsten. Es trifft zu, daß Oracle eine Reihe hervorragender und sinnvoller Erweiterungen, z.B. die Funktion *decode*, implementiert, aber Abfragen mit diesen Funktionen in anderen Datenbanken können zu Fehlschlägen führen.

Diese Dialektprobleme werden noch verstärkt, wenn eine verteilte Datenbankarchitektur aus Datenbanken mit nicht-relationaler Architektur zusammengesetzt ist. Damit Transparenz erreicht wird, sind ausgefeilte Techniken erforderlich, um die verteilte Abfrage zu starten, um festzustellen, welche Datenteile sich in welcher Architektur befinden und um die Unterabfragen in die richtige Sprache für den Zugriff zu übersetzen *(siehe Abbildung 2.3).*

Abb. 2.3:
Beispiel für die Abfrage von Datenbanken mit unterschiedlichen Architekturen

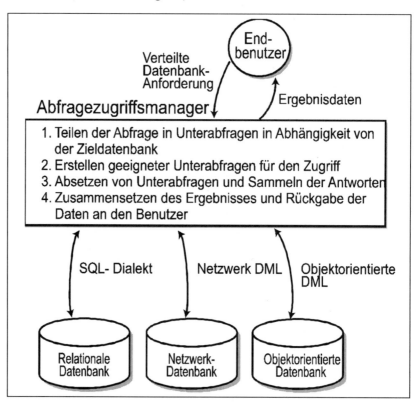

Folgendes Beispiel soll Ihnen das Verstehen der Konzeption der örtlichen Transparenz erleichtern: Nehmen Sie an, ein Teilelager besäße separate Datenbanken in Washington, Boise, New York und Albuquerque. Der Verwalter benötigt die Anzahl der auf Lager gehaltenen Teile an

allen Standorten. Er startet folgenden SQL-Befehl an den Verwalter der
verteilten Datenbank:

```
SELECT count(*)
FROM INVENTORY
WHERE partname = 'widget';
```

In diesem Beispiel für *count(*)* mit örtlicher Transparenz ist der Endbenutzer nicht an den einzelnen Datenbanken interessiert, die die Anforderung erledigen, und definiert sie als *globale Transaktion*. Der
Transaktionsverwalter ist dafür zuständig, alle verteilten *INVENTORY*-
Tabellen abzufragen, die Zählungen zu sammeln und sie zu einem einzigen Ergebnis zusammenzuführen.

In vielen relationalen Datenbanken, z.B. in Oracle mit SQL*Net, wird
durch das Erstellen von *Datenbank-Links* zur Ferndatenbank und die
Zuweisung eines globalen Synonyms an die Ferntabellen Transparenz
erreicht. In Oracle erzeugt ein Suffix für einen Speicherort, das mit einem Telnet-Namen verknüpft ist, einen Datenbank-Link. Auf der untersten Ebene wird Rechnern eine IP-(Internet Protocol-) Adresse zugewiesen, die dem jeweiligen Rechner eine eindeutige Nummer zuteilt. Ein
Beispiel dafür wäre *150.223.90.27*. Der Telnet-Name wird in die IP-
Adresse für den Rechner umgewandelt. Im folgenden Beispiel wird
london_unix zur IP-Adresse *143.32.142.3*:

```
CREATE PUBLIC DATABASE LINK london.com
     CONNECT TO london_unix USING oracle_user_profile;
```

Nun können Sie alle Tabellen des Standorts London einbinden, indem
Sie in der Abfrage den Namen des Fernstandorts wie folgt vollständig
angeben:

```
SELECT    CUSTOMER.customer_name,
          ORDER.order_date
     FROM CUSTOMER@london.com,
          order
     WHERE
     CUSTOMER.cust_number = ORDER.customer_number;
```

Aber wo ist hier die örtliche Transparenz? Um den Speicherort der Tabelle *CUSTOMER* transparent zu machen, weist der DBA Synonyme für
die Tabelle *CUSTOMER* in London zu, welche der Anfrage den An-
schein verleihen, lokal zu sein:

```
CREATE SYNONYM CUSTOMER FOR CUSTOMER@london.com;
```

Die Abfrage kann jetzt mit vollständiger örtlicher Transparenz ausgeführt werden, weil SQL weder die IP-Adresse des Rechners noch den
Namen der Datenbank auf diesem Rechner referenzieren muß:

```
SELECT      CUSTOMER.customer_name,
            ORDER.order_date
    FROM    CUSTOMER,
            ORDER
    WHERE
    CUSTOMER.cust_number = ORDER.customer_number;
```

Gespeicherte Oracle-Prozeduren lassen sich auch für die Ferntabelle ohne Referenz auf deren physischen Speicherort definieren. Die Prozedur *add_customer* kann beispielsweise mit folgender Anweisung aufgerufen werden:

```
add_customer("Burleson")

CREATE PROCEDURE add_customer (cust_name char(8)) AS
    BEGIN
        INSERT INTO CUSTOMER VALUES(cust_name);
    END;
```

Viele Standorte erkennen die Notwendigkeit an, die Speicherorte ihrer Ferndatenbanken zu protokollieren, wenn sie Benutzern und Programmierern örtliche Transparenz liefern. Die Konzeption von Datenbankdomänen und Hierarchien physischer Speicherorte sind besonders in Situationen horizontaler Partitionierung von Bedeutung, in denen an vielen Orten Tabellen mit identischen Namen unterhalten werden. Domänen richten für das Unternehmen eine logische Hierarchie physischer Speicherorte ein. *Abbildung 2.4* zeigt eine Beispieldatenbank, welche für ihre Ferndatenbanken eine Domänenhierarchie einrichtet.

Abb. 2.4:
Beispiel für eine
Hierarchie von
Datenbank-
domänen

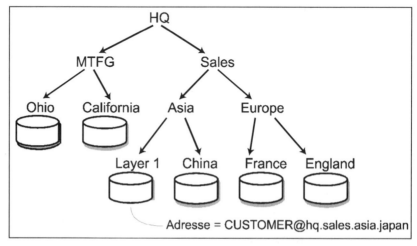

Wie Sie in dieser Abbildung sehen können, weist der DBA an jedem Knoten allen eindeutigen Tabellen innerhalb des verteilten Netzwerks Synonyme zu und vergibt damit abgekürzte Domänennamen für die doppelt vorhandenen Tabellenstrukturen, die an entfernten Speicherorten existieren. Nehmen Sie zum Beispiel an, daß Japan und Ohio jeweils eine Tabelle *CUSTOMER* besitzen, die in ihrer Struktur identisch sind, aber unterschiedliche Zeilen enthalten. Auf folgende Art könnten Sie ihnen Oracle-Synonyme zuweisen:

```
CREATE SYNONYM japan_customer FOR CUSTOMER@hq.sales.asia.japan;

CREATE SYNONYM ohio_customer  FOR CUSTOMER@hq.mtfg.ohio;
```

Nachdem wir verstanden haben, wie sich Oracle-Synonyme zur Implementierung örtlicher Transparenz einsetzen lassen, sollten wir einen Blick darauf werfen, wie verteilte Oracle-Datenbankarchitekturen für maximale Leistung konfiguriert werden können.

Fragen der Leistung und Optimierung verteilter Datenbankarchitekturen

Der Wunsch, Leistungsprobleme zu erkennen und zu beheben, ist für Datenbanksysteme mit verteilter Architektur seit ihrer Entstehung eine Belastung. Selbst im Kontext einer einzelnen Transaktion kann die Optimierung verteilter Abfragen eine beträchtliche Herausforderung bedeuten. Bei einer einzelnen Datenbank wird eine SQL-Abfrage optimiert, indem der SQL-Befehl *EXPLAIN* gestartet und das entsprechende Tuning durchgeführt wird. Wenn jedoch eine Abfrage auf verteilte Datenbankarchitekturen aufgeteilt wird, wird die Gesamtoptimierung der Abfrage weitaus komplizierter. Wenn eine Abfrage mehrere Hosts umfaßt, müssen mehrere Datenbankverwalter die verteilte Anfrage übernehmen und in Unterabfragen aufteilen, die dann unabhängig voneinander optimiert und (manchmal gleichzeitig) in den verschiedenen Datenbanken ausgeführt werden. Die Abfrage wird als beendet betrachtet, wenn die letzte Unterabfrage erfolgreich abgeschlossen wurde und der Benutzer Ergebnisse erhält. Dieser Ansatz wird manchmal als *Architektur des schwächsten Gliedes* bezeichnet. Die längste Laufzeit einer beliebigen Anzahl aufgeteilter Unterabfragen bestimmt die Gesamtleistung der Abfrage. Dies gilt ohne Rücksicht auf die Ausführungsgeschwindigkeit der anderen betroffenen Unterabfragen. Ein hervorragendes Beispiel für diesen Ansatz stellt die Fähigkeit von Oracle zur Parallelabfrage dar, die zum ersten Mal in der Oracle-Version 7.3 vorhanden war.

Beim Tuning einer verteilten Abfrage muß der Benutzer folgendes bedenken:

- Den physischen Speicherort der Datenbank

- Die Verfügbarkeit mehrerer CPUs

Heute gibt es Werkzeuge zur Durchführung eines *Lastausgleichs*, mit deren Hilfe ein Prozessor CPU-Zyklen von weniger stark belasteten Prozessoren ausleihen kann, um die Belastung durch die Abfrage auszugleichen und maximalen Durchsatz zu erreichen.

Verteilte Datenbankarchitekturen müssen in der Lage sein, Informationen ohne Rücksicht auf die Hardware-Plattform oder die Architektur der Datenbank anzusprechen, insbesondere in lebhaften Umgebungen, in denen sich Hardware und Netzwerkkonfigurationen häufig ändern können. Die beiden Arten von Interoperabilität, die bei verteilten Datenbankarchitekturen auftreten, fallen in die allgemeinen Kategorien Datenbank und Hardware:

- *Datenbank-Interoperabilität* - Die Fähigkeit einer Datenbank, autonom zu funktionieren, was der Datenbank mit verteilter Architektur erlaubt, auf zahlreiche Datenbanktypen innerhalb der Domäne einer einheitlichen Umgebung zuzugreifen. Die Werkzeuge UniFace und PowerBuilder versuchen, diesen Markt zu bedienen, indem sie automatisch Mechanismen bieten, um Datenbankabfragen zu unterteilen und Ergebnisse zusammenzuführen. *Kapitel 3: Physisches Design zur Leistungssteigerung* beschreibt, wie die Techniken der Parallelabfrage von Oracle eine einzelne Oracle-Abfrage in mehrere Prozesse zerlegen.

- *Hardware-Interoperabilität* - Die Fähigkeit des verteilten Systems, Ressourcen an vielen Orten nach Bedarf anzusprechen. Auf Hardware-Ebene wird eine einzelne Unterabfrage einer verteilten Abfrage auf zahlreichen Prozessoren ausgeführt, und Werkzeuge zum Lastausgleich weisen einer einzelnen Datenbank mehrere Prozessoren zu.

Der Schlüssel zum Erfolg mit verteilten Servern sieht sehr einfach aus: Beginnen Sie klein, und nehmen Sie neue Server stufenweise hinzu, nachdem Sie die Kommunikation mit den vorhandenen Servern auf Fehler überprüft haben. Firmen, die ein sehr umfangreiches oder für ihre Geschäfte lebenswichtiges System wählen, geraten häufig in technische Probleme und sind nicht in der Lage, ein System fertigzustellen. Die Meisterschaft in bezug auf verteilte Datenbankarchitekturen erwirbt man durch Erfahrung, und deshalb werden wir im nächsten Abschnitt ein Beispiel für das Design verteilter Datenbankarchitektur betrachten.

Ein Beispiel für das Design verteilter Datenbankarchitektur

Um das Design verteilter Datenbankarchitektur vollständig und aus erster Hand zu verstehen, sollten Sie folgende Übung durchführen. Diese erfordert:

- Ein kleines, ausreichend getestetes Oracle-System, das auf einem Rechner der mittleren Datentechnik oder einem Großrechner betrieben wird.

- Einen PC mit dem Verbindungsprogramm SQL*Net von Oracle.

- Eine weitere Datenbank auf derselben Plattform wie das Quellsystem.

Beginnen Sie mit einem kleinen bestehenden System, das nicht auftragsentscheidend ist, und verschieben Sie einen Teil der zentralisierten Daten auf eine andere Plattform. Gehen Sie davon aus, daß wir es mit einem Bestellsystem auf einer Oracle-Datenbank auf einem Unix-Rechner zu tun haben. Dieses System ist sehr alt und ersatzbedürftig, aber alle Bestandteile sind seit Jahren ausgetestet und betriebsfähig. Wie Sie aus dem Entity-Relationship-Modell in *Abbildung 2.5* entnehmen können, besitzt die Datenbank fünf Tabellen:

Abb. 2.5:
Ein Beispiel für
eine Bestell-
datenbank

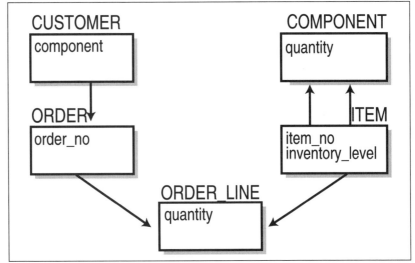

- *CUSTOMER* – Speichert Informationen über den Kunden.

- *ORDER* – Speichert Bestellinformationen.

- *ITEM* – Speichert Produktinformationen.

- *COMPONENT* – Speichert die Materiallistenstruktur, die Bestandteile eines Artikels aufführt.

- *ORDER_LINE* – Speichert die Menge jedes bestellten Artikels.

Je nach der Architektur des Zielsystems ist der für das Verschieben der Daten erforderliche Aufwand sehr unterschiedlich *(siehe Abbildung 2.6)*. Bei einem relationalen Zielsystem ist das Extrahieren der Daten und die für den Import in andere relationale Tabellen nötige Neuformatierung relativ einfach. Andere Architekturen, z.B. objektorientierte oder Netzwerkdatenbanken, sind sehr viel komplizierter und erfordern ausgefeilte Ladeprogramme.

Abb. 2.6:
Die relative Schwierigkeit der Verschiebung von Daten in neue Datenbankarchitekturen

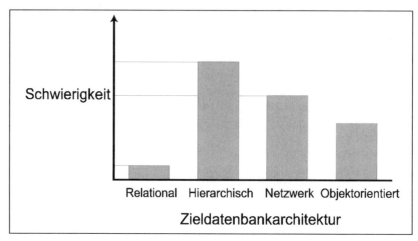

Nehmen Sie für dieses Beispiel einfach die Tabelle *CUSTOMER,* und exportieren Sie sie aus Oracle. Dann fügen Sie die Tabelle mit dem Oracle-Hilfsprogramm *import* der neuen Datenbank auf einer anderen Plattform hinzu. Damit haben Sie Daten aus einer zentralen Quelle extrahiert und eine verteilte relationale Umgebung geschaffen. Diese Übung mag zwar trivial und gekünstelt erscheinen, aber die Industrie geht auf Architekturen über, in denen die Daten auf einer Vielzahl von Hardware-Plattformen gespeichert sind.

Nachdem wir verstanden haben, wie verteilte Oracle-Datenbankarchitekturen zum Zweck der Optimierung der Leistung konfiguriert werden, sollten wir einen Blick darauf werfen, wie in einer Oracle-Datenbank Geschäftsregeln/-prozesse durchgesetzt werden. Die Implementierung dieser Regeln in Oracle wird als *referentielle Integrität (RI)* bezeichnet, und die korrekte Verwendung der RI ist entscheidend für die Leistung der Oracle-Datenbank.

Referentielle Integrität

Oracle-Datenbanken erlauben die Kontrolle von Geschäftsprozessen durch *Regeln*. Diese Regeln gewährleisten referentielle Integrität, so daß z.B. 1:N- und N:M-Beziehungen innerhalb des verteilten relationalen Schemas durchgesetzt werden. Beispielsweise könnte eine Regel dazu eingesetzt werden, sicherzustellen, daß Bestellungen für nichtexistente Kunden nicht aufgenommen werden oder daß Kunden nicht gelöscht werden, bevor alle ihre Bestellungen erledigt sind.

Auf Oracle-Tabellen können mehrere Arten von Regeln angewandt werden, um die referentielle Integrität durchzusetzen, beispielsweise folgende:

- *check* – Diese Regel erklärt eingehende Spalten zum *INSERT*- und *UPDATE*-Zeitpunkt der Zeile für gültig. Anstatt eine Anwendung prüfen zu lassen, daß alle Vorkommen von *region* North, South, East oder West heißen, kann in die Tabellendefinition eine *check*-Regel aufgenommen werden, um die Gültigkeit der Spalte *region* zu gewährleisten.

- *NOT NULL* – Diese Regel wird dazu verwendet, festzulegen, daß eine Spalte niemals den Wert *NULL* enthalten darf. Dies wird zum Zeitpunkt der SQL-Befehle *INSERT* und *UPDATE* durchgesetzt.

- *primary key* – Diese Regel wird benutzt, um den Primärschlüssel für eine Tabelle zu ermitteln. Diese Operation erfordert, daß die Primärspalte(n) eindeutig ist (sind), und Oracle erzeugt einen eindeutigen Index für den Zielprimärschlüssel.

- *references* – Dies ist die Fremdschlüsselregel in der Implementierung von Oracle. Eine *references*-Regel wird nur zum Zeitpunkt der SQL-Befehle *INSERT*, *UPDATE* und *DELETE* angewandt. Nehmen Sie beispielsweise an, daß eine 1:N-Beziehung zwischen den Tabellen *CUSTOMER* und *ORDER* in der Weise besteht, daß jeder *customer* mehrere *orders* abgeben kann, aber jede *order* nur zu einem *customer* gehört. Die *reference*-Regel teilt Oracle zum *INSERT*-Zeitpunkt mit, daß der Wert in *ORDER.cust_num* mit *CUSTOMER.cust_num* in der Zeile *customer* übereinstimmen muß, und gewährleistet dadurch, daß ein gültiger Kunde vorhanden ist, bevor die Zeile *order* hinzugefügt wird. Zum Zeitpunkt des SQL-Befehls *DELETE* kann die *references*-Regel eingesetzt werden, um sicherzustellen, daß ein Kunde nicht gelöscht wird, wenn noch Zeilen in der Tabelle *ORDER* vorhanden sind.

- *unique* – Diese Regel wird verwendet, um zu gewährleisten, daß Spaltenwerte einer Tabelle keinen doppelt vorkommenden Eintrag enthalten.

Zwischen unique *und* primary key *besteht ein Unterschied. Zwar erzeugen beide Regeln einen eindeutigen Index, aber eine Tabelle darf nur eine einzige Spalte mit einer* primary key-*Regel enthalten – jedoch mehrere* unique-*Regeln für andere Spalten. Die Regel* primary key *setzt sich aus den beiden Regeln* unique *und* NOT NULL *zusammen.*

Referentielle Integrität muß normalerweise doppelt kodiert sein, einmal für die Datenbank und noch einmal innerhalb der Anwendung. In einem mehrteiligen SQL*-Formular z.B. stellen Sie eine RI-Verletzung möglicherweise erst fest, wenn Sie schon einige Seiten weit fortgeschritten sind und Sie versuchen das Formular festzuschreiben. Außerdem minimieren Sie die Netzwerkbelastung, wenn bereits in der Client-Anwendung die Feldvalidierung durchgeführt wird und erhöhen die Datenintegrität, wenn Sie sie ebenfalls im Server durchführen, falls jemand mit einem Ad-hoc-Werkzeug direkt Änderungen in der Datenbank vornimmt.

Lassen Sie uns jetzt rekapitulieren und all dies ins richtige Verhältnis setzen: Referentielle Integrität sichert die Einhaltung von Geschäftsregeln/ -prozessen. Relationale Systeme erlauben dies mit Hilfe von Regeln, und die RI-Regeln bilden das Rückgrat relationaler Tabellen. Beispielsweise gewährleistet die RI in *Abbildung 2.7*, daß eine Zeile in der Tabelle *CUSTOMER* nicht gelöscht wird, wenn die Tabelle *ORDER* noch Bestellungen für diesen Kunden enthält.

Abb. 2.7:
Ein Beispiel für
referentielle
Integrität

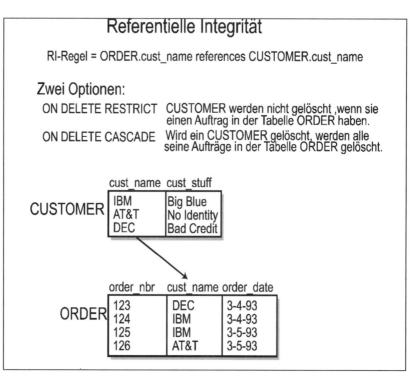

Es ist deutlich, daß das Durchsetzen der Geschäftsregel in *Abbildung 2.7* eine echte Herausforderung darstellt. Es ist zwar relativ einfach, ein Oracle-System anzuweisen, eine Zeile nicht aus der Tabelle *CUSTOMER* zu löschen, wenn in der Tabelle *ORDER* noch Zeilen für diesen Kunden vorhanden sind, aber es nicht einfach, diese Regel durchzusetzen, wenn sich die Tabelle *CUSTOMER* in einer Sybase-Datenbank und die Tabelle *ORDER* in Oracle befindet. Die Lösung besteht darin, die RI-Regeln aus jeder Datenbank zu entfernen und daran zu denken, die Regeln mit prozeduralem Code innerhalb der Anwendung zu replizieren. Damit erzeugen Sie im Grunde Ihre eigene benutzerdefinierte RI innerhalb der Anwendung.

Der nächste Schritt ist der Import der Daten in die neu definierte Tabelle, und zwar auf eine von zwei Arten. Die einfachste Methode verwendet das Oracle-Hilfsprogramm für Im- und Export, um die Tabelle *CUSTOMER* in SQL-*INSERT*-Anweisungen zu importieren. Die zweite, kompliziertere extrahiert die Tabelle in eine Betriebssystemdatei, fügt Spaltenbegrenzer hinzu und verwendet dann den SQL*Loader von Oracle, um die Daten in die neue Datenbank aufzunehmen. Selbstverständlich kann das Oracle-Hilfsprogramm *import* nur benutzt werden, wenn die zu importierende Datei im dazu erforderlichen Format vorliegt.

Eine Datenextraktion in eine Betriebssystemdatei könnte beispielsweise so vorgenommen werden, daß folgende Anweisungen benutzt werden:

```
INSERT INTO CUSTOMER VALUES ('Burleson','343 State
St.','Rochester','NY');
    INSERT INTO CUSTOMER VALUES ('Joe Chelko','123 4th st.','New
York','NY');
```

Nehmen wir an, daß eine Tabelle *CUSTOMER* zu einer Instanz mit dem Namen *Triton* hinzugefügt wurde und daß sich in einer Instanz namens *Phobos* eine Tabelle *ORDERS* befindet. Wie kann der Benutzer erreichen, daß diese Tabellen sich so verhalten, als ob sie in einer einheitlichen Datenbank enthalten wären? Wenn eine verteilte Anfrage an Tabellen mit unterschiedlicher Architektur erfolgt, wird die Abfrage in einzelne Unterabfragen aufgeteilt und für jeden einzelnen Datenbankkern ausgeführt. Der Prozessor, der die verteilte Anfrage steuert, fungiert als Koordinierungsstelle, welche die Ergebnisse zusammenführt und eventuelle Vorgänge nach der Ermittlung ausführt, beispielsweise *ORDER BY*- oder *GROUP*-Klauseln, die auf die zurückgegebenen Daten angewandt werden müssen.

In unserem Beispiel verbinden wir die Tabellen für einen Kunden, indem wir die Kundeninformationen aus Sybase und die Bestellinformationen aus Oracle herausziehen. Durch direkte SQL-Adressierung über unterschiedliche Datenbankprogramme hinweg entsteht die in *Listing 2.1* gezeigte Abfrage:

```
SELECT              cust_name,
                    customer_street_address,
                    order_date
FROM
      CUSTOMER@triton,
      ORDERS@phobos
WHERE
      ORDERS.cust_number=CUSTOMER.cust_number       AND
      CUSTOMER.cust_name LIKE 'Burleson';
```

*Diese SQL-Version verwendet Knotennamen zur Ermittlung des physi-
schen Speicherorts der Tabellen. Dies ist nicht die standardmäßige SQL-
Syntax, verdeutlicht aber die Notwendigkeit, verschiedene Tabellen zu
verknüpfen.*

Lassen Sie uns zum Zweck eines realistischeren Tests aus allen vier Ta-
bellen Informationen herausziehen. *Listing 2.2* verknüpft zunächst die
Tabelle *CUSTOMER* mit der Tabelle *ORDERS*, in der *cust_name LIKE
'Burleson'* steht, und dann die Einträge der Tabelle *ORDERS* mit der
Tabelle *ORDER_LINE*. Schließlich verknüpft SQL noch *ORDER_LINE*
mit der Tabelle *PRODUCT*, um Produktinformationen zu ermitteln:

```
SELECT      CUSTOMER.cust_name,
            CUSTOMER.customer_street_address,
            ORDERS.order_date,
            PRODUCT.product_cost,
            PRODUCT.product_name
FROM
      CUSTOMER@triton,
      ORDERS@phobos,
      ORDER_LINE@phobos,
      PRODUCT@phobos
WHERE
      CUSTOMER.cust_number = ORDERS.cust_number
      AND
      ORDERS.order_number = ORDER_LINE.order_number
      AND
      ORDER_LINE.prod_number = PRODUCT.prod_number
      AND
      CUSTOMER.cust_name LIKE 'Burleson';
```

Diese Abfrage läßt sich mit einer bestehenden SQL*Net-Verbindung
ohne große Mühe von einem Fernrechner aus starten. Eine weitere Zu-
griffsmöglichkeit auf diese Tabellen stellt ein bereits vorhandenes Werkzeug wie das beliebte UniFace dar, welches auf Protokolle für jede Datenbank zugreift.

Der Zugriff auf Ferndatenbankknoten von einer PC-Plattform aus erfordert ähnliche Schritte. Wandeln Sie die relationale Tabelle einfach in eine Binärdatei um, und übertragen Sie diese mit FTP oder einem anderen Hilfsprogramm zur Dateiübertragung auf den PC. Danach kann die Betriebssystemdatei zum lokalen Bezug in eine PC-basierte Datenbank geladen werden.

Die Schritte zur Füllung einer relationalen Tabelle auf einer PC-Plattform unterscheiden sich von denen für eine Datenbank der mittleren Datentechnik. Die meisten PC-Datenbanken unterstützen den SQL-Befehl *CREATE TABLE* nicht. Die Tabelle wird mit Hilfe der GUI-Online-Bildschirme definiert. Um eine FoxPro-Tabelle zu definieren, wählen Sie *Datei > Neu* und definieren die Tabellen mit Hilfe der GUI-Schnittstelle. Dann können Sie manuell eine Tabelle *PRODUCT* mit identischen Spaltennamen und Feldgrößen anlegen. Glücklicherweise ist das Einfügen von Spalten in eine FoxPro-Tabelle sehr einfach: Sie setzen lediglich mit dem Texteditor des PCs ein Begrenzerzeichen zwischen die einzelnen Felder der Binärdatei.

Wählen Sie ein Zeichen, das in den Daten nicht vorkommt, z.B. das Caret (^) oder den Klammeraffen (@). Wenn Ihr Datenbankprogramm das Einfügen von Literalen in Abfragen unterstützt, können Sie während der Extraktion Zeichen hinzufügen:

```
SELECT cust_name||"^"||cust_city||"^"||cust_state FROM CUSTOMER;
```

Die bearbeitete Datei sieht folgendermaßen aus:

```
Burleson^343 State St^Rochester^NY
Joe Chelko^123 4th st.^New York^NY
```

Diese Betriebssystemdatei läßt sich dann mühelos in FoxPro importieren. Sie geben von der FoxPro-Befehlszeile aus folgende Befehle ein:

```
CLOSE DATA
USE PRODUCT
APPEND FROM c:\myfile.dat TYPE SDF DELIMITED with '^'
```

Dieser *APPEND*-Befehl übernimmt die Daten aus der Betriebssystemdatei und verschiebt sie in die FoxPro-Tabelle. Obwohl FoxPro den SQL-Befehl *INSERT* nicht unterstützt, ist es übrigens eine der am besten geeigneten Datenbanken für die Umstellung von Daten, wenn wir einmal die Personal Oracle-Datenbank für den PC außer acht lassen. Außerdem verschieben viele Standorte Systeme direkt von Großrechnern in FoxPro, weil dessen Rushmore-Technik so schnell arbeitet. Systeme lassen sich direkt von Großrechnern in FoxPro-Daten-Server verschieben und erreichen damit verbesserte Antwortzeiten. Ich kann dies aus eigener Erfahrung bestätigen: Ich habe von einer IBM 3090 auf FoxPro umgestellt, und jede einzelne SQL-Abfrage lief (auf einem Stand-Alone-PC) schneller als das SQL-Gegenstück auf dem Großrechner.

Nachdem wir jetzt verstanden haben, wie das Design verteilter Oracle-Datenbanken beschaffen ist, sollten wir unseren Schwerpunkt enger fassen und einen Blick darauf werfen, wie einzelne Oracle-Entities entworfen werden, um maximale Leistung zu erreichen.

Logisches Datenbankdesign zur Leistungsmaximierung

Dieser Abschnitt stellt Techniken für Datenbank-Server zur Entwicklung hochleistungsfähiger Oracle-Cient/Server-Anwendungen in den Mittelpunkt. Ohne effizientes Datenbankdesign kann man mit noch so viel Tuning nicht die optimale Leistung erreichen. Daher ist es für ein Datenbankdesign von entscheidender Bedeutung, daß Sie aus den verfügbaren Servern so viel Leistung wie möglich herausholen. Dazu betrachten wir mehrere Gebiete näher. Dieser Abschnitt behandelt insbesondere Konzepte zu folgenden Punkten:

- Theorie der Normalisierung und Modellierung von Daten

- Irreführende Beziehungen zwischen Daten

- Aufhebung der Normalform von N:M-Datenbeziehungen

- Rekursive Datenbeziehungen

- Das Sternschema-Design

Diese Fragen werden bei Oracle-Designs häufig übersehen – mit katastrophalen Folgen für die Leistung. Ein solides Verständnis dieser Prinzipien trägt dazu bei, Datenbankprogramme mit höherer Leistung zu entwickeln.

Theorie der Normalisierung und Modellierung von Daten

Wie Sie vermutlich wissen, müssen beim Entwerfen aller Oracle-Datenbanken fünf Arten von Datenbeziehungen erwogen werden:

- 1:1-Beziehung

- 1:N-Beziehung

- N:M-Beziehung

- Rekursive N:M-Beziehung

- IS-A-Beziehung

Die Rolle des Entwicklers einer effizienten Oracle-Datenbank besteht darin, diese Beziehungsarten in sinnvoller Weise darzustellen und gleichzeitig sicherzustellen, daß das Leistungsniveau des Servers akzeptabel bleibt. Nachdem die Datenbankbeziehungen entworfen sind, müssen wir einen Blick darauf werfen, wie die Einführung von Redundanzen die Leistung erhöhen kann.

In einer hierarchischen oder CODASYL-(Netzwerk-)Datenbank ist es möglich, ein Datenbankdesign zu definieren und zu implementieren, das absolut keine redundanten Informationen enthält (z.B. die reine Dritte Normalform oder 3NF). Hierarchische und Netzwerkdatenbanken können wirklich frei von redundanten Informationen sein, weil alle Datenbeziehungen durch Zeiger und nicht durch doppelt vorkommende Fremdschlüssel dargestellt werden. Weil objektorientierte Systeme Zeiger verwenden, um Datenbeziehungen zu errichten (mehr über Zeiger weiter unten in diesem Kapitel), lassen sich auch viele objektorientierte Systeme ohne redundante Daten entwerfen. Das Beseitigen von Redundanzen erfordert eingebettete Zeiger zur Errichtung der Datenbeziehungen, und daher kann keine relationale Datenbank jemals frei von redundanten Daten sein.

In einer Oracle-Datenbank mit entweder 1:1- oder N:M-Beziehungen sind redundante Fremdschlüssel oder Objekt-IDs in die Tabellen eingebettet, um logische Beziehungen zu errichten. Redundante Fremdschlüssel in den untergeordneten Tabellen stellen die Datenbeziehungen her und ermöglichen es, Tabellen miteinander zu verknüpfen und den Inhalt der Datenelemente in den Tabellen in Beziehung zu setzen.

Da die Größe der Datenbanken zunimmt, können Redundanzen zum bedeutenden Problem werden. Heute legen viele Benutzer sehr umfangreiche Datenbanken an, von denen viele mehrere Billionen Byte enthalten. Bei Datenbanken dieser Größe kann eine einzige Tabelle mehr als eine Milliarde Zeilen enthalten, und die Einführung einer einzigen neuen Spalte kann Tausende von Mark für zusätzlichen Plattenspeicher kosten. Die Redundanz von Daten ist aus zwei Gründen schädlich: Erstens und vor allem verschlingt das doppelte Vorkommen redundanter Informationen Speicherplatz: der zweite und höchst verhängnisvolle Grund liegt darin, daß die Aktualisierung der redundanten Daten zusätzlichen Verarbeitungsaufwand erfordert. Die redundante Duplizierung sehr umfangreicher und in hohem Maße der Veränderung unterliegender Daten kann große Engpässe bei der Verarbeitung verursachen.

Dies impliziert jedoch nicht, daß Redundanzen grundsätzlich nicht wünschenswert wären. Leistung ist in den meisten Systemen immer noch ein vorrangiger Faktor. Die korrekte Steuerung redundanter Informationen impliziert, daß in jede Struktur solange redundante Informationen aufgenommen werden können, wie die Leistungssteigerung gegenüber den zusätzlichen Kosten für Speicherplatz und den Aktualisierungsproblemen überwiegt.

Seit der ersten Veröffentlichung von Dr. E. F. Codds Forschungsstudie „Providing OLAP (OnLine Analytical Processing) To User-Analysts: An IT Mandate" im Jahr 1993 versuchen Datenbankdesigner, eine optimale Möglichkeit der Strukturierung von Tabellen mit dem Ziel geringer Redundanz zu finden. Codds Normalisierungsregeln leiten Designer dazu an, logisch korrekte Tabellenstrukturen ohne Redundanzen zu schaffen, aber häufig zwingen Leistungsgrundsätze dazu, doppelte Daten einzuführen, um die Leistung zu steigern.

Dies gilt insbesondere für verteilte Oracle-Datenbankarchitekturen. Jeder Knoten in einer verteilten Datenbankarchitektur will möglicherweise eine Kundenliste an anderen Knoten durchsuchen, ohne eine Verbindung zu diesem Knoten herzustellen. Die dem Zweiphasen-Commit innewohnenden Probleme erzwingen eine ausgedehnte Replikation ganzer Tabellen oder ausgewählter Tabellenspalten. Dennoch hat derjenige, der eine verteilte Datenbank entwirft, nicht die Freiheit, an einer beliebigen Stelle im Unternehmen Redundanzen einzuführen. Redundanzen haben immer ihren Preis, entweder in Form von Kosten für Speicherplatz oder in Form von Unterhaltskosten für ein paralleles Aktualisierungssystem. *Abbildung 2.8* zeigt eine Strategie zur Analyse der Konsequenzen von Datenredundanzen.

In *Abbildung 2.8* gibt es eine Grenzlinie in einem Bereich, der zwischen der Größe eines redundanten Datenelements und der Aktualisierungsfrequenz des Elements liegt. Die Größe des Datenelements wird zu den Plattenkosten für die Speicherung, die Aktualisierungsfrequenz mit den Kosten für das Aktuellhalten der redundanten Daten (entweder durch Replikation oder durch Two-Phase-Commit-Aktualisierung) in Beziehung gesetzt. Da die relativen Kosten für jede Hardware-Konfiguration und jede Anwendung unterschiedlich sind, kann diese Grenze je nach Anwendung an sehr unterschiedlichen Stellen liegen. Das rapide Sinken der Kosten für Festplattenspeicher führt dazu, daß die Größengrenze nur für sehr umfangreiche Redundanzen von Bedeutung ist. Ein umfangreiches, sich relativ häufig änderndes Element (z.B. *street_address*) ist kein guter Kandidat für eine Redundanz. Aber umfangreiche statische (z.B. *service_history*) oder kleine, sich häufig ändernde Elemente (z.B. *product_price*) eignen sich für Redundanzen. Kleine statische Elemente (z.B. *gender*) sind ideale Kandidaten für redundante Duplizierung.

Lassen Sie uns, nachdem wir jetzt die Grundprinzipien der Einführung von Redundanzen verstanden haben, einen Blick darauf werfen, wie eine Redundanz eingeführt wird, wenn Beziehungen zwischen Oracle-Tabellen bestehen.

Abb. 2.8:
Ein Vergleich von
Größe und
Veränderungs-
häufigkeit bei red-
undanten Daten

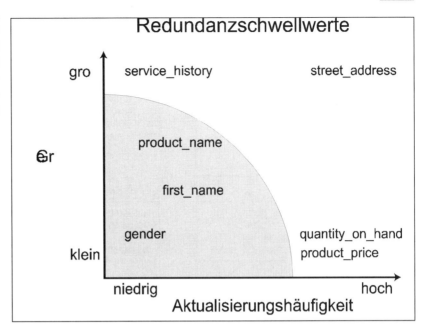

Die Aufhebung der Normalform bei 1:N-Beziehungen

1:N-Beziehungen kommen in vielen realen Situationen vor. Viele Entitäten, die 1:N-Beziehungen besitzen, lassen sich aus dem Datenmodell entfernen, was einige Verknüpfungsoperationen überflüssig macht. Das Grundprinzip ist einfach: Redundante Informationen vermeiden teure SQL-Verknüpfungen und führen zu schnellerer Verarbeitung. Aber denken Sie daran, daß sich Designer mit der Frage zusätzlichen Speicherplatzes und den Problemen hinsichtlich der Aktualisierung der redundanten Daten befassen müssen. Betrachten Sie beispielsweise das E/R-Modell in *Abbildung 2.9*, in dem sich die Struktur, wie Sie sehen können, in der reinen Dritten Normalform befindet. Beachten Sie, daß die Tabellen *CITY* und *STATE* vorhanden sind, weil es in jedem Staat viele Städte und in jeder Stadt viele Kunden gibt. Dieses Modell funktioniert für die meisten Transaktionen in einem System für *Online-Transaktionsverarbeitung (OLTP – OnLine Transaction Processing)*. Der hohe Grad von Normalisierung würde jedoch bei jeder Anforderung von Adreßinformationen die Verknüpfung der Tabellen *CITY* und *STATE* erfordern, was zwangsläufig dazu führt, daß einige SQL-Anforderungen sehr langsam ablaufen.

Denken Sie an eine Abfrage, die *state_bird* für alle Bestellungen von *BIRDSEED* anzeigt. Es handelt sich um eine mühsame Abfrage, welche die Verknüpfung zahlreicher Tabellen erfordert, weil die gewünschten Daten (*STATE.state_bird*) um viele Tabellen vom Booleschen Kriterium (*ITEM.item_name*) entfernt sind:

Abb. 2.9:
Eine Absatz-
datenbank nach
dem E/R-Modell,
die sich vollständig
in Normalform
befindet

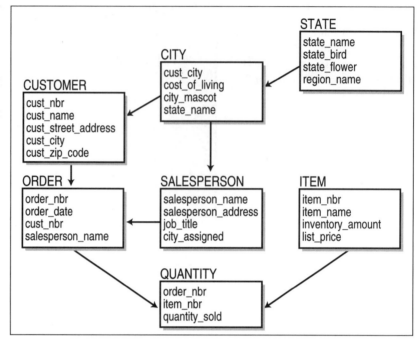

```
SELECT state_bird
FROM STATE, CITY, CUSTOMER, ORDER, QUANTITY, ITEM
WHERE
item_name = 'BIRDSEED'
AND
ITEM.item_nbr = QUANTITY.item_nbr
AND
QUANTITY.order_nbr = ORDER.order_nbr
AND
ORDER.cust_nbr = CUSTOMER.cust_nbr
AND
CUSTOMER.cust_city = CITY.cust_city
AND
CITY.state_name = STATE.state_name;
```

Mit Oracle und seinem Optimizer auf Kostenbasis garantiert diese Art komplexer Verknüpfung, daß mindestens eine Tabelle vollständig von vorn nach hinten durchsucht wird. Dies ist ein Nachteil des kosten-basierten Optimizers, weil ein SQL-Optimizer grundsätzlich das voll-ständige Durchsuchen einer Tabelle vermeiden sollte, wenn Indizes vor-handen sind – dieser Vorgang ist nämlich sehr teuer. Eine derartige Situation ließe sich möglicherweise vermeiden, wenn zusammen mit dem Optimizer Oracle-Hinweise benutzt würden, um den optimalen Pfad zu diesen Daten zu ermitteln. Ein *Hinweis* ist eine Erweiterung der Oracle-SQL, welche den SQL-Optimizer veranlaßt, den normalen Zugriffspfad zu ändern. Genauere Informationen zur Optimierung des vollständigen Durchsuchens von Tabellen finden Sie in *Kapitel 7: Oracle DBA – Leistung und Tuning*. Genauere Informationen zur Verwendung von Hinweisen zur SQL-Optimierung finden Sie in *Kapitel 5: Oracle SQL-Optimierung*.

Was aber, wenn die Vereinfachung der Datenstruktur durch Löschen einiger 1:N-Beziehungen Ihr Ziel ist? Die Einführung von Redundanzen bringt zwei Probleme mit sich: Sie brauchen zusätzlichen Speicherplatz für das redundante Element sowie eine Technik zur Aktualisierung des Elements bei Änderungen. Eine Lösung besteht darin, eine Tabelle mit Spalten aufzubauen, welche die Tabellen *CITY* und *STATE* in die Tabelle *CUSTOMER* integrieren. Betrachten Sie beispielsweise *Tabelle 2.1*. Nehmen Sie an, daß die Tabelle *STATE* 50 Zeilen, die Tabelle *CITY* 2.000 Zeilen und die Tabelle *CUSTOMER* 10.000 Zeilen enthält.

Tab. 2.1: Redundanzmatrix zur Ermittlung der optimalen Normalisierung	SPALTE	GRÖSSE	DUPLIZIE-RUNG	GESAMT-SPEICHER-PLATZ	ÄNDERUNG
	state_bird	10	10.000	100.000	selten
	state_flower	10	10.000	100.000	selten
	region_name	2	10.000	20.000	nie
	cost_of_living	8	10.000	80.000	vierteljährlich
	city_mascot	10	10.000	100.000	selten

In *Tabelle 2.1* können Sie sehen, daß sich die Tabellen *CITY* und *STATE* vollständig entfernen lassen und dadurch insgesamt 400.000 Byte eingespart werden, wie in *Abbildung 2.10* demonstriert wird. Was ist mit dem Feld *cost_of_living*? Wenn wir uns dafür entscheiden, die Tabelle *CITY* zu löschen und *cost_of_living* in jede Zeile von *CUSTOMER* zu kopieren, wäre es erforderlich, jede einzelne Zeile von *CUSTOMER* aufzusuchen – und das bedeutet, die Lebenshaltungskosten 10.000mal zu ändern. Vor dieser Änderung kann der folgende SQL-Code eingesetzt werden, um jede *CITY*-Tabelle zu aktualisieren:

```
UPDATE CITY SET cost_of_living = :var1
WHERE CITY = :var2;
2000 ROWS UPDATED
```

Während die Verwaltung von Redundanzen eine beträchtliche Herausforderung darzustellen scheint, führt die folgende SQL-Anweisung *UPDATE* diese Änderung ohne große Mühe durch, und wir können die Änderung an sämtlichen davon betroffenen Zeilen durchführen:

```
UPDATE CUSTOMER SET cost_of_living = :var1
WHERE CITY = :var2;
100000 ROWS UPDATED
```

Abb. 2.10:

Eine Absatz-
datenbank nach
dem E/R-Modell in
denormalisierter
Form

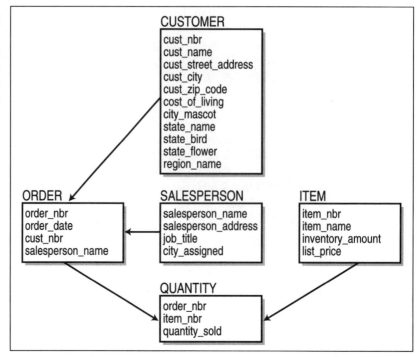

Wenn wir wie zuvor dieselbe Abfrage von *state_bird* benutzen, können Sie sehen, wie stark diese durch das Löschen der zusätzlichen Tabellen vereinfacht wird:

```
SELECT state_bird
FROM  CUSTOMER, ORDER, QUANTITY, ITEM
WHERE
item_name = 'BIRDSEED'
AND
ITEM.item_nbr = QUANTITY.item_nbr
AND
QUANTITY.order_nbr = ORDER.order_nbr
AND
ORDER.cust_nbr = CUSTOMER.cust_nbr;
```

Es müssen immer noch drei Tabellen miteinander verknüpft werden, aber diese Abfrage führt zu einem viel schnelleren und einfacheren Ablauf als die ursprüngliche Verknüpfung von fünf Tabellen. Sie können dieses Konzept bis zu dem Punkt weiterführen, an dem das Modell zu einer einzigen Tabelle mit einem hohen Grad von Redundanz verdichtet ist.

Irreführende Datenbeziehungen

Beim Erstellen eines E/R-Modells ist es häufig verlockend, das Datenmodell aus einer rein logischen Perspektive zu betrachten, ohne die physischen Implikationen der Daten zu berücksichtigen. Der Entwickler bemüht sich, alle logischen Beziehungen im Datenmodell zu erkennen und einzurichten, aber manchmal stellt er fest, daß sie in die Irre führen. Dies kann der Fall sein, wenn die Beziehung zwar tatsächlich existiert, die Anwendung diese aber möglicherweise nicht zu referenzieren braucht. Betrachten Sie das E/R-Modell einer Universität, das Sie in *Abbildung 2.11* sehen.

Schauen Sie sich die Zuordnung des Attributs *hair_color* zur Entität *student* an. Gibt es wirklich eine N:M-Datenbeziehung zwischen *hair_color* und *student*? Viele Studenten haben blonde Haare, und blondes Haar ist eine gemeinsame Eigenschaft vieler Studenten. Warum sollte man also keine N:M-Beziehung zwischen *student* und *hair_color* herstellen? Die Lösung ist davon abhängig, ob in der Entität *hair_color* andere Datenelemente ohne Schlüsselfunktion vorhanden sind.

Wenn es viele weitere Datenelemente gibt, die sich auf *hair_color* beziehen, dann ist es völlig in Ordnung, eine weitere Einheit mit der Bezeichnung *hair_color* zu schaffen. Aber obwohl eine N:M-Beziehung zwischen *hair_color* und *student* besteht, ist *hair_color* in diesem Fall ein alleinstehendes Datenattribut, so daß es unnötig ist, eine weitere Datenstruktur anzulegen.

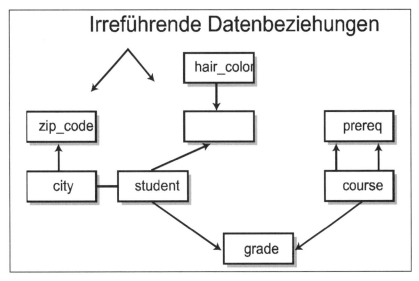

Abb. 2.11:
Ein Beispiel für
irreführende
Datenbeziehungen

Ein weiteres Beispiel stellt das Attribut *zip_code* in der Entität *student* dar. Auf den ersten Blick scheint es, daß zwischen *city* und *zip_code* eine Verletzung der Dritten Normalform (d.h. eine transitive Abhängigkeit) aufgetreten sei. Anders gesagt, sieht es so aus, als ob ein *zip_code* mit dem Wohnort des Studenten ein Paar bildete. Wenn zu jeder *city* mehrere *zip_code*s gehören, während jeder *zip_code* nur eine *city* bezeichnet, ist es sinnvoll, diese Situation als 1:N-Datenbeziehung zu modellieren *(siehe Abbildung 2.11)*. Das Vorhandensein dieser Datenbeziehung erfordert das Erstellen einer eigenen Entität mit der Bezeichnung *zip*, der *student*-Entitäten zugeordnet sind. Das ist jedoch ein anderer Fall, bei dem die Entität *zip* keine Schlüsselattribute besitzt, wodurch sie unpraktisch wird. Anders gesagt, besitzt *zip_code* keine zugeordneten Datenelemente – die Erstellung einer Datenbanktabelle mit nur einer Datenspalte wäre unsinnig.

Dieses Beispiel zeigt, daß es nicht ausreicht, „gleiche" Elemente in Gruppen zusammenzufassen und dann die Datenbeziehungen zu ermitteln. Es muß eine praktische Prüfung stattfinden, ob in einer Entitätsklasse Attribute vorhanden sind, welche keine Schlüssel sind. Wenn eine Entität keine Attribute besitzt (d.h. die Tabelle hat nur ein Feld), ist das Vorhandensein der Entität lediglich ein Index auf den Fremdschlüssel in der Elemententität. Deshalb kann sie aus dem E/R-Modell gelöscht werden. Diese Technik reduziert nicht nur die Anzahl der Entitäten, sondern schafft eine günstigere Umgebung für eine Client/Server-Architektur. Eine größere Datenmenge wird logisch zusammengefaßt, und dies führt zu geringerem Aufwand beim Zugriff. *Abbildung 2.12* zeigt ein Beispiel für korrekte Beziehungen.

Abb. 2.12:
Ein Beispiel für korrekte N:M-Beziehungen

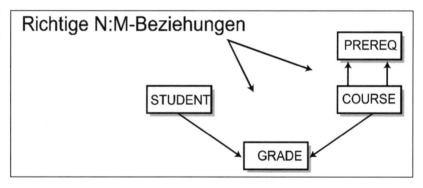

Aufheben der Normalform bei N:M-Datenbeziehungen

In vielen Fällen läßt sich eine N:M-Beziehung zu einer effizienteren Struktur verdichten, um die Geschwindigkeit bei der Datenermittlung zu erhöhen. Schließlich müssen weniger Tabellen verknüpft werden, um die gewünschten Informationen zu erhalten. Um zu verstehen, wie sich eine N:M-Beziehung in eine kompaktere Struktur umwandeln läßt, betrachten Sie die Beziehung zwischen einem Kurs und einem Studenten, die in *Abbildung 2.13* dargestellt ist.

Wie Sie in *Abbildung 2.13* sehen können, belegt ein Student viele Kurse, und jeder Kurs besteht aus mehreren Studenten. Dies ist eine klassische N:M-Beziehung, und sie verlangt, daß wir eine Verknüpfungstabelle zwischen den Grundentitäten definieren, um die notwendigen Fremdschlüssel zu erstellen. Beachten Sie, daß die Verknüpfungstabelle (*GRADE*) folgendes enthält:

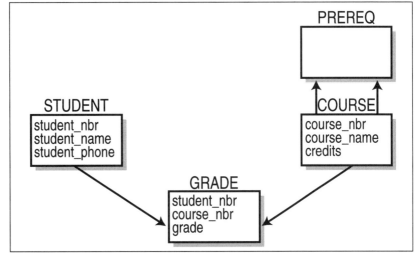

Abb. 2.13:

Ein Beispiel einer Universitätsdatenbank

- *course_nbr* – Den Primärschlüssel für die Tabelle *COURSE*

- *student_nbr* – Den Primärschlüssel für die Tabelle *STUDENT*

- *grade* – Ein Attribut für beide Fremdschlüssel, das kein Schlüssel ist

Erwägen Sie als nächstes folgende Frage: In welchem Kontext ist eine Note von Bedeutung? Die Aussage „Die Note in CS-101 war 1" ist unvollständig, und die Aussage „Joe hat eine 1 bekommen" ebenfalls. Die Notenspalte hat nur dann eine Bedeutung, wenn sowohl die Kursnummer als auch die Immatrikulationsnummer mit ihr verknüpft sind. Die Aussage „Joe hat in CS-101 eine 1 bekommen" ergibt einen Sinn.

Rekursive Datenbeziehungen

Rekursive N:M-Beziehungen enthalten ein Objekt, welches seinerseits eine N:M-Beziehung zu anderen Vorkommen desselben Objekts besitzt. Diese Beziehungen werden oft als *Bill-of-Materials-(BOM-) Beziehungen* bezeichnet, und die graphische Darstellung der rekursiven Beziehung wird manchmal *Bill-of-Materials-Explosion* genannt. Die Beziehungen heißen *rekursiv*, weil eine einzige Abfrage die Tabellen vielfach durchläuft, bis sie zum Ergebnis kommt *(siehe Abbildung 2.14).*

Bill-of-Materials-Beziehungen kennzeichnen ein Objekt mit einer N:M-Beziehung zu einem anderen Objekt in derselben Klasse. Anders gesagt, kann ein Teil aus anderen Teilen bestehen, ist aber gleichzeitig ein Bestandteil einer größeren Zusammensetzung. Eine Unterrichtsstunde an einer Universität kann beispielsweise viele Voraussetzungen haben, aber sie ist gleichzeitig Voraussetzung für andere Stunden. Diese Kurse besitzen alle eigene Voraussetzungen, die wiederum Voraussetzungen haben können usw.

Abb. 2.14:
Ein Beispiel für rekursive N:M-Beziehungen

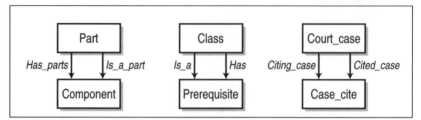

Jedes Vorkommen eines *COURSE*-Objekts besitzt unterschiedliche Themen, und eine vollständige Implementierung muß alle Kurse durchlaufen, bis sie das „Ziel" erreicht: den Punkt, an dem der Kurs keine weiteren Voraussetzungen hat.

Leider ist die rekursive N:M-Beziehung sehr verwirrend und ohne die Zuhilfenahme einer graphischen Darstellung fast nicht zu verstehen. Stellen Sie sich die rekursive N:M-Beziehung als normale N:M-Beziehung vor, bei der die Eigentümerentität in *Part1* und *Part2* „auseinandergerissen" wurde. *Abbildung 2.15* zeigt, wie die Verknüpfungsentität die Beziehung herstellt.

Nur graphische Darstellungen machen eine rekursive N:M-Beziehung begreifbar. Im CODASYL-Modell werden diese als *Set-Occurrence-Diagramme* bezeichnet, und sie zeigen die Zeigerketten, welche die Beziehungen verknüpfen (*siehe Abbildung 2.16*, die die Beziehungen zwischen den Elementen in einem *Big_Meal* veranschaulicht). Tabellenskizzen zeigen, daß die Verknüpfungstabelle in relationalen Datenbanken sowohl eine Implosions- als auch eine Explosionsspalte enthält.

Abb. 2.15:
Betrachtung einer rekursiven N:M-Beziehung als normale N:M-Beziehung

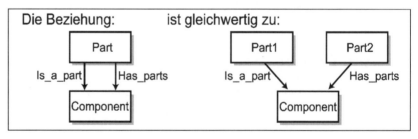

In *Abbildung 2.16* können Sie durch die Datenbank navigieren und die Komponenten für ein *Big_Meal* ermitteln. Dazu starten Sie beim Objekt *Big_Meal* und folgen der Verknüpfung *Has_parts* zum Kreis mit der Zahl 1. Das ist die Menge der bestellten gebratenen Gerichte für das *Big_Meal*. Kehren Sie zur Verknüpfung *Has_Parts* für *Big_Meal* zurück, finden Sie den nächsten Kreis. Die Verknüpfung *Is_a_part* zeigt, daß zu einem *Big_Meal* ein Glas Mineralwasser gehört. Setzen Sie diesen Vorgang so lange fort, bis Sie in der Beziehung *Has_parts* keine weiteren Entitäten mehr finden. Insgesamt besagen die *Has_parts*-Beziehungen, daß ein *Big_Meal* aus einer Bestellung von Pommes Frites, einem Mineralwasser und einem Hamburger besteht. Außerdem besteht der Hamburger aus zwei Fleischklopsen und einem Brötchen.

Wenn Sie das Beispiel in *Abbildung 2.16* fortsetzen, können Sie sehen, wie man durch eine Datenbank steuert, um zu bestimmen, welche Teile eine bestimmte Komponente verwenden. Wenn Sie beispielsweise am *Hamburger*-Kreis starten und die *Is_a_part*-Beziehungen verfolgen, sehen Sie, daß ein Hamburger sowohl Teil des *Value_Meal* als auch des *Big_Meal* ist.

Aus der Struktur lassen sich jetzt rekursive Beziehungen erzeugen. Wenn Sie beispielsweise die Komponenten eines *Big_Meal* auflisten, erscheinen alle Komponenten, wie sie in *Tabelle 2.2* aufgeführt sind.

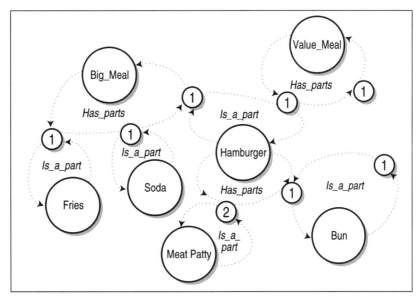

Abb. 2.16:
Ein Set-Occurrence-Diagramm für eine rekursive Beziehung

Tab. 2.2:
BOM-Explosion für *Big_Meal*

PART1	PART2	PART3	MENGE
Hamburger			1
	Fleischklops (*Meat Patty*)		2
		Hafergrütze	125 g
		Rindfleisch	100 g
	Brötchen (*Bun*)		
Pommes Frites (*Fries*)			1 Portion
	Kartoffeln		1
	Fett		1/4 l
Mineralwasser (*Soda*)			1
	Eis		1/8 l
	Getränk		1/10 l

Umgekehrt gilt die rekursive Verknüpfung für jedes Element, um seine Beteiligung an anderen Elementen feststellen zu können. Die Verwendung von Fett läßt sich beispielsweise mit Hilfe einer implosiven Abfrage ermitteln, wie in *Tabelle 2.3* gezeigt.

Diese Beispiele mögen sehr einfach scheinen, aber viele Datenbanksysteme besitzen Elemente mit zahlreichen Unterteilungen. Rekursionen können sich über Dutzende von Stufen einer Hierarchie hinab erstrecken.

	PART1	PART2	PART3
Tab. 2.3: BOM-Implosion für Fett	Pommes Frites (*Fries*)		
			Big Meal
			Value Meal
	Fleischklops (*Meat Patty*)		
		Hamburger	
			Big Meal
			Value Meal
		Cheeseburger	
	Pasteten		
		Value Meal	

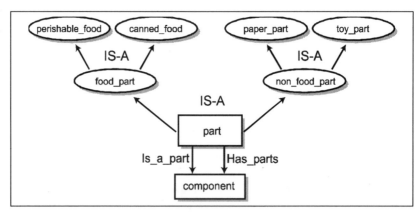

Abb. 2.17:

Rekursive N:M-Beziehungen mit einer zusätzlichen IS-A-Hierarchie

Betrachten Sie das Design einer Datenbank, die Fast-Food-Elemente verwaltet *(siehe Abbildung 2.17)*. Alle Elemente, die nicht Lebensmittel sind, besitzen ein *Klassenkonstrukt*, welches alle Daten und Verhaltensweisen enthält. Dieses Klassenkonstrukt stellt ein Beispiel für eine *abstrakte Klasse* dar, in der keine Objekte für *non_food_part* erstellt wurden. Aber *non_food_part* schließt Bestellverhaltensweisen und die Namen von Lieferanten ein. Diese Datenelemente kaskadieren auf untergeordnete Klassen, insbesondere auf die Objekte *toy_part* und *paper_part*. Die Klasse *toy_part* ist nicht nur die nächste in der Klassenhierarchie, sondern besitzt außerdem Daten und Verhaltensweisen. Im Gegensatz zu der abstrakten Klasse *non_food_part* ist *toy_part* eine *konkrete Klasse*.

Natürlich machen wir das Problem der rekursiven Beziehungen durch dieses zusätzliche Konstrukt – eine Klassenhierarchie – noch komplizierter. Leider ist diese Art Herausforderung sehr verbreitet. Es trifft zwar zu, daß „Teile Teile sind", aber zwischen unterschiedlichen Teilen bestehen feine Unterschiede, welche je nach Art des Teils zu unterschiedlichen Datenelementen führen. Beispielsweise könnte ein Lebensmittel-Teil eine Spalte *shelf_life* besitzen, aber diese gilt nicht für Nicht-Lebensmittel.

Wenn Sie den Charakter rekursiver Beziehungen verstanden haben, wird die Frage zu einer Frage der Implementierung: Wie läßt sich eine rekursive Beziehung in Oracle am besten darstellen, und wie kann man in ihrer Struktur navigieren?

Die folgenden Definitionen von Oracle-Tabellen beschreiben die Tabellen für das Teil-Komponente-Beispiel:

```
CREATE TABLE PART (
part_nbr     number,
part_name    varchar2(10),
part_desc    varchar2(10),
qty_on_hand  number);


CREATE TABLE COMPONENT (
has_parts    number,
is_a_part    number,
qty          number);
```

Sehen Sie sich das Beispiel *COMPONENT* genau an. Beide Felder, sowohl *Has_parts* als auch *Is_a_part*, sind Fremdschlüssel für das Feld *part_nbr* in der Tabelle *PART*. Deshalb ist die gesamte Tabelle *COMPONENT* mit Schlüsseln versehen mit Ausnahme des Feldes *qty*, welches besagt, wie viele Teile zu einer Zusammenstellung gehören. Betrachten Sie den folgenden SQL-Code, der zur Anzeige aller Komponenten eines *Big_Meal* benötigt wird:

```
SELECT part_name
FROM PART, COMPONENT
WHERE
has_parts = 123
AND
PART.part_nbr = COMPONENT.has_parts;
```

Diese Art Oracle-SQL-Abfrage verlangt es, die Tabelle mit sich selbst zu verknüpfen. Leider gibt es keinen echten Ersatz für diese Art Datenbeziehung, weil alle Elemente demselben Typ (nämlich *PART*) angehören.

Während die Prinzipien zur Aufhebung der Normalform für alle Oracle-Systeme gelten, gibt es spezielle Fälle von Data Warehouse-Systemen, bei denen eine besondere Technik zur Einführung von Redundanzen verwendet wird. Diese wird als Sternschema-Design bezeichnet.

Sternschema-Design

Das Sternschema-Design wurde zuerst von Dr. Ralph Kimball als alternatives Datenbankdesign für Data Warehouses verwendet. Der Namensbestandteil Stern leitet sich direkt von der Form des Designs ab, bei dem sich im Zentrum des Systems eine umfangreiche *FACT*-Tabelle befindet, welche von verschiedenen „Punkten" oder Referenztabellen umgeben ist. Das Grundprinzip des Sternabfrageschemas besteht in der Einführung sehr stark redundanter Daten mit dem Ziel hoher Leistung. Eine tiefergehende Behandlung dieses Designs finden Sie in *Kapitel 10: Tuning von Oracle Data Warehouse- und OLAP-Anwendungen.*

Wenn Sie zu dem an früherer Stelle in diesem Kapitel in *Abbildung 2.9* behandelten Kunde-Bestellung-E/R-Modell zurückkehren, können Sie darin die Veranschaulichung einer Standarddatenbank in der Dritten Normalform erkennen, die zur Darstellung des Absatzes von Artikeln verwendet wird. Weil redundante Informationen hier kein Thema sind, werden wesentliche Daten (z.B. die Gesamtzahlen einer Bestellung) aus den Einzelpunkten errechnet, die die Bestellung ausmachen. In dieser Datenbank in der Dritten Normalform benötigen Benutzer eine Liste von Zeilenelementen, um die bestellte Menge mit dem Preis der einzelnen Artikel multiplizieren zu können, die zur Bestellung *123* gehören. Eine zwischengeschaltete Tabelle mit der Bezeichnung *TEMP* enthält die Liste der Ergebnisse, welche im folgenden Beispiel gezeigt wird:

```
CREATE TABLE TEMP AS
SELECT (QUANTITY.quantity_sold * ITEM.list_price) line_total
FROM QUANTITY, ITEM
WHERE
QUANTITY.order_nbr = 123
AND
QUANTITY.item_nbr = ITEM.item_nbr;
SELECT sum(line_total) FROM TEMP;
```

Die Hierarchie *STATE – CITY – CUSTOMER* ist wohlüberlegt. Die Dritte Normalform erlaubt keine redundanten Informationen. Daher ist die scheinbar einfache Abfrage eines Benutzers für das System eine komplexe Angelegenheit. Beispielsweise sieht der SQL-Code zur Berechnung der Summe aller Bestellungen für die Region West sehr komplex aus und bedingt die Verknüpfung von fünf Tabellen:

```
CREATE TABLE TEMP AS
SELECT (QUANTITY.quantity_sold * ITEM.list_price) line_total
FROM QUANTITY, ITEM, CUSTOMER, CITY, STATE
WHERE
QUANTITY.cust_nbr = ITEM.item_nbr       /* join QUANTITY and ITEM */
AND
ITEM.cust_nbr = CUSTOMER.cust_nbr       /* join ITEM and CUSTOMER */
AND
CUSTOMER.cust_city = CITY.cust_city     /* join CUSTOMER and CITY */
AND
CITY.state_name = STATE.state_name      /* join CITY and STATE */
AND
STATE.region_name = 'WEST';
```

In der Realität beseitigt ein ausreichendes Maß an Redundanzen die Tabellen *CITY* und *STATE*. Die Sache ist klar: Eine Führungskraft, die eine Folge vollständiger Bestellsummen analysiert, benötigt eine Menge Echtzeitberechnungen. Dieser Vorgang zeigt den grundlegenden Nachteil: Wirkliche Freiheit von redundanten Daten hat ihren Preis in Form von Abfragezeit.

Abb. 2.18:
Das E/R-Modell
der Sternabfrage

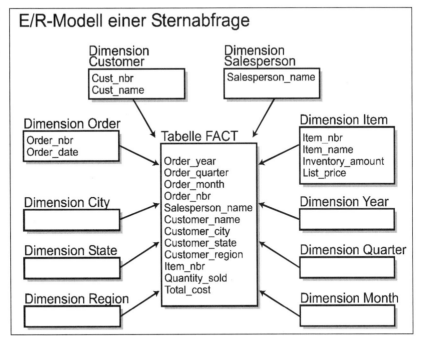

In der Praxis entwickelt sich die Datenbank in der Dritten Normalform im allgemeinen zu einem Sternschema, sobald Sie eine Tabelle *FACT* anlegen, die die Menge jedes verkauften Artikels enthält *(siehe Abbildung 2.18)*.

Auf den ersten Blick ist es kaum zu glauben, daß *Abbildung 2.18* dieselben Daten darstellt wie die Datenbank in Normalform. Die neue Tabelle *FACT* enthält eine Zeile für jeden Artikel jeder Bestellung, was zu einer gewaltigen Menge redundanter Schlüsselinformationen in der Tabelle *FACT* führt. Es sollte daher deutlich sein, daß das Sternabfrageschema weit mehr Speicherplatz erfordert als eine Datenbank in der Dritten Normalform. Außerdem ist eine Sternschemadatenbank höchstwahrscheinlich wegen der ausgedehnten Redundanz in diesem Modell nur zum Lesen freigegeben. Schließlich macht der hohe Redundanzgrad beim Sternschema auch noch die Aktualisierung schwierig (wenn nicht unmöglich).

Beachten Sie die Dimensionstabellen, die um die Tabelle *FACT* herum angeordnet sind. Einige davon enthalten Daten, die mit Hilfe von Verknüpfungen in Abfragen eingebunden werden. Andere, z.B. *Dimension Region*, enthalten keine Daten. Welchen Zweck erreicht dann das Sternschema mit großem Speicherverbrauch und der Beschränkung auf Lesezugriffe?

Lassen Sie uns mit Hilfe des Sternschemas in *Abbildung 2.18* SQL-Abfragen zum schnellen Auffinden gewünschter Informationen formulieren. Die Ermittlung der Gesamtkosten einer Bestellung ist beispielsweise leicht, wie der folgende Code zeigt:

```
SELECT sum(total_cost) order_total
FROM FACT
WHERE
FACT.order_nbr = 123;
```

Es ist deutlich, daß diese Struktur die Abfrage in Echtzeit beschleunigt und vereinfacht. Betrachten Sie das Ergebnis für den Fall, daß das Ziel die Analyse der Informationen durch verbundene Werte mit Hilfe dieses Schemas ist. Nehmen Sie an, daß der Abteilungsleiter die Aufschlüsselung des regionalen Absatzes benötigt. Die Daten je Region sind nicht verfügbar, aber die Tabelle *FACT* liefert die Antwort. Es ist jetzt kein Problem, die Summe aller Bestellungen für die Region West zu erhalten, wie der folgende Code zeigt:

```
SELECT sum(total_cost)
FROM FACT
WHERE
REGION = 'WEST';
```

Nachdem wir die Prinzipien des herkömmlichen Datenbankdesigns auf die Oracle-Tabellenstrukturen angewandt haben, müssen wir als nächstes die Situationen betrachten, in denen die neuen Objektfunktionen von Oracle8 zum Tragen kommen können. Diese neuen Funktionen bieten dem Datenbankdesigner viele Wahlmöglichkeiten, und der folgende Abschnitt beschreibt, in welchen Fällen die Verwendung der neuen Objektkonstrukte in Ihrem logischen Design angebracht ist.

Logisches Design von Datenbank-objekten

Es gibt eine umfangreiche Debatte hinsichtlich der möglichen Vorteile der Einführung von Objekten in die wichtigsten Datenbankverwaltungssysteme. Im letzten Jahrzehnt verkündete eine kleine, aber lautstarke Gruppe von Verfechtern der objektorientierten Programmierung mit fast religiösem Eifer die Objektrevolution. Die Feststellung ist interessant, daß trotz des Geschreis objektorientierte Datenbanken nicht von der Stelle kamen, bevor die großen Anbieter relationaler Datenbanken, z.B. Oracle und Informix, sich verpflichteten, Objektunterstützung in ihre Datenbanken aufzunehmen. Aber die Bereitstellung der Leistungsfähigkeit von Objekten ist erst der Anfang. Oracle-Entwickler kämpfen jetzt darum, zu verstehen, wie die neuen Objekterweiterungen die Art und Weise ändern, in der ihre Anwendungen entworfen und implementiert werden.

Die Verpflichtung von Oracle zu Objekten ist nicht nur die Anerkennung einer Mode. Die Vorzüge der Objektunterstützung sind sehr real, und die aufregenden neuen Erweiterungen von Oracle8 unterstützen Entwickler dabei, eine neue Grundlage für Datenbanksysteme des 21. Jahrhunderts zu schaffen.

Wenn Sie den Datenbankkern von Oracle8 untersuchen, werden Sie feststellen, daß die neuen Funktionen im wesentlichen aus benutzerdefinierten Datentypen, Zeigern auf Zeilen und der Möglichkeit bestehen, Daten mit Hilfe von Methoden mit Verhaltensweisen zu koppeln. Die neuen Funktionen bieten gewaltige Möglichkeiten der Weiterentwicklung. Sie ändern das Entwerfen und Implementieren von Datenbanken auf eine Art und Weise, von der Oracle-Entwickler nie geträumt haben.

In Oracle8 brauchen Datenbankentwickler Anwendungen nicht mehr bis auf atomares Niveau zu zerlegen. Die neuen *Zeiger*-Konstrukte erlauben die Schaffung von Verbundobjekten. Außerdem müssen Datenbankadministratoren in Oracle8 keine Oracle-Datensichten mehr erstellen, um zur Laufzeit zusammengesetzte Objekte anzulegen. Viele Kritiker des relationalen Modells haben bemerkt, daß relationale Datenbanken in der Lage sein müssen, Objekte der realen Welt zu modellieren.

Die Verfechter der Objektorientierung verwenden das Auto als Analogie, um die Probleme des relationalen Modells zu beschreiben. Sie behaupten, es habe keinen Sinn, sein Auto jedesmal auseinanderzunehmen, wenn man abends nach Hause kommt, nur um es wieder zusammenzusetzen, wenn man wegfahren will (genau wie in Oracle7, wo Sie jedesmal Aggregate mit SQL-Verknüpfungen zusammensetzen müssen, wenn Sie Verbundobjekte sehen wollen). Mit Oracle8 können Datenbankdesigner die reale Welt auf allen zusammengesetzten Ebenen nachbilden, nicht nur auf dem weitgehend zerlegten Niveau der Dritten Normalform.

Diese Fähigkeit, reale Objekte im voraus zu konstruieren, versetzt Oracle8-Designer in die Lage, die Welt so zu modellieren, wie sie ist, ohne Objekte immer dann, wenn sie benötigt werden, aus ihren Einzelteilen neu zu schaffen. Diese realen Objekte haben auch Auswirkungen auf das SQL von Oracle. Anstatt zahlreiche Tabellen verknüpfen zu müssen, um ein Verbundobjekt zu erzeugen, besitzt das Objekt eine eigenständige Existenz, selbst wenn es vollkommen aus Teilen zusammengesetzt ist, die aus Tabellen mit Elementen atomarer Größe stammen *(siehe Abbildung 2.19)*.

Abb. 2.19:
Objekte, die aus relationalen Entitäten minimaler Größe bestehen

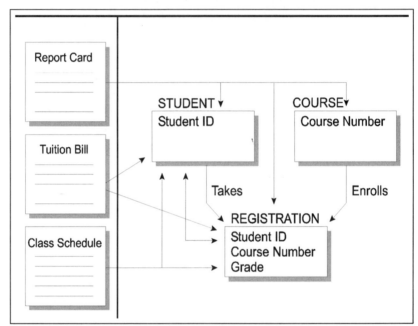

Die Fähigkeit, Zeiger zur Vorfertigung von Objekten zu verwenden, impliziert eine ganz neue Art von Datenbankzugriff. Anstatt SQL verwenden zu müssen, kann man Oracle8-Datenbanken „durchblättern", indem man von Zeile zu Zeile geht und die Verweisstellen der Zeiger sucht, ohne jemals SQL zur Verknüpfung von Tabellen zu benötigen. Dieser nichtdeklarative, navigierende Datenzugriff erlaubt es Oracle-Designern, schnellere Links zwischen Tabellen zu erstellen, die einen Teil der zeitaufwendigen SQL-Verknüpfungen umgehen, welche zur Systembelastung werden können.

Schließlich ändert auch die Fähigkeit von Oracle8, Daten und Verhaltensweisen fest miteinander zu koppeln, die Art und Weise der Programmerstellung. Anstatt die Programmlogik in externen Computerprogrammen zu speichern, verlagert sich der Prozeßcode zusammen mit den Daten in die Oracle-Datenbank, und der Oracle-Datenbankkern verwaltet die Daten sowie die Prozesse, die an den Daten ausgeführt werden. Wie schon früher erwähnt, wird die Koppelung von Daten und Verhaltensweisen durch Verwendung von *Methoden* erreicht.

Methoden wurden zunächst in das objektorientierte Modell integriert, um die Kapselung und Wiederverwendbarkeit von Programmcode zu ermöglichen. *Kapselung* bedeutet, daß sich alle Daten innerhalb eines Objekts nur durch Aufrufen einer seiner Methoden verändern lassen. Durch Verknüpfung dieser geprüften und zuverlässigen Methoden mit dem Objekt „weiß" ein Oracle8-Objekt, wie es sich verhalten soll, und dennoch funktionieren die Methoden bei allen Zielobjekten auf immer dieselbe Art und Weise.

Ein noch wichtigeres Merkmal ist für Oracle8 die Wiederverwendbarkeit von Programmcode. Diese wird durch das Ausschalten der „Jagd nach Code" erreicht. Bevor es Methoden gab, mußten Oracle-Programmierer Pro*C-Programme oder gespeicherte Prozeduren durchsuchen, um den gewünschten Code zu finden. Mit Methoden braucht der Programmierer nur den Namen der mit dem Objekt verknüpften Klasse zu wissen, und die Liste der Methoden läßt sich ohne große Mühe anzeigen. Die Verfügbarkeit wiederverwendbarer Methoden ändert die Rolle des Oracle-Programmierers vom Schöpfer handgemachten Programmcodes zum Monteur von Codestücken. Er kann aus vorgefertigten und im voraus geprüften Methoden wählen und diese zu neuen Methoden zusammenstellen. Genau so, wie die Einführung wiederverwendbarer Teile die Art und Weise der Produktion in Amerika verändert hat, verändert die Einführung wiederverwendbaren Codes die Art und Weise der Konstruktion und Pflege von Oracle-Systemen.

Auch Wiederverwendbarkeit gibt es nicht zum Nulltarif. Die Struktur der Verbundobjekte muß sorgfältig definiert werden. Oracle-Entwickler müssen genau überlegen, welche Methoden sie auf jeder Ebene der Zusammenstellung von Objekten mit diesen verknüpfen, und dies erfordert überlegte Planung.

Nachdem wir jetzt die verlockenden Vorzüge objektrelationaler Datenbanken kennengelernt haben, sollten wir uns näher anschauen, wie Oracle8 diese Merkmale implementiert hat. Oracle implementiert das objektrelationale Modell stufenweise: In Oracle8 werden Objekte und in Oracle8.2 die Vererbung in Datenbanken eingeführt. Die nächsten Abschnitte untersuchen die konkreten Objektfunktionen von Oracle8 und behandeln die Frage, wie sich diese in ein Oracle-Design integrieren lassen.

Abstrakte Datentypen

Die Fähigkeit von Oracle, benutzerdefinierte Datentypen zu unterstützen (die manchmal auch als *abstrakte Datentypen* oder *ADTs* bezeichnet werden), hat entscheidende Folgen für das Design und die Implementierung von Oracle8-Datenbanken. Benutzerdefinierte Datentypen erweitern die grundlegenden Datentypen *char* und *number* und erlauben folgendes:

- Die Erstellung von Verbunddatentypen - Verbunddatentypen sind als Datentypen definiert, die andere Datentypen enthalten. Ein Verbunddatentyp mit der Bezeichnung *FULL_ADDRESS* könnte beispielsweise alle untergeordneten Felder enthalten, die für eine vollständige Postadresse erforderlich sind.

- Die Verschachtelung benutzerdefinierter Datentypen in andere Datentypen - Datentypen können in andere benutzerdefinierte Datentypen eingefügt werden, um Datenstrukturen zu schaffen, die sich in Oracle-Tabellen und PL/SQL leicht wiederverwenden lassen. Man könnte beispielsweise einen Datentyp namens *ORDER* definieren, der einen Datentyp namens *ORDER_DETAILS* enthält, welcher wiederum einen Datentyp namens *ORDER_HISTORY* enthalten kann usw.

Genaueres über abstrakte Datentypen in Oracle finden Sie in *Kapitel 3: Physisches Design zur Leistungssteigerung.*

Oracle8 und Zeiger

Einer der in der Oracle8-Architektur neu definierten Datentypen ist ein *Zeiger*-Datentyp. Im wesentlichen wird für Oracle ein Zeiger als Objekt-ID (OID) implementiert, welche eine eindeutige Referenz auf eine Zeile einer relationalen Tabelle darstellt. Die Möglichkeit, OIDs in einer relationalen Tabelle zu speichern, geht über das bisherige Oracle-Modell hinaus und erweitert die Fähigkeit einer Oracle8-Datenbank, Beziehungen zwischen Tabellen einzurichten. Die neuen Möglichkeiten, Zeiger als Datentypen zu verwenden, bringen folgendes:

- *Referenzierung von Gruppen zusammenhängender Zeilen in anderen Tabellen* - Es ist jetzt möglich, gegen die Erste Normalform zu verstoßen und in einer Tabelle eine Zelle zu haben, welche einen Zeiger auf sich wiederholende Tabellenwerte enthält. Oracle bezeichnet dies als *verschachtelte Tabellen*. Eine Tabelle der Beschäftigten kann z.B. einen Zeiger namens *job_history_set* enthalten, der wiederum Zeiger auf alle relevanten Zeilen in einer Tabelle *JOB_HISTORY* enthält. Diese Technik erlaubt auch vorgefertigte Objekte, so daß sich alle konkreten Zeilen, die eine Verbundtabelle umfaßt, im voraus zusammenstellen lassen.

- *Deklaration von Zeigern auf Objekte außerhalb der Datenbank in einer Betriebssystemdatei* - In Oracle8 kann eine Tabellenzelle einen

Zeiger auf eine Betriebssystemdatei enthalten, die ein Objekt außerhalb der Datenbank enthält, z.B. ein Bild im GIF- oder JPEG-For-
mat.

■ *Bereitstellen der Möglichkeit, Datenbeziehungen ohne relationale*
Fremdschlüssel einzurichten - Diese Oracle8-Funktion reduziert die
Notwendigkeit relationaler *JOIN*-Operationen, weil Tabellenspalten
Verweise auf Zeilen in anderen Tabellen enthalten können. Durch
Auflösung dieser Verweise lassen sich Zeilen in anderen Tabellen
auffinden, ohne den zeitaufwendigen SQL-Operator *JOIN* zu be-
nutzen.

Außer der Zusammenstellung von Datentypen in benutzerdefinierten
Datentypen erlaubt Oracle8 auch Erweiterungen der grundlegenden
Tabellentypen.

Grundlegende Datenstrukturen von Objekten

Erweiterungen der grundlegenden Tabellentypen können zur Einbettung zusätzlicher Informationen in ein Objekt oder zur Einrichtung von
Beziehungen zu anderen Objekten verwendet werden. Außerdem können sie dazu dienen, Verbundobjekte zu erstellen, die vollständig aus
Daten in anderen Objekten bestehen. Diese Datentyperweiterungen lassen sich in mehrere Kategorien aufgliedern:

■ Datenerweiterungen mit benutzerdefinierten Datentypen

   ■ Listen sich wiederholender Datenelemente

   ■ Listen von Gruppen sich wiederholender Datenelemente

■ Zeigererweiterungen für Datentypen

   ■ Einzelne Zeiger auf andere Zeilen

   ■ Listen von Zeigern auf andere Zeilen (Oracle-*varrays*)

   ■ Listen von Zeigern auf Zeiger auf andere Zeilen (mehrdimensionale Oracle-*varrays*)

   ■ Einzelner Zeiger auf eine komplette andere Tabelle (verschachtelte Oracle-Tabellen)

   ■ Listen von Zeigern auf komplette andere Tabellen (mehrdimensionale OID-Arrays)

Wie Sie sehen können, haben Oracle8-Designer viele Wahlmöglichkeiten für Datenstrukturen. Es gibt jedoch bestimmte Grundsätze, denen
ein Entwickler von Oracle-Datenbanken bei der Auswahl einer Datenstruktur zur Implementierung in sein Modell folgen kann. Der nächste
Abschnitt befaßt sich kurz mit der Frage, wie sich diese Datenstrukturen

in der Dokumentation des Designs graphisch darstellen lassen. Weitere Informationen über diese Konstrukte finden Sie in *Kapitel 3: Physisches Design zur Leistungssteigerung*.

Ein Modell zur Darstellung von Daten für Oracle8

Eines der verwirrenden Probleme der objektorientierten Erweiterungen von Oracle8 besteht in der Darstellung der Datenstrukturen in graphischer Form. Erste Versuche der Modellierung von Diagrammen hatten zwar nur begrenzten Erfolg, aber der hier unternommene Ansatz bemüht sich, die Komponenten einer objektrelationalen Datenbank in einem einfachen, leicht verständlichen Format abzubilden. Wenn wir die Klassenhierarchien, Methoden, Verbundobjekte und verschachtelten Strukturen in ein E/R-Modell einfügen, wird das Diagramm häufig ein Durcheinander unverständlicher Linien. Diese Diagrammtechnik wurde aus der Notwendigkeit heraus entwickelt, eine konsistente Methode zur Dokumentation objektorientierter Datenmodelle zu schaffen, und lehnt sich stark an die Modelldiagramme in Oracle Designer an. Schauen wir uns nun einige Komponenten des Modells an, das in *Abbildung 2.20* zu sehen ist.

Entitätssymbol

Das Entitätssymbol in *Abbildung 2.20* ist das Rechteck; es steht für eine Datenbankentität (wie die Kästchen in einem E/R-Modell). Innerhalb des Rechtecks stehen die Beschreibungen aller grundlegenden Entitäten des Datenmodells. Die Beschreibung enthält den Namen der Entität, ihren Typ, die Länge der Daten, den Primärschlüssel für das Objekt, eine Option für doppelte Schlüssel und den Speicherort des Objekts (normalerweise eine Tabellenstelle für objektrelationale Datenbanken). Um die Charakteristika der Entität genauer zu beschreiben, wurden folgende Werte in das Kästchen aufgenommen:

- *Entity_name* – Dies ist der interne Name der Entität, so wie er in der Datenbank vorkommt.

- *Type* – Eine Entität kann eine Tabelle, eine Datensicht, eine OID-Tabelle, eine Speichertabelle oder eine Verbundtabelle sein.

  - *Table* – Dies ist eine Oracle-Standardtabelle.

  - *View* – Dies ist eine herkömmliche relationale Datensicht. In den meisten relationalen Datenbanken wird eine Sicht intern als SQL-Anweisung gespeichert, welche Grundtabellen verknüpft, um Verbundsichten von Tabellendaten zu bilden. Daher ähneln sich Sichten und Verbundtabellen in ihrem Zweck stark.

- *OID Table* – Dies ist eine objektrelationale Tabelle, die so definiert ist, daß sie eine besondere Spalte für die Objekt-ID jeder Tabellenzeile enthält.

- *Store Table* – Eine Speichertabelle ist eine interne Darstellung einer Tabelle, durch die sich eine besitzende Tabelle mit einer weiteren internen Tabelle koppeln läßt. Weitere Informationen zu diesem Konzept finden Sie in *Kapitel 3: Physisches Design zur Leistungssteigerung.*

- *Aggregate Table* – Eine Verbundtabelle ist eine Tabelle, die Zusammenstellungen von Objekten der niedrigsten Ebene darstellt. Diese Tabellen bestehen normalerweise ausschließlich aus Zeigern auf andere OID-Tabellen innerhalb des Modells.

- *Length* – Dies ist die gespeicherte physische Länge der einzelnen Zeilen der Entität in der Tabelle.

- *Primary_key* – Dies ist die Spalte oder die OID, die zur eindeutigen Feststellung jeder Zeile der Entität eingesetzt werden kann.

- *Duplicate_option* – Beschreibt, ob in der Entität doppelte Zeilen zulässig sind. Gültige Werte sind *DN* für das Verbot von Duplikaten und *DA* für die Zulassung von Duplikaten.

- *Tablespace_name* – Dieser Parameter beschreibt die Tabellenstelle, an der sich die Entität in der Datenbank befindet.

Abb. 2.20:
Das objekt-
relationale
Diagrammodell

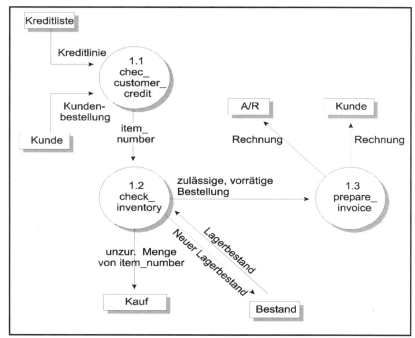

Index

Ein Index wird im objektrelationalen Modell durch eine Linie darge-
stellt, die vom Entitätsrechteck ausgeht und an deren Ende sich ein
Dreieck befindet. Dieses Konstrukt enthält alle Informationen über ei-
nen Index, einschließlich Indexnamen, Indextyp (Binärbaum oder
Bitmap), Duplikatoption, Schlüssel für den Index und Speicherort des
Index:

- *Index_name* – Dies ist der interne Indexname, wie er in der
  Datenbankverwaltung definiert ist.

- *Type* – Die Werte für den Typ können *TREE* für einen Binärbaum
  oder *BITMAP* für einen Index in Form einer Bitmap-Struktur sein.

- *Duplicate_option* – Beschreibt, ob im Index doppelte Zeilen zulässig
  sind. Gültige Werte sind *DN* für das Verbot von Duplikaten und *DA*
  für die Zulassung von Duplikaten.

- *Index_key* – Enthält die Namen der einzelnen Spalten der Entität,
  die als Schlüsselspalten am Index beteiligt sind.

- *Tablespace_name* – Dieser Parameter beschreibt die Tabellenstelle,
  an der sich die Entität in der Datenbank befindet.

Klassenbeschreibungen

Diese Komponente des Modells verwendet Polygone zur Darstellung
von Entitäten, denen Klassenhierarchien zugeordnet sind. Zwar wird
jeder Klassenname im Diagramm abgebildet, es wird aber ein weiteres
Diagramm zur Beschreibung von Details jeder einzelnen Klassenhierarchie verwendet.

Gruppe

Die Gruppe enthält alle Informationen in bezug auf 1:N-Beziehungen
zwischen Datenbankentitäten. Wie Sie wissen, gibt es mehrere Möglichkeiten, Beziehungen zwischen Entitäten im objektrelationalen Modell
darzustellen:

- *Fremdschlüsselbeziehungen* - Fremdschlüsselbeziehungen lassen sich
  durch das Einbetten des Primärschlüssels einer Tabelle in eine andere Tabelle einrichten. Dabei wird dieser in der anderen Tabelle zum
  Fremdschlüssel. Die Beziehung wird zur Laufzeit mit Hilfe der SQL-
  Anweisung *JOIN* eingerichtet, welche die Tabellen verknüpft. Für
  Fremdschlüsselbeziehungen stehen mehrere Optionen zur Verfügung. Die Beziehung kann ad-hoc einfach über zwei übereinstim-

mende Spalten in zwei Tabellen hergestellt werden, oder sie läßt sich formeller durch Verwendung referentieller Integrität (RI) definieren. Bei Verwendung von RI verwaltet die Datenbank die Datenbeziehung und gewährleistet, daß die Integritätsregel vollständig ist. Beim Einfügen des Objekts prüft die RI, ob ein gültiger Eigentümerschlüssel vorhanden ist, bevor neue Entitäten im Modell zugelassen werden. Beim Löschen des Objekts läßt die RI zwei Möglichkeiten zu: Mit *RESTRICT* und *DELETE RESTRICT* kann das besitzende Objekt nicht gelöscht werden, solange Elementobjekte vorhanden sind. Sie können *CASCADE* zusammen mit *DELETE* verwenden, um beim Löschen des besitzenden Objekts alle Elementobjekte zu löschen.

- *Zeiger auf Zeilen in anderen Tabellen* – Dieses Konstrukt erlaubt, daß Tabellenzeilen einen Array mit Zeigern auf Zeilen der Elementtabelle enthalten. Diese Funktion kann den Fremdschlüssel in der abhängigen Tabelle durch eine OID ersetzen, was schnelleren Zugriff auf die übergeordnete Tabelle ermöglicht. In Oracle8 sind OIDs insbesondere als „Eigentümer"-Zeiger sinnvoll, die Fremdschlüssel ersetzen. Anstatt beispielsweise eine Kundennummer als Fremdschlüssel in eine Bestelltabelle zu kopieren, kann eine OID des Kunden gespeichert und dadurch die Zeile des Kunden schneller ermittelt werden.

- *Zeiger auf andere Tabellen* – Diese werden manchmal als *Zeiger auf Strukturen* bezeichnet. Im objektrelationalen Modell können sie auf mehrere Zeilen in einer untergeordneten Tabelle zeigen. Oracle8 implementiert diese Funktion als „verschachtelte" Tabellen *(Nested Tables)*, mit deren Hilfe eine Spalte einen Zeiger auf eine Gruppe von Zeilen in einer untergeordneten Tabelle enthalten kann.

Abbildung 2.21 zeigt einen Ausschnitt eines vollständigen objektrelationalen Diagramms. Darin können Sie sehen, daß es zwei Entitäten gibt: eine für *Customer* (Kunden) und eine für *Order* (Bestellungen). Die Kundenentität gehört zum Typ *Tabelle*, die Bestellentität wurde dagegen als vom Typ *OID-Tabelle* definiert, was bedeutet, daß jede Zeile einen eindeutigen Objektbezeichner enthält.

Beachten Sie, daß es in der Entität *Customer* zwei Indizes gibt. Der Index *region_ix* ist eine Bitmap-Struktur, was insofern sinnvoll ist, als eine Region nur vier konkrete Werte besitzt. Der Index *customer_ix* ist ein Binärbaum, der zwei Schlüssel enthält: die Spalte *cust_ID* und die Spalte *cust_last_name*.

Außerdem können Sie in *Abbildung 2.21* sehen, daß der Entität *Order* eine Klassenhierarchie zugeordnet ist. Wie Sie in späteren Kapiteln noch erfahren werden, enthält eine Klassenhierarchie eine Basisklasse (welche in diesem Fall die Entität *Order* ist). Die Entität *Order* enthält zwar alle grundlegenden Datenstrukturen und Methoden für Bestellungen, aber es gibt zwei untergeordnete Typen von Bestellungen: *pre_paid_order* und *COD_order*. Jeder der beiden besitzt eigene eindeutige Datenstrukturen und Methoden. Instanzierungen von *COD_orders* und *pre_paid_orders* erben die Datenstrukturen und Methoden der Basisklasse *Order*. Die Verwendung der Methoden von Oracle8 kann die Leistung in hohem Maß beeinträchtigen, aber es ist sorgfältige Planung erforderlich, um Methoden erfolgreich zu implementieren. Lassen Sie uns jetzt zur Behandlung einer der wichtigsten Funktionen von Oracle8 übergehen: der Kopplung von Daten mit ihrem Verhalten.

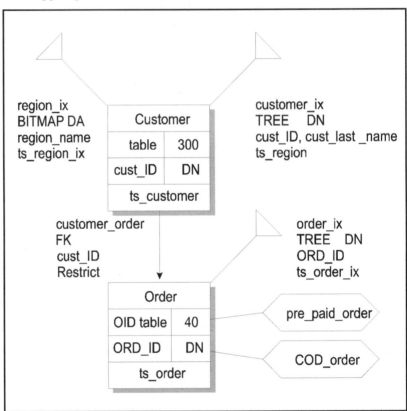

Abb. 2.21:
Ein Beispiel für ein objektrelationales Diagramm

Vorteile von Methoden und Datenbankobjekten

Wenn wir die Entwicklung von Datenbanken von den ersten hierarchischen Systemen bis zu den objektrelationalen Datenbanken von heute betrachten, ist die einzige entscheidende Funktion die Kopplung von Daten mit dem Verhalten von Daten. Die Systeme auf der Basis von Betriebssystemdateien brachten uns Datenspeicherung, hierarchische und Netzwerkdatenbanken fügten die Möglichkeit hinzu, Beziehungen zwischen Daten zu errichten, und relationale Datenbanken führten die deklarative Datenbankabfrage ein. Jetzt lernen wir in Oracle8 die Kopplung von Daten mit ihrem Verhalten kennen.

Einer der gewaltigen Vorteile der objektrelationalen Architektur von Oracle besteht in der Fähigkeit, Prozeduren aus Anwendungsprogrammen in den Datenbankkern zu verschieben. Außer der Bereitstellung eines sichereren Speicherorts für den Code erweitert die Fähigkeit, Daten und Verhaltensweisen aneinander zu binden, die Möglichkeit der Wiederverwendung von Routinen. In Kombination mit der Fähigkeit, Verbundobjekte direkt darzustellen, besitzen wir nun einen Rahmen zur direkten Kopplung aller Datenprozesse mit dem Objekt, das die zu bearbeitenden Daten enthält.

Das mag zwar auf den ersten Blick trivial klingen, aber daraus ergeben sich umfangreiche Möglichkeiten für die Systementwicklung. Weil der Prozeßcode jetzt zusammen mit den Daten in die Datenbank wandert, ändern sich die Aufgaben der Datenbankadministratoren (DBAs) und der Systementwickler radikal. Der DBA, dessen ausschließliche Domäne die Eigentümerschaft an den Daten war, muß jetzt zusätzliche Verantwortung für die Verwaltung des in der Datenbank gespeicherten Verhaltens übernehmen. Die Systementwicklung ändert sich ebenfalls. Programmierer haben nicht länger die Freiheit, jederzeit selbstentwickelten Code einzusetzen. Mit der Einführung wiederverwendbarer Methoden entwickeln sich Programmierer vom selbständigen Handwerker zum Code-Monteur. Außer diesen Faktoren werden folgende Gründe für die Verwendung von Methoden zur Kopplung von Daten und Verhaltensweisen genannt:

- *Wiederverwendbarkeit von Programmcode* – Prozeßcode braucht nur noch einmal entwickelt zu werden, und der ausgetestete und zuverlässige Code kann in viele unterschiedliche Anwendungen eingebaut werden.

- *Kontrolle der Umgebung* – Alle Prozesse werden, wenn die Datenbank zur zentralen Ablagestelle für Prozeßcode wird, in einem gemeinsamen Format an zentraler Stelle gespeichert. Die Vorteile dieses Ansatzes liegen in der Möglichkeit, Code schnell aufzufinden und den Prozeßcode mit Textsuchfunktionen zu durchsuchen.

- *Proaktive Optimierung* – Weil der SQL-Code in der Datenbank abgelegt ist, kann der DBA die Zugriffsmethoden extrahieren und testen, die dieser für eine Anwendung verwendet. Diese Informationen lassen sich dazu einsetzen, Indizes, die erstellt werden müssen, und Tabellen, die vom Zwischenspeichern im Puffervorrat profitieren könnten, sowie weitere Optimierungstechniken zu ermitteln. Außerdem können Entwickler diese zentrale Fundstelle benutzen, um ihren SQL-Code zu optimieren, indem sie Hinweise einfügen und ihn so ändern, daß ein optimaler Zugriffspfad für die Daten verwendet wird.

- *Portierbarkeit von Anwendungen* – Weil der Anwendungscode in einer plattformunabhängigen Sprache innerhalb der Datenbank vorliegt, besteht die Anwendung ausschließlich aus Aufrufen von Methoden, welche die Prozesse starten. Daher läßt sich das Front-End einer Anwendung ohne große Mühe von einer Plattform auf eine andere portieren, ohne befürchten zu müssen, daß der Prozeßcode Änderungen erfordert.

■ *Querverweise auf Prozesse* – Weil das Datenwörterbuch der Datenbank alle Programme protokolliert, die Daten aufrufen, läßt sich sehr leicht überwachen, an welcher Stelle eine Methode verwendet wird und welche Methoden in anderen Methoden verschachtelt sind. Dies vereinfacht die Systempflege erheblich, weil sich alle Anwendungen, die auf eine bestimmte Entität verweisen, einfach und zuverlässig ermitteln lassen.

Das Koppeln von Daten und zugehörigen Verhaltensweisen ist zwar ein für die Datenbankverwaltung revolutionäres Konzept, aber der Verzicht auf korrekte Planung der Implementierung kann in die Katastrophe führen. Um die Vorteile der Verwendung von Methoden genießen zu können, muß eine sorgfältige Zerlegung der Prozesse stattfinden.

Planung einer Methodenhierarchie

Wie wir dargestellt haben, gibt es drei Arten von Prozessen: solche, die unabhängig von Datenbankklassen sind, solche, die einer Datenbankklasse der untersten Ebene zugeordnet sind, und solche, die Verbunddatenbankklassen zugeordnet sind. Außerdem können in die Struktur jeder Methode andere Methoden verschachtelt sein, während die Methode wiederum eine untergeordnete Methode innerhalb einer anderen Methode ist *(siehe Abbildung 2.22)*.

In *Abbildung 2.22* können Sie sehen, daß die Methode *check_credit* aus den untergeordneten Prozessen *check_payment_history* und *check_credit_reference* zusammengesetzt ist. Gleichzeitig ist *check_credit* Teil der Methoden *place_order* und *hire_employee*. Wo sollen wir bei dieser großen Auswahl mit der Entwicklung der Methoden anfangen? Es gibt eine Folge von Ereignissen, die ablaufen müssen, um die Zuordnung von Methoden zu Klassen zu erreichen:

1. Bevor die Zuordnung von Methoden zu Klassen beginnen kann, sollten Sie bereits folgende Analyse- und Designdokumente angelegt haben:

■ *Eine Gruppe vollständig zerlegter Datenflußdiagramme (DFDs) für Ihr System* – Diese wird zur Spezifikation der Methoden verwendet. Aus den DFDs können Sie die Methodennamen, die Ein- und Ausgabewerte und die Aufgliederung der verschachtelten Methoden entnehmen.

■ *Ein E/R-Diagramm des Systems* – Dieses wird zur Ermittlung der Basisklassen des Systems benutzt.

- *Ein Diagramm der Verbundobjekte* – Dieses wird zur Verknüpfung der Prozesse auf höherer Ebene mit den Methoden verwendet, die den Klassen zugeordnet werden.

2. Erstellen Sie aus dem DFD einen Prototyp für jeden darin vorkommenden Prozeß. Dieser stellt formell die Ein- und Ausgabeparameter für jeden Prozeß auf allen Ebenen des DFD fest.

3. Ermitteln Sie alle eigenständigen Funktionen im System, und erstellen Sie Prototypen dafür.

4. Ordnen Sie die Prototypen den Entitäten zu.

Abb. 2.22:
Der rekursive
N:M-Charakter
der Verschachtelung von
Methoden

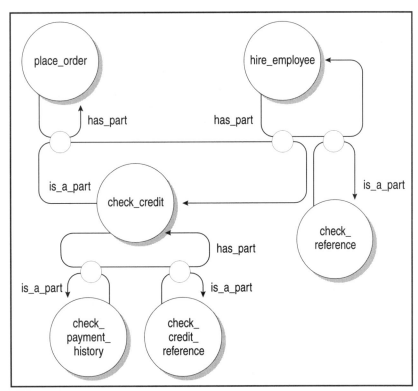

Diese Zuordnung von Prozessen zu Methoden mag zwar unkompliziert aussehen, aber es gibt dabei viele neue Konzepte, mit denen ein herkömmlicher Analytiker möglicherweise nicht vertraut ist. Der nächste Abschnitt beschäftigt sich zur Veranschaulichung mit einem Beispiel aus einem Bestellsystem und benutzt untergeordnete Prozesse, die sich im Prozeß *fill_order* befinden, als Beispiele für Zuordnung.

Datenflußdiagramme und Objektanalyse

Der allgemein anerkannte Ausgangspunkt bei der Erstellung von Datenflußdiagrammen ist entweder ein herkömmliches Datenflußdiagramm oder ein Funktionsmodell. (Denken Sie daran, daß dies fast dasselbe ist.) Beginnen wir mit einer kurzen Darstellung der Objektanalyse.

Eine funktionale Spezifikation eines Systems beschreibt das vollständige logische Modell und besteht aus drei Dokumenten. Das Datenflußdiagramm ist eine bildliche Beschreibung aller im System enthaltenen Prozesse. Es wird durch zwei weitere Dokumente ergänzt: das Datenwörterbuch, welches zur Definition der Datenflüsse und der Datenspeicher in unserem System eingesetzt wird, und die Spezifikationen der Prozeßlogik, die zur Beschreibung jedes einzelnen Prozesses dienen und zeigen, wie sich der Datenfluß innerhalb des Prozesses verändert.

Wie Sie vermutlich wissen, bildet das Datenflußdiagramm die Grundlage jeder Systemanalyse. Das DFD stellt die Prozesse, die Datenflüsse und die Datenspeicher graphisch dar. Diese Dokumente werden zwar möglicherweise je nach gewählter Analysemethode unterschiedlich bezeichnet, aber jedes Dokument sollte eine vollständige Beschreibung aller Entitäten innerhalb des Systems enthalten. Beginnen wir mit einem Datenflußdiagramm der Ebene 1 und zeigen die Aufgliederung der Prozesse *(siehe Abbildung 2.23)*.

Abbildung 2.23 zeigt die Gesamtspezifikation für den Prozeß *fill_order*, und Sie können ohne große Mühe alle ein- und ausgehenden Datenelemente erkennen. In diesem Fall sehen Sie den Eingang von *cust_info* als Eingabe für den Prozeß *fill_order*. *Cust_info* sagt uns natürlich nichts über die Einzelheiten dieses Datenflusses, so daß wir uns ins Data Dictionary begeben müssen, um den Inhalt von *cust_info* einzusehen:

```
cust_info =

cust_full_name =
    cust_last_name +
    cust_first_name +
    cust_middle_initial

cust_full_address =
    cust_street_address +
    cust_city_name +
    cust_state +
    cust_zip_code +
cust_phone_nbr

1
{ item_ID + item_quantity }
n
```

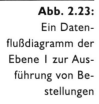

Abb. 2.23:
Ein Daten-
flußdiagramm der
Ebene I zur Aus-
führung von Be-
stellungen

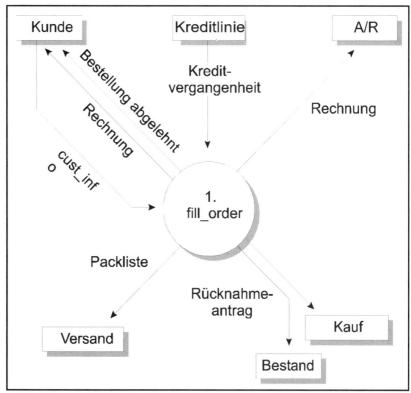

Wir verwenden diese Definitionen aus dem Datenwörterbuch, um die Datenelemente zu sammeln, die für die einzelnen Prozesse in unserem Datenflußdiagramm von Interesse sind. Denken Sie daran, daß der Zweck des Entwerfens von Methoden in der Zuordnung ein- und ausgehender Datenflüsse zu ordentlichen, wohldefinierten Prozeduren liegt, welche sich mit den Datenbankentitäten koppeln lassen.

Werfen wir jetzt einen Blick darauf, wie der Prozeß *fill_order* in DFDs niedrigerer Ebene zerlegt wird. Wenn Sie das nächstniedrigere DFD *(Abbildung 2.24)* betrachten, können Sie sehen, daß *fill_order* in drei untergeordnete Prozesse aufgegliedert wird: *check_customer_credit*, *check_inventory* und *prepare_invoice*. Das DFD zeigt sämtliche Ein- und Ausgabedatenflüsse für diese Prozesse.

In *Abbildung 2.24* können Sie eine weitere Detailebene des Prozesses *fill_order* sehen. Dieser wird in drei untergeordnete Prozesse aufgegliedert, die jeweils eigene Datenflüsse und Prozesse besitzen. Wie Sie vermuten mögen, entspricht die Zusammensetzung der Prozesse der Zusammensetzung der Methoden für unsere Objektdatenbank.

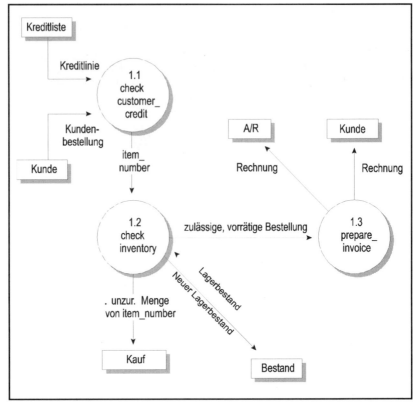

Vervollständigen wir die Grundlage für unsere Methoden mit dem DFD der nächsten Ebene für einige Prozesse niedrigerer Ebene. Dafür wählen wir den Prozeß *check_inventory (siehe Abbildung 2.25)*. Wir können davon ausgehen, daß es sich um *funktionsmäßig primitive Prozesse* handelt, und sie dienen in unserem Beispiel als Prozesse der untersten Ebene.

Für die Zuordnung von Methoden zu Datenbankobjekten ist es wichtig, zu wissen, wann ein Prozeß soweit zusammengesetzt ist, daß er zu den Funktionen einer Datenbankentität paßt. Wir könnten die Zusammensetzung dieses DFDs fortsetzen und alle Prozesse immer kleiner machen, aber die untergeordneten Prozesse ließen sich dann nicht mehr mühelos den Datenbankobjekten zuordnen. Wenn Sie feststellen, daß ein einzelner Prozeß in Ihrem DFD mit einer einzigen Funktion in einer einzigen Datenbankentität beschäftigt ist, wissen Sie also, daß Sie die funktionsmäßig primitive Ebene erreicht haben, und damit ist die Analyse vollständig.

Abb. 2.25:
Das Daten-
flußdiagramm für
den Prozeß
check_inventory

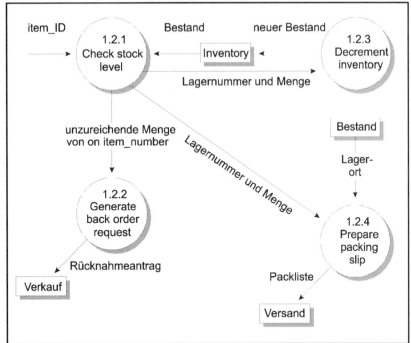

Zusammenfassung

n diesem Kapitel wurde beschrieben, wie lebenswichtig ein korrektes logisches Design für gute Leistung sein kann, wenn eine Datenbank analysiert wird. Es stellt zwar keine erschöpfende Erläuterung der Techniken des logischen Designs dar, konzentriert sich aber auf die Grundprinzipien, die dazu beitragen, daß Ihre Oracle-Datenbank möglichst schnell arbeitet. Ich bin zu der Ansicht gelangt, daß die Antwortzeit einer der entscheidenden Faktoren für den Erfolg jeder Datenbank ist. Unabhängig davon, wie gut ein System analysiert oder implementiert wurde – oder wie eindrucksvoll das GUI ist –, wenn das System es nicht schafft, Daten in angemessener Zeit zu liefern, ist das Projekt dem Untergang geweiht.

Nachdem wir jetzt das logische Design von Datenbanken betrachtet haben, gehen wir zur physischen Implementierung von Oracle-Datenbanken über. Für Leistung und Optimierung spielt natürlich noch vieles mehr als nur Designprinzipien eine Rolle. Die folgende Verweisliste zu diesem Kapitel liefert eine allgemeine Richtlinie für Ihre weitere Informationssuche:

■ Objektstrukturen in Oracle8 – *Kapitel 3: Physisches Design zur Leistungssteigerung.*

- Optimierung verteilter Datenbankarchitekturen – *Kapitel 8: Leistungssteigerung bei verteilten Oracle-Datenbanken.*

- Datenbankkonnektivität für Client/Server-Architekturen – *Kapitel 9: Performance und Tuning von Verbindungswerkzeugen für Oracle-Datenbanken.*

- Das Sternschema-Design – *Kapitel 10: Tuning von Oracle Data Warehouse- und OLAP-Anwendungen.*

Physisches Design zur Leistungssteigerung

Nachdem Sie ein gutes logisches Modell erarbeitet haben, ist es von höchster Wichtigkeit, dieses in eine Oracle-Implementierung umzusetzen, die sich mit optimaler Geschwindigkeit ausführen läßt. Weil mit Oracle so viele Designangelegenheiten verbunden sind, befaßt sich dieses Kapitel genauer mit der Frage, wie Sie bestimmte Werkzeuge für das physische Design dazu einsetzen können, die Client/Server-Leistung voll auszunutzen. Denken Sie daran, daß ein angemessenes Design für die Leistung von Datenbanken der einzige entscheidende Faktor ist. Noch so viel Tuning reicht nicht aus, um mäßiges Datenbankdesign auszugleichen.

Designfragen und ihre Bedeutung für die Datenbankleistung

Es gibt viele grundlegende Designprinzipien, die sich zur Steigerung der Leistung Ihrer Oracle8-Datenbank einsetzen lassen. Diese stellen für das Erreichen optimaler Datenbankleistung den einzigen Faktor von entscheidender Bedeutung dar. Viele der genannten Punkte lassen sich zwar nach der Implementierung der Datenbank noch ändern, aber sorgfältige Vorplanung im Designstadium trägt dazu bei, daß Ihre Datenbank von Anfang an ordentlich läuft. In diesem Abschnitt werden folgende Themen behandelt:

- Indizes
- Tabellen
- Referentielle Integrität
- Gespeicherte Prozeduren
- Festsetzung von Paketen
- Trigger
- Cluster
- Hash-Cluster
- Parallelabfragen

Indizes

In Oracle wird ein Index benutzt, um die zum Zugriff auf Tabelleninformationen erforderliche Zeit zu reduzieren. Intern sind Oracle-Indizes Binärbaumdatenstrukturen, in denen jeder Knoten mehrere Gruppen von Schlüsselwerten und *ROWIDs* enthalten kann.

Im allgemeinen sind Oracle-Indizes für den Zweck gedacht, das vollständige Durchsuchen von Tabellen zu verhindern. Dies könnte nämlich zweierlei Probleme verursachen: Das Hauptproblem besteht im Zeitverlust bei der Erledigung einer Anfrageanforderung, wenn jede einzelne Tabellenzeile in den Puffer-Pool von Oracle eingelesen wird. Außer daß die Ausführung des Tasks beeinträchtigt wird, verursacht ein vollständiges Durchsuchen auch sinkende Systemleistung. In diesem Fall könnten alle anderen Tasks innerhalb des Systems gezwungen sein, zusätzliche E/A-Operationen auszuführen, weil der Pufferblock für konkurrierende Tasks von der vollständigen Suche überschrieben wurde. Wenn Blöcke aus dem Puffer-Pool gelöscht wurden, müssen eventuell andere Tasks zusätzliche E/A-Operationen ausführen, um Informationen erneut einzulesen, die ohne die vollständige Suche im Puffer verblieben wären. Weitere Informationen über das Optimieren des vollständigen Durchsuchens von Tabellen finden Sie in *Kapitel 7: Oracle DBA – Leistung und Tuning*.

Fast jede Oracle-Tabelle kann von der Verwendung von Indizes profitieren. Die einzige Ausnahme von dieser Regel wäre eine sehr kleine Tabelle, die sich in E/A-Operationen von weniger als zwei Blöcken lesen ließe. E/A-Operationen von weniger als zwei Blöcken haben wir als Anhaltspunkt gewählt, weil Oracle mindestens eine E/A-Operation ausführen muß, um auf den Hauptknoten des Indexbaums zuzugreifen und eine weitere, um die angeforderten Daten zu ermitteln. Nehmen Sie beispielsweise an, daß eine Nachschlagetabelle Zeilen von je 25 Byte enthält und Sie Oracle so konfiguriert haben, daß Blöcke von 4 KB benutzt werden. Weil jeder Datenblock etwa 150 Zeilen enthielte, würde die Verwendung von Indizes für bis zu 300 Zeilen die Verarbeitung im Vergleich zu einer vollständigen Suche nicht beschleunigen.

Wenn Sie vorhaben, die Oracle-Fähigkeit zur Parallelabfrage zu nutzen, müssen alle Tabellen in der SQL-Abfrage vollständig durchsucht werden. Wenn ein Index vorhanden ist, müssen Sie den kostenbasierten Optimizer in Verbindung mit einem Hinweis verwenden, den Index für ungültig zu erklären, um Parallelabfragen durchführen zu können. Für den regelbasierten Optimizer lassen sich die Indizes mit einer integrierten Oracle-Funktion in der *WHERE*-Klausel deaktivieren. Einzelheiten dazu finden Sie in *Kapitel 5: Oracle SQL-Optimierung*.

Ein wichtiges Konzept bei der Vergabe von Indizes ist die „Selektivität" oder die Eindeutigkeit der Werte in einer Spalte. Um die größtmögliche Effizienz zu erreichen, muß eine Indexspalte viele eindeutige Werte enthalten. Spalten mit nur wenigen Werten (z.B. Geschlecht = m/f,

Status = j/n) sind keine guten Kandidaten für herkömmliche Oracle-Binärbaumindizierung, aber für Bitmap-Indizierung sind sie ideal. Um die Selektivität einer Spalte festzustellen, vergleichen Sie die Gesamtzeilenzahl der Tabelle auf folgende Art und Weise mit der Anzahl unterschiedlicher Werte in der Spalte:

```
SELECT count(*) FROM CUSTOMER;

SELECT DISTINCT STATUS FROM CUSTOMER;
```

Ein anderes Konzept bei der Indizierung wird als *Verteilung* bezeichnet. Damit ist die Häufigkeit gemeint, mit der jeder eindeutige Wert in einer Tabelle vorkommt. Nehmen wir an, Sie haben eine Spalte *state_abbreviation*, die einen von 50 möglichen Werten enthält. Diese ist als Indexspalte akzeptabel, vorausgesetzt, daß die Abkürzungen für Staaten gleichmäßig über die Zeilen verteilt sind. Wenn jedoch 90 Prozent der Werte auf New York entfallen, ist der Index nicht sehr nützlich.

Oracle hat das Problem der Datenverteilung bei Indizes mit dem Befehl *ANALYZE TABLE* aufgegriffen. Wenn Sie den kostenbasierten SQL-Optimizer von Oracle verwenden, untersucht *ANALYZE TABLE* die Selektivität und die Verteilung der Spaltenwerte. Wenn festgestellt wird, daß diese bestimmte Grenzen überschreiten, kann Oracle sich entschließen, den Index nicht zu verwenden. Oracle besitzt eine Datensicht mit der Bezeichnung *DBA_HISTOGRAMS*, die dem kostenbasierten Optimizer die Verteilung von Werten in einer Spalte mitteilt. Der Zweck dieses Histogramms besteht darin, eines genaues Bild der Werteverteilung in einem Index geringer Ordnung zu liefern. Leider muß für die Gewinnung der Histogrammdaten jede einzelne Indexspalte analysiert werden, und die meisten Oracle-Designer ziehen für Indizes geringer Ordnung die Bitmap-Variante vor.

Oracle empfiehlt bei der Überlegung, eine Spalte zu indizieren, folgende Richtlinien:

- Spalten, die in SQL-*WHERE*-Klauseln häufig referenziert werden, stellen gute Kandidaten für einen Index dar.

- Spalten, die zur Verknüpfung von Tabellen (Primär- und Fremdschlüssel) verwendet werden, sollten indiziert werden.

- Spalten mit vielen eindeutigen Werten sollten nicht mit einem Binärbaum indiziert werden. Jede Spalte mit weniger als 10 Prozent eindeutiger Werte sollte mit einem Bitmap-Index versehen werden.

- Spalten mit häufigen Änderungen eignen sich nicht gut zur Indizierung, weil eine umfangreiche Verarbeitung erforderlich ist, um die Struktur des Indexbaumes aufrechtzuerhalten.

- Spalten, die in SQL-*WHERE*-Klauseln verwendet werden, welche Oracle-Funktionen oder -Operatoren benutzen, sollten nicht indiziert werden. Ein Index für *last_name* ist beispielsweise nicht effizient, wenn er im SQL-Code als *upper(last_name)* referenziert wird.

- Erstellen Sie, wenn Sie die referentielle Integrität verwenden, immer einen Index auf den Fremdschlüssel.

Die meisten Programmierer erkennen nicht, daß das gegenseitige Sperren in Datenbanken häufig in den Datenbankindizes stattfindet. Es ist wichtig, zu sehen, daß der Befehl *SELECT* für eine einzelne Zeile einer Datenbank dazu führen kann, daß mehr als ein Sperreintrag im Speicher-Pool vorgenommen wird, weil auch alle betroffenen Indexzeilen gesperrt werden. Anders gesagt, wird die einzelne Zeile gesperrt, aber außerdem werden jedem Indexknoten, der den Wert für diese Zeile enthält, ebenfalls Sperren zugewiesen *(siehe Abbildung 3.1)*. Wenn der Eintrag *last* in einem sortierten Index ermittelt wird, sperrt die Datenbank alle Indexknoten, die den indizierten Wert referenzieren, für den Fall, daß der Benutzer diesen Wert ändert. Weil viele Indexsysteme den höchsten Schlüssel in mehrere Indexknoten übertragen, kann ein ganzer Zweig eines Indexbaums gesperrt werden – bis hin zum Hauptknoten des Index. Zwar ist das Indexschema jeder Datenbank anders, aber einige Anbieter relationaler Datenbanken empfehlen, Tabellen mit Schlüsseln in aufsteigender Ordnung in absteigender Reihenfolge zu laden, so daß Zeilen mit einem alphabetischen Schlüsselfeld von Z nach A sortiert werden. Andere Datenbanken, darunter Oracle, empfehlen, Indizes zu löschen und nach dem Laden der Zeilen in eine leere Tabelle neu zu erstellen.

Abb. 3.1:
Überblick über das
Sperren in Oracle

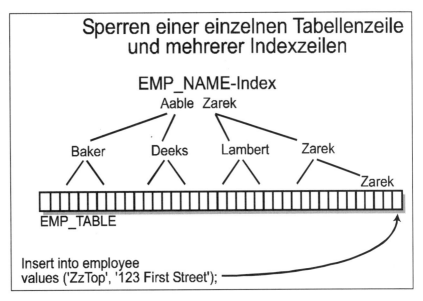

Sperren einer einzelnen Tabellenzeile und mehrerer Indexzeilen

EMP_NAME-Index

Aable Zarek

Baker   Deeks   Lambert   Zarek

Zarek

EMP_TABLE

Insert into employee
values ('ZzTop', '123 First Street');

Wenn der Befehl *UPDATE* oder *DELETE* für eine Zeile gestartet wird, die zu einem Index gehört, versucht die Datenbank, eine exklusive Sperre für diese Zeile einzurichten. Dieser Versuch bedingt, daß der Task prüft, ob gemeinsam genutzte Sperren für die Zeile oder für Indexknoten vorliegen, die dadurch beeinflußt werden. Viele Indexalgorithmen lassen zu, daß der Indexbaum seine Form dynamisch verändert und neue Stufen einrichtet, wenn Elemente hinzukommen, bzw. Stufen zusammenlegt, wenn Elemente gelöscht werden.

Für jede einigermaßen große Tabelle empfehlen sich jedoch Indizes, um die Leistung zu steigern. Indizes erfordern selbstverständlich mehr Speicherplatz, und bei einer Tabelle mit einem Index für jede Spalte verbrauchen die Indizes mehr Platz als die Tabelle, die sie unterstützen. Oracle aktualisiert die Indizes zur Laufzeit, sobald Spalten gelöscht, hinzugefügt oder geändert werden – und diese Aktualisierung kann die Leistung beträchtlich sinken lassen. Das Hinzufügen einer Zeile am Tabellenende führt beispielsweise dazu, daß Oracle den High-Key-Wert für jeden Knoten im Index anpaßt.

Eine weitere Richtlinie für die Entscheidung über die Erstellung eines Index besteht in der Prüfung der SQL-Abfragen in bezug auf eine Tabelle. Diese lassen sich im allgemeinen sammeln, und jeder Wert, der in jeder *WHERE*-Klausel vorkommt, könnte ein Kandidat für die Aufnahme in einen Index sein.

Ein Ausführungsplan für alle SQL-Abfragen unter sorgfältiger Beachtung vollständiger Datenbanksuchen ist ein weiterer verbreiteter Ansatz für die Entscheidung, ob ein Index angebracht ist. Der kostenbasierte Oracle-Optimizer geht so vor, daß Oracle manchmal eine Datenbanktabelle vollständig durchsucht, obwohl für die Tabelle ein Index definiert wurde. Dies geschieht meistens, wenn komplexe Mehrfachverknüpfungen gestartet werden, und in *Kapitel 5: Oracle SQL-Optimierung* werden Techniken zur Vermeidung dieses Problems behandelt. Wenn Sie in Oracle regelbasierte Optimierung einsetzen, läßt sich die Struktur einer SQL-Anweisung so anpassen, daß die Verwendung eines vorhandenen Index erzwungen wird. Für den kostenbasierten Optimizer kann das Einfügen von Hinweisen in die Struktur gewährleisten, daß alle Indizes benutzt werden. Der kostenbasierte Optimizer durchsucht manchmal Tabellen vollständig, wenn eine Indexsuche effizienter wäre.

Indizes bewirken viel mehr, als nur eine einzelne Abfrage zu beschleunigen. Wenn eine umfangreiche Oracle-Tabelle vollständig durchsucht wird, beginnt der Puffer-Pool, Blöcke aus anderen Abfragen auszulagern. Dies führt zu zusätzlichen E/A-Operationen für die gesamte Datenbank und zu geringer Leistung bei allen Abfragen – nicht nur bei der ursächlichen Suchoperation.

Indizes sind für lange beschreibende Spalten keine gute Lösung. Eine Spalte *customer_description* wäre wegen ihrer Länge und der Inkonsistenz der enthaltenen Daten eine schlechte Wahl für einen Index. Auch ein Feld *customer_description* würde in SQL normalerweise durch Verwendung von Oracle-Erweiterungen wie *substr*, *LIKE* und *upper* refe-

renziert. Denken Sie daran, daß diese Erweiterungen den Index für ungültig erklären. Nehmen Sie an, für *customer_last_name* sei ein Index
erstellt worden. Die folgende Abfrage würde diesen verwenden:

```
SELECT STATUS
FROM CUSTOMER
WHERE
customer_last_name = 'BURLESON';
```

Die beiden folgenden Abfragen würden den Index umgehen und ein
vollständiges Durchsuchen der Datenbanktabelle einleiten:

```
SELECT STATUS
FROM CUSTOMER
WHERE
customer_last_name = lower('BURLESON');

SELECT STATUS
FROM CUSTOMER
WHERE
customer_last_name LIKE 'BURL%';
```

Anders als bei anderen relationalen Datenbanken, z.B. DB2, können
Oracle-Administratoren Tabellen nicht physisch in der Reihenfolge der
Schlüssel laden. Folglich können sie nicht garantieren, daß die Tabellen-
zeilen in einer bestimmten Reihenfolge angeordnet sind.

Ein Index kann immer dann hilfreich sein, wenn eine *ORDER BY*-
Klausel verwendet wird. Selbst wenn keine komplexen *WHERE*-Bedin-
gungen vorliegen, kann eine *WHERE*-Klausel beispielsweise die Leistung
der Abfrage unterstützen. Betrachten Sie folgenden SQL-Code:

```
SELECT customer_last_name, customer_first_name
FROM CUSTOMER
ORDER BY customer_last_name, customer_first_name;
```

Hier verringert die Erstellung eines mehrwertigen Index für
customer_last_name und *customer_first_name* die Notwendigkeit einer
internen Sortierung der Daten und verbessert dadurch die Leistung der
Abfrage beträchtlich:

```
CREATE INDEX   cust_name
ON CUSTOMER
(customer_last_name, customer_first_name) ascending;
```

Nachdem wir jetzt die Grundlagen der Oracle-Indizierung verstanden
haben, gehen wir weiter und schauen uns das Zusammenspiel von Indizes mit der referentiellen Integrität an. Außerdem untersuchen wir die
Implikationen dieser Merkmale für die Leistung.

Integritätsregeln und Indizes

In Oracle erstellen einige Integritätsregeln in Ihrem Auftrag einen Index. Das Erstellen einer *PRIMARY KEY*-Integritätsregel für die Tabelle *CUSTOMER* für *cust_id* legt z.B. einen Index für dieses Feld an, und die manuelle Erstellung erübrigt sich *(siehe Listing 3.1)*.

Listing 3.1:
Erstellen einer
PRIMARY KEY-
Integritätsregel

```
CREATE TABLE CUSTOMER (
        cust_nbr                    number
            CONSTRAINT cust_ukey
PRIMARY KEY (cust_nbr)
USING INDEX
PCTFREE  10
INITRANS 2
MAXTRANS 255
TABLESPACE TS1
STORAGE  (
   INITIAL    256000
   NEXT       102400
   MINEXTENTS 1
   MAXEXTENTS 121
   PCTINCREASE 1 ),
        dept_name               char(10)
        CONSTRAINT dept_fk REFERENCES DEPT ON DELETE CASCADE,

        organization_name       char(20)
        CONSTRAINT org_fk REFERENCES ORG ON DELETE RESTRICT,

        region_name             char(2)
        CONSTRAINT state_check
        CHECK region_name IN ('NORTH', 'SOUTH', 'EAST', 'WEST')
);
```

Beachten Sie, daß Sie immer den Namen des *Tablespaces* angeben soll-ten, wenn Sie Integritätsregeln deklarieren. Im Beispiel oben wäre der Index, wenn die Integritätsregel *cust_ukey* ohne die Klausel *STORAGE* definiert worden wäre, in jedem beliebigen, vom Tabelleneigentümer im Tablespace *DEFAULT* angegebenen Tablespace mit allen für diesen gel-tenden Speicherparametern untergebracht worden.

Listing 3.1 zeigt einige Beispiele für Oracle-Integritätsregeln. Die er-ste Integritätsregel gilt für die Spalte *cust_nbr*, den Primärschlüssel. Wenn Sie die RI von Oracle verwenden, um einen Primärschlüssel anzu-geben, legt Oracle für diese Spalte automatisch einen eindeutigen Index an, um sicherzustellen, daß keine doppelt vorkommenden Werte einge-tragen werden.

Die zweite Integritätsregel in *Listing 3.1* betrifft die Spalte *dept_name* der Tabelle *DEPT*. Diese teilt Oracle mit, daß eine Zeile für eine Abtei-lung nicht gelöscht werden kann, wenn noch Kundenzeilen vorhanden sind, die diese Abteilung referenzieren. *ON DELETE CASCADE* macht das Löschen nun möglich, indem es Oracle anweist, beim Löschen einer Abteilungszeile außerdem alle Kundenzeilen zu löschen, die diese Abteilung referenzieren.

Die nächste Integritätsregel, nämlich für *organization_name*, gewährleistet, daß keine Organisation gelöscht wird, wenn daran noch Kunden beteiligt sind. *ON DELETE RESTRICT* weist Oracle an, keine Organisationszeilen zu löschen, solange noch Kundenzeilen diese Zeile referenzieren. Erst nachdem jeder einzelne Kunde in eine andere Organisation eingegliedert wurde, kann die Zeile aus der Organisationstabelle gelöscht werden.

Die letzte in *Listing 3.1* gezeigte Integritätsregel wird als *Prüfregel* bezeichnet. Mit Hilfe einer solchen Prüfregel überprüft Oracle, daß die Spalte zu den gültigen Werten gehört, bevor die Zeile eingefügt wird; es wird jedoch kein Index für die Spalte erstellt.

Außer diesen Basisindizes erlaubt Oracle8 Indizes, die mehrere Spalten enthalten. Diese Möglichkeit kann die Geschwindigkeit verschiedener Abfragearten in Oracle beträchtlich beeinflussen.

Verwenden mehrspaltiger Indizes

Wenn eine SQL-Anforderung häufig unter Verwendung mehrerer Spalten gestartet wird, kann ein verketteter oder mehrspaltiger Index verwendet werden, um die Leistung zu erhöhen. Oracle unterstützt mehrwertige Indizes, aber es gibt einige wichtige Einschränkungen. Anders als andere relationale Datenbanken verlangt Oracle, daß alle Spalten in einem Index in derselben Reihenfolge sortiert sind, entweder aufsteigend oder absteigend. Wenn Sie z.B. für *customer_last_name* einen aufsteigenden Index benötigten, auf den unmittelbar die Spalte *gross_pay* in absteigender Ordnung folgt, könnten Sie keinen mehrwertigen Index verwenden.

Manchmal können zwei Spalten – beide mit geringer Selektivität (d.h., beide enthalten nur wenige eindeutige Werte) – zu einem Index mit höherer Selektivität kombiniert werden. Sie könnten z.B. ein Statusfeld mit drei Werten (gut, neutral, schlecht) mit einer anderen Spalte, z.B. *status_name* (nur 50 eindeutige Werte), kombinieren und dadurch einen mehrwertigen Index erstellen, der eine wesentlich bessere Selektivität aufweist, als sie jede der Spalten hätte, wenn sie separat indiziert würde.

Ein anderer Grund für verkettete Indizes liegt in der Beschleunigung der Ausführung von Abfragen, die alle Werte in einem Index referenzieren. Betrachten Sie beispielsweise folgende Abfrage:

```
SELECT     customer_last_name,
           customer_status,
           customer_zip_code
```

```
FROM CUSTOMER
ORDER BY customer_last_name;
```

Jetzt können Sie auf folgende Art und Weise einen Index anlegen:

```
CREATE INDEX last_status_zip
ON CUSTOMER
(customer_last_name, customer_status, customer_zip_code)
ascending;
```

Wenn diese Abfrage für die Tabelle *CUSTOMER* ausgeführt würde, brauchte Oracle nicht mehr auf Zeilen der Basistabelle zuzugreifen! Weil alle Schlüsselwerte im Index enthalten sind und sich der höherwertige Schlüssel (*customer_last_name*) in der *ORDER BY*-Klausel befindet, kann Oracle den Index durchsuchen und Daten ermitteln, ohne die Basistabelle überhaupt anzurühren.

Mit Unterstützung dieser Funktion kann der Oracle-Entwickler mit Köpfchen auch Spalten am Ende des verketteten Index anfügen, so daß die Basistabelle nie berührt wird. Wenn die Tabelle zum Beispiel noch den Wert der Spalte *customer_address* zurückgäbe, könnte diese Spalte dem verketteten Index hinzugefügt werden, was die Leistung gewaltig steigern würde.

Insgesamt gelten für die Erstellung eines verketteten Index folgende Richtlinien:

■ Verwenden Sie einen zusammengesetzten Index, sobald in der SQL-Abfrage zwei oder mehr Werte benutzt werden, bei denen die Klausel und die Operatoren durch *AND* verknüpft sind.

■ Reihen Sie die Spalten in einer *WHERE*-Klausel in derselben Reihenfolge aneinander wie im Index, und fügen Sie Datenelemente am Indexende hinzu.

Nachdem wir jetzt die Grundkonstrukte von Oracle-Indizes verstanden haben, lassen Sie uns den SQL-Optimizer genauer in Augenschein nehmen und untersuchen, wie er entscheidet, welche Indizes er für SQL-Abfragen wählen soll.

Wie Oracle Indizes auswählt

Es ist interessant, festzustellen, daß für eine bestimmte Aufgabe die schnellste Ausführung nicht unbedingt die beste Wahl ist. Betrachten Sie beispielsweise die folgende Abfrage der Tabelle *CUSTOMER*:

```
SELECT customer_name
FROM CUSTOMER
WHERE
    credit_rating = 'POOR'
AND
```

```
    amount_due > 1000
AND
    state = 'IOWA'
AND
    job_description LIKE lower('%COMPUTER%');
```

Hier sehen Sie eine Abfrage, bei der ein vollständiges Durchsuchen der Tabelle die effizienteste Methode wäre, denn wegen der komplexen Bedingungen und der Verwendung von Oracle-Erweiterungen im SQL-Code könnte die Ausführung einer vollständigen Suche schneller beendet sein. Die schnelle Ausführung dieses Tasks könnte sich jedoch zum Nachteil anderer Tasks im System auswirken, weil der Puffer-Pool geleert wird.

Im allgemeinen bestimmt die Art des SQL-Optimizers, wie Indizes verwendet werden. Wie Sie vermutlich wissen, läßt sich der Oracle-Optimizer regelbasiert oder kostenbasiert betreiben. Im allgemeinen ist Oracle intelligent genug, vorhandene Indizes zu verwenden, aber es gibt Ausnahmen von dieser Regel. Die wichtigste ist die Mehrfachverknüpfung mit einer komplexen *WHERE*-Klausel. Der kostenbasierte Optimizer gerät, insbesondere im Modus *all_rows*, „in Verwirrung" und startet für mindestens eine der Tabellen eine vollständige Suche, obwohl für die Tabellen passende Fremdschlüsselindizes vorhanden sind. Das einzige Heilmittel für dieses Problem besteht in der Verwendung des regelbasierten Optimizers oder des kostenbasierten Optimizers im Modus *first_rows*. Das Problem wird in *Kapitel 5: Oracle SQL-Optimierung* ausführlich behandelt.

Denken Sie immer daran, daß Oracle nur dann einen Index benutzt, wenn die Indexspalte in „reiner" Form angegeben wird. Die Verwendung von *substr, upper, lower* und anderen Funktionen macht einen Index ungültig. Es gibt jedoch einige Tricks, um dieses Hindernis zu überwinden. Betrachten Sie die beiden folgenden, inhaltlich gleichen SQL-Abfragen:

```
SELECT * FROM CUSTOMER
WHERE
total_purchases/10 > 5000;
```

```
SELECT * FROM CUSTOMER
WHERE
total_purchases > 5000*10;
```

Die zweite Abfrage wäre dank der Tatsache, daß sie die Indexspalte nicht verändert, in der Lage, für die Spalte *total_purchases* einen Index zu verwenden.

Die Verwendung von Indizes hat zwar Auswirkungen auf die Datenbankleistung, aber auch die Art und Weise, in der Oracle8-Tabellen zugewiesen werden, kann die Systemleistung beeinflussen, insbesondere bei Tabellen, die häufig aktualisiert werden. Lassen Sie uns nun die wichtigsten Aspekte bei der Speicherplatzzuweisung von Oracle8-Tabellen betrachten.

Tabellen zuweisen

Es gibt mehrere Parameter, die gewährleisten, daß alle in Oracle-Tabellen gespeicherten Daten optimal konfiguriert sind. Schauen Sie sich die folgende Definition einer Oracle-Tabelle an:

```
CREATE TABLE ITEM (
        item_nbr                number,
        item_name               varchar2(30),
        item_description        varchar2(50))
    STORAGE(         INITIAL    50K
                     NEXT       50K
                     PCTFREE    10
                     PCTUSED    60
                     FREELISTS  1
                     INITTRANS  1
                     MAXTRANS   5 );
```

PCTFREE teilt Oracle mit, wieviel Platz in jedem Oracle-Block für spätere Aktualisierungen reserviert werden soll. Es kann bedeutende Auswirkungen auf die Leistung einer Oracle-Datenbank haben, wenn der Wert zu niedrig festgelegt wird. Wenn eine Zeile zum Beispiel viele *varchar2*-Datentypen enthält und die Zeilen zu Beginn ohne Werte eingefügt werden, kann das spätere Aktualisieren der Werte in den *varchar2*-Feldern dazu führen, daß sich die Zeilen im Block ausdehnen. Wenn der Zielblock nicht über ausreichend Platz verfügt, muß Oracle die Zeile fragmentieren und einen Teil der Informationen im nächsten physischen Block des Tablespaces speichern. Wenn auch dieser Block voll ist, könnte Oracle eine sehr lange Kette bilden, bis es einen Block mit ausreichend Platz für die neuen Spaltendaten findet. Dieser Umstand kann viele unnötige E/A-Operationen auslösen, wenn die Zeile gesucht wird, weil viele Datenblöcke gelesen werden müssen, um die Zeile zu finden. Dafür gibt es eine einfache Regel: Bestimmen Sie für jede Zeile die durchschnittliche Länge und die voraussichtliche Zunahme, und benutzen Sie dann *PCTFREE*, um die passende Menge Speicherplatz in jedem Block zu reservieren. Für statische schreibgeschützte Tabellen ist es akzeptabel, *PCTFREE* auf einen geringen Wert zu setzen, um jeden Datenbankblock vollständig zu belegen. Auch der Parameter *PCTFREE* ist nur in Verbindung mit der Anweisung *UPDATE* sinnvoll – und auch nur dann, wenn die Zeilenlänge durch *UPDATE* steigt. Wenn nicht, sollte *PCTFREE* auf 5 gesetzt werden, wodurch nur 5 Prozent jedes Datenbankblocks für Aktualisierungen reserviert werden.

PCTUSED teilt Oracle mit, wann das Einfügen neuer Zeilen in einen Datenbankblock akzeptabel ist. Wenn *PCTUSED* beispielsweise auf 80 gesetzt wird, erlaubt Oracle das Einfügen von Zeilen in Datenbankblöcke nur, wenn diese zu weniger als 80 Prozent gefüllt sind. Oracle versucht, einen Datenbankblock mindestens bis zum Wert von *PCTUSED* gefüllt zu halten. Wenn Zeilen aus einer Tabelle gelöscht werden, werden Datenbankblöcke, deren Belegung unter den Wert von *PCTUSED* sinkt, für neue Zeilen aufnahmefähig. Der Standardwert beträgt 40 Prozent, so daß Datenbankblöcke, die zu weniger als 40 Prozent gefüllt sind, neue Zeilen aufnehmen könnten. *PCTUSED* stellt einen Kompromiß zwischen der effizienten Nutzung von Tabellen und der Leistung dar. Wenn dieser Parameter auf einen hohen Wert gesetzt wird, werden die Blöcke stärker gefüllt und der Speicherplatz effizienter genutzt. Dies geschieht jedoch auf Kosten der Leistung, insbesondere bei *INSERT*- und *UPDATE*-Operationen. Zugunsten sehr hoher Leistung könnte man *PCTUSED* auf einen niedrigeren Wert, z.B. 60 Prozent, setzen. Auf diese Weise wird Oracle davon abgehalten, ständig Datenblöcke auf die *FREELISTS* zu setzen, wenn Zeilen gelöscht werden, und somit verbessert sich die Leistung. Wiederum spielt *PCTUSED* für Tabellen mit vielen *DELETE*-Operationen, die starken Veränderungen unterliegen, eine wesentliche Rolle.

PCTFREE und PCTUSED gehören zusammen. Die Summe dieser Werte kann niemals höher sein als 100, und es ist normalerweise klug, die Werte wegen des Zusatzcodes, der in jedem Block vorkommt, auf zusammen nicht mehr als 90 zu setzen.

Der Parameter *FREELISTS* wird benutzt, wenn zu erwarten ist, daß mehr als ein Prozeß auf eine Tabelle zugreift. Oracle führt für jede Tabelle im Speicher einen *FREELISTS*-Parameter und benutzt diesen, um zu bestimmen, welcher Datenbankblock bei einem *INSERT*-Befehl verwendet werden soll. Wenn gerade eine Zeile hinzugefügt wird, wird *FREELISTS* gesperrt. Wenn mehr als ein Prozeß gleichzeitig versucht, etwas in Ihre Tabelle einzufügen, kann ein Prozeß gezwungen sein, zu warten, bis der vorhergehende Task *FREELISTS* freigibt. Um festzustellen, ob das Einfügen von *FREELISTS* in eine Tabelle die Leistung erhöht, müssen Sie auswerten, wie häufig Oracle auf eine *FREELISTS* warten muß. Glücklicherweise unterhält Oracle eine *V\$*-Tabelle, die zu diesem Zweck den Namen *V\$WAITSTAT* führt. Die folgende Abfrage zeigt, wie oft Oracle darauf gewartet hat, daß eine *FREELISTS* verfügbar war. Wie Sie auch sehen können, wird nicht angegeben, welche *FREELISTS* Inhaltsprobleme haben:

```
SELECT CLASS, COUNT
FROM V$WAITSTAT
```

```
WHERE CLASS = 'free list';

    CLASS                          COUNT
    ___                            ___

    free list                        83
```

An dieser Stelle können Sie sehen, daß Oracle 83mal warten mußte, bis
für eine Tabelle eine *FREELISTS* zur Verfügung stand. Das könnte
83mal für eine einzige Tabelle oder auch einmal für 83 verschiedene Tabellen der Fall gewesen sein. Die Zahl 83 wirkt zwar sehr groß, aber Sie
sollten daran denken, daß Oracle Hunderte von E/A-Operationen pro
Sekunde ausführen kann, so daß der Wert 83 für das Gesamtsystem völlig bedeutungslos sein kann. In jedem Fall können Sie, wenn Sie einen
Verdacht haben, welche Tabelle *FREELISTS*-Konflikte verursacht, diese
exportieren, löschen und mit mehr *FREELISTS* neu definieren. Zusätzliche *FREELISTS* verbrauchen zwar mehr Speicher, können aber bei Tabellen mit vielen *INSERT*-Vorgängen den Durchsatz erhöhen. Im allgemeinen sollten Sie weitere *FREELISTS* nur für die Tabellen definieren,
bei denen viele gleichzeitige *UPDATE*-Operationen vorkommen.

INITTRANS gibt die ursprüngliche Anzahl der zugewiesenen Transaktionen in jedem Block an, *MAXTRANS* die maximale Anzahl gleichzeitiger Transaktionen, die einen Block aktualisieren können.

Lassen Sie uns jetzt einen Blick auf die Tabellendefinitionen in den
Listings 3.2 und 3.3 werfen. Schauen wir uns an, ob Sie daraus die Art
der Aktivität ableiten können, die an den Tabellen vorgenommen wird:

Listing 3.2:
Eine Tabellen-
definition

```
CREATE TABLE ORDER (
        order_nbr         number,
        order_date        date)
STORAGE (PCTFREE 10  PCTUSED 40  FREELISTS 3);
```

Hieraus können Sie folgern, daß die Tabelle sehr wenige *UPDATE*s
durchführt, die verursachen, daß die Zeilen länger werden, weil
PCTFREE nur 10 Prozent beträgt. Außerdem können Sie ableiten, daß
die Tabelle starke *DELETE*-Aktivitäten aufweist, weil *PCTUSED* bei 40
Prozent liegt und damit verhindert, daß Datenblöcke sofort wiederverwendet werden, sobald Zeilen gelöscht sind. Die Tabelle muß auch starke *INSERT*-Aktivitäten verzeichnen, weil *FREELISTS* auf 3 gesetzt ist,
was darauf hinweist, daß bis zu drei konkurrierende Prozesse etwas in
die Tabelle einfügen können. Betrachten wir nun das zweite Beispiel:

Listing 3.3:
Eine weitere
Tabellen-
definition

```
CREATE TABLE ITEM (
        item_nbr                  number,
        item_name                 varchar2(20),
        item_description          varchar2(50),
        current_item_status       varchar2(200) )
STORAGE (PCTFREE 40  PCTUSED 60  FREELISTS 1);
```

Aus *Listing 3.3* können Sie ersehen, daß *UPDATE*-Operationen häufig vorkommen und wahrscheinlich die *varchar2*-Spalten vergrößern, weil *PCTFREE* so festgelegt wurde, daß 40 Prozent jedes Blocks für Zeilenverlängerungen reserviert werden. Außerdem können Sie erkennen, daß in dieser Tabelle wenige *DELETE*-Operationen stattfinden, weil *PCTUSED* 60 beträgt und damit die Datenbankblöcke effizient nutzt. Vorausgesetzt, daß nicht viele *DELETE*-Vorgänge vorkommen, würden diese Blöcke ständig wieder den *FREELISTS* hinzugefügt werden.

Nachdem nun die grundlegenden Tabellen- und Indexstrukturen entworfen sind, können wir weitergehen und einen Blick darauf werfen, wie sich referentielle Integrität unter dem Aspekt der Leistung einsetzen läßt.

Referentielle Integrität und Leistung

Bevor die meisten relationalen Datenbanken referentielle Integrität unterstützten, lag es in der Zuständigkeit des Programmierers, die Einhaltung von Datenbeziehungen und Geschäftsregeln zu gewährleisten. Dies war zwar für die Anwendungen günstig, aber das Risiko kam ins Spiel, wenn ad-hoc aktualisierte SQL-Befehle unter Einsatz von SQL*Plus von Oracle eingesetzt wurden. Mit diesen Ad-hoc-Aktualisierungswerkzeugen ließ sich die programmeigene SQL ohne großen Aufwand umgehen, wodurch die Geschäftsregeln außer acht gelassen wurden und logische Fehler entstanden.

Relationale Datenbanksysteme, wie z.B. Oracle, erlauben die Kontrolle von Geschäftsregeln/-prozessen mit Hilfe von *Integritätsregeln*. Im allgemeinen werden RI-Regeln dazu benutzt, 1:N- und N:M-Beziehungen in relationalen Tabellen durchzusetzen. RI würde beispielsweise sicherstellen, daß eine Zeile in einer *CUSTOMER*-Tabelle nicht gelöscht werden kann, wenn für diesen Kunden noch Bestellungen in einer *ORDER*-Tabelle vorhanden sind *(siehe Abbildung 3.2)*.

Die referentielle Integrität besitzt in Oracle einen schlechten Ruf, weil bei der Durchsetzung von Geschäftsregeln zusätzlicher Code erzeugt wird. In fast jedem Fall geht es schneller und effizienter, eigene Regeln zur Durchsetzung von RI zu schreiben, anstatt Oracle dies erledigen zu lassen. Vorausgesetzt, daß Ihre Anwendung keine Ad-hoc-Abfragen erlaubt, ist es relativ einfach, einen Trigger an eine PL/SQL-Routine anzuhängen, um in Ihrem Auftrag RI durchzusetzen. Dies ist eigentlich eine der besten Anwendungsmöglichkeiten für Trigger, weil das DML-*DELETE*-Ereignis nicht stattfindet, wenn die RI-Regeln nicht gültig sind. Betrachten Sie die folgende *FOREIGN KEY*-Integritätsregel, die Kunden vor der Löschung schützt, wenn noch Bestellungen ausstehen:

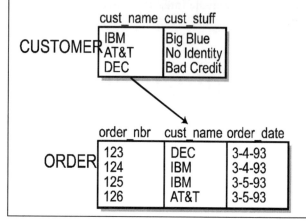

Referentielle Integrität

RI-Regel = ORDER.cust_name referenziert CUSTOMER.cust_name

Zwei Optionen:

ON DELETE RESTRICT CUSTOMER werden nicht gelöscht, wenn sie
einen Auftrag in der Tabelle ORDER haben.

ON DELETE CASCADE Wird ein CUSTOMER gelöscht, werden alle
seine Aufträge in der Tabelle ORDER gelöscht

CUSTOMER

cust_name	cust_stuff
IBM	Big Blue
AT&T	No Identity
DEC	Bad Credit

ORDER

order_nbr	cust_name	order_date
123	DEC	3-4-93
124	IBM	3-4-93
125	IBM	3-5-93
126	AT&T	3-5-93

```
CREATE TABLE CUSTOMER (
    cust_id               number
    CONSTRAINT cust_ukey unique (cust_id),
    cust_name             varchar2(30),
    cust_address          varchar2(30));

CREATE TABLE ORDER (
    order_id              number,
    order_date            date,
    cust_id               number
    CONSTRAINT cust_fk REFERENCES CUSTOMER ON DELETE RESTRICT
);
```

Um sicherzustellen, daß SQL*Plus keine Ad-hoc-Aktualisierungen
durchführt, kann man es so konfigurieren, daß Aktualisierungs-
operationen nicht erlaubt sind. Dies läßt sich mit Hilfe der Tabelle
PRODUCT_USER_PROFILE erreichen. Das Einfügen folgender Zeile
in diese Tabelle deaktiviert alle Ad-hoc-Aktualisierungen mit SQL*Plus:

```
INSERT INTO PRODUCT_USER_PROFILE (product, user_id, attribute)
VALUES (
        'SQL*Plus',
        '%',
        'UPDATE');
```

Haben Sie jetzt die Freiheit, eine eigene, prozedurale RI ohne Angst vor unbeabsichtigter Verfälschung zu entwickeln? Es gibt in der Tat noch eine weitere Möglichkeit, wie Benutzer Ad-hoc-Abfragen starten und dadurch Ihre Geschäftsregeln umgehen können. Ein Benutzer an einem PC (auf dem SQL*Net installiert ist) kann über ODBC auf Oracle zugreifen, ohne SQL*Plus zu benutzen. Passen Sie also auf, und überzeugen Sie sich, daß Sie alle Ad-hoc-Schlupflöcher gestopft haben, bevor Sie versuchen, eigene RI-Regeln zu schreiben.

Ein weiteres Problem mit RI tritt auf, wenn zwei Tablespaces (*TS1* und *TS2*) Tabellen (*A* und *B*) enthalten, die *FOREIGN KEY*-Regeln in den anderen Tablespaces haben. Der DBA muß im allgemeinen als Teil routinemäßiger Datenbankkomprimierung die Tablespaces löschen und neu erstellen. Wenn er beispielsweise versucht, den Tablespace *TS1* zu löschen, der referentielle Integrität in einen anderen Tablespace besitzt, schlägt die Anweisung *DROP TABLESPACE CASCADE* fehl, weil in Tabelle *B* in Tablespace *TS2* Referenzen auf Fremdschlüssel enthalten sind. Umgekehrt kann der DBA auch Tablespace *TS2* nicht löschen, weil dieser Referenzen in Tablespace *TS1* besitzt. Dadurch wird die Datenbankpflege für den DBA zum Alptraum, weil alle Integritätsregeln von *TS2* aus ermittelt und deaktiviert werden müssen, um *TS1* löschen zu können.

Oracle8-Methoden bieten jetzt eine Möglichkeit, PL/SQL-Code innerhalb der Datenbank zu speichern. Mit der Verlagerung von Code aus den externen Anwendungen in Oracle werden in der SGA (System Global Area) weniger Ressourcen verbraucht, und die Leistung steigt.

Gespeicherte Prozeduren

Mit der wachsenden Beliebtheit von Objekten, wie zum Beispiel gespeicherten Prozeduren und Triggern, wandert mehr Anwendungscode aus externen Programmen heraus und in den Datenbankkern hinein. Oracle unterstützt im Vorgriff auf die objektorientierten Funktionen, die mit der Version 8 eingeführt werden, diesen Ansatz bereits. Der Oracle-DBA muß sich jedoch des steigenden Speicherbedarfs gespeicherter Prozeduren bewußt sein und sorgfältig für die Zeit planen, in der der gesamte Code für den Datenbankzugriff innerhalb der Datenbank abgelegt ist.

Heute verfügen die meisten Oracle-Datenbanken nur über geringe Code-Anteile in gespeicherten Prozeduren – aber das ändert sich rapide. Wenn sich der gesamte Oracle-SQL-Code in gespeicherten Prozeduren befindet, ergeben sich viele attraktive Vorteile, zum Beispiel:

■ *Höhere Leistung* – Gespeicherte Prozeduren werden einmal in die SGA (System Global Area) geladen und bleiben dort, bis sie ausgelagert werden. Späteres Ausführen der gespeicherten Prozedur läuft weit schneller ab als der externe Code.

■ *Koppeln von Daten und Verhaltensweisen* – Relationale Tabellen lassen sich mit den Verhaltensweisen koppeln, die mit ihnen unter Einhaltung der Namenskonventionen verknüpft wurden. In Oracle8 haben Sie die Möglichkeit, *Methoden* zu definieren, wobei es sich um gespeicherte Prozeduren handelt, die direkt mit der Datenbanktabelle verknüpft sind. Wenn beispielsweise alle mit der Tabelle *EMPLOYEE* verknüpften Verhaltensweisen den Tabellennamen als Präfix bekommen (z.B. *EMPLOYEE.hire, EMPLOYEE.give_raise*), kann das Data Dictionary auf alle mit einer bestimmten Tabelle verknüpften Verhaltensweisen abgefragt werden (z.B. *SELECT * FROM DBA_OBJECTS WHERE OWNER = 'EMPLOYEE'*), und der Code läßt sich schnell erkennen und wiederverwenden.

■ *Isolieren von Code* – Der gesamte SQL-Code wird aus den externen Programmen in gespeicherte Prozeduren verlagert, so daß Anwendungsprogramme nur noch Aufrufe gespeicherter Prozeduren oder Methoden sind. Dadurch kann es unter Umständen sehr einfach sein, eine Datenbank durch eine andere zu ersetzen.

Einer der Hauptgründe dafür, daß gespeicherte Prozeduren und Trigger schneller arbeiten als herkömmlicher Code, liegt in der SGA von Oracle. Nachdem eine Prozedur in die SGA geladen ist, bleibt sie im Library-Cache, bis sie aus dem Speicher ausgelagert wird. Die Auslagerung erfolgt nach einem Algorithmus der „längsten Nichtnutzung" mit dem Namen LRU (Least Recently Used). Sobald sich die Prozedur im RAM-Speicher des gemeinsam benutzten Pools befindet, wird sie sehr schnell ausgeführt. Der Trick besteht darin, das Leeren des Pools während der Zeit zu verhindern, in der viele Prozeduren um eine begrenzte Menge Library-Cache im Speicher des gemeinsam genutzten Pools konkurrieren.

Beim Optimieren von Oracle zeigt sich, daß zwei Parameter von *init<SID>.ora* wichtiger sind als alle anderen Parameter zusammen. Es handelt sich um *db_block_buffers* und *shared_pool_size*. Diese beiden Parameter definieren die Größe des im Speicher befindlichen Bereichs, den Oracle beim Start verbraucht, und sie bestimmen, wieviel Speicher zum Zwischenlagern von Datenblöcken, SQL-Code und gespeicherten Prozeduren zur Verfügung steht.

Oracle bietet auch ein Konstrukt, das als *Paket* bezeichnet wird. Eigentlich ist ein solches Paket eine Sammlung von Funktionen und gespeicherten Prozeduren, die sich auf verschiedene Art organisieren läßt. Sie können beispielsweise Funktionen und gespeicherte Prozeduren in bezug auf Beschäftigte in einem Paket für Beschäftigte folgendermaßen logisch gruppieren:

```
CREATE PACKAGE EMPLOYEE AS

    FUNCTION compute_raise_amount (percentage number);
    PROCEDURE hire_employee();
```

```
        PROCEDURE fire_employee();
        PROCEDURE list_employee_details();

    END EMPLOYEE;
```

Hier sind alle „Verhaltensweisen" in bezug auf Beschäftigte in einem einzigen Paket festgehalten, das in das Data Dictionary von Oracle aufgenommen wird. Wenn Sie Ihre Programmierer verpflichten, gespeicherte Prozeduren zu verwenden, wandert der SQL-Code aus den externen Programmen in die Datenbank, was die Anwendungsprogramme auf eine reine Folge von Aufrufen gespeicherter Prozeduren reduziert.

Mit der Weiterentwicklung von Systemen und der Verlagerung des Großteils des Prozeßcodes in gespeicherte Prozeduren gewinnt der gemeinsam genutzte Oracle-Pool stark an Bedeutung. Er besteht aus folgenden Teilen:

- Dem Dictionary-Cache

- Dem Library-Cache

- Den gemeinsam genutzten SQL-Bereichen

- Den privaten SQL-Bereichen

- Dem beständigen Bereich

- Dem Laufzeitbereich

Wie bereits erwähnt, setzt der gemeinsam genutzte Pool einen LRU-Algorithmus ein, um zu bestimmen, welche Objekte aus dem Pool ausgelagert werden. Bei der Auslagerung entstehen im Pool Fragmente oder unzusammenhängende Speicherbereiche.

Das bedeutet, daß eine umfangreiche Prozedur, die anfangs in den Speicher paßt, möglicherweise keinen zusammenhängenden Speicherbereich mehr findet, wenn sie nach der Auslagerung erneut geladen wird. Denken Sie an das Problem, das auftritt, wenn der Rumpf eines Pakets wegen anderer, späterer oder häufigerer Aktivitäten aus der SGA der Instanz ausgelagert wurde. Es kommt zur Fragmentierung, und der Server findet vielleicht nicht genügend zusammenhängenden Speicherplatz, um den Paketrumpf erneut zu laden, was einen ORA-4031-Fehler auslöst. In Oracle können Sie das Auslagern verhindern, indem Sie Pakete in der SGA festsetzen.

Pakete in der SGA festsetzen

Um die Auslagerung zu verhindern, können Pakete als nicht auslagerungsfähig gekennzeichnet werden. Damit wird der Datenbank mitgeteilt, daß das Paket, nachdem es einmal geladen wurde, ständig im Speicher verbleiben muß. Dies wird als *Festsetzen* oder *Speichereinzäunung* bezeichnet. Oracle stellt eine Prozedur namens *dbms_shared_pool.keep* bereit, um ein Paket festzusetzen. Die Festsetzung kann mit *dbms_shared_pool.unkeep* aufgehoben werden.

Nur Pakete lassen sich festsetzen. Gespeicherte Prozeduren können Sie nur festsetzen, wenn sie in einem Paket untergebracht sind.

Die Entscheidung, ob ein Paket festgesetzt werden soll, hängt von der Größe des Objekts und der Häufigkeit der Benutzung ab. Sehr große Pakete, die häufig aufgerufen werden, könnten vom Festsetzen profitieren, aber möglicherweise bemerken Sie keinen Unterschied, weil die Prozedur aufgrund der häufigen Aufrufe ohnehin im Speicher verblieben wäre. Das Festsetzen bleibt ohne Wirkung, weil das Objekt nie als erstes ausgelagert wird. Außerdem kann die Art, in der Prozeduren in Pakete zusammengefaßt werden, einen gewissen Einfluß haben. Einige Oracle-DBAs ermitteln Prozeduren mit hoher Auslastung und fassen sie in einem einzigen Paket zusammen, das dann im Library-Cache festgesetzt wird.

Im Idealfall sollte der Parameter *shared_pool_size* von *init<SID>.ora* hoch genug gesetzt sein, um alle Pakete, Prozeduren oder Trigger aufzunehmen, welche die Anwendung benutzen kann. Die Wirklichkeit diktiert jedoch, daß der gemeinsam genutzte Pool nicht unendlich groß werden kann, und man muß überlegt auswählen, welche Pakete zusammengeschlossen werden.

Wegen ihrer häufigen Benutzung empfiehlt Oracle, die Pakete *standard*, *dbms_standard*, *dbmas_utility*, *dbms_describe* und *dbms_output* grundsätzlich im gemeinsam genutzten Pool festzusetzen. Der folgende Codeausschnitt zeigt, wie Sie eine gespeicherte Prozedur namens *sys.standard* festsetzen können:

```
CONNECT INTERNAL;

@/usr/oracle/rdbms/admin/dbmspool.sql

EXECUTE dbms_shared_pool.keep('sys.standard');
```

Sie können eine Standardprozedur schreiben, die alle empfohlenen Oracle-Pakete im gemeinsam genutzten Pool festsetzt. Das Skript dafür sieht folgendermaßen aus:

```
EXECUTE dbms_shared_pool.keep('DBMS_ALERT');
EXECUTE dbms_shared_pool.keep('DBMS_DDL');
EXECUTE dbms_shared_pool.keep('DBMS_DESCRIBE');
EXECUTE dbms_shared_pool.keep('DBMS_LOCK');
EXECUTE dbms_shared_pool.keep('DBMS_OUTPUT');
EXECUTE dbms_shared_pool.keep('DBMS_PIPE');
EXECUTE dbms_shared_pool.keep('DBMS_SESSION');
EXECUTE dbms_shared_pool.keep('DBMS_SHARED_POOL');
```

```
EXECUTE dbms_shared_pool.keep('DBMS_STANDARD');
EXECUTE dbms_shared_pool.keep('DBMS_UTILITY');
EXECUTE dbms_shared_pool.keep('STANDARD');
```

Pakete automatisch neu festsetzen

Unix-Benutzer möchten möglicherweise in die Datei */etc/rc* Code einfügen, der sicherstellt, daß die Pakete bei jedem Datenbankstart erneut festgesetzt werden, wodurch garantiert wird, daß alle Pakete bei jedem Rechnerstart erneut festgesetzt werden. Ein solches Skript könnte folgendermaßen aussehen:

```
[root]: more pin
ORACLE_SID=mydata
export ORACLE_SID
su oracle -c „/usr/oracle/bin/svrmgrl /<<!
connect internal;
select * from db;
   @/usr/local/dba/sql/pin.sql
exit;
!"
```

Der Datenbankadministrator muß außerdem daran denken, bei jedem Neustart einer Datenbank *pin.sql* zu starten. Dazu muß unmittelbar nach dem Neustart aus SQL*DBA bzw. SVRMGR heraus erneut der Befehl *PIN* angegeben werden.

Wie festgesetzte Pakete gemessen werden

Listing 3.4 enthält ein praktisches Skript zum Ansehen festgesetzter Pakete in der SGA. Die Ausgabe dieses Listings sollte die Pakete anzeigen, die Ihre Anwendung häufig benutzt:

Listing 3.4:
Ansehen festgesetzter Pakete in der SGA mit *memory.sql*

```
memory.sql - Den für Trigger, Pakete und Prozeduren verwendeten SGA-Speicher
anzeigen

SET PAGESIZE 60;
COLUMN EXECUTIONS FORMAT 999,999,999;
COLUMN Mem_used    FORMAT 999,999,999;

SELECT substr(owner,1,10) Owner,
       substr(type,1,12)  Type,
       substr(name,1,20)  Name,
       executions,
       sharable_mem       Mem_used,
```

```
        substr(kept||'      ',1,5)   "Kept?"
FROM V$DB_OBJECT_CACHE
WHERE TYPE IN ('TRIGGER','PROCEDURE','PACKAGE BODY','PACKAGE')
ORDER BY EXECUTIONS DESC;
```

Listing 3.5 enthält die Ausgabe von *memory.sql*:

Listing 3.5:
Die Ausgabe von
memory.sql

```
SQL> @memory
```

OWNER	TYPE	NAME	EXECUTIONS	MEM_USED	KEPT?
SYS	PACKAGE	STANDARD	867,600	151,963	YES
SYS	PACKAGE BODY	STANDARD	867,275	30,739	YES
SYS	PACKAGE	DBMS_ALERT	502,126	3,637	NO
SYS	PACKAGE BODY	DBMS_ALERT	433,607	20,389	NO
SYS	PACKAGE	DBMS_LOCK	432,137	3,140	YES
SYS	PACKAGE BODY	DBMS_LOCK	432,137	10,780	YES
SYS	PACKAGE	DBMS_PIPE	397,466	3,412	NO
SYS	PACKAGE BODY	DBMS_PIPE	397,466	5,292	NO
HRIS	PACKAGE	S125_PACKAGE	285,700	3,776	NO
SYS	PACKAGE	DBMS_UTILITY	284,694	3,311	NO
SYS	PACKAGE BODY	DBMS_UTILITY	284,694	6,159	NO
HRIS	PACKAGE	HRS_COMMON_PACKAGE	258,657	3,382	NO
HRIS	PACKAGE BODY	S125_PACKAGE	248,857	30,928	NO
HRIS	PACKAGE BODY	HRS_COMMON_PACKAGE	242,155	8,638	NO
HRIS	PACKAGE	GTS_SNAPSHOT_UTILITY	168,978	11,056	NO
HRIS	PACKAGE BODY	GTS_SNAPSHOT_UTILITY	89,623	3,232	NO
SYS	PACKAGE	DBMS_STANDARD	18,953	14,696	NO
SYS	PACKAGE BODY	DBMS_STANDARD	18,872	3,432	NO
KIS	PROCEDURE	RKA_INSERT	7,067	4,949	NO
HRIS	PACKAGE	HRS_PACKAGE	5,175	3,831	NO
HRIS	PACKAGE BODY	HRS_PACKAGE	5,157	36,455	NO
SYS	PACKAGE	DBMS_DESCRIBE	718	12,800	NO
HRIS	PROCEDURE	CHECK_APP_ALERT	683	3,763	NO
SYS	PACKAGE BODY	DBMS_DESCRIBE	350	9,880	NO
SYS	PACKAGE	DBMS_SESSION	234	3,351	NO
SYS	PACKAGE BODY	DBMS_SESSION	65	4,543	NO
GIANT	PROCEDURE	CREATE_SESSION_RECOR	62	7,147	NO
HRIS	PROCEDURE	INIT_APP_ALERT	6	10,802	NO

Dies ist eine einfache Möglichkeit, die Anzahl der Auslagerungen einer nicht festgesetzten, gespeicherten Prozedur und der erforderlichen erneuten Ladevorgänge zu zählen. Um den Speicher effizient zu messen, empfehlen wir zwei Methoden. Die erste besteht darin, regelmäßig mit dem Hilfsprogramm *bstat-estat* (befindet sich normalerweise in *$ORACLE_HOME/rdbms/admin/utlbstat.sql* und *utlestat.sql*) den SGA-Verbrauch über eine gewisse Zeit zu messen. Eine zweite praktische Methode ist das Schreiben eines Speicherauszugprogramms, das die SGA abfragt und außergewöhnliche Informationen hinsichtlich des Library-Caches feststellt. Dazu würden folgende Messungen gehören:

■ Trefferquote des Data Dictionaries

■ Fehlerquote des Library-Caches

■ Einzelne Trefferquoten für alle Namensbereiche

Bedenken Sie auch, daß der relevante Parameter *shared_pool_size* für weitere Objekte neben den gespeicherten Prozeduren verwendet wird. Dies bedeutet, daß ein Parameter alles umfaßt, und Oracle bietet keine Möglichkeit, die Speichergröße für einen Teilbereich des gemeinsam genutzten Pools isoliert zu ermitteln.

Listing 3.6 stellt einen Musterbericht für die Sammlung von Informationen dar, die *shared_pool_size* betreffen. Wie Sie sehen können, liegt die Trefferquote des Data Dictionary bei über 95 Prozent, und die Fehlerquote des Library-Caches ist sehr niedrig. Sie sehen jedoch auch mehr als 125.000 erneute Ladevorgänge im Namensraum SQL-Bereich, was bedeutet, daß der DBA möglicherweise die *shared_pool_size* heraufsetzen sollte. Wenn Sie diese Art von Bericht abfragen, sollten Sie immer bedenken, daß die statistischen Daten vom Startzeitpunkt an erhoben werden und die Zahlen ein schiefes Bild ergeben könnten. Für ein System, das seit sechs Monaten läuft, gibt die Trefferquote des Data Dictionary beispielsweise den Durchschnitt über sechs Monate an. Folglich sind die Daten aus den V$-Strukturen ohne Bedeutung, wenn Sie die Statistik für den heutigen Tag benötigen.

Einige DBAs starten *utlbstat.sql*, warten dann eine Stunde und starten *utlestat.sql*. Diese Vorgehensweise ergibt einen Bericht – abgedruckt in *Listing 3.6* –, der die Daten für diesen Zeitraum zeigt.

Listing 3.6:
Der Bericht mit
statistischen Daten

```
=========================
DATA DICT HIT RATIO
=========================
(should be higher than 90 else increase shared_pool_size in init.ora)

Data Dict. Gets    Data Dict. cache misses   DATA DICT CACHE HIT RATIO
———               ———                       ———
41,750,549         407,609                   99


=========================
LIBRARY CACHE MISS RATIO
=========================
(If > 1 then increase the shared_pool_size in init.ora)


executions    Cache misses while executing   LIBRARY CACHE MISS RATIO
———          ———                            ———
22,909,643    171,127                        .0075
```

```
=========================
LIBRARY CACHE SECTION
=========================

hit ratio should be > 70, and pin ratio > 70 ...
```

NAMESPACE	Hit ratio	pin hit ratio	reloads
SQL AREA	84	94	125,885
TABLE/PROCEDURE	98	99	43,559
BODY	98	84	486
TRIGGER	98	97	1,145
INDEX	0	0	
CLUSTER	31	33	
OBJECT	100	100	
PIPE	99	99	52

Betrachten wir nun *Listing 3.7*, das das SQL*Plus-Skript enthält, welches den in *Listing 3.6* gezeigten statistischen Bericht generiert:

Listing 3.7:
Das Skript, das
den in Listing 3.6
gezeigten Bericht
generiert

```
PROMPT
PROMPT
PROMPT          =============================
PROMPT          DATA DICT HIT RATIO
PROMPT          =============================
PROMPT (should be higher than 90
PROMPT  else increase shared_pool_size in init.ora)
PROMPT
COLUMN "Data Dict. Gets"          FORMAT 999,999,999
COLUMN "Data Dict. cache misses"     FORMAT 999,999,999
SELECT sum(gets) "Data Dict. Gets",
       sum(getmisses) "Data Dict. cache misses",
       trunc((1-(sum(getmisses)/sum(gets)))*100)
       "DATA DICT CACHE HIT RATIO"
FROM V$ROWCACHE;


PROMPT
PROMPT          =============================
PROMPT          LIBRARY CACHE MISS RATIO
PROMPT          =============================
PROMPT (If > 1 then increase the shared_pool_size in init.ora)
PROMPT
COLUMN "LIBRARY CACHE MISS RATIO"      FORMAT 99.9999
COLUMN "executions"                    FORMAT 999,999,999
COLUMN "Cache misses while executing"  FORMAT 999,999,999
SELECT sum(pins) "executions", sum(reloads)
                 "Cache misses while executing",
   (((sum(reloads)/sum(pins)))) "LIBRARY CACHE MISS RATIO"
```

```
FROM V$LIBRARYCACHE;

PROMPT
PROMPT                ===========================
PROMPT                LIBRARY CACHE SECTION
PROMPT                ===========================
PROMPT hit ratio should be > 70, and pin ratio > 70 ...
PROMPT

COLUMN "reloads" FORMAT 999,999,999
SELECT namespace, trunc(gethitratio * 100)
       "Hit ratio",
trunc(pinhitratio * 100) "pin hit ratio",
       reloads "reloads"
FROM V$LIBRARYCACHE;
```

So, wie die Weisheit der achtziger Jahre vorschrieb, daß Daten zentralisiert werden müßten, sind die neunziger Jahre eine Ära der Zentralisierung und Verwaltung von SQL-Code. Mit der Zentralisierung des SQL-Codes wurden manche zuvor unmöglichen Aufgabenstellungen trivial. Beispiele:

- SQL-Code läßt sich leicht auffinden und wiederverwenden.

- Der DBA kann SQL-Code extrahieren, was ihm erlaubt, *EXPLAIN PLAN*-Hilfsprogramme einzusetzen, um die korrekte Plazierung von Tabellenindizes zu ermitteln.

- Sie können SQL-Code durchsuchen, was Informationen der Art „wo benutzt" schneller zugänglich macht. Wenn sich beispielsweise die Definition einer Spalte ändert, lassen sich alle SQL-Stellen, die diese referenzieren, schnell identifizieren.

Mit dem Sinken der Speicherpreise wird es schließlich wünschenswert, den gesamten SQL- und Programmcode einer Anwendung in den Library-Cache von Oracle zu laden. So steht der Code ohne Rücksicht auf Plattform oder Host-Sprache schnell für die Ausführung durch externe Anwendungen bereit. Die überzeugendsten Gründe für die Verlagerung von SQL-Code in Pakete liegen in der Portabilität und in der Codeverwaltung. Wenn Anwendungen mit Aufrufen gespeicherter Prozeduren „SQL-los" werden, lassen sich ganze Anwendungen auf andere Plattformen portieren, ohne eine einzige Zeile des Anwendungscodes zu verändern.

Mit sinkenden Speicherpreisen werden Oracle-SGA-Bereiche von 500 MB nicht ungewöhnlich sein. Bis dahin muß der DBA jedoch die Auswirkungen des Festsetzens eines Pakets in der SGA sorgfältig erwägen.

Überall dort, wo Verhaltensweisen direkt an DML-Ereignisse gebunden sind, z.B. beim Einfügen in eine Tabelle, läßt sich ein Oracle-

Trigger einsetzen. Trigger enthalten genau wie gespeicherte Prozeduren PL/SQL-Code, aber ein Trigger ist fest an eine SQL-Operation für eine bestimmte Tabelle gekoppelt.

Trigger

Viele Datenbanksysteme unterstützen heute die Verwendung von *Triggern*, die bei bestimmten Ereignissen ausgelöst werden können. Das Einfügen, Verändern oder Löschen eines Datensatzes kann einen Trigger auslösen, oder auch geschäftliche Vorgänge, wie zum Beispiel *place_order*. Die Oracle Corporation behauptet, das Design ihrer Trigger entspreche streng dem ANSI/ISO-SQL3-Entwurfsstandard (ANSI X3H6), aber Oracle-Trigger sind in ihrer Funktion solider als dieser. Trigger werden auf der Schemaebene des Systems definiert, und sie werden „abgefeuert", sobald einer der SQL-Befehle *UPDATE*, *DELETE* oder *INSERT* abgesetzt wird. Denken Sie daran, daß ein Trigger grundsätzlich mit einem einzigen DML-Ereignis verknüpft ist.

Die Entscheidung, wann ein Trigger und wann eine gespeicherte Prozedur verwendet wird, kann wesentliche Auswirkungen auf die Leistung eines Systems haben.

Entscheiden, wann ein Trigger verwendet wird

Im allgemeinen verwendet man Trigger, wenn beim Einfügen einer Zeile in eine Tabelle zusätzliche Verarbeitungsoperationen erforderlich sind. Nehmen Sie beispielsweise an, daß das System bei jedem Einfügen einer *customer*-Zeile den Kunden in der Tabelle *BAD_CREDIT* suchen muß. Wenn der Kunde in dieser Tabelle vorkommt, wird die Spalte *shipping_status* der Tabelle auf *COD* gesetzt. In diesem Fall kann ein Trigger für *INSERT OF CUSTOMER* die PL/SQL-Prozedur starten, die die erforderliche Suche einleitet und das Feld *shipping_status* auf den richtigen Wert setzt.

Oracle-Trigger können Prozeduren aufrufen und SQL-Anweisungen enthalten. Diese Kombination ergibt die Möglichkeit, SQL-Anweisungen zu verschachteln. Oracle-Trigger werden als Prozeduren abgelegt, die mit Parametern versehen und zur Simulation objektorientierten Verhaltens verwendet werden können.

Wie Sie aus *Abbildung 3.3* entnehmen können, kommt es vor, daß ein einziger Prozeß mit mehreren SQL-Ereignissen verknüpft sein kann. Der Trick besteht darin, das Verhalten den einzelnen Tabellen „zuzuordnen". Sie sehen beispielsweise, daß der Prozeß *compute_order_total* aus der Tabelle *LINE_ITEMS* passende Zeilen auswählt und dann die Tabelle *ORDER* so aktualisiert, daß sie die Gesamtmenge der Bestellung wiedergibt.

Nehmen Sie zum Beispiel an, daß Sie eine Verhaltensweise mit der Bezeichnung *CHECK_TOTAL_INVENTORY* ausführen wollen, sobald einer Bestellung ein Artikel hinzugefügt wird. Der Trigger würde folgendermaßen definiert:

```
CREATE TRIGGER CHECK_TOTAL_INVENTORY
             BEFORE INSERT OF LINE_ITEM
FOR EACH ROW LOOP

    ......

IF :count < ITEM.TOTAL THEN

    ......

END IF;
```

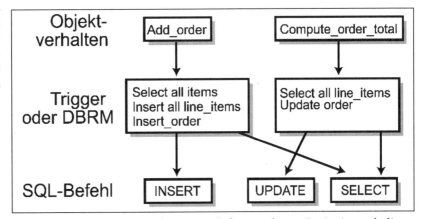

Abb. 3.3:
Die Beziehungen zwischen Objekten, Triggern und SQL-Code

Trigger lassen sich so kombinieren, daß sie mehrere Ereignisse erledigen, zum Beispiel die Neubestellung eines *ITEM*, wenn die Lagermenge unter eine vorgegebene Anzahl sinkt, und zwar folgendermaßen:

```
CREATE TRIGGER REORDER BEFORE UPDATE ON ITEM
    FOR EACH ROW WHEN (new.reorderable = 'Y')
        BEGIN
            IF new.qty_on_hand + old.qty_on_order <
new.minimum_qty
            THEN
                INSERT INTO REORDER VALUES (item_nbr,
                reorder_qty);
                new.qty_on_order := old.qty_on_order +
                reorder_qty;
            END IF;
    END;
```

Nachdem wir jetzt Trigger und gespeicherte Prozeduren verstanden haben, können wir einige fortgeschrittenere leistungssteigernde Funktionen betrachten. Dazu gehört das Design von Oracle-Clustern und Hash-

Clustern, welche die Leistung von Oracle-Datenbanken bedeutend verbessern können.

Cluster

„Cluster-Bildung" ist ein für die Verbesserung der Client/Server-Leistung sehr wichtiges Konzept. Beim Durchqueren einer Datenbank verbessert die Reduzierung von E/A-Operationen in jedem Fall den Durchsatz. Das Konzept der Clusterbildung ist der Verwendung des *VIA*-Sets im CODASYL-Network-Datenbankmodell sehr ähnlich, in dem abgeleitete Datensätze physisch in der Nähe der übergeordneten Datensätze gespeichert werden. In Oracle können Cluster benutzt werden, um gemeinsame 1:N-Zugriffspfade zu definieren, und die Mitgliedszeilen können im selben Datenbankblock wie die Eigentümerzeile gespeichert werden. Nehmen Sie beispielsweise an, Sie haben eine 1:N-Beziehung zwischen Kunden und Bestellungen. Wenn Ihre Anwendung gewöhnlich auf die Daten in der Reihenfolge Kunde – Bestellung zugreift, können Sie die Bestellzeilen im selben Datenbankblock wie die Kundenzeile zu einem Cluster zusammenfassen. So erhalten Sie mit einer einzigen E/A-Operation eine Liste aller Bestellungen eines Kunden *(siehe Abbildung 3.4)*. Sie müssen natürlich mit *db_block_size* die Größe der Datenbankblöcke so festlegen, daß eine ganze Bestellung in einen einzelnen Datenbankblock paßt. Weitere Informationen zu *db_block_size* finden Sie in *Kapitel 7: Oracle DBA – Leistung und Tuning*.

Sie sollten jedoch eine wichtige Frage beachten: Einerseits verbessert ein Cluster zwar die Leistung beträchtlich, aber andererseits leiden die Abfragen. Betrachten Sie die N:M-Beziehung zwischen Kunden und Bestellungen. Nehmen wir außerdem an, daß im Schnittpunkt dieser N:M-Beziehung eine Verknüpfungstabelle, nämlich *ORDER_LINE*, vorhanden ist und Sie entscheiden müssen, welcher Eigentümer, *ORDER* oder *ITEM*, der Anker für Ihr Cluster sein soll. Wenn Sie gewöhnlich von *ORDER* zu *ITEM* gehen (z.B. bei der Anzeige eines Bestellformulars), wäre es sinnvoll, die Datensätze von *ORDER_LINE* zu einem Cluster im selben Datenbankblock wie ihren Eigentümer *ORDER* zusammenzufassen. Wenn Sie dagegen normalerweise von *ITEM* zu *ORDER* gehen (z.B. bei der Anforderung von Einzelheiten für alle Bestellungen, die Widgets enthalten), würden Sie die Zeilen von *ORDER_LINE* in der Nähe ihres Eigentümers *ITEM* zu einem Cluster zusammenfassen. Wenn Sie ein Cluster beim Eigentümer *ORDER* bilden, sind Datenbankabfragen, die Bestellformulare anzeigen, sehr schnell, während Abfragen im Gegensatz dazu zusätzliche E/A-Operationen erfordern.

Abb. 3.4:
Ein Beispiel für ein
Oracle-Cluster

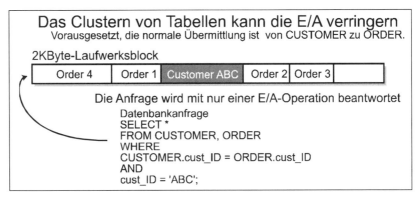

Manche Oracle-Neulinge verstehen den Unterschied zwischen Clustern und Hash-Clustern in Oracle nicht. Der folgende Abschnitt beschreibt die Unterschiede und zeigt, wie Hash-Cluster zur Leistungsverbesserung eingesetzt werden.

Hash-Cluster

Seit Oracle7 unterstützt Oracle das Konzept der Hash-Cluster. Ein *Hash-Cluster* ist ein Konstrukt für Oracle-Cluster, das mit dem Befehl *HASHKEYS* schnelleren Zugriff auf den Primärschlüssel für den Cluster ermöglicht. Oracle stützt sich auf einen sogenannten *Hash-Algorithmus*, der einen symbolischen Schlüssel übernimmt und diesen in eine *ROWID* umwandelt. Die Hash-Funktion garantiert, daß sich der Cluster-Schlüssel mit einer einzigen E/A-Operation ermitteln läßt, was schneller geht, als mehrere Blöcke eines Indexbaums zu lesen. Weil ein Hash-Algorithmus für einen bestimmten Eingabewert immer denselben Schlüssel generiert, müssen doppelt vorkommende Schlüssel vermieden werden. In Oracle kommt es zu derartigen „Kollisionen", wenn der Wert von *HASHKEYS* kleiner ist als die maximale Anzahl der Werte für Cluster-Schlüssel. Wenn ein Hash-Cluster zum Beispiel das Feld *customer_nbr* als Schlüssel benutzt und Sie wissen, daß es 50.000 eindeutige Werte für *customer_nbr* gibt, müssen Sie sicher sein, daß der Wert von *HASHKEYS* auf mindestens 50.000 gesetzt wird. Außerdem sollten Sie diesen Wert stets auf die nächstgrößere Primzahl aufrunden. Es folgt ein Beispiel für ein Hash-Cluster:

```
CREATE CLUSTER my_cluster (customer_nbr    varchar2(10))
    TABLESPACE user1
        STORAGE (INITIAL 50K NEXT 50K PCTINCREASE 1)
        SIZE 2K
        HASH IS customer_nbr HASHKEYS 50000;
```

Jetzt kann innerhalb des Clusters eine Tabelle definiert werden:

```
CREATE TABLE CUSTOMER (
        customer_nbr   number primary key)
CLUSTER my_cluster (customer_nbr);
```

Der Parameter *SIZE* wird normalerweise auf die durchschnittliche Zeilenlänge der Tabelle gesetzt. Oracle empfiehlt für die Verwendung von Hash-Clustern folgende Grundsätze:

- Benutzen Sie Hash-Cluster zum Speichern von Tabellen, auf die Sie gewöhnlich mit *WHERE*-Klauseln zugreifen, welche Gleichheiten spezifizieren.

- Benutzen Sie Hash-Cluster nur dann, wenn Sie es sich leisten können, in jedem Datenbankblock viel Speicherplatz für Aktualisierungen freizuhalten. Sie legen diesen Wert mit der Anweisung *PCTFREE* im Parameter *CREATE TABLE* fest.

- Benutzen Sie Hash-Cluster nur dann, wenn Sie absolut sicher sind, daß Sie später kein neues, größeres Cluster anlegen müssen.

- Benutzen Sie kein Hash-Cluster, wenn Sie Ihre Tabelle gewöhnlich vollständig durchsuchen, insbesondere, wenn dem Hash-Cluster viel zusätzlicher Speicherplatz für zukünftiges Wachstum zugewiesen wurde. Beim vollständigen Durchsuchen liest Oracle alle Blöcke des Hash-Clusters ohne Rücksicht darauf, ob sie Datenzeilen enthalten oder nicht.

- Benutzen Sie kein Hash-Cluster, wenn einer der Hash-Cluster-Schlüssel häufig geändert wird. Wenn der Wert eines Hash-Schlüssels geändert wird, erzeugt der Hash-Algorithmus einen neuen Speicherort, und die Datenbank verschiebt den Cluster in einen neuen Datenbankblock, wenn der Schlüsselwert geändert wird. Dies ist sehr zeitaufwendig.

Denken Sie daran, daß die Gesamtgröße der Indexspalten in einen einzigen Oracle-Block hineinpassen muß. Wenn der Index zu viele lange Werte enthält, sind zusätzliche E/A-Operationen erforderlich, und die Befehle *UPDATE* und *INSERT* führen zu ernsten Leistungsproblemen. Beachten Sie das Beispiel für eine Hash-Routine in *Abbildung 3.5*.

Wenn Sie Oracle-Hash-Cluster verwenden, können Sie sich dafür entscheiden, Pufferblöcke so groß zu machen, daß E/A-Operationen auf ein Minimum reduziert werden, wenn Ihre Anwendung Datensätze auf einer Datenbankseite zu Clustern zusammenfaßt. Wenn ein Kundendatensatz nur eine Größe von 100 Byte hat, gewinnen Sie nichts, wenn Sie 32.000 Byte holen, um die 100 Byte zu bekommen, die Sie brauchen. Wenn Sie jedoch die Bestellungen physisch in der Nähe des Kunden zu Clustern zusammenfassen (auf derselben Datenbankseite) und E/A-Operationen normalerweise vom Kunden zur Bestellung verlaufen, benötigen Sie keine weiteren E/A-Operationen, um die Bestellungen des

Kunden zu finden. Diese sind schon in den zu Anfang gelesenen 32.000 Byte enthalten.

Abb. 3.5:
Ein Beispiel für
eine Hash-Routine

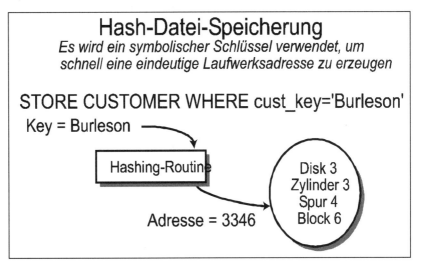

Abb. 3.5:
Ein Beispiel für
eine Hash-Routine

Nachdem wir jetzt Oracle-Cluster behandelt haben, können wir einen Blick auf einige neue Möglichkeiten der Parallelverarbeitung in Oracle werfen. Wir beginnen mit der Fähigkeit, Parallelabfragen durchzuführen.

Parallelabfragen

Eines der interessanteren Merkmale von Oracle8 in bezug auf die Leistung wurde eigentlich schon in Oracle7.3 eingeführt. Es geht um die Fähigkeit, eine SQL-Abfrage in Unterabfragen aufzuteilen und für jede davon separate, gleichzeitig arbeitende Prozessoren einzusetzen. Derzeit ist die Parallelabfrage nur bei Abfragen sinnvoll, die lange Tabellen vollständig durchsuchen, aber die Leistungssteigerung kann beeindruckend ausfallen. Dies funktioniert folgendermaßen:

Anstatt daß ein einzelner Abfrage-Server die E/A-Operationen in bezug auf eine Tabelle verwaltet, ermöglicht es die Parallelabfrage dem Oracle-Abfrage-Server, mehrere Prozessoren zum gleichzeitigen Zugriff auf die Daten einzusetzen, wie in *Abbildung 3.6* gezeigt wird.

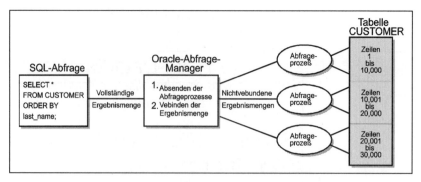

Um möglichst effizient zu arbeiten, sollte die Tabelle auf separate Festplatten verteilt werden, so daß jeder Prozeß sein Tabellensegment bearbeiten kann, ohne die anderen, gleichzeitig ablaufenden Abfrageprozesse
zu stören. Die Client/Server-Umgebung der 90er Jahre stützt sich jedoch
auf RAID oder eine logische Datenträgerverwaltung (Logical Volume
Manager – LVM), welche Datendateien über Plattenpakete verteilt, um
die E/A-Belastung gleichmäßig zu gestalten. Folglich erfordert die volle
Ausnutzung der Parallelabfrage, eine Tabelle mit Hilfe von *Striping* in
zahlreichen Datendateien auf jeweils einem eigenen Gerät unterzubringen.

Selbst wenn Ihr System RAID oder LVM verwendet, bringt die
Parallelabfrage noch ein wenig Leistungszuwachs. Die Abfrage-
verwaltung kann außer dem Einsatz mehrerer Prozesse zum Durchsuchen einer Tabelle auch für die gleichzeitige Sortierung von Ergebnissen
mehrere Prozesse benutzen *(siehe Abbildung 3.7)*.

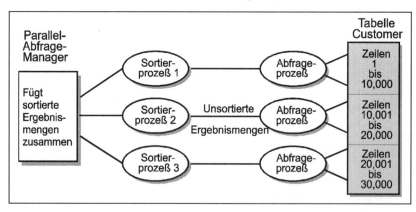

Die Parallelabfrage funktioniert dennoch mit symmetrischen Multipro-
zessoranlagen (SMPs) am besten, die mehr als eine interne CPU besitzen. Außerdem ist es wichtig, das System so zu konfigurieren, daß die
E/A-Bandbreite möglichst hoch ist, entweder mit Hilfe von Striping der
Festplatte oder von Hochgeschwindigkeitskanälen. Wegen der Möglichkeit der Parallelsortierung ist auch das Aufrüsten des Arbeitsspeichers
günstig.

Sortierung ersetzt zwar nicht die Verwendung eines vorsortierten Index, aber die Parallelabfrageverwaltung erledigt Anforderungen weit schneller als ein einziger Prozeß. Während die Datensuche nicht wesentlich schneller abläuft, weil die Suchprozesse um einen Kanal auf derselben Platte konkurrieren, verfügt jeder Sortierprozeß über einen eigenen Sortierbereich (festgelegt durch den Parameter *sort_area_size* von *init<SID>.ora*), wodurch die Sortierung der Ergebnisse beschleunigt wird. Außer der vollständigen Suche und der Sortierung ermöglicht die Option der Parallelabfrage auch den Einsatz paralleler Prozesse für Verknüpfungen zum Zweck der Zusammenführung von Daten und für verschachtelte Schleifen.

Die Parallelabfrage bedingt das Umgehen aller Indizierungen. Daher ist die wichtigste Überlegung die, ob der Ausführungsplan der SQL-Abfrage eine vollständige Suche vorsieht. Wenn dies nicht der Fall ist, kann die Abfrage gezwungen werden, den Index zu ignorieren, indem man Abfragehinweise verwendet oder in Elemente der *WHERE*-Klausel des SQL-Codes integrierte Funktionen einfügt.

Die Anzahl der Prozessoren, die für die Erledigung einer SQL-Anforderung reserviert werden, wird endgültig von der Oracle-Abfrageverwaltung bestimmt, aber der Programmierer kann eine Obergrenze für die Anzahl gleichzeitiger Prozesse angeben. Bei Benutzung des kostenbasierten Optimierers läßt sich zu diesem Zweck der Hinweis *PARALLEL* in den SQL-Code integrieren. Ein Beispiel:

```
SELECT /*+ FULL(EMPLOYEE_TABLE) PARALLEL(EMPLOYEE_TABLE,  4) */
       employee_name
       FROM
       EMPLOYEE_TABLE
       WHERE
       emp_type = 'SALARIED';
```

Wenn Sie einen SMP-Rechner mit mehreren CPUs einsetzen, können Sie eine Parallelabfrage starten und es den einzelnen Oracle-Instanzen überlassen, das übliche Parallelitätsniveau zu benutzen. Ein Beispiel:

```
SELECT /*+ FULL(EMPLOYEE_TABLE)
       PARALLEL(EMPLOYEE_TABLE,  DEFAULT, DEFAULT) */
       employee_name
       FROM
       EMPLOYEE_TABLE
       WHERE
       emp_type = 'SALARIED';
```

Mehrere wichtige Parameter von *init<SID>.ora* haben direkte Auswirkungen auf Parallelabfragen, darunter folgende:

- *sort_area_size* – Je höher dieser Wert, desto mehr Speicher steht für einzelne Sortierungen in jedem Parallelprozeß zur Verfügung. Beachten Sie, daß der Parameter *sort_area_size* jeder Abfrage innerhalb des

Systems, die Sortierungen durchführt, Speicher zuweist. Wenn beispielsweise eine einzelne Abfrage mehr Speicher benötigt und Sie *sort_area_size* auf einen höheren Wert setzen, weisen alle Oracle-Tasks den neuen Sortierbereich zu, ohne Rücksicht darauf, ob der gesamte Speicherplatz benutzt wird oder nicht.

- *parallel_min_servers* – Die Mindestzahl der Abfrage-Server, die in der Instanz aktiv sind. Das Starten eines Abfrage-Servers nimmt Systemressourcen in Anspruch, so daß der bereits erfolgte Start des Abfrage-Servers und das Warten auf Anforderungen die Verarbeitung beschleunigt. Beachten Sie, daß bei einer geringeren tatsächlichen Zahl benötigter Server die Abfrage-Server im Leerlauf unnötigen Zusatzaufwand verursachen und der Wert von *parallel_min_servers* herabgesetzt werden sollte.

- *parallel_max_servers* – Die Höchstzahl der in der Instanz zulässigen Abfrage-Server. Dieser Parameter hindert Oracle daran, so viele Abfrage-Server zu starten, daß die Instanz nicht alle korrekt bedienen kann.

Um festzustellen, wie viele parallele Abfrage-Server zu einer bestimmten Zeit laufen, können Sie folgende Abfrage der Tabelle *V$PQ_SYSSTAT* starten:

```
SELECT * FROM V$PQ_SYSSTAT
      WHERE STATISTIC = 'Servers Busy';


STATISTIC                 VALUE
___                       ___

Servers Busy              30
```

Sie können sehen, daß in diesem Fall zum Zeitpunkt der Abfrage 30 Parallel-Server in Betrieb waren. Lassen Sie sich von dieser Zahl nicht verwirren. Parallele Abfrage-Server übernehmen ständig Arbeit oder kehren in den Leerlauf zurück, und daher ist es günstig, die Abfrage mehrmals über eine Stunde verteilt laufen zu lassen. Nur so bekommen Sie einen realistischen Wert für die Anzahl der parallel benutzten Abfrage-Server.

Zusammenfassung

Damit ist die Behandlung der Fragen des physischen Designs von Oracle8 abgeschlossen. Optimierung umfaßt viel mehr als nur die Garantie, daß Ihre Anwendungen ein gutes Design besitzen. Außerdem müssen Sie sicherstellen, das Oracle über genügend Systemressourcen verfügt, um Ihre Anforderungen korrekt bedienen zu können.

Die Opti-
mierung der
Oracle-
Architektur

KAPITEL

4

Eine ganzheitliche Vorgehensweise bei der Optimierung der Oracle-Architektur ist die wichtigste Voraussetzung für die Entwicklung eines effektiven Client/Server-Systems. Schlechte Antwortzeiten des Servers können die gesamten Entwicklungsanstrengungen zunichte machen, unabhängig davon, wie ausgefeilt und fein abgestimmt die Funktionsweise eines Clients ist. Sowohl bei ausschließlicher Nutzung des Servers durch Ihre Anwendung als auch bei gemeinsamer Nutzung durch mehrere Client-Anwendungen, kann eine optimale Nutzung der Oracle-Ressourcen für akzeptable Leistungen des Systems sorgen. Die Themen dieses Kapitels sind:

- Die Oracle-Architektur

- Interne Strukturen von Oracle

- Der Arbeitsspeicher unter Oracle

- Optimierung der Ein- und Ausgabeoperationen

Bevor Sie ein System richtig einstellen können, müssen Sie wissen, aus welchen Elementen es besteht. Wir beginnen dieses Kapitel daher mit einem kurzen Überblick über die Grundlagen der Oracle-Architektur. Der Aufbau von Oracle bildet die Grundlage für das Verständnis der Leistungsfähigkeit und der Abstimmungsmöglichkeiten, da er die Zusammenarbeit zwischen Oracle und dem Betriebssystem festlegt.

Die Oracle-Architektur

O racle ist das weltweit führende relationale Datenbanksystem, das nach wie vor den Markt der mittleren Datentechnik beherrscht. Seit seiner Markteinführung im Jahre 1971 hat sich Oracle bis zur Version Oracle8 in einem Maße entwickelt, daß nur noch wenig Ähnlichkeit mit der ursprünglichen Version besteht. Es gibt viele Erweiterungen für Oracle, das eigentliche Produkt besteht jedoch aus den folgenden 26 Komponenten:

- *ConText* - Erlaubt den Zugriff auf Oracle-Textdaten.

- *Designer* - Dient dem Entwickler zur Pflege logischer Tabellendefinitionen sowie zur Erstellung physischer Modelle auf der Basis der logischen Struktur. Dieses Hilfsprogramm gehört zur Gruppe der sogenannten „CASE-Tools" von Oracle.

- *Developer* - Dient zur Erstellung von Formularberichten und 3GL-Code auf der Grundlage der Eingaben mit Designer.

- *Enterprise Backup* - Realisiert die automatische Datensicherung und -wiederherstellung unter Oracle.

- *Enterprise Manager* - Bietet die Möglichkeit, mehrere Instanzen für das ganze Unternehmen zu verwalten.

- *Express* - Ist eine mehrdimensionale Datenbank zur Unterstützung eines Data-Warehouse und analytischer Online-Verarbeitung (OLAP). Dieses Produkt ist noch nicht in die Standardversion von Oracle integriert. Die Kommunikation mit relationalen Datenbanken wird normalerweise entweder durch Extrahieren der Daten aus Oracle8 und anschließendes Laden der Daten in Oracle Express (OLAP) oder durch Extrahieren der Daten und das Erstellen eines Echtzeitverbundes der relationalen Daten (ROLAP) durchgeführt.

- *Import/Export* - Hiermit können Tabellendaten in einem einfachen Dateiformat gespeichert und anschließend wieder in die Datenbank zurückgeschrieben werden.

- *Oracle Reports* - Dient standardmäßig der Berichterstellung unter Oracle. Dieses Hilfsprogramm zur Berichterstellung basiert auf GUI und ist menügesteuert.

- *Oracle Graphics* - Gestattet die graphische Darstellung und Manipulation von Abfrageergebnissen.

- *PL/SQL* - Oracles eigene Implementierung des ANSI SQL-Standards. PL/SQL kann innerhalb der Oracle-Anwendungen, der sogenannten *SQL*Forms*, oder eingebettet in entfernte Hilfsprogramme verwendet werden, wie beispielsweise innerhalb von C-Programmen oder PC-GUIs. Als vollwertige, eigene Programmiersprache erweitert PL/SQL das SQL und erlaubt dadurch verfeinerte Abfrageprozesse.

- *Precompilers* - Bieten eine Schnittstelle zu den wichtigsten 3GL-Sprachen.

- *Procedure Builder* - Eine leicht einzusetzende Schnittstelle zur Entwicklung von Oracle-Prozeduren.

- *RDBMS Kernel* - Die Datenbank-Engine, das eigentliche Kernstück von Oracle.

- *Server Manager* - Dient als visuelle Berichtskomponente für Oracle. Der Server-Manager umfaßt eine graphische Schnittstelle für Online-Berichte mit schnellem, anschaulichem Zugriff auf eine Datenbank. Der Server-Manager kann mit Hilfe von *SQL*Net* unter Windows für die Kommunikation mit der Datenbank oder auf einem eigenen Server mit Hilfe von Motif eingesetzt werden.

- *SQL*DBA* - Die Oracle-Schnittstelle für Datenbankverwalter. Der Datenbankverwalter kann mit *SQL*DBA* Datenbanken, Tablespaces, Tabellen, Cluster, Indizes und diverse andere Oracle-Elemente erstellen.

- *SQL*Forms* - Ein Online-System für den schnellen Zugriff auf Daten, Berichte und Prozeduren.

- *SQL*Loader* - Erlaubt das Laden einfacher Dateien mit Begrenzungszeichen in Oracle-Tabellen. So kann beispielsweise ein Auszug aus einer DB2-Datenbank mit Kommas als Begrenzungszeichen für die Tabellenspalten erstellt werden. Mit dem *SQL*Loader* kann dieses einfache Dateiformat dann in eine Oracle-Tabelle importiert werden.

- *SQL*Menu* - Dient zum Aufbau von Menüs für Oracle, wobei einzelne SQL-Formularbildschirme miteinander verknüpft werden können.

- *SQL*Net* - Das Kommunikationsprotokoll, über das entfernte Datenbank-Server miteinander kommunizieren. *SQL*Net* wird in *Kapitel 8: Leistungssteigerung bei verteilten Oracle-Datenbanken* ausführlich beschrieben.

- *SQL*Plus* - Hierbei handelt es sich um eine Online-Schnittstelle zur Oracle-Datenbank. So wie SPUFI bei DB2 und IDD bei CA-IDMS wird *SQL*Plus* für Ad-hoc-Abfragen und Aktualisierungen der Datenbank verwendet.

- *SQL*Report* - Oracles wichtigste Sprache zum Erstellen von Berichten.

- *Structured Query Language (SQL)* - SQL ist die Sprache für den normalen Zugriff auf und die Aktualisierung von relationalen Datenbanken.

- *SVRMGR* - Dient als Ersatz für *SQL*DBA* von Oracle.

- *System Global Area (SGA)* - Erzeugt die Bereiche im Arbeitsspeicher, die Oracle für Puffer und Cache benötigt. Die SGA wird beim Start von Oracle erzeugt.

- *Video Server* - Dient zur Speicherung und zum Umgang mit Videoclips.

- *Web Server* - Ermöglicht Web-Seiten als Schnittstelle zu Oracle-Datenbanken und Entwicklungswerkzeugen.

Wie Sie erkennen können, bietet Oracle8 eine Vielzahl von Produkten und Hilfen für die Datenverwaltung. Nach diesem Überblick über die grundlegenden Oracle-Komponenten wenden wir uns nun den einzelnen Prozeßkomponenten eines Oracle-Systems zu.

Aus der Sicht des Betriebssystems ist eine aktive Oracle-Instanz eine Anzahl von Programmen, die solange ausgeführt werden, bis die Datenbank geschlossen wird. Diese Programme werden *Hintergrundprozesse* genannt, wobei Oracle8 über Hintergrundprozesse verfügt, die es für Oracle7 noch nicht gab. In der *Tabelle 4.1* werden die Hintergrundprozesse von Oracle (die für Oracle8 neuen Hintergrundprozesse sind mit einem Stern gekennzeichnet) aufgeführt. Die Hintergrundprozesse werden innerhalb des Betriebssystems als eigenständige Prozesse ausgeführt (sofern es das Betriebssystem ermöglicht; bei Windows NT gibt es beispielsweise nur einen Prozeß und mehrere Threads), und sie erscheinen diesem wie ausgeführte Programme.

EIGENSCHAFT	PROZESS	BESCHREIBUNG
erweiterte Warteschlangen*	Aq_tnxx	Die erweiterten Prozesse für die Warteschlangen, die für das Threading der Prozesse durch die Oracle8-Instanzen dienen.
Archivierungsüberwachung	ARCHMON	Dieses ist ein UNIX-Prozeß zur Überwachung der Archivierungsprozesse und für das Schreiben der *Redo*-Protokolle in die Archive.
Archivierungsprozeß	ARCH	Dieser Prozeß ist nur aktiv, wenn das Archivierungsprotokoll aktiviert ist. Er schreibt die Dateien des *Redo*-Protokolls, die in die Archivierungsprotokolldateien geschrieben werden.
Callout-Warteschlangen*	EXTPROC	Es gibt eine Callout-Warteschlange für jede Sitzung, die Callouts durchführt. Es gab Anlaß zu der Hoffnung, daß Oracle8 für diese Prozesse Multithreading implementieren würde, leider bleibt diese Eigenschaft für Multithreading-Umgebungen jedoch weiter „in Arbeit". Bis zur Betaversion von Oracle8.0.2 funktionierten Callout-Warteschlangen in einer Umgebung mit Multithread-Servern noch nicht.
Checkpoint-Prozesse	CKPxx	Diese Prozesse können zur Optimierung der *Checkpoint*-Operation bei der Oracle-Protokollierung gestartet werden.
Database-Writer	DBWR	Dieser Prozeß ist für die Übertragung der Daten aus den SGA-Puffern in die Datenbankdatei verantwortlich.

Tab. 4.1:
Die Hintergrundprozesse von Oracle (der * verweist auf einen für Oracle8 neuen Hintergrundprozeß)

EIGENSCHAFT	PROZESS	BESCHREIBUNG
Dispatcher	*Dnnn*	Mit diesem Prozeß können mehrere Prozesse eine begrenzte Anzahl von Oracle-Servern gemeinsam nutzen. Die Prozeßanforderungen werden in Warteschlangen eingereiht und an den nächsten verfügbaren Server weitergeleitet.
Distributed Recoverer	*RICO*	Dieser Oracle-Prozeß behebt Fehler bei verteilten Transaktionen.
Listener (SQL*Net v1)	*ORASRV*	Wenn Sie SQL*Net in der Version 1 einsetzen, wird dieser Prozeß für *TWO_TASK*-Anforderungen ausgeführt.
Listener (SQL*Net v2)	*TNSLSNR*	Setzen Sie TCP/IP ein, wird dieser „TNS-Listener" genannte Prozeß ausgeführt.
Lock-Prozesse	*LCKn*	Diese Prozesse werden für das gegenseitige Blockieren zwischen Instanzen in einer Umgebung mit parallelen Oracle-Servern eingesetzt.
Log-Writer	*LGWR*	Dieser Prozeß überträgt die Daten aus den Puffern des *Redo*-Protokolls in die Dateien des *Redo*-Protokolls.
Prozeßüberwachung	*PMON*	Dieser Prozeß stellt fehlgeschlagene Benutzerprozesse wieder her und bereinigt den Cache-Bereich. Er stellt auch die Ressourcen eines fehlgeschlagenen Prozesses wieder her.
Server	*Snnn*	Dieser Prozeß führt alle zur Beantwortung der Benutzeranfragen erforderlichen Aufrufe der Datenbank durch. Die Ergebnisse werden an den aufrufenden *Dnnn*-Prozeß zurückgegeben.
Snapshot-Warteschlangen*	*Snpxx*	Die Warteschlangen der Snapshot-Prozesse.
System Monitor	*SMON*	Dieser Prozeß führt die Wiederherstellung der Instanzen bei deren Start durch. Er ist auch für die Bereinigung der temporären Segmente verantwortlich. In einer Umgebung mit parallelen Rechnern übernimmt dieser Prozeß die Wiederherstellung fehlgeschlagener Knoten.

Nachdem wir nun noch einmal einen Überblick über die Hauptprodukte und -prozesse von Oracle gegeben haben, wollen wir uns jetzt mit den internen Strukturen befassen, die eine Oracle-Instanz bilden.

Die internen Oracle-Strukturen

Beim Start von Oracle wird ein Bereich des Arbeitsspeichers entsprechend der Initialisierungsparameter konfiguriert. Oracle verwendet für die Initialisierung eine Datei namens *init<SID>.ora*. Unter Oracle7 gab es zusätzlich die Datei *config<SID>.ora*, die unter Oracle8 jedoch mit der Datei *init<SID>.ora* kombiniert wurde. Die Datei *init<SID>.ora* gibt an, wie die Datenbank-Software die System Global Area (SGA) zu konfigurieren hat. Dies ist die Voraussetzung für die Ausführung von Oracle. Die Datei *init<SID>.ora* kann alle notwendigen Informationen beinhalten, die zum Starten einer Oracle-Instanz benötigt werden.

Da die SGA Teil des Betriebssystems ist, ist sie von der Umgebung des Betriebssystems abhängig *(siehe Abbildung 4.1)*. Unter Unix muß Oracle den Arbeitsspeicherplatz mit vielen anderen Speicherbereichen teilen, wobei um den begrenzten Speicherplatz und die Ressourcen konkurriert wird. In *Abbildung 4.2* sehen Sie, daß die Oracle-Instanz einen Teil des Arbeitsspeichers belegt (die SGA), während externe Oracle-Anwendungen, die sich ebenfalls im Arbeitsspeicher befinden, mit Oracle kommunizieren, um ihre Aufgaben erledigen zu können.

Die SGA besteht aus den folgenden Hauptkomponenten, die alle beim Start von Oracle konfiguriert werden:

- Puffer-Cache

- Protokollpuffer

- Gemeinsam genutzter und Large Pool

- Program Global Areas (PGAs)

- Die *V$*-Tabellen im Arbeitsspeicher

Zu den internen Strukturen von Oracle gehört auch die Verwendung der *V$*-Tabellen. In den nächsten Abschnitten befassen wir uns mit den einzelnen SGA-Komponenten.

Abb. 4.1:
Eine Oracle-
Instanz unter
UNIX

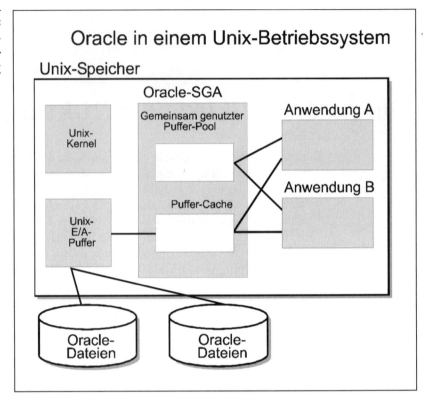

Abb. 4.2:
Die Beziehungen
zwischen Oracle
und den Anwen-
dungen

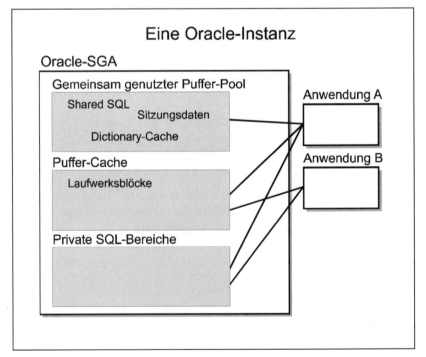

Puffer-Cache

Der Puffer-Cache ist der Bereich der SGA, in dem eingehende Oracle-Datenblöcke abgelegt werden. Bei Standard-Unix-Datenbanken werden die Daten von der Festplatte in den Unix-Puffer eingelesen und dann in den Oracle-Puffer übertragen. Die Größe des Puffer-Caches kann große Auswirkungen auf die Leistungsfähigkeit eines Oracle-Systems haben. Je größer der Puffer-Cache ist, umso höher ist die Wahrscheinlichkeit, daß Daten einer vorherigen Transaktion sich noch im Speicher befinden, so daß ein weiterer Festplattenzugriff überflüssig ist. Auf interner Ebene verfügt jede Oracle-Instanz über vordefinierte Schnittstellen zur Hardware, die eine Kommunikation mit den physischen Geräten gestatten. Als Datenbank-Software muß Oracle in der Lage sein, mit Festplatten und CD-ROMs zu kommunizieren, um Informationen von diesen Geräten lesen und auf ihnen speichern zu können. Definiert der Datenbankverwalter einen Tablespace, wird diesem eine physische Datei mit dem Tablespace zugeordnet, wobei Oracle die Adressierung dieser Datei übernimmt. Oracle übernimmt mit anderen Worten alle Zuordnungen von logischen Tablespaces zu physisch vorhandenen Dateien.

Die Konfiguration der SGA ist für die Entwicklung sehr leistungsfähiger Client/Server-Anwendungen von besonderer Bedeutung. Die Größe der dem Programm- und dem Puffer-Pool zugewiesenen Speicherbereiche hat direkte Auswirkung auf die Geschwindigkeit, mit der Oracle Informationen findet. Bedenken Sie, daß die meisten praktischen Anwendungen von Ein- und Ausgabeoperationen abhängen, wobei die meiste Zeit für den Plattenzugriff auf die Daten benötigt wird. Daher verdient die Optimierung der Ein- und Ausgabeoperationen besondere Beachtung.

Eine Oracle-Instanz verfügt über mehrere Pufferbereiche, zu denen auch ein Pufferbereich für die *Redo*-Protokolle sowie der Datenbankpuffer für eingehende Oracle-Daten gehören. Der wichtigste Punkt bei der Optimierung einer Oracle-Datenbank ist die Größe des Datenbankpuffers. Im Datenbankpuffer legt Oracle die Datenblöcke ab, die für eine vorangegangene Abfrage bereitgestellt wurden. Bei jeder neuen Abfrage wird zuerst dieser Puffer überprüft. Befindet sich der Block bereits im Puffer, kann er von Oracle zehntausendmal schneller übergeben werden, als wenn eine E/A-Operation mit einer externen Festplatte notwendig wäre. Die Zugriffszeiten auf Festplatten erreichen inzwischen zwar beeindruckende Werte (zwischen 10 und 20 Millisekunden), bereits im RAM-Bereich der Oracle SGA befindliche Daten stehen jedoch innerhalb von wenigen Nanosekunden zur Verfügung. Der Parameter zur Steuerung der Größe des Puffers heißt *db_block_buffers* und ist einer der Parameter in der Datei *init<SID>.ora*. Wir werden uns mit *db_block_buffers* im Verlaufe dieses Kapitels noch näher beschäftigen.

Gemeinsam genutzter Pool

Der zweite wichtige Bereich des SGA ist der gemeinsam genutzte Pool, der aus einer Reihe von Unterbereichen besteht. Eines der Hauptprobleme im Umgang mit Oracle ist, daß die Größen all dieser Unterbereiche von nur einem Parameter festgelegt werden: *shared_pool_size*. Es ist nicht möglich, den Komponenten innerhalb des gemeinsam genutzten Pools eigene Bereiche zuzuordnen. Der gemeinsame Pool ist normalerweise der zweitgrößte Speicherbereich des SGA, je nach der Größe des Parameters *db_block_size*. Der gemeinsame Pool stellt Speicher für folgende Zwecke bereit:

- *Library-Cache* - Enthält Informationen für gerade ausgeführte SQL-Anweisungen. Dieser Bereich enthält auch Prozeduren und Trigger-Code.

- *Dictionary-Cache* - Enthält Informationen zur Umgebung, wie zum Beispiel zu Verweisen, Tabellendefinitionen und Index-informationen, sowie andere Metadaten der internen Oracle-Tabellen.

- *Session Information* - Speichert Informationen zu Sitzungen für Systeme, die SQL*Net in der Version 2 in Verbindung mit dem Multithread-Server von Oracle einsetzen. Einzelheiten zum Einsatz des Multithread-Servers finden Sie in *Kapitel 8: Leistungssteigerung bei verteilten Oracle-Datenbanken.*

Der Multithread-Server von Oracle (MTS) ist ebenfalls wichtig für die Optimierung des Parameters *shared_pool_size*. Beim Einsatz des MTS kann in der Datei *init<SID>.ora* ein neuer Parameter festgelegt werden, der *large_pool_size* genannt wird. Der Parameter *large_pool_size* legt einen Speicherbereich fest, der ausschließlich für Sortierungen verwendet wird. Wird MTS nicht eingesetzt, werden alle Sortierungen in dem mit *shared_pool_size* festgelegten Speicherbereich durchgeführt, was häufig zu Konflikten mit anderen Objekten im gemeinsamen Pool führen kann. Dies gilt insbesondere dann, wenn umfangreiche Sortiervorgänge durchgeführt werden. Wird MTS eingesetzt und dem Parameter *large_pool_size* ein Wert zugewiesen, dann wird der Bereich für das Sortieren in einen eigenen Speicherbereich verlagert, so daß der Oracle-Datenbankverwalter mehr Kontrolle über die Speicherzuweisungen hat.

Auf den gemeinsamen Pool wird später im Abschnitt *Die Optimierung von shared_pool_size* noch eingegangen werden.

PGA

Die SGA ist nicht die einzige Speicherstruktur, die von Oracle verwendet wird. Jede Anwendung, die auf Oracle zugreift, erhält einen *globa-*

len Programmbereich (PGA = Program Global Area). Die PGA enthält eigene SQL-Bereiche, die von den einzelnen Anwendungen zur Speicherung anwendungsspezifischer Datenbankinformationen verwendet werden. Ein anwendungsspezifischer SQL-Bereich kann z.B. die aktuellen Cursor-Werte und andere programmabhängige Informationen speichern.

Metadaten – Die V$-Strukturen

V$*-Tabellen sind interne Speicherstrukturen, die beim Start einer Oracle-Instanz aufgebaut werden. Auch wenn sie wie Tabellen erscheinen, sind sie in Wirklichkeit interne Speicherstrukturen, die mit der Programmiersprache C implementiert werden. Daher existieren *V$-Tabellen nur während der Ausführung einer Instanz und werden bei deren Beendigung zerstört. Oracle verwendet *V$*-Tabellen, um Informationen zum allgemeinen Zustand der Datenbank zu sammeln, wobei die Informationen der *V$*-Tabellen einen weitreichenden Einblick in die internen Operationen einer Oracle-Datenbank gewähren. Es existieren zwar Dutzende dieser *V$*-Tabellen, aber nur wenige können für die Leistungssteigerung und Optimierung von Oracle verwendet werden. Unser Ziel ist nicht, alle *V$*-Tabellen umfassend aufzuführen, wir beschränken uns hier lediglich auf die wichtigsten.

V$-Tabellen sind nur von begrenzter Bedeutung für die Messung zeitabhängiger Informationen, weil sie nur Informationen vom Beginn der Oracle-Instanz an bis zum aktuellen Augenblick sammeln. Daher sind Messungen, wie beispielsweise der Trefferquote innerhalb der Pufferbereiche, normalisiert, da nur der Durchschnittswert für die aktuelle Laufzeit der Instanz erfaßt wird. Nachdem wir uns mit dem Zweck der *V$*-Strukturen befaßt haben, wollen wir nun andere Aspekte innerhalb des Oracle-Speichers genauer betrachten.

Der Speicherbereich von Oracle

Der SGA-Speicher wird gewöhnlich als Oracle-Bereich bezeichnet. Die Art und Weise, in der der Oracle-Speicher verwaltet wird, kann einen großen Einfluß auf die Leistungsfähigkeit haben, wobei jede SGA entsprechend der Bedürfnisse der Anwendung eingerichtet werden kann. Es muß jedoch beachtet werden, daß die SGA auf dynamische Kräfte stößt und daß eine Transaktion zu Problemen beim Zugriff einer anderen Anwendung auf Oracle führen kann. Es können Hunderte von Transaktionen, die jeweils unterschiedliche Daten anfordern, parallel bedient werden. Die richtige Speichereinstellung für die Aktivitäten zu einem bestimmten Zeitpunkt muß nicht unbedingt mit der für andere Aktivitäten übereinstimmen, die zur gleichen Zeit stattfinden. Aufgrund des dynamischen Charakters der Oracle-Datenbank sind nur allgemeine Konfigurationen möglich.

Aufgrund der hochgradigen Ausgefeiltheit von Oracle funktioniert diese allgemeine Herangehensweise sehr gut. Die zahlreichen einstellbaren Parameter und Eigenschaften für den Speicher können u.a. für folgende Zwecke verwendet werden:

- Zur Festlegung der SGA-Größe

- Zur Optimierung der PGA

- Zur Optimierung des Sortierens unter Oracle

- Zur Optimierung des Datenpuffers

- Zur Optimierung der Größe des gemeinsamen und des Large Pools

- Zur Feineinstellung des Cache-Speichers

- Zur Simulation zusammengefaßter Datenbankzeilen

- Für die Stapelverarbeitung der Oracle-Instanzen

Jeder dieser Punkte wird in den folgenden Abschnitten behandelt. Die erste Aufgabe eines Oracle-Datenbankverwalters besteht darin, eine angemessene Größe der Oracle-Instanz festzulegen. Während nur *db_block_size*, *log_buffer*, *large_pool_size* und *shared_pool_size* einen Einfluß auf die Größe der SGA haben, gibt es daneben Dutzende anderer Oracle-Parameter, die einen Einfluß auf die Leistungsfähigkeit der Oracle-Instanz haben.

Die Einstellung der SGA-Größe

In der Datei *init<SID>.ora* kann nicht nur die Gesamtgröße der SGA festgelegt werden, sondern auch, welche Oracle-Komponente eine bestimmte Speichergröße erhält. Oracle8 verfügt über 184 Initialisierungsparameter.

Um festzustellen, auf welche Größe die SGA eingestellt ist, können Sie den Befehl *show sga* unter SQL*DBA ausführen. Die Ausgabe des *show sga*-Befehls sieht wie folgt aus:

```
SQLDBA> show sga

Total System Global Area      8252756 bytes
Fixed Size                      48260 bytes
Variable Size                 6533328 bytes
Database Buffers              1638400 bytes
Redo Buffers                    32768 bytes
```

Wenngleich es auch andere wichtige Parameter gibt, die die Leistungsfähigkeit beeinflussen, sind glücklicherweise nur die folgenden fünf Parameter von besonderer Bedeutung für die allgemeine Leistungsfähigkeit von Oracle:

- *db_block_buffers* - Dieser Parameter legt die Anzahl der Datenbankblockpuffer in der SGA fest und ist der wichtigste Parameter für den Oracle-Speicher.

- *db_block_size* - Die Größe der Datenbankblöcke kann die Leistungsfähigkeit enorm verbessern. Die Standardgröße liegt für viele Systeme bei 2.048 Byte. Bei der Suche in umfangreichen Datenbanktabellen kann jedoch durch Erhöhung von *db_block_size* die Leistungsfähigkeit enorm gesteigert werden.

- *log_buffer* - Dieser Parameter legt die Größe des Speichers fest, der den *Redo*-Protokollpuffern von Oracle zugewiesen wird. Werden viele Aktualisierungen durchgeführt, sollte mit *log_buffer* mehr Speicher zugewiesen werden.

- *shared_pool_size* - Dieser Parameter legt die Größe des von allen Benutzern des Systems gemeinsam genutzten Pools fest, einschließlich der SQL-Bereiche und des Data Dictionary-Caches.

- *large_pool_size* - Dieser Parameter legt einen Speicher-Pool fest, der ausschließlich für das Sortieren unter Oracle verwendet wird. Er ist nur gültig, wenn der Multithread-Server definiert wurde und hat großen Einfluß auf die Verwendung des gemeinsam genutzten Speichers, da der Sortierbereich vom SQL-Speicherbereich und Data Dictionary-Cache getrennt wird.

Weitere Informationen zur Optimierung über die Parameter in der Datei init<SID>.ora *finden Sie im* Kapitel 7: Oracle DBA – Leistung und Tuning.

Nachdem wir uns mit den Initialisierungsparametern von Oracle befaßt haben, wenden wir uns nun der Zusammenarbeit zwischen der PGA und der Oracle-Instanz sowie den Möglichkeiten zur Optimierung der PGA zu.

Die Optimierung der PGA

Wie bereits erwähnt wurde, ist die SGA nicht der einzige Speicherbereich, der den Programmen zur Verfügung steht. Die PGA ist ein privater Speicherbereich, der externen Tasks zugewiesen wird. In der PGA werden anwendungsspezifische Informationen gespeichert, wie zum Beispiel die Cursor-Werte. Außerdem wird Speicher für interne Sortierungen der Ergebnisse von SQL-Abfragen zugeordnet. Die folgenden zwei Parameter in der Datei *init<SID>.ora* beeinflussen diese Größe der PGA:

- *open_links* - Dieser Parameter legt die maximale Anzahl konkurrierender entfernter Sitzungen fest, die ein Prozeß initiieren kann. Der Standardwert ist 4, was bedeutet, daß eine einzelne SQL-Anweisung sich auf maximal vier entfernte Datenbanken beziehen kann.

- *sort_area_size* - Hiermit wird die maximale Größe des PGA-Speichers festgelegt, der für Sortierungen verwendet werden kann. Bei sehr umfangreichen Sortiervorgängen sortiert Oracle die Daten in seinem temporären Tablespace, wobei der mit *sort_area_size* festgelegte Speicherbereich für die Durchführung der Sortierung verwendet wird. Beim Einsatz eines Multithread-Servers wird der Sortierbereich aus einem anderen Pool genommen, der mit dem Parameter *large_pool_size* festgelegt wird.

Zusätzlich zur SGA und PGA muß Oracle Ressourcen für das zwischenzeitliche Sortieren und für Ergebnisse der Oracle-Abfragen bereitstellen. SQL-Operationen wie beispielsweise *JOIN-*, *ORDER BY-* und *GROUP BY*-Klauseln können Oracle zum Sortieren veranlassen, wofür dann Speicherplatz zur Verfügung gestellt werden muß.

Optimierung des Sortierens unter Oracle

Das Sortieren macht zwar nur einen geringen Teil des gesamten Umfangs der SQL-Syntax aus, es ist jedoch ein wichtiger Bestandteil, der bei der Optimierung von Oracle häufig übersehen wird. Im allgemeinen führt eine Oracle-Datenbank Sortieroperationen für mit *CREATE INDEX* oder mit den SQL-Anweisungen *ORDER BY* oder *GROUP BY* abgefragte Datenzeilen automatisch durch. Unter Oracle kommt es unter folgenden Bedingungen zu Sortiervorgängen:

- Bei Verwendung der SQL-Klausel *ORDER BY*

- Bei Verwendung der SQL-Klausel *GROUP BY*

- Beim Erzeugen eines Indexes

- Wenn der SQL-Optimizer ein *MERGE SORT* erforderlich macht, weil es keine passenden Indizes für die Verbindung von Tabellen gibt

Bei der Eröffnung einer Oracle-Sitzung wird ein privater Sortierbereich im Arbeitsspeicher zugewiesen, den diese Sitzung für das Sortieren verwendet. Leider ist die Speichergröße für alle Sitzungen gleich, so daß einem Task, die besonders umfangreiche Sortierungen erfordert, keine zusätzlichen Sortierbereiche zugewiesen werden können. Der Entwickler

muß daher ein ausgewogenes Verhältnis finden, bei dem genug Sortierbereich zugewiesen wird, so daß eine Sortierung auf der Festplatte für
die sortierintensiven Tasks vermieden werden kann. Gleichzeitig muß
berücksichtigt werden, daß der zusätzliche Sortierbereich immer zugewiesen wird, gleichgültig, ob die Tasks ihn für Sortierungen benötigen
oder nicht.

Die Größe des privaten Sortierbereichs wird mit dem Parameter
sort_area_size und die für jeden einzelnen Sortiervorgang mit dem Parameter *sort_area_retained_size* in der Datei *init<SID>.ora* festgelegt.
Kann ein Sortiervorgang nicht in dem zugewiesenen Speicherplatz
durchgeführt werden, wird eine Sortierung auf der Festplatte mittels des
temporären Tablespaces der Oracle-Instanz durchgeführt. Als allgemeine Regel gilt, daß nur für die Erzeugung von Indizes und bei *ORDER
BY*-Klauseln, welche Funktionen verwenden, ein Sortiervorgang über
die Festplatte durchgeführt werden sollte.

Sortiervorgänge über die Festplatte sind aus mehreren Gründen aufwendig. Zum einen beanspruchen sie Ressourcen des temporären Tablespaces. Oracle muß zusätzlich Puffer-Pool-Blöcke zuweisen, damit die
Blöcke im temporären Tablespace abgelegt werden können. Sortiervorgänge im Arbeitsspeicher selbst sind immer denen über die Festplatte
vorzuziehen, da letztere den einzelnen Task verlangsamen und auch parallele Tasks der Oracle-Instanz beeinflussen. Außerdem können umfangreiche Sortiervorgänge auf der Festplatte zu hohen Werten bei den
Pufferwartezeiten führen, da die Datenblöcke anderer Tasks aus dem
Puffer ausgelagert werden. Die Anzahl der Sortiervorgänge auf der Platte und im Speicher können Sie mit der folgenden Abfrage der
V$SYSSTAT-Tabelle ermitteln:

```
sorts.sql - displays in-memory and disk sorts
SPOOL /tmp/sorts
COLUMN VALUE FORMAT 999,999,999
SELECT NAME, VALUE FROM V$SYSSTAT
  WHERE NAME LIKE 'sort%';
SPOOL OFF;
```
Folgende Ausgabe erscheint:
```
SQL> @sorts
```

NAME	VALUE
sorts (memory)	7,019
sorts (disk)	49
sorts (rows)	3,288,608

Sie können feststellen, daß es 49 Sortierungen auf der Festplatte gegeben hat. Bei einer Gesamtzahl von 3,2 Millionen liegt dieser Wert bei
unter 1% und ist ein wahrscheinlich akzeptabler Wert.

Der Wert *sorts (rows)* gibt die Gesamtzahl der Zeilen aller Sortiervorgänge an. Er kann mit der Anzahl der Sortiervorgänge auf der Fest-

platte verglichen werden, um so den prozentualen Anteil an den gesamten Sortiervorgängen ermitteln zu können, die zu umfangreich waren, um im Speicher durchgeführt zu werden.

Tips zur Vermeidung von Sortiervorgängen auf der Festplatte finden Sie in Kapitel 5: Oracle SQL-Optimierung, *in dem bestimmte Techniken vorgestellt werden, die für Sortiervorgänge im Speicher sorgen.*

Mit der Version 7.2 von Oracle wurden der Datei *init<SID>.ora* zahlreiche neue Parameter hinzugefügt, die der Zuweisung eines neuen Sortierbereichs innerhalb des Arbeitsspeichers dienen. Hierzu gehören *sort_write_buffer_size, sort_write_buffers* und *sort_direct_writes*. Der Parameter *sort_write_buffer_size* legt die Größe des Sortierbereichs im Arbeitsspeicher und *sort_write_buffers* die Anzahl der Pufferblöcke fest. Zusätzlich muß der Parameter *sort_direct_writes* den Wert *TRUE* erhalten, damit Sortiervorgänge auf der Festplatte durchgeführt werden können. Durch das Setzen dieses Parameters ist bei Sortiervorgängen im temporären Tablespace die Nutzung eines direkten Schreibpufferbereichs möglich. Durch das Schreiben der Sortierung in diesen Puffer wird vermieden, daß beim Sortiervorgang freie Blöcke im Puffer-Cache vorhanden sein müssen, wodurch die Sortiergeschwindigkeit um bis zu 50% erhöht werden kann. Dadurch wird natürlich auch zusätzlicher SGA-Speicher notwendig. Diese Tendenz zur Einteilung des Puffers in individuelle Bestandteile kann die Antwortzeiten von Oracle drastisch verbessern. Das Produkt von *sort_write_buffers* und *sort_write_buffer_size* sollte nicht mehr als ein Zehntel der mit *sort_area_size* zugewiesenen Größe betragen.

Es sei hier noch einmal darauf hingewiesen, daß der einzig wichtige Faktor für die Leistungsfähigkeit einer Oracle-Datenbank die Verminderung der Ein- und Ausgabeoperationen ist. Daher bleibt die Optimierung der Datenpuffer für Oracle einer der wichtigsten Faktoren bei der Optimierung jeder Oracle-Datenbank. Als nächstes wenden wir uns den einzelnen Optimierungsmaßnahmen zu.

Die Optimierung des Datenpuffers

Wenn Oracle die Aufforderung erhält, Daten zu suchen, werden zuerst die internen Speicherstrukturen überprüft, um festzustellen, ob sich die Daten bereits im Puffer befinden. Auf diese Weise vermeidet Oracle unnötige Ein- und Ausgaben. Ideal wäre es, wenn für jede Seite der Datenbank ein Puffer erzeugt werden könnte, wodurch gewährleistet wäre, daß Oracle jeden Block nur einmal liest. Die dadurch entstehenden Kosten für Speicherbausteine verbieten dies jedoch in der Regel. Bisher gibt es nur sehr wenige, solcher „In-Memory"-Datenbanken für hohe Anforderungen.

Im Normalfall können Sie nur eine geringe Anzahl Pufferspeicherblöcke zuweisen, die dann von Oracle verwaltet werden. Oracle verwendet einen LRU (Least Recently Used)-Algorithmus für die letztmalige Nutzung der Datenbankseiten, um festzustellen, welche aus dem Speicher entfernt werden. Eine andere Speichereigenschaft betrifft den Umgang mit der Größe der Datenblöcke. In den meisten Unix-Umgebungen ist die Größe der Datenblöcke auf 2 KByte (nicht zu Verwechseln mit den Oracle-Datenblöcken) beschränkt. Anders als bei den Vorgängern, den Großrechnern, welche Blockgrößen von bis zu 16.000 Byte zuließen, sind große Datenblöcke unter Unix aufgrund der Art und Weise, in der die Ein- und Ausgabe der Seiten gehandhabt wird, nicht immer wünschenswert. Wie Sie sich erinnern werden, ist die Ein- und Ausgabe der entscheidendste Faktor für die Verlangsamung eines Client/Server-Systems, und je mehr Daten mit einem einzigen Ein- oder Ausgabezugriff erfaßt werden können, umso höher ist die Verarbeitungsgeschwindigkeit. Der Aufwand, um einen Datenblock von 2 KByte Größe zu lesen, ist nur unwesentlich höher als der Aufwand für einen Datenblock von 8 KByte. Andererseits nützt es wenig, wenn für eine kleine Zeile einer einzigen Tabelle ein 8 KByte großer Block gelesen wird. Werden die Tabellen in der Regel jedoch von vorne bis hinten gelesen oder es wird entsprechender Gebrauch von Oracle-Clustern gemacht (*siehe Kapitel 3: Physisches Design zur Leistungssteigerung*), dann können durch einen Wechsel zu höherer Blockgröße dramatische Leistungssteigerungen erzielt werden.

Für stapelorientierte Berichtsdatenbanken sind hohe Blockgrößen immer angeraten. Viele Datenbanken werden allerdings tagsüber nur für die Online-Transaktionsverarbeitung eingesetzt, während die Berichtsstapel nachts abgearbeitet werden. Im allgemeinen entsprechen Datenblöcke von 8 KByte den Bedürfnissen der meisten Systeme.

Glücklicherweise gestattet Oracle auch große Blöcke, wobei die physische Blockgröße einer Datei über den Parameter *db_block_size* gesteuert wird. Anders als andere relationale Datenbanken weist Oracle Ihre Daten bei Ausführung der Anweisung *CREATE TABLESPACE* zu. Das Schlimmste, was einem Cache-Puffer passieren kann, ist das vollständige Lesen einer großen Tabelle.

Zur Optimierung der Leistungsfähigkeit bietet Oracle zahlreiche Erweiterungen zu den Hauptparametern. Einer der wichtigsten Zusammenhänge besteht zwischen den Parametern *db_block_size* und *db_file_multiblock_read_count*.

Die Verwendung des Parameters db_block_size im Zusammenhang mit dem Parameter db_file_multiblock_read_count

Wie in *Kapitel 7: Oracle DBA – Leistung und Tuning* noch näher ausgeführt wird, kann der Parameter *db_block_size* eine dramatische Auswirkung auf die Leistungsfähigkeit eines Systems haben. Allgemein gilt, daß der Wert von *db_block_size* nie geringer als 8 KByte sein sollte, gleichgültig um welche Art von Anwendung es sich handelt. Selbst Systeme für die Online-Verarbeitung von Transaktionen profitieren von der Verwendung 8 KByte großer Blöcke. Werden häufig komplette Tabellen gelesen, sind sogar noch größer Blöcke sinnvoll. Oracle kann in Abhängigkeit vom Betriebssystem Blöcke bis zu einer Größe von 16 KByte unterstützen, was in Situationen nützlich ist, in denen die vollständigen Tabellen gelesen werden.

Außerdem sollten Sie die Beziehung zwischen den Parametern *db_block_size* und *db_file_multiblock_read_count* beachten. Auf physischer Ebene liest Oracle unter Unix immer Blöcke mit einem Mindestumfang von 64 KByte. Die Werte der Parameter *db_file_multiblock_read_count* und *db_block_size* sollten daher immer so zugewiesen werden, daß das Produkt beider 64 KByte beträgt. Zum Beispiel:

```
8K blocks db_block_size=8192 db_file_multiblock_read_count=8
16K blocks db_block_size=16384
db_file_multiblock_read_count=4
```

Beachten Sie, daß die Blockgröße für Oracle nicht unveränderbar ist. Unter Umständen sollte eine kleine Oracle-Datenbank komprimiert werden (Export/Import), um die Fragmentierung zu reduzieren. In diesem Zusammenhang ist es sehr einfach, den Wert von *db_block_size* zu verändern. Sehr große Datenbanken können selbstverständlich nicht einfach über einen Export wiederhergestellt werden, da dies unter Umständen Tage beanspruchen kann. Daher ist die Voreinstellung des Parameters *db_block_size* für sehr große Oracle-Datenbanken äußerst wichtig.

Beachten Sie auch, daß beim Erhöhen des Wertes von *db_block_size* die SGA größer wird. Die Werte von *db_block_size* werden mit den Werten von *db_block_buffers* multipliziert, um so den gesamten Speicherbedarf für die E/A-Puffer von Oracle zu ermitteln.

Um eine sinnvolle Entscheidung für die optimale Größe Ihres Daten-Caches treffen zu können, bietet Oracle ein Hilfsprogramm zur Abschätzung des Nutzens zusätzlicher Puffer. Bedenken Sie, daß zusätzlicher Pufferspeicher den vorhandenen Speicher-Pool reduziert, den Ihr Rechner für andere Anwendungen zur Verfügung hat. Dies sollte bei einer Entscheidung immer mit in Betracht gezogen werden.

Den Nutzen zusätzlicher Blockpuffer einschätzen

Werden Datenbankblöcke von der Festplatte in die Datenbank eingelesen, dann werden sie im Hauptspeicher in einem Puffer gespeichert. Der Block bleibt solange in dem Puffer, bis er von einer anderen Datenbankabfrage überschrieben wird. Vor dem Lesen überprüft die Datenbank

zuerst, ob sich die Daten bereits im Puffer befinden, ehe der Aufwand
für eine E/A-Operation mit der Festplatte betrieben wird *(siehe Abbildung 4.3)*.

Die Größe des Puffers wird vom Datenbankverwalter festgelegt, wobei bei einigen Datenbanken eigene Puffer für verschiedene Tabellen erzeugt werden können. Zur Optimierung der Puffernutzung wird eine Überprüfung der *Puffertrefferquote* durchgeführt. Die Trefferquote drückt das Verhältnis zwischen logischem Lesen und physischen Plattenzugriffen aus. Ein logisches Lesen ist die Anforderung eines Datensatzes durch eine Anwendung, ein physisches Lesen ist dagegen der reale E/A-Zugriff auf die Datenbank. Es besteht nicht immer eine 1:1-Beziehung zwischen logischem und physischem Lesen, da es möglich ist, daß einige Datensätze zuvor bereits angefordert wurden und sich daher noch im Puffer befinden. Die Trefferquote zeigt mit anderen Worten die Wahrscheinlichkeit an, nach der sich der gewünschte Datensatz im Pufferspeicher befindet. Die Puffertrefferquote wird mit der folgenden Gleichung ermittelt:

Trefferquote = logische Lesezugriffe - physikalische Lesezugriffe / logische Lesezugriffe

(Hit Ratio = Logical Reads - Physical Reads / Logical Reads)

Die *Listings 4.1 und 4.2* sind Skripte zur Berechnung der Trefferquote.

Listing 4.1: Erste Methode zur Berechnung der Puffertrefferquote	buffer1.sql - displays the buffer hit ratio

```
PROMPT ********************************************************
PROMPT  HIT RATIO SECTION
PROMPT ********************************************************
PROMPT
PROMPT         ==========================
PROMPT         BUFFER HIT RATIO
PROMPT         ==========================
PROMPT (should be > 70, else increase db_block_buffers in init.ora)

SELECT trunc((1-(sum(decode(name,'physical reads',value,0)))/
               (sum(decode(name,'db block gets',value,0)))+
               (sum(decode(name,'consistent gets',value,0)))))
            )* 100) "Buffer Hit Ratio"
FROM V$SYSSTAT;
```

Listing 4.2: Zweite Methode zur Berechnung der Puffertrefferquote	buffer2.sql - displays the buffer hit ratio

```
PROMPT ********************************************************
PROMPT  HIT RATIO SECTION
PROMPT ********************************************************
PROMPT
PROMPT         ==========================
PROMPT         BUFFER HIT RATIO
```

```
PROMPT              =========================
PROMPT (should be > 70, else increase db_block_buffers in init.ora)

COLUMN „logical_reads" FORMAT 99,999,999,999
COLUMN „phys_reads"    FORMAT 999,999,999
COLUMN „phy_writes"    FORMAT 999,999,999
SELECT A.value + B.value  „logical_reads",
       C.value            „phys_reads",
       D.value            „phy_writes",
       round(100 * ((A.value+B.value)-C.value) / (A.value+B.value))
          „BUFFER HIT RATIO"
FROM V$SYSSTAT A, V$SYSSTAT B, V$SYSSTAT C, V$SYSSTAT D
WHERE
   A.statistic# = 37
AND
   B.statistic# = 38
AND
   C.statistic# = 39
AND
   D.statistic# = 40;
```

Abb. 4.3:
Die Datenpuffer-
operationen unter
Oracle

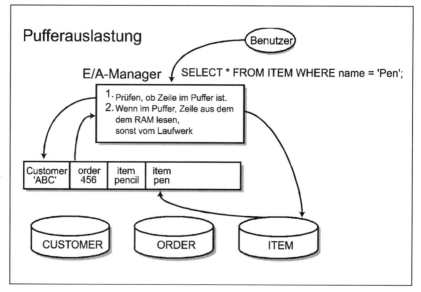

Listing 4.3 zeigt die Ausgabe der zweiten Methode.

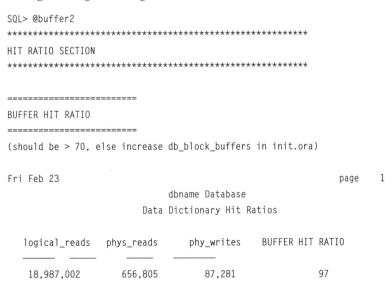

Listing 4.3:
Die Ausgabe der
zweiten Methode

```
SQL> @buffer2
****************************************************************
HIT RATIO SECTION
****************************************************************


=========================
BUFFER HIT RATIO
=========================

(should be > 70, else increase db_block_buffers in init.ora)

Fri Feb 23                                              page    1
                        dbname Database
                    Data Dictionary Hit Ratios


   logical_reads    phys_reads       phy_writes    BUFFER HIT RATIO
   _____   _____     _____   _____

   18,987,002       656,805          87,281               97

1 row selected.
```

Beachten Sie, daß die aus den *V$*-Tabellen entnommene Puffertreffer-
quote den Gesamtwert aller Treffer des Systems seit dem Start der
Oracle-Instanz angibt. Da die *V$*-Tabellen die Informationen auf Dauer
speichern, ist es möglich, daß Ihre aktuelle Trefferquote weit schlechter
ist, als die in *Listing 4.3* gezeigten 97%. Um eine Messung der Puffertrefferquote für einen bestimmten Zeitraum zu erhalten, müssen Sie das
Oracle-Hilfsprogramm *bstat-estat* verwenden, so wie es im *Kapitel 9:
Performance und Tuning von Verbindungswerkzeugen für Oracle-Datenbanken* beschrieben wird. Während manche Großrechnerdatenbank individuelle Puffer für jede Datensatzart zuläßt, bieten Datenbanken der
mittleren Datentechnik, wie zum Beispiel Oracle, nur einen Puffer für
die Ein- und Ausgabeoperationen der gesamten Datenbank. Die Ursa-
chen für die Puffertrefferquote liegen im allgemeinen bei der Anwendung und der Größe des Pufferspeichers. So wird beispielsweise eine
Anwendung mit einer großen Kundentabelle nicht von einem größeren
Puffer profitieren, weil die E/A-Operationen sich über die Tabellen breit
verteilen. Bei kleineren Anwendungen hingegen führt ein vergrößerter
Puffer häufig zu Leistungssteigerungen, da die Wahrscheinlichkeit größer ist, daß sich die angeforderten Daten im Puffer befinden. So verwenden zum Beispiel alle Anwendungen im allgemeinen die oberen Knoten
eines Index, damit sich die Antwortzeiten verbessern, wenn sie die gesamte Zeit über im Puffer bleiben. Oracle läßt beim Erstellen kleiner Tabellen zu, daß für diese festgelegt wird, daß sie gepuffert werden.
  Datenbanken, die eine Unterteilung des Puffer-Pools zulassen (wie
zum Beispiel CA-IDMS), können so konfiguriert werden, daß sie kleine

Indizes die gesamte Zeit über im Puffer behalten. Hierfür wird einem Index ein gesonderter Bereich und diesem mit der Device Media Control Language (DCML) ein getrennter Puffer zugewiesen. Oracle verfügt über den Initialisierungswert *_small_table_threshold*, mit dem die Größe für zu puffernde Tabellen (oder Indizes) angegeben werden kann. Normalerweise liegt der Wert bei 10% des gesamten SGA-Bereichs.

Ist die Trefferquote niedriger als 70% (was bedeutet, daß zwei Drittel der Abfragen eine physikalische Festplattenein- oder -ausgabeoperation erfordern), sollte die Anzahl der Blöcke des Puffers erhöht werden. Oracle verfügt über einen einzigen Puffer-Pool, der über den Parameter *db_block_buffers* in der Datei *init<SID>.ora* während der Initialisierung gesteuert wird.

Um statistische Auswertungen vornehmen zu können, müssen in der Datei *init<SID>.ora die folgenden Parameter gesetzt und die Datenbank „gebounced" werden*:

```
db_block_lru_statistics = true
db_block_lru_extended_statistics = #buffers
```

#buffers gibt die Anzahl der hinzuzufügenden Puffer an. Bedenken Sie hierbei, daß die SGA in ihrer Größe um diese Anzahl vergrößert wird, so daß sie bei einem Wert vom 10.000 um 80 MByte anwachsen würde (bei einer Blockgröße von 8 KByte). Vergewissern Sie sich, daß Ihr Rechner über genügend Arbeitsspeicher verfügt, bevor Sie dies ausprobieren. Beachten Sie außerdem, daß die Leistungsfähigkeit während der Erfassung der statistischen Werte herabgesetzt wird. Es ist sinnvoll, für diese Tests einen passenden Zeitpunkt auszuwählen.

Oracle verwendet zwei Systemtabellen: *SYS.X$KCBRBH* (zur Aufzeichnung der Puffertreffer) und *SYS.X$KCBCBH* (zur Aufzeichnung der Pufferfehlschläge). Beachten Sie, daß es sich hierbei um temporäre Tabellen handelt, die vor dem Beenden von Oracle abgefragt werden müssen. Für die Tabelle *SYS.X$KCBRBH* kann eine SQL-Abfrage formuliert werden, die ein Diagramm erstellt, welches die Größe des Puffer-Pools und der erwarteten Puffertreffer anzeigt *(siehe Listing 4.4)*.

Listing 4.4:
Ein Diagramm für
die Größe des Puf-
fer-Pools erstellen

```
REM morebuff.sql - predicts benefit from added blocks to the buffer

SET LINESIZE 100;
SET PAGES 999;

COLUMN "Additional Cache Hits" FORMAT 999,999,999;
COLUMN "Interval"              FORMAT a20;
 SELECT 250*trunc(indx/250)+1
             ||' to '||250*(trunc(indx/250)+1) "Interval",
             sum(count) "Additional Cache Hits"
FROM SYS.X$KCBRBH
GROUP BY trunc(indx/250);
```

Mit dem SQL-Code im *Listing 4.4* kann ausgegeben werden, wie viele zusätzliche Pufferblöcke dem Cache hinzugefügt werden können und welche Steigerung für die Puffertreffer zu erwarten ist. Das *Listing 4.5* zeigt die Ergebnisse, die angezeigt werden, wenn das *Listing 4.4* ausgeführt wird:

Listing 4.5:
Die Ergebnisse des ausgeführten Codes von Listing 4.4

```
SQL> @morebuff

Interval                    Additional Cache Hits
────                        ──────────

1 to 250                             60
251 to 500                           46
501 to 750                           52
751 to 1000                         162
1001 to 1250                        191
1251 to 1500                        232
1501 to 1750                        120
1751 to 2000                         95
2001 to 2250                         51
2251 to 2500                         37
2501 to 2750                         42
```

Im *Listing 4.5* können Sie als Spitzenwert für die Puffertreffer beim Hinzufügen von 1.500 Pufferblöcken den Wert 232 erkennen. Außerdem können Sie die zunehmende Abnahme der Treffer beim Hinzufügen weiterer Puffer erkennen. Dies ist für Datenbanken mit Online-Transaktionsverarbeitung sehr typisch, wenn die Mehrheit der Endbenutzer häufig allgemeine Informationen abfragt.

Das folgende Beispiel stammt von einer Datenbank, die vorrangig Berichte liefert, welche ein Durchsuchen kompletter Tabellen erfordern:

```
SQL> @morebuff

Interval                    Additional Cache Hits
────                        ──────────

1 to 250                             60
251 to 500                           46
501 to 750                           52
751 to 1000                          62
1001 to 1250                         51
1251 to 1500                         24
1501 to 1750                         28
1751 to 2000                         35
2001 to 2250                         31
2251 to 2500                         37
2501 to 2750                         42
```

Hier können Sie keine Spitzenwerte oder Tendenzen beim Hinzufügen zusätzlicher Puffer erkennen. Dies ist für Datenbanken sehr typisch, die umfangreiche Tabellen von Anfang bis zum Ende durchsuchen. Beim Durchsuchen einer Tabelle, die größer als der Puffer ist, ist es möglich, daß die ersten Tabellenblöcke ausgelagert werden, wenn die letzten Zeilen der Tabelle gelesen werden. Daher kann es keine „optimale" Einstellung für die Parameter *db_block_buffers* geben.

Allgemein gilt, daß der gesamte verfügbare Speicher des Rechners optimiert werden sollte, wobei Oracle mit *db_block_buffers* so viele Blöcke zugewiesen werden sollten, bis eine Abnahme der Rückgabewerte zu erwarten ist. Es gibt einen Punkt, von dem an keine nennenswerte Erhöhung der Puffertrefferquote mehr zu erwarten ist, den der Verwalter der Oracle-Datenbank mit diesem Hilfsprogrammen ermitteln kann, damit er die optimale Anzahl der Puffer festlegen kann.

Die allgemeine Regel lautet einfach: Solange Sie freien Speicher zur Verfügung haben und durch Hinzufügen von Puffern eine Trefferzunahme erreicht werden kann, sollten Sie den Wert von *db_block_buffers* erhöhen. Eine Erhöhung der Pufferblöcke erhöht den Bedarf der Datenbank an RAM-Speicher, wobei es nicht immer möglich ist, den gesamten Arbeitsspeicher eines Prozessors für ein Datenbanksystem zu reservieren. Der Datenbankverwalter muß daher die Menge des verfügbaren Speichers im Auge behalten und eine optimale Anzahl Pufferblöcke festlegen.

Wenn Sie in einem Unix-System zuviel SGA-Speicher zuweisen, beispielsweise bei der Oracle-Benutzerzuweisung, beginnt der Unix-Kernel damit, Teile des aktiven Speichers auszulagern (swapping), *um die neuen Benutzer zufriedenzustellen, wodurch große Probleme hinsichtlich der Leistungsfähigkeit entstehen können.*

Heutzutage steht vielen Datenbanken ein kompletter Rechner zur Verfügung. Ist dies der Fall, dann können Sie die Menge des verfügbaren Speichers vorhersehen und sie der SGA zuweisen. Angenommen, Sie verfügen über einen Rechner mit 350 MByte freiem Speicher, wovon der Unix-Kernel 50 MByte beansprucht, so daß 300 MByte für Ihre Oracle-Datenbank übrigbleiben. Jedem Benutzer wird beim Zugriff auf die Anwendung PGA-Bereich zugewiesen, dessen Höchstwert mit dem Parameter *sort_area_size* in der Datei *init<SID>.ora* festgelegt wird. Bei einem Wert von 20 MByte für *sort_area_size* und 10 Online-Benutzern müssen Sie 200 MByte für die Benutzersitzungen veranschlagen, so daß für die SGA von Oracle 100 MByte übrig bleiben.

Sie werden in vielen Fällen auf Situationen stoßen, in denen der SGA-Speicher verringert werden kann, ohne daß dadurch ernstere Leistungsnachteile entstehen. Für diese Zwecke unterhält Oracle die Tabelle *X$KCBCBH*, die Sie abfragen können, um die Anzahl der nicht erzielten Puffertreffer zu ermitteln, wenn die SGA verringert wird *(siehe Listing 4.6).*

Listing 4.6:
Abfrage der
X$KCBCBH-
Tabelle

```
REM lessbuff.sql - predicts losses from subtracting db_block_buffer
REM values

SET LINESIZE 100;
SET PAGES 999;

COLUMN "Additional Cache Misses" FORMAT 999,999,999;
COLUMN "Interval"                FORMAT a20;

SELECT 250*trunc(indx/250)+1
       ||' To '||250*(trunc(indx/250)+1) "Interval",
       sum(count) "Additional Cache Misses"
FROM X$KCBCBH
WHERE indx > 0
GROUP BY trunc(indx/250);
```

Das *Listing 4.7* zeigt ein mögliches Beispiel für die Ausgabe einer Abfrage der Tabelle *X$KCBCBH*:

Listing 4.7:
Beispiel für die
Ausgabe einer
Abfrage der
X$KCBCBH-
Tabelle

```
SQL>@lessbuff


Interval                 Additional Cache Misses
--------                 -----------------------
1 To 250                             3,895,959
251 To 500                              35,317
501 To 750                              19,254
751 To 1000                             12,159
1001 To 1250                             9,853
1251 To 1500                             8,624
1501 To 1750                             7,035
1751 To 2000                             6,857
2001 To 2250                             6,308
2251 To 2500                             5,625
2501 To 2750                             5,516
2751 To 3000                             5,343
3001 To 3250                             5,230
3251 To 3500                             5,394
3501 To 3750                             4,965
```

Wie Sie sehen können, besitzt diese Datenbank einige gemeinsame Informationen mit beinahe 4 Millionen Puffertreffern innerhalb der ersten 250 Pufferblöcke. Nach diesen 250 Blöcken können Sie als Trend eine langsame Abnahme erkennen, woraus ersichtlich ist, daß diese Anwendung einige Tabellen vollständig durchsucht oder es nicht viele gemeinsam genutzte Informationen gibt.

Bei feiner strukturierten Datenbanken können Sie nicht nur die Anzahl der Pufferblöcke, sondern auch die Größe der einzelnen Puffer festlegen. Bei einem IBM-Großrechner kann es beispielsweise erstrebenswert sein, die Pufferblöcke sehr groß anzulegen, so daß Probleme bei der E/A vermieden werden können. Die E/A von 32.000 Byte erfordert nicht wesentlich mehr Aufwand als die E/A von 12.000 Byte. Ein Datenbankentwickler kann sich dazu entschließen, die Pufferblöcke groß anzulegen, um die E/A zu verringern, wenn die Anwendung die Datensätze einer Datenbankseite in Clustern zusammenfaßt. Umfaßt ein Kundendatensatz nur 100 Byte, ist nichts damit gewonnen, wenn für die benötigten 100 Byte 32.000 eingelesen werden. Bilden Sie jedoch einen Cluster, in dem die Bestellungen physisch nah bei den Kunden angeordnet sind (d.h. auf der gleichen Datenbankseite), und wechselt die E/A vom Kunden zur Bestellung, dann benötigen Sie keine weitere E/A, um die Bestellungen eines Kunden zu ermitteln. Sie befinden sich bereits innerhalb der anfänglichen 32.000 Byte *(siehe Abbildung 4.4)*.

Nachdem wir uns damit befaßt haben, welche Vorkehrungen getroffen werden müssen, um mehr Blockpuffer hinzuzufügen, können wir uns als nächstes dem wichtigsten Parameter für die Speichergröße zuwenden, nämlich dem Parameter *shared_pool_size*.

Die Optimierung von shared_pool_size

Der gemeinsame Pool als Bestandteil der SGA von Oracle wird primär zum Speichern der gemeinsam genutzten SQL-Cursor, der gespeicherten Prozeduren und der Sitzungsinformationen sowie als Puffer für das Dictionary- und Library-Cache verwendet. Betrachten wir die Optimierung jeder einzelnen Komponente des gemeinsamen Pools.

Abb. 4.4:
Tabellen-Cluster
zur Reduzierung
der E/A ver-
wenden

Optimieren des Library-Caches

Die gemeinsam genutzten SQL- und PL/SQL-Bereiche werden als *Library-Cache* bezeichnet, der einen Unterbereich des gemeinsam Pools bildet. die Fehlerquote des Library-Caches zeigt dem Datenbankverwalter an, ob der gemeinsame Pool vergrößert werden muß. Außerdem gibt sie die Summe der Neuladungen des Library-Cache im Verhältnis zur Summe der Ausführungen eines Objekts an. Allgemein sollte eine Erhöhung des Wertes von *shared_pool_size* bei einer Fehlerquote, die über dem Wert 1 liegt, erwogen werden. Zu Library-Cache Fehlschlägen kann es beim Kompilieren von SQL-Anweisungen kommen. Das Kompilieren einer SQL-Anweisung besteht aus zwei Phasen: der Syntaxprüfung und der Ausführungsphase. Bei der Syntaxprüfung einer SQL-Anweisung stellt Oracle zunächst fest, ob sich die überprüfte Fassung der Anweisung bereits im Library-Cache befindet. Ist dies nicht der Fall, weist Oracle einen gemeinsamen SQL-Bereich innerhalb des Library-Caches zu und nimmt dann die Syntaxprüfung der Anweisung vor.

Innerhalb des Library-Caches kann die Trefferquote für alle geladenen Dictionary-Objekte ermittelt werden. Hierzu gehören Tabellen, Prozeduren, Trigger, Indizes, Paketrümpfe und Cluster. Fällt eine der Quoten auf unter 75%, sollten Sie den Wert von *shared_pool_size* erhöhen.

Die V$-Tabelle *V$LIBRARYCACHE* enthält Informationen über die Aktivitäten des Library-Caches. In der Tabelle befinden sich drei wichtige Spalten: *namespace*, *pins* und *reloads*. *Namespace* gibt an, ob sich die Messung auf den SQL-Bereich, eine Tabelle oder Prozedur, einen Paketrumpf oder einen Trigger bezieht. Der zweite Wert der Tabelle ist *pins*, der angibt, wie oft ein Element des Library-Caches ausgeführt wurde. Die Spalte *reloads* zählt, wie oft die überprüfte Syntaxversion nicht im Library-Cache gefunden wurde, so daß Oracle die privaten SQL-Bereiche neu zuordnen mußte, damit die Syntaxprüfung und die Ausführung der Anweisung durchgeführt werden konnten.

Das *Listing 4.8* zeigt ein Beispiel für eine SQL*Plus-Abfrage, die die Tabelle *V$LIBRARYCACHE* abfragt, um die benötigten Informationen über die Leistung zu finden:

Listing 4.8: Beispiel einer SQL*Plus-Abfrage der Tabelle *V$LIBRARYCACHE*

```
library.sql - lists the library cache

PROMPT
PROMPT                 ==========================
PROMPT                 LIBRARY CACHE MISS RATIO
PROMPT                 ==========================
PROMPT (If > 1 then increase the shared_pool_size in init.ora)
PROMPT
COLUMN "LIBRARY CACHE MISS RATIO"        FORMAT 99.9999
COLUMN "executions"                      FORMAT 999,999,999
COLUMN "Cache misses while executing"    FORMAT 999,999,999
SELECT sum(pins) "executions", sum(reloads)
       "Cache misses while executing",
       (((sum(reloads)/sum(pins)))) "LIBRARY CACHE MISS RATIO"
FROM V$LIBRARYCACHE;

PROMPT
```

```
PROMPT          =========================
PROMPT               LIBRARY CACHE SECTION
PROMPT          =========================
PROMPT hit ratio should be > 70, and pin ratio > 70 ...
PROMPT

COLUMN "reloads" FORMAT 999,999,999
SELECT namespace, trunc(gethitratio * 100) "Hit ratio",
       trunc(pinhitratio * 100) "pin hit ratio", RELOADS "reloads"
FROM V$LIBRARYCACHE;
```

Das *Listing 4.9* zeigt die Ausgabe der SQL-Abfrage aus *Listing 4.8*:

Listing 4.9:
Die Ausgabe der
Abfrage von
Listing 4.8

```
SQL> @library

=========================
LIBRARY CACHE MISS RATIO
=========================
(If > 1 then increase the shared_pool_size in init.ora)


  executions Cache misses while executing LIBRARY CACHE MISS RATIO
  _____  _____  _____
   251,272            2,409                        .0096



=========================
LIBRARY CACHE SECTION
=========================
hit ratio should be > 70, and pin ratio > 70 ...


NAMESPACE              Hit ratio   pin hit ratio      reloads
___                    _____    _____      _____

SQL AREA                  90            94              1,083
TABLE/PROCEDURE           93            94              1,316
BODY                      96            95                  9
TRIGGER                   89            86                  1
INDEX                      0            31                  0
CLUSTER                   44            33                  0
OBJECT                   100           100                  0
PIPE                     100           100                  0

8 rows selected.
```

Eine der wichtigsten Maßnahmen, die ein Entwickler zur Verbesserung der Library-Cache-Performance durchführen kann, ist es, dafür zu sorgen, daß der gesamte SQL-Code in gespeicherte Prozeduren geschrieben wird. Der Oracle-Library-Cache wird zum Beispiel die folgenden zwei SQL-Anweisungen überprüfen und feststellen, daß sie nicht identisch sind:

```
SELECT * FROM customer;

SELECT * FROM Customer;
```

Die Großschreibung eines einzelnen Buchstabens, das Einfügen einer zusätzlichen Leerstelle zwischen zwei Ausdrücken oder die Verwendung eines anderen Variablennamens mag nebensächlich erscheinen, die Oracle-Software ist jedoch nicht intelligent genug, um zu erkennen, daß die Anweisungen identisch sind. Daher wird Oracle die Syntax erneut überprüfen und die zweite SQL-Anweisung noch einmal ausführen, auch wenn sie von der Funktion her mit der ersten SQL-Anweisung übereinstimmt.

Ein anderes Problem entsteht, wenn der Wert direkt in der SQL-Anweisung kodiert wird. Oracle nimmt zum Beispiel an, daß die folgenden Anweisungen unterschiedlich sind:

```
SELECT count(*) FROM CUSTOMER WHERE status = 'NEW';

SELECT count(*) FROM CUSTOMER WHERE status = 'PREFERRED';
```

Durch Verwendung einer identischen Bindevariablen kann dieses Problem leicht umgangen werden:

```
SELECT count(*) FROM CUSTOMER WHERE status = :var1;
```

Die beste Möglichkeit, ein erneutes Laden zu verhindern, ist die Einkapselung des gesamten SQL-Codes in gespeicherte Prozeduren und die Bündelung dieser Prozeduren zu Paketen. Dadurch wird der SQL-Code aus dem Anwendungsprogramm entfernt und in das Data Dictionary von Oracle verschoben. Die Vorgehensweise hat außerdem den schönen Nebeneffekt, daß alle Datenbankaufrufe als Funktionen erscheinen. Auf diese Weise wird eine unabhängige Ebene zwischen der Anwendung und der Datenbank geschaffen. Es sei hier noch einmal darauf hingewiesen, daß eine effiziente Wiederverwendung identischen SQL-Codes die Häufigkeit des wiederholten Ladens auf minimaler Stufe hält, so daß der Library-Cache mit optimaler Geschwindigkeit arbeitet.

Mit dem Parameter *cursor_space_for_time* kann die Ausführungsgeschwindigkeit im Library-Cache erhöht werden. Hat *cursor_space_for_time* den Wert *FALSE*, dann erkennt Oracle, daß die Zuweisung eines gemeinsamen SQL-Bereichs im Library-Cache aufgehoben werden kann, damit Platz geschaffen wird für neue SQL-Anweisungen. Wird der Wert von *cursor_space_for_time* auf *TRUE* gesetzt, heißt dies, daß alle SQL-Bereiche des Caches festgeschrieben sind, bis alle Anwendungs-Cursor geschlossen werden. Ist der Wert auf *TRUE* gesetzt, überprüft Oracle den Library-Cache bei aufeinanderfolgenden Ausführungsaufrufen nicht mehr, weil die SQL-Anweisung im Puffer bereits festgeschrieben ist.

Diese Technik kann die Leistung bei einigen Abfragen steigern, *cursor_space_for_time* sollte jedoch nicht auf den Wert *TRUE* gesetzt werden, wenn es Pufferfehlschläge bei Ausführungsaufrufen gibt. Pufferfehlschläge zeigen an, daß der Wert von *shared_pool_size* bereits zu niedrig ist, und ein Festschreiben gemeinsam genutzter SQL-Bereiche kann das Problem nur verschlimmern.

Die Leistungsfähigkeit des Library-Caches kann auch über den Parameter *session_cached_cursors* in der Datei *init<SID>.ora* verbessert werden. Wie Sie vielleicht wissen, überprüft Oracle den Library-Cache bezüglich syntaxgeprüfter SQL-Anweisungen. *Session_cached_cursors* kann dagegen zum Puffern der Cursor einer Abfrage verwendet werden. Dies ist besonders dann sinnvoll, wenn die gleiche SQL-Anweisung für einen Task wiederholt einer Syntaxüberprüfung unterzogen wird, zum Beispiel wenn eine SQL-Anweisung wiederholt mit unterschiedlichen Variablenwerten ausgeführt wird. Ein Beispiel hierfür ist die folgende SQL-Abfrage, die die gleiche Abfrage fünfzigmal ausführt, jeweils einmal für jede Anweisung:

```
SELECT sum(sale_amount)
FROM SALES
WHERE
state_code = :var1;
```

Optimieren des Dictionary-Caches

Der Data Dictionary-Cache speichert Zeilen aus den internen Metadatentabellen von Oracle, einschließlich des in Paketen gespeicherten SQL-Codes. Nach meiner Erfahrung ist es sehr ratsam den gesamten SQL-Code in Paketen zu speichern. Betrachten wir daher etwas genauer, wie die Pakete mit dem Data Dictionary zusammenarbeiten.

Wird ein Paket benötigt überprüft Oracle zuerst den Dictionary-Cache, um zu überprüfen, ob sich das Paket bereits im Speicher befindet. Bei der ersten Anforderung kann ein Paket natürlich nicht im Speicher sein, und Oracle wird demzufolge einen Dictionary-Cache-Fehlschlag registrieren. Es ist deshalb tatsächlich unmöglich, eine Instanz ohne einen Fehlschlag zu finden, weil jedes Element einmal geladen werden muß.

Die Tabelle *V$ROWCACHE* enthält die Messungen der Aktivitäten des Data Dictionaries. Drei Spalten sind dabei von Interesse: *Parameter*, *gets* und *getmisses*. Die erste Spalte, *Parameter*, beschreibt den Typ des angeforderten Dictionary-Objekts. *Gets* als zweiter Parameter enthält die Gesamtzahl der Anforderungen von Objekten dieses Typs. Als letzte Spalte enthält *getmisses* die Anzahl der Plattenein- und -ausgaben, die Oracle durchführen mußte, um eine Zeile in den Tabellen des Data Dictionaries zu finden.

Mit der Trefferquote des Data Dictionary-Caches wird das Verhältnis von Treffern und Fehlschlägen gemessen. Beachten Sie hierbei jedoch, daß diese Quote nur zur Messung der durchschnittlichen Trefferquote während der Lebensdauer der Instanz geeignet ist. Ist die Trefferquote des Data Dictionaries zu niedrig, muß als Gegenmaßnahme der Wert des Parameters *shared_pool_size* in der Datei *init<SID>.ora* verändert werden.

Die Trefferquote des Data Dictionaries kann mit dem Skript des *Listings 4.10* gemessen werden:

Listing 4.10:

Messung der Trefferquote des Data Dictionaries

```
dict.sql - displays the dictionary cache hit ratio

PROMPT
PROMPT
PROMPT              ===========================
PROMPT              DATA DICT HIT RATIO
PROMPT              ===========================
PROMPT (should be higher than 90 else increase shared_pool_size in
PROMPT init.ora)
PROMPT

COLUMN "Data Dict. Gets"          FORMAT 999,999,999
COLUMN "Data Dict. cache misses"  FORMAT 999,999,999
SELECT sum(gets) "Data Dict. Gets",
       sum(getmisses) "Data Dict. cache misses",
       trunc((1-(sum(getmisses)/sum(gets)))*100)
       "DATA DICT CACHE HIT RATIO"
FROM V$ROWCACHE;
```

Das *Listing 4.11* zeigt die Ausgabe des Skripts aus *Listing 4.10*:

Listing 4.11:

Beispiel für die Ausgabe des Skripts zur Messung der Trefferquote des Data Dictionaries

```
SQL> @dict

===========================
DATA DICT HIT RATIO
===========================
(should be higher than 90 else increase shared_pool_size in init.ora)


Fri Feb 23                                              page   1
                      dbname Database
                 Data Dictionary Hit Ratios


Data Dict. Gets Data Dict. cache misses DATA DICT CACHE HIT RATIO
--------------- ------ ---------------

409,288                11,639              97


1 row selected.
```

Mit dem *Listing 4.12* wird die Konkurrenz um jedes der Objekttypen des Data Dictionaries gemessen:

Listing 4.12:
Ein Skript zur
Messung der
gegenseitigen
Cache-Beeinflus-
sung bei den
Objekttypen des
Data Dictionaries

```
ddcache.sql - Lists all data dictionary contention

REM SQLX SCRIPT
SET PAUSE OFF;
SET ECHO OFF;
SET TERMOUT OFF;
SET LINESIZE 78;
SET PAGESIZE 60;
SET NEWPAGE 0;
TTITLE "dbname Database|Data Dictionary Hit Ratios";
SPOOL /tmp/ddcache
SELECT   substr(PARAMETER,1,20) PARAMETER,
         gets,getmisses,count,usage,
         round((1 - getmisses / decode(gets,0,1,gets))*100,1) HITRATE
FROM     V$ROWCACHE
ORDER BY 6,1;
SPOOL OFF;
```

Das *Listing 4.13* zeigt ein Beispiel für die Ausgabe des mit *Listing 4.12* vorgestellten Skripts:

Listing 4.13:
Beispiel für die
Ausgabe
des Skripts aus
Listing 4.12

```
SQL> @ddcache
```

Fri Feb 23   page   1
                              dbname Database
                           Data Dictionary Hit Ratios

PARAMETER	GETS	GETMISSES	COUNT	USAGE	HITRATE
dc_object_ids	136	136	12	0	0
dc_free_extents	1978	1013	67	48	48.8
dc_used_extents	1930	970	63	5	49.7
dc_database_links	4	2	3	2	50
dc_sequence_grants	101	18	121	18	82.2
dc_synonyms	527	33	34	33	93.7
dc_objects	18999	947	389	387	95
dc_columns	163520	6576	2261	2247	96
dc_segments	8548	314	127	117	96.3
dc_constraint_defs	7842	250	218	210	96.8
dc_table_grants	26718	792	772	763	97
dc_sequences	4179	75	11	7	98.2
dc_users	1067	14	20	14	98.7
dc_tables	49497	261	272	271	99.5
dc_tablespace_quotas	957	4	5	4	99.6
dc_indexes	59548	172	329	328	99.7

dc_tablespaces	1162	3	7	3	99.7
dc_tablespaces	1201	4	27	4	99.7
dc_user_grants	9900	14	24	14	99.9
dc_usernames	18452	18	20	18	99.9
dc_users	14418	17	18	17	99.9
dc_column_grants	0	0	1	0	100
dc_constraint_defs	0	0	1	0	100
dc_constraints	0	0	1	0	100
dc_files	0	0	1	0	100
dc_histogram_defs	0	0	1	0	100
dc_profiles	0	0	1	0	100
dc_rollback_segments	18560	6	17	7	100

```
28 rows selected.
```

Hiermit ist unser Überblick über die inneren Strukturen des Oracle-Speichers abgeschlossen, und wir wollen nun unseren Themenbereich erweitern, indem wir uns einigen anderen Oracle-Prozeduren zuwenden und ihren Einfluß auf die allgemeine Leistungsfähigkeit der Datenbank untersuchen. Wir beginnen mit einer Vorstellung des Multithread-Servers von Oracle als Alternative zum Single Thread-Server, wobei wir die relativen Vorteile jeder Herangehensweise darstellen wollen.

Den Multithread-Server optimieren

Erinnern wir uns, daß beim Einsatz von SQL*Net der Version 2 mit Multithread-Servern (MTS) Oracle Speicher im Library-Cache für die Sitzungsinformationen zuweist.

Den Speicher mit dem MTS besser verwalten

Einer der Hauptnachteile der Oracle8-Architektur ist die Notwendigkeit, daß für jede Transaktion ein globaler Programmbereich (PGA) mit dem Parameter *sort_area_size* zugewiesen werden muß. In der Praxis gibt es unter Umständen nur einige wenige Transaktionen, die einen großen Bereich zum Sortieren benötigen. Oracle8 zwingt jedoch dazu, für alle Transaktionen immer einen gleich großen Sortierbereich zuzuweisen, ungeachtet der tatsächlichen Bedürfnisse der Transaktion. Beim Einsatz von MTS können Sie Speicher abtrennen, der für SQL-Sortierungen zugewiesen wird, und einen gemeinsam genutzten Speicherbereich ausschließlich für Sortierungen einrichten. Setzen Sie den MTS nicht ein, wird der mit *sort_area_size* angegebene Bereich von dem für jede Sitzung zugewiesenen PGA-Bereich genommen, was häufig zu einer Speichereinschränkung für die anderen Objekte des Prozessors führt. Beim MTS kann der Parameter *large_pool_size* in der Datei *init<SID>.ora* verwendet werden, um neuen Speicher für die ausschließliche Nutzung für Oracle-Sortiervorgänge festzulegen, wobei das Sortieren hierdurch in einen global verfügbaren Pufferbereich verlagert wird und die Größe des PGA für alle Transaktionen der Datenbank verringert wird.

Der Einsatz des MTS bietet unter anderem die folgenden Vorteile:

■ *Bessere Speicherzuweisungen* – Der MTS gestattet die Festlegung eines globalen Sortierbereichs (dessen Größe mit *large_pool_size* festgelegt wird), wodurch die PGA für jede einzelne Transaktion reduziert und der verfügbare Speicher besser genutzt wird.

■ *Schnellere Durchführung paralleler Abfragen* – Da der MTS die Datenbankverbindungen mittels des Dispatchers im voraus zuweist, werden parallele Abfragen von Oracle wesentlich schneller bearbeitet, als mit dem traditionellen Listener-Prozeß, der die Verbindungen zur Laufzeit herstellt.

■ *Geringerer Bedarf an Systemressourcen* – Zusätzlich zur Speicherersparnis reduziert der MTS auch die Belastung des Betriebssystems, da neue Verbindungen durch den Dispatcher im Multiplexverfahren eingerichtet werden, anstatt jeder einzelnen Transaktion eigene Betriebssystemprozesse zuzuordnen.

Da neue Verbindungen über den Multithread-Server eingerichtet werden, weist Oracle Speicher zu, dessen Umfang mit der Tabelle *V$SESSTAT* gemessen werden kann. *Listing 4.14* zeigt ein Beispiel für eine Abfrage, die die Speicherspitzenwerte aller Sitzungen ausgibt:

Listing 4.14:
Ein Beispiel für die
Abfrage der
Speichernutzung

```
SELECT sum(VALUE) || ' bytes' "Total memory for all sessions"
   FROM V$SESSTAT, V$STATNAME
WHERE
NAME = 'session pga memory'
AND
V$SESSTAT.statistic# = V$STATNAME.statistic#;

SELECT sum(VALUE) || ' bytes' "Total max mem for all sessions"
   FROM V$SESSTAT, V$STATNAME
WHERE
NAME = 'session pga memory max'
AND
V$SESSTAT.statistic# = V$STATNAME.statistic#;
```

Das *Listing 4.15* zeigt eine mögliche Ausgabe für die Abfrage von *Listing 4.14*:

```
Total memory for all sessions

203460 bytes

Total max mem for all sessions

712473 bytes
```

Der Bericht des *Listings 4.15* zeigt, daß für einen kurzen Zeitausschnitt
den Sitzungen 203 KByte zugewiesen sind, während der maximale Speicher für alle Sitzungen bei 712 KByte liegt. Bei der Entscheidung über
eine Erhöhung oder Verringerung des Wertes von *shared_pool_size* ist
die Gesamtmenge des Speichers für alle Sitzungen die beste Richtlinie,
da es unwahrscheinlich ist, daß alle Sitzungen zum gleichen Zeitpunkt
eine maximale Speicherzuweisung erreichen.

Wir kommen wieder auf unser zentrales Thema zurück, die Minimie-
rung der E/A-Operationen der Datenbank mit der Festplatte. Bei Oracle
können Hilfsprogramme und Tricks eingesetzt werden, die dafür sorgen, daß häufig benötigte Daten innerhalb des Datenpuffers von Oracle
gehalten werden. Im nächsten Abschnitt untersuchen wir einige dieser
Techniken.

Die Simulation festgesetzter Datenbankzeilen

Leider läßt Oracle anders als bei den Paketen im Library-Cache keine
festgeschriebenen Datenbankblöcke im Puffer-Cache zu. Wäre es möglich, bestimmte Datenblöcke vor dem Auslagern zu bewahren, dann
könnten häufig verwendete Blöcke, wie beispielsweise allgemeine
Verweistabellen und Indexknoten auf oberer Ebene, im Speicher gehalten werden. Auch wenn dies mit Oracle noch nicht möglich ist, wurden
dennoch Tricks entwickelt, um diese Art des Festschreibens zu simulieren. Die mit der Oracle Version 7. 2 eingeführten schreibgeschützten
Tablespaces gestatten das Erstellen eigener Instanzen, die gleichzeitigen
Zugriff auf denselben Tablespace zulassen. Angenommen, Ihre Anwendung verfügt über eine Reihe Suchtabellen, auf die gewöhnlich jeder Benutzer zugreift. Diese Tabelle könnte in einer eigenen Instanz plaziert
werden, deren Größe nur für die Suchtabellen bemessen ist. Da die Instanz ihren privaten Puffer-Pool besitzt, können Sie sicher sein, daß sich
die Verweistabellen immer im Speicher befinden. Diese Vorkehrung
wird in Situationen nützlich, in denen vollständige Tabellen durchsucht
werden müssen. Dadurch werden die Speicherauslagerungen verhindert,
zu denen es kommt, wenn eine Online-Transaktion durch einen einzelnen Task verlangsamt wird, für die eine große Tabelle durchsucht werden muß. Was aber geschieht, wenn sowohl die Online-Transaktion als
auch der Vorgang des Durchsuchens der großen Tabelle auf diese Tabel-

le zugreifen? Auch hierfür bieten Oracle 7.2 und spätere Versionen schreibgeschützte Tablespaces.

Außerdem gibt es die Option *TABLE CACHE*. Für kleine, oft benötigte Tabellen plaziert die Option *TABLE CACHE* die eingehenden Zeilen an das am häufigsten verwendete Ende des Puffer-Cache. Nach der Standardeinstellung werden beim vollständigen Lesen einer Tabelle die Zeilen an das am wenigsten genutzte Ende des Datenpuffers gestellt.

Schreibgeschützte Tablespaces können von der Online-Transaktionsinstanz aktualisiert werden, während andere Instanzen sie gleichzeitig nur lesen können *(siehe Abbildung 4.5)*. Der Verwalter der Oracle-Datenbank sollte sehr darauf bedacht sein, schreibgeschützte Tabellen zu erkennen und in schreibgeschützten Tablespaces zu isolieren, weil die Verarbeitungsgeschwindigkeit im schreibgeschützten Modus wesentlich höher ist.

Einzelheiten zu schreibgeschützten Tablespaces finden Sie in Kapitel 7: Oracle DBA – Leistung und Tuning.

Abb. 4.5:
Die schreib-
geschützten
Tablespaces von
Oracle

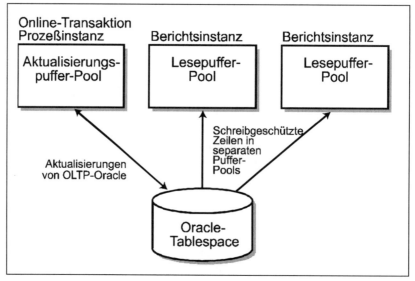

Bei der Konfiguration von Oracle ist es wichtig, zu bedenken, daß mehrere *init<SID>.ora*-Dateien angelegt werden können, die jeweils auf eine bestimmte Verarbeitungsart der Oracle-Instanz zugeschnitten sein können. Diese Vorgehensweise wird im folgenden Abschnitt beschrieben.

Stapelverarbeitende Oracle-Instanzen

In manchen Fällen kann es vorkommen, daß sehr unterschiedliche Anwendungen auf die gleichen Tabellen zugreifen. Ein sehr gutes Beispiel für ein solches Szenario ist eine Bank, die tagsüber Online-Transaktionen verarbeitet und nach Feierabend langwierige Hintergrundprozesse ausführt.

Es gibt einen grundlegenden Unterschied zwischen den Ressourcen, die für Online-Transaktionen benötigt werden und jenen, die für die Stapelverarbeitung erforderlich sind. Online-Transaktionen sind gewöhnlich weniger umfangreich und benötigen nur wenige Ressourcen vom Lock-Manager der Datenbank. Stapelverarbeitungsprozesse erfordern in der Regel viele Lock-Prozesse, da sie Tabellen linear verarbeiten.

Der Puffer-Pool von Oracle bietet eine endliche Menge Hauptspeicher innerhalb eines Bereiches. Dieser Speicherplatz kann Lock-Pools oder Puffer-Pools zugewiesen werden, es ist jedoch nicht möglich, diese Ressourcen neu zuzuweisen, wenn sich die Anwendungen verändern, es sei denn, das System wird heruntergefahren und mit einer neuen Konfiguration erneut gestartet; ein Vorgang, der *Bouncing* genannt wird. Bei Online-Transaktionssystemen mit Hunderten von Benutzern sind die Anforderungen an den Puffer-Pool der Datenbank wesentlich höher als bei systemweiten Aktualisierungen. Umgekehrt verwenden Stapelverarbeitungsprozesse große Puffer nur in geringem Maße. Sie erfordern jedoch viel Platz in den Lock-Pools, um Zeilen zwischen den Festschreibungen zu speichern.

Eine einfache Lösung für diese anwendungsspezifischen Anforderungen besteht darin, zwei Datenbankkonfigurationen anzulegen, die die Puffer und Lock-Puffer jeweils unterschiedlich konfigurieren. Sind die täglichen Online-Transaktionen beendet, wird das System heruntergefahren, und eine Version für die Stapelverarbeitung mit einer unterschiedlichen Speicherkonfiguration kann gestartet werden.

Nachdem wir uns damit befaßt haben, wie die Oracle-Konfiguration die Leistungsfähigkeit beeinflußt, wenden wir uns nun einigen Techniken für die Optimierung von Oracle auf der Grundlage der Ein- und Ausgabe zu sowie der Frage, wie eine Optimierung des E/A-Untersystems den Datendurchsatz erhöhen kann.

Die Ein- und Ausgabe von Oracle optimieren

Bei einem verteilten Datenbanksystem ist es wichtig, zu beachten, daß das gesamte verteilte System nur so gut funktioniert wie das schwächste Glied. Daher wird beim Optimieren einer verteilten Datenbank jeder entfernte Knoten wie eine unabhängige Datenbank behandelt, die jeweils individuell abgestimmt wird, um dadurch eine Verbesserung aller Anforderungen an das verteilte System zu erreichen. Außerdem gibt es einige Tricks, mit denen die E/A-Zeit für die Festplatte verringert werden kann sowie Plattenzuweisungen, Striping, Cache-Speicher, Puffererweiterung und Dateianordnung verbessert werden können. Die Festplattentechnologie hat in den letzten Jahren einige beachtliche Weiterentwicklungen hervorgebracht. Hierzu gehören unter anderem die optischen Festplatten, RAID-Festplattensysteme und beschreibbare CD-ROMs. Oracle kann die Vorteile vieler dieser neuen Speichertechnologien nutzen. In diesem Abschnitt untersuchen wir einige der Richtlinien zum Entwurf eines Festplatten-Layouts für Oracle unter Berücksichtigung der Plattenzuordnung, des Striping, der RAID-Technik und der optischen Festplatten.

Festplattenzuordnung

Zur besseren Anpassung an die *Oracle Flexible Architecture (OFA)* rät Oracle dazu, eine Oracle-Instanz mit mindestens fünf eigenen Festplatten auszustatten. Die Verwendung von fünf Festplatten eignet sich für OFA und gestattet eine maximale Verteilung der E/A-Last über die Geräte. Die folgende Konfiguration mit fünf Festplatten ist eine Beispielkonfiguration für Oracle. Beachten Sie, daß die Daten und die Indizes auf verschiedenen Platten untergebracht sind, damit es nicht zu einen Konflikten bei der E/A kommen kann:

- Platte 1 – Archivprotokolldateien

- Platte 2 – Dateien des Rollback-Segments, Exportdateien

- Platte 3 – Ausführbare Dateien, eine Kopie der Steuerdatei, *Redo-Protokolle*, die Systemdateien

- Platte 4 – Datendateien, temporäre Benutzerdateien, eine Kopie der Steuerdatei

- Platte 5 – Indexdateien, eine Kopie der Steuerdatei

Je mehr Platten, desto besser, weil E/A-Probleme umso besser vermieden werden können, je mehr die E/A über mehrere Platten verteilt wird. Im Hinblick auf diese Verteilung der Last wollen wir einige andere Methoden von Oracle8 untersuchen, mit denen die E/A der Datenbank verteilt werden kann. Besondere Aufmerksamkeit widmen wir dem Striping und der RAID-Technologie.

Striping

Beim Striping wird eine sehr große und häufig verwendete Tabelle über viele Platten verteilt. Die meisten Leistungsprobleme ergeben sich aus der Notwendigkeit, auf eine Plattenein- oder -ausgabe warten zu müssen. Durch das Verteilen einer Datei über mehrere physische Geräte werden die Antwortzeiten des gesamten Systems verbessert. Striping wird in der Regel für Tabellen vorgenommen, die zu groß sind, um auf einer Festplatte untergebracht zu werden. Es kann aber auch effektiv sein, eine kleine, sehr häufig benutzte Tabelle mittels Striping über mehrere Platten zu verteilen *(siehe Abbildung 4.6)*.

Beachten Sie in der *Abbildung 4.6*, daß die Datendateien dem Datenbanksystem als eine logische Datei erscheinen. Dadurch werden alle E/A-Probleme vermieden, die sich beim Striping für die Datenbank ergeben können. Da in einer Tabelle Zeilen gesucht werden, fordert das SQL-E/A-Modul physische Blöcke von der Festplatte an (jeweils einen einzelnen), ungeachtet der Tatsache, daß sich die logisch kontinuierliche Tabelle tatsächlich aus vielen verschiedenen physischen Dateien zusammensetzt.

Abb. 4.6:
Striping einer
Tabelle über
mehrere Platten

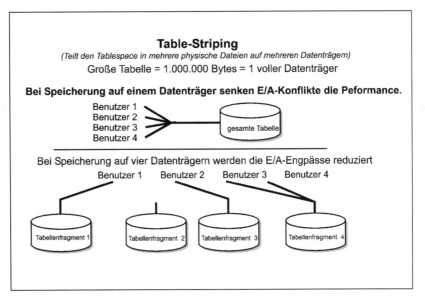

Für eine Oracle-Datenbank wird das Striping in ähnlicher Weise durchgeführt. Betrachten wir die folgende Oracle-Syntax:

```
CREATE TABLESPACE TS1
  DATA FILE '/usr/disk1/bigfile1.dbf'  SIZE 30M
  DATA FILE '/usr/disk2/bigfile2.dbf'  SIZE 30M;

CREATE TABLE BIG_TABLE (
  big_field1    char(8)
  big_field2    varchar2(2000))
TABLESPACE TS1
STORAGE (INITIAL 25M   NEXT 25M   MINEXTENTS 2   PCTINCREASE 1);
```

Sie können hier sehen, daß ein Tablespace mit zwei Datendateien erzeugt wird – *bigfile1* und *bigfile2*. Jede Datei ist 30 MByte groß. Wenn Sie bereit sind, eine Tabelle im Tablespace zu erstellen, müssen Sie den Umfang der Tabelle (oder zusätzlichen Speicher) dergestalt festlegen, daß die Datenbank gezwungen ist, die Anfangsgröße der Tabelle für jede Datei zuzuweisen. Da die Tabelle in einem leeren Tablespace erstellt wird, teilt der Parameter *MINEXTENTS* der Datenbank mit, daß zwei Erweiterungen zugewiesen werden müssen. Der Parameter *INITIAL* weist die Datenbank an, daß jede Erweiterung 25 MByte groß sein soll. Die Datenbank geht dann zur Datei *bigfile1* auf der Platte 1 und ordnet einen Bereich von 25 MByte zu. Anschließend wird versucht, weitere 25 MByte für *bigfile1* zuzuweisen, es sind aber nur 5 MByte frei. Die Datenbank wechselt jetzt zu *bigfile2* und weist dort die verbleibenden 25 MByte zu, so wie dies in *Abbildung 4.7* zu sehen ist. Es verbleibt natürlich ein freier Bereich von 5 MByte in *bigfile1*, dieser kann jedoch für eine kleinere Tabelle genutzt werden.

Nachdem eine Tabelle initialisiert worden ist, sollte der Wert von *NEXT* wie folgt verringert werden, damit er niedriger als der Wert von *INITIAL* ist:

```
ALTER TABLE BIG_TABLE
STORAGE (NEXT 1M);
```

Manche Datenbankverwalter raten auch dazu, alle Tabellen über alle Platten zu verteilen. Verfügt ein System über 10 Tabellen und ist für zwei Platten konfiguriert, dann würden die 10 Tabellen mittels Striping auf jede Platte verteilt.

Es ist keine glückliche Lösung, daß ein Datenbankverwalter mit einem Trick die Zuweisung durch die Datenbank zu den Striping-Dateien erreichen muß, anstatt direkte Kontrolle über den Prozeß der Dateianordnung zu haben. Diese mangelnde Steuerungsmöglichkeit kann zu einem echten Problem werden, wenn die Tabellen komprimiert sind. Glücklicherweise erlaubt Oracle8 eine physische Partitionierung individueller Tabellenpartitionen in mehrere Tablespaces entsprechend der Werte.

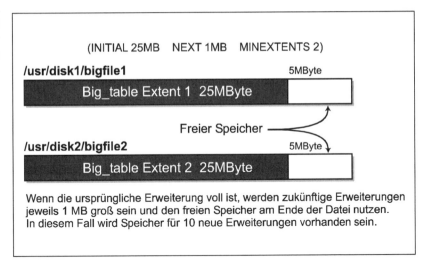

Es gibt mehrere Möglichkeiten, eine Tabelle mittels Striping über die Festplatten zu verteilen. Viele Datenbanken mit einem ausgereiften Data Dictionary gestatten Abfragen, bei denen das Striping offengelegt wird. Oracle verwendet hierfür das folgende Skript:

```
striping.sql - displays striped file names

SELECT DISTINCT file_name
FROM     DBA_DATA_FILES A, DBA_EXTENTS B
WHERE
         A.file_id = B.file_id
AND
         segment_name = :striped_table_name;

(WHERE :striped_table_name = 'BIG_TABLE')
```

Andere Datenbanken verfügen über Hilfsprogramme, die die physische Dateiverteilung einer bestimmten Tabelle oder eines Datensatztyps anzeigen.

Oracle und die RAID-Technologie

Neuere Entwicklungen der Festplattentechnologie machen einige der herkömmlichen Mechanismen zum Wiederherstellen der Daten überflüssig. Plattenspeicherschemata wie RAID bieten ein hohes Maß an Zuverlässigkeit und Verfügbarkeit. Als Folge der RAID-Technologie wurden viele neue Möglichkeiten für objektorientierte, verteilte Datenbanken entwickelt, die mit den traditionellen Aktualisierungs- und Wiederherstellungsprogrammen nicht realisiert werden konnten. Während bei den herkömmlichen Wiederherstellungsmechanismen ein

Plattenabsturz die Anwendung offline schaltete, bis die Platte wiederhergestellt und der Fehler behoben wurde, gestattet die RAID-Technologie
eine fast sofortige Behebung von Plattenfehlern.

Die RAID-Technologie ist das Ergebnis der Arbeit dreier Forscher
von der University of California, die herausgefunden hatten, daß bei einem Array (Stapel) kleiner Platten Software eingesetzt werden kann, die
alle Schreibvorgänge kopiert und so Fehler schnell behoben werden
können, wenn eine der Platten des Arrays ausfällt. Die RAID-Technologie besteht im wesentlichen aus den folgenden drei Komponenten *(siehe
Abbildung 4.8)*:

- Ein Array kleiner Platten

- Ein Controller zur Steuerung der E/A für die Platten

- Eine Software, die die Daten über das Festplatten-Array verteilt und
  die Wiederherstellung übernimmt

Abb. 4.8:
Die RAID 5-
Architektur

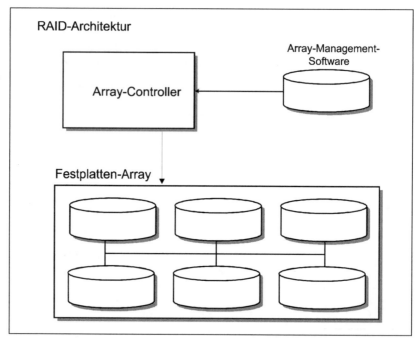

Die umfangreichste Komponente bei der RAID-Technologie ist die
Steuerungs-Software für das Array. Die RAID-Algorithmen sind sehr unterschiedlich, und seit 1994 gibt es sieben RAID-Stufen oder Arten von
RAID-Software, die mit der Array-Steuer-Software eingesetzt werden
können. Die verschiedenen RAID-Stufen werden mit Ziffern von null
bis sechs bezeichnet. Die Hersteller neuer RAID-Stufen setzen diese Rei-

he mit neuen Entwicklungen für verbesserte Datenverfügbarkeit fort. Diese RAID-Stufen werden wie folgt unterschieden:

- RAID 0 – Platten-Striping

- RAID 1 – Plattenspiegelung

- RAID 2 – Block-Interleave mit Prüfsummenfestplatte

- RAID 3 – Byte-Interleave

- RAID 4 – Byte-Interleave mit Fehlerkorrekturcode

- RAID 5 – Byte-Interleave mit Paritätskontrolle

- RAID 6 – Byte-Interleave mit doppelter Paritätskontrolle

RAID ist eine Software-Technologie, während die Array-Controller und Festplatten von der normalen Hardware-Industrie zur Verfügung gestellt werden. Sie müssen daher nur die Software der von Ihnen gewünschten RAID-Stufe und getrennt davon die Platten und Controller erwerben.

Bei der Bewertung der Plattenwiederherstellungsmethoden tauchen zwei Abkürzungen auf: MTBF und MTTR. MTBF steht für den englischen Ausdruck „Mean Time Between Failures" (mittlerer Störungsabstand) und MTTR für „Mean Time To Recovery" (mittlere Reparaturzeit). MTBF ist eine Statistik, die der Plattenhersteller zur Verfügung stellen kann, und MTTR ist eine Funktion der Wiederherstellungs-Software. Beim Einsatz der RAID-Technologie müßten mehrere Platten gleichzeitig ausfallen, damit es zu einem Fehler kommt. Bei einem Array aus fünf Festplatten kann dies eine erstaunliche Verbesserung des mittleren Störungsabstandes bedeuten. Wenn jede Platte des Fünf-Platten-Arrays einen MTBF-Wert von 150.000 Stunden hat, dann wird mit RAID 5 eine Fehlerredundanz von 46 Millionen Stunden erreicht! (Wobei natürlich vorausgesetzt wird, daß defekte Platten sofort ausgewechselt werden.)

Die RAID-Software leitet beim Auftreten eines Plattenfehlers jede neue Schreiboperation in einen temporären Speicher um. Ist die defekte Platte ersetzt worden, wird sie von der RAID-Software automatisch synchronisiert. Dies ist eine extreme Verbesserung gegenüber den traditionellen Plattenausfällen, bei denen die Benutzer untätig herumsaßen während eine neue Platte initialisiert, die Daten der letzten Sicherung wiederhergestellt und mittels archivierter Protokollbänder wieder aktualisiert wurden.

Oracle und der Einsatz optischer Speicherplatten

Es gibt zwei Varianten optischer Speicherplatten: WORM (engl. Write Once - Read Many; einmal schreiben - mehrmals lesen) und MWMR (engl. Multiple Write - Multiple Read; mehrmals schreiben - mehrfach lesen). Bei optischen Speicherplatten gibt es kaum Ausfälle, und sie sind daher sehr zuverlässige Speichermedien. Andererseits sind sie wesentlich langsamer als die herkömmlichen Festplatten. Im Zusammenhang mit Oracle werden sie nur zur Speicherung selten benutzter Informationen verwendet, wie zum Beispiel zum Archivieren der *Redo*-Protokolle, für Exportdateien und in einigen anderen Fällen für schreibgeschützte Tablespaces. Optische Laufwerke werden auch erfolgreich für große binäre Objekte (BLOBS) oder große Dokumentdateien eingesetzt. Ein auf einer CD-ROM gespeicherter Tablespace ist normalerweise schreibgeschützt, es sei denn, Sie verwenden ein wiederbeschreibares CD-System. Aufgrund ihrer Zuverlässigkeit ersetzen optische Speicherplatten zunehmend die Magnetbänder als Medium für Datensicherungen, Exporte und zum Archivieren der *Redo*-Protokolle.

Der Einsatz von Raw-Partitionen unter Oracle

Raw-Partitionen werden im allgemeinen dann eingesetzt, wenn eine Oracle-Datenbank ein Maximum an Leistung auf einem Server erreichen muß. Oracle kann auf zwei Arten auf die Platte schreiben: Über die E/A-Puffer des Dateisystems oder direkt auf die Raw-Partition, d.h. ohne Dateisystem. Wird die traditionelle Weise des Schreibens auf die Platte umgangen, kann die E/A von Oracle um bis zu 30% erhöht werden, ohne die Unversehrtheit der Daten zu gefährden. Es besteht jedoch Uneinigkeit darüber, ob die Raw-Partitionen den Extraaufwand wert sind, da sie einige schwere Nachteile gegenüber den traditionellen Dateisystempartitionen aufweisen. Unter Oracle unterliegen die Dateinamen einer bestimmten Syntaxvorschrift, der Datenbankverwalter hat jedoch bei der Benennung der Dateien für eine Raw-Partitionen keinen großen Spielraum. Eine noch bedeutendere Einschränkung ist, daß die gesamte Raw-Partition von nur einer Oracle-Datei benutzt werden kann. Bei schlechter Planung kann dies zu Platzverschwendung führen. Außerdem muß der Datenbankverwalter die Zuordnungen der Raw-Partitionen steuern, damit bekannt ist, welche Partitionen für welchen Tablespace verwendet werden.

Es gibt Situationen, in denen Oracle den Datenbankverwalter zwingt, eine Raw-Partition zu verwenden, damit die Dateien von Servern gemeinsam genutzt werden können. Dies ist zum Beispiel beim Oracle Parallel Server der Fall. Insgesamt wiegt der Leistungsgewinn den Aufwand für die Raw-Partitionen nicht auf, weshalb auch nur für die äußerst E/A-intensiven Oracle-Anwendungen die Option der Raw-Partitionen verwendet wird. Für alle parallelen Konfigurationen mit gemeinsam genutzter Plattenarchitektur sind Raw-Partitionen erforderlich.

Nachdem wir uns mit der Festplattenein- und -ausgabe befaßt haben, wollen wir nun untersuchen, inwieweit die Fragmentierung der Daten innerhalb der Oracle-Blöcke die Leistungsfähigkeit beeinflussen kann.

Optimieren der Datenfragmentierung

Zu einer Fragmentierung kommt es, wenn der für die Daten oder für eine Tabelle zugewiesene Platz nicht ausreicht. Bei relationalen Datenbanken werden die Tabellen in Tablespaces gespeichert, wobei es für jede Tabelle mehrere Speicherparameter gibt. Zu den Speicherparametern gehören *INITIAL*, *NEXT*, *PCTINCREASE* und *MAXEXTENTS*.

Werden die Tabellen größer, werden automatisch Erweiterungen in der mit *NEXT* festgelegten Größe zugewiesen. Hat eine Tabelle die maximale Anzahl der Erweiterungen erreicht, ist eine Vergrößerung der Tabelle nicht mehr möglich, was zu größeren Leistungseinbußen führt. Die maximale Anzahl der Erweiterungen kann unter Oracle zwischen 121 Erweiterungen bei einer 2 KByte- und 505 Erweiterungen bei einer 8 KByte-Blockgröße liegen, wobei nach dem entsprechenden Wert des Parameters *db_block_size* in der Datei *init<SID>.ora* erhöht wird. Die genauen Werte für die maximale Anzahl der Erweiterungen im Zusammenhang mit Ihrem Betriebssystem finden Sie im Oracle Installations- und Konfigurationshandbuch. Beim Einsatz von Oracle8 können Sie *MAXEXTENTS UNLIMITED* verwenden.

Die Leistungsfähigkeit kann bereits vor dem endgültigen Füllen einer Tabelle mit Zunahme der Erweiterungen zurückgehen. Ein Betriebssystem wie UNIX ist beim Durchsuchen ganzer Tabellen gezwungen, die *inode*-Ketten zu verfolgen, so daß die Zunahme der E/A-Operationen zu Leistungsverzögerungen führt *(siehe Abbildung 4.9)*.

Die Fragmentierung einer Tabelle kann mit mehreren Abfragen ermittelt werden. Diese Abfragen beziehen sich auf die Systemtabellen der Datenbank, bei den meisten Datenbanken kann damit aber auch die Tabellenfragmentierung gemessen werden. Diese Berichte sind im allgemeinen Bestandteil eines regelmäßigen Berichts. Die fragmentierten Dateien werden dann für den Export/Import in/aus unfragmentierten Tabellen eingeplant.

Sind die anfänglichen Erweiterungen einer Tabelle erschöpft, sollte der Datenbankverwalter zusätzlichen Plattenspeicher zuweisen, damit die Tabelle erweitert werden kann. Diese Fragmente können möglicherweise zu einer Leistungsminderung führen, so daß die Tabellen komprimiert werden müssen, um die Erweiterungen zu verschieben. Eine Komprimierung einer Tabelle wird mit den folgenden fünf Schritten erreicht:

1. Bestimmen Sie den Grad der Fragmentierung und die neue Tabellengröße.

2. Entladen Sie die Tabelle mit Hilfe des Export-Hilfsprogramms vollständig.

3. Löschen Sie die alten Tabellen.

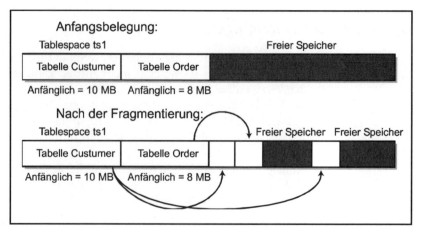

4. Weisen Sie der neuen Tabelle die neue Größe zu.

5. Importieren Sie die Daten, um die Tabelle wieder zu füllen.

Plattenanforderungen für andere Systemressourcen

Die meisten Datenbanken verfügen über andere Ressourcen mit besonderer Bedeutung, wie zum Beispiel Wiederherstellungs- und
Transaktionsprotokolle. Die meisten Systeme verfügen über mehrere
Wiederherstellungsprotokolle, und es ist sinnvoll, diese Protokolle auf
verschiedenen Platten zu plazieren und Einheiten zu wählen, die keine
anderen Tabellen von besonderer Bedeutung beherbergen.

Zusammenfassung

Nachdem wir uns mit der Funktionsweise von Oracle auf
Systemebene befaßt haben können wir uns nun näher damit
beschäftigen, wie bestimmter SQL-Code optimiert werden
kann, damit das Beste aus den verfügbaren Datenbankressourcen her-
ausgeholt werden kann. Wie Sie bereits gelernt haben, gibt es sehr viele
Faktoren, die die Leistungen herabsetzen können. Glücklicherweise stehen eine Reihe von Diagnose- und Korrekturmöglichkeiten bei
Leistungsproblemen zur Verfügung, angefangen mit der Optimierung
der Oracle-Locks und/oder der Client-Anwendung bis hin zur Leistungssteigerung und Optimierung verteilter Server.

Die Möglichkeit, Leistungsschwächen erkennen und korrigieren zu
können, war von Beginn an ein Problem verteilter Systeme. Selbst für
eine einzelne Transaktion kann die Optimierung einer verteilten Abfra-

ge eine enorme Herausforderung darstellen. Für eine einzelne Datenbank wird die Optimierung mit der Ausführung von *EXPLAIN* und der Durchführung der entsprechenden Feinabstimmungen vorgenommen. Verteilt sich eine Abfrage jedoch auf verschiedene Datenbanken, wird die generelle Optimierung der Abfragen ein umfangreicherer Vorgang. Viele Verwalter verteilter Datenbanken bedienen sich einer verteilten Abfrage, die sie in Unterabfragen gliedern, welche unabhängig voneinander optimiert und für die verteilten Datenbanken ausgeführt werden (manchmal simultan). Die Abfrage wird als bearbeitet betrachtet, wenn die letzte Unterabfrage erfolgreich erledigt und die Ergebnisse dem Benutzer zurückgegeben wurden. Wie bereits erwähnt, wird diese Vorgehensweise manchmal als die *Architektur des schwächsten Glieds* bezeichnet. Wird eine verteilte Abfrage in vier Unterabfragen gegliedert, dann legt zum Beispiel die am längsten dauernde Unterabfrage die gesamte Leistungsstärke für die vollständige Abfrage fest, unabhängig davon, wie schnell die drei anderen Unterabfragen erledigt werden. Im nächsten Kapitel beschäftigen wir uns mit der Optimierung von SQL-Abfragen.

Oracle SQL-Optimierung

Es gibt zahlreiche Bücher, die sich mit dem effizienten Einsatz von Oracle-SQL befassen, aber nur einige wenige allgemeine Regeln und Richtlinien, die tatsächlich effektiv optimale Leistungen Ihres Oracle-Systems garantieren. Dieses Kapitel konzentriert sich auf die grundlegenden Techniken, mit denen eine maximale Leistung des SQL-Codes mit minimalem Aufwand erreicht werden kann. Die Optimierung von SQL hat größeren Einfluß auf die Leistungsfähigkeit einer Datenbank als alle andere Aktivitäten, abgesehen von der Initialisierung der Datenbanktabellen. *Abbildung 5.1* zeigt, wie die SQL-Optimierung die Leistungsfähigkeit von Oracle beeinflussen kann. In diesem Kapitel werden Sie sehen, daß es viele Möglichkeiten gibt, eine Anwendung über den SQL-Code zu optimieren. Wir befassen uns mit den folgenden Themen der SQL-Optimierung in einer Oracle-Umgebung:

- SQL-Syntax
- Indizes
- *EXPLAIN PLAN*
- Der Oracle-Optimizer
- Gespeicherte Prozeduren und Trigger
- ODBC als Server-Schnittstelle
- Simulation von Objektorientierung mit SQL
- Oracle8-Objekte

Abb. 5.1:
Die Bedeutung des Optimierens für die Leistungsfähigkeit von Oracle

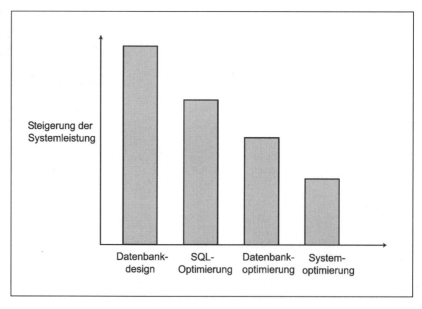

Steigerung der Systemleistung

Datenbank-design | SQL-Optimierung | Datenbank-optimierung | System-optimierung

Die SQL-Syntax von Oracle optimieren

QL ist eine deklarative Sprache, in der die Abfragen auf viele verschiedene Arten verfaßt werden können. Bei einer Vielzahl von Abfragen können identische Ergebnisse erzielt werden, wobei sich jedoch die Ausführungszeiten deutlich unterscheiden können. Um dies zu veranschaulichen, nehmen wir an, wir hätten eine Angestelltentabelle mit nur 15 Zeilen und einem Index für *sex (Geschlecht)* und *hiredate (Einstellungsdatum)*. Mit der folgenden Abfrage werden die weiblichen Angestellten ermittelt, die in den letzten 90 Tagen eingestellt wurden (bei diesem Beispiel wird vorausgesetzt, daß Sie den regelbasierten Optimizer von Oracle verwenden):

```
SELECT emp_name
FROM EMPLOYEE
WHERE
sex = 'F'
AND
hiredate BETWEEN SYSDATE-90 AND SYSDATE;
```

Da die Tabelle nur 15 Zeilen hat, wäre die effektivste Anwort auf die Abfrage ein Durchsuchen der gesamten Tabelle. Dennoch durchsucht Oracle den vorhandenen Index, auch wenn ein vollständiges Durchsuchen der Tabelle schneller wäre. Dadurch werden zusätzliche Ein- und Ausgaben notwendig, weil der Indexbaum für den Zugriff auf die Zeilen in der Tabelle gelesen wird. Dieses einfache Beispiel soll illustrieren, daß die Ausführungszeit des SQL-Codes stark von der Struktur der Abfrageanweisungen sowie der internen Indexstruktur von Oracle abhängt.

Wir verzichten in diesem Kapitel auf die Optimierung etwas abwegigerer Abfragen, wie beispielsweise äußere *JOINs* und *NULL*-wertige Fremdschlüsselabfragen. Statt dessen konzentrieren wir uns auf die Optimierung einiger allgemeiner SQL-Abfragen, die sich auf den aufwands- und regelbasierten Optimizer von Oracle beziehen. Diese Richtlinien ersetzten das SQL Explain Plan-Hilfsprogramm nicht, sie können jedoch die Gefahr verringern, daß eine Datenbankabfrage in großem Maße Systemressourcen beansprucht.

In den nächsten Abschnitten befassen wir uns mit Überlegungen zum Aufwand für SQL-Optimierungsentscheidungen und der Verwendung von logischen Operatoren zur SQL-Optimierung. Außerdem stellen wir einige allgemeine Regeln vor, mit denen Sie das Beste aus Ihrem SQL-Code herausholen können, egal welchen Optimizer Sie auch einsetzen.

Überlegungen zum Aufwand

Der erste Schritt beim Optimieren der Oracle-SQL besteht darin, den relativen Aufwand für jede Art von SQL-Zugriff zu betrachten. Oracle hat die in *Tabelle 5.1* aufgeführte Aufwandsliste veröffentlicht, in der der relative Aufwand jeder Art von Zeilenzugriff beschrieben wird.

KOSTEN	ANWEISUNGSTYP
1	Einzelne Zeile über *ROWID*
2	Einzelne Zeile über Cluster-*JOIN*
3	Einzelne Zeile über Hash-Cluster-Schlüssel mit eindeutigem oder Primärschlüssel
4	Einzelne Zeile über eindeutigen oder Primärschlüssel
5	Cluster-*JOIN*
6	Hash-Cluster-Schlüssel
7	Index-Cluster-Schlüssel
8	Bei Verwendung eines mehrspaltigen Index
9	Bei Verwendung eines einspaltigen Index
10	Bounded-Bereichssuche über Indexspalten
11	Unbounded-Bereichssuche über nicht indizierte Spalten

Tab. 5.1: Die Kosten für verschiedene SQL-Zugriffe

Wie Sie sehen können, führt der schnellste Weg zum Auffinden einer Zeile über die Zeilennummer. Eine Zeilen-ID (die unter Oracle als *ROWID* bezeichnet wird) ist die Nummer eines Datenbankblocks, gefolgt vom „Adreßabstand" oder der Position der Zeile im Block. Die Nummer 1221:3 bezieht sich zum Beispiel auf die dritte Zeile im Block mit der Nummer 1221. Erfahrene Programmierer speichern die *ROWID* zwischen, wenn die Zeile später noch einmal benötigt wird. Die *ROWID* ist unter Oracle eine gültige Spaltenanweisung, so daß Sie die *ROWID* zusammen mit den Daten in einer einzigen Anweisung verwenden können:

```
SELECT ROWID FROM EMPLOYEE INTO :myvar WHERE emp_name =
'BURLESON';
```

Das vollständige Durchsuchen einer Tabelle steht am anderen Ende des Aufwandsspektrums. Wie bereits früher angemerkt wurde, kann das vollständige Durchsuchen bei einer kleinen Tabelle wünschenswert sein, bei einer umfangreichen Oracle-Tabelle kann dies jedoch zu starken Beeinträchtigungen führen. Daher muß neben allen anderen Optimierungstechniken für SQL zuerst ein vollständiges Lesen von Tabellen vermieden werden. Zusammenfassend kann festgestellt werden, daß das vollständige Durchsuchen einer großen Tabelle *immer* durch korrekte

Indizierung und die Verwendung von Indexverweisen vermieden werden kann. Es muß jedoch noch etwas anderes berücksichtigt werden: Das vollständige Durchsuchen einer Tabelle kann zwar die schnellste Vorgehensweise für eine bestimmte Abfrage mit umfangreichen *WHERE*-Bedingungen sein, es geht aber immer auf Kosten anderer SQL-Operationen des Systems. Es stellt sich daher die Frage: Geht es um die Optimierung einer bestimmten Abfrage oder um eine Datenbank als Ganzes? Die Antwort auf diese Frage ist einfach, da jede SQL-Anweisung individuell optimiert werden muß, eine individuelle Optimierung aber nicht auf Kosten anderer Abfragen der Datenbank vorgenommen werden darf. Beginnen wir unsere Erläuterungen zur SQL-Leistungsverbesserung mit der Erörterung des Einflusses der *WHERE*-Bedingungen.

Die logischen SQL-Operatoren

Ein grundlegendes Problem im Umgang mit der Oracle-SQL ist eine „unsaubere" Angabe von *WHERE*-Bedingungen, die zu einem ineffektiven Tabellenzugriff führen kann, egal, ob der regel- und kostenbasierte Optimierer eingesetzt wird oder nicht. Eine „unsaubere" SQL-Anweisung ist eine Anweisung, die durch eine Umstrukturierung der Abfrage effektiver gestaltet werden kann. Um dies zu veranschaulichen, betrachten wir die folgende Abfrage:

```
SELECT
    student_name
FROM
    STUDENT
WHERE
    (student_nbr = :host_student
OR
    :host_student IS NULL)
AND
    (social_security_nbr = :host_social
OR
    :host_social IS NULL);
```

Der SQL-Code dieser Abfrage ist so formuliert, daß entweder *student_nbr* oder *social_security_nbr* abgefragt wird. Dies ist eine sinnvolle Formulierung einer SQL-Abfrage, da der Benutzer den gleichen SQL-Code verwenden kann, unabhängig davon, ob er auf die Studenten über *student_nbr* oder *social_security_nbr* zugreift. Aus der Sicht des Programmierers ist der SQL-Code kurz und bündig und die Vorgehensweise klar festgelegt. Sie werden jedoch sehen, daß diese Abfrage nicht mit optimaler Effizienz durchgeführt wird.

Dies hebt einen wichtigen Punkt bei der Optimierung von SQL hervor. Die „Eleganz" einer SQL-Anweisung verhält sich häufig umgekehrt proportional zur Leistungsfähigkeit einer Abfrage. Leider lernen viele SQL-Programmierer SQL in logisch kompakter Form zu formulieren, in der Annahme, daß der Optimierer in der Lage ist, die Abfrage zu überprüfen und den schnellsten Zugriffsweg zu finden. Eine kompakte Oracle-Abfrage kann jedoch zum vollständigen Durchsuchen der Tabelle *STUDENT* führen, was folgendem Ausführungsweg entspräche:

```
TABLE ACCESS          FULL          STUDENT
```

Unter Oracle kann dieses Dilemma durch Formulierung von vier getrennten Abfragen mit jeweils anderen logischen Bedingungen vermieden werden. Der erste Teil wird abgefragt, wenn eine *student_nbr* zur Verfügung steht, der zweite Teil, wenn eine *social_security_nbr* vorhanden ist, der dritte Teil wird ausgeführt, wenn sowohl *student_nbr* als auch *social_security_nbr* angegeben werden, und der vierte Teil der Abfrage wird schließlich nur dann ausgeführt, wenn kein Wert angegeben wird. Die Abfrage würde wie folgt formuliert werden:

```
SELECT
   student_name
FROM
   STUDENT
WHERE
   student_nbr = :host_student
   AND
   :host_student IS NOT NULL
   AND
   :host_social  IS     NULL
UNION
SELECT
   student_name
FROM
   STUDENT
WHERE
   social_security_nbr = :host_social
   AND
   :host_social  IS NOT NULL
   AND
   :host_student IS     NULL
UNION
SELECT
   student_name
FROM
   STUDENT
WHERE
   student_nbr = :host_student
   AND
   social_security_nbr = :host_social
```

```
       AND
       :host_social  IS NOT NULL
       AND
       :host_student IS NOT NULL
  UNION
  SELECT
       student_name
  FROM
       STUDENT
  WHERE
       :host_social  IS NULL
       AND
       :host_student IS NULL
  ;
```

Die Art und Weise, wie hier die Bedingungen einer Abfrage angegeben
werden, mag sehr umständlich und verwirrend erscheinen, insbesondere
deshalb, weil die Ergebnisse identisch sind. Die letzte Abfrage wird jedoch trotz der umständlicheren Formulierung wesentlich schneller ausgeführt, als die zuerst aufgeführte, wie aus dem folgenden Ausführungsplan ersichtlich ist:

```
PROJECTION
    SORT                        UNIQUE
       UNION-ALL
          FILTER
             TABLE ACCESS       BY ROWID      STUDENT
             INDEX              RANGE SCAN    STU_NBR_SOC_SEC_IDX
          FILTER
             INDEX              RANGE SCAN    SOC_SEC_STU_NBR_IDX
          TABLE ACCESS          BY ROWID      STUDENT
             INDEX              RANGE SCAN    STU_NBR_SOC_SEC_IDX
          FILTER
             TABLE ACCESS       FULL          STUDENT
```

Sie können erkennen, daß die ursprüngliche Abfrage in getrennte Abfragen untergliedert und mit dem SQL-Operator *UNION* verkettet wurde.
Der erste Teil der Abfrage verwendet den verketteten Index auf
student_nbr und *social_security_nbr*, um die Abfrage zu beantworten.
Die zweite und dritte Abfrage verwenden ebenfalls einen Index, und die
vierte durchsucht die Tabelle vollständig, wenn die beiden Eingabe-
variablen den Wert *NULL* haben. Es mag sehr aufwendig erscheinen,
die Abfrage einer Online-Anwendung, die pro Tag tausendmal ausgeführt wird, auf diese Art und Weise umzuschreiben, die dadurch erreich-
te Leistungssteigerung kann jedoch enorm sein. Oracle-SQL ist zwar
grundsätzlich sehr umfangreich, es lassen sich jedoch einige wenige
grundlegende Regeln anwenden. Mit diesen Regeln befassen wir uns im
nächsten Abschnitt.

Allgemeine Regeln für die effiziente Verwendung von SQL

Glücklicherweise gibt es einige allgemeine Regeln für die effiziente SQL-Codierung unter Oracle, die unabhängig vom gewählten Optimizer sind. Diese Regeln mögen sehr simpel erscheinen, ihre sorgfältige Beachtung wird jedoch mehr als die Hälfte der anzutreffenden SQL-Optimierungsprobleme vermeiden helfen:

- Führen Sie nie Berechnungen mit einer indizierten Spalte durch (z.B. WHERE salary * 5 > :myvalue).

- Verwenden Sie möglichst immer die UNION-Anweisung anstelle von Oracle-Bedingungen.

- Vermeiden Sie die Verwendung von NOT IN oder HAVING in WHERE-Klauseln. Verwenden Sie statt dessen die Klausel NOT EXISTS.

- Geben Sie numerische Werte immer numerisch und Zeichenwerte immer als Zeichen an (z.B. WHERE emp_number = 565, WHERE emp_name =-'Jones').

- Vermeiden Sie die Angabe von NULL in indizierten Spalten.

- Vermeiden Sie den Parameter LIKE, wenn = ausreichend ist. Die Verwendung irgendeiner Oracle-Funktion macht den Index ungültig und verursacht dadurch das vollständige Durchsuchen einer Tabelle.

- Vermischen Sie bei einer Oracle-Abfrage niemals die Datentypen, da dadurch der Index ungültig wird. Verwenden Sie keine Anführungszeichen, wenn es sich um eine numerische Spalte handelt (z.B. salary = 50000). Verwenden Sie bei char-Indexspalten immer Anführungszeichen (z.B. name = 'Burleson').

- Bedenken Sie, daß der regelbasierte Optimizer von Oracle auf die Reihenfolge der Tabellennamen in der FROM-Klausel achtet, um die Haupttabelle zu ermitteln. Sorgen Sie immer dafür, daß die in der FROM-Klausel zuletzt angegebene Tabelle diejenige ist, die die niedrigste Anzahl Zeilen zurückgibt. Das heißt mit anderen Worten, geben Sie mehrere umfangreiche Tabellen mit den meisten zu erwartenden Ergebniswerten in der FROM-Klausel an erster Stelle an.

- Vermeiden Sie, bei einem JOIN Unterabfragen zu verwenden.

- Verwenden Sie die decode-Funktion von Oracle, um die Anzahl der notwendigen Auswahl einer Tabelle zu minimieren.

- Um einen Index auszuschalten (nur bei kostenbasiertem Optimizer), den Sie nicht verwenden wollen, verketten Sie eine NULL-Zeichenfolge mit dem Namen der Indexspalte (z.B. name||''), oder fügen Sie den Namen einer numerischen Spalte Null hinzu (z.B. salary+0).

Beim regelbasierten Optimizer gestattet dies die manuelle Auswahl des selektivsten Indexes zur Beantwortung der Abfrage.

■ Liefert Ihre Abfrage mehr als 20% der Zeilen einer Tabelle, durchsuchen Sie die Tabelle vollständig, anstatt den Index zu verwenden.

■ Verwenden Sie immer Alias-Namen, wenn Sie sich auf die Spalte einer Tabelle beziehen.

Einfache Abfragen können auf sehr unterschiedliche Art geschrieben werden. Die einfache Abfrage „Wie viele Studenten haben im letzten Semester die Benotung 1+ erhalten?" kann zum Beispiel auf drei Arten formuliert werden, die alle das gleiche Ergebnis liefern, wie dies in den *Listings 5.1, 5.2 und 5.3* zu sehen ist:

Listing 5.1:
Eine Standard-
JOIN-Abfrage

```
SELECT *
FROM STUDENT, REGISTRATION
WHERE
        STUDENT.student_id = REGISTRATION.student_id
AND
        REGISTRATION.grade = '1+';
```

Listing 5.2:
Eine geschachtelte
Abfrage

```
SELECT *
FROM STUDENT
WHERE
        student_id =
        (SELECT student_id
            FROM REGISTRATION
            WHERE
            grade = '1+'
        );
```

Listing 5.3:
Eine Unterabfrage

```
SELECT *
FROM STUDENT
WHERE
        0 <
        (SELECT count(*)
            FROM REGISTRATION
            WHERE
            grade = '1+'
            AND
            student_id = STUDENT.student_id
        );
```

Die drei Abfragen in den *Listings 5.1, 5.2 und 5.3* liefern die gleichen Ergebnisse, sie unterscheiden sich jedoch hinsichtlich der Antwortzeiten.

Es ist wichtig, darauf hinzuweisen, daß bei einer Verwendung von SQL in einer verteilten Datenbank mehrere Dinge zu beachten sind. Verteilte SQL-Abfragen funktionieren auf die gleiche Weise wie Abfragen einer einzigen Datenbank, mit der Ausnahme, daß datenbankübergreifende *JOINs* und Aktualisierungen Indizes verwenden können, die in unterschiedlichen Datenbanken angeordnet sind. Ein grundlegendes Verständnis des SQL-Verhaltens kann daher zu erheblichen Leistungssteigerungen führen.

Nachdem wir uns mit den grundlegenden Merkmalen der SQL-Syntax und ihrer Ausführung befaßt haben, wenden wir uns nun dem Einfluß der Indizes auf die Leistungsfähigkeit von SQL-Abfragen zu.

SQL mit Indizes optimieren

Allgemein gilt, daß Indizes immer die Leistungsstärke einer Datenbankabfrage steigern. Bei einigen Datenbanken, wie zum Beispiel DB2, kann in Situationen, in denen die Abfrage eine Tabelle in der gleichen Reihenfolge durchsuchen will, in der die Reihen physisch angeordnet sind, die Verwendung eines Index die Leistungsfähigkeit jedoch tatsächlich vermindern. Für Oracle sind Indizes aus zwei Gründen zu empfehlen: Um das Auffinden einer kleinen Anzahl von Tabellenzeilen zu beschleunigen und um die Ergebnisse „vorzusortieren", so daß beim Verwenden der SQL-Klausel *ORDER BY* kein interner Sortiervorgang ausgelöst wird.

Der SQL-Optimizer muß erkennen können, daß eine Spalte einen gültigen Indexwert hat, um diesen benutzen zu können. Dies geschieht über das sogenannte *Prädikat*, mit dem der Indexzugriff festgelegt wird. *Listing 5.4* zeigt einige gültige Prädikate und *Listing 5.5* einige ungültige:

Listing 5.4:
Gültige Prädikate

```
SELECT * FROM EMPLOYEE WHERE emp_no = 123;

SELECT * FROM EMPLOYEE WHERE dept_no = 10;
```

Listing 5.5:
Ungültige
Prädikate

```
SELECT * FROM EMPLOYEE WHERE emp_no = '123';

SELECT * FROM EMPLOYEE WHERE salary * 2 < 50000;

SELECT * FROM EMPLOYEE WHERE dept_no != 10;
```

Immer wenn eine Umwandlung eines Feldwertes stattfindet, ist eine Oracle-Datenbank nicht in der Lage, einen Index für diese Spalte zu verwenden.

Einige Datenbanken, wie zum Beispiel DB2, erkennen eine lineare Suche durch eine Tabelle und lösen ein *sequentielles Vorauslesen* aus, um bereits im voraus die Daten mit einzulesen. Oracle verwendet den Parameter *DB_FILE_MULTIBLOCK_READ_COUNT* aus der Datei *init<SID>.ora* für das vorausschauende Lesen. Im allgemeinen ist eine SQL-Abfrage, bei der mehr als 20% der Tabellenzeilen erfaßt werden, schneller, wenn der Optimizer die gesamte Tabelle durchsucht, anstatt einen Index zu verwenden.

Nehmen wir zum Beispiel an, daß eine Tabelle, in der Studenten erfaßt sind, über 1.000 Zeilen verfügt, von denen 900 nicht graduiert und 100 graduiert sind. Für das Feld *student_level* mit den Einträgen *UNDERGRAD* und *GRAD* wurde ein nicht eindeutiger Index eingerichtet. Ein und dieselbe Abfrage kann hierbei von unterschiedlichen Zugriffsweisen profitieren, die von der Formulierung der *WHERE*-Klausel abhängen. Bei der folgenden Abfrage werden 90% der Tabellenzeilen erfaßt und ein vollständiges Durchsuchen ist schneller als die Wahl eines Index durch den Optimizer:

```
SELECT * FROM STUDENT WHERE student_level = 'UNDERGRAD';
```

Bei der nächsten Abfrage werden nur 10% der Tabellenzeilen erfaßt. Sie wird schneller ausgeführt, wenn der Index für das Feld *student_level* verwendet wird:

```
SELECT * FROM STUDENT WHERE student_level = 'GRAD';
```

Leider kann die Oracle-Datenbank nicht vorhersagen, wie viele Tabellenzeilen bei einer Abfrage zurückgeliefert werden. Viele SQL-Optimizer greifen auf einen Index zu, auch wenn dies nicht immer die schnellste Zugriffsmethode ist.

Als Abhilfe für dieses Problem gestattet Oracle-SQL dem Benutzer, den Indexzugriff zu steuern. Dies ist eine große Verletzung der deklarativen Struktur im theoretischen Aufbau von SQL: Der Benutzer soll die Zugriffspfade nicht steuern. In der Praxis kann diese Erweiterung jedoch zu Leistungsverbesserungen führen. Oracle erlaubt beispielsweise ein Verketten des Namensfeldes in der *WHERE*-Klausel mit einer *NULL*-Zeichenfolge, um den Indexzugriff zu unterdrücken. Die vorangegangene Abfrage könnte mit Oracle-SQL wie folgt umgeschrieben werden, um den Index *student_level* zu umgehen:

```
SELECT * FROM STUDENT WHERE student_level||'' = 'UNDERGRAD';
```

Die Verkettung (||) einer *NULL*-Zeichenfolge mit dem Feld weist den Oracle SQL-Optimizer an, die Indexverwendung für dieses Feld zu übergehen und führt dadurch zu einem schnelleren Lesen der gesamten Tabelle. Dies ist ein sehr wichtiger Punkt. Obwohl der SQL-Optimizer von Oracle8 intelligenter im Umgang mit den Datenbanken geworden ist, kann er immer noch nicht die Struktur der Daten verstehen und wird daher nicht immer den günstigsten Zugriffspfad wählen.

Neben der Indizierung einzelner Spalten gestattet Oracle auch Indizes, die die Werte mehrerer Spalten enthalten. Diese werden üblicherweise als *Mehrspalten-* oder *verkettete Indizes* bezeichnet, die für den professionellen Datenbankentwickler ein wirkungsvolles Werkzeug zur Leistungssteigerung bei bestimmten SQL-Abfragen darstellen.

Verkettete Indizes

Ein verketteter Index wird für mehrere Spalten erstellt. Diese Indexart kann eine Abfrage stark beschleunigen, wenn alle Indexspalten in der *WHERE*-Klausel der SQL-Abfrage angegeben werden. Betrachten wir als Beispiel den folgenden Index der Tabelle *STUDENT*:

```
CREATE INDEX idx1
ON STUDENT
(student_level, major, last_name) ascending;
```

Der folgende verkettete Index, der sich in der *WHERE*-Klausel auf *student_level* und *major* bezieht, könnte zur Beschleunigung der Abfragen verwendet werden:

```
SELECT student_last_name FROM STUDENT
WHERE
    student_level = 'UNDERGRAD'
AND
    major = 'computer science';
```

Trotzdem werden einige Abfragen, die *major* und *student_level* verwenden, nicht in der Lage sein, diesen verketteten Index zu benutzen. In diesem Beispiel bezieht sich die Abfrage nur auf das Feld *major*:

```
SELECT * FROM STUDENT
WHERE
    major = 'computer science';
```

In diesem Beispiel wird *student_level* nicht verwendet, obwohl es der oberste Indexschlüssel ist, da es nach *student_level* noch weitere Indexschlüssel gibt. Weil *major* die zweite Spalte im Index ist, wird Oracle zu dem Schluß kommen, daß der Index nicht verwendet werden kann. Hier noch ein anderes Beispiel:

```
SELECT last_name FROM STUDENT
WHERE
    student_level = 'PLEBE'
ORDER BY last_name;
```

Da *student_level* in diesem Fall das erste Element des Index ist, kann der führende Teil des Index gelesen werden, so daß der Optimizer eine Indexsuche durchführt. Warum wurde hier *last_name* dem Index hinzugefügt, obwohl in der *WHERE*-Klausel nicht darauf verwiesen wird? Weil Oracle in der Lage ist, die Abfrage ausschließlich über das Lesen des Index zu beantworten, wird auf die Zeilen der Tabelle *STUDENT* niemals zugegriffen, und da die *ORDER BY*-Klausel eine Sortierung von *last_name* verlangt, wird Oracle keine Sortierung dieser Daten durchführen müssen.

Der Operator NOT

Der Operator *NOT (!)* führt dazu, daß ein Index umgangen wird, daher führt die folgende Abfrage „Zeige mir alle nicht graduierten, die nicht (*NOT*) zum Fach Computer Science gehören", zu einem vollständigen Durchsuchen der Tabelle:

```
SELECT * FROM STUDENT
WHERE
    student_level = 'UNDERGRAD'
AND
    major != 'computer science';
```

Die *NOT*-Bedingung ist kein Prädikat und veranlaßt eine vollständige Durchsuchung der Tabelle.

Nachdem wir uns nun mit der Verästelung der Indizes unter Oracle-SQL befaßt haben, wollen wir uns intensiver mit SQL und damit beschäftigen, wie mit dem Hilfsprogramm *EXPLAIN PLAN* von Oracle der Zugriff bei einer Abfrage der Datenbank verbessert werden kann.

Das Oracle-Hilfsprogramm
EXPLAIN PLAN

Für die meisten SQL-Implementierungen gibt es Hilfen zum Abfragen des Zugriffspfades. Um die Ausgabe von *EXPLAIN PLAN* betrachten zu können, müssen Sie zuerst eine *PLAN_TABLE*-Tabelle erstellen. Im Verzeichnis *$ORACLE_HOME/rdbms/admin* finden Sie das Skript *utlxplan.sql*. Führen Sie *utlxplan.sql* aus, und erstellen Sie wie folgt ein öffentliches Synonym für *PLAN_TABLE*:

```
sqlplus > @utlxplan
table created.

sqlplus > CREATE PUBLIC SYNONYM PLAN_TABLE FOR SYS.PLAN_TABLE;
synonym created.
```

Die meisten relationalen Datenbanken verwenden ein *EXPLAIN PLAN*-Programm, das SQL-Anweisungen als Eingabe erhält, den SQL-Optimizer ausführt und die Informationen zum Zugriffspfad in der Tabelle *PLAN_TABLE* ausgibt, welche dann bezüglich der Zugriffsmethoden abgefragt werden kann.

Das *Listing 5.6* benutzt das *EXPLAIN PLAN*-Programm, um eine umfangreiche Datenbankabfrage durchzuführen:

Listing 5.6:
Ein Beispiel für
eine Datenbank-
abfrage

```
EXPLAIN PLAN SET statement_id = 'test1' FOR
SET statement_id = 'RUN1'
INTO PLAN_TABLE
FOR
SELECT    'T'||PLANSNET.terr_code, 'P'||DETPLAN.pac1 || DETPLAN.pac2 ||
          DETPLAN.pac3, 'P1', sum(PLANSNET.ytd_d_ly_tm),
                              sum(PLANSNET.ytd_d_ty_tm),
                              sum(PLANSNET.jan_d_ly),
                              sum(PLANSNET.jan_d_ty),
FROM PLANSNET, DETPLAN
WHERE
    PLANSNET.mgc = DETPLAN.mktgpm
AND
    DETPLAN.pac1 in ('N33','192','195','201','BAI',
    'P51','Q27','180','181','183','184','186','188',
    '198','204','207','209','211')
GROUP BY 'T'||PLANSNET.terr_code, 'P'||DETPLAN.pac1 || DETPLAN.pac2 ||
DETPLAN.pac3;
```

Die Syntax aus *Listing 5.6* wird dem SQL-Optimizer weitergereicht, der die Abfrage analysiert und die Ausführungsplaninformationen in einer mit *RUN1* bezeichneten Zeile der *PLAN_TABLE*-Tabelle speichert. Beachten Sie bitte, daß die Abfrage nicht ausgeführt wird, es werden lediglich die internen Zugriffsinformationen in die Tabelle geschrieben. Die *PLAN_TABLE*-Tabelle enthält die folgenden Felder:

- *operation* – Die Art des durchgeführten Zugriffs. Hier finden sich gewöhnlich Einträge zum Tabellenzugriff, zur Tabellenverschmelzung, zum Sortieren oder zu Index-Operation.

- *options* – Parameter für die Operation, die das vollständige Lesen, Wertebereichslesen oder einen *JOIN* der Tabelle angeben.

- *object_name* – Der Name der von der Abfragekomponente benutzten Tabelle.

- *statement_ID* – Die Bezeichnung der Abfragekomponente aus der *EXPAIN PLAN*-Anweisung.

- *ID* – Die eindeutige Bezeichnung der Abfragekomponente.

- *parent_ID* – Der der Abfragekomponente übergeordnete Teil. Beachten Sie, daß mehrere Abfragekomponenten zum gleichen übergeordneten Teil gehören können.

Nachdem *PLAN_TABLE* erstellt und gefüllt worden ist, können Sie nun mit der folgenden Abfrage Ihre Ausgabe abfragen:

```
plan.sql - displays contents of the explain plan table

SET PAGES 9999;
SELECT  lpad(' ',2*(level-1))||operation operation,
        options,
        object_name,
        position
FROM PLAN_TABLE
START WITH id=0
AND
statement_id = 'RUN1'
CONNECT BY prior_id = parent_id
AND
statement_id = 'RUN1';
```

Das *Listing 5.7* zeigt die Ausgabe der Abfrage in **Listing 5.6:**

Listing 5.7:
Die Ausgabe der
PLAN_TABLE

```
SQL> @plan

OPERATION
---

OPTIONS                         OBJECT_NAME              POSITION
---                             ---          ---

SELECT STATEMENT

  SORT
GROUP BY                                                        1

    CONCATENATION                                               1

      NESTED LOOPS                                              1

        TABLE ACCESS FULL       PLANSET                         1

        TABLE ACCESS BY ROWID   DETPLAN                         2

          INDEX RANGE SCAN      DETPLAN_INDEX5                  1

      NESTED LOOPS                                              1
```

Der Ausgabe können Sie die unangenehme Information entnehmen, daß für die Tabelle *PLANSET* ein vollständiger Zugriff erfolgt (*TABLE ACCESS FULL*). Wenden Sie sich noch einmal dem SQL-Code zu, und suchen Sie nach einer Spalte *PLANSNET* in der *WHERE*-Klausel, um die Ursache hierfür herauszufinden. Sie werden dort feststellen, daß die *mgc* genannte *PLANSET*-Spalte als *JOIN*-Spalte der Abfrage verwendet wird, was anzeigt, daß für *PLANSNET.mgc* ein Index erforderlich ist, um die Abfrage der gesamten Tabelle zu verhindern.

Die *PLAN_TABLE*-Tabelle ist zwar nützlich, um den Zugriffspfad auf die Daten herauszufinden, sie deckt jedoch nicht alle Bereiche ab. Auch die Konfiguration der Daten muß bedacht werden. Der SQL-Optimizer kennt zwar die Zeilenzahl jeder Tabelle (die Grundanzahl) und die indizierten Felder, er kann aber bestimmte Faktoren nicht berücksichtigen, wie zum Beispiel die zu erwartende Anzahl der zurückgelieferten Zeilen für jeden Bestandteil der Abfrage.

Das andere Werkzeug, das im Zusammenhang mit der *PLAN_TABLE*-Tabelle eingesetzt wird, ist das SQL-Programm *Trace*. Die meisten Datenbankverwaltungssysteme verfügen über ein Trace-Programm, das die insgesamt von einem Teil der Abfrage benutzten Ressourcen anzeigt. Die Trace-Tabelle gibt die Anzahl der für eine SQL-Abfrage erforderlichen Ein- und Ausgaben sowie die beanspruchte Prozessorzeit jedes Abfragebestandteils an.

Andere relationale Datenbanken, wie beispielsweise DB2, erlauben dem Datenbankverwalter die Angabe einer physischen Reihenfolge zum Speichern der Zeilen, was unter Oracle8 ebenfalls simuliert werden kann. Diese Reihenfolge entspricht im allgemeinen dem Spaltenwert, der am häufigsten verwendet wird, wenn eine Tabelle von einer Anwendung sequentiell gelesen wird. Wird auf eine Kundentabelle häufig in der Reihenfolge der Kundennummern zugegriffen, dann sollten die Zeilen physisch in der Reihenfolge der Kundennummern gespeichert werden.

Die Ausgabe von *EXPLAIN PLAN* zeigt viele Zugriffsmethoden auf die Datenbank. Zu den wichtigsten Zugriffsmethoden gehören:

- *AND-EQUAL* – Zeigt an, daß für die Tabellen ein *JOIN* vorgenommen wird und daß Oracle in der Lage ist, diese Werte des Index zur Verbindung der Zeilen zu verwenden.

- *CONCATENATION* – Zeigt eine *UNION*-Operation an.

- *COUNT* – Zeigt die Verwendung der SQL-Funktion *count* an.

- *FILTER* – Zeigt an, daß die *WHERE*-Klausel unerwünschte Zeilen aus dem Ergebnis entfernt.

- *FIRST ROW* – Weist daraufhin, daß für die Abfrage ein Cursor deklariert wurde.

- *FOR UPDATE* – Zeigt an, daß die zurückgegebenen Zeilen für das Schreiben gesperrt wurden (normalerweise mit *SELECT ...FOR UP-DATE OF ...*).

- *INDEX(UNIQUE SCAN)* – Zeigt an, daß der Index nach einem mit der *WHERE*-Klausel angegebenen Wert durchsucht wurde.

- *INDEX (RANGE SCAN)* – Zeigt an, daß ein numerischer Index nach einem Wertebereich durchsucht wurde (normalerweise mit *BETWEEN LESS_THAN* oder *GREATER_THAN*).

- *INTERSECTION* – Zeigt eine Lösungsreihe zweier mit *JOIN* verbundener Tabellen an.

- *MERGE JOIN* – Zeigt an, daß zwei Ergebnisreihen für die Beantwortung einer Abfrage verwendet wurden.

- *NESTED LOOPS* – Zeigt an, daß die letzte Operation n-mal für die jeweils vorausgegangene Operation ausgeführt wird. Bei *INDEX (UNIQUE)* werden diese Operationen beispielsweise für jede von *TABLE ACCESS (FULL)* zurückgegebene Zeile ausgeführt: *NESTED LOOPS, TABLE ACCESS (FULL) OF 'CUSTOMER'* und *INDEX (UNIQUE) OF SY_01_IDX*.

- *PROJECTION* – Zeigt an, daß nur bestimmte Spalten einer ausgewählten Zeile zurückgegeben werden.

- *SORT* – Zeigt einen Sortiervorgang an, entweder im Arbeitsspeicher oder im Tablespace *TEMP*.

- *TABLES ACCESS (BY ROWID)* – Zeigt einen sehr schnellen Zeilenzugriff über die *ROWID* an.

- *TABLE ACCESS (FULL)* – Zeigt das vollständige Lesen einer Tabelle an, was außer bei sehr kleinen Tabellen immer bedenklich ist.

- *UNION* – Zeigt an, daß möglicherweise die *DISTINCT*-Klausel verwendet wurde.

- *VIEW* – Zeigt an, daß eine SQL-Datensicht erstellt wurde.

Für die Datenbankstatistik können Pakete angelegt werden, um die vorgenannten Informationen einzuholen. Diese Pakete neigen jedoch dazu, sehr viele Ressourcen zu beanspruchen. Das Einschalten der Trace-Statistik für einen sehr kurzen Zeitraum ist äußerst sinnvoll, um repräsentative Daten über den SQL-Zugriff zu sammeln.

Professionelle Entwickler kennen viele Tricks, um die Leistungsfähigkeit von Oracle zu steigern. Nehmen wir das folgende Beispiel: Sie wollen alle Benutzer von Oracle ohne großen Zeitaufwand ermitteln. Hierfür können Sie die folgende Abfrage formulieren:

```
SELECT USERNAME FROM DBA_USERS
WHERE USERNAME NOT IN
(SELECT GRANTEE FROM DBA_ROLE_PRIVS);
```

Diese Abfrage benötigt 18 Sekunden. Nehmen wir nun an, Sie schreiben die gleiche Abfrage um, so daß temporäre Tabellen verwendet werden:

```
CREATE TABLE TEMP1 AS
  SELECT DISTINCT USERNAME FROM DBA_USERS;

CREATE TABLE TEMP2 AS
  SELECT DISTINCT GRANTEE FROM DBA_ROLE_PRIVS;

SELECT USERNAME FROM TEMP1
WHERE USERNAME NOT IN
(SELECT GRANTEE FROM TEMP2);
```

Diese Abfrage benötigt weniger als drei Sekunden. Es ist hier zwar nur von untergeordneter Bedeutung, daß die zweite Abfrage wesentlich schneller ausgeführt wird, die Ursache liegt jedoch darin, daß sie eine kleine, temporäre Tabelle abfragt, während die ursprüngliche Abfrage eine umfangreiche Datensicht verwendet hat, die sich wiederum aus großen Tabellen zusammengesetzt hat, welche zur Laufzeit mit einem *JOIN* verbunden wurden.

Betrachten wir nun, wie die Oracle-Optimizer manipuliert werden können, damit schnelle Antwortzeiten gewährleistet werden können.

Optimieren mit den Oracle-Optimizern

D as Ziel der SQL-Optimierung ist ein sehr einfaches, der Vorgang selbst kann jedoch zu einer komplizierten Aufgabe werden. Für die SQL-Optimierung muß der entsprechende SQL-Standard-Optimizer ausgewählt und die sich wiederholenden SQL-Anwendungen individuell überprüft werden, um so sicherzustellen, daß ein optimaler Zugriffspfad für Oracle verwendet wird.

Es gibt viele Diskussionen darüber, welcher der „beste Weg" für eine Oracle-Abfrage ist. Zum einen ist es derjenige mit der schnellsten Antwortzeit (die *first_rows*-Trefferquote). Zum anderen ist es der Weg, auf dem nur ein Minimum an Datenbankressourcen in Anspruch genommen wird (die *all_rows*-Trefferquote). Zu den allgemeinen Zielen bei der SQL-Optimierung gehören:

■ Vermeidung des vollständigen Lesens von Tabellen durch Anlegen von Indizes immer dann, wenn der Aufwand hierfür geringer ist, als für das Abwarten des vollständigen Lesens der Tabelle.

■ Dafür zu sorgen, daß der SQL-Optimizer alle Indizes korrekt verwendet.

■ Immer wenn es angebracht ist, sollten Bitmap-Indizes verwendet werden.

■ Kostenbasierte Hinweise zu verwenden, um die Geschwindigkeit von SQL-Abfragen zu verbessern.

Der folgende Abschnitt ist im Hinblick auf die SQL-Optimierung der wichtigste in diesem Kapitel. Wir befassen uns mit den kosten- und regelbasierten Oracle-Optimizern und wenden uns dann dem Thema zu, wie diese *Hinweise* im SQL-Code eingebettet werden können, um so die Leistungen zu verbessern. Am Schluß stellen wir eine allgemeine Strategie für die SQL-Optimierung vor, mit der die Bemühungen eines Oracle-Entwicklers erfolgversprechender werden.

SQL-Optimizer

Oracle bietet zwei Methoden zur SQL-Optimierung. Mit Oracle 7.2 und späteren Versionen können Sie den kostenbasierten Optimizer einsetzen, während für die Versionen 7.1 und frühere der regelbasierte Optimizer zu empfehlen ist. Für die Version 6 stand nur die regelbasierte Methode zur Verfügung. Beim regelbasierten Optimizer wird der Zugriffspfad über die Indizierung der Tabellen und die Reihenfolge der Klauseln innerhalb der SQL-Anweisungen gesteuert. Der kostenbasierte Optimizer legt den effizientesten Ausführungsweg automatisch fest, wobei der Programmierer *Hinweise* hinzufügen kann, um den Zugriffspfad zu verändern. Seit der Version 7.3.3 können der kosten- und der regelbasierte Optimizer durch Setzen der Parameter *optimizer_mode* auf den Wert *rule, all_rows, first_rows* oder *choose* in der Datei *init<SID>.ora* wie folgt eingestellt werden:

■ *optimizer_mode=rule* – Dadurch wird der regelbasierte Optimizer aktiviert, unabhängig davon, ob Statistiken für Tabellen oder Indizes vorliegen.

■ *optimizer_mode=all_rows* oder *optimizer_mode=first_rows* – Hierdurch wird der kostenbasierte Optimizer eingesetzt, und zur Laufzeit werden Statistiken für Tabellen und Indizes ermittelt, wenn diese nicht bereits existieren.

■ *optimizer_mode=choose* – Immer wenn Statistiken für irgendeine Tabelle oder einen Index vorhanden sind, wird der kostenbasierte Optimizer aktiviert. Enthalten alle Tabellen der Abfrage keine Statistiken, wird der regelbasierte Optimizer verwendet.

Seien Sie im Umgang mit der Option *choose* sehr vorsichtig. Überlassen Sie Oracle die Wahl des Optimizer-Modus, wird der kostenbasierte Optimizer vorgezogen, wenn es für jegliche beliebige Tabelle der Abfrage Statistiken gibt. (Statistiken werden mit dem Befehl *ANALYZE TABLE* erstellt). Wird zum Beispiel für einen *JOIN* aus drei Tabellen der Modus *choose* angegeben und es liegen Statistiken für eine der Tabellen vor, wird sich Oracle für den kostenbasierten Optimizer entscheiden und während der Laufzeit *ANALYZE TABLE ESTIMATE STATISTICS* ausführen. Dadurch wird die Abfrage extrem langsam.

Der Optimizer-Modus (Regel gegen Kosten) kann auf Datenbank- oder Programmebene gesteuert werden. Vor der Version 7.0.16 gab es mit dem kostenbasierten Optimizer erhebliche Probleme und Oracle riet zum Einsatz des regelbasierten Optimizers. Beim regelbasierten Optimizer werden Tabellennamen von rechts nach links gelesen. Daher sollte in der *FROM*-Klausel die Tabelle, die die geringste Zeilenanzahl zurückgibt, als letzte stehen. Dies ist beim kostenbasierten Optimizer genau umgekehrt, der die Tabellennamen von links nach rechts liest. Trotz aller Bemühungen von Oracle bleibt der regelbasierte Optimizer die bessere Wahl für viele Anwendungen, insbesondere für jene Anwendungen, deren SQL-Syntax statisch ist und zur Anpassung für den regelbasierten Optimizer verändert werden kann.

Es muß jedoch angemerkt werden, daß der kostenbasierte Optimizer in den letzten fünf Jahren große Fortschritte gemacht hat. Seit der Version 8 unterstützt der kostenbasierte Optimizer viele neue Eigenschaften, mit denen der regelbasierte Optimizer nicht konkurrieren kann, insbesondere im Bereich Data Warehousing. Der kostenbasierte Optimizer bietet für Data Warehouses die Bitmap-Indizes und die Sternabfragehinweise. Mit Oracle8 wurden die Bitmap-Indizes und die Sternabfragehinweise sogar zu einem neuen Hinweis kombiniert, der die Ausführungszeit für bestimmte Warehouse-Abfragen drastisch verkürzt.

Doch ungeachtet aller Erweiterungen für den kostenbasierten Optimizer bleibt der regelbasierte die bessere Entscheidung für viele Systeme. Der kostenbasierte Optimizer liest zum Beispiel häufig vollständig die Tabellen, wenn mehr als drei Tabellen mit einem *JOIN* verbunden werden, selbst dann, wenn für die Abfrage Indizes zur Verfügung stehen. Daher wird der regelbasierte Optimizer auch weiterhin von Oracle8 unterstützt und ist immer noch eine gute Wahl für einige Anwendungen.

Es gibt Situationen, in denen der SQL-Code nicht verändert werden kann. Wenden wir uns nun den beliebten Ad-hoc-Werkzeugen für Oracle-Abfragen zu, mit denen ein Programm SQL-Code für den Benutzer erzeugt.

Das Problem der Ad-hoc-SQL-Generatoren

Bei Oracle-Anwendungen, die der Benutzergemeinde Werkzeuge zur automatischen SQL-Erzeugung zur Verfügung stellen, kann es zu ernsten Leistungsproblemen kommen. Viele SQL-Generatoren erzeugen

SQL-Code ohne Rücksicht auf den regelbasierten Optimizer, d.h. es können Abfragen formuliert werden, die für den regelbasierten Optimizer nicht ideal sind. So ist es beispielsweise möglich, daß der SQL-Generator keine ordentliche „Leittabelle" festlegt (die durch die Reihenfolge der Tabellennamen in der *FROM*-Klausel definiert wird).

Außerdem ist es möglich, daß die Generatoren nicht immer ein Hinzufügen von Hinweisen zulassen. Können keine Hinweise hinzugefügt werden, müssen alle mit dem Hilfsprogramm verfaßten Abfragen den Standardmodus des Optimizers verwenden, so wie er in der Datei *init<SID>.ora* festgelegt wurde. Auch wenn Sie beispielsweise festgestellt haben, daß eine Abfrage durch einen Hinweis zehnmal schneller werden könnte, wären Sie nicht in der Lage, diesen Hinweis zu nutzen, da der SQL-Generator keine Ergänzungen erlaubt. Aus diesem Grund ist der Oracle-Entwickler gezwungen, einen Standardmodus des Optimizers zu verwenden, wobei dieser Modus bei allen mit dem SQL-Generator erzeugten Abfragen verwendet wird. Die Situation verschlimmert sich noch, wenn der SQL-Generator für viele Arten von Abfragen verwendet wird. So ist es zum Beispiel denkbar, daß 50% der Abfragen auf eine einzige Tabelle zugreifen und mit dem regelbasierten Optimizer bestens funktionieren, während die übrigen 50% vier oder mehr große Tabellen verbinden und mit dem kostenbasierten Optimizer am besten funktionieren würden.

Wenn wir die Freiheit haben, unseren SQL-Code zu verändern, können wir uns nun der internen Funktionsweise des kostenbasierten Optimizers von Oracle zuwenden.

Den kostenbasierten Optimizer von Oracle optimieren

Um SQL-Code ausführen zu können, muß der Optimizer einen Ausführungsplan erstellen, der Oracle die Reihenfolge mitteilt, in der der Zugriff auf die gewünschten Tabellen und Indizes erfolgen soll. Der kostenbasierte Optimizer arbeitet mit einer Gewichtung der relativen „Kosten" für verschiedene Zugriffspfade auf die Daten und wählt den Pfad mit den geringsten relativen Kosten.

Der kostenbasierte Optimizer verwendet aus den Tabellen und Indizes abgeleitete Statistiken. Bei der Oracle-Version 7.3 und bei späteren Versionen können zusätzlich Statistiken zur Spaltenwertverteilung gesammelt werden. Bei Oracle-Anwendungen früherer Versionen wird angenommen, daß die Spaltenwerte gleichmäßig verteilt sind. Daher kann es dazu kommen, daß eine Abfrage einen Index verwendet, um auf Tabellenzeilen zuzugreifen, wenn ein vollständiges Lesen der Tabelle sinnvoller wäre. Bei Oracle7.3 und den späteren Versionen gibt es drei Arten, den kostenbasierten Optimizer zu aktivieren, wenn Statistiken gesammelt wurden:

- Der Parameter *optimizer_mode* in der Datei *init<SID>.ora* kann auf den Wert *all_rows* oder *first_rows* gesetzt werden.

- Über: *ALTER SESSION SET OPTIMIZER_GOAL=all_rows* oder *first_rows*.

- Durch Verwendung der kostenbasierten Hinweise /*+ *all_rows* oder —+ *all_rows*.

Diese Kosten für eine Abfrage werden mit Hilfe von Tabellen- und Indexstatistiken festgelegt, die mit der Oracle-Anweisung *ANALYZE* wie folgt berechnet werden:

- Für Tabellen – *ANALYZE TABLE xxx ESTIMATE STATISTICS SAMPLE 10%;*

- Für Indizes – *ANALYZE INDEX xxx COMPUTE STATISTICS;*

Es ist wichtig, daß die Statistiken regelmäßig aktualisiert werden, insbesondere, wenn die Verteilung der Daten sich häufig verändert. Der SQL-Code des *Listings 5.8* kann bei der *ANALYZE*-Anweisung für Tabellen und Indizes eingesetzt werden. Nicht immer ist es angebracht, die Oracle-Pakete *dbms_utility.analyze_schema* oder *dbms_ddl.analyze_object* für diese Aufgaben zu verwenden, da sich ein Fehler bei einer Anweisung auf die Ergebnisse der nachfolgenden Anweisungen auswirken kann. Das Skript des *Listings 5.8* erzeugt die korrekte SQL-Syntax:

Listing 5.8:
Ein Skript zur Analyse von Tabellen und Indizes für den kostenbasierten Optimizer

```
SPOOL runstat.sql;
SELECT
'ANALYZE TABLE '|| owner ||'.' || table_name || '
    ESTIMATE STATISTICS SAMPLE 20%;'
FROM
    DBA_TABLES
WHERE
    owner NOT IN ('SYS','SYSTEM');

SELECT
'ANALYZE INDEX '|| owner ||'.' || index_name || '
    COMPUTE STATISTICS;'
FROM
    DBA_INDEXES
WHERE
    owner NOT IN ('SYS','SYSTEM');
SPOOL OFF;

@runstat
```

Unter Oracle7.3 und früheren Versionen steht die Datensicht *DBA_HISTOGRAMS* zur Speicherung der Informationen über die Verteilung der Spaltenwerte zur Verfügung. Oracle verwendet nach der Höhe ausgewogene Histogramme, im Gegensatz zu den in der Breite ausgewogenen Histogrammen, was bedeutet, daß jeder Originalspeicherbereich des Histogramms die gleiche Anzahl Elemente enthält. Ein Histogramm soll ein klares Bild der Werteverteilung innerhalb eines Indexes mit niedriger Kardinalität liefern. Leider muß für die Ermittlung der Histogrammdaten jede Indexspalte analysiert werden. Dennoch sollten niemals Histogramme verwendet werden. Bitmap-Indizes sind eine wesentlich bessere Entscheidung bei Spaltenwerten mit niedriger Kardinalität, die keine Histogramme erfordern. Kurz gesagt sind Bitmap-Indizes wesentlich günstiger als B-Baumindizes für Spalten, in denen weniger als 20 Werte unterschieden werden. Der Bitmap-Index benötigt bis zu achtzigmal weniger Raum als ein B-Baumindex. Außerdem bietet der Bitmap-Index deutlich bessere Antwortzeiten.

Während Bitmap-Indizes eine große Hilfe sein können, können andere Maßnahme getroffen werden, um den Datenzugriffspfad für Oracle-SQL zu verändern. Wir werfen jetzt einen Blick auf die Verwendung der SQL-Hinweise mit dem kostenbasierten Optimizer von Oracle.

Hinweise in SQL-Abfragen verwenden

Zahlreiche Hinweise können direkt in den SQL-Code eingebettet werden. Diese Hinweise sollen den Pfad des Optimizers zu den Daten verändern. Sie werden sich daran erinnern, daß Hinweise alle Einstellungen für *optimizer_mode* und *optimizer_goal* überschreiben.

Hinweise werden immer unmittelbar nach der *SELECT*- bzw. *DELETE*- oder *UPDATE*-Anweisung in einer der beiden folgenden Formen angegeben:

- *SELECT /*+ all_rows */ customer_name FROM CUSTOMER;*

- *SELECT —+ all_rows
customer_name FROM CUSTOMER;*

Im folgenden finden Sie eine Zusammenfassung der gebräuchlichsten Hinweise, die dem SQL-Code hinzugefügt werden können:

- *ALL_ROWS* – Bietet im allgemeinen bei der aufwandsbasierten Vorgehensweise den besten Durchsatz bei minimalem Ressourcenverbrauch.

- *AND_EQUAL(table_name index_name1)* – Löst eine gemischte Suche für zwei oder fünf Indizes einzelner Spalten aus.

- *CACHE* – Verursacht, daß jede Tabelle beim vollständigen Durchsuchen einer Tabelle, die innerhalb der mit dem Parameter *cache_size_threshold* in der Datei *init<SID>.ora* angegebenen Größe liegt, so behandelt wird, als sei eine Tabellenpufferung festgelegt.

- *CLUSTER (table_name)* – Fordert eine Cluster-Suche in der mit *table_name* angegebenen Tabelle.

- *FIRST_ROWS* – Liefert die besten Antwortzeiten.

- *FULL* – Führt eine vollständige Durchsuchung der Tabelle unter Umgehung des Index aus.

- *HASH (table_name)* – Führt eine Hash-Suche in *table_name* aus.

- *HASH_AJ* – Führt bei einer *NOT IN*-Unterabfrage einen Hash-Anti-*JOIN* aus.

- *INDEX (table_name index_name)* – Fordert die Verwendung des angegebenen Index für die Tabelle. Wird kein Index angegeben, wählt Oracle den besten Index aus.

- *INDEX_ASC (table_name index_name)* – Verlangt die Verwendung des aufsteigenden Index beim Durchsuchen eines Wertebereichs.

- *INDEX_COMBINE (table_name index_name)* – Verlangt die Verwendung des angegebenen Bitmap-Index.

- *INDEX_DESC (table_name index_name)* – Verlangt die Verwendung des absteigenden Index beim Durchsuchen eines Wertebereichs.

- *MERGE_AJ* – Führt bei Verwendung in einer *NOT IN*-Unterabfrage einen Anti-*JOIN* aus.

- *NO_EXPAND* – Bei einer Abfrage wird keine *OR*-Erweiterung (d.h. keine *ODER*-Verkettung) ausgeführt.

- *NO_MERGE* – Verhindert die Vermischung einer Datensicht mit der Hauptabfrage.

- *NOCACHE* – Die Pufferoption für die Tabelle wird übergangen.

- *NOPARALLEL* – Deaktiviert die parallele Abfrageoption.

- *ORDERED* – Verlangt, daß Tabellen in der angegebenen Reihenfolge (von links nach rechts) durch einen *JOIN* verbunden werden. Wenn Sie beispielsweise wissen, daß eine Staatentabelle lediglich über 50 Zeilen verfügt, dann können Sie diesen Hinweis nutzen, um die Tabelle zur Haupttabelle zu machen.

- *PARALLEL (table_name degree)* – Ein vollständiges Durchsuchen der Tabelle *table_name* soll im parallelen Modus durchgeführt werden, wobei so viele Prozesse für den Tabellenzugriff eingesetzt werden, wie mit *degree* angegeben wurden.

- *PUSH_SUBQ* – Veranlaßt, daß Unterabfragen des Abfrageblocks so früh wie möglich durchgeführt werden.

- *ROWID* – Veranlaßt eine Suche nach der Zeilennummer in der angegebenen Tabelle.

- *RULE* – Zeigt an, daß der regelbasierte Optimizer aktiviert ist (manchmal wegen des nicht Vorhandenseins von Tabellenstatistiken).

- *STAR* – Führt zur Verwendung eines Sternabfrageplans, vorausgesetzt, die Abfrage umfaßt mindestens drei Tabellen und es existiert ein verketteter Index für die Haupttabelle.

- *USE_CONCAT* – Bei allen Oracle-Bedingungen muß *UNION ALL* verwendet werden.

- *USE_HASH (table_name1 table_name2)* – Erfordert einen Hash-*JOIN* für die angegebenen Tabellen.

- *USE_MERGE* – Veranlaßt eine Mischsortierung.

- *USE_NL (table_name)* – Verlangt eine geschachtelte Schleife mit der angegebenen Tabelle als Haupttabelle.

Da Hinweise innerhalb von Abfragen als Kommentare kodiert werden, zeigt SQL keinen Fehler an, wenn ein Hinweis unsauber eingegeben wird. Beachten Sie daher genau, daß die Hinweise in Ihren Abfragen korrekt formuliert werden.

Oracle hat die im *Listing 5.9* zu findende Tabelle herausgegeben, die die Vorrangigkeit der Einstellungen der Hinweise *optimizer_goal* und *optimizer_mode* beschreibt:

Listing 5.9:
Die Einstellungen
für die Vorrangig-
keitshierarchie
der Hinweise
optimizer_goal und
optimizer_mode

Hint	A table has Statistics	Optimizer_Goal	Optimizer_Mode	Actual Mode
RULE	Irrelevant	Irrelevant	Irrelevant	RULE
ALL_ROWS	Irrelevant	Irrelevant	Irrelevant	ALL_ROWS
FIRST_ROWS	Irrelevant	Irrelevant	Irrelevant	FIRST_ROWS
None	Irrelevant	RULE	Irrelevant	RULE
Other	Irrelevant	RULE	Irrelevant	ALL_ROWS
None	Irrelevant	ALL_ROWS	Irrelevant	ALL_ROWS
Other	Irrelevant	ALL_ROWS	Irrelevant	ALL_ROWS
None	Irrelevant	FIRST_ROWS	Irrelevant	FIRST_ROWS
Other	Irrelevant	FIRST_ROWS	Irrelevant	FIRST_ROWS
None	Irrelevant	Not Set	RULE	RULE
Other	Irrelevant	Not Set	RULE	ALL_ROWS
None	Irrelevant	Not Set	ALL_ROWS	ALL_ROWS
Other	Irrelevant	Not Set	ALL_ROWS	ALL_ROWS
None	Irrelevant	Not Set	FIRST_ROWS	FIRST_ROWS
Other	Irrelevant	Not Set	FIRST_ROWS	FIRST_ROWS

Wie Sie aus dem *Listing 5.9* entnehmen können, überschreibt ein Hinweis alle Optimizer-Einstellungen, während *optimizer_goal* die Einstellungen von *optimizer_mode* überschreibt. Die *optimizer_mode*-Einstellungen werden nur wirksam, wenn es keine *optimizer_goal*-Einstellungen oder -Hinweise gibt.

Hüten Sie sich davor, *ALTER SESSION SET OPTIMIZER_GOAL* innerhalb von Pro*C-Programmen zu verwenden. Der Precompiler von Pro*C läßt diese Anweisung zwar zu, sie hat jedoch keine Auswirkungen auf den nachfolgenden SQL-Code des Pro*C-Programms. Sie haben lediglich die Möglichkeit, die Hinweise direkt in die SQL-Anweisungen einzubetten.

Bei der Verwendung der Anweisung ALTER SESSION SET OPTIMI-ZER_GOAL muß beachtet werden, daß sie keine Auswirkungen auf bereits im gemeinsamen Pool befindlichen SQL-Code hat, da Oracle den Plan direkt aus dem gemeinsamen Pool lädt und die neuen Einstellungen von OPTIMIZER_GOAL ignoriert. Das Problem kann auf zwei Arten gelöst werden. Erstens kann die Anweisung ALTER SYSTEM FLUSH SHARED POOL ausgeführt werden, um alle SQL-Anweisungen aus dem gemeinsamen Pool zu entfernen. Eine zuverlässigere Alternative besteht in einer leichten Abänderung der SQL-Anweisung, um sie so von der im gemeinsamen Pool zu unterscheiden. Dies kann durch das Hinzufügen von Leerzeichen oder Verändern der Schreibweise einiger Ausdrücke geschehen. Oracle erkennt, daß eine SQL-Anweisung, die z.B. mit SELECT beginnt, sich von einer Anweisung unterscheidet, die mit Select beginnt.

Es gibt eine Reihe von Faktoren, die im Zusammenhang mit Hinweisen beachtet werden müssen:

- Alle Hinweise erfordern den kostenbasierten Optimizer, die einzige Ausnahme bildet *rule*.

- Der Hinweis *all_rows* neigt dazu, ein vollständiges Durchsuchen einer Tabelle vorzuziehen.

- Der Hinweis *first_rows* bevorzugt den Indexzugriff.

Standardmäßig verwendet der kostenbasierte Optimizer *all_rows*, wodurch die Anforderungen an Oracle-Ressourcen minimiert werden (*first_rows* maximiert die Antwortzeiten). Bedenken Sie, daß der kostenbasierte Optimizer nur so genau sein kann wie die aus den Tabellen berechneten Statistiken. Ihr Datenbankverwalter muß einen regelmäßigen *cron*-Job (ein Unix-Programm für die Planung der Job-Ausführung) für die Aktualisierung der Statistiken aller flüchtigen Tabellen und der sich häufig ändernden Spalten einrichten. Während bei *ANALYZE TABLE xxx ESTIMATE STATISTICS* jede Zeile einer Tabelle berücksichtigt wird, ist *ANALYZE TABLE xxx ESTIMATE STATISTICS SAMPLE nn ROWS* eine schnellere Lösung. Wird nur eine Beispielreihe der Zeilen einer Tabelle untersucht, können die Statistiken wesentlich schneller erstellt werden. Beachten Sie jedoch, daß die *ANALYZE*-Anweisung die Unterschiedlichkeit und die Verteilung der Werte eines Index untersucht, so daß mindestens 100 Zeilen jeder Tabelle als Grundlage verwendet werden sollten. Das *Listing 5.10* zeigt die Ergebnisse eines Tests mit den drei Tabellen *DEPT*, *DEPT1* und *DEPT2*, die jeweils einen Index auf *deptno* haben, und wobei *optimizer_goal* in der Datei *init<SID>.ora* auf den Wert *rule* gesetzt wurde:

Listing 5.10:
Die Ergebnisse der
Testabfrage

```
SELECT /*+ INDEX(DEPT DEPT_PRIMARY_KEY) INDEX(DEPT2 i_dept2)
INDEX(DEPT1 i_dept1)*/
DEPT.deptno, DEPT1.dname, DEPT2.loc
FROM DEPT, DEPT1, DEPT2
WHERE DEPT.deptno=DEPT1.deptno AND
DEPT1.deptno=DEPT2.deptno;


Misses in library cache during parse: 1
Optimizer hint: RULE
Parsing user id: 48  (DON)


Rows    Execution Plan
—       ————————

   0  SELECT STATEMENT   OPTIMIZER HINT: RULE
   4    MERGE JOIN
   4      SORT (JOIN)
   4        NESTED LOOPS
   5          INDEX (RANGE SCAN) OF 'DEPT_PRIMARY_KEY' (UNIQUE)
   4          TABLE ACCESS (BY ROWID) OF 'DEPT1'
   8            INDEX (RANGE SCAN) OF 'I_DEPT1' (NON-UNIQUE)
   4      SORT (JOIN)
   4        TABLE ACCESS (BY ROWID) OF 'DEPT2'
   5          INDEX (RANGE SCAN) OF 'I_DEPT2' (NON-UNIQUE)
```

Das *Listing 5.11* zeigt das Ergebnis der Testabfrage ohne jegliche Hinweise:

Listing 5.11:
Die Ergebnisse der
Testabfrage ohne
Hinweise

```
SELECT DEPT.deptno, DEPT1.dname, DEPT2.loc
FROM DEPT, DEPT1, DEPT2
WHERE DEPT.deptno=DEPT1.deptno AND
DEPT1.deptno=DEPT2.deptno;


Misses in library cache during parse: 1
Optimizer hint: RULE
Parsing user id: 48  (JACK)


Rows    Execution Plan
—       ————————
```

```
0   SELECT STATEMENT   OPTIMIZER HINT: RULE
4     NESTED LOOPS
4       NESTED LOOPS
4         TABLE ACCESS (FULL) OF 'DEPT2'
4         TABLE ACCESS (BY ROWID) OF 'DEPT1'
8           INDEX (RANGE SCAN) OF 'I_DEPT1' (NON-UNIQUE)
4       INDEX (UNIQUE SCAN) OF 'DEPT_PRIMARY_KEY' (UNIQUE)
```

Würden Sie einen Hinweis für den Index *DEPT2* hinzufügen, würde die Tabelle *DEPT1* vollständig untersucht usw.

Hinweise sind für den kostenbasierten Optimizer zwar von unschätzbarem Wert, für den regelbasierten Optimizer stellen sie jedoch keine Hilfe dar. Im nächsten Abschnitt befassen wir uns damit, wie Oracle-SQL-regelbasiert optimiert werden kann.

Mit dem regelbasierten Optimizer optimieren

Beim regelbasierten Optimizer von Oracle wird die Haupttabelle von der Reihenfolge der Tabellennamen in der *FROM*-Klausel festgelegt. Die Haupttabelle ist deshalb wichtig, weil sie zuerst durchsucht wird, und die Zeilen der zweiten Tabelle dann mit den Ergebnissen der ersten Tabelle gemischt werden. Daher muß die zweite durch die *WHERE*-Klausel festgelegte Tabelle die geringere Anzahl Zeilen zurückgeben. Dies muß nicht immer die Tabelle mit der niedrigsten Zeilenanzahl sein (d.h. die kleinste Kardinalität). Nehmen wir zwei Tabellen mit Namen *EMP* als Beispiel, so wie sie in der *Tabelle 5.2* zu sehen sind, eine in New York, die andere in London:

Tab. 5.2: Die Tabellen *EMP* in New York und London	**ZEILEN**	**DEPT 100**	**DEPT 200**
New York	1.000	100	900
London	200	150	50

In diesem Beispiel sollte die New Yorker Tabelle bei *SELECT ... FROM EMP TABLE* als erste angegeben werden, da die Londoner Tabelle die geringere Anzahl zurückgegebener Zeilen enthält:

```
SELECT *
FROM EMP@new_york, EMP@london;
```

Wird im SQL-Code die *WHERE*-Bedingung verwendet, um nur das Department 100 zu erfassen, sollte die Reihenfolge der Tabellennamen umgekehrt sein:

```
SELECT *
FROM EMP@london, EMP@new_york
WHERE
    dept = 100;
```

Nicht immer kann vorhergesagt werden, welche Tabelle die meisten
Zeilen liefert, daher sollte Prozedurcode verwendet werden, um die Tabellen abzufragen und ihre richtige Reihenfolge zu ermitteln. Diese Art
der SQL-Erstellung kann für die Sicherung optimaler Datenbank-
leistungen sehr nützlich sein *(siehe Listing 5.12)*.

Listing 5.12:
Automatische Er-
zeugung optimal
regelbasierten
SQL-Codes

```
SELECT count(*) INTO :my_london_dept
    FROM EMP@london
    WHERE dept = :my_dept;

SELECT count(*) INTO :my_ny_dept
    FROM EMP@new_york
    WHERE dept = :my_dept;

IF my_london_dept >= my_ny_dept
{
    TABLE_1 = EMP@london
    TABLE_2 = EMP@new_york
ELSE
    TABLE_1 = EMP@new_york
    TABLE_2 = EMP@london
};

/* Now we construct the SQL */

SELECT *
FROM :TABLE_1, :TABLE_2
WHERE
    dept = :my_dept;
```

Hier ein weiteres Beispiel:

```
SELECT
    customer_name,
    sum(order_amount)
FROM
    ORDER, CUSTOMER
WHERE
    customer_id = 98765;
```

Hier ist zu erwarten, daß eine einzige Zeile aus der Tabelle *CUSTOMER*
geliefert wird, während es vielleicht Hunderte von Bestellungen des
Kunden geben kann. Deshalb wird die Tabelle *CUSTOMER* konsequen-

terweise als letzte Tabelle in der *FROM*-Klausel angegeben. Es gibt drei Möglichkeiten, den regelbasierten Optimizer aufzurufen:

- Der Parameter *optimizer_mode* in der Datei *init<SID>.ora* wird auf den Wert *rule* gesetzt.
- *ALTER SESSION SET OPTIMIZER_GOAL=rule*
- Die kostenbasierten Hinweise */*+ rule */ oder —+ rule.*

Ratschläge für den regelbasierten Optimizer

Es folgen einige Hinweise zur effektiven Optimierung des regelbasierten Optimizers von Oracle:

- Versuchen Sie, die Reihenfolge der in der *FROM*-Klausel aufgeführten Tabellen zu verändern. *JOINs* sollten von Tabellen gesteuert werden, die weniger Zeilen zurückliefern. Mit anderen Worten ausgedrückt, sollte die Tabelle an letzter Stelle stehen, die die wenigsten Zeilen liefert. Daraus folgt, daß die Tabelle mit den meisten Zeilen zuerst aufgeführt wird. Sind die Tabellen der Anweisung indiziert, wird die Haupttabelle über den Index festgelegt. Ein Oracle-Entwickler hat kürzlich die Verarbeitungszeit eines Vorgangs halbiert, indem er die Reihenfolge der Tabellen in der *FROM*-Klausel verändert hat! Andere Entwickler erzielten Zeitverkürzungen von 12 Stunden auf 30 Minuten durch Veränderungen der *FROM*-Klausel.

- Versuchen Sie die Reihenfolge der Anweisungen in der *WHERE*-Klausel zu verändern. Dem liegt folgender Gedanke zugrunde: Enthält eine SQL-Abfrage eine *IF*-Anweisung mit mehreren durch *AND* verbundenen logischen Ausdrücken, dann beginnt die Überprüfung mit dem letzten logischen Ausdruck, also in umgekehrter Reihenfolge. Deshalb sollte der logische Ausdruck mit der stärksten Einschränkung am Ende stehen. Betrachten Sie als Beispiel die folgende Abfrage:

```
SELECT
        last_name
    FROM
        STUDENT
    WHERE
    eye_color = 'BLUE'
    AND
    national_origin = 'SWEDEN';
```

- In diesem Fall ist anzunehmen, daß die Anzahl der Studenten aus Schweden geringer als die der Studenten mit blauen Augen ist. Bei einer SQL-Abfrage mit einer zusammengesetzten *IF*-Anweisung, die durch *OR* getrennt wird, wird die Situation noch komplizierter, da der regelbasierte Optimizer am Anfang der *WHERE*-Klausel beginnt. Daher sollte der logische Ausdruck mit der größten Einschränkung zu Beginn der *IF*-Anweisung stehen.

Ratschläge für den regelbasierten Optimizer

- Überprüfen Sie, ob Indizes vorhanden sind oder nicht. Verschaffen Sie sich ein Bild von der Struktur Ihrer Daten. Der regelbasierte Optimizer erkennt anders als der kostenbasierte nur das Vorhandensein von Indizes, er weiß jedoch nichts von der Häufigkeit oder Verteilung der Indexspalten. Seien Sie daher vorsichtig beim Erzeugen von Indizes, insbesondere, wenn Sie die regelbasierte Optimierung verwenden. Berücksichtigen Sie alle Programme, die ein Feld einer *WHERE*-Klausel in einer *SELECT*-Anweisung benutzen. Ein Feld sollte nur dann indiziert werden, wenn nur wenige Daten zurückgegeben werden (weniger als 5 bis 10%).

- Ist die Zieltabelle fragmentiert? Eine Tabelle kann zum Beispiel dann fragmentiert sein, wenn ständig eine große Anzahl von Zeilen eingefügt oder gelöscht wird. Dies gilt insbesondere für *PCTFREE*, da die Tabelle auf eine niedrigere Ziffer gesetzt wurde. Eine regelmäßige Komprimierung der Tabelle mit dem Import-/Exportprogramm von Oracle speichert die Tabellenzeilen neu und hebt so die Fragmentierung auf.

- Führen Sie im Zweifelsfall SQL-Code immer mit *EXPLAIN PLAN* aus, um den Zugriffspfad zu überprüfen.

- Finden Sie die schnellsten Zugriffspfade heraus. Ein Zugriff über *ROWID* ist beispielsweise die schnellste verfügbare Zugriffsart, wobei ein vollständiges Lesen als Nummer 17 von 18 möglichen bei der Wahl eines effizienten Zugriffspfades erfolgt. (Betrachten Sie hierfür noch einmal die *Tabelle 5.1* mit der vollständigen Liste der relativen Kosten.)

- Vermeiden Sie *JOINs*, die Verknüpfungen zu Oracle6-Tabellen erforderlich machen.

- Verwenden Sie Arrays effektiv. Arrays verringern die E/A der Datenbank erheblich. Betrachten Sie das folgende Beispiel: In einer Tabelle werden 1.000 Zeilen ausgewählt. Die Datensätze werden bearbeitet und dann in der Datenbank aktualisiert. Ohne Arrays wird 1.000mal in der Datenbank gelesen und 1.000mal aktualisiert. Bei einem Array der Größe 100 wird in der Datenbank 10mal (1.000/100) gelesen und aktualisiert. Eine Vergrößerung des Arrays auf über 100 ist unter Oracle wenig sinnvoll.

Fehlschläge des regelbasierten Optimizers

In bestimmten Situationen gelingt es dem regelbasierten Optimizer nicht, den besten Index für eine Abfrage auszuwählen. Das liegt daran, daß der regelbasierte Optimizer nichts über die Anzahl unterschiedlicher Werte eines Index weiß.

Betrachten wir ein Beispiel. Angenommen, eine Personalabteilung hat 100.000 Ruheständler, 20.000 Angestellte und 500 Angestellte, die sowohl zur Abteilung gehören als auch im Ruhestand sind. Nehmen wir weiter an, Sie hätten einen nicht eindeutigen Index für die Status- und die Abteilungsspalte Ihrer Angestelltentabelle erzeugt. In diesem Fall ist zu erwarten, daß eine Abfrage dann am effektivsten bearbeitet wird, wenn der Index mit den Werten größter Häufigkeit (hier der Index für die Abteilung) durchsucht wird, also 20.000 Ruheständler, um die 500 der Personalabteilung zu finden. Es wäre wesentlich uneffizienter, den Index nach dem Status zu durchsuchen, bei dem 100.000 Ruheständler überprüft werden müßten, um diejenigen herauszufinden, die in der Personalabteilung arbeiten. Die effizientere Abfrage sähe demzufolge so aus:

```
SELECT
    count(*)
FROM
    EMPLOYEE
WHERE
    department = 'PERSONNEL'
AND
    status = 'RETIRED';
```

Bei Verwendung des regelbasierten Optimizers erhalten Sie folgenden Ausführungsplan:

```
SELECT STATEMENT
    SORT AGGREGATE
        SELECT BY ROWID EMPLOYEE
            NON-UNIQUE INDEX NON-SELECTIVE RANGE SCAN
status_ix(status)
```

Auch eine Umkehrung der Reihenfolge der Elemente der *WHERE*-Klausel ändert nichts an der Tatsache, daß sich der regelbasierte Optimizer dafür entscheidet, die 100.000 Ruheständler zu untersuchen, um die 500 Personen zu finden, die zur Personalabteilung gehören. Beim kostenbasierten Optimizer können Sie erkennen, daß die Häufigkeiten des Index bekannt sind und der effizientere Index zur Bearbeitung der Abfrage verwendet wird:

```
SELECT STATEMENT
    SORT AGGREGATE
        SELECT BY ROWID EMPLOYEE
            NON-UNIQUE INDEX NON-SELECTIVE RANGE SCAN
dept_ix(department)
```

Sie müssen insbesondere denjenigen Indizes große Aufmerksamkeit widmen, die vom regelbasierten Optimizer ausgewählt werden und dann entweder die nicht zu verwendenden Indizes deaktivieren oder den gewünschten Index aktivieren. Wie Sie ja bereits wissen, können Indizes durch den Hinweis *INDEX* explizit ausgewählt werden, und nicht zu verwendende Indizes können durch Mischung der Datentypen des Index deaktiviert werden (z.B. *WHERE numeric_column_value = 123||"*).

Fassen wir nun alle diese Informationen zusammen und betrachten eine allgemeine Strategie zur Optimierung mit den Optimizern von Oracle. Obwohl nicht jede Strategie für jede Datenbank geeignet ist, können Sie mit einer kleinen Analyse eine das System umfassende Strategie entwickeln, die auf den SQL-Eigenheiten Ihrer Datenbank basiert.

Eine Strategie für das Optimieren mit dem Optimizer

Wenn Sie eine allgemeine Strategie für die SQL-Optimierung planen, müssen Sie sowohl die Nachteile der Oracle-Optimizer als auch die Art Ihrer Daten und die Art der Abfragen dieser Daten berücksichtigen. In diesem Abschnitt versuchen wir einen allgemeinen Plan zum umsichtigen Einsatz des entsprechenden Optimizers für Ihre Datenbank zu entwickeln.

Leider weist der kostenbasierte Optimizer von Oracle zahlreiche Abnormitäten auf, was auch für die Version 8 gilt. Die Anweisung *ALTER SESSION SET OPTIMIZER_GOAL=rule* garantiert beispielsweise nicht immer, daß der nachfolgende SQL-Code beim regelbasierten Optimizer ausgeführt wird.

Außerdem gibt es die Bitmap-Indizes, mit denen bestimmte Abfragen drastisch beschleunigt werden können. Vom regelbasierten Optimizer werden keine Bitmap-Indizes verwendet. Daher wird beim Optimieren der Abfragen am besten individuell vorgegangen. Jede Datenbank ist anders, sowohl bezüglich der Abfragen als auch bezüglich der Datenstrukturen. Dennoch gibt es einige allgemeine Regeln, die anwendbar sind:

- Abfragen, bei denen drei oder mehrere große Tabellen verbunden werden, profitieren im allgemeinen vom regelbasierten Optimizer oder dem Hinweis *first_rows*.

- Bei Abfragen, die auf Bitmap-Indizes zugreifen, ist es von Vorteil, den kostenbasierten Optimizer zu verwenden.

- Bei Abfragen mit Sternabfragehinweisen muß der kostenbasierte Optimizer verwendet werden.

Da beide Optimizer für jede Oracle-Umgebung nützlich sind, muß ein Datenbankverwalter mehrere Entscheidungen treffen und einen Standard-Optimizer festlegen.

Einen Standard-Optimizer auswählen

Der Datenbankverwalter kann sich dazu entschließen, den kosten-basierten Optimizer als Standard und Regelhinweise bei Bedarf zu ver-wenden, oder er kann den regelbasierten zum Standard machen und Kostenhinweise und Statistiken nach Wunsch einsetzen. Nach den Er-fahrungen vieler Datenbankverwalter ist es für die meisten Systeme die beste Entscheidung, die regelbasierte SQL-Optimierung zum Standard zu machen und dann den Hinweis /*+ ALL_ROWS im Zusammenhang mit der Tabellenstatistik und dem kostenbasierten Optimizer für Abfra-gen mit Bitmap-Indizes zu verwenden.

In Situationen, in denen SQL*Plus-Abfragen von einem anderen Opti-mizer-Modus profitieren würden als SQL- und PL/SQL-Anwendungspro-gramme, kann die Anweisung ALTER SESSION SET OPTIMIZER GOAL in das globale SQL*Plus-Login-Skript eingefügt werden, damit alle SQL*Plus-Abfragen den gleichen Optimizer verwenden. Das globale Login-Skript finden Sie unter $ORACLE_HOME/sqlplus/admin/ glogin.sql.

Betrachten wir nun, wie wir die Standard-Optimizer für die kosten-basierte oder regelbasierte Optimierung einstellen können.

Den kostenbasierten Optimizer als Standard festlegen

Um den kostenbasierten Optimizer als Standard festzulegen, müssen Sie die folgenden Schritte durchführen:

1. Setzen Sie einen der folgenden Parameter der Datei *init<SID>.ora* auf den entsprechenden Wert: *optimizer_mode=all_rows* oder *optimizer_mode=first_rows*.

2. Starten Sie die Datenbank noch einmal.

3. Sammeln Sie mit der Anweisung *ANALYZE* Statistiken zu allen Ta-bellen und Indizes.

4. Verwenden Sie Regelhinweise oder die *ALTER SESSION SET OPTIMIZER_GOAL*-Anweisungen, um den regelbasierten Optimizer bei Bedarf aufzurufen.

Um die kostenbasierte Optimierung ausführen zu können, müssen Sie Statistiken für alle Indizes und Tabellen erzeugen, die an einer Abfrage beteiligt sind (mit der Anweisung *ANALYZE*), Kostenhinweise berück-sichtigen oder die *ALTER SESSION SET OPTIMIZER_GOAL*-Anwei-sungen aufrufen, um bei Bedarf die regelbasierte Optimierung aufzu-rufen.

Beim Einsatz des kostenbasierten Optimizers können Sie sicher sein, daß die Reihenfolge der Elemente in den *FROM* oder *WHERE*-Klauseln den Zugriffspfad nicht beeinflussen. Es kann aber Situationen geben, in denen der regelbasierte Optimizer den schnellsten Zugriffspfad realisiert, wenn er beispielsweise einen nicht auf der Häufigkeit basierten Index auswählt.

Den regelbasierten Optimizer als Standard auswählen

Um den regelbasierten Optimizer als Standard auszuwählen, müssen Sie die folgenden Schritte durchführen:

1. Setzen Sie den Parameter *optimizer_mode* in der Datei *init<SID>.ora* auf den Wert *rule*.

2. Starten Sie die Datenbank noch einmal.

Um die regelbasierte SQL-Optimierung zum Standard zu machen, setzen Sie den Parameter *optimizer_mode* in der Datei *init<SID>.ora* auf den Wert *rule*. Sie können dann die Hinweise benutzen, um bei Abfragen, für die Bitmap-Indizes oder Sternabfrage-*JOINs* erforderlich sind, den kostenbasierten Optimizer aufzurufen. Sie sollten bei der regelbasierten Herangehensweise jedoch sehr umsichtig vorgehen, denn die Reihenfolge der Tabellen in der *FROM*-Klausel kann den Zugriffspfad beeinflussen. Der regelbasierte Standard ist daher am besten für Systeme geeignet, die nicht über Werkzeuge zur SQL-Erzeugung verfügen, wie zum Beispiel das Produkt GQL, welches SQL-Code erzeugt, der nicht immer optimal für den regelbasierten Optimizer strukturiert ist.

Es gibt Situationen, in denen eine umfangreiche Abfrage viele SQL-Anweisungen erfordert. In diesen Fällen muß genau darauf geachtet werden, daß die Abfragen sauber formuliert werden, insbesondere wenn SQL-Unterabfragen eingesetzt werden.

SQL-Unterabfragen optimieren

Die Verwendung von Unterabfragen sollte unter Oracle möglichst vermieden werden. In den meisten Fällen kann eine Unterabfrage durch eine *JOIN*-Operation ersetzt und der unnötige Aufwand für Unterabfragen vermieden werden. Es gibt jedoch Situationen, in denen eine Oracle-Unterabfrage unvermeidbar ist. Die Regeln für die bestmögliche Formulierung einer Unterabfrage werden in diesem Abschnitt behandelt.

Wie Sie wahrscheinlich wissen, gestattet Oracle-SQL (und andere SQL-Varianten ebenso) nur die Angabe einer Tabelle in der *FROM*-Klausel einer SQL *UPDATE*- oder *DELETE*-Anweisung. Daher können Werte aus einer anderen Tabelle nur dadurch angegeben werden, daß in einer Unterabfrage ein Verweis auf die andere Tabelle angegeben wird. Dabei stellt sich die Frage nach der effizientesten Art und Weise, eine Unterabfrage zu verfassen, die in einer Tabelle aktualisiert oder löscht, wobei der Vorgang von den Werten in den Zeilen einer anderen Tabelle abhängt. Die einzige Möglichkeit, Tabelle *TABLE1* mit den entsprechenden Zeilen aus *TABLE2* zu aktualisieren, besteht beispielsweise darin, eine Unterabfrage zu verfassen, in der die Bedingung für *TABLE2* wie folgt formuliert wird:

```
UPDATE
   TABLE1
   set attribute = 'y'
WHERE
   key IN
   (SELECT key from TABLE2);
```

Wie bereits zuvor erwähnt wurde, ist einer der Nachteile von SQL, daß die meisten SQL-Anweisungen auf verschiedene Weisen verfaßt werden können und dennoch gleiche Ergebnisse liefern (auch wenn sich die Zugriffspfade deutlich unterscheiden und die Verarbeitungsgeschwindigkeiten sehr unterschiedlich sind). Da der Oracle-Optimizer außerdem häufig umfangreiche Abfragen erkennt und in entsprechende *JOIN*-Operationen umwandelt (wobei eine Unterabfrage genommen und in einen *JOIN* in einer geschachtelten Schleife verwandelt wird), können Sie nicht immer sicher sein, daß der beste Zugriffspfad für die Abfrage gewählt wurde.

In Fällen, in denen Sie Unterabfragen verwenden müssen, müssen Sie mehrere Dinge in Betracht ziehen. Sie haben die Auswahl zwischen einer korrelierten und einer nicht korrelierten Unterabfrage und können sich bei der Vergleichsbedingung für eine *IN*- oder eine *EXISTS*-Klausel entscheiden. Daher sind für eine Unterabfrage die folgenden vier Formen möglich:

```
UPDATE TABLE1 . . SET . WHERE key IN (non-correlated sub-query);
UPDATE TABLE1 . . SET . WHERE key IN (correlated sub-query);

UPDATE TABLE1 . . SET . WHERE EXISTS (non-correlated sub-query);
UPDATE TABLE1 . . SET . WHERE EXISTS (correlated sub-query);
```

Betrachten wir jede einzelne dieser Möglichkeiten und überlegen wir uns, welche für Oracle-SQL die effektivste ist.

Die korrelierte im Unterschied zur nicht korrelierten Abfrage

Sie haben die Auswahl zwischen einer korrelierten und einer nicht korrelierten Unterabfrage. Der Unterschied besteht im wesentlichen darin, daß eine *korrelierte Unterabfrage* sich auf die äußere Tabelle innerhalb einer Unterabfrage bezieht, während eine *nicht korrelierte Unterabfrage* sich nicht auf die äußere Tabelle bezieht. Eine korrelierte Unterabfrage wird einmal pro bearbeiteter Zeile von der übergeordneten Abfrage ausgewertet, während eine nicht korrelierte Unterabfrage nur einmal ausgeführt und das Ergebnis im Speicher gehalten wird, wenn es nicht zu umfangreich ist. Größere Ergebnisse werden im temporären Segment von Oracle abgelegt. Eine nicht korrelierte Unterabfrage, die nur eine einzige Zeile zurückgibt, wird als *skalare Unterabfrage* bezeichnet. Liefert eine Unterabfrage nur eine Zeile, reduziert der Oracle-Optimizer das Ergebnis in Form einer Konstanten und führt die Unterabfrage nur einmal aus.

Die *Listings 5.13 und 5.14* sind identische Abfragen, wobei die eine als korrelierte und die andere als nicht korrelierte Unterabfrage formuliert wurde. Beide Unterabfragen liefern das gleiche Ergebnis:

Listing 5.13:
Eine nicht korrelierte Unterabfrage

```
SELECT
    count(*)
FROM
    TABLE1
WHERE
    key IN
    (SELECT key FROM TABLE2);
```

Listing 5.14:
Eine korrelierte Unterabfrage

```
SELECT
    count(*)
FROM
    TABLE1
WHERE
    key IN
    (SELECT key FROM TABLE2 WHERE TABLE1.key = TABLE2.key);
```

In diesem Beispiel ist die Hauptabfrage *SELECT count(*)*, im Gegensatz zur Unterabfrage, die in Klammern eingeschlossen ist. Vorausgesetzt, beide Abfragen liefern das gleiche Ergebnis, welche ist dann die effektivere? Es stellt sich heraus, daß die Antwort auf diese Frage von der Anzahl der Zeilen abhängt, die die Haupt- und Unterabfrage zurückliefern. Zur Beantwortung der Frage stellen wir daher zuerst fest, wie viele Zeilen von den Abfragen zurückgegeben werden.

Gedanken zur Skalierung bei Unterabfragen

In der Praxis hängt die Entscheidung für eine korrelierte oder eine nicht korrelierte Unterabfrage von der Anzahl der zu erwartenden Zeilen ab, die die Haupt- und Unterabfrage zurückliefern. Unser Ziel ist es, den Aufwand auszugleichen, der mit beiden Arten von Abfragen verbunden ist. Im folgenden wird der Aufwand für jede Art von Unterabfrage kurz zusammengefaßt:

- *Der Aufwand für die korrelierte Unterabfrage* – Die Unterabfrage wird jeweils einmal von der äußeren Abfrage pro gelieferte Zeile ausgeführt. Daher muß dafür gesorgt werden, daß die Abfrage möglichst einen Index verwendet.

- *Der Aufwand für die nicht korrelierte Unterabfrage* – Diese Unterabfrage wird einmal ausgeführt, die Ergebnisse werden normalerweise sortiert und im temporären Segment von Oracle gespeichert, wo auf jede von der Hauptabfrage zurückgelieferte Zeile zugegriffen werden kann. Liefert eine Unterabfrage eine hohe Anzahl Zeilen zurück, entsteht eine deutliche Belastung durch das Sortieren und Speichern im temporären Segment.

Ihre Entscheidung hängt also vollständig davon ab, wie viele Zeilen die Hauptabfrage zurückliefert. Liefert sie nur wenige Zeilen, ist der Aufwand für das erneute Ausführen der Abfrage nicht so groß. Liefert die Hauptabfrage jedoch eine Million Zeilen zurück, würde die Unterabfrage eine Millionmal ausgeführt. Das gleiche gilt für die Anzahl der von der Unterabfrage zurückgelieferten Zeilen. Gibt die Unterabfrage nur wenige Zeilen zurück, ist es kein großer Aufwand, das Ergebnis für die Hauptabfrage im Speicher zu behalten. Werden jedoch eine Million Zeilen zurückgeliefert, müßte Oracle dieses Ergebnis im temporären Segment auf der Festplatte speichern und dort für die Hauptabfrage sortieren. Betrachten wir nun, wie wir eine Oracle-Unterabfrage mit dem Hilfsprogramm *explain plan* optimieren können.

Ein Test zur Ausführung von Unterabfragen

Um die Unterschiede bei der Ausführung einer korrelierten und einer nicht korrelierten Unterabfrage deutlich zu machen, führen wir ein kleines Experiment durch, bei dem ein Datenbankverwalter die *UPDATE*-Anweisung durch *SELECT count(*)* ersetzt. Danach betrachten wir den Ausführungsplan der Abfragen, um herauszufinden, welche die effektivste war.

In diesem Test verfügt die Tabelle 1 über 14.000 Zeilen und Tabelle 2 über 7.000. Es wurde für beide Tabellen ein nicht eindeutiger Schlüsselindex erzeugt, und der Datenbankverwalter hat den regelbasierten Optimizer von Oracle eingesetzt, um die Zugriffspfade zu den Daten zu erzeugen. Der Datenbankverwalter erwartet für jede *count(*)*-Abfrage die Rückgabe von 7.000 Zeilen, jeweils eine Zeile aus der Tabelle 1, die in Tabelle 2 gefunden wurde. Um Streuungen bei der Ausführungszeit auszugleichen, wird jede Abfrage dreimal ausgeführt und die Gesamtzeit für Abfragen aufgezeichnet.

Nach der vorangegangenen Diskussion zur Skalierung werden Sie wahrscheinlich erwarten, daß die Hauptabfrage 14.000 und die Unterabfrage 7.000 Zeilen liefert. Daher müßte die korrelierte Unterabfrage die innere Abfrage 14.000mal ausführen, um alle Zeilen der Haupttabelle zu erreichen. Die nicht korrelierte Abfrage muß 7.000 Zeilen im temporären Segment speichern, die Ergebnisse sind jedoch nicht so umfangreich, so daß der Sortiervorgang im Speicher durchgeführt werden kann und der Datenbankverwalter die Unterabfrage nur einmal ausführen muß. Daher wird die nicht korrelierte Abfrage wahrscheinlich schneller sein, da es weniger Zugriffe gibt. Der Datenbankverwalter hat die Abfragen mit der Software SQLab der Firma Quest ausgeführt und den Ausführungsplan für jede Abfrage erzeugt.

So sieht die Ausgabe und der Ausführungsplan *(siehe Abbildung 5.2)* für die nicht korrelierte Unterabfrage bei Verwendung der *IN*-Klausel aus:

```
COUNT(*)
—
    7000

Elapsed: 00:00:01.09
Elapsed: 00:00:01.46
Elapsed: 00:00:01.30
```

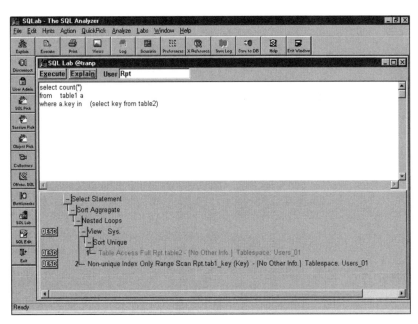

Abb. 5.2:
Ein Beispiel für eine nicht korrelierte Abfrage

Sie können hieraus ersehen, daß die Abfrage in etwas mehr als einer Sekunde bearbeitet war. Die nicht korrelierte Unterabfrage beginnt damit, die Tabelle 2 vollständig zu lesen und im Speicher zu sortieren, wobei die Ergebnisse in einer Systemdatensicht (im temporären Segment) gespeichert werden. Als nächstes verzweigt Oracle in die geschachtelten Schleifen, wobei der Index der Tabelle 1 verwendet wird, um den Schlüssel für Tabelle 1 zu finden. Dieser Schlüssel wird im temporären Segment durchsucht. Wie bereits früher angemerkt wurde, wird die Unterabfrage nur einmal ausgeführt und das Ergebnis gespeichert, damit es bei jedem Test von der Hauptabfrage benutzt werden kann.

So sieht die Ausgabe und der Ausführungsplan *(siehe Abbildung 5.3)* für die korrelierte Unterabfrage bei Verwendung der *IN*-Klausel aus:

```
COUNT(*)
——
    7000


Elapsed: 00:00:02.82
Elapsed: 00:00:04.72
Elapsed: 00:00:04.83
```

Abb. 5.3:
Ein Beispiel für
eine korrelierte
Abfrage

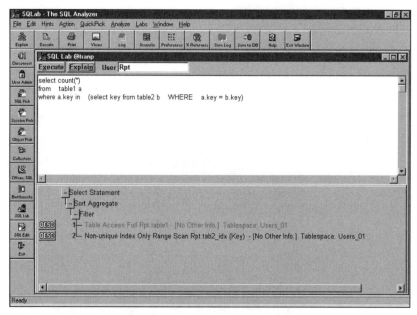

Sie können erkennen, daß die Ausführungszeit ungefähr doppelt so lang ist wie bei der nicht korrelierten Unterabfrage. Wie bereits erwähnt wurde, wird die korrelierte Unterabfrage einmal für jede von der Hauptabfrage zurückgegebene Zeile ausgeführt. Daher würde die innere Abfrage für jede der 14.000 von der Hauptabfrage zurückgelieferten Zeilen ausgeführt werden. Dem Ausführungsplan können Sie entnehmen, daß Tabelle 1 vollständig durchsucht wird. Beim Zugriff auf jede einzelne Zeile wird die Schlüsselspalte von Tabelle 1 für eine gemischte Indexsuche verwendet, um die Zählung der Abfrage zurückzugeben.

Wie bereits früher in diesem Kapitel erwähnt, stellt SQL mehrere Syntaxmöglichkeiten für die Verbindung untergeordneter Tabellen bereit, so daß es viele Syntaxvarianten für die Unterabfrage gibt. Betrachten wir als nächstes den Einfluß der SQL-Klausel *EXISTS* auf das Leistungsverhalten.

Die EXISTS-*Klausel in Oracle-Unterabfragen*

In einigen Fällen kann *EXISTS* anstelle der *IN*-Klausel für Unterabfragen verwendet werden, was jedoch zu wichtigen Unterschieden beim Verhalten der Abfragen führt. Wird *EXISTS* in einer Unterabfrage verwendet, erhält der logische Operator der Hauptabfrage den Wert *TRUE*, wenn irgendeine Zeile von der Unterabfrage zurückgegeben wird, was nicht zum gewünschten Ergebnis führen muß. Die folgende Abfrage würde dementsprechend nicht die 7.000 zutreffenden Zeilen zählen:

```
SELECT
    count(*)
FROM
    TABLE1
WHERE
    EXISTS
    (SELECT key FROM TABLE2);
```

So sieht die Ausgabe und der Ausführungsplan *(siehe Abbildung 5.4)* für die nicht korrelierte Unterabfrage bei Verwendung der *EXISTS*-Klausel aus:

```
COUNT(*)
———
    14000

Elapsed: 00:00:00.12
Elapsed: 00:00:00.11
Elapsed: 00:00:00.13
```

Beachten Sie, daß die Verwendung der *EXISTS*-Klausel zu einer falschen Zeilenanzahl bei der nicht korrelierten Unterabfrage führt. In diesem Fall führt die *EXISTS*-Klausel zur Rückgabe der Zeilenanzahl aus der übergeordneten Tabelle (hier der Tabelle 1), so daß die Unterabfrage scheinbar mißachtet wird.

Abb. 5.4:
Ein Beispiel für
eine nicht korre-
lierte Unterab-
frage unter Ver-
wendung der
EXISTS-Klausel

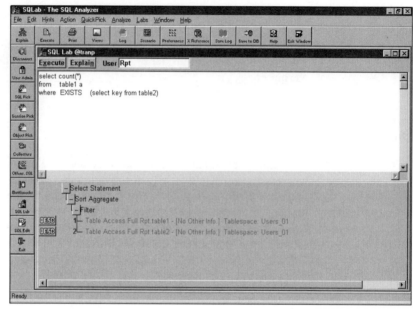

Abb. 5.4:
Ein Beispiel für eine nicht korrelierte Unterabfrage unter Verwendung der *EXISTS*-Klausel

Wie sieht es jedoch bei Verwendung der *EXISTS*-Klausel in einer korrelierten Unterabfrage aus? Da die korrelierte Unterabfrage für jede Zeile der übergeordneten Tabelle einmal ausgeführt wird, ist zu erwarten, daß bei folgender Vorgehensweise 7.000 Zeilen gefunden werden:

```
SELECT
    count(*)
FROM
    TABLE1
WHERE
    EXISTS
    (SELECT key FROM TABLE2 WHERE TABLE1.key = TABLE2.key);
```

So sieht das Listing und der Ausführungsplan *(siehe Abbildung 5.5)* für die korrelierte Unterabfrage bei Verwendung der *EXISTS*-Klausel aus:

```
COUNT(*)
───

    7000


Elapsed: 00:00:03.73
Elapsed: 00:00:03.36
Elapsed: 00:00:03.36
```

Abb. 5.5:
Ein Beispiel für
eine korrelierte
Unterabfrage bei
Verwendung der
EXISTS-Klausel

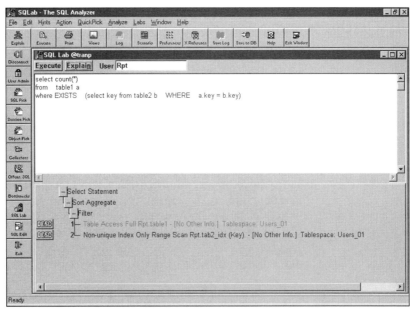

Beachten Sie, daß der Ausführungsplan für die *EXISTS*-Klausel nicht mit dem für die *IN*-Klausel übereinstimmt, die Ergebnisse jedoch in beiden Fällen gleich sind.

Abschließende Gedanken zum Thema Unterabfragen

Abschließend kann zu den Unterabfragen angemerkt werden, daß jede SQL-Unterabfrage auf individueller Basis im Hinblick auf die zu erwartende Zeilenanzahl bewertet werden muß. Außerdem können bezüglich der Unterabfragen folgende Schlüsse gezogen werden:

■ Bei Verwendung einer korrelierten Unterabfrage sind der Ausführungsplan und die Ergebnisse für die *IN*- und *EXISTS*-Klausel gleich.

■ Die *EXISTS*-Klausel eignet sich nicht für eine nicht korrelierte Unterabfrage.

■ Gibt eine übergeordnete Abfrage eine verhältnismäßig geringe Anzahl von Zeilen zurück, wird eine korrelierte Unterabfrage schneller durchgeführt als eine nicht korrelierte.

■ Liefert eine Unterabfrage eine geringe Anzahl Zeilen zurück, wird eine nicht korrelierte Unterabfrage schneller als eine korrelierte ausgeführt.

Nachdem wir uns mit dem Optimieren der Unterabfragen befaßt haben, wollen wir uns jetzt der SQL-Optimierung der Sprache PL/SQL von Oracle zuwenden.

PL/SQL-Optimierung

PL/SQL steht als Abkürzung für *Procedural Language/SQL*, die prozedurale Standardsprache für Online-Anwendungen unter Oracle. PL/SQL wird in der Regel in Zusammenhang mit SQL*Forms von Oracle verwendet. PL/SQL ist daneben aber auch sehr beliebt für andere Anwendungen, da der Einsatz gespeicherter Oracle-Prozeduren viele Vorteile bietet (und diese mit PL/SQL kodiert werden müssen). PL/SQL verfügt über die Standardkonstrukte einer normalen Programmiersprache, zu denen unter anderem Schleifen, die Strukturen der *IF*-Anweisung, Zuweisungen und Methoden zur Fehlerbehandlung gehören. Es gibt beim Einsatz vom PL/SQL eine Reihe von Problemen, von denen wir einige in diesem Abschnitt behandeln wollen.

PL/SQL bietet zwei Arten von SQL-Cursors: den *expliziten* und den *impliziten Cursor*. Explizite Cursors werden mit PL/SQL wie folgt manuell deklariert:

```
DECLARE
CURSOR c1 IS
SELECT last_name
FROM CUSTOMER
WHERE
cust_id = 1234;
```

Es ist aber auch möglich, die SQL-Anweisung direkt unter PL/SQL auszuführen, ohne daß ein Cursor-Name angegeben wird. Geschieht dies, öffnet Oracle einen impliziten Cursor, um die Anforderung bedienen zu können. Implizite Cursors stellen eine große Belastung für Oracle dar, da immer eine erneute *FETCH*-Anweisung erforderlich ist, um dafür zu sorgen, daß nur eine einzelne Zeile von der Abfrage zurückgegeben wird. Dadurch verdoppelt sich die Anzahl der *FETCH*-Anweisungen einer Abfrage. Die Konsequenz daraus ist einfach: Deklarieren Sie immer alle Cursors mit PL/SQL.

Unter PL/SQL können einige Arten korrelierter Unterabfragen wesentlich schneller ausgeführt werden als mit herkömmlichen SQL-Abfragen. Nehmen wir beispielsweise eine Bank, die eine allgemeine Konten- und eine Transaktionstabelle unterhält. Nach Feierabend wird die Tabelle der Schecktransaktionen mit der Tabelle der allgemeinen Konten (*GENERAL_LEDGER*) abgeglichen, um die erforderlichen Änderungen in der Spalte mit dem Kontostand (*account_balance*) durchzuführen. Nehmen wir außerdem an, die allgemeine Kontentabelle umfaßt 100.000 Zeilen und täglich müßten 5.000 Buchungen durchgeführt werden. Bei einer herkömmlichen SQL-Abfrage wäre für die Aktualisierung der Kontostände (*account_balance*) eine korrelierte Unterabfrage notwendig, wie sie im *Listing 5.15* zu sehen ist:

| **Listing 5.15:** | ```
UPDATE general_ledger
``` |
|---|---|

Listing 5.15:
Eine herkömmli-
che SQL-Abfrage
zur Aktualisierung
des Kontostandes

```
UPDATE general_ledger
SET account_balance = account_balance -
    (SELECT check_amount FROM TRANSACTION
      WHERE
        transaction.account_number = general_ledger.account_number)
WHERE
EXISTS
(SELECT 'x' FROM TRANSACTION
  WHERE
    transaction.account_number = general_ledger.account_number);
```

Sie werden sich erinnern, daß bei einer korrelierten Unterabfrage diese
zuerst ausgeführt und das Ergebnis dann für die gesamte äußere Abfrage
verwendet werden muß. In diesem Fall wird die innere Abfrage
5.000mal und die äußere Abfrage einmal für jede von der inneren Ab-
frage gelieferte Zeile ausgeführt. Das kartesische Produkt war für die
korrelierten Unterabfragen schon immer ein Problem. Betrachten wir
nun die gleiche Abfrage in PL/SQL, die Sie im *Listing 5.16* sehen
können:

Listing 5.16:
Eine PL/SQL-Ab-
frage zur Aktuali-
sierung des Konto-
standes

```
DECLARE
  CURSOR c1 is
  SELECT account_number,
    check_amount
  FROM TRANSACTION;

      keep_account_number      number;
      keep_check_amount        number;

BEGIN

    OPEN c1;
    LOOP
          FETCH c1 INTO keep_account_number, keep_check_amount;
    EXIT WHEN c1%NOTFOUND;

    UPDATE GENERAL_LEDGER
    SET account_balance = account_balance - keep_check_amount
    WHERE account_number = keep_account_number;
    END LOOP;
END;
```

Sie können erkennen, daß jeder Scheckbetrag mit einer getrennten
Transaktion ermittelt und in den Cursor *c1* geholt wird. Für jeden
Scheckbetrag (*check_amount*) wird jeweils ein Kontostand in der Zeile
von *general_ledger* abgeglichen.

   Es gibt ganze Bücher, die sich mit der Leistungsfähigkeit von PL/SQL
unter Oracle befassen, dabei sollte jedoch beachtet werden, daß PL/SQL
```

nichts anderes als eine prozedurale Programmiersprache ist, in die SQL
eingebettet werden kann. Daher bleibt es der SQL-Code, der die Ausführungszeit einer PL/SQL-Prozedur festlegt, so daß die SQL-Optimierung immer den größten Einfluß auf die Ausführungszeit einer PL/SQL-
Prozedur hat.

Betrachten wir als nächstes das Konzept der gespeicherten Prozeduren und Trigger.

Die Verwendung gespeicherter Prozeduren und von Triggern unter Oracle

Gespeicherte Prozeduren und Trigger können von großem Nutzen für den Datenbankzugriff sein. Sie bieten dem Datenbankverwalter viele Erweiterungen für die Oracle-Verwaltung, unter
anderem die folgenden:

- *Kapselung* – Bei gespeicherten Prozeduren und Triggern befindet
  sich der Code innerhalb einer Datenbank und nicht in externen Programmen. Bei korrektem Einsatz der Oracle-Pakete können gespeicherte Prozeduren logisch gruppiert und zu einem Rahmenwerk von
  SQL-Anweisungen zusammengefaßt werden.

- *Leistungssteigerung* – Gespeicherte Prozeduren und Trigger werden
  im gemeinsamen Pool gepuffert, wodurch das wiederholte Aufrufen
  einer Prozedur stark beschleunigt wird.

- *Flexibilität* – Da jeder Datenbankzugriff innerhalb der Oracle-Pakete
  stattfindet, enthalten die Anwendungen keinen SQL-Code außer einer geringen Zahl von Aufrufen gespeicherter Prozeduren. Die Anwendung bleibt somit getrennt von der Datenbank, wodurch der
  Wechsel zu einem anderen Betriebssystem oder einem anderen Datenbanksystem sehr erleichtert wird.

Es gibt bestimmte Regeln, die bei der Entscheidung beachtet werden
müssen, ob ein Trigger oder eine gespeicherte Prozedur verwendet werden soll. Die Entscheidung hängt von der Art des gewünschten SQL-Codes und davon ab, ob er spezifisch für ein bestimmtes DML-Ereignis
oder von globaler Natur ist. Im allgemeinen eignet sich ein *INSERT*-
Trigger hervorragend für die Überprüfung von Dateneingaben, insbesondere wenn hierbei auf andere Oracle-Tabellen zugegriffen werden
muß. Schreiben Sie Ihre eigene Verweisintegrität, sind *DELETE*-Trigger
angemessen. Trigger stehen im allgemeinen mit SQL-Code in Verbin-

dung, der eine enge Bindung zu einem DML-Ereignis hat, wie beispielsweise dem Einfügen, Löschen oder Aktualisieren einer Zeile.

Gespeicherte Prozeduren kommen gewöhnlich dann zum Einsatz, wenn eine SQL-Abfrage ein aggregiertes Objekt erzeugt, das Zeilen aus vielen Tabellen nimmt und als einzelnes Ergebnis zusammenstellt. Das Erstellen einer Rechnung, eines Formulars oder eines Stundenplans sind Beispiele für Abfragen dieser Art.

Ein Problem im Umgang mit gespeicherten Prozeduren und Triggern besteht darin, den einmal eingegebenen SQL-Code nicht aus den Augen zu verlieren. Anders als die Objektdatenbankprodukte bietet Oracle7 keinen direkten Mechanismus, der eine gespeicherte Prozedur direkt mit den Tabellen in Verbindung bringt, die davon betroffen sind. Dieses Problem ist unter Oracle8 nicht mehr ganz so groß. Programmierer von Client/Server-Anwendungen müssen jedoch in der Lage sein, bereits verfaßte und getestete Abfragen wiederzuerkennen, um sie mehrfach verwenden zu können.

Zur Unterstützung der Wiederverwendbarkeit können Sie sich an Bezeichnungskonventionen halten, so daß der SQL-Code mit den jeweiligen Tabellen in Verbindung gebracht werden kann. So würde beispielsweise ein SQL-Vorgang zum Einfügen einer Zeile in eine Kundentabelle einen selbsterklärenden Namen erhalten, etwa *customer_insert()*. Auf diese Weise kann das Data Dictionary abgefragt werden, um den zu einer bestimmten Tabelle gehörenden SQL-Code suchen zu können. Die Bezeichnung wird schwieriger, wenn sich eine einzelne SQL-Anweisung auf viele Tabellen bezieht, die konsequente Einhaltung von Namenskonventionen kann das Wiederfinden von SQL-Code jedoch sehr erleichtern.

Die Oracle-Trigger können gespeicherte Prozeduren aufrufen. Ein Trigger kann dabei viele SQL-Anweisungen enthalten, so daß die SQL-Anweisungen geschachtelt werden können. Den als Prozeduren gespeicherten Triggern können Parameter übergeben und dadurch objektorientiertes Verhalten simuliert werden. So könnte beispielsweise ein Trigger mit Namen *CHECK_TOTAL_INVENTORY*, der beim Hinzufügen eines Elements zu einer Reihenfolge ausgeführt werden soll, wie folgt definiert werden:

```
CREATE TRIGGER CHECK_TOTAL_INVENTORY
          BEFORE INSERT OF LINE_ITEM
          DECLARE my_count INT;
          BEGIN
FOR EACH ROW

    SELECT count(*) INTO :my_count
    FROM QUANTITY WHERE ITEM_# = :myitem;

IF :my_count < ITEM.total THEN
    ......
END IF;
```

Für kombinierte Ereignisse können Trigger auch kombiniert werden, zum Beispiel zur Neueinordnung eines Elements *ITEM*, wenn die Menge unter einen vorher festgelegten Wert absinkt. Zum Beispiel:

```
CREATE TRIGGER REORDER BEFORE UPDATE ON ITEM
    FOR EACH ROW WHEN (new.reorderable = 'Y')
      BEGIN
        IF NEW.qty_on_hand + OLD.qty_on_order < NEW.minimum_qty
        THEN
            INSERT INTO REORDER VALUES (item_nbr, reorder_qty);
            NEW.qty_on_order := OLD.qty_on_order + reorder_qty;
        END IF;
      END
```

Sie können erkennen, daß die Trigger unter Oracle ein Versuch sind, Daten mit Verhalten zu koppeln. Um dieses Ziel zu erreichen, muß jedoch noch einiges unternommen werden. Betrachten wir als nächstes ODBC als Schnittstelle zu Objekten.

ODBC als Server-Schnittstelle verwenden

ODBC (Open Database Connectivity) wurde ursprünglich als eigentlicher Schnittstellentreiber von der Firma Microsoft entwickelt. *Abbildung 5.6* zeigt die verallgemeinerte Architektur der Schnittstelle, auf deren Basis viele Hersteller ihre Produkte entwickeln. ODBC ist die meist genutzte Schnittstelle für die Verknüpfung von Datenbanken, und sie ist Bestandteil der *Windows Open Service Architecture (WOSA)*. ODBC und WOSA legen einen Standard für die Datenbankzugriffsdienste fest, der von einer Vielzahl anderer Produkte genutzt werden kann, wenn sie mit MS-Windows-Anwendungen zusammenarbeiten sollen.

ODBC umfaßt mehr als 50 Funktionen, die von einer Anwendung auf API-Ebene eingesetzt werden können. Die API-Schnittstelle von ODBC kommuniziert nicht direkt mit der Datenbank. Sie dient statt dessen als Verknüpfung zwischen der Anwendung und der eigentlichen Schnittstellenroutine. Die Schnittstellenroutine wiederum kommuniziert mit den Datenbanktreibern über ein *Service Provider Interface (SPI)* so, wie dies in *Abbildung 5.6* zu sehen ist. Jede eigene Anwendung unter Windows führt auf API-Ebene Aufrufe des ODBC-Datenbanktreibers aus, die dann die Anfrage an den entsprechenden Datenbanktreiber zur Ausführung weiterleiten. Der Datenbanktreiber regelt die Kommunikation zwischen den Datenbanken und leitet die gelieferten Daten und Nachrichten zurück an den ODBC-Treiber, welcher sie an die aufrufende Anwendung zurückgibt.

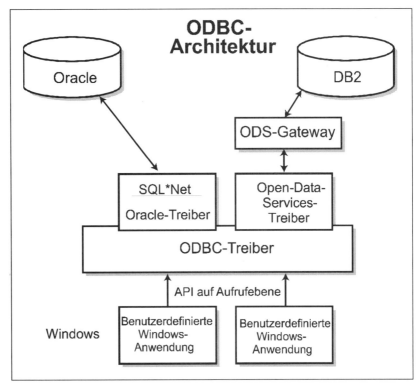

Mit der Entwicklung neuer ODBC-Treiber durch die Herstellerfirmen, die ODBC als Schnittstelle für ihre eigenen Datenbankprodukte verwenden, wird ODBC immer beliebter. Es ist hier anzumerken, daß die meisten Programmierer ODBC bei einfachen Anwendungen erfolgreich einsetzen, der effektive Einsatz von ODBC in einer Umgebung mit vielen Datenbanken jedoch eine sehr schwierige Aufgabe ist. Die Programmierer werden dabei nicht nur mit unterschiedlichen SQL-Dialekten konfrontiert, sie müssen auch sicher im Umgang mit den eigenen APIs der Datenbanken sein. Aber auch bei diesen hohen Anforderungen können einige Hinweise den Umgang mit ODBC erleichtern.

ODBC dient im wesentlichen als Umschlagplatz für alle Daten innerhalb eines Client/Server-Systems. Fordert ein Client einen Dienst von einer Datenbank an, nimmt ODBC diesen entgegen und lenkt die Verbindung zur Quelldatenbank. ODBC steuert alle Datenbanktreiber, indem alle von Datenbanken gelieferten Zustandsinformationen überprüft werden.

Dabei ist zu beachten, daß die Datenbanktreiber mehr als nur den Umgang mit SQL leisten müssen. Viele Datenbanken verfügen über eine eigene API, die verlangt, daß die Anfrage einer Funktionsbibliothek zugeordnet wird, beispielsweise einem Treiber eines SQL-Servers, der die ODBC-Funktionen den Bibliotheksfunktionsaufrufen der Datenbank zuordnet. Datenbanken ohne eigene API (d.h. Datenbanken ohne SQL) können mit ODBC gleichfalls eingesetzt werden, wobei allerdings wesentlich größere Umwandlungen erforderlich sind, als bei eigenen API-Aufrufen.

Wird mit ODBC auf mehrere Datenbanken zugegriffen, muß der API-Programmierer die vielen Datenbankverbindungen und SQL-Abfragen verwalten, die sich an diese Verbindungen richten. ODBC verwendet *Handles*, die auf jede Verbindung verweisen. Handles sind normalerweise Zeiger auf die Datenbank, wobei der Wert des Handles ein Datensatzschlüssel, eine Zeilen- oder Objekt-ID ist.

Die meisten Menschen bringen ODBC mit SQL in Verbindung. Auch wenn SQL zur Zeit die gebräuchlichste Methode für den Datenbankzugriff ist, werden dennoch viele Datenbanken eingesetzt, die nicht auf SQL basieren. Zu den verbreiteten nicht auf SQL basierenden Datenbanken gehören IMS, CA-IDMS, Basis Plus und nahezu alle der neuen objektorientierten Datenbanken. Es ist eine Fehleinschätzung, davon auszugehen, daß ODBC für eine SQL nicht unterstützende Datenbank nicht eingesetzt werden kann.

Nachdem wir uns damit beschäftigt haben, wie ODBC für die Kommunikation der Datenbanken untereinander eingesetzt werden kann, wollen wir uns jetzt damit befassen, wie die SQL-Objekte behandelt werden müssen.

Die Entwicklung zur objekt-orientierten SQL

Bei der Diskussion über die Entwicklung von SQL zur Objektorientierung müssen wir bedenken, daß Oracle nur eine von vielen Datenbanken ist, die SQL-Erweiterungen zur Unterstützung von Objekten bietet. Es gibt zum einen die „reinen" ODBMS mit SQL-Schnittstellen zur Unterstützung der eigenen Architektur, und zum anderen die relationalen Datenbanken, für welche die Objektebenen für die eigenen Tabellen entwickelt werden. Auf der einen Seite gibt es die *Object Database Management Group (ODMG)* der *Object Management Group (OMG)*, die einen Standard für eine Objektabfragesprache OQL für den SQL-Zugriff auf Objektdatenbanken entwickelt. Auf der anderen Seite gibt es das Komitee ANSI X3H7, welches einen *SQL3* genannten Standard entwickelt, der Objekte in relationale SQL mit einbeziehen soll. Auch wenn keine der Herangehensweisen für Verwalter eines Management-Informationssystems ideal ist, so wurden dennoch in beiden

Richtungen große Fortschritte gemacht. Es ist der Zeitpunkt gekommen, an dem Programmierer, die SQL beherrschen, auch die objektorientierten Dialekte lernen müssen. Zu diesen Produkten gehören SQL++ von der Firma Objectivity, Object SQL von ONTOS und sqlX von UniSQL. Viele Vertreter des relationalen Modells behaupten, daß die Zuverlässigkeit von SQL bei Ad-hoc-Abfragen nach dem objektorientierten Prinzip der Kapselung nicht hinreichend ist. Die große Beliebtheit dieser Möglichkeiten hat jedoch zu vielen Versuchen geführt, SQL mit objektorientierten Datenbanken in Einklang zu bringen.

Bei den Kreuzungen aus objektorientierten und relationalen Strukturen kann der Benutzer die relationale Technologie beibehalten und gleichzeitig Eigenschaften der Objektorientierung nutzen. Anders als die herkömmlichen relationalen Datenbanken erlauben diese Kreuzungen, daß die Zellen einer Tabelle mehrere Werte oder gar eine vollständige Tabelle enthalten können. Die Verschachtelung von Tabellen gestattet mehr Flexibilität als traditionelle Datenbanken bieten können, auch wenn dabei die grundlegendsten Prinzipien der Normalisierung scheinbar über den Haufen geworfen werden. Sie werden sich vielleicht erinnern, daß Codds Definition der Ersten Normalform (1NF) keine Wiederholung von Datenelementen innerhalb eines Feldes oder gar eine geschachtelte Tabelle unter Oracle8 gestattet. Dementsprechend stellt die Erweiterung von SQL im Hinblick auf Objekte eine schwere Aufgabe dar.

Der Einsatz von SQL für den Zugriff auf nicht relationale Datenbanken beschränkt sich nicht auf Objektdatenbanken. Als sich SQL in den frühen Achtzigern verbreitete, entwickelten viele Datenbankhersteller ein „Mäntelchen" für die eigenen hierarchischen und netzwerkorientierten Datenbanken. Einige Hersteller änderten sogar den Namen ihres Produktes, um es den veränderten Zeiten anzupassen. Die Datenbank CA-IDMS der Firma CA wurde beispielsweise in IDMS/r umbenannt, womit stolz ausgedrückt werden sollte, daß das Produkt relational sei, weil es SQL-Abfragen unterstützte. Es bedarf natürlich wesentlich mehr als nur der SQL-Fähigkeit, um eine Datenbank zu einer relationalen zu machen. Die Diskussionen darüber, wie relational eine Objektdatenbank wird, wenn sie SQL-Zugriff ermöglicht, dauern an.

Die Grundoperatoren von SQL sind *SELECT*, *INSERT*, *UPDATE* und *DELETE*. Um diese auf eine Objektdatenbank anwenden zu können, muß zuerst der entsprechende Datenkontext und dann die Semantik für die Operation zugeordnet werden. SQL ordnet zum Beispiel wie folgt zu:

■ Relationale Tabellen zu Objektklassen

■ Zeilen zu Objekten

■ Zeilenbezeichner zu Objektbezeichnern

■ Spalten zu Objektmitgliedern

Außerdem können *SELECT*-Operationen von SQL Tabellen- und Attributinformationen in die Lage versetzt werden, zugreifbare Tabellen- und Spaltennamen erkennen zu können.

SQL3 verspricht Objekterweiterungen zum Aufruf von Objektmethoden, zur Navigation innerhalb der Objektbeziehungen und zum Zugriff auf verschachtelte Strukturen, auch wenn es ursprünglich gemäß der SQL-Syntax von ANSI X3H2 definiert wurde. Außerdem werden Extents und virtuelle Objektbezeichner unterstützt. Dennoch ist es mit SQL3 nicht gelungen, einen brauchbaren Standard zu entwickeln, so daß man zur Zeit mit einem defacto-Standard für den SQL-Zugriff auf Objektdatenbanken leben muß.

In den folgenden Abschnitten wird untersucht, wie Entwickler ihre SQL-Programmierung dem Umgang mit Objekten anpassen können. Die Abschnitte berücksichtigen Kommentare derzeitiger SQL++-Anwender und beschreiben, wie sich ein Programmierer auf dieses neue SQL-Paradigma einstellen kann.

Einzelheiten zur Objektebene von Oracle8 finden Sie im Kapitel 3: Physisches Design zur Leistungssteigerung.

SQL- und Oracle8-Objekte

Bei einem vorsichtigen Vergleich des relationalen mit dem objektorientierten Modell werden Sie zahlreiche Konstrukte innerhalb der Objekttechnologie finden, für die SQL erweitert werden muß:

- *Vererbung* – Einige oder alle Objekte einer Klassenhierarchie können hierfür ausgewählt werden.

- *Abstraktion* – Aus „zusammengesetzten" Objekten auswählen.

- *Auf Zeigern basierende Orientierung* – Nicht auf einem Schlüssel basierende Datensuche.

- *Methodenaufrufe unter SQL* – Aufrufe im Hinblick auf das Verhalten der Daten und auf Funktionen.

Viele SQL-Eigenschaften für relationale Datenbanken widersprechen einigen neuen Merkmalen der objektorientierten relationalen Implementierungen von SQL unter Oracle8. Eines der grundlegendsten Probleme für Datenbanken überhaupt ist die Verträglichkeit der Objekte mit SQL. Auf dieses Problem wies Christopher Stone, der Präsident der Object Management Group, hin:

„Was wir für die Objektdatenbanken benötigen, oder besser gesagt, was die Objektprogrammierung benötigt, ist eine Übereinkunft über ein Datenmodell und eine genaue Festlegung ihres Designs. Wie werden Anwendungen aufgebaut, die völlig frei von bestimmten *„Data Manipulation Languages“ (DMLs)* sind? Bedeutet dies, daß SQL hin zur Objektorientiertheit erweitert wird? Oder bedeutet es, daß eine völlig neue objektorientierte Abfragesprache entwickelt werden muß? Wahrscheinlich nicht. Muß C++ lediglich erweitert und eine Verbindung zwischen Programmiersprache und Datenbank einfach vollzogen werden? Ich glaube nicht, daß dies geschehen wird.“

Für eine Verbindung zwischen objektorientierten und relationalen Datenbanken ist es äußerst wichtig, zu erkennen, daß die objektorientierte Herangehensweise die Daten auf einer wesentlich höheren Ebene behandelt, als dies relationale Datenbanken tun. Wo relationale Datenbanken Daten auf der Ebene von Zeilen und Spalten gliedern, verwendet ein objektorientiertes System Objekte. Objekte können eine beliebige Anzahl von Datenelementen enthalten. Ein Objekt kann zu einer Ordnung gehören, in einer Inventarliste oder jeder anderen in der Realität möglichen physischen Anordnung stehen. Nehmen wir beispielsweise ein Objekt mit Namen *ORDER_FORM*. *ORDER_FORM* ist für das objektorientierte System ein logisches Objekt, dem jeweils Datenelemente und Verhaltensweisen zugeordnet werden können. Zu den Verhaltensweisen könnten *place_order, change_order* usw. gehören.

In einer relationalen Datenbank wäre *ORDER_FORM* schlicht eine Ansammlung vieler unterschiedlicher Spalten aus unterschiedlichen Tabellen. Der Kundenname stammt aus der Tabelle *CUSTOMER*, das Bestelldatum kommt aus der Tabelle *ORDER*, die Menge aus der *LINE_ITEM*-Tabelle und die Beschreibung des Artikels aus der Tabelle *ITEM (siehe Abbildung 5.7)*.

Daher kann nur die Verhaltensweise eines Objekts zu Veränderungen in vielen Tabellen der relationalen Datenbank führen.

Einer der Hauptnachteile des relationalen Datenbankmodells ist die Unfähigkeit, aggregierte Objekte darzustellen. Alle Daten müssen sich in nicht zusammengesetzten Tabellen befinden, die Ausgabe eines aggregierten Objekts erfordert jedoch einen *JOIN* der einzelnen Tabellen zur Laufzeit. Codd riet dazu, relationale Datensichten einzusetzen, um diese höhere Ebene der Abstraktion zu verwenden. So könnte zum Beispiel eine Anweisung eine SQL-Datensicht namens *ORDER_FORM* wie folgt erzeugen:

```
CREATE OR REPLACE VIEW
ORDER_FORM
AS
SELECT
    customer_name,
    customer_address,
    customer_phone,
```

```
        order_nbr,
        order_date,
        item_name,
        qty_ordered
FROM
    CUSTOMER,
    ORDER,
    LINE_ITEM,
    ITEM
WHERE
order_nbr = :hostvar
AND
CUSTOMER.customer_name = ORDER.customer_name
AND
ORDER.order_nbr = ORDER_LINE.order_nbr
AND
ORDER_LINE.item_nbr = ITEM.item_nbr;
```

Abb. 5.7:
Die Zuordnung
von Objekten zu
relationalen
Tabellen

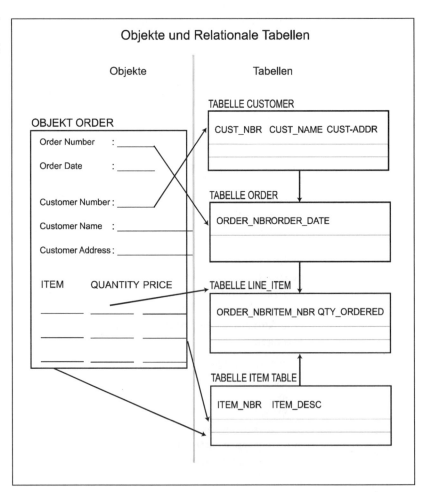

Die Datensicht könnte dann dazu verwendet werden, mit einer einzigen SQL-Anweisung ein Bestellformular zu erzeugen, ohne daß die SQL-Syntax die Tabellen miteinander verbinden müßte. Beispielsweise so:

```
SELECT *
FROM
ORDER_FORM
WHERE
order_nbr = 999;
```

Das relationale *VIEW*-Konstrukt von Oracle7 ließ diesen Hauptvorteil vorbereiteter aggregierter Objekte noch vermissen. Der eigentliche Gedanke bei der Datenaggregation ist der, daß die Objekte der oberen Ebene eine unabhängige Existenz haben sollen, anstatt sie jedesmal neu aufbauen zu müssen, wenn eine Datensicht verwendet wird. Anders als bei den aggregierten Objekten unter Oracle8 können relationale Datensichten unter Oracle7 auch nicht für Aktualisierungen verwendet werden. Die Zeilen-ID unter Oracle7 kann nicht innerhalb der untergeordneten Tabelle verändert werden, und dementsprechend waren die Operationen *UPDATE* und *INSERT* nicht zulässig. Objektverhaltensweisen, wie beispielsweise *PLACE_ORDER* oder *CHANGE_ORDER*, konnten für relationale Datensichten nicht eingesetzt werden. Von einigen Entwicklern wurden Methoden zur Erzeugung „aktualisierbarer" Datensichten innerhalb des relationalen Datenbankmodells entwickelt, aber von keiner kommerziellen Datenbank wurde die Unterstützung aktualisierbarer Datensichten implementiert.

Diese Debatte um das vorherige oder spätere Aufbauen hatte direkten Einfluß auf die Architektur von Oracle8. Allgemein wird die Meinung vertreten, daß es ein Nachteil aller relationalen Datenbanken ist, daß die Daten auf der niedrigsten und elementarsten Ebene modelliert werden. Dabei ist die Möglichkeit verlorengegangen, Objekte „der realen Welt" mit einer unabhängigen Existenz zu erzeugen.

Die bedeutendste Eigenschaft der aggregierten Objekte unter Oracle8 ist der Leistungsgewinn. Wenn Sie über die Objekt-ID (OID) aggregierte Objekte zusammenstellen, geht das Auffinden der Objekte schneller vonstatten, als wenn ein Aggregat jedesmal während der Laufzeit auf Anforderung neu zusammengestellt werden muß.

Betrachten wir nun das Mißverhältnis zwischen deklarativer SQL und den navigationsorientierten Objekten. Dieses Problem wird gemeinhin als *Impedanzabweichung* bezeichnet.

SQL und die Impedanzabweichung

Impedanzabweichung bezieht sich auf die Leistungsabfälle, die im Zusammenhang mit den Übersetzungen für objektorientierte und relationale Datenbankmodelle entstehen. Einer der ersten Hersteller, der sich den mit der Impedanzabweichung verbundenen Problemen gewidmet hat, war die Firma Persistence Software. Das Produkt von Persistence Software für objektorientierte relationale Zuordnungen hebt sich besonders durch die weitreichenden Fähigkeiten hervor, Objekte im Speicher zu puffern.

Bei einer objektorientierten Online-Anwendung, wie zum Beispiel einem C++-Programm, erfordert die Impedanzabweichung zwischen beiden Modellen eine Zuordnung eingekapselter Daten zu einer relationalen Tabelle zwecks dauerhafter Speicherung und anschließender Wiederzusammensetzung während der Laufzeit. Die meisten Implementierungen dieser Art der Zuordnung im Speicher befindlicher Objekte zu Zeilen einer relationalen Tabelle führen zu starken Belastungen und Leistungsverlusten. Einige Produkte umgehen dieses Problem durch große Objektpuffer, die häufig benutzte Objekte (zusammen mit den eingekapselten Daten) im Speicher behalten, wodurch die Belastung vermieden wird, die durch das Wiederzusammensetzen der Objekte aus der zugrundeliegenden relationalen Tabelle entsteht (genauso, wie die Verzögerungen vermieden werden, die durch die wiederholten Plattenzugriffe entstehen).

Es gibt aber noch andere Unterschiede zwischen Objekten und Tabellen. Eine der Prämissen des Objektmodells für Datenbanken ist, daß auf die Objektdaten nur über die Methoden zugegriffen werden darf, und keine Objektdatenzugriffe ad-hoc gestattet sind. Dieses Prinzip wird *Kapselung* genannt, und der folgende Abschnitt behandelt, wie SQL für die Kapselung angepaßt wurde.

SQL und Verletzungen der Kapselung

Kapselung wird als die Fähigkeit definiert, auf Objekte nur über ihre Verhaltensweisen zugreifen zu können. Die Kapselung wird von nicht auf Datenbanken bezogenen objektorientierten Anwendungen verwendet, um sicherzustellen, daß alle Operationen über die vom Programmierer definierten Schnittstellen ausgeführt und keine Daten außerhalb der Anwendung verändert werden. Wie steht es jedoch um ad-hoc ausgeführte Abfragen und Aktualisierungen? Es scheint, daß keine der deklarativen Datenbanksprachen, die externes Abfragen und Aktualisieren gestatten, dem Diktat der Kapselung folgt und somit keine Konsistenz im Hinblick auf eine objektorientierte Datenbankverwaltung bietet.

Auf den ersten Blick erscheinen Kapselung und Datenunabhängigkeit unvereinbar, da es unmöglich ist, von einer Anwendung unabhängige Datenbanktabellen zu unterhalten, wenn gleichzeitig die Kapselung unterstützt wird, die Objekte und ihr Verhalten stark koppelt. Dennoch sind diese Konzepte nicht unverträglich miteinander. Da die Verhaltensweisen in einer Datenbank gespeichert werden, sind sie nicht extern und gefährden deshalb nicht die Unabhängigkeit der Anwendungen von den Daten.

Angenommen, Sie könnten auf das Feld *credit_rating* der Tabelle *CUSTOMER* nur über den Aufruf der Verhaltensweise *place_order* zugreifen. Unter SQL wäre selbstverständlich ein Zugriff oder das Aktualisieren jedes Datenelements möglich, für das in der Sicherheitstabelle des Systems Rechte gewährt wurden. Jeder berechtigte Benutzer könnte den Kreditrahmen eines Kunden einsehen, ohne jemals eine objektorientierte Methode aufzurufen.

Eine andere Einschränkung, die sich aus dem SQL-Konzept im Hinblick auf objektorientierte Datenbanken ergibt, ist die Unfähigkeit von SQL, eine Verhaltensweise mit einem Datenelement zu verknüpfen. Die Eigenschaften eines Objekts und seine operative Semantik muß in einer externen Einheit kodiert werden (dem Anwendungsprogramm). SQL verfügt jedoch nicht über Möglichkeiten, Verhaltensweisen in Tabellen einzubinden. Aber auch hierfür gibt es eine Lösung, und viele Hersteller objektorientierter relationaler Datenbanken haben bereits Methoden für Datenbankobjekte entwickelt, die eine 1-zu-1 Entsprechung mit SQL-Operatoren haben. Eine Datenbank kann beispielsweise eine Methode namens *insert_customer* automatisch erzeugen, die die entsprechende SQL-Anweisung zum Einfügen einer Zeile in der Kundentabelle aufrufen würde. Eine Datenbank kann automatisch Methoden zum Einfügen, Aktualisieren und Löschen von Zeilen einer Zieltabelle erzeugen, genauso, wie C++ Konstruktoren und Destruktoren für Objekte zuläßt. Bei einfachen Operationen funktioniert dies bereits sehr gut, bei komplizierten Methoden, die mehr als eine Datenspalte verändern, gibt es allerdings noch Probleme.

Viele der eingebauten SQL-Funktionen verletzen auch die Regeln für die Kapselung. Anstatt beispielsweise eine Methode zur Berechnung des Bruttoeinkommens eines Angestellten zu schreiben, könnten Sie diese Operation direkt mit SQL ausführen und dabei die Methode umgehen. Zum Beispiel:

```
SELECT
    hours_worked * payrate
FROM
    TIMESHEET, PAYRATES
WHERE
    emp_id = 123
AND
    week = '03/98';
```

Das gleiche gilt, wenn Sie die *sum-*, *avg-* oder andere SQL-Funktionen verwenden, die von den meisten Herstellern relationaler Datenbanken angeboten werden.

Da die Kapselung und SQL inkompatibel sind, ergibt sich der Schluß, daß die Kapselung nicht für objektorientierte Datenbanken angewendet werden kann, da deklarative Sprachen dieses Prinzip verletzen. Außerdem können deklarative Sprachen nicht für eine rein objektorientierte Datenbank eingesetzt werden, da alle Objekte die vordefinierten Methoden verwenden müssen, wenn sie auf die Daten des Objekts zugreifen.

Nachdem wir uns mit der Kapselung befaßt haben, wollen wir uns nun näher mit anderen Konflikten zwischen SQL und den Objekten beschäftigen.

Konflikte zwischen SQL und den Objekten

Zahlreiche SQL-Konstrukte stehen im Konflikt zu den objektorientierten Datenbanken. Am offensichtlichsten ist hierbei, daß SQL als Ad-hoc-Abfrageprogramm dient. Die Probleme gehören zu den folgenden Kategorien:

- Abstrakte Datentypen (die benutzerdefinierten Typen von Oracle)
- Kapselung und Methoden
- Zeiger

All diese Konstrukte sind SQL fremd, und es wurden besondere Erweiterungen geschaffen, um sie zu implementieren. Betrachten wir nun, wie abstrakte Datentypen im Objektmodell von Oracle8 definiert werden.

SQL und die benutzerdefinierten Datentypen

Oracle8 verwendet das Konzept abstrakter Datentypen, bei dem der Programmierer Datentypen erzeugen kann, die sich von den für das System definierten Datentypen unterscheiden. Unter Oracle8 werden abstrakte Datentypen (ADTs) auch als benutzerdefinierte Datentypen (UDTs) bezeichnet. Ein Oracle8-Programmierer könnte beispielsweise einen Datentyp *boolean* definieren, der vom System als zum Typ *char* oder *integer* gehörig behandelt würde. Relationale Techniken gestatten zwar nicht die selbständige Definition neuer Datentypen, die neuen objektorientierten relationalen Datenbanken lassen jedoch das Erzeugen von Datenelementen sowie deren Verwendung mit dem in diesem Kapitel bereits vorgestellten *CREATE TYPE*-Konstrukt zu.

Daneben gibt es selbstverständlich auch SQL-Erweiterungen, die die Erzeugung und Implementierung benutzerdefinierter Datentypen ermöglichen. Das *Listing 5.17* zeigt den SQL-Code zum Erzeugen der Tabelle *CUSTOMER*. Beachten Sie die beiden Bestandteile *full_name* und *full_address*, welche benutzerdefinierte Datentypen sind, sowie daß die ganze *CUSTOMER*-Tabelle in ein UDT namens *customer_stuff* eingekapselt wurde.

Listing 5.17:
Die Tabelle
CUSTOMER mit
SQL erstellen

```
CREATE TYPE
    full_address (
            street_address      varchar2(20),
            city_name           varchar2(20),
            state_name          char(2),
            zip_code            number(9));

CREATE TYPE
    full_name (
            first_name          varchar2(20),
            MI                  char(1),
            last_name           varchar2(30));

CREATE TYPE
    customer_stuff AS OBJECT (
            customer_ID         number(6),
            cust_full_name      full_name,
            cust_full_address full_address));

CREATE TABLE CUSTOMER OF customer_stuff;
```

Sind die UDTs einmal definiert, kann Oracle8-SQL so erweitert werden, daß Untertypen eingesetzt werden können, die Datenbestandteile adressieren, welche in größere Datentypen eingebettet sind. Der folgende SQL-Code wählt zum Beispiel die Postleitzahl eines bestimmten Kunden aus:

```
SELECT
    customer_stuff.full_address.zip_code
FROM
    CUSTOMER
WHERE
    customer_ID = 764645;
```

Neben dem vergleichsweise einfachen Umgang mit UDTs gibt es noch viele andere neue SQL-Konstrukte, die erwähnt werden müssen. Betrachten wir genauer, wie Oracle8-Objekte erzeugt und verändert werden können.

Erzeugen und Verändern von Oracle8-Objekten

Wie in einer Reihe der vorhergehenden Beispiele gezeigt wurde, können unter Oracle8 Objekttabellen erzeugt werden. Werfen wir nun einen Blick auf die Definition einiger Objekttabellen und ihre Funktionsweise unter Oracle8 genauer. Das *Listing 5.18* zeigt Objektdefinitionen für ein Kundenobjekt, ein Bestellungsobjekt und ein Artikelobjekt. In diesem

Beispiel steht das Kundenobjekt allein. Das Bestellungsobjekt enthält eine Eigentümer-OID für den Kunden, der die Bestellung aufgegeben hat, sowie eine geschachtelte Tabelle mit den Artikeln jeder Bestellung:

Listing 5.18:
Definition eines
Kunden-,
Bestellungs- und
eines Artikel-
objekts

```
CREATE TYPE customer_stuff AS OBJECT (
    customer_nbr        number(6),
    customer_name       full_name_type,
    customer_address    address);

CREATE TYPE item_stuff AS OBJECT (
    item_nbr            number(5),
    item_desc           varchar2(20),
    item_color          varchar2(10),
    quantity_ordered    number(3));

CREATE TABLE ITEM_LIST AS TABLE OF item_stuff;

CREATE TYPE order_stuff AS OBJECT (
    order_date          date,
    customer_nbr        number(5),
    customer_oid        REF customer_stuff,
    order_items         item_list_type);

CREATE TABLE CUSTOMER OF customer_stuff;

CREATE TABLE ORDER OF order_stuff
    (customer_oid WITH ROWID
     SCOPE IS CUSTOMER)
     OIDINDEX oid_customer_nbr (TABLESPACE MY_INDEX)
     NESTED TABLE ORDER_ITEMS STORE AS item_stuff
        PCTFREE 10
        PCTUSED 80
        INITRANS 5
        MAXTRANS 255
        TABLESPACE MY_DATA;
```

Untersuchen wir die im *Listing 5.18* definierte Datenstruktur etwas genauer. Im wesentlichen besteht sie aus drei Einheiten: *customer*, *order* und *item*. Jeder Kunde löst viele Bestellungen aus, aber jede Bestellung wird von nur einem Kunden ausgelöst. Gleichfalls gilt, daß sich jede Bestellung auf viele Artikel bezieht und jeder Artikel Bestandteil vieler Bestellungen sein kann.

Das Kernstück der Objektstruktur finden Sie, wenn Sie die Reihenfolge der Objekte betrachten. Hierbei können Sie einen Fremdschlüssel (*customer_nbr*) für zusätzliche traditionelle Verknüpfungen von Kunden zu Bestellungen und gleichzeitig die Spalte *customer_oid* in der Reihenfolge der Objekte erkennen. *Customer_oid* ist eine *REF*-Spalte, die die

OID des Kunden aus der Bestellung enthalten soll. Außerdem können Sie erkennen, daß das Objekt *ORDER* eine geschachtelte Tabelle mit allen Artikeln der Bestellung enthält.

Untersuchen wir nun den SQL-Code genauer, der verwendet wurde, um die Reihenfolge der Objekte festzulegen. Beachten Sie dabei den folgenden Abschnitt:

```
(customer_oid WITH ROWID
    SCOPE IS CUSTOMER)
OIDINDEX oid_customer_nbr (TABLESPACE MY_INDEX)
```

Customer_oid ist eigentlich ein Zeiger auf den Eigentümer mit der OID des Kunden, der die Bestellung ausgelöst hat. Mit der Anweisung *WITH ROWID* kann die Pseudospalte *ROWID* mit der OID aus der referenzierten *REF*-Tabelle gespeichert werden, welches in diesem Fall die Tabelle *CUSTOMER* ist. Das Speichern der *ROWID* und der OID beschleunigt die *DREF*-Anweisungen, benötigt jedoch mehr Platz im Index als der Standard *OIDINDEX*. Beachten Sie außerdem, daß die *SCOPE*-Anweisung alle *REFs* dieser Spalte auf den Kunden beschränkt, wodurch eine strenge Typisierung für diese OID erzwungen und sichergestellt wird, daß OIDs des Kunden in dieser Spalte hinzugefügt werden. Hierdurch wird der Platzbedarf für den *REF*-Spaltenwert reduziert und der Zugriff beschleunigt.

Beachten Sie als letztes, daß mit der *OIDINDEX*-Klausel ein Index für *OID* erzeugt wird, der zur Beschleunigung von Abfragen des Typs *REF* in dieser Tabelle verwendet werden kann. Die *OIDINDEX*-Klausel legt einen Index auf die versteckte Objektbezeichnerspalte und/oder die Speicherbedingungen des Index fest. Zusammenfassend sollten die folgenden Prinzipien bei der Tabellendefinition unter Oracle8 beachtet werden:

- Wird auf einen Typ über seine *OID* verwiesen, muß das Objekt mit der *AS OBJECT*-Klausel erzeugt werden.

- Alle *REF*-Klauseln der *TYPE*-Deklaration müssen mit der *ALTER TABLE*-Anweisung für die letzte Objekttabelle abgeschlossen werden, wenn ein Gültigkeitsbereich oder eine Speicherung der *ROWID* erforderlich ist.

Diese neuen, zeigerbasierten Strukturen bieten große Leistungsvorteile gegenüber traditioneller SQL, sie erfordern jedoch eine sorgfältige Planung für eine korrekte Implementierung der Datenstrukturen.

Betrachten wir nun Oracle8-SQL zur Ausgabe des Inhalts abstrakter Datentypen.

Benutzerdefinierte Datentypen mit SQL ausgeben

Zu den benutzerdefinierten Datentypen gehört mehr als nur ihre Definition innerhalb einer relationalen Tabelle. Ein weiterer wichtiger Gesichtspunkt der Datentypen ist beispielsweise, daß Sie auf diese innerhalb einer SQL-Abfrage verweisen können. Da Datentypen meist aus Unterteilen zusammengesetzt sind, muß der SQL-Code so erweitert werden, daß ein vollständiger Datentyp als einzelne Einheit angesprochen werden kann und alle Unterbestandteile automatisch formatiert werden. Der folgende SQL-Code würde beispielsweise die Daten von *full_address* ausgeben, ohne daß jeder Untertyp ausgewählt werden müßte:

```
SELECT DISTINCT full_address FROM CUSTOMER;
```

Dieser SQL-Code würde eine mit dem folgenden vergleichbare Ausgabe erzeugen:

```
STREET_ADDRESS        CITY_NAME      STATE_ABBR     ZIP_CODE
123 First Street      Minot          ND             77363
44 West Avenue        Albuquerque    NM             87112
8337 Glenwood Drive   Fairport       NY             14450
3 Wedgewood Avenue    Denver         CO             63533
```

Beachten Sie, daß Sie Ihren SQL-Code verändern müßten, wenn Sie einen Bestandteil von *full_address* auswählen wollten. Dies geschieht im allgemeinen dadurch, daß der Unterbestandteil in Punkte eingeschlossen zwischen dem Datentyp der oberen Ebene und dem Datenelement, das ausgegeben werden soll, angegeben wird. Beispielsweise so:

```
SELECT full_address.street_address
WHERE
full_address.zip_code LIKE '144%';
```

Dieser SQL-Code würde folgende Ausgabe erzeugen:

```
STREET_ADDRESS
8337 Glenwood Drive
```

Nachdem Sie nun verstanden haben, wie SQL erweitert wurde, um Zeilen mit benutzerdefinierten Datentypen auszuwählen, wenden wir uns jetzt der Frage zu, wie benutzerdefinierte Datentypen mit SQL aktualisiert werden können.

Benutzerdefinierte Datentypen mit SQL aktualisieren

Benutzerdefinierte Datentypen enthalten Untereinheiten, so daß der relationalen SQL bestimmte Erweiterungen hinzugefügt werden müssen, damit diese aggregierten Datentypen aktualisiert werden können. Hierzu muß die SQL-Anweisung *UPDATE* partitioniert werden, damit die Untertypen angegeben werden können. Der SQL-Code zur Aktualisierung einer Kundenadresse könnte beispielsweise wie folgt aussehen:

```
UPDATE CUSTOMER
      (full_address
          (
          VALUES (
                       '422 East Avenue',
                       'Northwest Lake',
                       'NM',
                       83733
                       )
          )
      );
```

Wie Sie sehen können, bezieht sich die *UPDATE*-Anweisung nur auf den Datentyp *full_address*, da dieser aber aus Untertypen besteht, müssen Sie in der *UPDATE*-Anweisung jeden Untertyp einzeln angeben. Nachdem wir uns mit den Grundlagen der *UDTs* befaßt haben, wollen wir uns nun mit der Verwendung der OIDs zur Leistungssteigerung von Oracle8 beschäftigen.

Oracle-SQL und die Objektbezeichner

Eine der größten Ungleichheiten zwischen SQL und den Objekten liegt im Bereich der Zeiger, die unter Oracle als Objekt-ID oder OID verwendet werden. Die Einführung der Zeiger unter Oracle8 hat zu einer Situation geführt, in der sich die deklarative Natur von SQL radikal verändert hat.

Bei der Verwendung des *DEREF*-Operators unter Oracle8 kann eine SQL-Anweisung beispielsweise einen Zeilenzeiger dereferenzieren, wobei im wesentlichen von einer Tabelle zur nächsten gewechselt wird. Anstatt sich hinsichtlich des Datenbankzugriffs auf den SQL-Optimizer zu verlassen, kann der Entwickler nun SQL-Anweisungen in sein Programm einbetten, mit denen er durch die Datenbank navigieren und auf mit Zeigern verbundene Tabellen zugreifen kann. Für die meisten SQL-Entwickler ist das ein sehr abwegiger Gedanke, der jetzt aber Realität geworden ist.

Mit dem folgenden SQL-Code könnten Sie sich beispielsweise von einem Kunden zu den Bestellungen des Kunden bewegen:

```
SELECT
    DEREF(order_list)
FROM
    CUSTOMER
WHERE
```

```
                customer_id = 'JONES';


SELECT
    order_stuff
FROM
    CUSTOMER, ORDER
WHERE
    customer_id = 'JONES'
AND
customer_ID = order_ID;
```

Durch die abstrakteren Verwendungen der Zeiger im relationalen objektorientierten Modell wird SQL etwas verwirrender. Wie Sie sich erinnern werden, gehören zu den OIDs einige sehr abstrakte Datenstrukturen, unter anderem die folgenden:

- Zeiger auf einzelne Zeilen in anderen Tabellen (*REF*-Spalten)

- Sich wiederholende Gruppen von Datenwerten (*varray*-Tabellen)

- Sich wiederholende Gruppen von Zeigern auf Zeilen (*varray*-Tabellen mit OIDs)

- Zeiger auf Arrays mit Zeigern auf Zeilen (mehrdimensionales *varray*)

- Zeiger auf vollständige Tabellen (geschachtelte Tabellen)

Die Syntax von Oracle8-SQL wurde für den Umgang mit Zeigern unter Verwendung des *DEREF*-Operators um folgende Konstrukte erweitert:

```
SELECT
    DEREF(order_oid)
FROM
    CUSTOMER;
```

Dieser SQL-Operator nimmt eine OID entgegen und gibt den Inhalt der Zeile zurück, auf die die OID zeigt.

Außerdem umfaßt Oracle8 die Anweisungen *CAST* und *MULTISET*. Diese SQL-Operatoren wandeln Eingabedatenströme in die entsprechenden Datentypen für SQL-Operationen um. Erinnern Sie sich, daß die OIDs typisiert werden können, so daß eine *student*-OID nicht das gleiche sein muß wie eine *course*-ID. Es folgt ein Beispiel für die SQL-Anweisung *INSERT*, mit der ein Student in das Oracle8-Objekt *COURSE* eingefügt wird:

```
INSERT INTO
    COURSE (STUDENT_LIST)
    (CAST
        (MULTISET
            (SELECT
```

```
                  student_name,
                  student_address,
                  grade
            FROM
                  GRADE, STUDENT
            WHERE
                  GRADE.course_name = 'CS101'
                  AND
                  GRADE.student_name = STUDENT.student_name
            )
        )
    );
```

Dieser SQL-Code mag im Vergleich zu einer eleganten deklarativen SQL-Anweisung unhandlich erscheinen, über OIDs verknüpfte Oracle-Objekte sind im Vergleich zu traditionellen relationalen Strukturen jedoch äußerst leistungsfähig. Es folgen einige Hinweise für den Umgang mit Oracle8-Objekten.

Hinweise zum Umgang mit Oracle8-Objekten

Bei all diesen neuen Zeigern und SQL-Erweiterungen kann es Jahre dauern, bis sich die führende Programmierergemeinde auf einen allgemeinen Konsens zur Verwendung der zeigerorientierten Navigation bei der SQL-Programmierung einigt. Bis dahin gelten die folgenden Richtlinien für den Einsatz der Objekterweiterungen von Oracle8 unter SQL:

- Ein *varray* oder eine geschachtelte Tabelle darf kein *varray* oder eine geschachtelte Tabelle als Attribut haben. Das heißt, es ist nicht möglich, geschachtelte Tabellen einzubetten, sondern es kann nur eine Ebene geben.

- Eine als *varray* definierte Tabellenspalte kann nicht indiziert werden.

- Für ein *varray* können keine Standardwerte festgelegt werden.

- Eine Tabelle mit *varrays* oder geschachtelten Tabellen kann keine partitionierten Tabellen benutzen.

- *Varrays* können mit SQL nicht direkt verglichen werden.

- Unterattribute von *varrays* und geschachtelten Tabellen können nicht direkt von der übergeordneten Tabelle aus indiziert werden.

- Bei Verwendung einer geschachtelten Tabelle muß eine Speicher-tabelle zur Speicherung der Datensätze angegeben werden.

- Einschränkungen (auch *NOT NULL*) können nicht bei Typ-definitionen verwendet werden (sie müssen mit der *ALTER TABLE*-Anweisung angegeben werden, nachdem die Typdefinition in die Tabelle eingefügt wurde). Speichertabellen erben die physischen Attribute ihrer übergeordneten Tabelle.

■ Die Attribute der Speichertabellen geschachtelter Tabellen können indiziert werden.

Wollen Sie die Objektebene von Oracle8 zur Leistungssteigerung verwenden, dann müssen Sie den Charakter der OIDs beachten. Unter Oracle8 haben OIDs die Fähigkeit, Tabellen im voraus zu verknüpfen, wobei die Systembelastung der *JOIN*-Operationen vermieden wird. Auf diese Weise könnten wir „Eigentümer"-OIDs in Zeilen einfügen, um die Belastung durch einen Tabellen-*JOIN* aufzuheben, wenn auf den Eigentümer einer 1:N-Beziehung zugegriffen werden soll. Wir könnten beispielsweise die Kunden-OID in jeder Bestellungszeile plazieren, so daß die Referenz auf die Kunden-OID aufgegeben werden könnte, um die Kundenzeile zu finden. Mit dieser Dereferenzierung gelangen Sie schneller an die Kundeninformationen als durch eine Tabellenverknüpfung der Bestellungs- mit der Kundentabelle.

Außerdem hat man über die Plazierung der OIDs innerhalb der Tabellen die Möglichkeit, den Zugriff auf andere Objekte vorzusortieren, so daß eine Dereferenzierung die Daten von den Objekten in der Reihenfolge liefert, in der die OIDs ursprünglich gespeichert wurden. Ein *CUSTOMER*-Objekt könnte zum Beispiel ein *varray* mit OIDs der von den Kunden ausgelösten Bestellungen enthalten, wobei sie im *varray* in der Reihenfolge des Bestelldatums gespeichert werden könnten. Auf diese Weise würde die Bearbeitung der Bestellungen für jeden Kunden im voraus festgelegt, und die Ausgabe der Kundenbestellungen würde ohne die Belastung durch einen SQL-*JOIN* mit der Bestellungstabelle stattfinden sowie ohne die Belastung durch die Sortierung nach dem Bestelldatum.

Zusammenfassung

Nachdem wir nun gelernt haben, wie individuelle SQL-Abfragen optimiert werden, um die Datenbankressourcen effizient einsetzen zu können, können wir uns an dieser Stelle anderen Überlegungen zur effektiven Client/Server-Implementierung zuwenden. Zu den zu behandelnden Themen gehören das Lock-Management, Überlegungen zu Datenbankverknüpfungen und zur Optimierung einer verteilten Server-Umgebung unter Oracle.

Oracle-Sperren optimieren

Obwohl die meisten kommerziellen Datenbankprodukte Mechanismen zur Sperrung und zur Kontrolle von konkurrierenden Datenbankzugriffen bereitstellen, kommt es bei relationalen Datenbanken wie der von Oracle zu neuen Anforderungen. Dieses Problem tritt vor allem dann auf, wenn ein einzelner Oracle-Task Daten auf mehreren Remote-Servern verändert, was bei verteilten Oracle-Systemen mit zunehmender Häufigkeit auftritt. Der wahre Alptraum sind Remote-Server unterschiedlicher Architekturen, wenn beispielsweise Daten in einer relationalen und in einer Netzwerkdatenbank mit einem verteilten Update verändert werden müssen. In diesen Fällen wird gegebenenfalls die Kontrolle konkurrierender Zugriffe in jeder betroffenen Datenbank ausgeschaltet und muß dann vom jeweiligen Anwendungsprogramm zur Verfügung gestellt werden. Schließlich kann man nicht generell von einer Datenbank erwarten, daß sie die internen Funktionen einer anderen Datenbank steuert, obwohl dies mittels der Oracle Gateway-Technologie möglich ist.

Neben den rein technischen Argumenten hat auch die Popularität von Client/Server-Anwendungen die Handhabung von konkurrierenden Datenzugriffen verändert. Viele Client/Server-Systeme verzichten auf den Einsatz der Oracle-Sperrmechanismen und verlassen sich auf prozedurale Tricks, um die Integrität auf Server-Ebene zu erhalten. Im folgenden werden wir Ihnen zeigen, wie man durch das Abschalten von Oracle-Sperrungen derartige Probleme vermeiden kann.

Dieses Kapitel erklärt die grundlegenden Funktionen der Zugriffskontrolle und beschreibt die Probleme bei der Erhaltung der Datenintegrität, die in einer Umgebung mit verteilten Oracle-Servern auftreten können, wenn mehrere Anwender gleichzeitig auf Daten zugreifen. Themen dieses Kapitels sind:

- Das Problem zusammenhängender Updates

- Datenbanksperren und Kapselung

- Oracle-Sperrfunktionen

- Deadlocks in Datenbanken

- Eskalation von Sperrungen in anderen Datenbank-Servern

- Alternative Sperrmechanismen

- Sperrungen und verteilte Datenbanken

- Sperrungen überwachen

- Oracle Parallel Server und Sperrfunktionen

Das Problem zusammenhängender Updates

U m sicherzustellen, daß eine Oracle-Transaktion Daten sowohl korrekt ermittelt als auch verändert, ist es wichtig, die Unterschiede zwischen zwei Verarbeitungsmodi zu verstehen: der Konversation und der Pseudokonversation. In einem Konversationsszenario erstreckt sich die Einheit „Arbeit" über die gesamte Zeit, die der Benutzer für die Transaktion benötigt. In einer Pseudokonversation ist die Einheit „Arbeit" aufgeteilt. In diesem Fall beginnt der Auftrag mit der Anforderung des Benutzers und endet damit, daß der Server die Information bereitstellt. Das System befindet sich nun wieder im Leerlauf und löst alle Sperrungen, die von der vorhergehenden Transaktion eventuell gehalten wurden *(siehe Abbildung 6.1).*

Die Verarbeitung im Konversationsmodus ist üblicherweise verknüpft mit einer *pessimistischen Sperrung*, d.h. das Transaktions-Management geht davon aus, daß die Transaktion während des Verlaufs unterbrochen wird und hält daher alle Sperrungen so lange aufrecht, wie der Datensatz angeschaut wird. In einer Pseudokonversation kommt das *optimistische Sperrschema* zum Einsatz, bei dem das System hofft, daß die Transaktion in sich geschlossen bleibt.

Abb. 6.1:
Sperrungen bei
der pseudo-
konversationellen
Verarbeitung

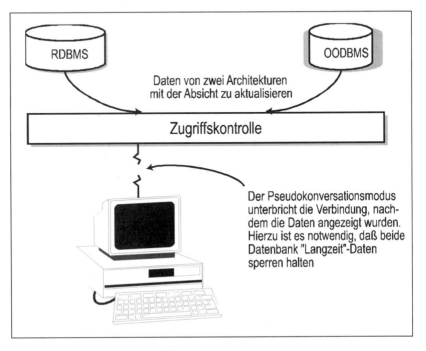

Als Beispiel soll ein Benutzer dienen, der auf dem Bildschirm eine Kundeninformation anzeigen läßt, fünf Minuten wartet und die Daten nun verändert speichern will. Wird dieser Vorgang im reinen Konversationsmodus ausgeführt, wird das Problem einer inkonsistenten Datenbank nie auftreten, weil *exklusive Sperrungen* während des gesamten Vorgangs aufrechterhalten wurden. Wie auch immer, die für diese Aufrechterhaltung notwendigen Ressourcen sind eine Belastung für die Datenbank und die Sperrung kann andere Transaktionen stören, die auf die in dieser Sitzung angezeigten Daten zugreifen (und sie möglicherweise verändern) möchten.

Eine Lösung dieses Sperrproblems ist die Erstellung Ihrer Applikationsstruktur im pseudokonversationellen Modus, bei dem die Datensatzsperren aufgehoben werden, sobald der Datensatz auf dem Bildschirm des Benutzers erscheint. In der Tat ist dieser Ansatz für Oracle Client/Server-Anwendungen unbedingt zu empfehlen, obwohl durchaus mit einigen Problemen bei der Verarbeitung zu rechnen ist.

Betrachtet man die Client/Server-Umgebung nur aus der Performance-Perspektive, ist die schnelle Freigabe von Sperrungen natürlich sehr erstrebenswert. Als Nebeneffekte können jedoch sogenannte *Dirty Reads*, nicht reproduzierbare Ergebnisse und im schlimmsten Falle Datenkorruptionen auftreten, die von der Anwendung abgefangen werden müssen.

Dirty Reads

Dirty Reads sind Situationen, bei denen auf einen Datensatz zugegriffen wird, während er von einer anderen Transaktion im Schreib-/Lese-Modus offengehalten wird. Angenommen, eine Transaktion öffnet den Datensatz des Kunden *ABC* und möchte daran Änderungen vornehmen. Die Information über *ABC* wird auf dem Bildschirm angezeigt, und der Benutzer ändert den Inhalt des Feldes *CUSTOMER_STATUS*. Damit wird die Information zwar bereits in der Datenbank gespeichert, aber erst mit der Ausführung der Anweisung *COMMIT* oder *ROLLBACK* endgültig festgelegt. Es könnte also sein, daß der Benutzer die Änderung durch die *ROLLBACK*-Anweisung wieder rückgängig macht. Eine andere Transaktion, die unglücklicherweise in der Zwischenzeit den *CUSTOMER_STATUS* des Kunden *ABC* liest, bekommt daher eine inkorrekte Information.

Nicht reproduzierbare Resultate

Nicht reproduzierbare Resultate treten üblicherweise auf, wenn eine Berichtsausgabe läuft, während die zugrundeliegende Datenbank gerade bearbeitet wird. Ein solcher Bericht kann im *Local Mode* ausgeführt werden. Dabei handelt es sich um einen Verarbeitungsmodus, der lediglich schreibgeschützte Tabellenspeicherplätze verwendet, die Dienste des Datenbank-Managers umgeht, sämtliche Sperrungen ignoriert und die Datenbankdateien direkt von der Festplatte liest. Ein Bericht im Local Mode durchforstet die Datenbank nach den gewünschten Informationen, liefert aber auch Datensätze, die gerade bearbeitet werden. Dabei können Phantom-Datensätze entstehen, da im Bericht auch die Datensätze erscheinen, die momentan editiert oder gelöscht werden.

Inkonsistente Daten in Nicht-Oracle-Datenbanken

Datenbankinkonsistenzen können auftreten, wenn Berichte im Local Mode ausgeführt werden, während die Datenbank verändert wird. Der Bericht versucht auf einen Datensatz zuzugreifen (normalerweise über einen Index), während die Indexdatei nach einer Änderung oder einem Löschvorgang gerade auf den neuesten Stand gebracht wird. Der Bericht terminiert mit einer Fehlermeldung, die auf einen *bad pointer* verweist. Viele DBAs sind daraufhin in Panik geraten, bis sie festgestellt haben, daß der „bad pointer" in Wahrheit gar nicht inkonsistent und die Datenbank völlig intakt war. Für Oracle-Datenbanken ist dies kein Thema, da Oracle über das Feature *read consistency* (Lesekonsistenz) verfügt und jegliche veränderte Information aus den *Rollback*-Segmenten bezieht. Damit ist garantiert, daß der Bericht ein Abbild der Datenbank zu dem Zeitpunkt liefert, an dem der Bericht gestartet wurde.

Zusammengefaßt: Konversationelle Verarbeitung ist üblicherweise mit dem Begriff des pessimistischen Sperrschemas assoziiert, das Transaktionsmanagement geht also davon aus, daß irgendein Vorgang die Transaktion während ihres Ablaufs stört und sperrt vorsichtshalber alle betroffenen Datensätze, solange der Datensatz angezeigt wird. Pseudokonversationelle Verarbeitung verwendet das optimistische Sperrschema, bei dem das Transaktions-Management hofft, daß kein fremder Zugriff auf die betroffenen Daten erfolgt.

Welche der beiden Methoden Sie auch verwenden, Sperrungen werden auf vielen Ebenen eingesetzt.

Nachdem wir nun den Einfluß der einzelnen Verarbeitungsmodi auf die Sperrungen kennengelernt haben, betrachten wir im nächsten Abschnitt den Themenbereich Sperren und Kapselung innerhalb der Oracle-Engine.

Datenbanksperren und Kapselung

Bei einigen relationalen Datenbanksystemen können Sperrungen für die gesamte Datenbank, einen Tablespace innerhalb der Datenbank, eine Tabelle innerhalb eines Tablespaces und ein Datensatz innerhalb einer Tabelle gesetzt werden *(siehe Abbildung 6.2)*. Einige relationale Datenbanksysteme erlauben auch die Sperrung einzelner Speicherseiten. Eine Speicherseite (engl. Page) ist eine Speichereinheit, üblicherweise in der Größe eines Blocks auf dem Speichermedium, in der die Datensätze physikalisch abgelegt werden. Eine Speicherseite in einer Oracle-Datenbank hat standardmäßig eine Größe von 4 KByte, während die CA-IDMS-Datenbank Seitengrößen von 2 bis 32 KByte erlaubt, abhängig von der Größe der Datensätze.

Abb. 6.2:
Datensperrungen
auf unterschied-
lichen Ebenen

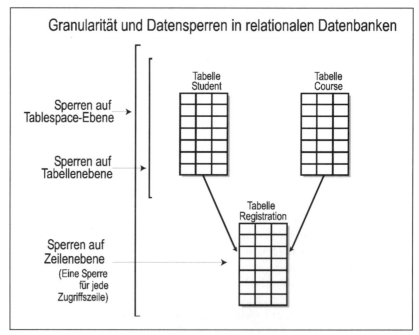

In objektorientierten Datenbanken können Sperren in der Datenbank selbst, einem *Container* innerhalb der Datenbank oder einem Objekt innerhalb eines Containers erfolgen. Das Container-Konzept ist neu für objektorientierte Datenbanken. Ein Container ist definiert als ein beliebig großes Teil des Festplattenspeichers, der zur Speicherung von Objekten verwendet wird. Man kann sich den Begriff Container analog zu den Seiten vorstellen, die in CA-IDMS und DB2 eingesetzt werden. In kommerziellen objektorientierten Datenbanken erlauben die Hersteller meist nur Sperrungen auf Container-Ebene, obwohl sie durchaus auch Sperrmechanismen auf Objektebene als notwendig erachten. Generell gilt, daß bei feineren Sperrebenen zwar die Ressourcenanforderung für das Management der Sperrvorgänge steigt, die potentielle Gefahr für Datenbank-Deadlocks aber sinkt.

In einigen Datenbanken hat der Programmierer eine gewisse Kontrolle über den Einsatz von Datenbanksperrungen. In CODASYL-Datenbanken, wie z.B. CA-IDMS, kann der Programmierer einen *GET EXCLUSIVE*-Befehl einsetzen, um einen bestimmten Datensatz explizit für die Dauer der Transaktion zu sperren. Einige relationale Datenbanken erlauben auch die Kontrolle über Sperrungen per SQL.

Die meisten relationalen Datenbanksysteme verfügen über Befehle, um innerhalb einer Applikation Datensätze sowohl exklusiv als auch für den gemeinsamen Zugriff zu sperren.

Die meisten relationalen Datenbanksysteme bieten zwei Arten von Sperren an: *exklusive* und *gemeinsame*. Am häufigsten werden gemeinsame Sperren in Zusammenhang mit dem SQL-Befehl *SELECT* und exklusive Sperren mit den Befehlen *UPDATE* und *DELETE* eingesetzt. Bei gemeinsamen Sperren wird für jeden zu lesenden Datensatz ein Eintrag im Speicher-Pool der Datenbank erzeugt. Dieser enthält eine *unit ID* (normalerweise eine Datensatznummer oder eine Datenbankseite). Die übliche Größe eines solchen Sperreintrags beträgt 4 bis 16 Byte, je nach Datenbank. Diese Sperrung bleibt solange erhalten, bis ein *COMMIT-*, *END-*, *ROLLBACK-* oder *ABORT*-Befehl gegeben wird und damit die Sperrung aufhebt. Die meisten Sperrmechanismen beruhen auf Koexistenz. Dies bedeutet, daß viele Benutzer gemeinsame Sperren auf die gleiche Ressource haben können, gemeinsame Sperren aber nicht mit exklusiven Sperren koexistieren können.

Wenn ein *UPDATE*-Ereignis eintritt, versucht die Datenbank, den entsprechenden Datensatz exklusiv zu sperren. Wurden bereits gemeinsame Sperren gesetzt, kann die exklusive Sperre erst dann erfolgen, wenn alle gemeinsamen Sperren wieder aufgehoben wurden *(siehe Abbildung 6.3)*.

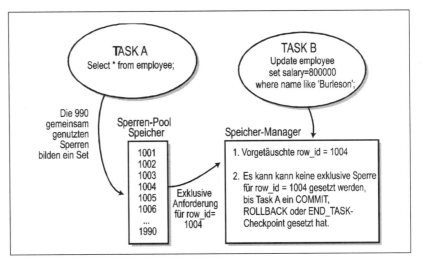

Abb. 6.3: Exklusive und gemeinsame Datensatzsperre

Nachdem Sie nun die Grundlagen der Oracle-Sperren verstanden haben, werden wir uns im folgenden intensiver mit den internen Mechanismen der Sperren unter Oracle befassen.

Oracle-Sperrfunktionen

Oracle hält Sperren entweder auf Tabellen- oder Datensatz-ebene. Dabei kommt es nicht wie bei anderen Systemen, wie z.B. DB2, zu einer automatischen Sperre auf Tabellenebene, wenn die Datenbank feststellt, daß die überwiegende Anzahl der Datensätze in einer Tabelle einzeln gesperrt sind. Daher die Schlußfolgerung, daß man sich als Oracle-Programmierer von vornherein entscheiden muß, ob man die gesamte Tabelle sperren möchte oder die separate Sperrung jedes einzelnen Datensatzes erlaubt.

Zwei *init<SID>.ora*-Parameter werden zur Steuerung von Sperren eingesetzt: *serializable=false* und *row_locking=always*. Diese Default-Werte sollten nur in ganz seltenen Ausnahmefällen geändert werden.

Wie bereits erwähnt, unterstützt Oracle Sperren sowohl auf Datensatz- als auch auf Tabellenebene. Diese beiden Varianten lassen sich in folgende Kategorien untergliedern:

- *Row Share Table Locks (RS)* - Werden gesetzt, wenn eine SQL-Transaktion beabsichtigt, eine Tabelle im *row-share*-Modus zu aktualisieren. Sie erlauben auch anderen Abfragen, Datensätze in der *CUSTOMER*-Tabelle zu bearbeiten. Zum Beispiel:

```
LOCK TABLE CUSTOMER IN ROW SHARE MODE;
SELECT customer_name
FROM CUSTOMER
FOR UPDATE OF CUSTOMER;
```

- *Row Exclusive Table Locks (RX)* - Werden automatisch auf Tabellenebene gesetzt, wenn ein *UPDATE, DELETE* oder *INSERT*-Befehl ausgeführt wird.

- *Table Share Locks (S)* - Entstehen, wenn für eine Tabelle ein *LOCK TABLE*-Befehl ausgeführt wird. Dies bedeutet, daß die Transaktion mehrere Datensätze in der Tabelle aktualisieren möchte und die Ausführung aller anderen Tasks solange unterbunden wird, bis *LOCK TABLE xxx IN SHARE MODE* abgeschlossen ist.

- *Share Row Exclusive Table Locks (SRX)* - Werden durch den Befehl *LOCK TABLE xxx IN SHARE ROW EXCLUSIVE MODE* gesetzt. Damit wird die Ausführung jeglicher expliziter *LOCK TABLE*-Befehle verhindert, bis der Task abgeschlossen ist. Außerdem werden alle Sperrungen von Datensätzen in der Zieltabelle unterbunden.

■ *Exclusive Table Locks (X)* - Sind die restriktivsten Sperrungen. Damit werden alle Zugriffe bis auf Abfragen auf die betreffende Tabelle unterbunden. Programmierer setzen exklusive Sperrungen dann ein, wenn Sie die absolute Kontrolle über eine Gruppe von Datensätzen behalten möchten, bis die entsprechende Operation beendet ist. Der folgende Befehl sperrt die Tabelle *CUSTOMER* für die Dauer des Tasks:

```
LOCK TABLE CUSTOMER IN EXCLUSIVE MODE NOWAIT;
```

Eine Übersicht über die Zusammenwirkung der verschiedenen Sperrungstypen finden Sie in *Tabelle 6.1*, der Sie entnehmen können wie jeder einzelne Sperrtyp mit anderen Sperrtypen zusammenarbeitet. Der Eintrag *Nein* bedeutet, daß diese beiden Sperrtypen nicht gleichzeitig eingesetzt werden können.

Da wir nun die unterschiedlichen Sperrtypen kennengelernt haben, können wir uns einem ganz speziellen Fall widmen, der gewaltige Probleme in interaktiven Systemen verursachen kann.

Deadlocks in Datenbanken

Das Konzept gemeinsamer Sperren in einer Oracle8-Umgebung stellt die Integrität der Datenbank sicher und sorgt dafür, daß Aktualisierungen nicht unabsichtlich frühere Aktualisierungen überschreiben. Natürlich hat diese Funktionalität auch Ihren Preis. Oracle benötigt 4 Byte Hauptspeicher im Instanz-Speicher-Pool. Umfangreiche *SELECT*-Befehle können einen S.O.S.-Zustand (Short On Storage) erzeugen, der die gesamte Datenbank lahmlegen kann. So benötigt z.B. eine *SELECT*-Abfrage, die 1.000 Datensätze ermittelt, 4.000 Byte zur Speicherung der Sperren. Dieser Zustand kann auch die sogenannte „tödliche Umarmung" verursachen, besser bekannt unter der Bezeichnung *Deadlock*. Dabei handelt es sich um eine Situation, bei der zwei Tasks auf die Freigabe von Ressourcen warten, die der jeweils andere Task gesperrt hat *(siehe Abbildung 6.4)*.

Tab. 6.1: Kompatibilitäts- übersicht für Sperrtypen		NULL	SS	SX	S	SSX	X
	NULL	JA	JA	JA	JA	JA	JA
	RS	JA	JA	JA	JA	JA	NEIN
	RX	JA	JA	JA	NEIN	NEIN	NEIN
	S	JA	JA	NEIN	JA	NEIN	NEIN
	SRX	JA	JA	NEIN	NEIN	NEIN	NEIN
	X	JA	NEIN	NEIN	NEIN	NEIN	NEIN

Abb. 6.4:
Darstellung einer
Deadlock-Situation

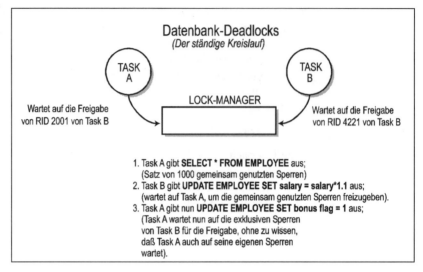

Die meisten Oracle-Programmierer übersehen die Tatsache, daß Deadlocks meistens in Verbindung mit Tabellen-Indizes auftreten. Dabei ist es wichtig, zu wissen, daß ein *SELECT* eines einzelnen Datensatzes mehr als eine Sperrinformation im Speicher-Pool verursachen kann. Es wird nämlich nicht nur der betreffende Datensatz, sondern auch jeder Indexeintrag, der darauf verweist, gesperrt.

Wird eine *UPDATE*- oder *DELETE*-Befehl für einen Datensatz ausgeführt, der im Index enthalten ist, wird die Datenbank versuchen, diesen exklusiv zu sperren. Dazu muß überprüft werden, ob nicht bereits gemeinsame Sperren für diesen Datensatz und eventuelle Indexeinträge existieren. Viele Index-Algorithmen erlauben eine dynamische Veränderung des Indexbaums, die dafür sorgt, daß ständig Verzweigungen erstellt und auch entfernt werden, wenn Datensätze hinzukommen oder gelöscht werden.

Da die meisten kommerziellen Datenbanken Datensätze immer dann sperren, wenn gerade die Sperrung dieses Datensatzes benötigt wird, kann der Aufwand für Sperrungen bei größeren Aktualisierungen durch programmatische Lösungen drastisch verringert werden. So kann in Oracle SQL beispielsweise mit der *SELECT...FOR UPDATE*-Klausel gearbeitet werden, um einen Datensatz oder eine Gruppe von Datensätzen vor der Ausführung der Aktualisierung explizit zu sperren. Dies veranlaßt die Datenbank dazu, explizite Sperren (manchmal auch als *vorzeitige Sperren* bezeichnet) zum Zeitpunkt des Zugriffs zu setzen und diese so lange zu halten, bis der Task die Daten festschreibt/zurückrollt oder bis er beendet wurde.

Der folgende SQL-Code sperrt einen Datensatz exklusiv und sorgt dafür, daß kein anderer Task auf diesen Datensatz zugreifen kann, bis der Code vollständig abgearbeitet wurde.

```
SELECT *
    FROM EPLOYEE
    WHERE emp_name = 'Burleson'
    FOR UPDATE OF salary;
```

Für große Aktualisierungen stehen Befehle zur Verfügung, mit denen die gesamte Tabelle für den Zeitraum eines Vorgangs gesperrt werden kann. Dies ist besonders dann hilfreich, wenn alle Datensätze einer Tabelle betroffen sind, wie in der folgenden Routine zur Aktualisierung der Gehaltsinformationen:

```
LOCK TABLE EMP_TABLE IN EXCLUSIVE MODE NOWAIT;
UPDATE EMP_TABLE
    SET salary = salary * 1.1;
```

Hin und wieder kann es vorkommen, daß eine Anwendung zwar alle Datensätze einer Tabelle aktualisieren muß, die Sperrung der kompletten Tabelle jedoch nicht praktikabel ist. Alternativ zur exklusiven Aktualisierung kann der Oracle SQL-Befehl *FETCH* eingesetzt werden, um ein kleines Segment der Tabelle zu sperren, die Aktualisierung durchzuführen und anschließend die Sperren mit dem *COMMIT*-Befehl wieder freizugeben *(siehe Listing 6.1)*.

Listing 6.1:
Einsatz des
Befehls *FETCH*

```
DECLARE CURSOR total_cursor IS
    SELECT emp_name FROM EMP_TABLE;

DECLARE CURSOR update_cursor IS
    SELECT ROWID
    FROM EMP_TABLE
    WHERE emp_name = :my_emp_name
    FOR UPDATE OF salary;

BEGIN
    count = 0;
    OPEN total_cursor;

    begin_loop;

        OPEN update_cursor;

        FETCH total_cursor INTO :my_emp_name;

        FETCH update_cursor INTO :my_rowid;

        IF (update_cursor%found) THEN
```

```
        {
            UPDATE EMP_TABLE
                SET salary = salary * 1.1
            WHERE
                ROWID = :my_rowid;

            count = count+1

            IF (count = 20) THEN
            {
                COMMIT;
                count = 0;
            }
        }
    }
    CLOSE update_cursor;
    CLOSE total_cursor;
    END;
```

Wie Sie in *Listing 6.1* sehen können, werden die Sperren beim Zugriff auf die Datensätze, immer 20 auf einmal, gesetzt und dann mit einem *COMMIT* wieder freigegeben. Diese Technik benötigt weniger Speicher und gibt anderen Tasks die Möglichkeit, auf die anderen Datensätze der Tabelle zuzugreifen, während die Aktualisierung läuft. Sollte dieser Code einen Fehler verursachen, muß er nach dem letzten *COMMIT*-Befehl fortgesetzt werden. Dies erfordert zusätzliche Logik im Aktualisierungsprogramm, um die ID des letzten bestätigten Datensatzes aufzuzeichnen und den Code dort wieder zu starten.

Nachdem wir nun gesehen haben, wie Oracle mit Sperrungen bei der Aktualisierung umgeht, lassen Sie uns einen Blick auf Sperrmechanismen anderer Hersteller werfen.

Eskalation von Sperrungen in anderen Datenbank-Servern

Einige Datenbanken versuchen, die Sperrproblematik durch den Einsatz von *Sperreskalation* zu mindern. Dabei wird versucht, durch eine Eskalation der Sperrung auf die übergeordnete Ebene den Aufwand zur Speicherung und Verwaltung der Sperrungen zu minimieren. In einer relationalen Datenbank ist die Ebene der Sperrung direkt proportional zur Ebene, die aktualisiert wird. Wie Sie bereits wissen, erfordert die Aktualisierung auf Datensatzebene im Sperr-Pool für jeden Datensatz, der vom SQL-Code angesprochen wird, mindestens einen Eintrag. Dies kann vor allem dann zu einer sehr hohen Ressourcenauslastung führen, wenn SQL-Befehle sehr viele Datensätze in vielen Tabellen aktualisieren. Eine SQL-Abfrage, die beispielsweise viele (aber nicht alle) Datensätze in der Tabelle *REGISTRATION* auswählt, könnte so aussehen:

```
SELECT *
FROM REGISTRATION
    WHERE
    REGISTRATION.grade = '1+';
```

Abhängig von der Anzahl der betroffenen Studenten wird diese Abfrage damit beginnen, Datensätze so lange zu sperren, bis die Anweisung erfolgreich abgearbeitet wurde oder kein Speicher mehr im Sperr-Pool verfügbar ist. Verfügt die Datenbank allerdings über das Instrument der Sperreskalation, wird sie eine einzelne Sperre auf die gesamte Tabelle setzen, auch dann, wenn nur ein Teil der Datensätze betroffen ist.

In Datenbanken wie DB2 führt z.B. die Anweisung *SELECT * FROM REGISTRATION*, welche alle Datensätze der Tabelle *REGISTRATION* liefert, dazu, daß die Datenbank von der Sperrung auf Datensatzebene automatisch zur Sperrung auf Speicherseitenebene wechselt. Befindet sich *REGISTRATION* in einem einfachen Tablespace, wechseln einige Datenbanken auch zur Sperrung auf Tablespace-Ebene. Diese Strategie kann die Belastung des Sperr-Pools stark reduzieren, aber auch zur sprichwörtlichen Eskalation führen, wenn z.B. mit

```
SELECT * FROM EMPLOYEE WHERE department = 'MARKETING';
```

die gesamte Tabelle *EMPLOYEE* gesperrt wird und damit auch die Mitarbeiterdaten anderer Abteilungen nicht mehr bearbeitet werden können.

Wo immer möglich, sollten umfangreiche SQL-Aktualisierungen mit Sperrungen auf Tabellenebene arbeiten, da so die Ressourcenauslastung minimiert und damit die Gesamtgeschwindigkeit der Abfrage gesteigert wird. Einige SQL-Implementierungen beinhalten Optionen zur expliziten Voreinstellung der Sperrebene. Solche Mechanismen erlauben es beispielsweise, die gelieferten Datensätze exklusiv zu sperren, wenn der Benutzer diese editieren darf, oder gemeinsame Sperrungen komplett auszuschalten, wenn Datensätze ohnehin nie bearbeitet werden.

Jedes relationale Datenbanksystem muß sicherstellen, daß ein Datensatz „frei" ist, bevor irgendwelche Feldinhalte darin geändert werden. Dies geschieht durch das Setzen einer exklusiven Sperre für den betreffenden Datensatz. Der für exklusive Sperrungen zuständige Mechanismus durchsucht nun die Kette der Sperren nach bestehenden Sperrungen und wartet gegebenenfalls mit der Ausführung der Aktualisierung, bis die Sperrungen aufgehoben werden oder die maximale Wartezeit abgelaufen ist.

Während ein Task auf das Aufheben der Sperren eines anderen Tasks wartet, kann es vorkommen, daß einer dieser beiden Tasks eine Aktualisierung startet. Beeinflußt dieses Update die Ressourcen des ersten Tasks, entsteht ein Deadlock, und die Datenbank wird denjenigen Task abbrechen, der die wenigsten Ressourcen verwendet.

Anders als Objekt-, Netzwerk- oder hierarchische Datenbanken, die immer nur eine einzelne Zeile aktualisieren, kann eine relationale Datenbank Hunderte von Datensätzen mit einem einzigen Befehl verändern. Zum Beispiel:

```
UPDATE REGISTRATION
SET REGISTRATION.grade = '1+'
WHERE
course_id = 'CS101'
    AND
    COURSE.instructor_id = 'BURLESON';
```

Diese einzelne Anweisung kann viele Datensätze aktualisieren, die der Lock Manager alle auf eventuelle Mehrfachzugriffe überprüfen muß. Greifen andere Tasks zur gleichen Zeit lesend auf irgendwelche Datensätze zu, wird der Task zuerst einmal so viele Datensätze wie möglich exklusiv sperren und dann den SQL-Code so lange warten lassen, bis die von anderen Vorgängen gehaltenen Sperren aufgehoben wurden. Erst wenn alle betroffenen Datensätze frei sind, kann die Transaktion abgeschlossen werden.

Alternative Sperrmechanismen unter Oracle

Probleme mit Sperr-Pools und Datenbank-Deadlocks haben zur Entwicklung einiger kreativer Alternativen zu der reinen Verwendung von gemeinsamen und exklusiven Sperrungen geführt. So können Sperrungen beispielsweise vollständig ausgeschaltet werden, wenn ein *COMMIT*-Befehl unmittelbar nach einem *SELECT* folgt. Ohne die über längere Zeit aufrechterhaltenen gemeinsamen Sperren wird sowohl die Auslastung des Sperr-Pools als auch die potentielle Gefahr für Deadlocks minimiert. Dennoch muß der DBA dafür sorgen, daß Aktualisierungen sich nicht überlagern. Ein Beispiel dafür finden Sie in *Abbildung 6.5*, einem Beispiel für die Datenaktualisierung ohne Sperren.

Beide Tasks greifen auf den Mitarbeiterdatensatz *Burleson* zu und geben mit einem *COMMIT*-Befehl die Sperren wieder frei. Task B aktualisiert nun das Feld *performance_flag* mit dem Wert *12* und schreibt den Datensatz mit einem *UPDATE* zurück in die Datenbank. Task B, der ja nun von einem falschen Wert im Feld *performance_flag* ausgeht, erhöht daraufhin Burlesons Gehalt auf 21.000$, obwohl er nach der Geschäftsregel eigentlich 22.000$ bekommen würde. Dies ist ein logischer Fehler, bei dem Benutzer von falschen Werten in Feldern ausgehen, um andere Informationen zu aktualisieren.

Einige Datenbanken, z.B. SQL/DS und Oracle, unterstützen *SELECT...FOR UPDATE*-Befehle. Bei der Ausführung dieses Befehls wird der aktuelle Inhalt des Datensatzes mit einem Abbild des Datensatzes in seinem Originalzustand verglichen, bevor die Aktualisierung ausgeführt wird. Wenn es notwendig ist, mit anderen Datenbanken zu kommunizieren, die *SELECT...FOR UPDATE* nicht unterstützen, stehen Ihnen einige clevere Routinen zur Verfügung, mit deren Hilfe sowohl die Sperren freigegeben werden als auch die Integrität der Datenbank erhalten bleibt. Wir schauen uns zwei davon an: die *WHERE*-Klausel und den Datum/Zeit-Stempel.

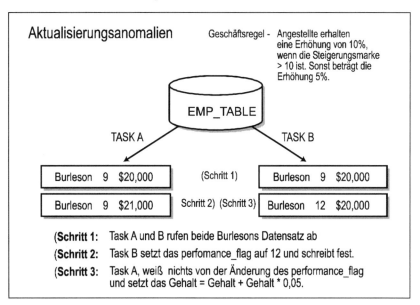

Abb. 6.5:
Versehentliche Überschneidung von Aktualisierungen

Die WHERE-*Klausel*

Enthält der Datensatz *Burleson* beispielsweise die Felder wie in *Abbildung 6.6* gezeigt, wird jedes Feld im *UPDATE*-Befehl explizit genannt, auch wenn der Benutzer den Feldinhalt nicht geändert hat. Sollte nun irgendein Feldinhalt von anderer Seite verändert worden sein, seit auf den Datensatz zugegriffen wurde, wird die Datenbank die Transaktion mit einem Fehler abbrechen. Dieser kann von der Anwendung abgefangen werden, so daß der veränderte Datensatz neu geladen und dem Benutzer erneut zur Verfügung gestellt wird.

Sie sollten beim Einsatz solcher UPDATE-*Befehle unbedingt das* EXPLAIN-*Hilfsprogramm einsetzen, um sicherzustellen, daß der SQL-Optimizer den* EMPLOYEE-*Index verwendet, um den Datensatz zu finden. Manche Optimizer werden durch mehr als zwei Kriterien in der* WHERE-*Klausel derart verwirrt, daß sie die Anfrage mit einem kompletten Tabellendurchlauf beantworten wollen und damit natürlich die Antwortzeiten drastisch erhöhen. In Oracle SQL kann der Programmierer bestimmen, welcher Index benutzt werden soll – andere SQL-Implementationen verlangen, daß das indizierte Feld in der* WHERE-*Klausel als erstes genannt werden muß. Unabhängig davon ist es wichtig, einen* EXPLAIN PLAN *über den SQL-Code laufen zu lassen, um auszuschließen, daß die Performance durch die umfangreichere* WHERE-*Klausel leidet.*

Abb. 6.6:
Eine Lösung des
Update-Problems

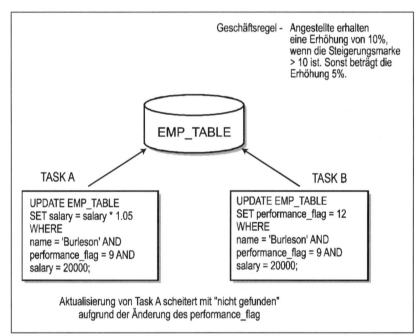

Geschäftsregel - Angestellte erhalten eine Erhöhung von 10%, wenn die Steigerungsmarke > 10 ist. Sonst beträgt die Erhöhung 5%.

EMP_TABLE

TASK A

```
UPDATE EMP_TABLE
SET salary = salary * 1.05
WHERE
name = 'Burleson' AND
performance_flag = 9 AND
salary = 20000;
```

TASK B

```
UPDATE EMP_TABLE
SET performance_flag = 12
WHERE
name = 'Burleson' AND
performance_flag = 9 AND
salary = 20000;
```

Aktualisierung von Task A scheitert mit "nicht gefunden"
aufgrund der Änderung des performance_flag

Wie bereits in *Kapitel 5: Oracle SQL-Optimierung* beschrieben, verfügt Oracle SQL über Tricks, mit denen unerwünschte Indizes explizit übergangen werden. So können Indizes beispielsweise ausgeschaltet werden, indem das Schlüsselfeld in der *WHERE*-Klausel verändert wird.

Ausgehend von folgender Definition der Tabelle *EMP_TABLE*

```
CREATE TABLE EMP_TABLE (
    emp_name            char(20),
    sex                 char(1),
    performance_flag    number,
    salary              decimal(8,2));
```

und der Annahme, daß *emp_name* eindeutig indiziert ist und die Felder
sex, performance_flag und *salary* mit Mehrfachindizes versehen wurden,
soll sichergestellt werden, daß der Index von *emp_name* benutzt wird.
Dazu wird einfach an die *char*-Felder ein *NULL*-String angehängt und
zu den numerischen Feldern der Wert 0 addiert.

In der Praxis sieht das dann so aus:

```
UPDATE EMP_TABLE
    SET salary              = salary*1.05
WHERE
    emp_name                = 'Burleson'
AND
    performance_flag+0      = 9
AND
    sex || ''               = 'M'
AND
    salary+0                = 20000;
```

Eine weitere Methode garantiert die Nutzung des Index auf *emp_name*.
Dazu müssen dem Index *emp_name* die Felder *sex, performance_flag*
und *salary* hinzugefügt werden, wobei ein größerer zusammengefaßter
Index über alle Spalten der Tabelle entsteht. Dies mag zwar zu einer
leichten Überindizierung führen, Sie können aber dafür sicher sein, daß
alle Updates effizient ausgeführt werden, ohne daß der Programmierer
seinen Code anpassen muß.

Die Lösung mit dem Datum/Zeit-Stempel

Diese Lösung erfordert eine Datum/Zeit-Stempel-Spalte in jeder Tabelle, die aktualisiert wird. Alle Anwendungen müssen in ihren *UPDATE*-
Befehlen in der *WHERE*-Klausel dieses Feld überprüfen. Auch hier wird
natürlich die Transaktion mit einem Fehlercode *not found* scheitern,
wenn der Datensatz in der Zwischenzeit geändert wurde. Auch hierfür
ein Beispiel:

```
SELECT date_stamp
FROM CUSTOMER
WHERE
    customer_id = 123
AND
    date_stamp = :old_date_stamp;
```

Nachdem wir nun einige Alternativen zu den internen Sperrmechanismen erforscht haben, lassen Sie uns unsere Aufmerksamkeit auf den Einsatz von Oracle-Sperren in Umgebungen mit verteilten Datenbanken
lenken.

Sperren in verteilten Datenbanken

Ob ein Verwalter sich nun dazu entschließt, sich ein API (Application Programming Interface) zu kaufen oder eine eigene API zu entwickeln – in jedem Fall ist es wichtig, zu verstehen, welchen maßgeblichen Einfluß die Art des Datenzugriffs auf die Komplexität der Abwicklung hat. In schreibgeschützten Datenbanken ist die API-Abwicklung relativ einfach. Verarbeitungsprobleme steigen jedoch exponentiell an, wenn das System ein verteiltes Update erfordert. In der Tat ist es unmöglich, ein hundertprozentig verläßliches Schema für verteilte Updates zu implementieren.

Verteilte Datenbanken haben ein ihnen eigenes Problem, das in allen Datenbanken gleich ist. Dieser Fall tritt auf, wenn innerhalb eines Datenbankverbunds gleichzeitig zwei verteilte Datenbanken aktualisiert werden sollen. Die unter der Bezeichnung *Two-Phase-Commit (2PC)* bekannte Prozedur sehen Sie in folgendem Beispiel:

```
APPLY UPDATE A
APPLY UPDATE B
IF A-OK AND B-OK
    COMMIT A
            < ========= „Hier ist der Knackpunkt"
    COMMIT B
  ELSE
    ROLLBACK A
    ROLLBACK B
```

Wie Sie erkennen können, werden die Aktualisierungen *A* und *B* durchgeführt. Wenn der SQL-Code die Transaktionen als erfolgreich ausgeführt zurückmeldet, wird das System einen *COMMIT*-Befehl für *A* und *B* initiieren. Der Schwachpunkt ist genau die Stelle nach der Ausführung von *COMMIT A* und vor der Ausführung von *COMMIT B*. Natürlich tritt das Problem nur dann auf, wenn der Fehler exakt zwischen *COMMIT A* und *COMMIT B* passiert. Dennoch hat dieser Fall das Potential, die Integrität der Datenbank nachhaltig zu stören, vor allem weil es keine Möglichkeit zur automatischen Wiederherstellung gibt. Hier hilft nur die sofortige Information an den DBA, daß die Transaktion abgebrochen wurde und die manuelle Rücknahme der Aktualisierungen von *A* und *B*. Die Art der Datenbankinkonsistenz ist allerdings sehr unwahrscheinlich, so daß die meisten Datenbanksysteme sich nicht darum kümmern.

Nachdem wir nun die grundlegende Dynamik eines *Two-Phase-Commit* kennengelernt haben, lassen Sie uns einen detaillierten Blick auf dessen in Oracle8 implementierte Verarbeitung werfen.

Verstehen des Two-Phase-Commits

Unmittelbar nach dem Erhalt der Nachricht, daß die Transaktion erfolgreich war, von jedem beteiligten Remote-Server, daß die Transaktion erfolgreich war, beginnt die initiierende Oracle-Instanz mit dem Two-Phase-Commit. Die Bestätigung selbst läuft in mehreren Phasen ab: der Vorbereitungsphase, der Bestätigungsphase und der Phase des Vergessens. Zur Anschauung dient eine SQL-Abfrage, die gleichzeitig alle Datensätze einer horizontal partitionierten Tabelle in London und Paris aktualisiert. Der SQL-Code läuft in Denver ab, dies ist auch die Datenbank, die das Two-Phase-Commit verwaltet:

```
UPDATE  EMPLOYEE@london,
           EMPLOYEE@paris
SET salary = salary * 1.1;
```

Die initiierende Datenbank in Denver wurde ausgewählt, die Transaktion zu verwalten und leitet alle Phasen des Two-Phase-Commits, wie im folgenden beschrieben:

1. *Vorbereitungsphase* – Die Vorbereitungsphase stellt sicher, daß keine der entfernten Datenbanken unbeabsichtigt ein *COMMIT* oder *ROLLBACK* startet, wenn sie nicht von der initiierenden Datenbank dazu aufgefordert wird. Die Remote-Datenbank erlaubt der Originalanfrage, den Prozeß auf der Remote-Datenbank zu überwachen. Dieser konvertiert anschließend seine eigenen Sperren in *in doubt* (im Zweifel)-Sperren, die sowohl Lese- als auch Schreibzugriffe auf die in Frage kommenden Daten verhindern

2. *Bestätigungsphase* – Die initiierende Datenbank bestätigt und weist jede Remote-Datenbank an, ihrerseits ein *COMMIT* auszuführen. Jede Remote-Datenbank informiert die initiierende Datenbank davon, daß der *COMMIT*-Befehl ausgeführt wurde.

3. *Vergessen-Phase* – Nachdem die Transaktion von allen Remote-Datenbanken bestätigt wurde, vergißt die initiierende Datenbank die Transaktion und gibt alle *in doubt*-Sperren frei. Anschließend geben alle Remote-Datenbanken nacheinander ihre Sperren frei.

Einige der exklusiveren Datenbanksysteme erlauben dem Datenbankadministrator die manuelle Wiederherstellung der *in doubt*-Transaktionen, die nach einer mißlungenen Transaktion noch im verteilten Datenbanksystem existieren. Ein immer wieder vorkommender Grund für die Fehlfunktion verteilter Datenbanksysteme sind Probleme der Kommunikationsstrecken. Diese Fehler können eine Aktualisierung mehrerer Remote-Datenbanken in jeder der genannten Phasen unterbrechen. Die Datenbank registriert die Verbindungsunterbrechung und weist die noch in Verbindung stehende Komponente an, entweder ein *COMMIT* oder ein *ROLLBACK* für deren Teil der Aktualisierung durchzuführen. Die übriggebliebenen Teile der Transaktion werden in einer temporären Tabelle zwischengespeichert. Ist die Remote-Datenbank wieder online, wird die Datenbank die fehlerhafte Remote-Datenbank ihrerseits dazu auffordern, ein *COMMIT* oder ein *ROLLBACK* durchzuführen. In der Zwischenzeit kann der Administrator auch manuell die Durchführung der zwischengespeicherten Transaktionen steuern.

Nachdem wir nun gesehen haben, wie Oracle-Sperren in einer Oracle8-Instanz funktionieren, lassen Sie uns einen Blick auf einige Tools zur Messung von Sperrfunktionen werfen.

Sperren überwachen

O bwohl die Oracle-Sperrfunktionen oberflächlich sehr komplex erscheinen, lassen sie sich mit einigen hilfreichen Werkzeugen recht schnell identifizieren. Sobald eine Sperrung in Oracle ausgesprochen wurde, kann sie nur mit den folgenden Maßnahmen wieder aufgehoben werden:

- Bitten Sie den Besitzer, ein *COMMIT* oder ein *ROLLBACK* auszuführen.

- Trennen Sie die Sitzung, die die Sperrung beansprucht.

- *ALTER SYSTEM KILL SESSION '<sid>, <serial#>'*

- Benutzen Sie das *KILL USER SESSION*-Menü im SQL*DBA.

- Beenden Sie den Unix-Hintergrundprozeß, was allerdings nicht empfohlen wird. Beim Beenden des Unix-Hintergrundprozesses müssen Sie auf verteilte Server im einer Multithreading-Umgebung achten.

- *ROLLBACK FORCE* oder *COMMIT FORCE*, wenn es sich um ein Two-Phase-Commit handelt.

Es können verschiedene Tools zur Messung der Sperren eingesetzt werden. *Listing 6.2* zeigt die gesamte Sperraktivität an:

Listing 6.2:
Ein Skript zum
Überprüfen von
Sperren

```
locks.sql - shows all locks in the database.
SET LINESIZE 132
SET PAGESIZE 60
COLUMN OBJECT HEADING 'Database|Object'         FORMAT a15 truncate
COLUMN lock_type HEADING 'Lock|Type'            FORMAT a4 truncate
COLUMN mode_held HEADING 'Mode|Held'            FORMAT a15 truncate
COLUMN mode_requested HEADING 'Mode|Requested'  FORMAT a15 truncate
COLUMN sid HEADING 'Session|ID'
COLUMN username HEADING 'Username'              FORMAT a20 truncate
COLUMN image HEADING 'Active Image'             FORMAT a20 truncate
```

```
SPOOL /tmp/locks
SELECT
        C.sid,
        substr(object_name,1,20) OBJECT,
        C.username,
        substr(C.program,length(C.program)-20,length(C.program)) image,
        decode(B.type,
                'MR', 'Media Recovery',
                'RT', 'Redo Thread',
                'UN', 'User Name',
                'TX', 'Transaction',
                'TM', 'DML',
                'UL', 'PL/SQL User Lock',
                'DX', 'Distributed Xaction',
                'CF', 'Control File',
                'IS', 'Instance State',
                'FS', 'File Set',
                'IR', 'Instance Recovery',
                'ST', 'Disk Space Transaction',
                'TS', 'Temp Segment',
                'IV', 'Library Cache Invalidation',
                'LS', 'Log Start or Switch',
                'RW', 'Row Wait',
                'SQ', 'Sequence Number',
                'TE', 'Extend Table',
                'TT', 'Temp Table',
                b.type) lock_type,
        decode(B.lmode,
                0, 'None',               /* Mon Lock equivalent */
                1, 'Null',               /* NOT */
                2, 'Row-SELECT (SS)',    /* LIKE */
                3, 'Row-X (SX)',         /* R */
                4, 'Share',              /* SELECT */
                5, 'SELECT/Row-X (SSX)', /* C */
                6, 'Exclusive',          /* X */
                to_char(b.lmode)) mode_held,
        decode(B.request,
                0, 'None',               /* Mon Lock equivalent */
                1, 'Null',               /* NOT */
                2, 'Row-SELECT (SS)',    /* LIKE */
                3, 'Row-X (SX)',         /* R */
                4, 'Share',              /* SELECT */
                5, 'SELECT/Row-X (SSX)', /* C */
                6, 'Exclusive',          /* X */
                to_char(b.request)) mode_requested
FROM SYS.dba_objects A, SYS.v_$lock B, SYS.v_$session C WHERE
A.object_id = B.id1 AND B.sid = C.sid AND OWNER NOT IN ('SYS','SYSTEM');
```

Listing 6.3:
Eine (für dieses
Listing angepaßte)
Ausgabe des
Skripts aus
Listing 6.2

```
Database          Lock          Mode  Mode                        Session         Active
Object            Type          Held  Requested                   ID    Username Image
 __               __            __    __                          __         __   __

102 BANK          OPS$MCACIAT   @xdc (Pipe Two-Task DML Row-SELECT (SS)        None
57 INVOICE        OPS$DMAHTROB  @xdc (Pipe Two-Task DML Row-X      (SX)        None
57 LINE_ITEM      OPS$DMAHTROB  @xdc (Pipe Two-Task DML Row-X      (SX)        None
70 LINE_ITEM      OPS$JCONVICK  @xdc (Pipe Two-Task DML Row-X      (SX)        None
29 LINE_ITEM      OPS$NUMNUTS   @xdc (Pipe Two-Task DML Row-X      (SX)        None
70 LINE_ITEM      OPS$JKONV     @xdc (Pipe Two-Task DML Row-X      (SX)        None
57 LINE_ITEM      OPS$DMAHTROB  @xdc (Pipe Two-Task DML Row-X
```

Sie können auch den Oracle Monitor im SQL*DBA verwenden, um sich die Sperren anzuschauen. Die *Listings 6.4 und 6.5* zeigen einige Beispielausgaben:

Listing 6.4:
SQL*DBA
MONITOR
SESSION

```
Session  Serial  Process                          Lock
ID       Number  ID     Status    Username        Waited     Current Statement
=================================================================================
6        35      28     ACTIVE    BURLESON  C4D2B7A4              UPDATE
8        70      19     INACTIVE  PECK                            SELECT
12       15      25     INACTIVE  JONES                           INSERT
14       17      27     ACTIVE    PAPAJ     C3D2B638              DELETE
15       30      26     ACTIVE    ODELL                           UNKNOWN
```

Listing 6.5:
SQL*DBA
MONITOR LOCK

```
Session  Serial  Lock    Res    Res      Mode   Mode
Username ID      Number  Type   ID 1     ID 2   Held   Requested
=================================================================================
BURLESON 5       23      TM     23294    0      RX     NONE
BURLESON 5       23      TM     22295    0      RX     NONE
BURLESON 5       23      TX     266654   87     NONE   X
BURLESON 5       23      TX     3276482  97     X      NONE
PECK     14      13      TM     2211     0      RX     NONE
PECK     14      13      TM     2223     0      RX     NONE
PECK     14      13      TX     266654   87     X      NONE
GASTON   19      47      TM     2334     0      RX     NONE
GASTON   19      47      TM     2233     0      R
GASTON   19      47      TX     266654   87     NONE   X
GASTON   19      47      TX     193446   87     X      NONE
```

In *Listing 6.4* zeigt die Spalte *Lock Waited* die Adresse einer Sperrung an, auf die gewartet wird. In diesem Beispiel sehen Sie, daß *Burleson* und *Gaston* auf eine von *Peck* gehaltene Sperrung warten.

In *Listing 6.5* können die folgenden vier Sperrtypen in der Spalte *Lock Type* dargestellt werden.

■ *TX (Transaction)* – Dezimale Repäsentation einer *Rollback*-Segmentnummer (Anzeige, wie oft ein *Rollback*-Slot wiederverwendet wurde)

- *TM (Table Lock)* – Objekt-ID einer gerade modifizierten Tabelle (immer 0)

- *RW (Row Wait)* – Dezimale Darstellung einer Dateinummer und eines Datensatzes innerhalb eines Blocks

- *UL (User defined locks)* – Eine komplette Liste finden Sie im *Oracle 8 Server Concepts*-Handbuch oder im Anhang des *Oracle8 Server Administrator's Guide.*

Benutzer mit einem *X* in der Spalte *Mode Requested* warten auf eine Sperrfreigabe. Die folgenden Benutzer warten auf eine Freigabe der Sperrung 266.654:

```
BURLESON      5     23    TX      266654      87  NONE       X
GASTON       19     47    TX      266654      87  NONE       X
```

Sie können nach der Lock-ID suchen und so die Ressource ermitteln, die die Sperre hält:

```
PECK         14   . 13    TX      266654      87   X      NONE
```

Oft können Benutzer mit einer einzigen Transaktion viele Tabellen aktualisieren. Manchmal ist es deshalb schwierig, herauszufinden, auf welche Ressource des „Haltenden" der „Wartende" eigentlich wartet. Diese Information läßt sich mit einer Kombination aus zwei Monitoren leicht herausfinden: *MONITOR SESSION* teilt Ihnen mit, welcher Benutzer auf eine Freigabe wartet und *MONITOR LOCK* gibt an, welche Tabelle ein Benutzer gerade modifizieren will.

Ein sehr wichtiger Aspekt des Oracle Sperr-Managements ist die Fähigkeit, Sperrkonflikte auch dort schnell zu lokalisieren, wo mehrere Vorgänge sich um die gleichen Datenressourcen bewerben. Im nächsten Abschnitt werden wir diese Konflikte identifizieren.

Konflikte erkennen

Wenn Sie einen Verdacht haben, daß ein Task einen anderen in dessen Ausführung behindert, zeigt Ihnen *Listing 6.6* eine Abfrage, mit der Sie die Objekte herausfinden können, welche einen Sperrkonflikt verursachen:

Listing 6.6:
Auffinden eines
Sperrkonfliktes

```
waiters.sql - shows waiting tasks
COLUMN username      FORMAT a10
COLUMN lockwait      FORMAT a10
COLUMN sql_text      FORMAT a80
COLUMN object_owner  FORMAT a14
COLUMN object        FORMAT a15

SELECT  B.username username,
        C.sid sid,
```

```
            C.owner object_owner,
            C.object object,
            B.lockwait,
            A.sql_text SQL
FROM V$SQLTEXT A, V$SESSION B, V$ACCESS C
WHERE
    A.address=B.sql_address
    AND
    A.hash_value=B.sql_hash_value
    AND
    B.sid = C.sid
    AND
    C.owner != 'SYS';
```

Listing 6.7:
Ausgabe der
Abfrage aus
Listing 6.6

```
USERNAME SID OBJECT_OWNER OBJECT    LOCKWAIT  SQL
—        —   ——           —         ——        ——
BURLESON 36  EMP          EMPLOYEE  C4D450F9  update employee set status
   = 'Fired' where

                                    emp_nbr=16152

PAPAJ    15  EMP          EMPLOYEE  C3D320C8  delete from employee where
                                    emp_nbr=16152

PECK     11  EMP          EMPLOYEE  D3D4F9E0  update employee set salary
   = salary*.01 lock table
                          customer in exclusive mode
```

Hier sehen Sie eine Situation, in der Burleson und Papaj auf den Abschluß von Pecks Aktualisierung der Tabelle *EMPLOYEE* warten.

Nachdem wir nun gesehen haben, wie Konflikte identifiziert werden, befassen wir uns im folgenden mit den allgemeinen Werkzeugen von Oracle.

Sperren anschauen

Mehrere Skripts im Verzeichnis *$ORACLE_HOME/rdbms/admin* können zur Darstellung von Sperren verwendet werden. Um diese Skripts zu installieren, öffnen Sie erst einmal den SQL*DBA und führen *catblock.sql* und anschließend *utllockt.sql* aus. *Catblock.sql* installiert die folgenden Datensichten:

- *dba_waiters*

- *dba_blockers*

- *dba_dml_locks*

- *dba_ddl_locks*

- *dba_locks*

Listing 6.8 kann immer benutzt werden, wenn Sie annehmen, daß Sperren die Performance beeinflussen. Dieses Skript fragt alle durch *catblock.sql* installierten Datensichten ab:

Listing 6.8:
Einsatz von
alllocks.sql

```
REM alllocks.sql - shows all locks in the database.
REM written by Don Burleson

SET LINESIZE 132
SET PAGESIZE 60

SPOOL /tmp/alllocks

COLUMN owner          FORMAT a10;
COLUMN name           FORMAT a15;
COLUMN mode_held      FORMAT a10;
COLUMN mode_requested FORMAT a10;
COLUMN type           FORMAT a15;
COLUMN lock_id1       FORMAT a10;
COLUMN lock_id2       FORMAT a10;

PROMPT Note that $ORACLE_HOME/rdbma/admin/catblock.sql

PROMPT must be run before this script functions . . .

PROMPT Querying dba_waiters . . .
SELECT
 waiting_session,
 holding_session,
 lock_type,
 mode_held,
 mode_requested,
 lock_id1,
 lock_id2
FROM SYS.dba_waiters;
PROMPT Querying dba_blockers . . .
SELECT
 holding_session
FROM SYS.dba_blockers;

PROMPT Querying dba_dml_locks . . .
```

```
SELECT
 session_id,
 owner,
 name,
 mode_held,
 mode_requested
FROM SYS.dba_dml_locks;

PROMPT Querying dba_ddl_locks . . .
SELECT
 session_id,
 owner,
 name,
 type,
 mode_held,
 mode_requested
FROM SYS.dba_ddl_locks;

PROMPT Querying dba_locks . . .
SELECT
 session_id,
 lock_type,
 mode_held,
 mode_requested,
 lock_id1,
 lock_id2
FROM SYS.dba_locks;
```

Listing 6.9 zeigt die Ausgabe von *alllocks.sql*:

Listing 6.9:
Die Ausgabe von
alllocks.sql

```
SQL> @alllocks
Note that $ORACLE_HOME/rdbma/admin/catblock.sql
must be run before this script functions . . .
Querying dba_waiters . . .

no rows selected

Querying dba_blockers . . .

no rows selected

Querying dba_dml_locks . . .

SESSION_ID OWNER      NAME         MODE_HELD  MODE_REQUE
—          —          —            —          —
19         RPT        RPT_EXCEPTIONS Row-X (SX) None
```

```
Querying dba_ddl_locks . . .
```

SESSION _ID	OWNER	NAME	TYPE	MODE_ HELD	MODE_ REQUE
13	RPT	SHP_PRE_INS _UPD_PROC	Table/Procedure	Null	None
13	SYS	STANDARD	Body	Null	None
14	SYS	STANDARD	Body	Null	None
13	SYS	DBMS_STANDARD	Table/Procedure	Null	None
14	SYS	DBMS_STANDARD	Table/Procedure	Null	None
13	SYS	DBMS_STANDARD	Body	Null	None
14	SYS	DBMS_STANDARD	Body	Null	None
13	SYS	STANDARD	Table/Procedure	Null	None
14	SYS	STANDARD	Table/Procedure	Null	None

```
9 rows selected.
```

```
Querying dba_locks . . .
```

SESSION_ID	LOCK_TYPE	MODE_HELD	MODE_REQUE	LOCK_ID1	LOCK_ID2
2	Media Recovery	Share	None	32	0
2	Media Recovery	Share	None	31	0
2	Media Recovery	Share	None	30	0
2	Media Recovery	Share	None	29	0
2	Media Recovery	Share	None	28	0
2	Media Recovery	Share	None	27	0
2	Media Recovery	Share	None	26	0
2	Media Recovery	Share	None	25	0
2	Media Recovery	Share	None	24	0
2	Media Recovery	Share	None	23	0
2	Media Recovery	Share	None	22	0
2	Media Recovery	Share	None	21	0
2	Media Recovery	Share	None	20	0
2	Media Recovery	Share	None	19	0
2	Media Recovery	Share	None	18	0
2	Media Recovery	Share	None	17	0
2	Media Recovery	Share	None	16	0
2	Media Recovery	Share	None	15	0
2	Media Recovery	Share	None	14	0
2	Media Recovery	Share	None	13	0
2	Media Recovery	Share	None	12	0
2	Media Recovery	Share	None	11	0
2	Media Recovery	Share	None	10	0
2	Media Recovery	Share	None	9	0
2	Media Recovery	Share	None	8	0

2	Media Recovery	Share	None	7	0
2	Media Recovery	Share	None	6	0
2	Media Recovery	Share	None	5	0
2	Media Recovery	Share	None	4	0
2	Media Recovery	Share	None	3	0
2	Media Recovery	Share	None	2	0
2	Media Recovery	Share	None	1	0
3	Redo Thread	Exclusive	None	1	0
14	PS	Null	None	0	0
14	PS	Null	None	0	1
19	DML	Row-X (SX)	None	1457	0

```
36 rows selected.
```

Das Skript *utllockt.sql* erzeugt eine Datensicht namens *LOCK_HOL-DERS*, mit der Informationen zu wartenden Sitzungen abgefragt werden können. Diese Abfrage erzeugt eine temporäre Tabelle und kann recht langsam sein. *Listing 6.10* ist eine Beispielabfrage:

Listing 6.10:
Einsatz der Ansicht
LOCK_HOLDERS
zur Anzeige von
Informationen
über wartende
Sitzungen

```
COLUMN waiting_session FORMAT a8

SELECT lpad(' ',3*(level-1)) || waiting_session waiting_session,
    lock_type,
    mode_requested,
    mode_held,
    lock_id1,
    lock_id2
FROM LOCK_HOLDERS
CONNECT BY  PRIOR waiting_session = holding_session
START WITH holding_session IS NULL;
```

Listing 6.11 zeigt die Ausgabe:

Listing 6.11:
Beispielausgabe
zu Skript 6.10

```
WAITING_ LOCK_TYPE     MODE_REQUE MODE_HELD  LOCK_ID1   LOCK_ID2
—        —             —          —          —          —
   34    None
   65    Transaction   Exclusive  Exclusive  662534     11291
   44    Transaction   Exclusive  Exclusive  662534     11291
```

Hier sehen Sie, daß die Sitzungen 65 und 44 darauf warten, daß die Sitzung 34 beendet wird und ihre Sperren freigibt. Sie müssen immer daran denken, daß Sperrungen immer komplexer werden, je mehr Sie in einer massiv parallelen Umgebung arbeiten. Der folgende Abschnitt beschäftigt sich mit dem Oracle8 Parallel Server (OPS) und dessen speziellen Anforderungen in Bezug auf Sperrverfolgung bei parallelen Servern.

Oracle Parallel Server und der DLM

Viele, die sich zum erstenmal mit dem Parallel Server beschäftigen, sind möglicherweise verwirrt, weil der Distributed Lock Manager eigentlich keine Komponente der von Oracle hergestellten Software war. Seit Oracle8 ist der DLM jedoch ein Bestandteil der Oracle Sperrfunktionen und wird zusammen mit dem Oracle Parallel Server eingesetzt, um gleichzeitig ablaufende Prozesse zu synchronisieren. In Oracle7 sind die DLMs betriebssystemspezifisch, und es gibt daher viele DLM-Hersteller für Solaris, AIX und die HP-UX-Unix-Implementationen. Auf der untersten Ebene verfolgt der DLM die gleichzeitigen Tasks, die auf jeder CPU ablaufen, und verfolgt die Sperranforderungen für die einzelnen Ressourcen.

Mit dem Oracle Parallel Server wurde die Begrenzung auf eine Instanz pro Datenbank aufgehoben. Sie können nun mehrere Instanzen von Oracle so konfigurieren, daß sie auf die gleiche Datenbank zugreifen. Natürlich laufen alle Instanzen im gleichen gemeinsamen Speicherbereich und der DLM wird eingesetzt, um das Sperren zwischen den verschiedenen Instanzen zu verwalten.

Sie können feststellen, ob in Ihrem System ein DLM läuft, indem Sie den LCK-Prozess überprüfen. Genauso wie der RECO-Prozess anzeigt, daß verteilte Transaktionen aktiviert sind, weist das Vorhandensein eines LCK-Prozesses darauf hin, daß ein DLM aktiv ist. Traditionelle verteilte Systeme benötigen kein DLM, da sie nicht die gleiche Datenbank benutzen.

Eine genauso wichtige Rolle wie der DLM spielt auch die Anzahl der sogenannten *Freispeicherlisten*, die für Probleme innerhalb eines OPS-Systems sorgen können. Der folgende Abschnitt erklärt, wie Freispeicherlisten für den Parallelzugriff eingesetzt werden.

Freispeicherlisten und Oracle Parallel Server-Zugriffsprobleme

Freispeicherlisten sind in einer Oracle-Umgebung besonders wichtig, wenn ein hohes Aufkommen an lokaler Aktualisierungsaktivität vorhanden ist. Eine Freispeicherliste ist ein Parameter, der eingesetzt wird, wenn erwartet wird, daß mehr als ein Prozeß gleichzeitig auf eine Tabelle zugreift. Oracle hält eine Freispeicherliste pro Tabelle im Arbeitsspeicher und benutzt diese, um zu entscheiden, welcher Datenblock bei einem SQL-*INSERT* verwendet wird. Wenn ein Datensatz hinzugefügt wird, wird die Freispeicherliste gesperrt. Wenn mehrere Prozesse gleichzeitig Daten hinzufügen möchten, muß einer so lange warten, bis die

Freispeicherliste vom vorhergehenden Prozeß wieder freigegeben wurde. Um zu sehen, ob das Hinzufügen einer Freispeicherliste zu einer Tabelle die Performance verbessert, müssen Sie auswerten, wie oft Oracle auf eine Freispeicherliste warten muß. Glücklicherweise führt Oracle zu diesem Zweck eine V$-Tabelle mit der Bezeichnung *V$WAITSTAT*. Die folgende Abfrage informiert Sie darüber, wie oft Oracle auf eine Freispeicherliste warten mußte. Wie Sie sehen, gibt Oracle jedoch keinerlei Informationen darüber, welche Freispeicherlisten die Zugriffsprobleme verursachten:

```
SELECT CLASS, COUNT
FROM V$WAITSTAT
    WHERE CLASS = 'free list';
```

CLASS	COUNT
free list	83

Sie können erkennen, daß Oracle 83mal auf eine Freispeicherliste warten mußte. Dies kann sowohl heißen, daß 83mal auf die gleiche Tabelle gewartet werden mußte als auch, daß 83 verschiedene Tabellen nicht sofort zur Verfügung standen. Darauf gibt es keinen Hinweis. Obwohl 83 sehr hoch erscheint, müssen Sie bedenken, daß Oracle Hunderte von I/O-Operationen pro Sekunde ausführen kann, so daß 83 für das komplette System keine signifikante Größe ist. Wenn Sie eine Tabelle im Verdacht haben, für die Zugriffsprobleme verantwortlich zu sein, können Sie diese exportieren, entfernen und mit mehr Freispeicherlisten neu definieren. Eine zusätzliche Freispeicherliste benötigt zwar mehr Speicherplatz, steigert aber die Performance bei Tabellen, denen oft Datensätze hinzugefügt werden. Generell sollten Sie Freispeicherlisten nur Tabellen zuweisen, in denen oft von unterschiedlichen Prozessen Datensätze hinzugefügt werden. Lassen Sie uns nun einen Blick auf einige Tabellendefinitionen werfen und sehen, ob Sie daran erkennen können, wie die Tabelle im System verwendet wird. Die *Listings 6.12 und 6.13* stellen je eine Tabellendefinition dar:

Listing 6.12:
Tabellendefinition
- Beispiel I

```
CREATE TABLE ORDER (
    order_nbr       number,
    order_date      date)
STORAGE (PCTFREE 10  PCTUSED 40  FREELISTS 3);
```

Sie erkennen, daß bei dieser Tabelle wenige Datensätze hinzugefügt werden, die eine Vergrößerung der Datensatzlänge erfordern, weil *PCTFREE* nur 10% beträgt. Außerdem stellen Sie fest, daß in dieser Tabelle viele Löschvorgänge stattfinden, da *PCTUSED* auf 40% eingestellt wurde und damit verhindert wird, daß Datenbankblöcke sofort wieder verwendet werden können, nachdem Daten gelöscht wurden. Außerdem

finden Sie viele Einfügevorgänge vor, da aufgrund der Einstellung
FREELISTS 3 Prozesse gleichzeitig Daten einfügen können.

Listing 6.13:
Tabellendefinition
- Beispiel 2

```
CREATE TABLE ITEM (
    item_nbr                number,
    item_name               varchar2(20),
    item_description        varchar2(50),
    current_item_status     varchar2(200))
STORAGE (PCTFREE 10  PCTUSED 90  FREELISTS 1);
```

Hier können Sie davon ausgehen, daß Aktualisierungsvorgänge recht
häufig auftreten und die *varchar2*-Spalten oft vergrößert werden, da
PCTFREE eingestellt wurde, um 10% jedes Blocks für die Datensatz-
expansion zu reservieren. Die Einstellung von 90% für *PCTUSED* nutzt
die Datenbankblöcke effizient aus und läßt vermuten, daß nur wenige
Löschvorgänge stattfinden, deren Blöcke sofort wieder zur Freispeicherliste hinzugefügt werden.

Nachdem wir nun Freispeicherlisten verstehen, lassen Sie uns einen
Blick auf die Oracle8-Datensichten werfen, mit denen man Sperr-
aktivitäten unter OPS nachvollziehen kann.

Die V$LOCK_ACTIVITY-*Datensicht*

Die *V$LOCK_ACTIVITY*-Datensicht ist ein sehr guter Weg, um festzu-
stellen, ob Sie die maximale Sperrkonvertierungsrate für Ihren DLM erreicht haben. Da die maximale Sperrkonvertierungsrate für die DLMs
der einzelnen Hersteller unterschiedlich ist, müssen Sie die Ergebnisse
von der *V$LOCK_ACTIVITY*-Datensicht mit den in der jeweiligen Do-
kumentation des Betriebssystemherstellers genannten Maximalwerten
vergleichen. Wenn die maximale Sperrkonvertierungsrate erreicht wurde, müssen Sie auf jeden Fall die Applikation neu partitionieren, um
ähnliche Transaktionen in gemeinsamen Instanzen auszugleichen. Hier
ist ein Beispiel für eine Abfrage auf diese Datensicht:

```
SELECT * FROM V$LOCK_ACTIVITY;

FROM TO_V ACTION_VAL
COUNTER
—  —  ————                                                        —
NULL S    Lock buffers for read
68
NULL X    Lock buffers for write
156
S    NULL Make buffers CR (no write)
195
S    X    Upgrade read lock to write
436
```

```
   X     NULL Make buffers CR (write dirty buffers)
247
   X     S    Downgrade write lock to read (write dirty buffers)
178
   X     SSX  Write transaction table/undo blocks
54
   SSX   X    Rearm transaction table write mechanism
54

8 rows selected.
```

Die Datensicht V$SYSSTAT

Die Datensicht *V$SYSSTAT* kann verwendet werden, um festzustellen, ob Sperrkonvertierungen zu oft stattfinden. Ein extrem häufiges Auftreten solcher Sperrkonvertierungen deutet im Regelfall darauf hin, daß Zugriffsverletzungen bei einer gemeinsam genutzten Datenbankressource vorkommen. Diese Ressource könnte eine Tabelle sein, die häufig aktualisiert wird. So benutzen beispielsweise Systeme zur Inventarverwaltung häufig sogenannte *One-Of-A-Kind-Datensätze (OOAK)*. Ein solcher OOAK-Datensatz kann beispielsweise benutzt werden, um die Bestellnummer der letzten Bestellung zu speichern, und alle Anwendungsprozesse müssen diesen Datensatz inkrementieren, wenn eine neue Bestellung angelegt wird. Diese Architektur zwingt jede parallele Instanz beim Zugriff auf diese Ressource in einen einzelnen Thread. Aber wie identifizieren Sie die Art von Datenbankressourcen?

Das Sperr-/Trefferverhältnis kann Ihnen bei der Identifikation von Sperrkonvertierungen im DLM helfen. Das Sperr-/Trefferverhältnis soll generell über 90% liegen, fällt es darunter, sollten Sie nach der Ursache dafür suchen. Hier ist der SQL-Code, um das Sperr-/Trefferverhältnis eines Oracle Parallel Servers zu ermitteln:

```
SELECT
    (A.value - B.value)/(A.value)*100
FROM
    V$SYSSTAT A, V$SYSSTAT B
WHERE
    A.name = 'consistent gets'
AND
    B.name = 'global lock converts (async)';
```

Wenn Sie Datenzugriffsprobleme vermuten, gibt es mehrere Lösungen, unter anderem:

- Wenn Sie eine spezifische Tabelle als Ursache identifizieren können, versuchen Sie, die Anzahl der Freispeicherlisten für die Tabelle zu erhöhen.

- Wenn Sie einen Index als Ursache identifiziert haben, versuchen Sie jeden Zugriff auf diesen Index auf einer einzelnen Instanz zu lokalisieren.

Aber wie können Sie die Ursache der Zugriffsverletzung identifizieren? Oracle Parallel Server stellt eine Datensicht namens *V$PING* zur Anzeige von Sperrkonvertierungen zur Verfügung, Sie fangen damit an, die *V$PING*-Datensicht abzufragen, um zu ermitteln, ob bei einzelnen Datendateien eine hohe Anzahl an Sperrkonvertierungen auftritt:

```
SELECT
    substr(name,1,10),
    file#,
    class#,
    max(xnc)
FROM
    V$PING
GROUP BY 1, 2, 3
ORDER BY 1, 2, 3;
```

Sie erhalten eine Ausgabe, ähnlich wie in *Listing 6.14* dargestellt:

Listing 6.14:
Abfrage der
V$PING-Daten-
sicht

Name	File #	Class #	Max (XNC)
Customer	13	1	556
Customer	13	4	32
Item	6	1	11
Item	3	4	32
Order	16	1	33456

Hier sehen Sie, daß Datei 16 ein Problem mit einer hohen Anzahl Sperrkonvertierungen haben könnte. Um weiter zu ermitteln, gehen Sie zurück zu *V$PING* und holen sich die Summen für Datei 16:

```
SELECT *
FROM
    V$PING
WHERE
    file#=16
ORDER BY block#;
```

Hier erkennen Sie mehr Details über den Inhalt von Datei 16, wie in *Listing 6.15* gezeigt:

Listing 6.15:
Anzeige zusätzlicher Dateidetails

File #	Block #	Stat	XNC	Class #	Name	Kind
16	11	XCUR	5	1	ORDER	Table
16	12	XCUR	33456	1	ORDER	Table
16	13	XCUR	12	1	ORDER	Table

Anhand dieser Ausgabe können Sie deutlich erkennen, daß Block 12 die Ursache der Zugriffsprobleme darstellt.

Die folgende Abfrage der Tabelle *ORDER* legt den Inhalt der Datensätze dieses Datenblocks offen, wie in *Listing 6.16* gezeigt. Vergessen Sie nicht, daß Datenblöcke in Hexadezimalzahlen numeriert sind, so daß Block 12 in ein *Hex(c)* umgewandelt werden muß:

Listing 6.16:
Anzeige des Datensatzinhalts

```
SELECT
    rowid,
    order_number,
    customer_number
FROM
    ORDER
WHERE
chartorowid(rowid) LIKE '0000000C%';
```

ROWID	ORDER_NUMBER	CUSTOMER_NUMBER
0000000C.0000.0008	1212	73
0000000C.0000.0008	1213	73
0000000C.0000.0008	1214	73

In *Listing 6.16* sehen Sie, daß die Sperrkonvertierung mit Aufträgen des Kunden mit der Nummer 73 verbunden ist. Abgesehen von einem zufälligen Zusammentreffen können Sie davon ausgehen, daß ein Zugriffsproblem auf die Freispeicherlisten der Tabelle *ORDER* auftritt, wenn neue Aufträge zur Datenbank hinzugefügt werden. Dieses Problem kann durch das Hinzufügen zusätzlicher Freispeicherlisten beseitigt werden, wobei die Anzahl der Freispeicherlisten gleich der Anzahl der Benutzer sein soll, die zu einer beliebigen Zeit gleichzeitig Bestellungen aufnehmen. Unglücklicherweise erlaubt Oracle nicht die dynamische Anpassung von Freispeicherlisten, da sie physikalisch in jedem Block gespeichert werden. Die einzige Alternative ist daher, die betreffende Tabelle zu löschen und neu zu erstellen, mit mehr Freispeicherlisten in der Kopfzeile. Hier ist der SQL-Code, um die *ORDER*-Tabelle zu löschen und neu zu erstellen:

```
CREATE TABLE ORDER_DUMMY
STORAGE (FREELISTS 10)
AS
```

```
SELECT * FROM ORDER;

DROP TABLE ORDER;

RENAME ORDER_DUMMY TO ORDER;
```

Zusammenfassung

Die Zugriffs- und Sperrkontrolle von Oracle wurde aufgrund der gestiegenen Popularität von Oracle-Systemen in jüngster Zeit zu einer der wichtigsten Anforderungen und speziell dort besonders wichtig, wo für den Oracle Parallel Server (OPS) ein Distributed Lock Manager (DLM) benötigt wird. Mit dem „Erwachsenwerden" der Client/Server- und Oracle-Architektur werden wir Zugriffsmethoden kennenlernen, die Aktualisierungen in verteilten Datenbanksystemen automatisch verwalten. In der Zwischenzeit müssen die Entwickler jedoch entscheiden, welche verbesserten Kontrollmechanismen sich am besten mit dem Betrieb ihrer verteilten Datenbanksysteme vereinbaren.

Es ist nun an der Zeit, sich auf das Tuning der Clients einer Anwendung genauer anzuschauen. Im nächsten Kapitel sehen Sie, wie eine Umgebung mit verteilten Servern die Performance von Oracle8-Datenbanken beeinflußt.

Oracle DBA – Leistung und Tuning

Ein Oracle-Datenbankadministrator profitiert außer vom grundlegenden Know-how der Applikationsentwicklung vor allem von Kenntnissen einiger spezieller Features zur Leistungssteigerung. Dieses Wissen ist besonders dann sehr hilfreich, wenn es um die Unterstützung bei den täglich anfallenden administrativen Aufgaben wie Im- und Exporte, Indexerstellung oder Tabellenreplikation geht. Die Themen dieses Kapitels sind unter anderem:

- Die Verwendung der Option *UNRECOVERABLE*
- Die Verwendung von schreibgeschützten Tablespaces
- Wo sollten Indizes erstellt werden?
- Die Verwendung von Bitmap-Indizes
- Die Verwendung des Oracle Table-Caches
- Der Einsatz von Cluster-Indizes
- Wann sollten Indizes rekonstruiert werden?

Die Verwendung der Option UNRECOVERABLE

Zu bestimmten Zeiten ist es unter Oracle möglich, die internen Mechanismen zur Transaktionsprotokollierung zu deaktivieren. Oracle verfügt über ein lesekonsistentes Abbild des Datenbestandes für Abfragen, die eine längere Laufzeit haben, während zur gleichen Zeit *Rollback*-Kapazitäten für Aktualisierungen zur Verfügung stehen. Natürlich hat dieser Level an Datensicherheit auch seinen Preis, so daß durch den Einsatz der Option *UNRECOVERABLE* ein signifikanter Performance-Vorteil entstehen kann. Die Option *UNRECOVERABLE* kann in der Praxis die Antwortzeiten um 40-60% verringern. Natürlich muß darauf geachtet werden, den Einsatz der *UNRECOVERABLE*-Klausel mit den traditionellen Prozeduren beim Sichern der archivierten *Redo*-Logs zu synchronisieren.

Die *UNRECOVERABLE*-Option kann bei folgenden Operationen verwendet werden:

- *CREATE TABLE . . . AS SELECT . . . UNRECOVERABLE* - Dieser Operationstyp wird normalerweise beim Klonen von Tabellen oder bei der Replikation einer Master-Tabelle eingesetzt, üblicherweise mit einer Gruppe von Spalten oder Datensätzen. Sie könnten dieses Kommando beispielsweise einsetzen, um eine Datensatzgruppe mit Datensätzen von Kunden einer bestimmten Region zu erstellen. Natürlich würde ein Fehler bei der Ausführung eine halb erstellte Tabelle im Ziel-Tablespace hinterlassen, die anschließend manuell wieder beseitigt werden muß.

- *CREATE INDEX . . . UNRECOVERABLE* – Dies ist das Haupteinsatzgebiet der *UNRECOVERABLE*-Klausel und mit Sicherheit diejenige, welche aus der Oracle-Perspektive am sinnvollsten ist. Unabhängig von jeglichen Fehlern bei Transaktionen können Indizes jederzeit wiederhergestellt werden, indem man sie löscht und anschließend neu definiert. Ein beschädigter oder unvollständiger Index wird Sie nie vor ein Problem stellen.

- *ALTER TABLE . . . ADD CONSTRAINT . . . UNRECOVERABLE* – Wie Sie wahrscheinlich wissen, erstellt Oracle bei der Definition einer relationalen Beziehung manchmal Indizes, um die referentielle Integrität durchzusetzen. Primär- und Fremdschlüssel sowie eindeutige Beziehungen können Oracle dazu veranlassen, einen Index im nicht wiederherstellbaren Modus zu erstellen.

- *SQL*Loader* – *SQL*Loader* wird generell bei der Initialfüllung von Oracle-Tabellen mit externen (ASCII-) Dateien eingesetzt. Beim Anfügen größerer Datensatzmengen sollten Sie die Voreinstellungen verwenden. Sie wissen bereits, daß im unwahrscheinlichen Fall eines unvollständigen Datenimports die Tabellen manuell gelöscht werden müssen und der *SQL*Loader* neu gestartet werden muß.

Nachdem wir nun die *UNRECOVERABLE*-Option noch einmal betrachtet haben, lassen Sie uns einen Blick auf ein anderes Oracle-Feature werfen, das es erlaubt, schreibgeschützte Daten anders zu behandeln als aktualisierbare Daten.

Die Verwendung von schreib-geschützten Tablespaces

In einer Umgebung mit viel Datenverkehr aus unterschiedlichen Anwendungen kann es sinnvoll sein, die mit Oracle 7.3 erstmals vorgestellten schreibgeschützten Tablespaces einzusetzen. Damit ist es möglich, mehrere Instanzen gleichzeitig mit dem Tablespace zu verbinden, wobei jede Instanz nur im *Read-Only*-Modus darauf zugreifen kann. Natürlich kann es zu exzessiven E/A-Auslastungen führen, wenn sich zwei oder mehr Oracle-Instanzen ein Tablespace teilen. Wie Sie in *Abbildung 7.1* sehen, kommt ein schreibgeschütztes Tablespace mit wesentlich weniger Overhead als ein aktualisierbares Tablespace aus.

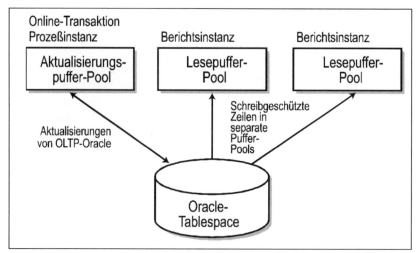

Dieser Ansatz hat mehrere Vorteile:

- *Isolation der Zwischenspeicher-Pools* – Auffälligster Vorteil ist die Isolierung der Zwischenspeicher-Pools für jede auf das Tablespace zugreifende Oracle-Instanz. Wenn Benutzer *A* in der Instanz *A* den aktuellen Inhalt des Zwischenspeichers durch einen *Full-Table-Scan* (Durchsuchen der gesamten Tabelle ohne Indexnutzung) quasi löscht, hat Benutzer *B* in der Instanz *B* immer noch die von ihm benötigten Datenblöcke in seinem Cache.

- *Einfacher gemeinsamer Zugriff auf Tabellendaten* – Schreibgeschütze Tablespaces sind eine Alternative zur Replikation von Tabellen und den damit verbundenen Problemen bei der Aktualisierung. Da schreibgeschützte Tablespaces lediglich von einer Instanz als aktualisierbar definiert werden können, werden diese Updates auf Systemebene verwaltet.

Zusätzlich zur Verteilung von Daten an verschiedenen Speicherorten können wir unsere Oracle-Datenbank auch durch eine sinnvolle Plazierung von Indizes tunen. Der folgende Abschnitt faßt die Regeln zusammen, nach denen Indizes in einer Oracle-Datenbankstruktur plaziert werden sollten.

Wo sollten Indizes erstellt werden?

Einer der primären Verantwortungsbereiche eines Oracle-DBAs ist, dafür Sorge zu tragen, daß Indizes dort vorhanden sind, wo sie zur Vermeidung von vollständigen Tabellendurchläufen gebraucht werden. Um diesem Anspruch gerecht werden zu können, muß der

Oracle-DBA die verschiedenen von Oracle zur Verfügung gestellten Indextypen kennen und dafür sorgen, daß der Index auch zur richtigen Zeit erstellt wird.

Leider sammelt das Oracle Dictionary keine Informationen darüber, wie oft ein Index benutzt wurde, so daß sich der DBA auf entsprechende Hinweise der Applikationsentwickler verlassen muß. Da jedoch immer mehr Profis die Oracle8 Objektoption einsetzen, gibt es durch die Speicherung des SQL-Codes als Methode im Oracle Dictionary einen neuen Weg, die Benutzung von Indizes zu ermitteln. Obwohl Oracle8 derzeit noch kein Utility zur Verfügung stellt, um SQL-Code aus dem Dictionary zu extrahieren, können viele DBAs dennoch den SQL-Code aus dem Bibliothekszwischenspeicher extrahieren und die Zugriffspfade analysieren. Mit dem gesamten SQL-Code innerhalb der Datenbank ist der DBA in der Lage, die *EXPLAIN PLAN*-Ausgabe für alle SQL-Anweisungen innerhalb der Methoden zu analysieren. Dies erreichen Sie durch die Auswa:

der *text*-Spalte der Datensicht *DBA_SOURCE*. Solange jedoch Oracle kein entsprechendes Utility zur Verfügung stellt, kann ein DBA nur hoffen, daß die bestehenden Indizes sauber bleiben und optimal funktionieren.

Listing 7.1 ist ein Skript zur Anzeige des SQL-Codes, der in den SGA Shared Pool geladen wurde.

Listing 7.1:
sqltext.sql zeigt
den gesamten
SQL-Code im SGA
Shared Pool

```
REM Written by Don Burleson

SET PAGESIZE 9999;
SET LINESIZE 79;
SET NEWPAGE 0;
SET VERIFY OFF;


BREAK ON ADDRESS SKIP 2;


COLUMN ADDRESS FORMAT 9;


SELECT
        ADDRESS,
        sql_text
FROM
        V$SQLTEXT
ORDER BY
ADDRESS, PIECE;
```

Listing 7.2 zeigt die Ausgabe von *sqltext.sql*:

Listing 7.2:
Die Ausgabe von
sqltext.sql

```
D09AFC4C    SELECT DECODE(object_type, 'TABLE', 2,  'VIEW', 2, 'PACKAGE',
            3, 'PACKAGE BODY', 3, 'PROCEDURE', 4, 'FUNCTION', 5, 0) FROM
            ALL_OBJECTS WHERE object_name = upper('V_$SQLTEXT')  AND
            object_type IN ('TABLE', 'VIEW', 'PACKAGE', 'PACKAGE BODY',
```

```
                      'PROCEDURE', 'FUNCTION') AND owner = upper('SYS')

D09B653C    SELECT OWNER, table_name, table_owner, db_link FROM
            ALL_SYNONYMS WHERE synonym_name = upper('V_$SQLTEXT') AND
            owner = upper('SYS')

D09BC5AC    SELECT OWNER, table_name, table_owner, db_link FROM
            ALL_SYNONYMS WHERE synonym_name = upper('V$SQLTEXT') AND
            (owner = 'PUBLIC' OR owner = USER)

D09C2D58    SELECT DECODE(object_type, 'TABLE', 2,  'VIEW', 2, 'PACKAGE',
            3,'PACKAGE BODY', 3, 'PROCEDURE', 4, 'FUNCTION', 5,  0)
            FROM USER_OBJECTS WHERE object_name = upper('V$SQLTEXT')
            AND  object_type IN ('TABLE', 'VIEW', 'PACKAGE', 'PACKAGE
            BODY', 'PROCEDURE', 'FUNCTION')

D09CFF4C    UPDATE SHPMT SET
            amt_sum_ili=:b1,pmt_wght_sum_ili=:b2,cust_pmt_wght_sum_ili=
            :b3 WHERE shpmt_id = :b4  AND shpmt_sys_src_cd = :b5
```

Natürlich kann dieses Skript so erweitert werden, daß die SQL-Anweisungen direkt in das *EXPLAIN PLAN*-Hilfsprogramm übernommen werden, um so vollständige Tabellendurchläufe zu entdecken und für diese Abfragen die entsprechenden Indizes zu erstellen.

Das Hilfsprogramm *bstat-estat* von Oracle stellt auch Informationen darüber zur Verfügung, wie oft Full-Table-Scans in der gesamten Datenbank aufgetreten sind. Weitere Informationen finden Sie in *Kapitel 11: Anwendungsüberwachung in Oracle*.

Eine weitere Aufgabe des Oracle-Datenbankadministrators ist es, zu erkennen, wenn Indizes unausgewogenen sind, sowie deren Rekonstruktion zu planen. Le**ider werden** :

che Fälle vor allem in sehr dynamischen Tabellen (solche mit vielen Zugriffen durch *INSERT-* und *UPDATE*-Befehle) immer wieder vorkommen. Wenn Oracle-Indizes wachsen, können zwei Effekte auftreten: *Splitting* und *Spawning*.

- *Splitting* (Aufteilung): Beschreibt, was passiert, wenn ein Indexknoten mit Schlüsseln gefüllt ist und ein neuer Indexknoten auf der gleichen Ebene als vollständiger Knoten erzeugt wird. Splitting erweitert den B-Baum horizontal.

- *Spawning* (Vermehrung): Beschreibt den Prozeß beim Hinzufügen einer neuen Indexebene. Wenn ein neuer Index gefüllt wird, beginnt er sein Leben als Index auf einer eigenen Ebene. Wenn Schlüssel hinzugefügt werden, findet eine Vermehrung statt, und der Knoten der ersten Ebene rekonfiguriert sich selbst mit Zeigern auf die Knoten der darunterliegenden Ebenen. Es ist wichtig, zu verstehen, daß Spawning nur an bestimmten Stellen innerhalb des Index auftritt und nicht für den gesamten Index. So kann zum Beispiel ein Index über drei Ebenen einen Knoten haben, der über hohe *INSERT*-Aufkommen verfügt. Dieser Knoten kann für sich selbst eine vierte Ebene erzeugen und sich dort vermehren, ohne daß die anderen Knoten auf der dritten Ebene dies tun.

Indizes werden im Oracle Dictionary mit sechs Werten beschrieben:

- *blevel* – Zeigt die Anzahl der Ebenen, über die sich ein Index vermehrt hat. Selbst für sehr große Indizes sollte der Wert 4 nie überschritten werden. Jeder *blevel* erfordert einen zusätzlichen E/A-Zugriff auf den Indexbaum.

- *leaf_blocks* – Bezieht sich auf die Gesamtanzahl von Blöcken, die sich in den Blättern des Indexbaums befinden.

- *distinct_keys* – Referenziert den Kardinalwert des Index. Wenn dieser Wert kleiner als 10 ist, sollten Sie den Einsatz von Bitmap-Indizes in Betracht ziehen.

- *avg_data_blocks_per_key* – Dies ist ein Meßwert für den Kardinalwert und die Größe eines Index. Ein kleiner Kardinalwert (z.B. bei Geschlecht oder Religion) wird hohe Werte erzeugen, genauso wie sehr große Indizes.

- *clustering_factor* – Dies ist der wichtigste Meßwert in diesem Bericht weil er Auskunft darüber gibt, ob sich der Index im Gleichgewicht befindet. Wenn der *clustering_factor* größer als die Anzahl der Blöcke im Index ist, dann ist der Index aufgrund eines hohen Aufkommens von *INSERT*- oder *DELETE*-Anweisungen unausgewogen. Überschreitet der *clustering_factor* die Anzahl der Datensätze in der indizierten Tabelle um mehr als 50%, sollten Sie den Index löschen und neu erstellen. (Wir werden das Thema *Cluster* später im Kapitel noch ausführlich behandeln.)

- *avg_leaf_blocks_per_key* – Dieser Wert ist, abgesehen von nicht eindeutigen Indizes, immer 1.

Nachdem Sie nun den grundlegenden Aufbau von Indizes kennengelernt haben, lassen Sie uns einen Blick auf eine Data Dictionary-Abfrage werfen *(Listing 7.3)*, die Ihnen die Struktur Ihrer Indizes liefert. Beachten Sie, daß diese Abfrage davon ausgeht, daß Ihre Oracle-Datenbank den kostenbasierten Optimierer verwendet und Ihre Tabellen mit dem *ANALYZE TABLE*-Befehl analysiert wurden.

Listing 7.3:
Index.sql zeigt die Details der Indizes

```
SET PAGESIZE 999;
SET LINESIZE 100;

COLUMN c1 HEADING 'Index'    FORMAT a19;
COLUMN c3 HEADING 'S'        FORMAT a1;
COLUMN c4 HEADING 'Level'    FORMAT 999;
```

```
COLUMN c5 HEADING 'Leaf Blks'  FORMAT 999,999;
COLUMN c6 HEADING 'Dist. Keys' FORMAT 99,999,999;
COLUMN c7 HEADING 'Bks/Key'    FORMAT 99,999;
COLUMN c8 HEADING 'Clust Ftr'  FORMAT 9,999,999;
COLUMN c9 HEADING 'Lf/Key'     FORMAT 99,999;


SPOOL index.lst;


SELECT
    owner||'.'||index_name     c1,
    substr(status,1,1)         c3,
    blevel                     c4,
    leaf_blocks                c5,
    distinct_keys              c6,
    avg_data_blocks_per_key    c7,
    clustering_factor          c8,
    avg_leaf_blocks_per_key    c9
FROM DBA_INDEXES
WHERE
OWNER NOT IN ('SYS','SYSTEM')
ORDER BY blevel desc, leaf_blocks desc;


SPOOL OFF;
```

Listing 7.4 zeigt die Ausgabe von *index.sql*.

Listing 7.4:
Die Ausgabe von
index.sql

Index	S	Level	Leaf Blks	Dist. Keys	Bks/Key	Clust Ftr	Lf/Key
DON.LOB_SHPMT_PK	V	2	25,816	3,511,938	1	455,343	1
DON.SHP_EK_CUST_INV	V	2	23,977	2,544,132	1	1,764,915	1
DON.SHP_FK_GLO_DEST	V	2	23,944	22,186	112	2,493,095	1
DON.LSH_FK_SHP	V	2	22,650	1,661,576	1	339,031	1
DON.SHP_FK_ORL_ORIG	V	2	21,449	404	806	325,675	53
DON.LSA_FK_LSH	V	2	21,181	2,347,812	1	996,641	1
DON.LSH_FK_LOB	V	2	19,989	187	4,796	896,870	106
DON.SHPMT_PK	V	2	19,716	3,098,063	1	1,674,264	1
DON.SHP_FK_CAR	V	2	18,513	689	390	268,859	26

DON.SHP_EK_ROLE_TY_	V	2	17,847	10	24,613	246,134	1,784
DON.SHP_FK_SPT	V	2	16,442	4	46,872	187,489	4,110
DON.INV_EK_INV_NUM	V	2	16,407	2,014,268	1	518,206	1
DON.SHP_FK_ORL_DEST	V	2	15,863	385	692	266,656	41
DON.SHP_FK_SRC	V	2	15,827	10	17,469	174,694	1,582
DON.INV_LINE_ITEM_P	V	2	14,731	2,362,216	1	102,226	1

Sie sehen, daß kein Index sich über mehr als zwei Ebenen erstreckt. Beachten Sie auch die beiden Indizes mit einem *clustering_factor* von mehr als einer Million. Sollte eine dieser Tabellen weniger als 3 Millionen Datensätze haben, sollten Sie einen passenden Zeitpunkt für das Löschen und den Neuaufbau des Index planen.

Sowohl die richtige Positionierung als auch der Typ eines Index kann einen mächtigen Einfluß auf die Gesamt-Performance einer Oracle-Datenbank haben. Eines der interessantesten neuen Merkmale von Oracle ist die Unterstützung von Bitmap-Indizes.

Die Verwendung von Bitmap-Indizes

Vor der Einführung von Bitmap-Indizes mit Oracle 7.3 wurde niemals empfohlen, daß ein DBA einen Index für Felder erstellt, die nicht als Auswahl verwendet werden oder weniger als 50 unterschiedliche Werte haben. Stellen Sie sich nur den Aufbau eines traditionellen B-Baum-Index für eine Spalte wie z.B. *Region* (Nord, Süd, Ost, West) vor. Mit nur vier unterschiedlichen Werten im Index würde der SQL-Optimizer sehr selten ermitteln, daß ein Durchsuchen des Index die Abfrage wesentlich beschleunigen würde, und er würde den Index konsequenterweise nie einsetzen. Natürlich wäre die einzige Alternative ein ressourcenfressender voller Tabellendurchlauf.

Heutzutage haben Entwickler die Möglichkeit, für Indizes mit niedrigen Kardinalwerten den Indextyp *Bitmap-Index* einzusetzen.

Interessanterweise wurden Bitmap-Indizes bereits seit der Einführung des Model 204 in den späten 60ern in kommerziellen Datenbanken verwendet. Deren Nützlichkeit wurde jedoch bis zur Explosion von Data Warehouse-Anwendungen im Jahre 1994 völlig ignoriert. Erst dann wurde es offensichtlich, daß für die Ausführung von komplexen Abfragen auf sehr große Tabellen ein völlig neuer Lösungsansatz erforderlich war.

Bitmap-Indizes erlauben sehr schnelle boolesche Operationen in Indizes mit niedrigem Kardinalwert. Komplexe logische *UND*- und *ODER*-

Verknüpfungen werden völlig innerhalb des Index abgearbeitet, ohne Zugriff auf die zugrundeliegende Tabelle. Ohne Bitmap-Indizes wären einige entscheidungsunterstützende Abfragen nicht ausführbar, ohne die gesamte Tabelle zu durchsuchen.

Bitmap-Indizes sind vor allem in Data Warehouse (DW)- und Decision Support Systems (Entscheidungsunterstützungssysteme; DSS) zu finden, in denen es wegen kurzfristiger, unerwarteter Abfragen nicht praktikabel ist, alle eventuell vorkommenden Spaltenkombinationen zu indizieren. Stellen Sie sich vor, ein Mitglied der Geschäftsführung möchte eine Liste aller Kunden mit abgeschlossenem Hochschulstudium, die ihren Wohnsitz in Wyoming oder Nevada haben und rote oder blaue Autos fahren. Gehen Sie außerdem von mehr als einer Million Datensätzen in der Tabelle *CUSTOMER* aus. Die folgende Abfrage wäre mit traditioneller Indizierung nur schwer ausführbar:

```
SELECT avg(yearly_income)
FROM CUSTOMER
WHERE
    education IN ('B','M','D')
AND
    car_color IN ('RED','BLUE')
AND
    state_residence IN ('WY','NV')
ORDER BY avg(yearly_income);
```

Beim Einsatz von Bitmap-Indizes ist es nicht erforderlich, sämtliche Datensätze der Tabelle *CUSTOMER* zu lesen. Der Query-Manager erstellt Listen mit den Datensatz-IDs, bei denen die gesuchten Werte der Spalten *education*, *car_color* und *state_residence* zutreffen (1) und sucht daraus diejenigen Datensätze, bei denen alle drei Spalten zutreffend (1 für alle Spalten) sind. Wenn die Abfrage dann tatsächlich soweit ist, auf die entsprechenden Datensätze zuzugreifen, existiert bereits eine Liste mit den gesuchten Datensatznummern.

Um das Konzept von Bitmap-Indizes zu verstehen, stellen Sie sich am besten eine breite Tabelle mit vielen Spalten, aber nur wenigen Datensätzen vor. In einem Bitmap-Index existiert für jeden Wert ein eigener Datensatz, so daß z.B. unser Index *Region* nur aus vier Datensätzen besteht. Jeder Datensatz der Basistabelle wird durch eine Spalte in der Indextabelle repräsentiert, wobei in der Matrix der Wert *1* eingetragen ist, wenn der binäre Wert *Wahr* ist, oder eine *0*, wenn dieser Wert logisch falsch ist. Wegen der hohen Anzahl an Einsen und Nullen können Bitmap-Indizes sehr effizient komprimiert und zur Laufzeit wieder entpackt werden. Tatsächlich ist ein Index mit einem niedrigen Kardinalwert besser komprimierbar als einer mit einer höheren Zahl eindeutiger Einträge. So können Sie beispielsweise von einem Index *Geschlecht* einen höheren Komprimierungsfaktor erwarten als von einem Index *Bundesstaat* mit 50 Einträgen (in den USA). In unkomprimiertem Zustand wäre der Index *Bundesstaat* 48mal größer als der Index *Geschlecht*, da ein Datensatz für jeden eindeutigen Wert benötigt wird.

Oracles Bitmap-Indizes kommen oft mit weit weniger Speicherplatz aus als traditionelle B-Baum-Indizes. Tatsächlich kann deren Größe recht einfach berechnet werden, wie das folgende Beispiel zeigt:

```
bitmap size = (cardinality_of_column * rows_in_table)/8
```

Wenn der Index *Region* zum Beispiel vier unterschiedliche Werte in 800.000 Datensätzen hat, würde der komplette Index in unkomprimiertem Zustand nur 100.000 Byte - mit Oracles Kompressionsalgorithmen sogar deutlich weniger - beanspruchen. Wahrscheinlich könnte er sogar mit einigen E/A-Operationen komplett in den Oracle-Zwischenspeicher geladen werden.

Wie Sie am Diagramm in *Abbildung 7.2* erkennen, können Bitmap-Indizes die Anzahl der für bestimmte Operationstypen benötigten E/A-Zugriffe drastisch reduzieren. Wenn Sie beispielsweise die Anzahl der Kooperationen in der westlichen Region wissen wollen, finden Sie die vollständige Information bereits im Index. Der Zugriff auf die Tabelle ist also überhaupt nicht notwendig. Mit anderen Worten: Die Abfrage wird innerhalb des Index ausgeführt.

Abb. 7.2:
Bitmap-Indizes
in Oracle

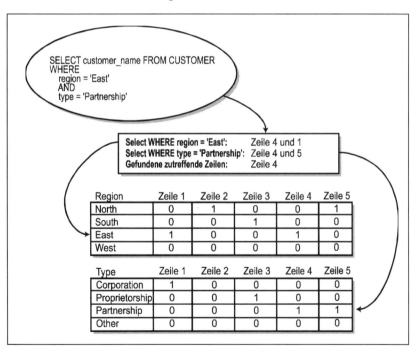

Wie lassen sich nun Kandidaten für Bitmap-Indizes herausfinden? Der Ausgangspunkt ist Ihre bereits existierende Datenbank. *Listing 7.5* zeigt Ihnen ein Skript, das Ihre B-Baum-Indizes überprüft und Ihnen eine Liste mit Kandidaten, sortiert in aufsteigender Reihenfolge nach Kardinalwerten, liefert:

Listing 7.5:
Bitmap.sql findet
Indizes mit einem
niedrigen Kardinal-
wert für Bitmap-
Indizes

```
REM  Written by Don Burleson

PROMPT Be patient. This can take a while . . .

SET PAUSE OFF;
SET ECHO OFF;
SET TERMOUT OFF;
SET LINESIZE 300;
SET PAGESIZE 999;
SET NEWPAGE 0;
SET FEEDBACK OFF;
SET HEADING OFF;
SET VERIFY OFF;

REM  First create the syntax to determine the cardinality . . .


SPOOL idx1.sql;

SELECT 'set termout off;' FROM DUAL;
SELECT 'spool idx2.lst;' FROM DUAL;
SELECT 'column card format 9,999,999;' FROM DUAL;

SELECT 'select distinct count(distinct '
      ||A.column_name
      ||') card, '
      ||'''' is the cardinality of '
      ||'Index '
      ||A.index_name
      ||' on column '
      ||A.column_name
      ||' of table '
      ||A.table_owner
      ||'.'
      ||A.table_name
      ||''' from '
      ||index_owner||'.'||A.table_name
      ||';'
FROM DBA_IND_COLUMNS A, DBA_INDEXES B
WHERE
  A.index_name = B.index_name
AND
  Tablespace_name NOT IN ('SYS','SYSTEM')
;

SELECT 'spool off;' FROM DUAL;
SPOOL OFF;
```

```
SET TERMOUT ON;


@idx1


!SORT idx2.lst
```

Listing 7.6 zeigt ein Beispiel mit Ergebnissen des SQL-Skripts aus **Listing 7.5**:

Listing 7.6:
Die Ergebnisse
von *bitmap.sql*

```
    3  is the cardinality of Index GEO_LOC_PK on column GEO_LOC_TY_CD of
          table DON.GEM_LCC
    4  is the cardinality of Index REGION_IDX on column REGION of table
          DON.CUSTOMER
    7  is the cardinality of Index GM_LCK on column GEO_LC_TCD of table
          DON.GEM_LCC
    8  is the cardinality of Index USR_IDX on column USR_CD of table
          DON.CUSTOMER
   50  is the cardinality of Index STATE_IDX on column STATE_ABBR of
          table DON.CUSTOMER
 3117  is the cardinality of Index ZIP_IDX on column ZIP_CD of table
          DON.GEM_LCC
71,513 is the cardinality of Index GEO_LOC_PK on column GEO_LOC_CD of
          table DON.GEM_LCC
83,459 is the cardinality of Index GEO_KEY_PK on column GEO_LOC_TY_CD of
          table DON.GEM_LCC
```

Es ist offensichtlich, daß Spalten wie Geschlecht oder Region mit Bitmap-Indizes erstellt werden sollten. Wie ist jedoch bei einer Spalte Bundesstaat mit 50 Werten oder PLZ mit ein paar hundert Werten zu verfahren? Klar ist, daß die Vorteile von Bitmap-Indizes besonders bei Indexspalten mit wenig unterschiedlichen Einträgen überwiegen und auch mit wachsender Anzahl an Datensätzen größer werden. Es gibt jedoch keine festgelegten Regeln, wann ein Bitmap- und wann ein traditioneller B-Baum-Index einzusetzen ist. Hier ist ein heuristischer Ansatz gefragt, und nichts ist einfacher für einen DBA, als einen B-Baum-Index zu erstellen, die Ausführungszeit einer Abfrage zu stoppen, den Index zu löschen, als Bitmap-Index neu zu erstellen und die Zeit für die gleiche Abfrage erneut zu stoppen.

Unabhängig davon sind Bitmap-Indizes vor allem beim Einsatz in entscheidungsunterstützenden Systemen mit Ad-hoc-Abfragen über Hunderte von Spalten sehr kritisch auf deren Einfluß auf die Gesamt-Performance zu überprüfen. In *Kapitel 10: Tuning von Oracle Data Warehouse- und OLAP-Anwendungen* wird der Einsatz von Bitmap-Indizes in Applikationen eingehend diskutiert.

Lassen Sie uns nun unseren Sack voller Tricks ein wenig weiter öffnen und Ihnen ein relativ neues Merkmal von Oracle vorstellen, das es uns erlaubt, kleine, häufig genutzte Tabellen für eine längere Zeit im

Cache-Zwischenspeicher zu halten. Die *Table-Cache*-Option kann einen riesigen Unterschied in Sachen Performance bringen, solange Sie wissen, welche Tabellen im Cache gehalten werden sollten.

Die Verwendung des Oracle Table-Caches

Die *Table-Cache*-Option ist einer der Hauptvorteile von Oracles Datenbankarchitektur und verdient die volle Aufmerksamkeit des Entwicklers. Obwohl der Begriff „Cache" in diesem Zusammenhang etwas mißverständlich ist, da eine Oracle-Tabelle nicht permanent im Speicher gehalten wird, verbessert die *Table-Cache*-Option die Trefferquote des Zwischenspeichers für kleine, häufig genutzte Tabellen dramatisch. Wenn Oracle eine Anfrage erhält, einen Datensatz aus einer Tabelle zu liefern, führt es folgende Schritte durch:

1. Überprüfung des Pufferspeichers, um nachzuschauen, ob sich der betreffende Datensatz bereits im Oracle Zwischenspeicher befindet.

2. Ausgabe einer E/A-Operation, um auf den betreffenden Datensatz zuzugreifen, wenn notwendig.

3. Übertragen des Datenblocks aus dem Unix-Puffer in den Oracle-Zwischenspeicher.

Zuerst wird also im Oracle-Pufferspeicher überprüft, ob sich der Datenblock, der den gesuchten Datensatz enthält, bereits im Zwischenspeicher befindet *(siehe Abbildung 7.3)*. Dazu wird der Zwischenspeicher in der Richtung vom zuletzt benutzten Datenblock zu dem Datenblock, dessen letzter Zugriff am längsten her ist, durchsucht. Da sich dieser Zwischenspeicher in der SGA im Hauptspeicher befindet, verläuft diese Überprüfung sehr schnell.

Abb. 7.3:
Der Oracle-
Datenzwischen-
speicher

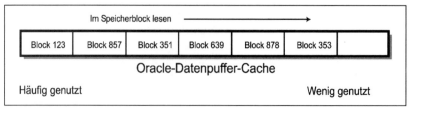

Nur wenn Oracle feststellt, daß der gesuchte Datenblock nicht im Zwischenspeicher ist, wird es physikalisch auf den Datenblock zugreifen und diesen dann schließlich vom Unix-Puffer in den Oracle-Zwischenspeicher übertragen.

Viele der neueren Disk-Array-Geräte verfügen über sehr große RAM-Zwischenspeicher, so daß ein E/A-Befehl von Oracle nicht immer mit einem tatsächlichen physikalischen Zugriff gleichbedeutend ist. Es ist durchaus möglich, daß sich ein Block im Cache der lokalen Festplatte befindet, auch wenn er im Oracle-Zwischenspeicher nicht enthalten ist.

Bei der Verwaltung von E/A-Zugriffen auf die Datenbank verwendet Oracle zwei Strategien. Für alle E/A-Operationen außer vollständigen Tabellensuchläufen gilt, daß jeder geladene Datenblock in der Position des zuletzt benutzten Datenblocks gespeichert und von dort beim Zugriff auf weitere Blöcke immer weiter in Richtung des Bereichs verschoben wird, in dem der Block gespeichert ist, dessen Benutzung am längsten her ist. Dort wird er dann aus dem Cache gelöscht, um Platz für neue Blöcke zu schaffen *(siehe Abbildung 7.4)*.

Die Ausnahme von der Regel betrifft Datensätze, die aus einem vollständigen Tabellensuchlauf kommen. Wenn Datenblöcke in den Zwischenspeicher gelesen werden, die aus einem vollen Suchlauf stammen, werden diese am anderen Ende des Zwischenspeichers gespeichert so daß sie sofort wieder herausfallen, wenn ein neuer Block geladen wird. So kommen sie nicht mit Datenblöcken ins Gehege, die aus indizierten Zugriffen stammen.

Abb. 7.4:
Verschieben der
Blöcke im Oracle-
Zwischenspeicher

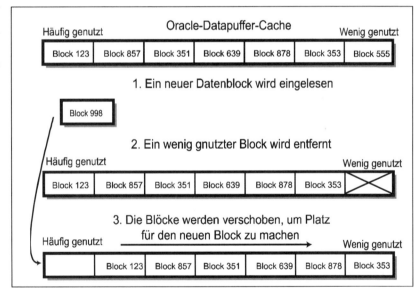

Abb. 7.5:

Die beiden Enden
des Cache-Zwi-
schenspeichers
können für unter-
schiedliche
Tabellenzugriffe
benutzt werden

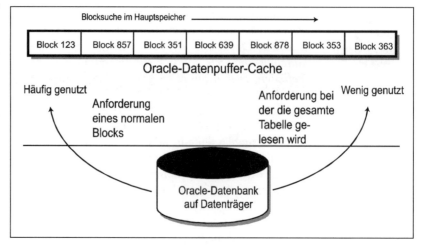

Datenblöcke aus vollständigen Tabellensuchläufen werden physikalisch in Blöcken gespeichert, deren Größe im *init<SID>.ora*-Parameter *db_file_multiblock_read_count* festgelegt ist. Ist z.B. die *db_block_size* auf 8.192 Byte (8 KB) und der Parameter *db_file_multiblock_read_ count* auf den Wert 8 eingestellt, werden bei einem vollständigen Tabellensuchlauf immer vier physikalische Blöcke auf einmal und somit insgesamt immer 64 KB auf einmal eingelesen werden. E/A-Zugriffe sind sehr zeitraubend, und alles, was getan werden kann, um E/A-Zugriffe zu reduzieren steigert die Leistung von Oracle.

Die *Table-Cache*-Option wurde mitOracle 7.2 eingeführt, um das Verhalten von vollständigen Tabellensuchläufen zu ändern. Wenn eine Tabelle mit der Cache-Option erstellt wird, werden auch vollständige Tabellensuchlauf-Zugriffe auf diese Tabelle wie jeder andere Zugriff behandelt und am vorderen Ende des Cache-Zwischenspeichers gespeichert. Sobald ein Block in den Cache-Zwischenspeicher gelesen wurde, „altert" er wie jeder andere Block auch und wandert langsam bis ans hintere Ende des Zwischenspeichers.

In diesem Sinne ist der Begriff „Cache" etwas irreführend (wie ich bereits früher erwähnt habe). Oracle-Pakete werden beispielsweise festgeschrieben und somit vor dem Herausfallen bewahrt, wenn sie im Library-Cache zwischengespeichert werden. Diese Pakete bleiben während der gesamten Laufzeit einer Oracle-Instanz im Speicher. Im Gegensatz zu Paketen können Datenblöcke nicht vor dem Herausfallen aus dem Cache bewahrt werden und werden auch durch die Cache-Option nicht endlos im Speicher gehalten, sondern altern wie jeder andere Datenblock auch. Natürlich bleiben solche Datenblöcke wesentlich länger im Cache als diejenigen, die mit normalen vollständigen Tabellensuchläufen gelesen wurden. Zur Zeit gibt es nur eine Möglichkeit, einen Datenblock für immer im Oracle-Zwischenspeicher zu halten. Dazu muß eine dedizierte Oracle-Instanz für eine bestimmte Tabelle geöffnet werden, deren Zwischenspeicher groß genug ist, um die gesamte Tabelle im Speicher zu halten.

> ### Table-Cache-Einstellungen
>
> Der Parameter *cache_size_threshold* in der Datei *init<SID>.ora* muß für die Verwendung der *Table-Cache*-Option eingestellt werden. Dieser Parameter bestimmt die Größe des Bereichs im Cache-Zwischenspeicher, der exklusiv für volle Tabellensuchläufe verwendet wird. Die Oracle-Dokumentation geht fälschlicherweise davon aus, daß der Parameter *cache_size_threshold* nur im Zusammenhang mit dem Oracle Parallel Server eingesetzt werden kann. In Wirklichkeit gilt dieser Parameter für alle Oracle-Datenbanken.
>
> Beachten Sie auch, daß der Parameter *cache_size_threshold* kleiner sein muß als die Tabellengröße. Der Standardwert ist *0,10 * db_block_buffers*, so daß jede Tabelle, die größer als 10% des Zwischenspeichers ist, von der Cache-Option nicht beeinflußt wird.

Einschalten der Table-Cache-*Option*

Es gibt zwei Wege, die Option *Table-Cache* zu aktivieren: Zum einen kann sie permanent durch den *CREATE TABLE*- oder *ALTER TABLE*-Befehl erfolgen, zum anderen durch die Verwendung eines Cache-Hinweises beim kostenbasierten SQL-Optimizer zur Steuerung der Datenblöcke. Ein *CREATE TABLE*- und *ALTER TABLE*-Beispiel sehen Sie hier:

```
SQL> CREATE TABLE CUSTOMER
   > STORAGE (NEXT . . . )
> CACHE;

Table Created.

SQL > ALTER TABLE ORDERS CACHE;

Table Altered.
```

Wenn Sie den kostenbasierten Optimizer einsetzen, aktivieren Sie die *Table-Cache*-Option durch das Hinzufügen von Cache-Hinweisen. Ein Cache-Hinweis wird immer zusammen mit einem *FULL*-Hinweis verwendet, um sicherzustellen, daß ein vollständiger Tabellensuchlauf der Zieltabelle ausgeführt wird. Im folgenden Beispiel wird eine Referenztabelle namens *ZIP_CODE* in den Zwischenspeicher eingelagert:

```
SELECT /*+ FULL(ZIP_CODE) CACHE(ZIP_CODE) */
zip_code, city_name, country_name, state_:
e
FROM ZIP_CODE;
```

Der Hauptgrund für die Cache-Option ist es, zu ermöglichen, daß kleine Tabellen, die ständig von vorne bis hinten gelesen werden, im Speicher behalten werden. Bei diesen Tabellen kann es sich um kleine Referenztabellen oder jede andere Art von Tabelle handeln, die für vollständige Tabellensuchläufe vorgesehen sind.

Denken Sie daran: Die Cache-Option setzt voraus, daß

- eine Tabelle mit der Cache-Option definiert wurde (*ALTER TABLE CUSTOMER CACHE*),

- eine Tabelle kleiner ist als der Wert von *cache_size_threshold*,

- mit einem vollständigen Tabellensuchlauf darauf zugegriffen wird.

Zusammengefaßt: Die *Table-Cache*-Option ist sinnvoll, wenn kleine, häufig genutzte Referenztabellen für eine längere Zeit im Cache-Zwischenspeicher gehalten werden sollen als traditionelle Tabellensuchläufe. Dies passiert dann, wenn die Tabelle häufig von vielen Transaktionen immer wieder neu gelesen wird. Sie wird entweder mit den Anweisungen *CREATE TABLE* oder *ALTER TABLE* oder durch Cache-Hinweise implementiert und funktioniert nur bei kleinen Tabellen, die mit vollständigen Tabellensuchläufen gelesen werden.

Lassen Sie uns nun einen Blick auf die Benutzung von Cluster-Indizes werfen. Unter bestimmten Voraussetzungen kann die Gruppierung von Indizes E/A-Zugriffe stark reduzieren, und die Reduzierung von E/A-Zugriffen ist immer das erste Ziel bei der Leistungssteigerung von Oracle-Datenbanken.

Der Einsatz von Cluster-Indizes

Bevor Sie den Weg der E/A-Zugriffe zu den Daten betrachten können, müssen Sie zwei Faktoren berücksichtigen: logische E/A-Operationen *(calls)* und die für die Bearbeitung der Anfrage nötigen physikalischen E/A-Operationen. Sie wissen, daß Oracle beim Durchsuchen eines Index jeden Knoten des Indexbaums liest, bevor auf den Datensatz zugegriffen wird. Lassen Sie uns zur Illustration einen Blick auf *Tabelle 7.1* werfen.

Dieses Beispiel wurde stark vereinfacht, um Ihnen das Prinzip von „geclusterten" Tabellen zu verdeutlichen, und läßt andere Faktoren, wie z.B. Block-Header und Seitenspeicher-Management, unberücksichtigt.

Nun können Sie einen Indexbericht aus dem Oracle Data Dictionary starten, um die Charakteristika von *last_name_idx* zu betrachten:

```
SQL> @idx_list

        Index              Level   Clust Ftr    # rows    reorg   dist.
Keys
        ───    ───        ───      ───         ───      ───
        LAST_NAME_IDX         3    788,934    1,105,458   0.713
1,105,458
```

OBJEKT	KUNDENTABELLE	LAST_NAME_IDX
ROWS	1.000.000	100.000
ROW LENGTH	160	
BLOCK SIZE	16 KB	16 KB
DATA BLOCKS	10.000	4.000

Tab. 7.1: Tabellen- und Indexgrößen

Dies ist ein für eine Oracle-Datenbank typischer Index. Wie Sie sehen können, hat der Index einen Indexbaum über drei Ebenen mit etwas über einer Million Datensätzen und eindeutigen Schlüsseln. Dies bedeutet, daß Oracle für jeden Datensatz vier logische E/A-Zugriffe (drei auf den Index und einen auf den Datenblock) ausführen muß, wenn der Index durchsucht wird. Somit würden eine Million Datensätze vier Millionen logische E/A-Zugriffe erfordern, um die gesamte Tabelle in der Reihenfolge des Index zu durchsuchen.

Wie Sie wissen, wird die Performance durch physikalische E/A-Zugriffe beeinflußt, nicht durch logische. Aber wie übersetzt man vier Millionen logische E/A-Zugriffe in eine bestimmte Anzahl physikalischer E/A-Zugriffe? Lassen Sie uns annehmen, daß der Index 4.000 Datenblöcke benötigt und in zusammenhängenden Datenblöcken untergebracht ist, die Tabelle *CUSTOMER* aber nicht in der Reihenfolge des Feldes *last_name* gespeichert ist. Dies bedeutet, daß es beim Lesen jedes Indexknotens der untersten Ebene recht unwahrscheinlich ist, daß sich der Datenblock bereits im Zwischenspeicher befindet, weil die Tabelle in einer anderen Reihenfolge sortiert ist *(siehe Abbildung 7.6)*.

Lassen Sie uns nun den Fall untersuchen, wenn die Datentabelle in der gleichen Reihenfolge wie der Index gespeichert ist. Nehmen wir einmal an, Sie haben einen Index, der häufiger als andere Indizes benutzt wird. Lassen Sie uns zum Beispiel sagen, daß wir das Feld *last_name* (*last_name_idx*) indiziert haben und dieser Index für mehr als 90% der Datenbankabfragen verwendet wird.

Wenn es nun möglich wäre, die physikalische Reihenfolge der Tabelle *CUSTOMER* zu ändern, könnten wir uns eine Menge physikalischer E/A-Zugriffe auf diese Tabelle sparen. Betrachtet man das gleiche Beispiel, wenn die Indexblöcke in der gleichen Reihenfolge wie die Datenblöcke gespeichert sind, wird das Durchsuchen der gesamten Tabelle zwar immer noch vier Millionen logische E/A-Zugriffe erfordern, aber wesentlich weniger physikalische *(siehe Abbildung 7.7)*.

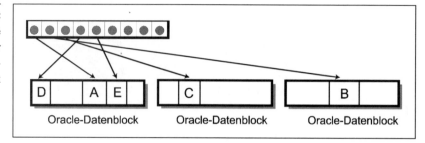

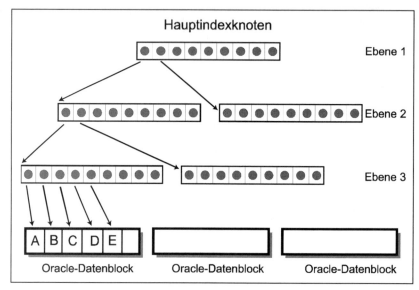

Hier sehen Sie, daß Sie zwar immer noch alle 4.000 Indexblöcke lesen müssen, um den gesamten Index zu durchsuchen, aber da 100 Datensätze in jedem Datenblock gespeichert sind (160-Byte-Datensätze in 16 KB-Blöcken), benötigen Sie nur 10.000 Datenblöcke für die gesamte Tabelle. Der Unterschied in der Anzahl der physikalischen E/A-Zugriffe ist dramatisch, und die Reduzierung von 40.000 auf 14.000 physikalische E/A-Zugriffe reduziert die Ausführungszeit für das komplette Durchsuchen des Index natürlich erheblich. Beachten Sie auch, daß wenn die richtige Reihenfolge garantiert wäre, Oracle einen vollen Tabellensuchlauf durchführen und damit komplett auf den Index verzichten könnte. Allerdings kann die richtige Reihenfolge der Datensätze nicht garantiert werden, Sie können lediglich davon ausgehen.

Wie wird ein Cluster-Index erstellt?

Für jede Tabelle kann es grundsätzlich nur einen Cluster-Index geben, da nur ein Index in der gleichen physikalischen Reihenfolge gespeichert sein kann wie die Tabelle. Leider gibt Oracle dem DBA keine einfache Möglichkeit an die Hand, um sicherzustellen, daß die physikalischen Datensätze einer Tabelle in einer bestimmten Reihenfolge angeordnet sind. Es gibt aber dennoch einige Tricks, die benutzt werden können, um einer Tabelle eine andere physikalische Reihenfolge zu geben. Seien Sie jedoch vorgewarnt, daß diese geordnete Reihenfolge schnell wieder aufgehoben werden kann, wenn zusätzliche Datensätze am Ende der Tabelle angefügt oder Schlüsselwerte im Index und damit dessen logische Reihenfolge geändert werden.

In Oracle werden Aktualisierungen üblicherweise mit einer zeitbasierten Formel durchgeführt, so daß die Aufgabe im wesentlichen aus der Erstellung einer neuen Indexreihenfolge und der Verwaltung von neuen Indexeinträgen besteht. In den meisten Fällen ist der offensichtliche Schlüssel einer Oracle-Datenbank die Datumsspalte. Oracle-Datenbanken werden periodisch im Stapelverarbeitungsmodus aktualisiert, so daß die physikalische Anordnung der Daten erhalten bleibt, wenn Sie sicherstellen, daß neue Datensätze nach dem Datum vorsortiert sind.

Eine Datumsreihenfolge für einen Cluster-Index *ist nur dann sinnvoll, wenn Ihr System viele Suchvorgänge über Datumszeiträume durchführt.*

Hier sind die Optionen zum Anfügen neuer Datensätze am Ende einer physikalisch sortierten Oracle-Tabelle:

- Sortieren Sie die Datensätze in der Reihenfolge des Index-Schlüssels, und laden Sie diese mit dem SQL*Loader.

- Extrahieren Sie die Daten direkt aus einem Oracle OLTP-System, und benutzen Sie Datumsprädikate, wie im folgenden gezeigt:

```
INSERT INTO WAREHOUSE_TABLE
    SELECT *
    FROM
        OLTP_TABLE@remote_instance
    WHERE
        trans_date > '01-JAN-1998'
    ORDER BY
        trans_date;
```

Die Import-/Export-Hilfsprogramme von Oracle verfügen nicht über Mechanismen zur Änderung der physikalischen Reihenfolge von Tabellen und können daher nicht zur Erstellung eines Cluster-Index verwendet werden.

Lassen Sie uns nun einen Blick auf eine Dictionary-Abfrage werfen, die uns die Struktur unserer Indizes liefert *(siehe Listing 7.7)*. Beachten Sie, daß die Abfrage vom Einsatz der kostenbasierten Analysefunktion ausgeht und auch voraussetzt, daß die Tabellen mit dem *ANALYZE TABLE-*

Befehl analysiert wurden. In *Listing 7.7* sehen Sie, daß die Indizes nach den Tabellen gruppiert werden, in denen sie erstellt wurden. Sie sehen auch, daß der Cluster-Faktor jedes Index als Prozentsatz der enthaltenen Anzahl an Datensätzen berechnet wurde:

Listing 7.7:
Eine SQL*Plus-
Routine zur Lokali-
sierung von Clu-
ster-Indizes

```
REM idx_bad1.sql, © 1997 by Donald K. Burleson
SET PAGESIZE 60;
SET LINESIZE 100;

COLUMN c0 HEADING 'Table'       FORMAT a8;
COLUMN c1 HEADING 'Index'       FORMAT a18;
COLUMN c2 HEADING 'Level'       FORMAT 999;
COLUMN c3 HEADING 'Clust Ftr'   FORMAT 9,999,999;
COLUMN c4 HEADING '# rows'      FORMAT 99,999,999;
COLUMN c5 HEADING 'Clust Pct'   FORMAT 999.9999;
COLUMN c6 HEADING 'Dist. Keys'  FORMAT 99,999,999;
SPOOL idx_bad1.lst;

BREAK ON c0 SKIP 1;

SELECT
  DBA_INDEXES.table_name                              c0,
  index_name                                          c1,
  blevel                                              c2,
  clustering_factor                                   c3,
  num_rows                                            c4,
  decode(clustering_factor,0,1,clustering_factor)/
  decode(num_rows,0,1,num_rows)                       c5,
  distinct_keys                                       c6
FROM DBA_INDEXES, DBA_TABLES
WHERE
DBA_INDEXES.owner NOT IN ('SYS','SYSTEM')
AND
DBA_TABLES.table_name = DBA_INDEXES.table_name
AND c5 < .25
ORDER BY c0, c5 desc;

SPOOL OFF;
```

Listing 7.8 zeigt ein Beispiel-Listing von *idx_bad1.sql*:

Listing 7.8:
Ein Beispiel-Listing
von *idx_bad1.sql*

```
SQL> @idx_bad1
```

Table	Index	Level	Clust Ftr	# row	Clust Pct	Dist. Keys
INV_LINE	INV_LINE_ITEM_PK	2	62,107	1,910,034	.0325	1,912,644
	ILI_FK_INV	2	164,757	1,910,034	.0339	1,659,625
	ILI_FK_ACT	2	283,343	1,910,034	.0436	47
	ILI_EK_CCHS_ACCT	3	1,276,987	1,910,034	.1450	25,041

Lassen Sie uns nun anhand von *Listing 7.8* den Status unserer Indizes in bezug auf Cluster ermitteln. Die Indizes innerhalb jeder Tabelle sind in absteigender Reihenfolge nach dem Cluster-Faktor sortiert, so daß diejenigen mit dem höchsten Cluster-Faktor am unteren Ende der Liste stehen. Das Listing zeigt den Index *INV_LINE_ITEM_PK* mit einem Cluster-Faktor von 62.107 an, und daraus folgt, daß die Tabelle *INV_LINE* nahezu in der gleichen physikalischen Reihenfolge wie der Index geladen wurde.

Wenn sich der Cluster-Faktor der Anzahl der Blöcke in der Basistabelle nähert, spricht man von einem *Cluster-Index*. Wenn der Cluster-Faktor größer ist als die Anzahl der Blöcke in der Basistabelle und sich der Zahl der darin enthaltenen Datensätze nähert, spricht man von einem *nicht geclusterten Index*.

Wann sollten Indizes rekonstruiert werden?

Ein Problem bei vielen Oracle-Datenbanken ist deren riesige Größe. Für sehr große Datenbanken ist die Durchführung einer Datenbankreorganisation unpraktikabel, weil für den Export der Datenbank auf Band, das Löschen der Datenbank und den Wiederimport mit dem Oracle-Import-Hilfsprogramm zu viel Zeit benötigt wird. Wegen dieses Zeitproblems muß der Datenbankadministrator mit alternativen Methoden sicherstellen, daß sich die Datenbank aus physikalischer Sicht in einem guten Zustand befindet.

Oracle kann für die Wiederherstellung eines großen Index eine lange Zeit benötigen, und ein vorausschauender Datenbankadministrator muß die richtigen Bedingungen, die eine Indexwiederherstellung erfordert, mit Vorsicht erkennen. Wenn sehr große Datenbanken horizontal partitioniert werden, wobei eine große Tabelle je nach Datum in mehrere kleine Tabellen aufgeteilt wird, wird es mehrere kleine Indizes geben, die einen großen Index ersetzen.

Generell benötigen Indizes in Oracle-Datenbanken selten eine Wiederherstellung, es sei denn, daß ein sehr hohes Aufkommen an Aktualisierungen oder Löschvorgängen der betroffenen Indexspalten stattgefunden hat. SQL-*INSERT*-Operationen, die für das Laden neuer Daten üblich sind, verursachen keine strukturellen Probleme in einer Oracle-Indexstruktur.

Nun, wie kann man feststellen, wann ein Index von einer Wiederherstellung profitieren kann? Es gibt zwei Oracle-Datensichten, die Indexstatistiken zur Verfügung stellen: *DBA_INDEXES*, und *INDEX_STATS*. *DBA_INDEXES* enthält statistische Informationen, die in der Datensicht durch den Befehl *ANALYZE INDEX xxx* angezeigt werden. Unglücklicherweise wurde die Datensicht *DBA_INDEXES* entwickelt, um die Informationen dem kostenbasierten SQL-Optimizer zur Verfügung zu stellen und enthält daher keine Informationen zum internen Status der Oracle-Indizes.

Um die interne Struktur eines Oracle-Index zu sehen und überprüfen zu können, müssen Sie die SQL-Anweisung *ANALYZE INDEX xxx VALIDATE STRUCTURE* verwenden. Diese Anweisung erstellt einen einzelnen Datensatz in einer Datensicht mit der Bezeichnung *INDEX_STATS*. Die Datensicht *INDEX_STATS* ist eine Tabelle, deren Spalten die Interna des Index beschreiben. Hier ist eine Beispielsitzung:

```
SQL> ANALYZE INDEX DON.DON_FK_PLT VALIDATE STRUCTURE;

Index analyzed.

SQL> SELECT * FROM INDEX_STATS;

HEIGHT                       3
BLOCKS                    5635
NAME              DON_FK_PART
LF_ROWS
LF_BLKS                 196103
LF_ROWS_LEN               2382
LF_BLK_LEN             3137648
BR_ROWS                   3900
BR_BLKS BR_ROWS_LEN       2381
BR_BLK_LEN                  18
DEL_LF_ROWS              41031
DEL_LF_ROWS_LEN           3956
DISTINCT_KEYS                7
MOST_REPEATED_KEY          112
BTREE_SPACE                125
USED_SPACE               56220
PCT_USED               9361008
ROWS_PER_KEY           3178679
BLKS_GETS_PER_ACCESS   787.912
```

Die Ansicht INDEX_STATS *wird niemals mehr als einen Datensatz enthalten. Daher müssen Sie den Befehl* ANALIZE INDEX xxx VALIDATE STRUCTURE *ausführen und anschließend ein* SELECT * FROM INDEX_STATS, *bevor der nächste* ANALYZE INDEX-*Befehl ausgeführt wird. Das Skript id1.sql auf der beiliegenden CD stellt eine Methode zur Verfügung, um einen kompletten Bericht über alle Indizes zu erstellen.*

Oracles Version der B-Baum-Indizierung verwendet einen Algorithmus, bei dem jeder einzelne Indexknoten mehrere Indexschlüssel beinhalten kann. Werden dem Index neue Schlüsselwerte hinzugefügt, muß Oracle die Konfiguration jedes Indexknotens verwalten. Wie bereits früher in diesem Kapitel erwähnt, verwaltet Oracle Indexknoten durch *Splitting* (Aufteilung) und *Spawning* (Vermehrung). Splitting tritt dann auf, wenn ein neuer Knoten auf der gleichen Ebene wie der bestehende Index-knoten erstellt wird. Sobald sich eine Ebene füllt, kann ein Index sich vermehren *(spawn)* und eine neue Indexebene zur Aufnahme neuer Datensätze erstellen.

Die Ansicht *INDEX_STATS* enthält Informationen über die interne Struktur eines B-Baum-Index und kann bei der Entscheidung helfen, ob ein Index wiederhergestellt werden muß. Die folgenden Spalten sind dabei sehr nützlich:

- *height* – Bezieht sich auf die maximale Anzahl an Ebenen, die inner-halb des Index ermittelt wurde. Ein Index könnte 90% der Knoten auf drei Ebenen enthalten, durch exzessives Splitting und Spawning in einem Bereich des Index können einige Knoten jedoch aber auch mehr als drei Ebenen haben. Wenn der Wert von *height* größer als 3 ist, kann es durchaus sein, daß Sie vom Löschen und Neuerstellen des Index profitieren. Die Oracle-Indizierung wird auf einem saube-ren, neu erstellten Index keine vierte Ebene erstellen, solange nicht mehr als etwa 10 Millionen Knoten hinzugefügt wurden.

- *del_lf_rows* – Bezieht sich auf die Anzahl der Zeilen in den Blättern des Index, die als gelöscht markiert wurden. Dies passiert bei einer hohen Aktualisierungsaktivität des Indexbaums und zeigt an, daß der Index vom Löschen und Neuanlegen profitieren würde.

- *distinct_keys* – Zeigt die Anzahl der unterschiedlichen Schlüsselwer-te eines Index an. Dieser Wert wird auch als *Kardinalwert* bezeich-net, und Indizes mit Werten < 20 sind potentielle Kandidaten für eine Umwandlung in einen Bitmap-Index.

- *most_repeated_key* – Zählt die Anzahl, wie oft der am meisten wie-derholte Schlüsselwert in einem nicht eindeutigen Index im B-Baum auftaucht.

Da die Ansicht *INDEX_STATS* immer nur einen Datensatz auf einmal enthält, ist es nicht einfach, eine *SQL*Plus*-Routine zu erstellen, die ei-nen *INDEX_STATS*-Bericht für alle Indizes eines Systems generiert. Der in *Listing* 7.9 gezeigte SQL-Code führt einen *ANALYZE INDEX xxx VALIDATE STRUCTURE*-Befehl für jeden Index im Schema aus und gibt die resultierenden *INDEX_STATS*-Werte aus.

Das Ausführen von id1.sql *auf der beiliegenden CD startet automatisch* id2.sql *bis* id5.sql *und produziert einen Bericht über unausgewogene Indizes. Stellen Sie also sicher, daß sich* id1.sql *bis* id5.sql *in einem gemeinsamen Verzeichnis befinden, wenn* id1.sql *gestartet wird.*

Trotz der Komplexität beim Umgang mit der einzeiligen Tabelle *INDEX_STATS* ist es einfach, die *Listings 7.9 bis 7.14* anzuwenden, um die *INDEX_STATS* für alle Indizes zu erhalten. Im operationellen Einsatz sollte dieser Bericht immer dann ausgeführt werden, wenn ein DBA vermutet, daß hohe Aktualisierungsaktivität das Indexgleichgewicht gestört hat.

Listing 7.9:
Das SQL*Plus-Skript, um den *INDEX_STATS*-Bericht zu erstellen

```
REM   id1.sql   The main driver routine for reporting index_stats
REM © 1997 by Donald K. Burleson
REM id1.sql
SET PAGES 9999;
SET HEADING OFF;
SET FEEDBACK OFF;
SET ECHO OFF;

SPOOL id4.sql;

SELECT '@id2.sql' FROM DUAL;

SELECT 'ANALYZE INDEX '||owner||'.'||index_name||
       'VALIDATE STRUCTURE;','@id3.sql;'
FROM DBA_INDEXES
WHERE
owner NO:

N ('SYS','SYSTEM');

SPOOL OFF;

SET HEADING ON;
SET FEEDBACK ON;
SET ECHO ON;

@id4.sql
@id5.sql
```

Listing 7.10:
Der SQL-Code des Skripts, um eine temporäre Tabelle für den *INDEX_STATS*-Bericht zu erstellen

```
REM © 1997 by Donald K. Burleson
REM id2.sql
CREATE TABLE TEMP_STATS AS
SELECT
  name                  ,
  most_repeated_key     ,
  distinct_keys         ,
  del_lf_rows           ,
  height                ,
  blks_gets_per_access
FROM INDEX_STATS;
```

Listing 7.11:
Der SQL-Code
des Skripts, um
die Daten aus
INDEX_STATS in
die temporäre
Tabelle zu
kopieren

```
REM © 1997 by Donald K. Burleson
REM id3.sql
INSERT INTO TEMP_STATS
(SELECT
  name                    ,
  most_repeated_key       ,
  distinct_keys           ,
  del_lf_rows             ,
  height                  ,
  blks_gets_per_access
FROM INDEX_STATS
);
```

Listing 7.12:
Der SQL-Code,
der durch die
Ausführung von
id1.sql entsteht

```
REM © 1997 by Donald K. Burleson
REM id4.sql

ANALYZE INDEX DON.SHL_EK_TRUCK_LINK_NUM VALIDATE STRUCTURE;

@id3.sql;

ANALYZE INDEX DON.SHL_UK_FACT1_ID_SRC_CD_LOB VALIDATE STRUCTURE;

@id3.sql;

ANALYZE INDEX DON.PURCH_UNIT_PK VALIDATE STRUCTURE;

@id3.sql;
```

Listing 7.13:
Das SQL*Plus-
Skript, welches
den Bericht über
Cluster erstellt

```
REM © 1997 by Donald K. Burleson
REM id5.sql - This creates the unbalanced index report
REM and the rebuild syntax
SET PAGESIZE 60;
SET LINESIZE 100;
SET ECHO OFF;
SET FEEDBACK OFF;
SET HEADING OFF;

COLUMN c1 FORMAT a18;
COLUMN c2 FORMAT 9,999,999;
COLUMN c3 FORMAT 9,999,999;
COLUMN c4 FORMAT 999,999;
COLUMN c5 FORMAT 99,999;
COLUMN c6 FORMAT 9,999;

SPOOL idx_report.lst;
```

```
PROMPT
PROMPT
PROMPT '                  # rep      dist.     # deleted              blk gets
PROMPT Index             keys       keys      leaf rows  Height      per access
PROMPT —        —      —      ——    —    ——

SELECT distinct
  name                    c1,
  most_repeated_key       c2,
  distinct_keys           c3,
  del_lf_rows             c4,
  height                  c5,
  blks_gets_per_access    c6
FROM TEMP_STATS
WHERE
  height > 3
  OR
  del_lf_rows > 10
ORDER BY name;

SPOOL OFF;

SPOOL id6.sql;

SELECT 'alter index '||owner||'.'||name||' rebuild Tablespace'
       ||Tablespace_name
FROM TEMP_STATS, DBA_INDEXES
WHERE
  TEMP_STATS.name = DBA_INDEXES.index_name
  AND
  (height > 3
  OR
  del_lf_rows > 10);

SELECT 'analyze index '||owner||'.'||name||' compute statistics;'
FROM TEMP_STATS, DBA_INDEXES
WHERE
  TEMP_STATS.name = DBA_INDEXES.index_name
  AND
  (height > 3
  OR
  del_lf_rows > 10);

SPOOL OFF;
```

Listing 7.14:
Der komplette
Bericht über das
Indexgleichgewicht

Index	# rep keys	dist. keys	# deleted leaf rows	Height	blk gets per access
—	—	—	—	—	—
DON_EK	159,450	25,420	934	4	41
DON_FK_ACT	1,009,808	542	101	3	1,705
INV_EK_INV_NUM	4	1,586,880	122	3	4
INV_FK_CAR	546,366	1,109	315	3	725
INV_FK_SRC	1,041,696	309	31	3	2,591
LOB_FACT1_PK	1	3,778,981	66,918	4	5
RAT_FK_JEN	37	2,736,262	436,880	3	4
RAT_FK_JEN	37	2,736,262	436,880	3	4
RAT_FK_JEN	37	2,736,262	436,880	3	4
RAT_FK_JEN	37	2,736,262	436,880	3	4
JEN_FK_SHP	88	1,464,282	97,473	4	6
JEN_FK_SHP	88	1,464,282	97,473	4	6
DON_FK_LEG	342,290	1,350	301	4	933
DON_FK_LEG	342,290	1,350	301	4	933
DON_FK_LEG	342,290	1,350	301	4	933
DON_FK_LEG	342,290	1,350	301	4	933

Das Löschen und Neuerstellen eines Index kann auch Probleme verursachen und ist nicht immer der beste Weg, einen Index neu zu erstellen. Das am häufigsten vorkommende Problem tritt auf, wenn ein erweiterter Index gelöscht wird und sich dann aufgrund von Platzmangel im Tablespace des Index nicht neu erstellen läßt. Möchten Sie beispielsweise einen Index mit der Initialgröße von 100 MB und 20 Erweiterungen je 5 MB löschen, mit einer Initialgröße von 200 MB neu definieren und neu erstellen, müssen Sie sicherstellen, daß auch 200 MB freier Platz im Index zur Verfügung stehen, bevor Sie diese Operation versuchen. Es könnte auch sein, daß Sie freie Extents im Tablespace vereinigen müssen, um mehr fortlaufenden Platz zu erhalten.

Index-Tablespace-Probleme

Wenn eine große Datenbank erstellt wurde, ist es nicht ungewöhnlich, daß jährlich Aggregatwerte gelöscht und auf geplanter Basis neu berechnet werden. Wenn dies passiert, ist die Erweiterung der Tabellen und Indizes kein Problem, da der Tablespace alle freien Erweiterungen innerhalb des Tablespaces vereinigt.

Was ist aber mit den Indizes? Nach einem großen Löschvorgang können Indizes aus dem Gleichgewicht geraten und damit zusätzliche E/A-Zugriffe nötig werden, um an einzelne Datensätze heranzukommen. Die logische Lösung für aus dem Gleichgewicht geratene Indizes wäre, diese zu löschen und neu zu erstellen. Dies stellt uns jedoch vor ein neues Problem. Um diesen Prozeß zu verstehen, lassen Sie uns einen Schnappschuß eines Index-Tablespace vor dem Löschen aller Indizes mit dem Oracle Tablespace-Manager auswerten *(siehe Abbildung 7.8)*.

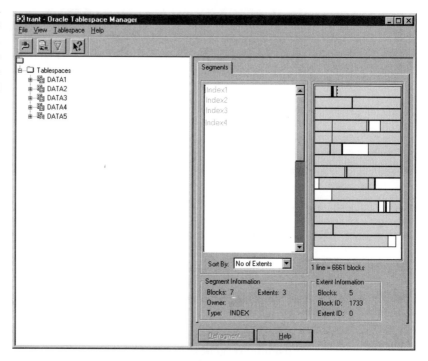

Abb. 7.8:
Ein Oracle-Index, wie er vom Oracle Tablespace-Manager gesehen wird

Lassen Sie uns nun die Indizes löschen und nach diesem Vorgang auf den Tablespace schauen *(siehe Abbildung 7.9)*.

In *Abbildung 7.9* sehen Sie eine Menge leerer Extents im Tablespace, weil die leeren Speicherplätze nicht vereinigt wurden. Benutzen Sie nun Oracle 7.2 oder eine neuere Version, können Sie den Befehl *ALTER TABLESPACE xxx COALESCE (Abbildung 7.10)* absetzen. In diesem freien Tablespace kann der Index einfach neu erstellt werden, so daß er in einem einzigen Extent Platz findet.

Abb. 7.9:
Ein Oracle-Index,
nachdem er ge-
löscht wurde

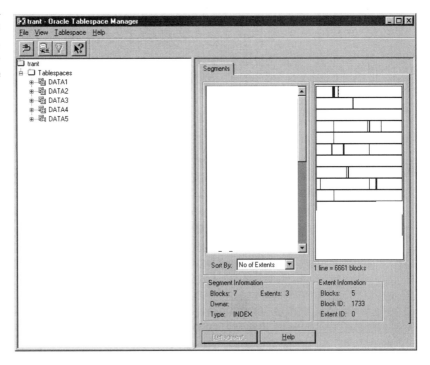

Abb. 7.10:
Ein Oracle-Index
Tablespace nach
der Vereinigung
der leeren Extents

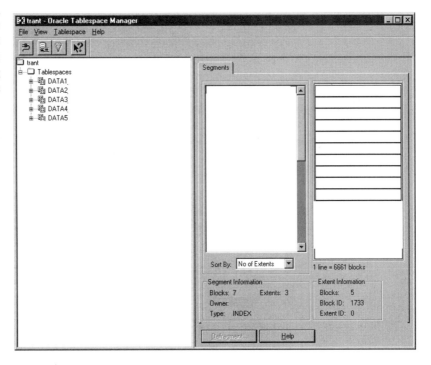

Wiederherstellen aus dem Gleichgewicht geratener Indizes

Nun wie ist die Lösung, um einen aus dem Gleichgewicht geratenen Index wiederherzustellen? Oracle (Version 7.2 und höher) stellt eine Möglichkeit zur Verfügung, mit der ein Index neu aufgebaut werden kann, ohne ihn zu löschen und neu zu erstellen. Dies geschieht über den Befehl *ALTER INDEX*, wie die folgende Befehlszeile zeigt:

```
ALTER INDEX xxx REBUILD TABLESPACE yyy;
```

Sie müssen den Namen des Tablespaces angeben, wenn Sie den Befehl ALTER INDEX benutzen. Wenn der Name nicht angegeben wird, versucht Oracle die Wiederherstellung des Index im Standard-Tablespace des angemeldeten Benutzers, der den Befehl abgesetzt hat.

Lassen Sie uns einen Blick darauf werfen, was beim Wiederherstellen eines bestehenden Index passiert. Wird ein bestehender Index wiederhergestellt, hat er die gleiche Anzahl an Erweiterungen wie der ursprüngliche Index. Damit ist dieser Befehl nicht einsetzbar, um einen Index in einem einzelnen Extent neu zu organisieren. Jeder Indexknoten wird an seinem alten Platz wiederhergestellt, und exzessive Ebenen und gelöschte Zweige werden repariert. Das Ziel des Data Managers ist die Wiederherstellung derjenigen Indizes, die mehr als 3 Ebenen oder viele gelöschte Zweige haben, so daß ein DBA auch das Skript *id5.sql* ausführen kann, um die Anweisungen zur Wiederherstellung direkt aus der Tabelle *TEMP_STATS* zu generieren und die Ausgabe als *id6.sql* zu speichern.

Oracle dokumentiert nicht, wie der Befehl zur Wiederherstellung intern arbeitet. Auf jeden Fall müssen Sie freien Speicherplatz in der Größe des Indizes im Tablespace zur Verfügung haben, um das Rebuild-Kommando auszuführen. Sollte Oracle nicht genügend Speicher zur temporären Nutzung im Ziel-Tablespace zur Verfügung haben, bleibt der existierende Index intakt, und Sie erhalten die Fehlermeldung FAILED TO ALLOCATE AN EXTENT OF SIZE xxx IN TABLESPACE yyy.

Listing 7.15 zeigt eine Liste mit Indizes, die wiederhergestellt werden sollen, mit Angabe der Tabellennamen. Beachten Sie, daß der Oracle-Befehl *REBUILD* im Vergleich zum Löschen und Neuerstellen eines Index sehr schnell ist. Gemäß internen Benchmarks des *REBUILD*-Befehls kann ein ein Gigabyte-Index in 20 Sekunden vollständig wiederhergestellt werden. Dies ist deshalb so schnell möglich, weil Oracle den bestehenden Index ausliest, um die Informationen für den neuen Index zu ermitteln. Nachdem der Index gelesen wurde, erstellt Oracle den neuen Index an der gleichen Stelle im Tablespace, an dem sich zuvor der alte Index befand. Um eine noch schnellere Ausführungszeit zu erhalten,

können Sie mit dem *REBUILD*-Befehl auch die Option
UNRECOVERABLE einsetzen.

Listing 7.15:
Die Ausgabe bei
der Wieder-
herstellung von
Indizes

```
alter index DON.DON_EK rebuild tablespace INDX_1;


index rebuilt


alter index DON.DON_FK_ACT rebuild tablespace INDX_1;


index rebuilt


. . .
```

Zusammenfassung

Während dieses Kapitel den offensichtlichen Problemen eines DBAs in bezug auf Datenbank-Performance und deren Leistungssteigerung gewidmet ist, ist es klar, daß Oracle-Datenbankadministratoren mit den verschiedenen Bereichen des Oracle-Tunings vertraut sein müssen. Der DBA hat, mehr als jeder andere an der Entwicklung eines Systems Beteiligte, die Möglichkeit der Einflußnahme auf die Gesamt-Performance des Systems. Für mehr Informationen zum Thema Tuning in bezug auf Oracle8 Data Warehouses, lesen Sie bitte *Kapitel 10: Tuning von Oracle Data Warehouse- und OLAP-Anwendungen.*

Leistungs-steigerung bei verteilten Oracle-Datenbanken

KAPITEL

8

Das Erzielen der maximalen Leistungsfähigkeit eines Oracle-Systems mit vertgilten Datenbanken ist alles andere als trivial, da so viele Komponenten innerhalb der Datenbank-Software zur Gesamtleistung beitragen. Die Zahl der gleichzeitigen Benutzer, die Verfügbarkeit von Platz in den Puffern und Sperr-Pools sowie der ausbalancierte Zugriff der einzelnen Applikation – alle diese Faktoren beeinflussen die Leistungsfähigkeit der Datenbank. Dieses Kapitel behandelt die folgenden Themen:

- Replikation von Oracle-Tabellen

- Parallelität und Oracle-Datenbanken

- Planung für Wachstum

- Entwicklung von Expertensystemen zur Messung der Datenbankleistung

- Lastverteilung und Oracle

- Heterogenität

- Tuning des Oracle WebServers

Wenn eine Client/Server-Applikation in einer Transaktion auf mehrere entfernte Server zugreifen muß, wird eine weitere Dimension der Komplexität zum System hinzuaddiert. Der Datenbankadministrator muß mehr als eine individuelle Datenbank überwachen und Transaktionen in Betracht ziehen, die sich über mehrere Server erstrecken.

Wenn auch der Zugriff auf entfernte Server in einer verteilten Transaktion recht einfach zu bewerkstelligen ist, muß immer mit Performance-Problemen gerechnet werden, verursacht durch die PC-Hardware, das LAN und Netzwerkengpässe, überlastete Router oder viele andere Quellen. Nur durch eine genaue Untersuchung der an einem verteilten Datenbanksystem beteiligten Komponenten können Sie ein umfassendes Problemverständnis aufbauen. Eines der wichtigsten Werkzeuge im Zusammenhang mit der Datenbankreplikation von Oracle8 ist die Nutzung von *Snapshots*. Der richtige Einsatz von Snapshots ist wichtig für die Performance verteilter Datenbanksysteme, und die folgenden Abschnitte behandeln die wichtigsten Merkmale.

Replikation von Oracle-Tabellen

nteressant ist die Beobachtung, wie dramatisch sich die allgemeine Meinung zur Datenbankreplikation in den letzten zehn Jahren verändert hat. Während die Entwickler in den 80er Jahren bei diesem Thema lediglich die Stirn runzelten und davon ausgingen, daß es für die Datenbank der Dritten Normalform keine Alternative gäbe, hat sich heute die praktische Realität der verteilten Verarbeitung durchgesetzt und bietet mit der Replikation von Datenbanken eine kostengünstige und einsatzfähige Alternative zu teuren Echtzeitverknüpfungen zwischen Datenbanken. Die mit Oracle7 mögliche Replikation von Tabellen war so erfolgreich, daß Oracle mit der Version 7.3 das Konzept der aktualisierbaren Snapshots einführte. Snapshots in der Version 8 sind recht stabil und können bedenkenlos auch in produktiven Umgebungen eingesetzt werden. Oracle-Snapshots sind flexibel einsetzbar und bieten eine Reihe von Optionen, daher ist das volle Verständnis der Oracle-Snapshots die Voraussetzung, um eine effiziente Snapshot-Architektur zu implementieren.

Der Einsatz von Oracle-Snapshots

Oracle-Snapshots werden eingesetzt, um schreibgeschützte Tabellen in anderen Oracle-Datenbanken zu erzeugen. Dies ist ein höchst effektiver Weg, um teure Online-*JOINs* von Datenbanktabellen zu vermeiden. Wie Sie sicher wissen, ist ein SQL-*JOIN* mit einer entfernten Tabelle deutlich langsamer als ein *JOIN* mit einer lokalen Tabelle, da der *SQL**Net*-Overhead durch den Datenempfang und das Senden von Daten über das Netz stark ansteigt. Dennoch sollte Tabellenreplikation nicht wahllos eingesetzt werden. Die folgenden Richtlinien helfen Ihnen, die replizierten Tabellen mit maximalem Nutzen einzusetzen:

- *Eine replizierte Tabelle sollte schreibgeschützt sein* – Selbstverständlich kann der Snapshot einer Tabelle nicht aktualisiert werden, da sich das Original auf einem anderen Server befindet.

- *Eine replizierte Tabelle sollte relativ klein sein* – Idealerweise ist eine replizierte Tabelle klein genug, so daß sie jede Nacht gelöscht und neu erstellt oder die Option *REFRESH COMPLETE* eingesetzt werden kann. Natürlich können auch große Tabellen mit der Option *REFRESH FAST* repliziert werden, allerdings setzt dies einen komplizierten Mechanismus in Gang, um Tabellenänderungen zu erhalten und diese an die replizierte Tabelle weiterzugeben.

- *Eine replizierte Tabelle sollte häufig genutzt we*rden – Es macht keinen Sinn, eine Tabelle zu replizieren, die nur einige Male am Tag genutzt wird. In diesem Fall wären die Kosten der Replikation höher als die für einen direkten *JOIN* der Datenbanktabelle.

Trotz der gegenteiligen Aussagen von Oracle sollten Snapshots nicht wahllos eingesetzt werden. Nur Tabellen, die die genannten Voraussetzungen erfüllen, sollten als Snapshots repliziert werden. In der Praxis sind Snapshots beileibe nicht wartungsfrei, und es gibt viele Fehlermöglichkeiten – besonders dann, wenn der Snapshot mit der Option *REFRESH FAST* erzeugt wurde. Probleme können beim Schreiben in die Tabelle *SNAPSHOT_LOG* genauso auftreten wie *SQL**Net*-Fehler bei der Übermittlung von Aktualisierungen an replizierte Tabellen.

Ein Snapshot wird auf dem Zielsystem durch den Befehl *CREATE SNAPSHOT* erzeugt, wobei die entfernte Tabelle sofort mit den Daten der Originaltabelle gefüllt wird.

Nach der Erstellung kann ein Snapshot mit zwei Methoden periodisch aktualisiert werden: *schnell* oder *vollständig*. Eine vollständige Aktualisierung kann auf verschiedene Arten durchgeführt werden. Die pfiffigsten Datenbankadministratoren verwenden den Unix-Befehl *cron*, um durch das Löschen und Neuerstellen einer Tabelle eine komplette Aktualisierung zu erreichen, besonders wenn die Tabelle klein ist und einfach neu erstellt werden kann.

Optional bietet eine schnelle Aktualisierung die Möglichkeit, lediglich die Veränderungen an der Originaltabelle auf die Replikate zu übertragen. Dies erfordert jedoch zusätzliche Arbeit an der entfernten Datenbank, da ein Oracle-*Refresh*-Prozeß (in der *init<SID>.ora*) und die Definition einer Protokolldatei in der Originaldatenbank erzeugt werden muß *(siehe Abbildung 8.1)*.

Bevor Ihr System Snapshots verwenden kann, müssen einige Voraussetzungen erfüllt sein. Zuerst muß *catsnap.sql* ausgeführt werden, das Sie im Verzeichnis *$ORACLE_HOME/rdbms/admin* finden. Dieses Skript erzeugt die notwendigen Tabellen im Oracle Dictionary, um Ihre Snapshots zu verwalten. Außerdem müssen Sie *dbmssnap.sql* aktivieren, welches Sie im Verzeichnis *$ORACLE_HOME/rdbms/admin* finden. Dieses Skript erzeugt die gespeicherten Prozeduren, mit denen Snapshots manipuliert werden können. Die folgenden Parameter müssen der Datei *init<SID>.ora* hinzugefügt werden:

- *snaphot_refresh_interval=60* – Damit wird das Intervall (in Minuten) für den Aktualisierungsprozeß eingestellt.

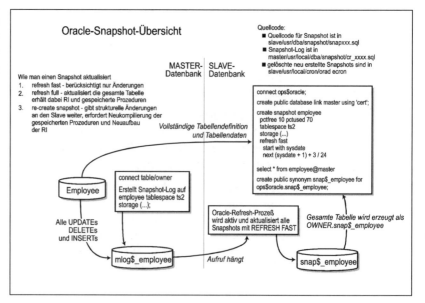

Abb. 8.1:
Ein ausführlicher
Überblick über
Oracle-Snapshots

- *snaphot_refresh_processes=1* – Damit wird die Anzahl der möglichen Aktualisierungsprozesse je Instanz eingestellt (Minimum 1).

- *snaphot_refresh_keep_connections=false* – Damit wird eingestellt, ob die Datenbank Verbindungen zu entfernten Systemen nach der Aktualisierung aufrechterhalten soll. Benutzen Sie immer die Einstellung *false*.

Das Erzeugen von Snapshots für kleine Tabellen

Für Snapshots, die klein genug sind, um vollständig neu gefüllt zu werden, sind die folgenden Schritte notwendig. Beachten Sie daß es auch möglich ist, statt des *cron*-Befehls *REFRESH COMPLETE* oder *REFRESH FORCE* einzusetzen. Die Verwendung von *cron* ist jedoch ein einfacher Weg, um zu garantieren, daß eine replizierte Tabelle wieder vollständig gefüllt wird. Um die *REFRESH FAST*-Option zu vermeiden, sind folgende Schritte erforderlich:

1. Erzeugen Sie den Snapshot mit der Option *REFRESH COMPLETE*.

2. Editieren Sie *oracle.cron*, um den Snapshot zu löschen und neu zu erstellen.

Das Erzeugen von Snapshots für große Tabellen

Für Snapshots großer Tabellen können Sie die Option *REFRESH FAST* einsetzen. Hierbei sind zwei Schritte erforderlich:

1. Erzeugen Sie, angemeldet als Benutzer *SYS*, auf dem Zielsystem einen Snapshot mit der Option *REFRESH FAST*. (Stellen Sie sicher, daß die Datenbankverknüpfung mit *CONNECT TO xxx IDENTIFIED BY xxx* erstellt wurde und der Benutzer *xxx* das Recht *select* für die Originaltabelle hat.)

2. Erstellen Sie auf dem Master-System eine Snapshot-Protokolldatei für jede Originaltabelle.

3. Veranlassen Sie das Zielsystem, mit den im Befehl *CREATE SNAPSHOT* eingestellten Intervallen mit den Aktualisierungen zu beginnen.

Listing 8.1 zeigt ein Beispiel eines Snapshots, der eine Tabelle der Instanz *london* liest:

```
CONNECT sys/xxxx;
DROP PUBLIC DATABASE LINK london;
CREATE PUBLIC DATABASE LINK london
CONNECT TO db_link IDENTIFIED BY db_pass USING 'london';
```

```
DROP SNAPSHOT MY_REPLICATED_TABLE;
```

```
CREATE SNAPSHOT MY_REPLICATED_TABLE
        PCTFREE 10 PCTUSED 40
        TABLESPACE ts2
        STORAGE (INITIAL 60K NEXT 10K PCTINCREASE 1)
        REFRESH FAST
                START WITH SYSDATE
                NEXT (SYSDATE+1) + 3/24
        AS SELECT * FROM ORACLE.MY_MASTER_TABLE@london;
```

```
GRANT ALL ON MY_REPLICATED_TABLE TO PUBLIC;
*******************************************************
    Add the appropriate synonyms for the snapshots...
*******************************************************
CONNECT /;
CREATE PUBLIC SYNONYM SNAP$_MY_REPLICATED_TABLE
FOR OPS$ORACLE.SNAP$_MY_REPLICATED_TABLE;
```

Sie sehen, daß die Tabelle *MY_REPLICATED_TABLE* jeden Morgen um 3:00 Uhr aktualisiert wird und der schreibgeschützte Name *SNAP$_MY_REPLICATED_TABLE* durch *MY_REPLICATED_TABLE* ersetzt wird. Hier ein Beispiel für die Syntax zur Erstellung einer Log-Datei, die auf dem Master-System ausgeführt werden muß:

```
CREATE SNAPSHOT LOG ON CUSTOMER_TABLE
TABLESPACE TS2
STORAGE (INITIAL 20K NEXT 20K);
```

Die Prozedur *dbms_snapshot.refresh_all* kann jederzeit auf dem Zielsystem ausgeführt werden, um die Snapshot-Tabellen zu aktualisieren. Um die Aktualisierung einer einzelnen Tabelle zu erzwingen, führen Sie den folgenden Befehl aus:

```
EXECUTE dbms_snapshot.refresh('office','f');
```

Alle bei der Aktualisierung auftretenden Fehler werden in die Datei alert.log *geschrieben.*

Das Snapshot-Protokoll ist eine Tabelle, die sich in der gleichen Datenbank wie die Master-Tabelle befindet und in der Datensicht *DBA_TABLES* unter dem Namen *MLOGS$_<Tabellenname>* auf-

taucht. Im vorangegangenen Beispiel hieße das Protokoll
MLOGS$_MY_REPLICATED_TABLE.

Nachdem wir nun die Grundlagen von Oracle-Snapshots kennengelernt haben, lassen Sie uns einen Blick auf einige praxiserprobte Tips
und Techniken zur Implementation von Snapshots in produktiven Umgebungen werfen.

Praxistips und Techniken zu Oracle-Snapshots

Auch mit den von Oracle gebotenen Verteilungsmöglichkeiten ist es immer noch schneller, eine lokale Tabelle zu bearbeiten, als eine Tabelle
zu editieren, auf die über die Kommunikationsstrecken von SQL*Net
zugegriffen wird. Daher ist die Replikation von Tabellen eine erstre-
benswerte Technik, um Verarbeitungsgeschwindigkeiten zu steigern.

Mehrere Faktoren beeinflussen die Entscheidung zum Einsatz
replizierter Tabellen. Die erste Überlegung sollte der Größe der Tabelle
und der Änderungshäufigkeit der darin befindlichen Daten gelten. Große, viel genutzte Tabellen mit einer großen Anzahl von Aktualisierungen, Löschungen und Einfügungen erfordern sehr hohe Systemressourcen bei der Replikation und Synchronisation mit der Originaltabelle.
Kleinere, weniger aktive Tabellen sind hingegen die idealen Kandidaten
für die Replikation, da deren Erstellung und Wartung wenig Ressourcen
erfordert.

Oracle-Snapshot-Einrichtungen sind relativ stabil und arbeiten normalerweise so, wie in der Dokumentation beschrieben. Die Flexibilität
dieses Mechanismus läßt dem Entwickler jedoch eine Anzahl an Möglichkeiten zur Erzeugung und Aktualisierung von Snapshots offen. Sie
können eine replizierte Tabelle vollständig aktualisieren, bei Bedarf
einen Snapshot jederzeit neu erstellen, Aktualisierungen von Snapshots
periodisch durchführen lassen oder Datenbank-Trigger einsetzen, um
Änderungen der Originaltabelle an die replizierten Kopien weiterzugeben. Auch wenn die Implementation von einzelnen Snapshot-Techniken
von der individuellen Applikation abhängig ist, gelten doch normalerweise die in diesem Abschnitt dargestellten allgemeinen Regeln.

Wenn eine Tabelle klein und relativ statisch ist, ist es normalerweise
einfacher, diese zu löschen und anschließend einen neuen Snapshot zu
erstellen, als die Option *REFRESH COMPLETE* zu verwenden. Eine
crontab-Datei kann eingestellt werden, um das Löschen und die Wiederherstellung jeden Tag zu einem festgelegten Zeitpunkt einzuleiten.

Ein andere populäre Alternative zum Snapshot ist der Einsatz von
Oracle Distributed SQL, um eine replizierte Tabelle direkt in der
entfernten Datenbank zu erstellen. Im folgenden Beispiel erstellt die
Datenbank in New York eine lokale Tabelle *EMP_NY*, welche die Informationen über die in New York beschäftigten Mitarbeiter aus der Mitarbeitertabelle der Unternehmenszentrale enthält:

```
CREATE TABLE EMP_NY
AS
    SELECT
            emp_nbr,
            emp_name,
            emp_phone,
            emp_hire_date
    FROM EMP@hq WHERE department = 'NY';
```

Das Löschen und Wiederherstellen sehr großer Tabellen benötigt, wie auch die Verwendung der Option *REFRESH COMPLETE*, zu viel Zeit. Auf der anderen Seite würde das Protokoll bei sehr statischen Tabellen nicht viele Einträge enthalten, so daß man Oracle anweisen könnte, die Änderungen in bestimmten Zeitabständen an die replizierte Tabelle weiterzuleiten. Lassen Sie uns einen Blick auf die verschiedenen Aktualisierungsintervalle werfen, die für einen Snapshot festgelegt werden können.

Dieses Beispiel legt fest, daß Oracle die im Snapshot-Protokoll festgehaltenen Änderungen alle sieben Tage an das Replikat weiterleitet:

```
CREATE SNAPSHOT CUST_SNAP1
REFRESH FAST
    START WITH SYSDATE
    NEXT SYSDATE+7
    AS SELECT cust_nbr, cust_name FROM CUSTOMER@hq WHERE department =
'NY';
```

Das nächste Beispiel zeigt eine Tabelle, die jeden Dienstag um 6:00 Uhr aktualisiert wird:

```
CREATE SNAPSHOT CUST_SNAP2
REFRESH FAST
    START WITH SYSDATE
    NEXT next_day(trunc(SYSDATE),'TUESDAY')+6/24
    AS SELECT cust_nbr, cust_name FROM CUSTOMER@hq WHERE department =
'NY';
```

Für sehr statische Tabellen können Sie auch vierteljährliche Aktualisierungen festlegen. Das folgende Beispiel aktualisiert eine Tabelle an jedem ersten Dienstag eines Quartals vollständig:

```
CREATE SNAPSHOT CUST_SNAP3
REFRESH COMPLETE
    START WITH SYSDATE
    NEXT next_day(add_months(trunc(SYSDATE,'Q'),3),'TUESDAY')
    AS SELECT cust_nbr, cust_name FROM CUSTOMER@hq WHERE department =
'NY';
```

Für dynamische Tabellen, die eine tägliche Aktualisierung benötigen, können Sie festlegen, daß die Aktualisierung täglich um 11:00 Uhr stattfindet:

```
CREATE SNAPSHOT CUST_SNAP4
REFRESH FAST
    START WITH SYSDATE
    NEXT SYSDATE+11/24
  AS SELECT cust_nbr, cust_name FROM CUSTOMER@hq WHERE department =
'NY';
```

Neben der Festlegung von Zeiträumen in der Syntax des Befehls *CREATE SNAPSHOT* können Sie mit gespeicherten Prozeduren das gleiche Resultat erzielen. Wenn Sie das Skript *dbmssnap.sql* ausgeführt haben, können Sie einen Snapshot mit dem folgenden Befehl aktualisieren:

```
    EXECUTE dbms_snapshot.refresh('customer','c');  /* complete
refresh */
    EXECUTE dbms_snapshot.refresh('customer','f');  /* forced
refresh */
    EXECUTE dbms_snapshot.refresh('customer','?');  /* fast
refresh */
```

Was ist aber nun mit Tabellen, die eine schnellere Übertragung der Daten erfordern? Oracle hat mit der Version 7.3 zum erstenmal aktualisierbare Snapshots eingeführt. Anwender früherer Versionen müssen sich mit Datenbank-Triggern behelfen.

Aktualisieren von Snapshots mit Triggern

Benutzer früherer Oracle-Versionen können mit Datenbank-Triggern die Echtzeitübertragung der Änderungen von einer Originaltabelle in ein Replikat simulieren. Im folgenden Beispiel wurde ein Aktualisierungs-Trigger in der Tabelle *CUSTOMER* gesetzt, um die relevanten Änderungen an die New Yorker Filiale weiterzuleiten:

```
CREATE TRIGGER ADD_CUSTOMER
    AFTER INSERT ON CUSTOMER
AS
IF :dept = 'NY' THEN
(INSERT INTO CUSTOMER@NY
    VALUES(:parm1, :parm2, :parm3);
);
```

Wie werden aber Datensätze behandelt, die aus der Tabelle *CUSTO-MER* gelöscht wurden? Durch den Einsatz der gleichen Technik kann ein Lösch-Trigger in die Tabelle *CUSTOMER* gesetzt werden, um

Datensätze aus replizierten Tabellen zu löschen, wie das folgende Beispiel zeigt:

```
CREATE TRIGGER DELETE_CUSTOMER
    AFTER DELETE ON CUSTOMER
AS
IF :dept = 'NY' THEN
(DELETE FROM CUSTOMER@NY
    WHERE
    cust_nbr = :customer_parm;
);
```

Wie Sie sehen, ist die Replikation von Snapshots und der Einsatz von Triggern eine sehr einfache Möglichkeit, um ein Original an einen entfernten Ort zu kopieren. Was aber, wenn Sie nur einen Teil einer Tabelle replizieren möchten? Oracle stellt Ihnen auch dafür eine Methode zur Verfügung.

Der Einsatz von Snapshots, um Teile von Originaltabellen zu replizieren

Oracle stellt eine Methode zur Verfügung, um bestimmte Datensätze und Spalten von der Replikation auszuschließen. Lassen Sie uns z.B. annehmen, daß Sie eine zentrale Mitarbeitertabelle zur Nutzung in der New Yorker Filiale replizieren möchten. Sie wollen jedoch, daß nur die Informationen derjenigen Mitarbeiter, die tatsächlich in New York beschäftigt sind, übertragen werden, und außerdem sollen auch vertrauliche Spalten, wie zum Beispiel das Gehalt der Mitarbeiter, von der Übertragung ausgeschlossen sein. Die Erstellung eines solchen Snapshots könnte folgendermaßen aussehen:

```
CREATE SNAPSHOT EMP_NY
REFRESH FAST
    START WITH SYSDATE
    NEXT next_day(trunc(SYSDATE),'TUESDAY')+6/24
AS
    SELECT
            emp_nbr,
            emp_name,
            emp_phone,
            emp_hire_date
    FROM EMP@hq WHERE department = 'NY';
```

Der neueste Hit auf dem Datenbankmarkt ist die umfassende Verteilung von Replikaten an mobile Server zu Aktualisierungszwecken. Dies wird oft als *asynchrone Aktualisierung* bezeichnet.

Asynchrone Aktualisierung von Oracle-Tabellen

Die Replikation von Daten zum Zweck der Aktualisierung mobiler, entfernter Server weitet sich zur Zeit sehr schnell zu einem Phänomen in der Vertriebsgemeinde aus. Diese Remote-Server sind völlig unabhängig vom Zentral-Server, wobei die Aktualisierungen normalerweise über einen Laptop-Server erfolgen. Die Nutzung der asynchronen Aktualisierung ermöglicht es dem Benutzer eines Laptops, sich jederzeit in einen zentralen Server einzuwählen und Daten zu übertragen *(siehe Abbildung 8.2).*

Abb. 8.2:
Asynchrone
Aktualisierungs-
mechanismen

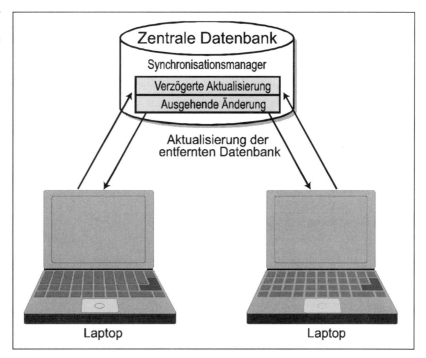

Dieser Ansatz wurde durch Oracle-basierende Systeme für Vertriebsgesellschaften bekannt, die Außendienstmitarbeiter mit aktuellen Informationen von einem zentralisierten Host-System versorgen, ohne daß der Mitarbeiter ständig mit dem Host verbunden sein muß. Hier sehen Sie, wie die asynchrone Aktualisierung mit entfernten Datenbanken, die nicht mit dem zentralen Host verbunden sind, funktioniert.

Tägliche Änderungen im zentralen Host werden gesammelt und jedesmal an die entfernte Laptop-Datenbank verteilt, wenn sich ein Mitglied des Vertriebs einwählt und eine Aktualisierung anfordert. Änderungen, die vom Vertriebsmitarbeiter an seinem Laptop durchgeführt werden, werden in die zentrale Host-Datenbank eingepflegt, wenn der Mitarbeiter sich einwählt. Obwohl sich dies zuerst einmal toll anhört, kommen doch einige ernsthafte Fragen auf, wie z.B.:

- Wie werden Aktualisierungskonflikte behandelt?

- Was passiert, wenn eine Änderung auf dem Laptop aufgrund einer veralteten Information durchgeführt wurde?

- Gibt es einen Mechanismus, um die Laptops der Außendienstmitarbeiter zu synchronisieren? Wenn nicht, wie kann ein arbeitsfähiger Mechanismus entwickelt werden?

Der asynchrone Ansatz wird fast ausschließlich von verteilten Verkaufssystemen genutzt, die es erfordern, daß die Vertriebsmitarbeiter im Außendienst mit aktuellen Informationen versorgt sind, ohne sich ständig per Modem in den Zentralrechner einzuwählen.

Die grundsätzliche Überlegung ist es, eine Teildatenbank für jeden mobilen Benutzer zu definieren und dafür zu sorgen, daß der Laptop jedesmal aktualisiert wird, wenn sich der Benutzer mit dem Zentralrechner verbindet. Des weiteren muß dafür gesorgt werden, daß diese Aktualisierungen schnell vonstatten gehen, um die Verbindungszeit zu minimieren. Die meisten dieser Systeme fügen jedem Datensatz einen Datum/Zeit-Stempel hinzu, um damit schnell auf die Datensätze der Originaltabelle zugreifen zu können. Es ist offensichtlich, daß sich bei diesem Verfahren jede Datenbank auf den Laptops mehr oder weniger von der Originaldatenbank unterscheidet.

Findet eine Verbindung statt, muß das System alle Änderungen an der mobilen Datenbank zum Zentralrechner übertragen und in die Tabellen der Originaldatenbank einpflegen. Das Fehlen von Datenbanksperren führt dabei zu interessanten Aktualisierungskonflikten. Diese Konflikte nehmen zwei Formen an: Die erste Form tritt dann auf, wenn ein Datensatz von zwei mobilen Systemen verändert wurde und beim Übertragen der Daten des einen Laptops die Daten des anderen Laptops überschrieben werden. Die zweite Konfliktform tritt auf, wenn auf einem mobilen System veraltete Informationen als Grundlage für eine Änderung verwendet werden.

Die meisten Produkte für dieses recht interessante Einsatzgebiet haben ihre eigenen Regeln, um mit derartigen Konflikten umzugehen. Der Entwickler kann sich für eine der folgenden Optionen entscheiden:

- Verzögerte Bearbeitung aller Aktualisierungskonflikte, indem diese in einen speziellen Bereich geschrieben werden, um später manuell bearbeitet zu werden.

- Die letzte Aktualisierung (wie bei der Übertragung angezeigt) überschreibt alle vorhergehenden Änderungen.

- Alle Endbenutzer werden mit einer Rangstufe versehen, und die Änderungen eines höherrangigen Benutzers überschreiben die eines Untergebenen.

Unabhängig von der ausgewählten Methode basieren derartige Produkte meist auf einer relationalen Datenbank, wie beispielsweise Oracle, und verwenden einen eigenen Synchronisations-Manager. Dieser verwaltet die Übertragung der Informationen vom zentralen Server zu den Laptops und das Upload der Aktualisierungen der Laptops auf den Zentralrechner.

Die relevanten Daten für die Downloads der Laptops werden für gewöhnlich von diesen Systemen vorbereitet, der Zeitpunkt der letzten Synchronisation festgehalten und Änderungen in eine spezielle Tabelle geschrieben. Bei dieser Vorgehensweise muß der Laptop-Benutzer nicht warten, bis der Server die relevanten Daten zusammengesucht hat, so daß die Aktualisierung des Laptops sofort stattfinden kann.

Für Uploads schreibt der Laptop sämtliche Änderungen seit der letzten Aktualisierung mit und überträgt diese an den Server. Der Synchronisations-Manager fügt nun die neuen Informationen in die Originaldatenbank ein und überprüft sorgfältig alle Datum/Zeit-Stempel der Datensätze, die für die Aktualisierung markiert wurden. Wenn ein Datensatz seit der letzten Aktualisierung verändert wurde, werden dessen Informationen so behandelt, wie es die Programmierung des Synchronisations-Managers festlegt. Für die meisten Implementationen ist es die sicherste Methode, alle Konflikte erst einmal abzulehnen und einen Fehlerbericht zu generieren, mit dessen Hilfe die aufgetretenen Konflikte manuell bearbeitet werden können. In der Praxis zeigt sich, daß eines der größten Probleme in der Motivation der Mitarbeiter liegt, sich regelmäßig in das System einzuwählen.

Derartige Systeme erkennen die Probleme, die durch den Versuch der Verteilung von Daten an mobile Server entstehen, und treten diesen Problemen durch benutzerdefinierte Regeln und Prozeduren entgegen. Es ist interessant, daß diese Systeme sich als sehr erfolgreich in Umgebungen erwiesen haben, die keine minutengenaue Aktualisierung erfordern.

Nachdem wir nun die Oracle-Snapshots behandelt haben, lassen Sie uns einen Blick auf die Merkmale zur Leistungssteigerung des Oracle8 Parallelbetriebs werfen. Der Parallelbetrieb ist eines der aufregendsten Merkmale von Oracle, bleibt aber eines der am wenigsten verstandenen Bereiche der Oracle-Leistungsfähigkeit.

Parallelität und Oracle-Datenbanken

Die weite Akzeptanz der verteilten Verarbeitung und multitaskingfähiger Betriebssysteme hat zu einer neuen Denkweise beim Design und der Implementation von Unternehmenssystemen geführt. Statt dem traditionellen linearen Aufbau eines Systems wird das System von morgen massiv auf der parallelen Verarbeitung von Daten basieren. Das Ergebnis? Viele Prozesse können gleichzeitig angewiesen werden, eine Datenbankanforderung zu bearbeiten. In der Tat

ändert sich die gesamte Definition der Datenverarbeitung. Die Datenquellen des Unternehmens haben sich ausgedehnt und beinhalten nun
alle Informationsquellen, nicht nur Datenbanken. Unternehmensinfor-
mationen finden sich in E-Mail, Lotus Notes und anderen nicht traditionellen Ressourcen, aber viele Firmen sammeln diese Informationen,
ohne deren ungeheuren Wert auszuschöpfen. Parallele Verarbeitung ist
die ideale Technik, um diese riesigen Massen formloser Unternehmens-
informationen zu durchsuchen.

Multitasking und Multithreading

Bevor wir uns mit diesem Thema befassen, müssen wir erst einmal den
Unterschied zwischen *Multitasking* und *Multiprocessing* definieren.
Mulitasking bezieht sich auf die Fähigkeit eines Software-Pakets, mehrere gleichzeitige Prozesse zu steuern und damit eine simultane Verarbeitung zu erlauben. Obgleich OS/2 und Windows NT gute Beispiele für
diese Technologie sind, kann Multitasking in nahezu allen Datenbanken
der mittleren Datentechnik oder auf Mainframes angetroffen werden.
Multiprocessing beschreibt die Nutzung mehrerer CPUs in einer verteilten Umgebung, bei der ein Hauptprogramm parallele Operationen auf
zahlreichen Maschinen steuert. Multiprocessing kann sowohl auf der
Software- als auch auf der Hardware-Ebene stattfinden. Von Multiprocessing auf Hardware-Ebene wird dann geredet, wenn mehrere Prozessoren zur Verfügung stehen. Multiprocessing auf der Software-Ebene
findet statt, wenn eine einzelne CPU in „logische" CPUs partitioniert
wird. Die Software PRISM in der IBM Mainframe-Umgebung ist ein
Beispiel für Multiprocessing auf Software-Ebene.

In jedem Fall unterscheiden sich die Programmiertechniken für Mul-
tiprozessor-Anwendungen von denen für einzelne Prozessoren. Multi-
prozessor-Programmierung läßt sich in zwei Bereiche teilen: *parallele
Datenprogrammierung* und *parallele Steuerungsprogrammierung*. Bei der
parallelen Datenprogrammierung wird ein Datenbereich in diskrete Teile aufgeteilt, und das gleiche Programm bearbeitet parallel die einzelnen
Datenteile. Parallele Steuerungsprogrammierung beschreibt Anwendungen, bei denen die einzelnen unterschiedlichen Funktionen einer Applikation von unabhängigen Prozessoren ausgeführt werden *(siehe Abbildung 8.3)*.

Eines der größten Probleme bei der Implementierung von parallelen
Verarbeitungssystemen ist die Identifikation der Parallelität. Parallelität
beschreibt die Fähigkeit eines Computersystems, die Verarbeitung mehrerer Datenquellen zum exakt gleichen Zeitpunkt durchzuführen. So
wie viele der traditionellen Datenbanksysteme linearer Natur waren,
bieten die heutigen Systeme viele Möglichkeiten zur parallelen Datenverarbeitung.

Parallelität ist besonders für wissenschaftliche Anwendungen bedeutend, die davon profitieren, daß Hunderte – ja oft Tausende – von Prozessoren gleichzeitig an der Lösung eines Problems arbeiten. Das gleiche Konzept betrifft aber auch sehr große Datenbanken. Wenn eine Abfrage in Unterabfragen aufgeteilt und jede dieser Unterabfragen einem einzelnen Prozessor zugewiesen werden kann, ist es damit möglich, die Antwortzeit der Abfrage z.B. um den Faktor 1.000 zu reduzieren *(siehe Abbildung 8.4).*

Abb. 8.3:
Beispiel für eine parallele Abfrage

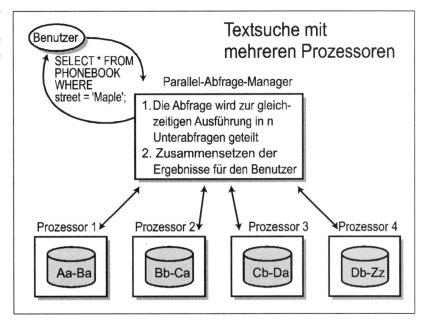

Abb. 8.4:
Die Leistungsvorteile zusätzlicher Prozessoren

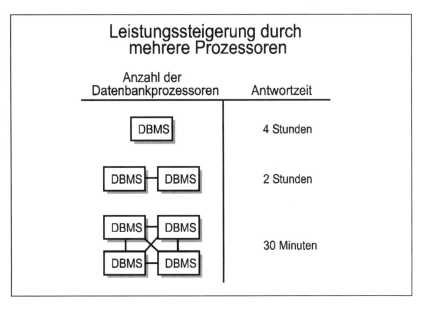

Parallelität bedeutet Skalierbarkeit. Wenn ein linearer Prozeß ein Problem in vier Stunden lösen kann, sollte ein paralleles System mit zwei Prozessoren das gleiche Problem in zwei Stunden lösen, wie in *Abbildung 8.4* dargestellt. Obwohl die Geschwindigkeitsvorteile in *Abbildung 8.4* unter gewissen Umständen auch realisierbar sind, muß ständig in Betracht gezogen werden, daß eine parallele Ausführung nicht immer möglich ist. Geschwindigkeit kann nur dort verbessert werden, wo parallele Verarbeitung sinnvoll und möglich ist, was traditionelle lineare Systeme ausschließt, bei denen ein Prozeß nicht starten kann, bevor der vorangegangene Prozeß beendet wurde.

Ein Rückblick auf die vergangenen 30 Jahre zeigt deutlich die enormen Fortschritte bei der Geschwindigkeit der Prozessoren. Gleichzeitig sind die Preise für Prozessoren kontinuierlich gefallen. Dieser Trend kann allerdings nicht ewig anhalten. Die physikalischen Grenzen bei der Bearbeitung von Silizium sind erreicht. Um weitere Performance-Fortschritte zu erreichen, muß entweder das Element Silizium als Medium ausgewechselt werden, oder es müssen neue Wege gefunden werden, um die parallele Verarbeitung besser zu nutzen.

Andere Faktoren der parallelen Verarbeitung sind extrem wertvoll. Die Abfrage einer sehr großen Datenbank kann dramatisch verbessert werden, wenn die Daten aufgeteilt werden. Benötigt die Abfrage einer Textdatenbank beispielsweise eine Minute für ein Terabyte, kann die Aufteilung und Verarbeitung in 60 Teilen zu einer Antwortzeit von einer Sekunde führen. Ein anderes Schlüsselmerkmal ist die Balance zwischen CPU-Verarbeitung und E/A-Verarbeitung. In einer traditionellen Datenverarbeitungsumgebung sind die Prozesse weniger rechenintensiv, und die meiste CPU-Zeit wird damit verbracht, auf E/A-Prozesse zu warten. Wie auch immer, damit sind solche Systeme nicht automatisch von den Vorteilen des Multiprocessing ausgeschlossen.

Es existiert eine Vielzahl an Architekturen für parallele Verarbeitung. Am einen Ende des Spektrums finden sich einige wenige Hochleistungsprozessoren, die nur lose miteinander verbunden sind (SMP-Systeme; symmetrische Multiprozessorsysteme), am anderen Ende sehen Sie eine große Anzahl von kleineren Prozessoren, die eng aneinander gekoppelt arbeiten (MPP-Systeme; massiv-parallele Multiprozessorsysteme).

Die Identifikation von Parallelität in einer verteilten Datenbankumgebung ist einfach. Der Datenbankadministrator kann routinemäßige Wartungsarbeiten, wie beispielsweise Import-/Export-Operationen, parallel ablaufen lassen und damit die Gesamtzeit der Systemwartung verringern.

In einer Umgebung mit offenen Systemen kann eine Parallelverarbeitung leicht durch die Nutzung einer Einrichtung zum Datenzugriff auf entfernte Systeme (Remote Mount) simuliert werden. Bei dieser Art des Datenzugriffs kann eine Datendatei direkt von einem Prozessor angesprochen werden, obwohl sie sich physikalisch auf einer anderen Maschine befindet. Dies kann eine nützliche Technik sein, vor allem zur Geschwindigkeitssteigerung bei der Replikation von Tabellen zu entfernten Datenbanken *(siehe Abbildung 8.5)*.

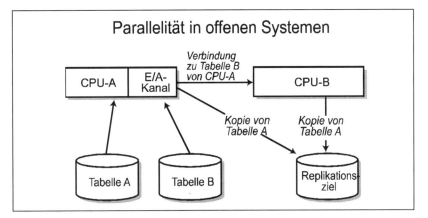

Abb. 8.5:
Parallelität über
mehrere CPUs

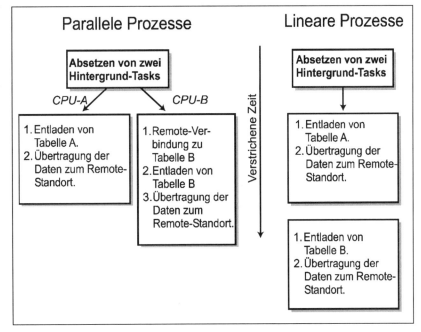

Abb. 8.6:
Gegenüberstellung
paralleler und
linearer Verarbeitung

Um die Replikation zweier Tabellen zu beschleunigen, weist ein UNIX-Shell-Skript die CPU A an, die Tabelle A als Hintergrundprozeß zu kopieren. Anschließend wird die CPU B angewiesen, die Tabelle B per Remote Mount so adressierbar zu machen, als befände sie sich auf einer lokalen Festplatte der CPU-B. Das Skript startet anschließend einen Kopiervorgang der Tabelle B, so daß die Tabellen gleichzeitig kopiert werden und damit die Ausführungszeit verringert wird *(siehe Abbildung 8.6)*.

Natürlich wird sich die Gesamtausführungszeit gegenüber der in einer linearen Verarbeitung benötigten Zeit nicht halbieren, der Remote Mount erfordert zumindest die Verwaltung der E/A-Zugriffe durch CPU A. Der Vorteil liegt vor allem darin, daß der zweite Prozessor (CPU B) sämtliche Aufgaben beim Entladen der Tabelle B übernimmt.

Wenn wir den Oracle Parallel Server (OPS) und die Oracle Parallel Query betrachten, müssen wir verstehen, wie die Hardware-Architektur die Nutzung dieser Datenbankoptionen beeinflußt. Der folgende Abschnitt beschreibt, wie die Hardware-Konfiguration mit den Einrichtungen von Oracle zur parallelen Verarbeitung zusammenarbeitet.

> ## Vergleich: Symmetrisches Multiprocessing / Massiv-parallele Verarbeitung
>
> *Symmetrisches Multiprocessing (SMP)* beschreibt eine Architektur, bei der viele CPUs einen gemeinsamen Speicherbereich und einen E/A-Puffer teilen. Diese Architektur skaliert nicht linear, da zusätzliche Prozessoren mit den bestehenden um Speicher und E/A konkurrieren. *Massiv-paralleles Multiprocessing (MPP)* beschreibt eine Architektur, bei der viele unabhängige Prozessoren nichts teilen, aber über einen gemeinsamen E/A-Bus operieren. Ein MPP-System kann Prozessoren ohne Performance-Einbußen hinzufügen, in der Tat wird die Performance mit der Anzahl der Prozessoren relativ linear steigen.

Der Einsatz von parallelen Oracle-Prozessen

Mit der Oracle Version 7.2 wurden einige neue Merkmale vorgestellt, mit denen parallele Prozesse auf Oracle-Datenbanken angewendet werden können. Diese Features sind beispielsweise:

- Paralleles *CREATE TABLE*
- Parallele Abfragen
- Paralleler Indexaufbau
- Parallele DDL

Beachten Sie bitte, daß diese Parallel-Funktionalitäten versionsabhängig sind. Dies bedeutet, daß Sie Version 7.3 oder höher zur Nutzung der parallelen Abfrage einsetzen müssen oder Oracle 8 oder höher, um von den Vorteilen einer parallelen Bearbeitung der Datendefinitionssprache (DDL) zu profitieren. Beachten Sie auch, daß Sie nicht über parallele Prozessoren (SMP oder MPP) verfügen müssen, um die parallele Verarbeitung zu nutzen. Sogar auf dem gleichen Prozessor können mehrere Prozesse gestartet werden, um Abfragen zu beschleunigen. Die Option zur Erstellung einer parallelen Abfrage kann in jedem SQL-*SELECT-*

Statement verwendet werden, mit der einzigen Einschränkung, daß die Abfrage einen vollen Tabellensuchlauf der Zieltabelle ausführen muß.

Parallele Abfragen sind in einem verteilten Datenbanksystem dort am nützlichsten, wo eine logische Tabelle in mehrere kleinere Tabellen auf jedem entfernten Server aufgeteilt wurde. So kann zum Beispiel die nach dem Nachnamen sortierte Tabelle *CUSTOMER* so auf die entfernten Datenbanken aufgeteilt werden, daß in jeder Filiale eine Tabelle mit den dort zu verwaltenden Kunden existiert, wie z.B. *los_angeles_customer*, *phoenix_customer* usw. Dieser Ansatz ist vor allem dort üblich, wo großer Wert auf die lokale Autonomie bei der Verarbeitung gelegt wird. Wie wird man aber nun den Bedürfnissen der Mitarbeiter in der Zentrale gerecht? Wie können all diese Tabellen in den einzelnen Filialen abfragen und als eine einzige logische Einheit behandeln. Die Antwort ist die „Aufteilung", also die Partitionierung der Tabelle.

Obwohl das Partitionieren von Tabellen nach einem Schlüsselwert gegen die Theorie der Normalisierung verstößt, kann es die Antwortzeiten für bestimmte Abfragen dramatisch verkürzen. Für große Abfragen die sich über mehrere logische Tabellen erstrecken, können diese Tabellen leicht wieder zusammengefügt werden, indem man die Oracle-Option für parallele Abfragen nutzt, wie das folgende Beispiel zeigt:

```
CREATE VIEW ALL_CUSTOMER AS
    SELECT * FROM PHOENIX_CUSTOMER@phoenix
    UNION ALL
    SELECT * FROM LOS_ANGELES_CUSTOMER@los_angeles
    UNION ALL
    SELECT * FROM ROCHESTER_CUSTOMER@rochester;
```

Das @ bezieht sich auf die SQL*Net-Service-Namen für entfernte Hosts.

Die Datensicht *ALL_CUSTOMER* kann nun abgefragt werden, als handele es sich dabei um eine einzelne Datenbanktabelle. Oracle erkennt automatisch den Parameter *UNION ALL* und startet simultan die Abfrage der drei Basistabellen. Wichtig ist der Hinweis, daß der Manager für verteilte Datenbanken jede einzelne Abfrage auf dem entsprechenden Remote-Server verarbeiten läßt, während der Abfrage-Manager darauf wartet, daß jeder Knoten das gewünschte Ergebnis zurückliefert. So liefert zum Beispiel die folgende Abfrage die parallel zusammengeführten Daten der drei Tabellen wobei jede einzelne Abfrage einzeln optimiert wird. Das Ergebnis wird dann vom Abfrage-Manager zusammengeführt:

```
SELECT customer_name
FROM ALL_CUSTOMER
WHERE
total_purchases > 5000;
```

Für genauere Informationen zur Nutzung der parallelen Abfrage-Option von Oracle verweisen wir auf Kapitel 2: Logisches Design zum Zweck hoher Leistung.

Nachdem Sie gesehen haben, wie Parallelität die Leistung einer Oracle-Datenbank steigern kann, lassen Sie uns nun untersuchen, wie man das Wachstum einer Datenbank planen kann und dabei die Fähigkeit zur optimalen Einstellung der Architektur erhält.

Wachstum planen

Eines der größten Probleme bei der Leistungsoptimierung eines verteilten Datenbanksystems ist es, sicherzustellen, daß die Datenbank auch dann noch akzeptabel läuft, wenn sie größer wird. Wie Sie sicher wissen, laufen Datenbanken in einer optimal definierten Umgebung von Systemressourcen, und eine Verringerung dieser Ressourcen kann zu einem deutlichen Leistungsverlust führen. Der Trick dabei ist, eine Datenbank mit der Fähigkeit zu entwickeln, Ressourcen auf einer „wie benötigt"-Basis hinzuzufügen, ohne die Verarbeitung zu unterbrechen.

Ein Wachstum einer Datenbank kann in verschiedenen Bereichen auftreten. Indem sich die physikalische Größe der Datenbank erhöht, steigt auch der Bedarf an Plattenkapazität. Wächst die Anzahl der Benutzer, wird mehr Platz für Puffer und den Sperr-Pool benötigt. Steigert sich der Netzwerkverkehr, wächst der Bedarf an Routern, und die Bandweite muß eventuell erhöht werden.

Anders als die CODASYL-Datenbanken der 80er Jahre können die Tabellen der heutigen Datenbanken nach festgelegten Regeln und Prozeduren wachsen. Im relationalen Modell können sich in einem Tablespace eine oder mehrere Tabellen befinden. Ein Tablespace ist ein Container für Tabellen, der sich auf eine oder mehrere Dateien einer fest definierten Größe bezieht. Tabellen, die einem Tablespace zugeordnet werden, können entsprechend der festgelegten Wachstumsregeln wachsen, die Größe des Tablespace bestimmt jedoch die Grenzen dieser Wachstumsregeln. Mit anderen Worten: Eine Tabelle kann aufgrund ihrer Definition über mehrere Extents verfügen, im Tablespace kann jedoch zu wenig Platz sein, um diese Extents zuzuweisen.

Mehrere Zuweisungsparameter beeinflussen das Wachstum von Tabellen:

- *db_block_size* – Die Größe eines physikalischen Datenbankblocks.
- *INITIAL* – Die ursprüngliche Größe einer Tabellenerweiterung.
- *NEXT* – Die Größe zusätzlicher Tabellenerweiterungen.

- *MINEXTENTS* – Die minimale Anzahl ursprünglicher Extents (wird beim *Striping* genutzt).

- *MAXEXTENTS* – Die maximale Anzahl an möglichen Extents. (Anmerkung: Der Parameter *MAXEXTENTS UNLIMITED* wird von allen Oracle-Versionen ab 7.3 unterstützt.)

- *PCTINCREASE* – Prozentangabe, um die jedes folgende Extent größer wird (normalerweise 1).

- *PCTFREE* – Prozentsatz des Platzes, der in jedem Datenblock für spätere Vergrößerungen freigehalten wird.

Der Parameter *PCTFREE* reserviert in jedem Datenblock Platz für zukünftige Erweiterungen von Datensatzgrößen (mit dem SQL-*UPDATE*-Befehl). Tabellenspalten können so definiert werden, daß sie den Wert *NULL*, der keinen Platz im Datensatz benötigt, oder *varchar2*-Datentypen enthalten dürfen. Ein *varchar2*-Datentyp spezifiziert die maximal erlaubte Länge einer Spalteninstanz, aber die mögliche Größe des Feldes reicht von 4 Byte (der Länge der Größeninformation) bis zur Größe des Feldes plus 4 Byte. Ein *varchar2(2000)* kann also von 4 bis zu 2.004 Byte groß sein.

Wenn eine Applikation erst einmal Datensätze mit leeren Werten anlegt und diese später mit Informationen füllt, können durch den Parameter *PCTFREE* E/A-Probleme drastisch reduziert werden. Wurde ein Speicherblock durch das Hinzufügen eines Datensatzes gefüllt, wird dieser durch spätere Aktualisierungen dieses Datensatzes und der damit verbundenen Einträge von Werten in die leeren Felder fragmentiert, normalerweise in den nächsten freien Speicherblock. Unglücklicherweise ist es sehr ironisch, daß ein Datenbankentwickler die Blockgröße bereits bei der Definition der Datenbank festlegen muß, zu einem Zeitpunkt, wenn die Kenntnis der System-Performance noch sehr eingeschränkt ist.

Bestimmen der Blockgröße

Obwohl es möglich ist, die Blockgrößen durch die Import-/Export-Hilfsprogramme von Oracle zu ändern, wird auf die korrekte Dimensionierung der Blockgröße recht wenig Wert gelegt. Die physikalische Blockgröße wird mit dem Parameter *db_block_size* in der Datei *init<SID>.ora* festgelegt. Obwohl der von Oracle vorgegebene Standardwert 4 KByte beträgt, wählen die meisten Entwickler mindestens eine Größe von 8 KByte für jede Datenbank, ungeachtet deren Größe und Zweck. Einige DBAs glauben, daß 16 KByte die perfekte Blockgröße sei, sogar für OLTP-Systeme, die nur selten volle Tabellensuchläufe ausführen. Abhängig von der Server-Plattform und dem Betriebssystem können Oracle-Datenblöcke zwischen 2 KByte und 32 KByte groß sein. In Ihrem Oracle-Betriebssystemhandbuch finden Sie die für Ihr Betriebssystem möglichen Werte.

Um den notwendigen Platz für Ihre Datenbank zu ermitteln, subtrahieren Sie den *Block-Header* und den Parameter *PCTFREE* von Ihren Kalkulationen. Die Block-Header von Oracle sind eine Funktion des Parameters *db_block_size* (in der Datei *init<SID>.ora*) und des Wertes von *INITTRANS* (in der Tablespace-Definition).

Der Platz (in Byte) errechnet sich nach folgender Formel:

```
Block Header size
    = (BLOCK_SIZE - KCBH - UB4 - KTBBH - (INITTRANS - 1)) * (KTBIT
- KDBH)
    = (DB_BLOCK_SIZE - 20 - 4 - 48 - (INITTRANS - 1)) * (24 - 14)
    = (DB_BLOCK_SIZE - 72 - (INITTRANS - 1)) * 10

wobei gilt:
    KCBH (common block header) = 20
    UB4 (unsigned byte 4) = 4
    KTBBH (transaction fixed header) = 48
    INITTRANS (initial number of transaction entries)
    KTBIT (transaction variable header) = 24
    KDBH (data header) = 14
```

Die Größen (Konstanten) von *KCBH, UB4, KTBBH, KTBIT* und *KDBH* finden Sie auch in der Datensicht *V$TYPE_SIZE*.

Das Prinzip der Blockgrößendefinition ist einfach. E/A ist mit Abstand die teuerste und zeitraubendste Operation in einer Datenbank. Je mehr Daten also mit einem einzelnen E/A-Zugriff gelesen werden können, desto schneller ist die Datenbank. Dieses Prinzip gilt vor allem für Datenbanken mit vielen Berichten, die den gesamten Inhalt einer Tabelle lesen. Für Systeme, die hauptsächlich einzelne zufällige Datensätze aus der Datenbank lesen, ist die Blockgröße nicht so wichtig, insbesondere bei Datenbank-Clustern. Ein Oracle-Cluster ist ein Mechanismus, bei dem ein übergeordneter Datensatz im gleichen Datensatzblock positioniert wird wie verknüpfte Datensätze in anderen Tabellen. Sind zum Beispiel die Datensätze der Tabelle *ORDERS* im gleichen Block zusammengefaßt wie deren übergeordnete Datensätze der Tabelle *CUSTOMER*, benötigt Oracle nur einen einzigen E/A-Zugriff, um die Kundendaten und alle zugehörigen Auftragsinformationen anzuzeigen. Natürlich kann Clustering in verteilten Datenbanken, bei denen sich Verknüpfungen über verschiedene Oracle-Instanzen erstrecken, nicht verwendet werden. Zusätzliche E/A-Zugriffe sind erforderlich, um die Datensätze einzeln zu lesen.

Behalten Sie im Hinterkopf, daß die Blockgröße auch die Anzahl der Datensätze beeinflußt, die im Cache des Puffer-Pools gehalten werden können. Setzen Sie zum Beispiel den Parameter *db_block_buffers* in der Datei *init<SID>.ora* auf 8 MByte, kann Oracle 1.000 4K-Blöcke, aber nur 500 8K-Blöcke zwischenspeichern.

Die Vergrößerung der Blockgröße erhöht auch das Risiko von Engpässen bei gleichzeitigem Zugriff, besonders dann, wenn die Werte von *INITTRANS* und *MAXTRANS* zu niedrig gewählt wurden. *INITTRANS* und *MAXTRANS* sind Parameter bei der Erstellung von Tablespaces, die den reservierten Platz für Sperren definieren. Der Maximalwert für *INITTRANS* und *MAXTRANS* ist 255, was bedeutet, daß niemals mehr als 255 gleichzeitige Zugriffe auf einen Datenbankblock erfolgen können.

Vermuten Sie daß Ihre Einstellungen zu niedrig sind, kann eine Abfrage der Datensicht *V$LOCK* alle Prozesse auflisten, die auf den Zugriff auf eine Seite warten. *Listing 8.2* zeigt ein SQL-Skript, das bei Zugriffsproblemen verwendet werden kann:

Listing 8.2:
Alle Sperrungen in
einer Datenbank
anzeigen

```
REM locks.sql

SET LINESIZE 132
SET PAGESIZE 60
COLUMN OBJECT HEADING 'Database|Object'            FORMAT a15 TRUNCATE
COLUMN lock_type HEADING 'Lock|Type'               FORMAT a4  TRUNCATE
COLUMN mode_held HEADING 'Mode|Held'               FORMAT a15 TRUNCATE
COLUMN mode_requested HEADING 'Mode|Requested'     FORMAT a15 TRUNCATE
COLUMN sid HEADING 'Session|ID'
COLUMN username HEADING 'Username'                 FORMAT a20 TRUNCATE
COLUMN IMAGE HEADING 'active image'                FORMAT a20 TRUNCATE
SPOOL /tmp/locks
SELECT
        C.sid,
        substr(object_name,1,20) OBJECT,
        C.username,
        substr(C.program,length(C.program)-20,length(C.program)) image,
        decode(B.type,
                'MR', 'Media Recovery',
                'RT', 'Redo Thread',
                'UN', 'User Name',
                'TX', 'Transaction',
                'TM', 'DML',
                'UL', 'PL/SQL User Lock',
                'DX', 'Distributed Xaction',
                'CF', 'Control File',
                'IS', 'Instance State',
                'FS', 'File Set',
                'IR', 'Instance Recovery',
                'ST', 'Disk Space Transaction',
                'TS', 'Temp Segment',
                'IV', 'Library Cache Invalidation',
                'LS', 'Log Start or Switch',
                'RW', 'Row Wait',
```

```
                        'SQ', 'Sequence Number',
                        'TE', 'Extend Table',
                        'TT', 'Temp Table',
                        B.type) lock_type,
            decode(B.lmode,
                    0, 'None',                     /* Mon Lock equivalent */
                    1, 'Null',                     /* NOT */
                    2, 'Row-SELECT (SS)',          /* LIKE */
                    3, 'Row-X (SX)',               /* R */
                    4, 'Share',                    /* SELECT */
                    5, 'SELECT/Row-X (SSX)',       /* C */
                    6, 'Exclusive',                /* X */
                    to_char(B.lmode)) mode_held,
            decode(B.request,
                    0, 'None',                     /* Mon Lock equivalent */
                    1, 'Null',                     /* NOT */
                    2, 'Row-SELECT (SS)',          /* LIKE */
                    3, 'Row-X (SX)',               /* R */
                    4, 'Share',                    /* SELECT */
                    5, 'SELECT/Row-X (SSX)',       /* C */
                    6, 'Exclusive',                /* X */
                    to_char(B.request)) mode_requested
FROM SYS.dba_objects A, SYS.v_$lock B, SYS.v_$session C WHERE
A.object_id = B.id1 AND B.sid = C.sid AND OWNER NOT IN ('SYS','SYSTEM');
```

Listing 8.3 zeigt die Ausgabe von *locks.sql*:

Listing 8.3:
Die Ergebnisse
von *locks.sql*

```
SQL> @locks

Session Database                             Lock    Mode    Mode
        ID Object        Username  Active Ima Type    Held    Requested
_  __      ____          ____      ____    _  _       _       _

        2  DUAL                    Media      Reco    Share   None
        2  SYSTEM_PRIVI            Media      Reco    Share   None
        2  TABLE_PRIVIL            Media      Reco    Share   None
        2  STMT_AUDIT_O            Media      Reco    Share   None
        2  V$CONTROLFIL            Media      Reco    Share   None
        2  V$DATAFILE              Media      Reco    Share   None
        2  V$LOG                   Media      Reco    Share   None
        2  V$THREAD                Media      Reco    Share   None
        2  V$PROCESS               Media      Reco    Share   None
        2  V$BGPROCESS             Media      Reco    Share   None
        2  V$SESSION               Media      Reco    Share   None
        2  V$LICENSE               Media      Reco    Share   None
        2  V$TRANSACTIO            Media      Reco    Share   None
        2  V$LATCH                 Media      Reco    Share   None
        2  V$LATCHNAME             Media      Reco    Share   None
        2  V$LATCHHOLDE            Media      Reco    Share   None
```

```
        2   V$RESOURCE          Media      Reco    Share   None
        2   V$_LOCK             Media      Reco    Share   None
        2   V$LOCK              Media      Reco    Share   None
        2   V$SESSTAT           Media      Reco    Share   None
```

20 rows selected.

Da Sie nun wissen, wie die Performance durch die Definition von Oracle-Tabellen beeinflußt werden kann, lassen Sie uns auf eine höhere Ebene wechseln und einen Blick darauf werfen, wie die Leistung durch die Plazierung von Objekten im Tablespace optimiert werden kann.

Tablespace-Überlegungen

Die richtige Wahl beim Gruppieren von Tabellen und Indizes in Tablespaces hat einen großen Einfluß auf die Leistung verteilter Datenbanken. Als Entwickler haben Sie eine große Auswahl, so daß Sie die zur Verfügung stehenden Möglichkeiten genau unter die Lupe nehmen sollten. Im Grunde gelten die folgenden Vorschläge bei der Gestaltung von Tablespaces:

■ Gruppieren Sie Tabellen mit ähnlichen Eigenschaften in einem Tablespace. So könnten zum Beispiel alle schreibgeschützten Tabellen in einem schreibgeschützten Tablespace untergebracht werden. Tabellen mit zufälligem E/A-Verhalten könnten zusammengefaßt werden, genauso wie kleine Tabellen usw.

■ Erzeugen Sie mindestens zwei Tablespaces für die Nutzung durch den *TEMP*-Tablespace. Dieser Ansatz hat den Vorteil, daß der Entwickler spezifischen Benutzerklassen mehrere *TEMP*-Tablespaces zuweisen kann. Wie Sie wahrscheinlich wissen, wird der *TEMP*-Tablespace für größere Sortiervorgänge verwendet, so daß die richtige Zuweisung passender *TEMP*-Tablespaces die Performance verbessern kann. Vergessen Sie nicht, daß in einer verteilten SQL-Abfrage die Datensätze aus der entfernten Datenbank geholt, aber in der Datenbank sortiert werden, die die Anfrage gestellt hat. Der Einsatz mehrerer *TEMP*-Tablespaces hat den weiteren Vorteil, daß der Entwickler bei Festplattenproblemen die *TEMP*-Tablespaces wechseln kann.

■ Benutzen Sie kleine, verwaltbare Tablespaces. Dieser Ansatz macht es einfacher, ein Tablespace zu Wartungszwecken offline zu schalten, ohne das gesamte System zu beeinflussen. Oracle empfiehlt wärmstens, daß ein Tablespace höchstens 10 GByte groß sein soll, und die Plazierung aller Tabellen in ein einziges Tablespace reduziert die Chance der Wiederherstellung nach einem Medienfehler erheblich. Dies bedeutet allerdings nicht, daß Sie jede Tabelle in ein eigenes Tablespace packen sollten. Oracle empfiehlt z.B., daß alle Systemtabellen in ein System-Tablespace gelegt werden und ein separates Tablespace für die Verwaltung der *Rollback*-Segmente erstellt wird.

■ Plazieren Sie *Rollback*-Segmente in ein eigenes Tablespace. Dies isoliert die Aktivität der *Rollback*-Segmente (die üblicherweise hohe E/A-Werte haben) von den Datendateien der Applikation.

Zusätzlich zu diesen generellen Richtlinien für Tablespaces ist die Wartung von Tablespaces wichtig für die Performance des Systems. Der folgende Abschnitt beschreibt, wie sich die Fragmentierung von Tablespaces erkennen und beheben läßt.

Fragmentierung von Tablespaces

Wenn Datensätze zu Tabellen hinzugefügt werden, dehnt sich die Tabelle in den ungenutzten Platz des Tablespaces aus. Umgekehrt kann eine Tabelle beim Löschen von Datensätzen ungenutzte Extents zusammenfassen und diesen Platz an das Tablespace zurückgeben. Wenn dies passiert, ist es möglich, daß unzusammenhängende Teile oder Fragmente ungenutzten Platzes im Tablespace vorhanden sind. Wann immer der Wert, der in *STORAGE (INITIAL xx)* für eine Tabelle festgelegt wurde, überschritten wird, wird Oracle für diese Tabelle ein neues Extent erstellen. Wenn *PCTINCREASE* auf den Wert *0* eingestellt wurde, wird ein neues Extent von der Größe, die in *STORAGE (NEXT xx)* definiert wurde, erstellt. Ist *PCTINCREASE* nicht *0*, wird eine Erweiterung in der Größe des aktuellsten Extents, multipliziert mit dem Wert von *PCTINCREASE*, erstellt.

PCTINCREASE sollte für ein Tablespace niemals auf 0 gesetzt werden, da damit die Einrichtung zur automatischen Zusammenfassung von Oracle-Extents für Tablespaces ausgeschaltet wird. Generell sollten alle Tablespaces mit Ausnahme des System-Tablespaces (SYSTEM, RBS) auf den PCTINCREASE-Wert von 1 eingestellt werden. Der Parameter PCTINCREASE wird für Tablespaces normalerweise nur genutzt, wenn die Tabelle ohne STORAGE-Klausel zugewiesen wurde – obwohl Oracle diesen für die Zusammenführung nutzt.

Diese Zuweisung neuer Extents ist physikalisch fortlaufend zu der ursprünglichen Position der Tabelle, wenn der nächste Datenblock leer ist. Unglücklicherweise hat eine Tabelle oft keine freien, fortlaufenden Datenblöcke für neue Erweiterungen mehr zur Verfügung, so daß diese Extents an einen anderen Ort der Datendatei fragmentiert werden müssen, wie hier gezeigt:

```
CREATE TABLESPACE SALES
   DATAFILE '/Data/ORACLE/sales/sales.dbf'
   SIZE 500M REUSE
   DEFAULT STORAGE (INITIAL 500K   NEXT 50K   PCTINCREASE 1);
```

Sie sehen hier, daß das Tablespace *SALES* einer physikalischen Datei /
Data/Oracle/sales/sales.dbf zugewiesen wurde, die mit einer Größe von
500 MByte erstellt wurde. Angenommen, daß alle Tabellen den Stan-
dardspeicherwert verwenden, werden diese ursprünglich mit 500 KByte
zugewiesen und in Stücken von 50 KByte erweitert.

Was aber passiert, wenn das Tablespace gefüllt ist? Die Verarbeitung
der Daten des Tablespaces wird unterbrochen, so daß der DBA eingreifen und dem Tablespace mit dem Befehl *ALTER TABLESPACE* eine zusätzliche Datendatei hinzufügen muß:

```
ALTER TABLESPACE SALES
ADD DATAFILE '/Data/ORACLE/sales/sales1.dbf'
SIZE 200M REUSE;
```

Offensichtlich sollte der DBA die Nutzung der Tablespaces sorgfältig
überwachen, so daß diese niemals voll werden. Oracle (ab Version 7.2)
bietet allerdings eine Alternative an: Der Befehl *AUTOEXTEND* kann
eingesetzt werden, um eine Datendatei den Anforderungen entsprechend wachsen zu lassen. Hier sehen Sie einige Abwandlungen dieses
Befehls:

```
ALTER DATABASE DATAFILE '/Data/ORACLE/sales/sales.dbf' AUTOEXTEND
ON;
```

```
ALTER DATABASE DATAFILE '/Data/ORACLE/sales/sales.dbf' AUTOEXTEND
ON
   MAXSIZE UNLIMITED;
```

```
ALTER DATABASE DATAFILE '/Data/ORACLE/sales/sales.dbf' AUTOEXTEND
ON
   MAXSIZE 500M;
```

```
ALTER DATABASE DATAFILE '/Data/ORACLE/sales/sales.dbf' RESIZE
600M;
```

Wenn Tabellen fragmentieren, sind zusätzliche E/A-Zugriffe notwendig,
um auf die in der Tabelle enthaltenen Informationen zuzugreifen, da die
Festplatte den Lesekopf auf unzusammenhängende Punkte positionieren
muß. Einige DBAs haben jedoch Tests durchgeführt und dabei herausgefunden, daß Tabellen mit unzusammenhängenden Extents gar nicht so
schlecht sind, solange sie nicht an den Maximalwert der erlaubten
Extents herankommen. Eine solche Tabelle verteilt ihre Daten nämlich
auf verschiedene Festplatten, so daß die Last oft gleichmäßiger aufgeteilt
wird als bei einem aufeinanderfolgenden Zugriff auf eine Platte. In je-

dem Fall wird das folgende Skript alle Tablespaces ermitteln, deren Tabellen mehr als 10 Extents haben:

```
tblsp_fr.sql - shows all tablespaces with more than 10 extents
SET PAGES 9999;
COLUMN c1 HEADING „Tablespace Name"
COLUMN c2 HEADING „Number of Extents"
TTITLE „ Tablespaces with more than 10 extents"

SELECT tablespace_name c1,
       max(extent_id) c2
FROM DBA_EXTENTS
WHERE
extent_id > 9
GROUP BY tablespace_name;
```

Hier sehen Sie die Ausgabe dieses Skripts:

```
SQL> @tblsp_fr

Fri Mar 15                                              page    1
                    Tablespaces with more than 10 extents


Tablespace Name                     Number of Extents
_____                              _____

INDX                                      113
SALES                                      57
SYSTEM                                     56
```

Entgegen der allgemeinen Meinung verursachen Tabellen mit nicht aufeinanderfolgenden Erweiterungen nicht unbedingt Leistungseinbußen. Einzig die Datensatzfragmentierung, die oft mit unzusammenhängenden Extents einhergeht, beeinflußt die Performance negativ. In einigen Studien war eine Tabelle mit unzusammenhängenden Extents (ohne Datensatzfragmentierung) schneller als eine Tabelle in einem einzigen Extent. Dennoch, Tabellen sind dynamisch und werden deshalb über kurz oder lang immer fragmentieren, so daß Sie ohnehin immer wieder mal „aufräumen" müssen. Es kann auch einmal vorkommen, daß Sie ihre Tablespaces neu organisieren müssen.

Reorganisation von Tablespaces

Im allgemeinen stellt eine Reorganisation sicher, daß die Datensätze aller Tabellen und Indizes nicht fragmentiert sind, in einem einzigen Extent liegen und der gesamte freie Platz eines Tablespaces aus einem einzigen, fortlaufenden Stück besteht. Die Reorganisation von Tablespaces kann auf verschiedene Weisen erfolgen. Besser als die gesamte

Datenbank herunterzufahren und einen Export/Import durchzuführen, sind jedoch andere Möglichkeiten.

Lassen Sie uns zunächst einmal betrachten, wie ein Tablespace fragmentiert werden kann. Nach dem ursprünglichen Laden sind alle Tabellen erst einmal zusammenhängend. Dies bedeutet, daß lediglich am Ende des Tablespaces ein zusammenhängender, freier Bereich existiert. Wenn Tabellen größer werden und neue Erweiterungen erstellt werden, wird dieser Bereich kleiner, bleibt aber immer noch zusammenhängend.

Eine Tabelle kann auf zwei Arten fragmentiert werden:

- *Eine Tabelle wird erweitert (ohne Datensatzverkettung)* - Entgegen der allgemeinen Meinung ist dies kein Problem und hat keinen Einfluß auf die Performance.

- *Datensätze fragmentieren innerhalb der Tabelle (durch UPDATE-Anweisungen)* – Dies verursacht ein ernstes Performance-Problem, und die betroffenen Tabellen müssen exportiert, gelöscht und anschließend wieder importiert werden.

Die Fragmentierung von Tablespaces tritt auf, wenn „Taschen" mit freiem Platz innerhalb des Tablespaces existieren. Nun, wie entstehen diese Taschen? Wenn Tabellen gelöscht und neu erstellt werden, oder wenn einzelne Tabellen exportiert und wieder importiert werden, wird Platz, der einmal für diese Tabellen reserviert wurde, frei.

Um die Fragmentierung eines Tablespaces zu sehen, führen Sie das Skript in *Listing 8.4* aus:

Listing 8.4: *tsfrag.sql* zeigt eine Tablespace-Übersicht

```
REM written by Don Burleson

SET LINESIZE 132;
SET PAGES 999;

REM SET FEEDBACK OFF;
REM SET VERIFY OFF;
REM SET HEADING OFF;
REM SET TERMOUT OFF;

BREAK ON file_id SKIP PAGE;
BREAK ON FREE SKIP 1;
COMPUTE sum OF KB ON FREE;

SPOOL tsfrag;

COLUMN owner          FORMAT a10;
COLUMN segment_name   FORMAT a10;
COLUMN tablespace_name FORMAT a14;
COLUMN file_id        FORMAT 99 heading ID;
COLUMN end            FORMAT 999999;
COLUMN KB             FORMAT 9999999;
```

```
COLUMN begin            FORMAT 999999;
COLUMN blocks           FORMAT 999999;

SELECT
  tablespace_name,
  file_id,
  owner,
  segment_name,
  block_id begin,
  blocks,
  block_id+blocks-1 end,
  bytes/1024 KB,
  '' free
FROM SYS.dba_extents
WHERE tablespace_name NOT IN ('RBS','SYSTEM','TEMP','TOOLS','USER')
UNION
SELECT
  tablespace_name,
  file_id,
  '' owner,
  '' segment_name,
  block_id BEGIN,
  blocks,
  block_id+blocks+1 END,
  bytes/1023 KB,
  'F' free
FROM SYS.dba_free_space
WHERE tablespace_name NOT IN ('RBS','SYSTEM','TEMP','TOOLS','USER')
ORDER BY 1, 2, 5
;
/
SPOOL OFF;


!cat tsfrag.lst
```

Listing 8.5 zeigt die Ausgabe von *tsfrag.sql*:

Listing 8.5:
Das Ergebnis von
tsfrag.sql

TS_NAME	ID	OWNER	SEGMENT_NA	BEGIN	BLOCKS	END	KB	F
MASTER3_STAT_1	15	DON	ZIP_UPS_ZO NE_XREF	2	5	6	20	
MASTER3_STAT_1	15	DON	ACHG_TY	7	2	8	8	
MASTER3_STAT_1	15	DON	BUSN_UNIT	9	35	43	140	
MASTER3_STAT_1				44	2	45	8	F
MASTER3_STAT_1	15	DON	PLANT	46	3	48	12	
MASTER3_STAT_1				49	10	58	40	F
MASTER3_STAT_1	15	DON	DON_TABLES	59	4	62	16	

MASTER3_STAT_1 15	DON	ZONE	63	2	64	8	
						—	*
						252	S
MASTER3_STAT_1 15			65	1216	1282	4869	F
						—	*
						4869	S

In *Listing 8.5* sehen Sie zwei unzusammenhängende Stücke freien Platzes, wie in der Spalte *F* auf der äußerst rechten Seite des Berichts. Sie
sehen, daß die Blöcke 44 bis 45 und 49 bis 58 frei sind.

Oracle ab der Version 7.3 entdeckt diese freien Speicherbereiche und
faßt sie automatisch zusammen, vorausgesetzt, die Standard-*STORAGE*-
Klauseln aller betroffenen Tablespaces haben den *PCTINCREASE*-Wert
auf *1* gesetzt. Der Zusammenführungsmechanismus ist der *smon*-Pro-
zeß, der periodisch ausgeführt wird, um freie Bereiche zusammenzufassen. Zwischen den Ausführungen dieses Prozesses startet jede Transaktion, die einen Extent benötigt, welcher größer ist als der momentan freie
Bereich, eine Zusammenfassung, in der Hoffnung, damit den benötigten
Platz zu schaffen.

Die Dictionary-Datensicht *DBA_FREE_SPACE_COALESCED* (ab
Oracle 7.3) stellt Details zur Anzahl der Extents, Byte und zusammengefaßten Blöcke je Tablespace zur Verfügung. Die folgende Abfrage zeigt
diese Informationen an:

```
SELECT
    tablespace_name,
    bytes_coalesced,
    extents_coalesced,
    percent_extents_coalesced,
    blocks_coalesced,
    percent_blocks_coalesced
FROM
    SYS.DBA_FREE_SPACE_COALESCED
ORDER BY
    tablespace_name;
```

Um den Parameter *PCTINCREASE* in allen Tablespaces von 0 auf 1 zu
setzen, damit die Tabellen automatisch zusammengefaßt werden, führen
Sie das Skript in *Listing 8.6* aus:

Listing 8.6:
coalesce.sql ändert
den Parameter
PCTINCREASE in
allen Tablespaces
auf 1

```
REM written by Don Burleson

SET LINESIZE 132;
SET PAGESIZE 999;
SET FEEDBACK OFF;
SET VERIFY OFF;
SET HEADING OFF;
SET TERMOUT OFF;
```

```
SPOOL COALESCE;

SELECT
   'alter tablespace '
   ||tablespace_name||
   ' storage ( pctincrease 1 );'
FROM DBA_TABLESPACES
WHERE
 tablespace_name NOT IN ('RBS','SYSTEM','TEMP','TOOLS','USER')
AND
 pct_increase = 0;

SPOOL OFF;

SET FEEDBACK ON;
SET VERIFY ON;
SET HEADING ON;
SET TERMOUT ON;

@coalesce.lst
```

Wenn Sie feststellen, daß ein einzelnes Tablespace fragmentiert ist, können Sie es durch die folgenden Schritte schnell zusammenfassen:

1. Ändern Sie die Sitzung, indem Sie die Nummer des Tablespaces wie folgt aus *SYS.TS$* ermitteln:

    ```
    SELECT * FROM SYS.TS$;
    ```

2. Führen Sie in *SQL*DBA* den folgenden Befehl aus:

    ```
    ALTER SESSION SET EVENTS immediate trace name coalesce level
    &tsnum;
    ```

    wobei *tsnum* die Tablespace-Nummer aus Schritt 1 ist.

3. Schließlich müssen Sie zur manuellen Zusammenführung den folgenden Befehl in SQL*Plus ausführen:

    ```
    ALTER TABLESPACE <xxxx> COALESCE;
    ```

Obwohl viele Hersteller-Werkzeuge die Datenbankreorganisation unterstützen, schreiben viele Oracle-DBAs eigene Skripts, die alle Tabellen eines Tablespaces exportieren, das Tablespace neu erstellen und schließlich alle Tabellen und Indizes wieder importieren und dabei in einzelne Extents komprimieren. Seien Sie jedoch vorgewarnt, daß das Löschen eines Tablespaces durch referentielle Integrität zu einem komplizierten Unterfangen werden kann. Dies ist dann der Fall, wenn ein Tablespace eine Tabelle enthält, die eine Fremdschlüsselverknüpfung zu einer Tabelle in einem anderen Tablespace hat.

Meistens wird ein Datenbankadministrator eine ganze Datenbank durch die Ausführung der folgenden Schritte reorganisieren:

1. Export der gesamten Datenbank

2. Generieren des Skripts zur Generierung der Datenbank

3. Generieren einer Liste, welche Datendateien entfernt werden müssen

4. Entfernen der Datendateien

5. Erstellen der Datenbank

6. Import der gesamten Datenbank

7. „Bouncen" der Datenbank und (optional) aktivieren des Archivierungsprotokolls

Nachdem wir nun die grundlegenden Tabellenoptionen und deren Einfluß auf die Performance behandelt haben, wenden wir unsere Aufmerksamkeit den Situationen zu, die die Reorganisation von Tablespaces erfordern.

Tabellenfragmentierung

Es muß an dieser Stelle nochmals darauf hingewiesen werden, daß Tabellenfragmentierung keine Performance-Probleme auslöst. Es ist vielmehr die Datensatzverkettung, welche mit der Tabellenfragmentierung einhergeht, die ernste Performance-Probleme verursacht. In der Tat haben einige Oracle-DBAs berichtet, daß erweiterte Tabellen (ohne Datensatzverkettung) manchmal Tabellen übertreffen, die in einem einzelnen Extent untergebracht sind. Um Datensatzverkettungen zu erkennen, lesen Sie den nächsten Abschnitt *Datensatzfragmentierung*.

Listing 8.7 zeigt ein einfaches Skript, mit dem man feststellen kann, wie viele Extents eine Tabelle hat:

Listing 8.7:
tblexts.sql listet
alle Tabellen mit
mehr als 10 Erweiterungen auf

```
REM tblexts.sql

SET PAUSE OFF;
SET ECHO OFF;
SET LINESIZE 150;
SET PAGESIZE 60;
COLUMN c1  HEADING "Tablespace";
COLUMN c2  HEADING "Owner";
COLUMN c3  HEADING "Table";
COLUMN c4  HEADING "Size (KB)";
COLUMN c5  HEADING "Alloc. Ext";
COLUMN c6  HEADING "Max Ext";
COLUMN c7  HEADING "Init Ext (KB)";
```

```
COLUMN c8  HEADING "Next Ext (KB)";
COLUMN c9  HEADING "Pct Inc";
COLUMN c10 HEADING "Pct Free";
COLUMN c11 HEADING "Pct Used";
BREAK ON c1 SKIP 2 ON c2 SKIP 2

TTITLE "Fragmented Tables";

SELECT   substr(SEG.tablespace_name,1,10) c1,
         substr(TAB.owner,1,10)            c2,
         substr(TAB.table_name,1,30)       c3,
         SEG.bytes/1024                    c4,
         SEG.extents                       c5,
         TAB.max_extents                   c6,
         TAB.initial_extent/1024           c7,
         TAB.next_extent/1024              c8,
         TAB.pct_increase                  c9,
         TAB.pct_free                      c10,
         TAB.pct_used                      c11
FROM     SYS.DBA_SEGMENTS SEG,
         SYS.DBA_TABLES   TAB
WHERE    SEG.tablespace_name = TAB.tablespace_name
  AND    SEG.owner = TAB.owner
  AND    SEG.segment_name = TAB.table_name
  AND    SEG.extents > 10
ORDER BY 1,2,3;
```

Listing 8.8 zeigt die Ausgabe von *tblexts.sql*:

Listing 8.8:
Die Ergebnisse
von *tblexts.sql*

```
SQL> @tblexts

Thu Mar 14

                                                            page    1
                                                    Fragmented Tables
Table       Table     Size  Alloc Max Init   Next    Pct Pct Pct
space Owner Ext       (KB)  Ext   Ext Ext(KB) Ext(KB) Inc Free Used
—     —     —         —     —     —   —       —       —   —    —
DONT  DON   UST_CAT   5800  58    249 100     100     0   20   40
SYSTEM SYS  AUD$      1724  11    249 12      840     50  10   40
            CHAINED_ROWS 684 57   249 12      12      0   10   40
            SOURCE$   1724  11    249 12      840     50  10   40
```

Datensatzfragmentierung

Datensatzfragmentierung ist eines der problematischsten Ereignisse, die in einem Oracle-System auftreten können. Datensatzfragmentierung tritt üblicherweise dann auf, wenn eine SQL-*UPDATE*-Operation nicht über genügend Platz verfügt, um die Größe des Datensatzes im eigenen Datenblock zu erweitern. Wenn dies passiert, muß der Datensatz in den nächsten freien Block erweitert werden, was einen zusätzlichen E/A-Zugriff beim Zugriff auf den Datensatz erfordert.

In *Abbildung 8.7* sind die nächsten vier Blöcke mit Datensätzen gefüllt. Wenn ein SQL-*UPDATE* zum Datensatz 1 weitere 1.500 Byte hinzufügt, verweist die Datenbank auf den nächsten Block. Da auch dort kein freier Bereich zur Verfügung steht, wird auf den nächsten und wiederum auf den nächsten Block verwiesen, bis diese 1.500 Byte freier Speicherplatz gefunden werden. Das Fragment wird in Block 4 gespeichert, und eine Kette wird erstellt, die vom Header des ersten Blocks auf den Header des nächsten Blocks verweist und so weiter, bis das Fragment gefunden wird.

Abb. 8.7:
Ein Beispiel für verkettete Datensätze

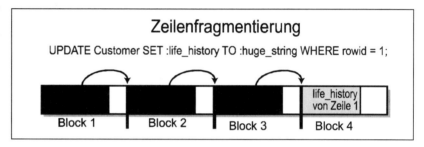

Jeder weitere Zugriff auf den Datensatz 1 erfordert nun vier physikalische Blockzugriffe, um den gesamten Datensatz zu lesen. E/A-Zeit ist normalerweise der größte Anteil der gesamten Antwortzeit, so daß diese Art der Datensatzfragmentierung die Performance stark reduzieren kann.

Es können allerdings vorbeugende Maßnahmen ergriffen werden, um Datensatzfragmentierung zu verhindern. Enthält ein Datensatz möglicherweise alle Spaltenwerte, und diese Werte sind von fester Länge, könnte die Tabelle mit dem Parameter *NOT NULL* definiert werden. Dies reserviert Platz im Datensatz, wenn dieser angelegt wird. Enthält ein Datensatz variable Spalten, kann der Parameter *PCTFREE* erhöht werden, um Platz für Datensatzerweiterungen im Datenblock zu reservieren. Übrigens betrifft dieses Thema nicht nur Oracle. Die meisten Datenbanken bieten Werkzeuge an, mit denen periodisch auf Datensatzfragmentierung geprüft werden kann. Wenn Fragmente gefunden werden, müssen die Daten in eine einfache Datei exportiert, die Tabelle mit anderen Speicherparametern neu definiert und die Tabelle wieder mit den Daten aus der Datei gefüllt werden.

Listing 8.9 enthält ein Skript namens *chain.sql*, das die Anzahl der Datensatzverkettungen je Tabelle anzeigt. Dieses Skript enthält eine Serie von Abfragen, die eine Liste aller Tabellen ermittelt und eine *ANALYZE TABLE*-Syntax in eine temporäre Datei schreibt, welche dann ausgeführt wird, um die Anzahl der verketteten Datensätze in allen Tabellen zu ermitteln. Sie erinnern sich: Ein verketteter Datensatz tritt auf, wenn eine SQL-*UPDATE*-Operation die Größe eines Datensatzes verändert hat und dieser dadurch in einen anderen Datenblock fragmentiert.

Listing 8.9 erzeugt Tabellenstatistiken, die möglicherweise die Nutzung der kostenbasierten Analyse erzwingen, wenn nicht der Parameter optimizer_mode *für die Datenbank in der Datei* init<SID>.ora *auf* RULE *statt auf* CHOOSE *eingestellt wurde.*

Listing 8.9:
chain.sql zeigt alle
verketteten
Datensätze in
den Datenbank-
tabellen an

```
SET ECHO OFF;
SET HEADING OFF;
SET FEEDBACK OFF;
SET VERIFY OFF;

DROP TABLE CHAINED_ROWS;
@/opt/oracle/product/7.1.6/rdbms/admin/utlchain.sql

—define owner = &tableowner
SPOOL /opt/oracle/admin/adhoc/chainrun.sql;

SELECT 'analyze table ' || owner || '.' ||table_name ||
       ' list chained rows;'
FROM DBA_TABLES
WHERE OWNER NOT IN ('SYS','SYSTEM');
SPOOL OFF;

—!more chainrun.sql
@chainrun.sql

SELECT 'There are ' || count(*) || ' chained rows in this database.'
FROM CHAINED_ROWS;

SELECT DISTINCT owner_name, table_name, count(*)
FROM CHAINED_ROWS
GROUP BY owner_name, table_name;

PROMPT
PROMPT You may now query the chained_rows table.
PROMPT This table contains one row for each row that has chained.
PROMPT
PROMPT suggested query:

select table_name, head_rowid, timestamp
PROMPT                        from chained_rows
PROMPT

@chain
```

```
ANALYZE TABLE ORACLE.PUMPDATA LIST CHAINED ROWS;
ANALYZE TABLE ORACLE.SALESORG LIST CHAINED ROWS;
ANALYZE TABLE ORACLE.EMP LIST CHAINED ROWS;
ANALYZE TABLE ORACLE.LOB LIST CHAINED ROWS;
ANALYZE TABLE ORACLE.PRODUCT LIST CHAINED ROWS;
ANALYZE TABLE ORACLE.PAC1 LIST CHAINED ROWS;
ANALYZE TABLE ORACLE.PAC12 LIST CHAINED ROWS;
ANALYZE TABLE ORACLE.PAC23 LIST CHAINED ROWS;
ANALYZE TABLE ORACLE.MGC LIST CHAINED ROWS;
ANALYZE TABLE ORACLE.FILM_CODE LIST CHAINED ROWS;
ANALYZE TABLE ORACLE.CUST_CAT LIST CHAINED ROWS;
ANALYZE TABLE ORACLE.SALES_SUM LIST CHAINED ROWS;
ANALYZE TABLE ORACLE.DEPT LIST CHAINED ROWS;
ANALYZE TABLE ORACLE.BONUS LIST CHAINED ROWS;
ANALYZE TABLE ORACLE.SALGRADE LIST CHAINED ROWS;
ANALYZE TABLE ORACLE.DUMMY LIST CHAINED ROWS;
SQL>
SQL> SPOOL OFF;
SQL>
SQL> @chainrun.sql
SQL> SELECT 'analyze table ' || owner || '.' ||table_name ||
            ' list chained rows;'
SQL>   2  FROM DBA_TABLES
SQL>   3  WHERE OWNER NOT IN ('SYS','SYSTEM');
SQL>


SQL> ANALYZE TABLE ORACLE.LOB LIST CHAINED ROWS;
SQL> ANALYZE TABLE ORACLE.PRODUCT LIST CHAINED ROWS;
SQL> ANALYZE TABLE ORACLE.PAC1 LIST CHAINED ROWS;
SQL> ANALYZE TABLE ORACLE.PAC12 LIST CHAINED ROWS;
SQL> ANALYZE TABLE ORACLE.PAC23 LIST CHAINED ROWS;
SQL> ANALYZE TABLE ORACLE.MGC LIST CHAINED ROWS;
SQL> ANALYZE TABLE ORACLE.FILM_CODE LIST CHAINED ROWS;
SQL> ANALYZE TABLE ORACLE.CUST_CAT LIST CHAINED ROWS;
SQL> ANALYZE TABLE ORACLE.SALES_SUM LIST CHAINED ROWS;
SQL> ANALYZE TABLE ORACLE.DEPT LIST CHAINED ROWS;
SQL> ANALYZE TABLE ORACLE.BONUS LIST CHAINED ROWS;
SQL> ANALYZE TABLE ORACLE.SALGRADE LIST CHAINED ROWS;
SQL> ANALYZE TABLE ORACLE.DUMMY LIST CHAINED ROWS;
```

Listing 8.10 zeigt die Ergebnisse des Skripts *chain.sql*:

Listing 8.10:
Die Ergebnisse des
Skripts *chain.sql*

```
There are 16784 chained rows in this database.

SQL>
SQL> SELECT DISTINCT owner_name, table_name, count(*)
  2    FROM CHAINED_ROWS
  3  GROUP BY owner_name, table_name;
```

ORACLE	SALESNET	16784
ORACLE	SALES	432
ORACLE	CUST	126744

Nachdem wir gesehen haben, welchen Einfluß die physikalischen Definitionen der Oracle-Objekte auf die Systemleistung haben, ist es offensichtlich, daß der Prozeß der Identifikation und Korrektur von Performance-Problemen eine gut strukturierte Aufgabenstellung erfordert. Daher sollten Sie in der Lage sein, eine Umgebung zu erstellen, in der ungewöhnliche Situationen sofort erkannt werden, um einen Oracle-Profi zu alarmieren. Der folgende Abschnitt zeigt, wie eine solche Software erstellt werden könnte.

Entwicklung von Expertensystemen zur Messung der Datenbankleistung

Wird eine zentralisierte Datenbank in mehrere verteilte Systeme aufgeteilt, steigen die Wartungsanforderungen für jede einzelne Datenbank signifikant. Während die Gesamtkosten für die System-Hardware sinken, wenn Unternehmen ihre Mainframes aussondern, steigen andererseits die Personalanforderungen, da zusätzliche Mitarbeiter zur System- und Datenbankadministration in den einzelnen Standorten benötigt werden.

Viele Firmen, die verteilte Datenbanksysteme vertreiben, reagieren auf diese Herausforderung durch die Erstellung von Systemen zur Automatisierung der normalen Leistungsüberwachung jeder entfernten Datenbank. Diese Systeme alarmieren den DBA, wenn vorgegebene Grenzwerte überschritten werden. Diese Art der Automatisierung kann durch Werkzeuge zur statistischen Trendanalyse, wie beispielsweise das Produkt SAS, erweitert werden, um Voraussagen bezüglich der Datenbankwartung und den Leistungstrends zu ermöglichen.

Da diese Systeme sehr hochentwickelt sind, schlage ich einen eher evolutionären Ansatz zur Entwicklung eines Expertensystems zur Leistungsoptimierung vor. Die 1981 vorgestellte Arbeit von Robert Bonczeck zur theoretischen Struktur von Expertensystemen eignet sich sehr gut für die Leistungsoptimierung von Applikationen. Bonczeck identifiziert einen Standardrahmen zur Lösung von Problemen, der aus drei Komponenten besteht: Zuständen, Operatoren und Zielen. Dieser Ansatz geht davon aus, daß der Anfangszustand (in der Praxis: ein Leistungsabfall) identifiziert ist und eine Serie von Operatoren angewendet wird, um den Zielzustand (akzeptable Performance) zu erreichen. Dieser Ansatz zur Problemlösung ist vor allem für Systeme interessant, die Leistungs- und Optimierungsinformationen sammeln.

Die Idee ist die Gestaltung eines Wissenssystems zur Speicherung relevanter statistischer Informationen, die periodisch in ein System zur Problemverarbeitung eingepflegt werden, wie in *Abbildung 8.8* dargestellt. Dieses Problemverarbeitungssystem enthält Entscheidungsregeln, die genutzt werden, um Nutzungstrends zu erkennen und den DBA zu alarmieren, wenn Parameter überschritten wurden.

Abb. 8.8:
Die Architektur
von Experten-
systemen

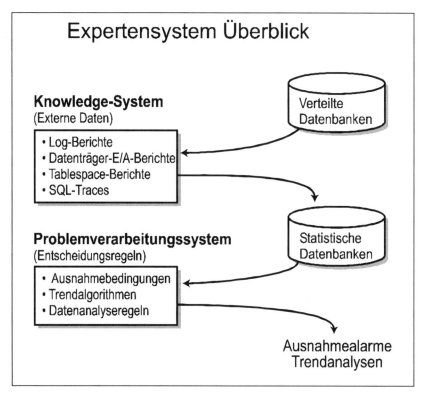

Diese Technik beruht auch auf dem Wissen, daß Datenbankleistung und deren Optimierung keine menschliche Intuition benötigt. Wenn die dem Problem zugewiesenen Entscheidungsregeln auch sehr komplex sein mögen, ist die Performance-Analyse nichts weiter als die Anwendung strukturierter Regeln auf die Problemdaten. Daher ist ein automatisiertes System mit dem Know-how eines Datenbankadministrators im Bereich der Performance-Analyse durchaus denkbar.

Die folgenden Schritte können zur Erstellung eines solchen Expertensystems verwendet werden:

1. Identifizieren Sie die Standardwerkzeuge, die verwendet werden sollen, z.B.:

   ■ SQL-Trace-Hilfsprogramm

   ■ Tablespace-Berichte

   ■ Berichte zur Protokollanalyse

- Betriebssystem-spezifische Berichte

- Berichte des Performance Monitor

2. Planen Sie die Ausführung der Berichte auf periodischer Basis, und leiten Sie die Ausgaben in eine Datei um.

3. Schreiben Sie ein Programm, das die Berichte interpretiert und die zusammengefaßten Statistiken in eine Master-Datei schreibt.

4. Erstellen Sie ein System zur Problemverarbeitung, um die Master-Datei auszuwerten, Trendberichte zu generieren und den DBA zu alarmieren.

Für die Leistungsanalyse sind viele Werkzeuge vorhanden. Berichte können die Datenbankprotokolle auswerten, um wiederum Berichte zu generieren, die Statistiken über jeden Prozeß in der Datenbank enthalten. Das SQL-Trace-Hilfsprogramm kann jeden Tag für einige Minuten aktiviert werden, um ineffektive SQL-Anweisungen zu identifizieren. Betriebssystemberichte können generiert werden, um Informationen zur Festplattenauslastung zu erhalten und E/A-Engpässe herauszufinden. Leistungsmonitore können zur Feststellung von Informationen über Datenbank Deadlocks und unvollständige Transaktionen herangezogen werden.

Zeitplanung kann aktiviert werden, um die Berichte zu bestimmten Zeiten zu erzeugen. Für die zeitabhängige Planung stehen UNIX-Utilities wie beispielsweise *cron* zur Verfügung, es ist jedoch komfortabler, wenn eine direkte Schnittstelle zur Zeitplanung vorhanden ist. Damit ist es möglich, ereignisgesteuerte Berichte zu erzeugen. So könnte beispielsweise ein UNIX-Monitor bei der Feststellung einer übermäßigen Festplattennutzung einen *user-exit* auslösen, um einen SQL-Trace zu starten, der Detailinformationen liefert.

Die meisten Datenbankberichte enthalten so viele irrelevante Daten, daß ein simples in C oder sogar COBOL geschriebenes Programm genutzt werden kann, um die Ausgaben dieser Berichte zu lesen und kritische Informationen in eine Tabelle zu schreiben. Diese Tabelle kann zur Fütterung des Problemverarbeitungssystems verwendet werden, mit dem Ausnahme- und Trendanalyseberichte erstellt werden. Dies hört sich zwar recht komplex an, dafür können die Daten jedoch auch direkt in ein Standardstatistikpaket wie SAS oder SPSS geleitet werden, um Trendberichte zu erstellen.

Tabelle 8.1 zeigt einen typischen wöchentlichen Ausnahmebericht. Alle Prozesse des Tages werden analysiert und mit dem Durchschnitt der historischen Antwortzeiten verglichen. Wenn die Antwortzeit für diesen Prozeß mehr als 15% vom historischen Durchschnitt abweicht, wird die Varianz in der rechten Spalte aufgezeigt:

| | WOCHENTAG | | | | | | | | HISTOR. |
PROZESS- NAME	97906	97907	97908	97909	97910	97911	97912	ANT- WORT- ZEIT	ANTWORT ZEITABWEI- CHUNG
PC01	.55	.54	.68	.56	.54	.57	.00	21932	.55
PC02	.05	.04	.08	.06	.04	.07	.00	3444	.01
PC03	.22	.23	.40	.21	.23	.21	.22	128342	.01
PC04	.05	.08	.09	.02	.04	.01	.00	3444	.01
PC05	.35	.33	.42	.33	.32	.40	.31	3444	.31

Tab. 8.1:
Der wöchentliche Ausnahmebericht von Southern Meadow für die am 9.12.1997 endende Woche

Diese Berichtart stellt nützliche Informationen über den Gesamtbetrieb einer verteilten Datenbank bereit. Achten Sie beispielsweise auf den Leistungsabfall am Mittwoch (97908). Sie sehen, daß alle Prozesse im System an diesem Tag mit ihren Antwortzeiten über dem historischen Durchschnitt lagen, so daß Sie davon ausgehen können, daß irgendein externer Einfluß das Gesamtantwortverhalten des Systems beeinflußt hat.

Andere übliche Berichte können die Nutzung der Puffer in verteilten Datenbanken auswerten, indem Sie das Verhältnis von *blocks_requested* zu *blocks_in_buffer* vergleichen. Dies kann als simple Methode genutzt werden, um die Pufferauslastung über einen bestimmten Zeitraum zu verfolgen. DBAs, die diese Art von System implementiert haben, sind der Meinung, daß dadurch die Notwendigkeit zeitraubender manueller Berichtanalyse entfällt und eine Basis für hochentwickelte automatisierte Leistungsoptimierung geschaffen wurde. Für nähere Informationen zur Entwicklung eines Oracle-Systems zur Leistungsüberwachung wird auf *Kapitel 11: Anwendungsüberwachung in Oracle* verwiesen.

Nachdem wir nun verstehen, welche Rolle die Leistungsüberwachung spielt, lassen Sie uns einen Blick darauf werfen, wie die neuesten Hardware-Architekturen zur gemeinsamen Nutzung von Verarbeitungsressourcen genutzt werden können. Die heutige Hardware hat die Fähigkeit, die CPU-Leistung über viele Oracle-Instanzen zu verteilen. Dieses Werkzeug zur Lastverteilung kann für die Leistungsfähigkeit von Oracle-Datenbanken sehr hilfreich sein.

Lastverteilung und Oracle

Nach den letzten Fortschritten im Bereich der symmetrischen Multiprozessorsysteme (SMP) ist es interessant, festzustellen, daß viele Unternehmen Werkzeuge erproben, mit denen das Zu- und Wegschalten von Prozessoren je nach Bedarf möglich ist. Last-

verteilung, oder die Möglichkeit, Prozessoren dynamisch zu- und weg-
zuschalten, ist ein Ergebnis der Technologie verteilter Speicher-Cluster.
Durch das Zusammenfassen mehrerer SMP-Prozessoren versetzt man
Systemadministratoren in die Lage, bestimmte Applikationen einfach je
nach Bedarf aufzurüsten.

Systemadministratoren können Cluster von SMP-Maschinen je nach
Bedarf verbinden oder trennen, um so eine ausgeglichene Prozessorlei-
stung für eine Applikation zu erzielen. Diese neue Technologie entlastet
Systemplaner auch von der Notwendigkeit, bereits im Planungsstadium
die Prozessorleistung für die fertige Anwendung festlegen zu müssen.
Mit mehreren SMP-Clustern kann das System klein anfangen und bei
Bedarf mitwachsen, wenn die Anforderungen an das System steigen.
Dieser Abschnitt betrachtet die *Load Sharing Facility (LSF)* als Beispiel
für die Technologie der Lastverteilung. Nicht als Empfehlung gemeint,
dient die Betrachtung dieses Produkts als gutes Beispiel für die Art von
Software, die für die Verteilung von Prozessorleistung in verteilten Systemen eingesetzt wird. LSF gibt einen Einblick in die internen Funktionen dieser Art von Werkzeugen. LSF ist ein verteiltes Berechnungs-
system, welches eine Gruppe von Unix-Servern verschiedenster
Hersteller in einen „virtuellen Supercomputer" verwandelt. LSF unterstützt vollständig transparente Lastverteilung zwischen Unix-Systemen
verschiedener Hersteller und repräsentiert eine Technologie, die den
schnell wachsenden Markt für Cluster-Computing erst möglich macht.

Die Leistungsfähigkeit von Low-Cost-Arbeitsstationen ist sprunghaft
angestiegen, und eine Gruppe solcher Workstations stellt eine riesige
Menge an Computerleistung dar. Bis jetzt waren Ressourcen dieser Art
über das gesamte Netzwerk verstreut. Der Versuch sie dazu einzusetzen,
um Benutzer-Jobs auszuführen, hat sich als schwierig erwiesen.

LSF automatisiert Cluster Computing durch das Verstecken des Netzwerks und der heterogenen Computer vor den Benutzern. Anstatt alle
Berechnungen auf dem lokalen Rechner laufen zu lassen, wie dies in den
meisten Unix-Netzwerken der Fall ist, verteilt LSF die einzelnen Jobs
transparent über das gesamte Netzwerk – wobei auch die Architektur,
das Betriebssystem und die Menge der vom Job benötigten Ressourcen,
wie Speicher, Festplattenplatz und Software-Lizenzen, in die Auswahlkriterien einfließen. LSF unterstützt alle Arten von Anwendungen – parallel oder seriell, sowohl interaktiv als auch als Stapelverarbeitungsdatei
gestartet.

Die verteilte Nutzung von Computern hat in den letzten zehn Jahren
enorm an Bedeutung gewonnen und den Vorzug gegenüber der Nutzung zentraler Rechner erhalten. Es wurde allgemein beobachtet, daß
die Nutzung von Ressourcen zur Berechnung in einer verteilten Umgebung üblicherweise völlig ungleichmäßig ist. Der Benutzer einer Workstation nutzt diese vielleicht so gut wie gar nicht, wenn er Sie aber ein-
setzt reichen deren Ressourcen jedoch bei weitem nicht aus. Einige
Hosts sind völlig überlastet, während andere im Leerlauf dahindümpeln.
Zugleich mit der dramatischen Verminderung der Hardware-Kosten

sind die Anforderungen der Applikationen ständig angewachsen, vor allem durch neue, ressourcenfressende Applikationen, die in schneller Folge veröffentlicht wurden. Es ist zur Zeit (und wird immer so bleiben) einfach zu teuer, jedem einzelnen Benutzer eine ausreichende Menge an Hardware-Ressourcen zur Verfügung zu stellen.

Lastverteilung ist ein Prozeß der Wiederverteilung der Computerlast des Gesamtsystems auf die einzelnen Hosts, um die Leistung und Zugriffsmöglichkeiten auf externe Ressourcen zu verbessern. Intuitives Vermeiden von Lastungleichheiten und die Ausnutzung leistungsfähiger Hosts könnte zu schnelleren Antwortzeiten und besserer Ressourcenausnutzung führen. Zahlreiche Studien der 80er Jahre haben diese Idee bestätigt. Die meisten Forschungsarbeiten konzentrieren sich heutzutage jedoch auf Umgebungen mit kleinen Gruppen homogener Hosts und fokussieren die Verteilung der Prozessorleistung (CPU). Mit der wachsenden Anzahl an verteilten Systemen, die in mittleren und großen Unternehmen eingesetzt werden, ist auch die Skala an Systemumgebungen gewachsen: von einigen Hosts und wenigen Workstations, die von ein paar Servern bedient werden bis zu Hunderten und Tausenden von Hosts. Für eine effektive Lastverteilung sollten auch Ressourcen, die über die Verarbeitungsleistung von Speicher-Frames, Plattenspeicher und E/A-Bandbreite hinausgehen, in Betracht gezogen werden.

Heterogenität

Eine weitere wichtige Entwicklung in verteilten Systemen ist die Heterogenität, die eine Reihe von Formen annehmen kann. Heterogene Konfigurationen verfügen über Hosts mit unterschiedlicher Prozessorleistung, Speicher- und Festplattenkapazität. Zusätzlich kann der gleiche Code auf mehreren Hosts ausgeführt werden. Heterogene Betriebssysteme bergen die Gefahren unterschiedlicher und inkompatibler Systemeinrichtungen. Obwohl Heterogenität die Nutzung gemeinsamer Ressourcen einschränkt, beinhaltet sie doch auch substantielle Möglichkeiten. Erstens, auch wenn sich sowohl die lokale Workstation als auch der wesentlich leistungsfähigere Host im Leerlaufzustand befinden, kann die Leistung eines Jobs deutlich gesteigert werden, wenn dieser auf dem Host anstatt auf der lokalen Arbeitsstation abläuft. Zweitens wird durch die transparente Ressourcenzuweisung und einen Mechanismus, der es erlaubt, Jobs auf entfernten Systemen auszuführen, möglich, Prozesse zu starten, ohne die für die Aufgabe notwendigen Ressourcen zu kennen. Dadurch wird es möglich, beispielsweise ein CAD-Paket, das bisher nur auf einer SUN-Workstation lief, auch von einer HP-Workstation zu starten.

Wie bereits erwähnt, wurde im Bereich der Lastverteilung in großen, heterogenen Umgebungen noch nicht allzu tief geforscht, und doch sind es genau diese beiden Faktoren in Kombination, die die meisten Probleme bei der Lastverteilung in den heutigen und zukünftigen verteilten Systemen verursachen. Sobald die Größenordnungen, bei denen die Lastverteilung bereits heute funktioniert, nicht mehr ausreichen, sind weitere Forschungsaufgaben unausweichlich.

Neben der Demonstration der Funktionsfähigkeit von allgemein anwendbaren Lastverteilungssystemen für große, heterogen verteilte Umgebungen durch den Aufbau eines Systems, das in diversen System- und Applikationsumgebungen einsetzbar ist, sind die zwei wichtigsten Beiträge der Forschung für den Bereich der Lastverteilung in verteilten Systemen:

- Algorithmen, entwickelt für die Verteilung von Auslastungsinformationen in Systemen mit Tausenden von Hosts, wie auch die Plazierung von Aufgaben entsprechend der Anforderungen des Prozesses und der Auslastungsinformation der Hosts.

- Eine Sammlung von hochflexiblen und effizienten Ausführungsmechanismen, um interaktiven Prozessen (und auch relativ fein unterteilten Applikationsprozessen), die ein hohes Maß an Transparenz benötigen, die Fähigkeit zu geben, ferngesteuert und dennoch effizient ausgeführt zu werden.

Nachdem wir nun gesehen haben, wie Hardware eingesetzt werden kann, um die Ressourcen eines Oracle-Systems ins Gleichgewicht zu bringen, lassen Sie uns unsere Aufmerksamkeit im folgenden den Datenbanken zuwenden, die im Internet betrieben werden. Oracles Web-Server wurde durch Oracle8 recht populär, und der folgende Abschnitt präsentiert Tips und Techniken zur Optimierung von WebServer-Anwendungen.

Tuning des Oracle WebServers

Es gibt mehrere Faktoren, die die Leistungsfähigkeit einer Web-Server-Applikation beeinflussen. Wenn auch die meisten dieser Faktoren in der Obhut des Anwendungsentwicklers liegen, gibt es doch einige Probleme, wie beispielsweise die Kommunikation via Internet, die nicht mehr vom Entwickler kontrolliert werden können. Konsequenterweise bezieht sich der Bereich der Leistungsoptimierung eines WebServers nur auf die Zeit, in der der Web-Listener eine URL-Anforderung abfängt bis die komplette Anforderung bearbeitet und zum Client zurückgegeben wurde. Während dieser Periode passiert folgendes:

1. Die Anforderung wird vom Web-Listener abgefangen.

2. Die Anforderung wird an den CGI oder den Web Request Broker (WRB) oder neuerdings auch an den Object Request Broker (ORB) weitergeleitet.

3. Die Anforderung wird an Oracle übergeben.

4. Oracle bearbeitet die Anforderung und übergibt deren Ergebnisse an CGI, den WRB oder ORB.

5. Das Web-Dokument wird vorbereitet und über den Web-Listener an den anfordernden Benutzer gesendet.

Der Oracle WebServer erreicht durch eine Reihe von Mechanismen eine akzeptable Leistung. Die folgenden Abschnitte behandeln einige der Mechanismen, die die Leistung des WebServers beeinflussen.

Leistungsbeeinflussende Faktoren des WebServers

Die Antwortzeiten beim Oracle-WebServer sind eine funktionale Inter-aktion zwischen verschiedenen Komponenten. Die folgende Auflistung zeigt die Komponenten in der Reihenfolge ihres Einflusses auf die Per-formance des WebServers:

■ Internet (Geschwindigkeit der Datenübertragung im Internet)

■ Oracle-Datenbank (Antwortzeiten)

■ Web-Listener (Geschwindigkeit, in der die Oracle-Anforderungen übergeben werden)

■ Web Request Broker (Geschwindigkeit, in der HTML-Seiten aufge-baut werden)

■ PL/SQL Agent (Geschwindigkeit, in der Oracle-gespeicherte Proze-duren geladen und ausgeführt werden)

Sie haben keine Kontrolle über die Geschwindigkeit des Internets, aber Sie haben einige Kontrollmöglichkeiten über die Oracle-Komponenten. Lassen Sie uns einen Blick auf die Bereiche der Leistungsoptimierung werfen, welche die anderen Komponenten des Oracle8-WebServers um-geben, den Web Request Broker und den PL/SQL-Agenten.

Web Request Broker

Der Web Request Broker (WRB) akzeptiert Verbindungen des Web-Listeners. Diese Anfragen kommen in Form von URLs. Wenn der WRB eine Anfrage erhält, untersucht dieser die URL, um herauszufinden, wel-cher Art die Anfrage ist. Die URL könnte eine in Oracle gespeicherte

Prozedur, eine Java-Routine oder jede andere Routine anfordern, die mit einem Socket definiert wurde. Die Festlegung, welches Objekt nun von einer Anfrage angefordert wird, findet in der Pfadangabe der URL statt. Die interne Bedeutung der Pfadnamen wird bei der Konfiguration des WebServers festgelegt. Sie können Ihre Web-Seite so definieren, daß der WebServer URLs, die mit /oraproc beginnen, an den PL/SQL-Agenten und solche, die mit /java beginnen, an den Java-Interpreter weiterleitet.

PL/SQL-Agent

Die Kommunikation mit dem PL/SQL-Agenten ist generell wesentlich einfacher als die Kommunikation mit Oracle via LiveHTML oder Java. Außerdem ist der PL/SQL-Agent wesentlich schneller als in der Web-Server Version 1.0. Dies ist auf eine grundlegende Änderung in der Architektur zurückzuführen, die dafür sorgt, daß jede Instanz des PL/SQL-Agenten zwischen Datenbankanforderungen mit dem Oracle-Server verbunden bleibt.

Ständige Verbindung bedeutet hierbei nicht, daß eine vollständige Verbindung zu Oracle aufgebaut wird. Ständige Verbindung bedeutet vielmehr, daß eine Kommunikationsverbindung mit Oracle aufgebaut wurde, aber keine Datenbankverbindung via SQL*Net. Wie Sie wahrscheinlich wissen, können Sie eine Verbindung, die jemand via SQL*Plus aufgebaut hat, in der Ansicht *V$SESSION* sehen. Dies ist beim WebServer nicht der Fall, da der PL/SQL-Agent sich nur während der Bearbeitung einer Anforderung mit Oracle verbindet. Die Bearbeitung einer PL/SQL-Anforderung besteht aus folgenden Schritten:

- Holen der gespeicherten Prozedur aus Oracle

- Ausführung der gespeicherten Prozedur

- Durchführung des geforderten Datenbankzugriffs

Da jede HTTP-Anforderung eine SQL*Net-Sitzung startet, meldet sich Oracle technisch jedesmal ab und baut wieder eine SQL*Net-Sitzung wieder auf, wenn eine URL-Anforderung kommt. Dieser Prozeß geht jedoch schnell vonstatten, weil die Verbindung mit dem Oracle-Server zwischen den einzelnen URL-Anforderungen aufrechterhalten wird.

Zusammenfassung

Betrachtet man die zahllosen Faktoren, die zur Leistungsfähigkeit eines Oracle-Systems beitragen, ist es nicht verwunderlich, daß es keine magische Formel gibt, die man auf ein verteiltes Datenbanksystem anwenden und damit sicherstellen kann, daß das System mit einer akzeptablen Performance läuft. Eigentlich ist es sogar einfacher, die Leistung eines verteilten Systems zu optimieren, da jeder entfernte Standort isoliert und von anderen Standorten unabhängig analysiert werden kann. Dennoch bleibt die Leistungsoptimierung durch die komplexe Natur verteilter Datenverarbeitung ein kompliziertes Unterfangen, welches nur mit einem vollständigen Verständnis der leistungsbeeinflussenden Komponenten und der effektivsten Meßmethoden realisierbar ist.

Performance und Tuning von Verbindungswerkzeugen für Oracle-Datenbanken

KAPITEL

9

Datenbankkonnektivität (auch *Database Connectivity* oder *Datenbankanbindung*) bedeutet weit mehr als nur das Herstellen einer Kommunikation mit anderen Datenbanken – vielmehr ist es das Bindemittel, das den gesamten Datenverbund zusammenhält. Konnektivität läßt sich durch viele verschiedene Mechanismen realisieren, etwa durch Anwendungsprogrammierschnittstellen (API = Application Programming Interface), ferngesteuerte Prozeduraufrufe (RPC = Remote Procedure Call) oder durch eine Vielzahl anbieterspezifischer Lösungen. Jeder dieser Mechanismen schreibt feste Regeln für die Einrichtung von Datenbankverbindungen vor; das vorliegende Kapitel gibt einen Überblick über die gebräuchlichsten Methoden der Verwirklichung von Konnektivität. In diesem Kapitel werden folgende Themengebiete behandelt:

- Datenbank-APIs

- Die internen Zusammenhänge von ODBC

- Programmierung zum Zwecke der Portabilität

- Systemübergreifende Konnektivität

- Die internen Zusammenhänge von Oracle SQL*Net und Net8

- Datenbankübergreifende Konnektivität mit IBM-Großrechnern

Datenbank-APIs

Es herrscht einige Verwirrung über die Funktionen von Anwendungsprogrammierschnittstellen und darüber, wie sie mit Konnektivitätswerkzeugen und Datenbanken kommunizieren. Tatsächlich geben einige Client/Server-Architekturen so viele Schnittstellenebenen vor, daß es oft sehr schwierig ist, den Informationsfluß auf seinem Weg durch die verschiedenen Ebenen nachzuverfolgen. Die physikalischen Details zunächst einmal vernachlässigend, befassen wir uns hier mit den logischen Methoden für die Errichtung von Konnektivität. Die gebräuchlichste Art der logischen Konnektivität ist die zwischen entfernten Datenbanken desselben Typs. Die Oracle-Datenbank-Software bietet diese Art von Mechanismus in Form seiner SQL*Net- und Net8-Software an, die Oracle-Datenbanken einen nahtlosen Verbindungsaufbau untereinander erlauben (mehr über SQL*Net und Net8 erfahren Sie später in diesem Kapitel). Konnektivität wird in Oracle durch Datenbank-Links zu den entfernten Datenbanken erzielt. Sind diese entfernten Datenbanken erst einmal durch den DBA definiert worden, können Sie an jeder Abfrage oder Aktualisierung teilhaben, die von einer Oracle-Anwendung ausgeführt wird. Datenbanken in London und Paris lassen sich etwa mit Hilfe der folgenden SQL-Erweiterung an ein System in Denver anbinden:

```
CREATE PUBLIC DATABASE LINK LONDON
    CONNECT TO system IDENTIFIED BY manager USING 'london';
CREATE PUBLIC DATABASE LINK PARIS
    CONNECT TO system IDENTIFIED BY manager USING 'paris';
```

Jede Tabelle aus einem dieser entfernten Standorte läßt sich nun in die SQL-Abfrage einbinden, indem ihr Name zusammen mit dem des entfernten Standortes angegeben wird. Das folgende Beispiel verbindet drei Tabellen: eine lokale Tabelle in Denver mit der Bezeichnung *ORDER*, eine Tabelle namens *CUSTOMER* in Paris und die Tabelle *ORDERLINE* in London.

```
SELECT CUSTOMER.customer_name, ORDER.order_date,
ORDERLINE.quantity_ordered
    FROM CUSTOMER@london, ORDER, ORDERLINE@paris
    WHERE
    CUSTOMER.cust_number = ORDER.customer_number
    AND
    ORDER.order_number = ORDERLINE.order_number;
```

Doch was ist mit entfernten Datenbanken aus anderen relationalen Systemen wie etwa Sybase oder FoxPro? Und was mit den vererbten Daten aus einer hierarchischen Datenbank wie IMS oder einer Netzwerkdatenbank wie CA-IDMS? Hier bewegen Sie sich in einem etwas komplizierteren Feld – glücklicherweise haben Sie für eine solche architekturübergreifende Konnektivität die Auswahl zwischen einer Reihe von Dienstprogrammen. Das beliebteste Konnektivitäts-Gateway ist *Open Database Connectivity (ODBC)* von Microsoft (weitere Informationen zu ODBC erhalten Sie später in diesem Kapitel).Viele Anwender waren jedoch auch erfolgreich darin, architekturübergreifende Konnektivität mit Hilfe selbstgeschriebener RPCs und APIs zu implementieren.

Eine API ist eine Schnittstelle, die in der Regel in ein Anwendungsprogramm eingebettet wurde, um eine Verbindung zu einer externen Datenbank bereitzustellen. Datenbank-APIs gibt es in zwei Arten: eingebettet oder in Form von Funktionsaufrufen. Eingebettete APIs werden in ein Anwendungsprogramm eingesetzt und stellen eine Schnittstelle zum Datenbank-Managementsystem dar. *Listing 9.1* ist ein Beispiel für ein COBOL-Programm mit eingebetteten SQL-Befehlen:

Listing 9.1:
Ein COBOL-
Programm

```
WORKING-STORAGE SECTION.

01  CUST-RECORD.

    05  CUSTOMER_NAME      PIC X(80).
    05  CUSTOMER_ADDRESS   PIC X(100).
    05  CUSTOMER_PHONE     PIC 9(7).
```

```
EXEC-SQL    INCLUDE SQLCA    END-EXEC.

PROCEDURE DIVISION.

OPEN INPUT INPUT-FILE.
READ INPUT-FILE AT END MOVE 'Y' TO EOF-SWITCH.

EXEC-SQL

    CONNECT TO :REMOTE_SITE;

END-EXEC.

EXEC-SQL

    SELECT * FROM CUSTOMER
    WHERE
    DB_CUST_NAME = INPUT_CUSTOMER_NAME

END-EXEC.

IF SQLCODE <> 0 THEN PERFORM NOT-FOUND-ROUTINE.

NOT-FOUND-ROUTINE.

    DISPLAY „ERROR IN READING DATABASE"

CLOSE INPUT-FILE.
END RUN.
```

Hier wurde SQL in ein COBOL-Programm eingebettet, um darin auf
eine relationale Datenbank zugreifen zu können. Im Gegensatz zu einem
gewöhnlichen COBOL-Programm wurden spezielle Abschnitte in den
Code eingebettet, die dem COBOL-Compiler fremd sind. In diesem Bei-
spiel werden die SQL-Befehle mit *EXEC-SQL* eingeleitet und mit *END-
EXEC* beendet. Ein SQL-Precompiler wird aufgerufen, um diese drei
Anweisungen vorbereitend zu verarbeiten, auszukommentieren und
durch Aufrufe in spracheneigener Syntax zu ersetzen, die der COBOL-
Compiler versteht. In *Listing 9.2* sehen Sie, daß der ursprüngliche SQL-
Code durch den Aufruf einer Routine mit dem Namen *RDBINTC* er-
setzt wurde. Die *RDBINTC*-Routine wird die SQL-Aufrufe im Sinne des
Programms vornehmen:

Listing 9.2:
Die *RDBINTC-*
Routine

```
WORKING-STORAGE SECTION.

01  CUST-RECORD.

    05  CUSTOMER_NAME        PIC X(80).
    05  CUSTOMER_ADDRESS     PIC X(100).
    05  CUSTOMER_PHONE       PIC 9(7).


*  EXEC-SQL    INCLUDE SQLCA    END-EXEC.

01 SQLCA.
    05 SQL-FIELD1    PIC 99.
    05 SQL-FIELD2    PIC X(20).

PROCEDURE DIVISION.

OPEN INPUT INPUT-FILE.
READ INPUT-FILE AT END MOVE 'Y' TO EOF-SWITCH.

*   EXEC-SQL

*   CONNECT TO :REMOTE_SITE;

*   END-EXEC

CALL RDBINTC USING (SQLCA,45,:REMOTE_SITE);

*   EXEC-SQL
*   SELECT * FROM CUSTOMER
*   WHERE
*   DB_CUST_NAME = INPUT_CUSTOMER_NAME
*   END-EXEC


CALL RDBINTC USING (SQLCA,23,"CUSTOMER", DB-CUST-NAME,
     INPUT-CUSTOMER-NAME);
IF SQLCODE <> 0 THEN PERFORM NOT-FOUND-ROUTINE.

NOT-FOUND-ROUTINE.

    DISPLAY „ERROR IN READING DATABASE"

CLOSE INPUT-FILE.
END RUN.
```

Zur Laufzeit stellt das COBOL-Programm eine Verbindung zur Datenbank her, indem es Aufrufe in spracheneigener Syntax an die Datenbankschnittstelle vornimmt, in diesem Beispiel an *RDBINTC*. Die Schnittstelle verwaltet die E/A-Operationen zur Datenbank hin im Sinne des COBOL-Programms und leitet die Ergebnismenge (bzw. einen Cursor) mit Hilfe des SQL-Kommunikationsbereichs (SQLCA = SQL Communications Area) wieder an das Programm zurück.

Achten Sie darauf, wie das COBOL-Programm den Wert des Feldes *SQLCODE* überprüft. Wird von einem entfernten Programm auf die Datenbank zugegriffen, so muß das aufrufende Programm den Wert von *SQLCODE* explizit überprüfen, um eine erfolgreiche Ausführung der beabsichtigten Anweisung gewährleisten zu können.

Wie aus dieser Demonstration ersichtlich ist, können APIs Datenbankkonnektivität bereitstellen, einschließlich einer Art von architekturübergreifenden Konnektivität. Doch gibt es auch Variationen zu dieser Vorgehensweise. Tatsächlich ist wie bereits erwähnt das beliebteste architekturübergreifende Gateway das Produkt Open Database Connectivity (ODBC) von Microsoft. Der folgende Abschnitt erläutert die ODBC-Architektur und zeigt, wie es sich zur Einrichtung einer Konnektivität mit Oracle8 und anderen Datenbank-Engines einsetzen läßt.

Die internen Zusammenhänge von ODBC

D as Produkt Open Database Connectivity (ODBC) wurde von Microsoft ursprünglich als generischer Datenbanktreiber entwickelt. Seine Architektur wurde inzwischen verallgemeinert, und viele Anbieter vertreiben Produkte für eine offene Datenbankkonnektivität, die auf ODBC basieren. ODBC ist die vorherrschende allgemeine Schnittstelle für Datenbankkonnektivität und stellt einen Teil von Microsofts Windows Open Service Architecture (WOSA) dar. ODBC und WOSA definieren einen Satz an Standard-Datenzugriffsdiensten, die von einer Reihe anderer Produkte verwendet werden können, um eine Verbindung zu einer MS Windows-Applikation herzustellen.

ODBC umfaßt über 50 Funktionen, die von einer Anwendung über eine funktionsaufrufende API gestartet werden. Die ODBC-API kommuniziert mit der Datenbank nicht direkt, sondern dient als Verbindungsglied zwischen der Anwendung und einer generischen Schnittstellenroutine. Diese Schnittstellenroutine wiederum kommuniziert mit den Datenbanktreibern über eine Dienstanbieterschnittstelle, einer sogenannten *SPI (Service Provider Interface)*. Veranschaulicht wird dies in *Abbildung 9.1*.

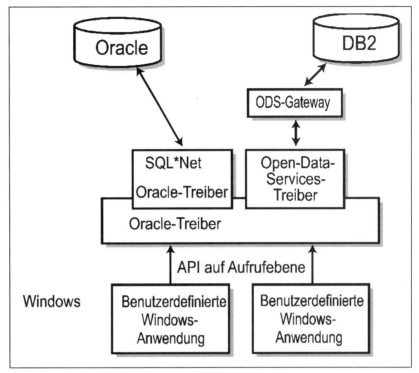

Jede selbsterstellte Anwendung innerhalb von Windows besitzt solche
API-Funktionsaufrufe an den ODBC-Datenbanktreiber, und der ODBC-
Treiber leitet die Anfrage an den richtigen Datenbanktreiber weiter, da-
mit sie dort verarbeitet werden kann. Der Datenbanktreiber verwaltet
die Kommunikation zwischen der Datenbank und dem Programm, auch
die rückkehrenden Daten und Meldungen, indem er diese an den
ODBC-Treiber weiterleitet. Anschließend leitet der ODBC-Treiber die
Daten wieder an die aufrufende Anwendung zurück.

Mit zunehmender Beliebtheit von ODBC entwickeln Datenbankhersteller ständig neue ODBC-Treiber, welche die Verwendung von ODBC
als Gateway zu ihren Datenbankprodukten ermöglichen. An dieser Stelle sei ein Wort der Warnung angebracht: Während die meisten Programmierer in einfachen Anwendungen durchaus erfolgreich sind,
gestaltet sich der effektive Einsatz von ODBC in Umgebungen mit verschiedenen Datenbanken äußerst schwierig. Denn hier muß der Programmierer all die verschiedenen SQL-Dialekte kennen sowie die eigene
API zur Datenbankschnittstelle. Doch sollen die Ratschläge in diesem
Kapitel dazu beitragen, Ihnen diese Arbeit trotz der steilen Lernkurve zu
erleichtern.

Im wesentlichen dient ODBC als Verkehrspolizist für alle Daten innerhalb des Client/Server-Systems. Wenn ein Client einen Dienst von
einer Datenbank anfordert, erhält ODBC diese Anfrage und verwaltet
die Verbindung zur Zieldatenbank. ODBC verwaltet die Datenbank-

treiber, indem es die von den Datenbanktreibern ankommenden Status-informationen überprüft.

Bemerkenswert dabei ist, daß die Datenbanktreiber mehr als nur SQL beherrschen sollten. Viele Datenbanken haben eine eigene API, bei der ODBC die Anfragen einer Funktionenbibliothek zuordnen muß. Ein Beispiel ist ein SQL-Server-Treiber, der ODBC-Funktionen den Daten-bankfunktionsaufrufen aus der Bibliothek zuordnet. Datenbanken ohne eigene API (etwa Datenbanken ohne SQL-Befehlssatz) können ebenfalls mit ODBC zusammen genutzt werden, doch ist dabei ein viel höherer Umwandlungsaufwand erforderlich als bei inhärenten API-Aufrufen.

Wenn Sie mit Hilfe von ODBC auf mehrere Datenbanken zugreifen wollen, ist es Aufgabe des API-Programmierers, die verschiedenen Da-tenbankverbindungen sowie die SQL-Anfragen, die an diese Verbindun-gen weiterzuleiten sind, zu verwalten. In ODBC werden *Handles* dazu verwendet, auf die einzelnen Datenbankverbindungen zu verweisen. Ein Handle ist in der Regel ein Zeiger auf die Datenbank, und der Wert des Handles ist ein Datensatzschlüssel, eine Zeilen-ID oder eine Objekt-ID.

Die meisten Leute bringen ODBC mit SQL in Zusammenhang. Ob-wohl SQL heute die einzige weit verbreitete Zugriffsmethode für Daten-banken darstellt, gibt es auch viele Datenbanken ohne SQL-Befehlssatz, die viel im Einsatz sind. Beliebte Datenbanken ohne SQL-Befehlssatz sind etwa IMS, CA-IDMS, BASISplus und fast alle der neuen objekt-orientierten Datenbanken. Es ist eine Fehleinschätzung, daß ODBC von einer Datenbank ohne SQL nicht genutzt werden kann.

Nachdem wir nun die Grundlagen der Kommunikation zwischen Da-tenbanken diskutiert haben, können wir die Programmierung zum Zwecke der Portabilität näher betrachten. Bei der Arbeit mit mehreren relationalen Datenbankprodukten ist die Erstellung generischen SQL-Codes für eine nahtlose Datenbankkommunikation extrem wichtig.

Programmierung zum Zwecke der Portabilität

Der Schlüssel zum Erfolg mit ODBC in einer verteilten relatio-nalen Datenbankumgebung besteht darin, die Illusion einer Standorttransparenz zu schaffen. Diese Transparenz wird idealerweise dadurch aufrechterhalten, daß von allen datenbanküber-greifenden Anwendungen die Abwicklung ihrer Abfragen durch *Vanilla-SQL* gefordert wird. Der Begriff „Vanilla" bezeichnet den Satz gemein-samer SQL-Merkmale, die von allen Herstellen geteilt werden. Es ist oft ein schwieriges Unterfangen, zu beurteilen, welche Merkmale als Vanilla-Merkmale zulässig sind, da jeder größere Datenbankhersteller seine eigenen SQL-Erweiterungen implementiert, die von anderen Herstellern nicht unterstützt werden. Glücklicherweise sind die meisten dieser Unterschiede in der Syntax für *CREATE TABLE* und für die referenzielle Integrität zu finden und für SQL-Abfragen nicht maßgeblich. Die gebräuchlichsten für Abfragen relevanten Erweiterungen betreffen Syntaxtricks, welche SQL zur Verwendung eines bestimmten Index bringen sollen. In Oracle-SQL kann beispielsweise eine *NULL*-Zeichenfolge mit der Abfrage verkettet werden, um einer Transaktion einen bestimmten Index aufzuzwingen.

Als Alternative zur Verwendung von Vanilla-SQL kann ODBC auch über die Systemtabellen der Zieldatenbank feststellen, welche SQL-Merkmale unterstützt werden. Anders ausgedrückt, mit zusätzlichem Programmieraufwand kann eine ODBC-Routine geschrieben werden, welche die Metadaten der Zieldatenbank befragt und die von dem Datenbankprodukt unterstützten SQL-Merkmale bestimmt. So kann in Datenbanken wie Oracle etwa untersucht werden, ob Prozeduren gespeichert wurden, die mit einem Datenbankereignis zusammenhängen. Ist dies der Fall, so sind diese Prozeduren für ODBC zugänglich und können als Liste angezeigt werden. Dieses Verfahren kann jedoch sehr mühselig sein, daher wird von den meisten ODBC-Anwendern die generische Vanilla-Methode empfohlen.

Bei der Auswahl des Vanilla-SQL muß wegen der Unterschiede in der Implementierung des herstellereigenen SQL sehr sorgfältig vorgegangen werden. Dazu gehört die Unterstützung für gespeicherte Prozeduren und integrierte Funktionen, die der Hersteller hinzufügt, um die Effektivität des Programmierers zu erhöhen. Werden SQL-Befehle verwendet, die nicht auf ANSI basieren, so ergeben sich die folgenden Probleme:

- *Die SQL-Befehle werden als Syntaxfehler abgelehnt* - Dieses Problem läßt sich am einfachsten korrigieren und kann auch noch in der Testphase, lange vor der Auslieferung des fertiggestellten Systems, behoben werden. Die Einführung einer neuen Datenbank in den Verbund kann Probleme verursachen, wenn sich das vorhandene SQL auf Erweiterungen verläßt, die vom Standard abweichen, und von dem neuen SQL-Dialekt nicht verstanden werden.

- *Die datenbankübergreifende referenzielle Integrität (RI) ist schwer umzusetzen* - Wenn Geschäftsregeln physische Datenbanken umfassen, kann sich die Umsetzung dieser Regeln sehr schwierig gestalten. Da Oracle die RI nicht über mehrere Server aufrechterhalten kann, müssen die Entwickler prozedurale Mechanismen erstellen, welche die Einhaltung der Regeln gewährleisten. Angenommen, eine Unternehmensregel untersagt jegliche Zeilen in *tokyo.order*, die keinen übergeordneten Eintrag in *cleveland.customer* besitzen. In diesem Fall muß eine erweiterte Two-Phase-Commit-Transaktion geschrieben werden, welche die gesamte Transaktion per *Rollback* zurücksetzt, wenn ein Teil der verteilten Aktualisierung nicht erfolgreich ausgeführt werden konnte.

■ *Die SQL-Performance ist auf jeder Zieldatenbank unterschiedlich -*
Dies kommt vor, wenn der SQL-Optimizer aus verschiedenen SQL-
Implementierungen verschiedene Zugriffspfade verwendet. Angenommen, eine identische SQL-Anfrage, die sowohl für Oracle als
auch für DB2 zulässig ist, liefert zwar identische Ergebnismengen,
doch die Datenbanken benutzen zum Abrufen der Daten unterschiedliche Zugriffsmethoden. DB2-SQL verwendet z.B. ein gegenüber Oracle unterschiedliches Konzept, um die Optimierung einer
SQL-Abfrage anhand von Prädikaten zu bestimmen. Je nach Formulierung der SQL-Anfrage kann der SQL-Optimizer sich für den Aufruf einer sequentiellen Vorauswahl, die Verwendung einer Konsolidierungsabfrage oder einer anderen Zugriffstechnik entscheiden, die
die Performance verbessern kann. Wann immer möglich sollte der
Programmierer diese Thematik ursprünglich völlig ignorieren, da die
Neuprogrammierung einer SQL-Abfrage aus Performance-Gründen
sehr zeitaufwendig sein kann. Selbstverständlich ist die Performance
ein Thema, mit dem weiterhin gerechnet werden muß, doch kann
man das SQL-Tuning erst einmal bis zu den Endstadien des Projekts
zurückstellen.

Wer ODBC als Konnektivitäts-Tool in Betracht zieht, sollte sich darüber
im klaren sein, daß ODBC nicht alle SQL-Erweiterungen unterstützt,
die der Datenbank-Server anbietet. Um diese normabweichenden Merkmale anzupassen, hält ODBC jedoch ein Hintertürchen offen, über das
der Programmierer datenbankspezifische API-Befehle direkt an die Zieldatenbank schicken kann. Auch dieses Verfahren ist nicht zu empfehlen,
wenn das betreffende Merkmal nicht absolut notwendig für die Anwendung ist. Die Mischung von ODBC-Aufrufen mit datenbankspezifischen
API-Aufrufen erzeugt ein verwirrendes Durcheinander an Zugriffsmethoden und macht die technische Unterstützung für die Anwendung sehr
viel schwieriger. Ein weiterer Hinderungsgrund bei diesem Verfahren ist
die Aufrechterhaltung der Portabilität der Anwendung. Da neue Versionen einer Datenbank meist auch neue SQL-Erweiterungen anbieten,
muß die ODBC-Komponente geändert und an die neuen Erweiterungen
angepaßt werden.

Manche mögen einwenden, daß für die Anwendung von ODBC-SQL
der „kleinste gemeinsame Nenner" zu sehr einschränkt. Sie sagen, daß
das Erlernen der gemeinsamen Syntax und der SQL-Fähigkeiten zu zeitaufwendig wäre und eine Vereinheitlichung von SQL die leistungsstärksten Merkmale ausschließen und das System in seinem Funktionsumfang
stark einschränken würde. Andererseits ist es klar, daß sich die Kommunikation zwischen Datenbanken nicht realisieren läßt, wenn sich die
Entwickler auf die herstellerspezifischen SQL-Erweiterungen verlassen.

Da wir nun die Aufgabe von ODBC in der Kommunikation zwischen
unterschiedlichen Datenbanken kennen, können wird einen Blick darauf
werfen, wie sich die Datenbankkonnektivität in einer verteilten Umgebung erzielen läßt, in der sich viele unabhängige Oracle8-Instanzen auf
verschiedenen Host-Rechnern befinden.

Systemübergreifende Konnektivität

n einer homogenen Systemumgebung, die den Zugriff auf mehrere Datenbanken erlaubt, verwendet eine sehr gebräuchliche Verteilungsmethode das Konzept der horizontalen Partitionierung. Dies läßt sich auch ohne ODBC realisieren, und zwar mit Hilfe der verteilten Datenbankfähigkeiten von Oracle. So gestatten Kundendienstunternehmen beispielsweise den verschiedenen Standorten meist die Wartung von Kundeninformationen, wobei unabhängig von deren physikalischem Speicherort ein positionstransparenter Zugriffsmodus auf die einzelnen Kunden aufrechterhalten wird. Bei einer horizontalen Partitionierung wird die Kundentabelle von jedem der entfernten Standorte als Teilmenge für die Master-Referenztabelle verwendet, die wiederum für jeden Knoten im verteilten System zugänglich ist *(siehe Abbildung 9.2)*.

Abb. 9.2:
Horizontale
Datenpartitionierung

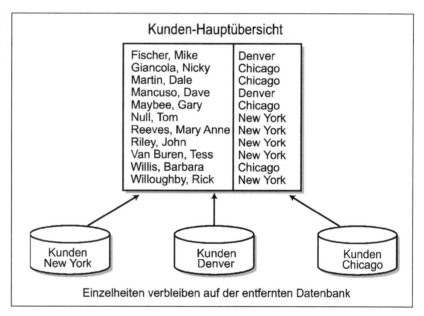

In einem Unix-gestützten verteilten System kann mit Hilfe des Dienstprogramms *cron* eine regelmäßige Auffrischung der Master-Tabelle eingeplant werden. Das Dienstprogramm *cron* ist Programm, das zeitabhängige Aufgaben aktiviert und bestimmte Aufgaben zu bestimmten Terminen und Uhrzeiten startet. Ein SQL-Skript kann etwa *customer_name* automatisch aus einem entfernten Standort extrahieren und die Master-Kundentabelle neu auffüllen, wobei die Details über einen Kunden weiterhin auf dem entfernten Standort gespeichert bleiben. Mit Oracle-SQL sieht das in etwa folgendermaßen aus:

```
/*  Delete remote rows in the master table... */

DELETE FROM CUSTOMER@master
WHERE
LOCATION = :OUR_SITE;


/*  Repopulate the master table...  */

SELECT customer_name, ':OUR_SITE'
FROM CUSTOMER@:OUR_SITE
AS
INSERT INTO CUSTOMER@master
VALUES customer_name, site_name;
```

Sobald sie aufgefüllt ist, kann jeder Knoten auf die Master-Referenz-tabelle zugreifen, und Datenbankabfragen werden hinsichtlich der Kundendetails an die jeweilige entfernte Datenbank umgeleitet *(siehe Abbildung 9.3)*.

Abb. 9.3:
Transparenz dyna-mischer Standorte

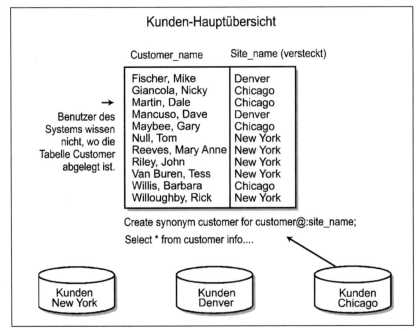

Wegen der dynamischen Substitution in SQL kann eine einfache An-wendung erstellt werden, um (unabhängig vom Standort) auf jeden Kunden in einem Verbund zugreifen zu können, und zwar ohne irgend-welche Änderungen am Anwendungscode vornehmen zu müssen. Die dynamische Transparenz ist besonders praktisch, wenn entfernte Stand-orte die „Eigentümerrechte" an den Daten besitzen, während eine Unternehmensentität an einem zentralen Speicherort Zugriff auf die Da-ten benötigt.

Nachdem wir nun die Grundkenntnisse für ein Verständnis der verteilten Datenkommunikation gewonnen haben, können wir genauer betrachten, wie eine datenbankübergreifende Kommunikation innerhalb von Oracle eingerichtet wird. Oracle8 bietet einen sehr robusten Satz an Mechanismen, um entfernte Datenbanken per Link mit dem Produkt Net8 zu verknüpfen.

Die internen Zusammenhänge von Oracle SQL*Net und Net8

n seiner grundlegendsten Form ist Net8 ein Software-Tool, das es einem Netzwerk von Oracle-Clients und -Servern erlaubt, mit Hilfe von SQL – über die zugrundeliegende Schicht an Netzwerktopologie und Protokollen – transparent miteinander zu kommunizieren. Ursprünglich *SQL*Net* genannt (ausgesprochen: sequel-net) hat dieses Produkt eine Reihe von Entwicklungen durchlaufen, von SQL*Net, Version 1 bis 2, einer angekündigten Version 3, der Umbenennung in Net3 (für die Dauer von ca. einem Monat) bis hin zum aktuellen Namen, nämlich Net8.

Der Unterschied zwischen SQL*Net und Net8 ist sehr oberflächlich – grundsätzlich änderte Oracle den Namen, um die Versionsnummern an die der Datenbank-Engine anzupassen. Im wesentlichen gibt es keine funktionalen Unterschiede zwischen SQL*Net 2.0 und Net8. Net8 wurde um die Fähigkeit erweitert, Multiplex-Anwender zu unterstützen sowie um eine sich selbst generierende Umgebungsdatei (*tnsnames.ora*). Abgesehen von diesen Leistungsmerkmalen kann Net8 als identisch mit SQL*Net 2.0 angesehen werden. Im Verlauf dieses Kapitels werden ich oft nur auf Net8 verweisen, obwohl das Verfahren für SQL*Net 2.0 genau das gleiche ist.

Obwohl es sich bei Net8 um ein sehr robustes und ausgereiftes Werkzeug handelt, sollten Sie die inhärente Komplexität zu schätzen wissen, die mit der Flexibilität von Net8 einhergeht. Dieser Abschnitt bietet eine Übersicht über die Net8-Architektur. Alle Beispiele basieren auf UNIX.

Dank der ausgereiften Architektur von Net8 ist es nicht allzu einfach, den Client oder Server zu installieren. Für Unix-Systeme sind die nachfolgend aufgeführten Dateien für den Betrieb von Net8 notwendig. Die Dateien *tnsnames.ora* und *listener.ora* sind im Verzeichnis *$ORACLE_HOME/network/admin* zu finden und auf HP-UX mit dem Verzeichnis */etc* und auf Solaris und AIX mit */var/opt/oracle* per Soft-Link verknüpft.

- *tnsnames.ora* – Diese Datei wird für ausgehende Datenbankanfragen verwendet. Sie enthält die Datenbanknamen (SIDs), die auf dem Prozessor laufen, sowie den Domänennamen, das Protokoll, den Host und Informationen hinsichtlich des Anschlusses. Wenn ein

Rechner um eine Datenbank ergänzt wird, so müssen Sie diese Datei aktualisieren (Änderungen an *tnsnames.ora* werden sofort wirksam).

- *listener.ora* – Diese Datei umfaßt eine Liste lokaler Datenbanken für eingehende Verbindungen. Wenn Sie auf einem Unix-Host eine neue Zieldatenbank definieren, müssen Sie auch in diese Datei einen Eintrag einfügen.

- */etc/hosts* – In dieser Datei sind Ihre Netzwerkadressen aufgelistet.

- */etc/services* – Diese Datei listet die Net8-Dienste auf.

In SQL*Net Version 2.0 und in Net8 hat Oracle verschiedene wichtige Ergänzungen eingeführt. Neben den dringend notwendigen Bug-Fixes wurde in SQL*Net 2.0 und Net8 nun auch der Zugriff für mehrere *Communities* implementiert. Eine *Community* ist eine Gruppe von Computern, die ein gemeinsames Protokoll haben (wie etwa TCP/IP oder LU6.2). Zusätzlich definiert die Oracle-Datenbank-Engine seit Version 7.1 einen Multithread-Server (MTS), der eingehende Datenbankanfragen bedient. In dem MTS wird jegliche Kommunikation mit der Datenbank über einen einzigen Dispatcher abgewickelt. In SQL*Net Version 1.0 wird noch für jede Verbindung ein eigener Prozeß erzeugt. Dieser Tatbestand läßt sich leicht mit Hilfe des Unix-Befehls *ps* anzeigen.

Beim Aufrüsten von SQL*Net 1.0 auf SQL*Net 2.0 oder Net8 sollten Sie sich über feine Unterschiede bewußt sein, in der Art, wie die beiden Versionen Kommunikationen abwickeln *(siehe Abbildung 9.4)*. SQL*Net 1.0 verwendet auf der Zieldatenbank eine *orasrv*-Komponente, die eingehende Anfragen abhört, während SQL*Net 2.0 und Net8 ein Verfahren verwenden, das *tnslsnr (TNS-Listener)* genannt wird. Außerdem kann SQL*Net 1.0 den Multithread-Server nicht verwenden.

Nachdem eine Verbindung zu SQL*Net oder Net8 hergestellt worden ist, wird die Anfrage an die zugrundeliegende Schicht, dem *TNS (Transparent Network Substrate)*, weitergeleitet. Von dort wird die Anfrage an den geeigneten Server gesendet. Auf dem Server empfängt die Software die Anfrage vom TNS und leitet den SQL-Code an die Datenbank weiter. *Transparent Network Substrate* ist eine Phantasiebezeichnung für die einzige allgemeine Schnittstelle zu allen Protokollen, die eine Verbindung zu Datenbanken in physikalisch getrennten Netzwerken erlauben. Auf niedrigster Ebene kommuniziert TNS mit anderen Datenbanken in Form von Sende-/Empfangsbefehlen auf Meldungsebene.

Auf der Client-Seite konvertiert die *UPI (User Programmatic Interface)* den SQL-Code in die zugehörigen *PARSE-, EXECUTE-* und *FETCH*-Anweisungen. Die UPI verarbeitet Anweisungen wie folgt:

1. Analyse des SQL-Codes

2. Öffnen des SQL-Cursors

3. Binden der Client-Anwendung

4. Beschreiben des Inhalts der übergebenen Datenfelder

5. Ausführen des SQL-Codes

6. Einlesen der Zeilen

7. Schließen des Cursors

Oracle versucht, Meldungen an den Server auf ein Minimum zu beschränken, indem es UPI-Aufrufe wann immer möglich kombiniert. Server-seitig reagiert die *OPI (Oracle Programmatic Interface)* auf alle möglichen Meldungen von der UPI und übergibt Anfragen.

Abb. 9.4:
SQL*Net 1.0 vs.
SQL*Net 2.0
und Net8

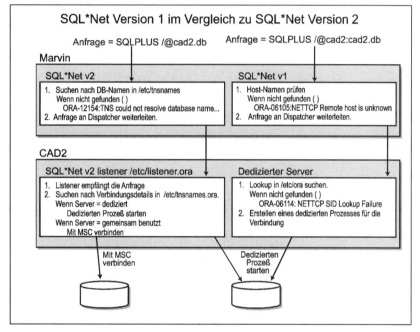

Es existiert keine UPI für eine Server-Server-Kommunikation. Statt dessen residiert auf dem initiierenden Server eine *NPI (Network Programmatic Interface)*, und der reagierende Server verwendet sein OPI.

Net8 und SQL*Net unterstützen die Netzwerktransparenz, so daß sich die Struktur eines Netzwerks ändern läßt, ohne die Anwendung zu verändern. Standorttransparenz wird durch Datenbank-Links und Synonyme erreicht.

Im folgenden werden wir eine Beispieldatenbankanfrage bei ihrem Weg durch Net8 begleiten. Im wesentlichen wird Net8 in der Datenbank-Link-Tabelle (*dba_db_links*) den Link-Namen nachschlagen und den Dienstnamen extrahieren. Anschließend wird der Dienstname in der Datei *tnsnames.ora* gesucht, und der Host-Name wird extrahiert. Wie Sie sehen, bezieht dieser Prozeß drei Werte ein: den Link-, den Dienst- und den Host-Namen.

In UNIX-Umgebungen werden Host-Namen mit ihren zugehörigen IP-Adressen (Internet Protocol) in einer Host-Datei *(/etc/hosts)* gespeichert. Lassen Sie uns für das nachfolgende Beispiel annehmen, daß *london_unix* der IP-Adresse *143.32.142.3* entspricht. Die nachfolgenden Schritte veranschaulichen, wie Net8 eine Fernanfrage annimmt und die IP-Adresse der zugehörigen Zieldatenbank ermittelt:

1. *Eine Fernanfrage ausgeben* – Überprüfen des Datenbank-Links mit dem Namen *london*:

```
SELECT * FROM CUSTOMER@london;
```

2. *Datenbank-Link* – Abrufen des Dienstnamens *(london_unix_d)* mit Hilfe von *link_name (london)*:

```
CREATE PUBLIC DATABASE LINK london
CONNECT TO london_unix_d;
```

3. *tnsnames.ora* – Abrufen des SID-Namens *(london_sid)* mit Hilfe des Dienstnamens *(london_unix_d)*:

```
    london_unix_d = (description=(address=(protocol=tcp)
(host=seagull)
    (port=1521) (connect_data=(sid=london_sid)
(server=dedicated))))
```

4. */etc/hosts* –Abrufen der IP-Adresse *(143.32.142.3)* mit Hilfe des SID-Namens *(london_sid)*:

```
143.32.142.3    london_sid        london_unix.corporate.com
```

Wie Sie sehen, tritt die Übersetzung in einem Prozeß mit mehreren Arbeitsschritten auf. Die Datei *tnsnames.ora* legt den Namen des Hosts fest, der die Zieldatenbank enthält. In Unix-Umgebungen wird dieser Host-Name anschließend in der Datei */etc/hosts* nachgeschlagen, um die IP-Adresse des Zielrechners zu erhalten.

Beachten Sie, daß der Dienstname in *tnsnames.ora* nachgeschlagen wird (wenn der Dienst existiert), die IP-Adresse wird in der Datei */etc/hosts* gefunden, und eine Kommunikationsanfrage wird an die Ziel-IP-Adresse gesendet. Beachten Sie auch, daß beide Einträge in dieser Datei mit London verbunden sind, doch *london_unix_d* weist Net8 an, einen direkt zugeordneten (dedizierten) Prozeß zu erzeugen, während *london_unix* die Multithread-Server-Komponente verwendet, weil ein gemeinsam nutzbarer Server angegeben wurde.

Da die Einträge in den Dateien *tnsnames.ora* und */etc/hosts* jetzt korrekt sind, können Sie jede beliebige Tabelle des Londoner Standortes in die SQL-Abfrage einbeziehen, indem Sie den Namen des entfernten Standortes angeben. Zum Beispiel:

```
SELECT CUSTOMER.customer_name, ORDER.order_date
    FROM CUSTOMER@london, ORDER
    WHERE CUSTOMER.cust_number = ORDER.customer_number;
```

Beachten Sie, daß die obige Abfrage zwei Tabellen aus unterschiedlichen Standorten verknüpft – nämlich die lokale Tabelle *ORDER* mit der Tabelle *CUSTOMER* aus London. Beachten Sie zudem, daß der Datenbank-Link *london* bestimmt, wie die Oracle-Verbindung auf dem Zielsystem hergestellt wird. Unabhängig davon, wie die Verbindung am Zielort hergestellt wird, muß die Benutzer-ID jedoch *SELECT*-Rechte in der Tabelle *CUSTOMER* besitzen, andernfalls läßt sich diese Abfrage nicht erfolgreich durchführen.

Die nachfolgenden Abschnitte erörtern die inneren Zusammenhänge der Produkte SQL*Net und Net8 beim Erstellen und Warten von Datenbankverbindungen zwischen entfernten Oracle-Datenbanken.

Anwendungsverbindung mit SQL*Net und Net8

Es können Verbindungen mit entfernten Datenbanken hergestellt werden, indem entweder *Dienstnamen* oder *DB-Adressen* angegeben werden. DB-Adressen verwenden die vollständige Verbindung. Im folgenden Beispiel steht *t:* für eine TCP/IP-Verbindung, *host:* ist der Name des entfernten Rechners und *database* der Name der Datenbank auf diesem Rechner:

- Verbindung mit Hilfe eines SQL*Net-Version-2-Dienstnamens:

  ```
  emp@my_db
  ```

- Verbindung mit Hilfe der DB-Adresse eines SQL*Net-Servers der Version 1:

  ```
  sqlplus /@t:host:database
  ```

- DB-Adressen werden in der Tabelle *dba_db_links* gespeichert, und Synonyme können wie folgt erstellt werden:

  ```
  CREATE SYNONYM ny_emp FOR ny_emp@t:myhost:mydatabase;
  ```

Da wir jetzt wissen, wie Datenbank-Links funktionieren, sollten wir genauer betrachten, wie SQL*Net und Net8 in einer Client/Server-Umgebung funktionieren.

SQL*Net und Net8 für Client/Server

SQL*Net und Net8 können Datenbankverbindungen auf drei Arten herstellen: über eine *Fernverbindung*, eine *Fernanfrage* oder eine *verteilte Anfrage*. Eine Fernverbindung ist die einfachste Möglichkeit, eine Datenbankverbindung einzurichten. Die sendende Datenbank macht einfach eine Anfrage, indem ein Tabellenname mit dem Suffix @ angegeben wird. Net8 übernimmt ihn, greift nahtlos auf die entfernte Datenbank zu und gibt die Daten an das anfragende System zurück. Die Kommunikation wird aufgebaut, indem einfach eine verteilte Anfrage an eine entfernte Datenbank abgesetzt wird. Innerhalb von Oracle weist @ auf den Namen der entfernten Datenbank hin; allerdings hängt die Funktionalität des Operators @ davon ab, wo er verwendet wird. Hier ein Beispiel:

```
sqlplus scott/tiger@london

SELECT count(*) FROM EMPLOYEE;

COUNT(*)
--------
162
```

In dieser Anfrage wird SQL*Plus von *scott* dazu verwendet, eine Verbindung mit der Londoner Datenbank herzustellen, und *london* ist der Dienstname, wie er in der Datei *tnsnames.ora* benutzt wurde. Net8 erkennt dies als Fernverbindung und bestimmt den geeigneten Link für die Kommunikation mit London. Intern überprüft Oracle die Datei *tnsnames.ora*, um *london* als zulässigen Standort auszuweisen.

Nachfolgend eine zweite Methode für die Einrichtung einer Verbindung mit London, und zwar von derselben Datenbank aus. Diese Methode nennt man eine *Fernanfrage*:

```
sqlplus scott/tiger
SELECT count(*) FROM EMPLOYEE@london;

COUNT(*)
--------
162
```

Im Gegensatz zu einer entfernten Verbindung (die direkt von SQL*Plus aus vorgenommen wird) wird *scott* bei der entfernten Anfrage mit der lokalen SQL*Plus-Version verbunden, um die entfernte Tabelle anzugeben (in diesem Fall *EMPLOYEE@london*). Damit eine Fernanfrage funktioniert, muß *london* durch einen Datenbank-Link definiert werden. Ein Datenbank-Link ist ein Verbindungspfad zu einer entfernten Datenbank, wobei deren Dienstname angegeben wird. Ohne den Datenbank-Link könnte die folgende Anfrage nicht erfolgreich ausgeführt werden:

```
sqlplus scott/tiger

SELECT count(*) FROM EMPLOYEE@london;
```

Eine derartige Anfrage würde die folgende Fehlermeldung hervorbringen:

```
ORA-02019: connection description for remote database not found.
```

Diese Meldung erscheint wegen der Art, wie Oracle den Operator @ verwendet. Wird ein Oracle-Dienst wie SQL*Plus aufgerufen, so geht der Operator @ direkt zu der Datei *tnsnames.ora*, um die Anfrage zu verwalten. Innerhalb eines Oracle-Programms hingegen spezifiziert der Operator @ die Verwendung des Datenbank-Links.

Damit der Code funktionsfähig wird, müssen Sie einen Datenbank-Link definieren, der den Dienstnamen für den Aufbau der Verbindung spezifiziert. Beachten Sie, daß der Name des Datenbank-Links und der Dienstname in diesem Fall gleich sind, obwohl der Datenbank-Link und der Verbindungsdeskriptor nichts miteinander zu tun haben:

```
CREATE DATABASE LINK london USING 'london';
SELECT Count(*) FROM EMPLOYEE@london;

count(*)
────
162
```

Lassen Sie uns den Datenbank-Link einmal näher untersuchen. In diesem einfachen Beispiel wird die Benutzer-ID überhaupt nicht erwähnt. Die Benutzer-ID wird verwendet, um die Verbindung zur entfernten Datenbank herzustellen. Da *scott* der Benutzer ist, der die Verbindung zu SQL*Plus herstellt, wird *scott* auch die Benutzer-ID sein, wenn die Fernverbindung mit der Londoner Datenbank hergestellt wird. Deshalb muß *scott* SELECT-Rechte bei der Tabelle *EMPLOYEE* besitzen. Nur dann kann die Abfrage richtig funktionieren. Die Rechte von *scott* beim Starten von Oracle haben keinen Einfluß auf den Erfolg der Abfrage.

Wenn Sie mit der Option Oracle Names *arbeiten, müssen die Datenbank-Dienstnamen mit den* global_databases_names *und dem Parameter* domain *in* init<SID>.ora *übereinstimmen.*

In Fällen, in denen das *SELECT*-Recht kein Thema ist, können Sie wie folgt die Syntax des Datenbank-Links verbessern, indem Sie die Beschreibung einer *Fernverbindung* einbinden:

```
CREATE DATABASE LINK london USING 'london'
CONNECT TO scott1 IDENTIFIED BY tiger1;
```

Auf diese Art werden alle Anwender, die den Datenbank-Link *london* angeben, als *scott1* verbunden und haben dieselben Rechte, die *scott1* auf dem Londoner System besitzt.

Nachdem Sie einen Kommunikationspfad zu einer entfernten Datenbank eingerichtet haben, ist eine Implementierung der Standorttransparenz oft wünschenswert. In relationalen Datenbanken wie Oracle läßt sich eine Standorttransparenz schaffen, indem Sie Datenbank-Links zur entfernten Datenbank erstellen und dann den entfernten Tabellen ein globales Synonym zuweisen. Der Datenbank-Link legt einen Link-Namen und einen Net8-Dienstnamen fest. Sie können Datenbank-Links mit einem Suffix erstellen, das mit einem Host-Namen verbunden ist (in diesem Beispiel *london_unix*).

Mit Hilfe von Datenbank-Links können Sie von Anwendungen aus auf andere Datenbanken zugreifen, ohne den Anwendungscode ändern zu müssen. Bei Data Warehouse-Anwendungen, bei denen vielleicht ein Kopieren von Tabellen zu anderen Oracle-Hosts erforderlich ist, können Sie eine Tabelle auf einem anderen Gerät replizieren und Links einrichten, über die die Anwendung transparent auf den neuen Rechner mit der replizierten Tabelle zeigen kann.

Zum Anzeigen der Links einer Datenbank fragen Sie das Oracle-Dictionary folgendermaßen ab:

```
SELECT DISTINCT db_link FROM DBA_DB_LINKS;
```

Denken Sie daran, daß Net8 alle Betriebssystemverbindungen übergeht, wenn es eine Verbindung zu einer Datenbank herstellt. Alle Benutzer-Accounts, die extern identifiziert werden (d.h. ohne Oracle-Kennwort), sind in Net8-Transaktionen nicht zulässig; es sei denn, der Parameter *init<SID>.ora* wurde geändert. In der Oracle-Version 6 war es möglich, das Betriebssystem die Kennwörter verwalten zu lassen; dazu diente die Klausel *IDENTIFIED EXTERNALLY (ops$)*. Da Net8 jedoch das Betriebssystem übergeht, könnten von anderen Plattformen aus Schwindler-Accounts erstellt werden. Das Ergebnis? Die Sicherheit würde außer Acht gelassen. Als Konsequenz empfiehlt Oracle nun, daß *IDENTIFIED EXTERNALLY*-Accounts für verteilte Verbindungen untersagt werden.

Interessant ist, daß Oracle8 immer noch das Erstellen von Accounts mit einem *ops$*-Präfix gestattet. Somit kann das Betriebssystem seine Kennwörter verwalten, währen Sie innerhalb von Oracle eigene Kennwörter haben. Betrachten Sie beispielsweise die folgende Benutzerdefinition:

```
CREATE USER ops$scott IDENTIFIED BY tiger;
```

Angenommen, *scott* hat sich beim Betriebssystem angemeldet, so könnte er mit oder auch ohne Kennwort Zugang zu SQL*Plus erhalten, und zwar wie folgt:

```
sqlplus /
sqlplus scott/tiger
```

Diese Fähigkeit, eine direkte Verbindung zu Oracle herzustellen, stellt ein verwirrendes Thema innerhalb der Kennwortverwaltung dar. Da zwei Sätze an Kennwörtern existieren – eins im Betriebssystem und ein zweites in Oracle – werden Sie möglicherweise ein Werkzeug eines Drittanbieters einsetzen müssen, um die Kennwörter synchronisiert zu halten *(siehe Abbildung 9.5)*.

Abb. 9.5:
Die Architektur
eines Tools für
eine zentralisierte
Kennwort-
verwaltung

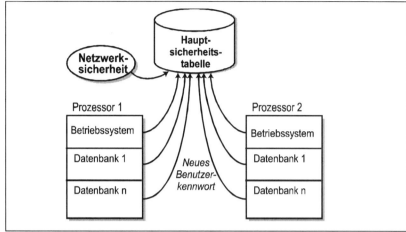

Der SQL*Net- und Net8-Listener

Damit Sie die Vorgänge des Oracle-Listeners nachverfolgen können, bietet Oracle eine Reihe von Listener-Befehlen:

- *LSNRCTL RELOAD* – Frischt den Listener auf
- *LSNRCTL START* – Startet den Listener
- *LSNRCTL STOP* – Unterbricht den Listener
- *LSNRCTL STATUS* – Zeigt den Status des Listeners an

In *Listing 9.3* sehen Sie die Ausgabe des Befehls *LSNRCTL STATUS*:

Listing 9.3:
Ausgabe des
Befehls *LSNRCTL*
STATUS

```
[oracle]ram2: lsnrctl status

LSNRCTL for HPUX: Version 2.0.15.0.0 - Production on 16-SEP-94 15:38:00

Copyright (a)  Oracle Corporation 1993.  All rights reserved.

Connecting to (ADDRESS=(PROTOCOL=TCP)(HOST=ram2)(PORT=1521))
STATUS of the LISTENER
___
Alias                     LISTENER
Version                   TNSLSNR for HPUX: Version 2.0.15.0.0 -
                          Production
Start Date                29-AUG-94 13:50:16
Uptime                    18 days 1 hr. 47 min. 45 sec
Trace Level               OFF
Security                  OFF
Listener Parameter File   /etc/listener.ora
```

```
Listener Log File            /usr/oracle/network/log/listener.log
Services Summary...
  dev7db                     has 1 service handlers
  ram2db                     has 1 service handlers
The command completed successfully


lsnrctl services     - lists all servers and dispatchers


[oracle]seagull: lsnrctl services


LSNRCTL for HPUX: Version 2.0.15.0.0 - Production on 16-SEP-94 15:36:47


Copyright (a)  Oracle Corporation 1993. All rights reserved.


Connecting to (ADDRESS=(PROTOCOL=TCP)(HOST=seagull)(PORT=1521))
Services Summary...
  tdb000                     has 4 service handlers
    DISPATCHER established:1 refused:0 current:2 max:55 state:ready
      D001 (machine: seagull, pid: 4146)
      (ADDRESS=(PROTOCOL=tcp)(DEV=5)(HOST=141.123.224.38)(PORT=1323))
    DISPATCHER established:1 refused:0 current:2 max:55 state:ready
      D000 (machine: seagull, pid: 4145)
      (ADDRESS=(PROTOCOL=tcp)(DEV=5)(HOST=141.123.224.38)(PORT=1321))
    DISPATCHER established:0 refused:0 current:1 max:55 state:ready
      D002 (machine: seagull, pid: 4147)
      (ADDRESS=(PROTOCOL=tcp)(DEV=5)(HOST=141.123.224.38)(PORT=1325))
    DEDICATED SERVER established:0 refused:0
The command completed successfully
```

Da eine Dienstanfrage von einem Oracle-Server abgefangen wird, kann der Listener die Anfrage über einen dedizierten Server, den Multithread-Server (MTS) oder einen vorhandenen Prozeß (einen zuvor erzeugten Hintergrundprozeß) lenken. Wichtig ist, ob die Verbindung den Listener über einen Dienstnamen kontaktiert oder mit der DB-Adresse *TWO_TASK* übergeht. Wenn der Listener als Teil der Verbindung kontaktiert wird und die MTS-Parameter als *init<SID>.ora* definiert sind, wird der Client das MTS verwenden.

Es gibt fünf grundlegende Listener-Befehle: *RELOAD, START, STOP, STATUS* und *SERVICES*. Auf der Grundlage der Anfrage entscheidet der Listener, ob er eine Verbindung an einen dedizierten Server-Prozeß (den er erzeugt) oder an den MTS sendet. Der Programmierer hat mehrere Möglichkeiten, um festzulegen, wie Oracle einen Prozeß verwaltet. Dedizierte Anfragen können durch eine DB-Adresse der Version 1 angegeben werden oder durch den Namen eines Dienstes, der in der Datei *tnsnames.ora* den Eintrag *server=dedicated* aufweist.

Lokale Verbindungen verwenden den Listener, wenn MTSs definiert werden. Selbst interne Oracle-Aufrufe (etwa sqlplus /) werden eine Verbindung zum MTS hinzufügen.

Da wir jetzt die Dynamik von SQL*Net und Net8 kennen, beschäftigen wir uns mit den Oracle-Werkzeugen, die zur Wartung und Anzeige der datenbankübergreifenden Konnektivität dienen.

SQL*Net- und Net8-Verbindungen verwalten

Das Oracle Data Dictionary und die *V$*-Strukturen enthalten einige sehr nützliche Informationen über den Status Ihrer SQL*Net- bzw. Net8-Konfiguration. Durch Abfragen dieser Strukturen können Sie wichtige Informationen zusammentragen. *Listing 9.4* beschreibt einige der Dienstprogramme, die sich für die Verwaltung von Net8-Sitzungen effektiv einsetzen lassen:

Listing 9.4:
Bericht zum
Festschreibungs-
zeitpunkt (commit
point strength)

```
REM commit.sql - Reports the commit point strength for the database.

SET FEEDBACK OFF
COLUMN NAME  FORMAT a30 HEADING 'Name'
COLUMN TYPE  FORMAT a7  HEADING 'Type'
COLUMN VALUE FORMAT a60 HEADING 'Value'

PROMPT Commit Point-strength Report Output:
PROMPT
PROMPT
SELECT name,
       decode(TYPE,1,'boolean',
                   2,'string',
                   3,'integer',
                   4,'file') TYPE,
       replace(replace(value,'@','%{sid}'),'?','%{home}') VALUE
FROM   V$PARAMETER
WHERE  name = 'commit_point_strength';
```

Hier wird ein Bericht mit *V$*-Strukturen erzeugt. Darin enthalten sind alle Informationen für den Festschreibungspunkt des *COMMIT*. Im Ernstfall ist es für einen Oracle-Spezialisten unerläßlich, daß er alle verteilten Verbindungen mit einer Datenbank anzeigen und abbrechen kann. Der nächste Abschnitt beschreibt diesen Prozeß.

Multithread-SQL*Net- und -Net8-Sitzungen anzeigen und abbrechen

Auf Systemen, auf denen SQL*Net 2.0 oder Net8 ausgeführt wird, können Sie mit Hilfe eines Sitzungsskripts die Anzahl an dedizierten und gemeinsam nutzbaren Servern im System abfragen. *Listing 9.5*, das weiter unten in diesem Kapitel abgedruckt ist, zeigt alle angeschlossenen Anwender und deren Verbindungstypen zu den Oracle-Datenbanken an. Es zeigt zudem die Betriebssystemverbindung an und gestattet Ihnen, verlorengegangene Verbindungen endgültig abzubrechen.

Sie können zwar dedizierte SQL*Net- und Net8-Sitzungen abbrechen, doch Multithread-SQL*Net- und -Net8-Sitzungen lassen sich nicht direkt vom Unix-Betriebssystem aus abbrechen. Eine verlorengegangene Sitzung auf einem dedizierten Server können Sie etwa mit Hilfe des Unix-Befehls *ps -ef|grep ora* identifizieren und anschließend mit *kill -9 xxx* abbrechen. Beim Multithread-Server existieren Betriebssystemprozesse nicht mehr für jeden einzelnen Task, daher müssen Sie den Task mit Hilfe des Oracle-SQL-Befehls *ALTER SYSTEM KILL SESSION* abbrechen, und zwar auf der Ebene des Oracle-Subsystems.

Um die Multithread-Server-Sitzung eines Anwenders abzubrechen, öffnen Sie zuerst SQL*Plus und geben folgendes ein:

```
SELECT sid, serial#, USERNAME FROM V$SESSION;
```

```
SID   SERIAL#    USERNAME
8     28         OPS$xxx
10    211        POS$yyy
13    8          dburleso
```

Wenn Sie die Sitzung *dburleso* abbrechen wollen, geben Sie ALTER SYSTEM KILL SESSION '13, 8' ein.

Dieses etwas mühselige Verfahren, verlorengegangene SQL*Net- und Net8-Verbindungen zu entfernen, kann in einer Umgebung, in der Duzende von Programmierern Programme testen, sehr lästig sein; und die Programmierer müssen jedesmal den DBA informieren, wenn Sie einen verlorengegangenen Task abbrechen wollen. Die einzige Alternative besteht darin, den Programmierern auf den Plattformen *ALTER SYSTEM*-Berechtigung zu erteilen, so daß der einzelne Programmierer seine Tasks selbst entfernen kann.

Den Multithread-Server (MTS) verwalten

Eines der Probleme mit SQL*Net 1.0 war, daß jede eingehende Transaktion vom Listener als gesonderter Betriebssystem-Task erzeugt wurde. Mit SQL*Net 2.0 und Net8 bietet Oracle jetzt eine Methode, die es der Listener-Verbindung erlaubt, zahlreiche Unterprozesse zu senden. Beim MTS wird jede alle Kommunikation mit einer Datenbank nicht über getrennte UNIX-Prozeß-IDs (PIDs) auf jeder Datenbank, sondern über einen einzigen Dispatcher abgewickelt. Für die meisten Online-Tasks hat dies den Vorteil einer schnelleren Verarbeitung. Selbst lokale Transaktionen werden über den MTS geleitet, und Sie werden für Ihre lokalen Tasks keine PID mehr sehen, wenn Sie *ps -ef|grep oracle* ausführen.

Dennoch sollten Sie sich darüber im klaren sein, daß der MTS kein Universalmittel ist, insbesondere wenn Sie für Ihr Programm gerade einen dedizierten Prozeß aufrufen wollen. Bei Pro*C-Programmen und E/A-intensiven Oracle SQL*Forms-Anwendungen – oder bei allen Prozessen, die über wenig Leerlaufzeit verfügen – erzielen Sie eine bessere Performance, wenn Sie einen dedizierten Prozeß verwenden.

Allgemein bietet der MTS Vorteile wie reduzierte Speicherbeanspruchung, weniger Prozesse pro Anwender und automatische Lastverteilung. Dennoch ist es oft schwer, zu beurteilen, ob der MTS angeschaltet ist – geschweige denn, ob er richtig funktioniert.

Wenn Sie den MTS ursprünglich starten, dürfen Sie die folgenden Faustregeln nicht vergessen:

- Der MTS wird von den Parametern in der Datei *init<SID>.ora* gesteuert. Sind in der Datei *init<SID>.ora* keine MTS-Parameter vorhanden, so wird der MTS deaktiviert.

- Der MTS wird verwendet, wenn in die Datei *init<SID>.ora* die MTS-Parameter eingetragen sind und per Dienstname (etwa wie *@myplace*) Anfragen gestellt werden. Anders ausgedrückt: Sie müssen die ROWID aller Version-1.0-DB-Adressen abrufen (wie z.B. *t:unix1:myplace*).

- Jeder MTS-Benutzer benötigt 1 KByte Speicherplatz, so daß Sie eine Erweiterung Ihrer *shared_pool_size* einplanen sollten.

- Die Systemtabellen *V$QUEUE* und *V$DISPATCHER* zeigen es an, wenn die Anzahl der MTS-Dispatcher zu niedrig ist. Die Dispatcher-Anzahl ist zwar bereits in der Datei *init<SID>.ora* angegeben, dennoch können Sie diese in SQL*DBA mit Hilfe des Befehls *ALTER SYSTEM* ändern:

  ```
  SQLDBA> ALTER SYSTEM SET MTS_DISPATCHERS = 'TCPIP,4';
  ```

- Wenn Sie Probleme mit dem MTS haben, können Sie schnell wieder zu den dedizierten Servern zurückkehren, indem Sie einen *ALTER SYSTEM*-Befehl absetzen. Der folgende Befehl schaltet den MTS ab, indem er die Anzahl der MTS-Server auf Null setzt:

  ```
  SQLDBA> ALTER SYSTEM SET MTS_SERVERS=0;
  ```

- Damit Sie *ops$* verwenden können, müssen Sie zwei Werte in *init<SID>.ora* auf *true* setzen (standardmäßig ist *false* eingestellt):

  ```
  remote_os_authent = TRUE
  remote_os_roles = TRUE
  ```

- Wenn SQL*Net 1.0, 2.0 oder Net8 installiert ist, kann der Anwender entweder über einen dedizierten Server oder über den MTS eine Verbindung zum Server herstellen. Allerdings können Sie bei der MTS-Verbindung den Listener nicht anhalten und neu starten. Damit Sie diese Möglichkeit haben, müssen Sie mit Hilfe eines dedizierten Servers eine Verbindung zu SQL*DBA herstellen.

■ In einigen Fällen müssen die Instanzen abgebrochen werden, wenn der Listener angehalten wird, da er sonst im dedizierten Modus erneut gestartet wird. Immer, wenn eine Instanz abgebrochen werden muß, sollten Sie den Listener anhalten, die Instanz stoppen, den Listener neu starten und dann die Instanz wieder starten. Der Listener liest die MTS-Parameter nur, wenn er vor dem Neustart der Instanz ausgeführt wird. Daher wird durch ein Abbrechen des Listeners der MTS deaktiviert.

Den Listener-Prozeß verwalten

Der Listener ist ein Software-Programm, das auf jedem entfernten Knoten ausgeführt wird und alle eingehenden Datenbankanforderungen „abhört". Wird eine Anfrage gefunden, so kann der Listener diese Anfrage wie folgt umleiten:

■ Zu einem dedizierten Server

■ Zu einem Multithread-Server

■ Zu einem vorhandenen Prozeß oder zu einem zuvor erzeugten Hintergrundprozeß

Beachten Sie, daß die Konfiguration eines Oracle-Listeners als direkte Folge der Parameter entsteht, die in der Initialisierungsdatei der Oracle-Datenbank eingestellt wurden. Diese Parameterdatei wird *init<SID>.ora* genannt und umfaßt die folgenden Parameter für die Definition des Multithread-Server und des Listeners:

```
# ———-
# Multithreaded Server
# ———

MTS_DISPATCHERS = „tcp,3"

MTS_LISTENER_ADDRESS = „(ADDRESS=(PROTOCOL=tcp) (HOST=seagull)
(PORT=1521))"

MTS_MAX_DISPATCHERS = 5

MTS_MAX_SERVERS = 20

# ———-
# Distributed systems options
# ———-
```

```
DISTRIBUTED_LOCK_TIMEOUT = 60

DISTRIBUTED_RECOVERY_CONNECTION_HOLD_TIME = 200

DISTRIBUTED_TRANSACTIONS = 6
```

Verschiedene Tips zur Verwaltung von SQL*Net und Net8

So, wie bei SQL*Net 1.0 zur Laufzeit die Datei *oratab* interpretiert wird, wird in den neueren Versionen die Datei *tnsnames.ora* interpretiert. Dies bedeutet, daß Sie sie jederzeit ändern können, und zwar ohne das Risiko, irgend etwas abzubrechen. Wenn Sie allerdings Änderungen an der Datei *listener.ora* vornehmen, muß der Listener anschließend mit Hilfe von *LSNRCTL RELOAD* neu geladen werden.

Wenn über einen Datenbank-Link aus der Ferne auf eine Datenbank zugegriffen wird, verwenden SQL*Net und Net8 den temporären Tablespace auf der Zieldatenbank, und zwar unabhängig davon, ob der Rechner den Task oder den ursprünglichen Datenbankstandort aufruft. Die Moral daraus? SQL*Net und Net8 verwenden den temporären Tablespace auf der Zieldatenbank – und nicht auf der initiierenden Datenbank. Anders ausgedrückt: Anwendungen auf einem Rechner, die mit Hilfe eines Datenbank-Links auf einen anderen Rechner zugegriffen haben, verwenden die temporären Tablespaces auf dem Terminal-Rechner – und nicht auf dem Rechner, der den Link enthält.

Denken Sie immer daran, die Datei *$ORACLE_HOME/bin/oraenv* zu ändern und die Einstellung von *ORACLE_SID* zurückzunehmen sowie *TWO_TASK=SID* zu setzen.

In SQL*Net und Net8 kommen drei Protokolle vor:

- *Listener-Protokoll* – *$ORACLE_HOME/network/log/listener.log*

- *SQL*Net-Protokoll* – *$ORACLE_HOME/network/log/sqlnet.log*

- *Trace-Protokoll* – Das Ziel, das mit dem Parameter *trace_directory_listener* der Datei *listener.ora* gesetzt wurde.

Die folgenden drei Trace-Ebenen sind in SQL*Net und Net8 zu finden:

- *LSNRCTL TRACE ADMIN*

- *LSNRCTL TRACE USER*

- *LSNRCTL TRACE OFF*

Wie bereits erwähnt, ist es möglich, zwei Listeners auszuführen – einen für die Version 1.0 und einen zweiten für die Version 2.0. Wenn eine Version 1-DB-Adresse gesendet wird, wird der Listener *TCPCTL* verwendet. Wird hingegen eine TNS-Verbindungsbeschreibung gesendet, kommt der Listener *LSNRCTL* zum Einsatz. Eine Verbindungsbeschreibung ist der Name einer Datenbank (etwa *@mydata*), welche die Datei-

en *tnsnames.ora* auf der Senderseite und *listener.ora* auf der Empfangs-
seite einander zuordnet.

Wichtig ist dabei, daß sich die Funktionen der Variablen
ORACLE_SID und *TWO_TASK* geändert haben. Wenn Sie den MTS
verwenden wollen, obwohl die Datenbank lokal bei Ihnen gespeichert
ist, sollten Sie die Einstellung der Variablen *ORACLE_SID* aufheben
und *TWO_TASK* auf den SID-Namen setzen (*export TWO_TASK=
mydb*). Ist *ORACLE_SID* aktiv, haben Sie immer noch die Möglichkeit,
eine Verbindung herzustellen, auch wenn Sie nicht die Vorteile des MTS
nutzen können. Sie müssen alle Anmeldeskripts und *$ORACLE_HOME/
bin/oraenv*-Dateien so ändern, daß sie die neue Funktionalität wider-
spiegeln.

Sie kennen drei Arten, um eine verteilte Datenbankkommunikation
mit dem MTS aufzubauen. Sie können einen gemeinsam nutzbaren
Dienstnamen verwenden (*sqlplus /@ram2db*), einen dedizierten Dienstnamen (*sqlplus /@d_ram2db* – wenn Sie dem SID ein *d_* voranstellen,
erzeugt der Listener einen dedizierten Prozeß für Ihr Programm) oder
eine TWO_TASK-Server-DB-Adresse (*sqlplus /@t:host:sid*). Die letztere
Methode übergeht den MTS und verwendet einen dedizierten Prozeß.

In einer verteilten Oracle-Umgebung werden Aktualisierungen in den
Datenbanken koordiniert. Oracle stellt dabei einen Mechanismus bereit,
durch den eine verteilte Aktualisierung als einzelne Transaktion verwaltet wird, so daß die Transaktion als Ganzes festgeschrieben (*commit*)
und zurückgesetzt werden kann (*rollback*). Dieser Prozeß wird *Two-
Phase-Commit* genannt. Im nächsten Abschnitt wird erläutert, wie ein
Two-Phase-Commit in einer Oracle-Umgebung angewendet wird.

Two-Phase-Commit (2PCs) verwalten

Wenn eine verteilte Aktualisierung (oder Löschung) festgeschrieben
werden soll, koordinieren SQL*Net und Net8 die *COMMIT*-Verarbei-
tung, d.h. im Falle eines Fehlers wird die gesamte Transaktion per *Rollback* auf den beteiligten Rechnern zurückgesetzt. Die erste Phase dieses
Vorgangs ist eine Vorbereitungsphase für jeden Knoten, dann kommt
das *COMMIT*, und den Abschluß bildet eine Vergessen-Phase.

Wenn eine verteilte Aktualisierung gerade ein 2PC ausgibt und dabei
die Netzwerkverbindung unterbrochen wird, so wird von Oracle ein
entsprechender Eintrag in die Tabelle *DBA_2PC_PENDING* eingefügt.
Der Hintergrundprozeß für die Wiederherstellung *(RECO)* wird dann
auf dem Knoten, wo alles in Ordnung ist, ein *ROLLBACK* oder
COMMIT ausführen, damit er dem Zustand des nicht mehr erreichbaren
Knotens entspricht und die Konsistenz gewahrt bleibt. Der *RECO*-
Hintergrundprozeß läßt sich mit Hilfe des Befehls *ALTER SYSTEM
ENABLE DISTRIBUTED RECOVERY* aktivieren.

Die Tabelle *DBA_2PC_PENDING* enthält die Spalte *ADVICE*. Diese
weist die Datenbank an, das ausgesetzte Element entweder per *COM-*

MIT festzuschreiben oder per *ROLLBACK* zurückzusetzen. Mit Hilfe
der Syntax von *ALTER SESSION ADVISE* können Sie den 2PC-Mecha-
nismus steuern. Um etwa die Fertigstellung eines *INSERT* zu erzwingen,
können Sie folgendes eingeben:

```
ALTER SESSION ADVISE COMMIT;
INSERT INTO PAYROLL@london . . . ;
```

Kann eine 2PC-Transaktion nicht erfolgreich ausgeführt werden, so
können Sie eine Abfrage in der Tabelle *DBA_2PC_PENDING* durchführen, um die Spalte *STATE* zu überprüfen. Sie können im SQL*DBA im
Dialogfenster *Recover In-Doubt Transaction* entweder ein *Rollback* oder
ein *Commit* der ausgesetzten Transaktion durchführen. In diesem Fall
wird die Zeile aus *DBA_2PC_PENDING* verschwinden, sobald die
Transaktion aufgelöst ist. Wenn Sie eine falsche Verarbeitung für die
Transaktion erzwingen (z.B. ein *Rollback*, wenn andere Knoten ein
Commit ausgeführt haben), so wird der *RECO*-Prozeß das Problem er-
kennen, die Spalte *MIXED* auf *YES* setzen, und die Zeile in der Tabelle
DBA_2PC_PENDING bleibt erhalten.

Intern untersucht Oracle die Parameter in der Datei *init<SID>.ora*,
um so die Rangfolge zu ermitteln, die die *Commit*-Verarbeitung annehmen wird. Der Parameter *commit_point_strength* in *init<SID>.ora* bestimmt, welche der verteilten Datenbanken der Standort für den Festschreibungspunkt sein soll. Bei einer verteilten Aktualisierung wird die
Datenbank mit dem höchsten Wert für *commit_point_strength* zum
Standort für den Festschreibungspunkt. Der Standort für den Festschreibungspunkt ist die Datenbank, die die Transaktion erfolgreich ausführen muß, bevor die Transaktion auf den anderen Datenbanken aktualisiert wird. Wenn hingegen bei einer Transaktion auf dem Standort für
den Festschreibungspunkt ein Fehler entsteht, wird die gesamte Transaktion auf den anderen Datenbanken zurückgesetzt. In der Regel sollte
als Standort für den Festschreibungspunkt die Datenbank verwendet
werden, die die kritischsten Daten enthält.

Listing 9.5 zeigt ein Skript, das *Two-Phase-Commit*-Transaktionen
identifiziert, die nicht zu Ende geführt werden konnten:

Listing 9.5:
pending.sql – Be-
richte über ausge-
setzte, verteilte
Transaktionen

```
SET PAGESIZE 999;
SET FEEDBACK OFF;
SET WRAP ON;
COLUMN local_tran_id  FORMAT a22 HEADING 'Local Txn Id'
COLUMN global_tran_id FORMAT a50 HEADING 'Global Txn Id'
COLUMN state          FORMAT a16 HEADING 'State'
COLUMN mixed          FORMAT a5  HEADING 'Mixed'
COLUMN advice         FORMAT a5  HEADING 'Advise'

SELECT local_tran_id,global_tran_id,state,mixed,advice
FROM   DBA_2PC_PENDING
ORDER  BY local_tran_id;
```

In diesem Abschnitt wurde aufgezeigt, wie verteilte Aktualisierungen innerhalb von Oracle8 verwaltet werden. Im weiteren wollen wir erläutern, wie SQL*Net- und Net8-Verbindungen innerhalb einer Oracle-Instanz eingerichtet und gewartet werden.

SQL*Net- und Net8-Sitzungen einrichten

Auf Systemen, auf denen SQL*Net 2.0 oder Net8 ausgeführt wird, kann das Sitzungsskript dazu verwendet werden, die dedizierten und gemeinsam nutzbaren Server auf dem System abzufragen. In *Listing 9.6* sehen Sie beispielsweise ein SQL*Plus-Skript zur Anzeige aller Sitzungen:

Listing 9.6: *session.sql* **zeigt alle aktuellen Sitzungen an**

```
SET ECHO OFF;
SET TERMOUT ON;
SET LINESIZE 80;
SET PAGESIZE 60;
SET NEWPAGE 0;
TTITLE „dbname Database|UNIX/Oracle Sessions";
SPOOL /tmp/session
SET HEADING OFF;
SELECT 'Sessions on database '||substr(name,1,8) FROM V$DATABASE;
SET HEADING ON;
SELECT
        substr(B.serial#,1,5) ser#,
        substr(B.machine,1,6) box,
        substr(B.username,1,10) username,
        substr(B.osuser,1,8) os_user,
        substr(B.program,1,30) program
FROM V$SESSION B, V$PROCESS A
WHERE
B.paddr = A.addr
AND TYPE='USER'
ORDER BY spid;
TTITLE OFF;
SET HEADING OFF;
SELECT 'To kill, enter SQLPLUS>  ALTER SYSTEM KILL SESSION',
''''||'SID, SER#'||''''||';' FROM DUAL;
SPOOL OFF;


[oracle]ram2: sqlx session

Wed Sep 14
                                                  Page    1
                                             ram2db Database
                                          Sessions for SQL*Net
```

```
ser#      box           username os_user  program
___       _             ___      __       ___


DEDICATED  SYS           oracle   ram2     sqldba@ram2 (Pipe Two-Task)

DEDICATED  OPS$REDDY     reddy    ram2     runform30@ram2 (Pipe Two-Task)

DEDICATED  GLINT         lkorneke ram2     sqlplus@ram2 (Pipe Two-Task)

DEDICATED  OPS$ORACLE    oracle   clt2     sqlplus@clt2 (TNS interface)

DEDICATED  OPS$JOKE      joke     ram2     ? @ram2 (TCP Two-Task)

DEDICATED  OPS$WWRIGHT   wwright  ram2     runmenu50@ram2 (Pipe Two-Task)

DEDICATED  OPS$ORACLE    oracle   ensc     sqlplus@ensc (TCP Two-Task)

DEDICATED  MARYLEE       OraUser           C:\PB3\PBSYS030.DLL

DEDICATED  OPS$ORACLE    oracle   ram2     sqlplus@ram2 (Pipe Two-Task)

DEDICATED  OPS$JSTARR    jstarr   ram2     sqlforms30@ram2 (Pipe Two-Task)

DEDICATED  OPS$WWRIGHT   wwright  ram2     RUN_USEX@ram2 (Pipe Two-Task)

11 rows selected.

To kill, enter SQLPLUS> ALTER SYSTEM KILL SESSION 'SID, SER#';
```

Untenstehend sind alle vier Verbindungsarten aufgeführt:

- *Pipe-Two-task* – Für interne Tasks *(sqlplus /)*

- *TNS-Schnittstelle* – Für Verbindungen mit einem Dienstnamen der Version 2.0 *(sqlplus /@ram2)*

- *TCP-Two-task* – Für Verbindungen mit einer DB-Adresse der Version 1.0 *(sqlplus /@t:ram2:ram2db)*

- *PC-Verbindungs-Task* – Vom PC-DLL-Namen bezeichnet *(C:\PB3\PBSYS030.DLL* = via PowerBuilder-DLL gestartet)

Ausgereifte Werkzeuge wie SQL*Net 2.0 und Net8 erfordern für einen effektiven Einsatz ein umfassendes Wissen. Da sich die Systeme immer mehr in komplexe, verteilte Netzwerke verwandeln, wird die datenbankübergreifende Kommunikation sogar noch umfangreicher und benötigt noch bessere Werkzeuge. Und während die Objektorientierung verspricht, die datenbankübergreifende Kommunikation einfach zu machen, kämpfen die DBAs weiter an der Implementierung alltäglicher verteilter Datenbankkommunikation.

Da wir SQL*Net und Net8 jetzt verstehen, sollten wir nun zur architekturübergreifenden Datenbankkommunikation fortschreiten.

Datenbankübergreifende Konnektivität mit IBM-Großrechnern

n den siebziger Jahren waren zwar einige Herstellerdatenbanken verfügbar, dennoch hatten die Spezialisten damit zu kämpfen, Brücken zwischen den Datenbankprodukten zu bauen. Ein großer Teil des Interesses an der Datenbankkonnektivität ergab sich daraus, daß immer mehr Unternehmen aus dem Boden sprossen, die sich für unterschiedliche Datenbankplattformen entschieden. Wie in diesem Kapitel bereits erörtert wurde, arbeiten Datenbankentwickler aktiv daran, Brücken zwischen divergenten Datenbanksystemen zu bauen. Tatsächlich werden immer mehr Werkzeuge verfügbar, die dabei unterstützen, Konnektivität zwischen mehreren Datenbanken herzustellen.

Im Moment gibt es drei Methoden zur Herstellung von Datenbankkonnektivität:

■ Den Einsatz transparenter Produkte. Diese ermöglichen es, daß Anwendungen, die für eine Datenbank geschrieben wurden, auf einem anderen Produkt ausgeführt werden können.

■ Sprachen der vierten Generation, die auf mehrere Sprachen zugreifen können.

■ „Hook"-Produkte, die Ausgänge zu anderen Datenbanken erlauben.

Glücklicherweise gibt es einige sehr einfache Verfahren, um die Arbeit mit mehreren Datenbanken aufzunehmen, insbesondere in einer Großrechnerumgebung. Ein Anfang für Datenbankkonnektivität kann in einer Batch-Umgebung gesetzt werden. Durch die Einbettung von Datenbankbefehlen aus zwei Datenbanken in ein einziges COBOL-Programm können Kompilierungsprozeduren entwickelt werden, die jeden Satz an Datenbankanweisungen separat vorkompilieren und so ein einziges Programm erstellen, das gleichzeitig auf zwei verschiedene Datenbanken zugreifen kann *(siehe Abbildung 9.6).*

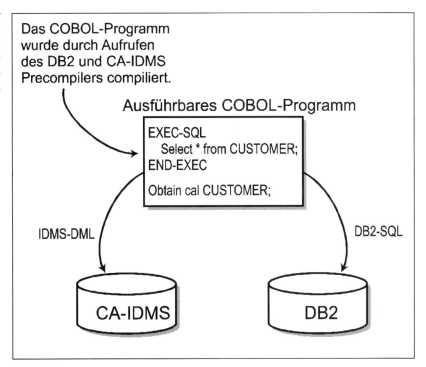

Abb. 9.6:
Datenbanküber-
greifende Kommu-
nikation mit Groß-
rechnern

Das COBOL-Programm
wurde durch Aufrufen
des DB2 und CA-IDMS
Precompilers compiliert.

Ausführbares COBOL-Programm

EXEC-SQL
   Select * from CUSTOMER;
END-EXEC

Obtain cal CUSTOMER;

IDMS-DML   DB2-SQL

CA-IDMS   DB2

In diesem Beispiel wurde ein COBOL-Programm erstellt, das DB2-Ta-
bellen einliest und dynamisch in einer CA-IDMS-Datenbank speichert.
Die Anweisungen für DB2 und CA-IDMS bleiben so, wie es in einem
einzigen Datenbankprogramm der Fall wäre, doch wird eine spezielle
Kompilierungsprozedur eingerichtet, die jeden Satz an Anweisungen
einzeln vorkompiliert. Der Trick dabei ist, den DB2-Precompiler vor
dem CA-IDMS-Precompiler aufzurufen. Da alle DB2-Befehle durch
EXEC-SQL...END-EXEC eingeschlossen sind, werden alle DB2-Befehle
verarbeitet, bevor der CA-IDMS-Precompiler seinen Job aufnimmt.
Listing 9.7 zeigt einen Teil der Großrechner-JCL *(Job Control
Language)*. Dieses eignet sich gut für die Kompilierung eines COBOL-
Programms, das gleichzeitig auf DB2 und CA-IDMS zugreifen soll.

Listing 9.7:
Eine COBOL-
Kompilierung für
die Kommuni-
kation zwischen
IDMS- und DB2-
Datenbanken

```
//DB2IDMSC PROC  PROGRAM=,SYSTEM=PROD,DICT=LCPDICT
//****************************************************************
//*  THIS IS THE IDMS/DB2 COBOL COMPILER  (BATCH IDMS/DB2 COBOL)
//****************************************************************
//DB2 EXEC PGM=DSNHPC,PARM='HOST(COBOL),APOST,APOSTSQL,NOSOURCE,NOXREF'
//****************************************************************
//*  THIS IS THE DB2 COBOL PRECOMPILER
//DBRMLIB  DD DSN=DB2.LCP.DBRMLIB(&PROGRAM),DISP=SHR
//SYSCIN   DD DSN=&&DSNHOUT,DISP=(MOD,PASS),UNIT=SYSDA,
//            SPACE=(800,(50,50))
//SYSLIB   DD DSN=DB2.LCP.DCLGNLIB,SUBSYS=LAM
```

```
//SYSPRINT DD  SYSOUT=*
//SYSTERM  DD  SYSOUT=*
//SYSUDUMP DD  SYSOUT=*
//SYSUT1   DD  SPACE=(800,(50,50),,,ROUND),UNIT=SYSDA
//SYSUT2   DD  SPACE=(800,(50,50),,,ROUND),UNIT=SYSDA
//****************************************************************
//DMLC EXEC  PGM=IDMSDMLC,REGION=1024K,PARM='DBNAME=&DICT',COND=(4,LT)
//****************************************************************
//*  THIS IS THE IDMS PRECOMPILER
//STEPLIB  DD  DSN=LCP.IDMS.&SYSTEM..PRODLIB,DISP=SHR
//         DD  DSN=LCP.IDMS.&SYSTEM..CDMSLIB,DISP=SHR
//SYSLST   DD  DUMMY
//SYSPRINT DD  SYSOUT=*
//SYSCTL   DD  DSN=LCP.IDMS.&SYSTEM..SYSCTL,DISP=SHR
//SYSJRNL  DD  DUMMY
//SYSPCH   DD  DSN=&&WRK1WORK,UNIT=SYSDA,DISP=(NEW,PASS),
//             DCB=BLKSIZE=800,SPACE=(CYL,(5,1))
//SYSIPT   DD  DSN=&&DSNHOUT,DISP=(OLD,DELETE,DELETE)
//****************************************************************
//*  THIS IS THE COBOL COMPILE STEP
//COMP    EXEC PGM=IKFCBL00,COND=(4,LT),
// PARM='&CPARM,&PAYPR,STA,LIB,DMAP,CLIST,APOST,NOSXREF,BUF=28672'
//****************************************************************
//STEPLIB  DD  DSN=SYS1.VSCOLIB,DISP=SHR
//SYSPRINT DD  SYSOUT=*
//SYSUDUMP DD  SYSOUT=*
//SYSLIN   DD  DSN=&&LOADSET,DISP=(MOD,PASS),UNIT=SYSDA,
//             SPACE=(800,(50,50),RLSE)
//SYSLIB   DD  DSN=ISD.COBOL.TEST.COPYLIB,DISP=SHR
//         DD  DSN=ISD.COBOL.COPYLIB,DISP=SHR
//SYSUT1   DD  SPACE=(800,(50,50),RLSE),UNIT=SYSDA
//SYSUT2   DD  SPACE=(800,(50,50),RLSE),UNIT=SYSDA
//SYSUT3   DD  SPACE=(800,(50,50),RLSE),UNIT=SYSDA
//SYSUT4   DD  SPACE=(800,(50,50),RLSE),UNIT=SYSDA
//SYSIN    DD  DSN=&&WRK1WORK,DISP=(OLD,DELETE,DELETE)
//****************************************************************
//*  THIS IS THE LINK EDITOR
//LKED    EXEC PGM=IEWL,PARM='XREF,LIST,&LPARM',
//             COND=((12,LE,COMP),(4,LT,DB2))
//****************************************************************
//SYSPRINT DD  SYSOUT=*
//SYSUDUMP DD  SYSOUT=*
//SYSLIN   DD  DSN=&&LOADSET,DISP=(OLD,DELETE)
//         DD  DSN=LCP.IDMS.TEST.PROCLIB(IDMSCOB),DISP=SHR
//SYSUT1   DD  SPACE=(1024,(50,50)),UNIT=SYSDA
//SYSLIB   DD  DSN=SYS1.DB2.DSNLINK,DISP=SHR
//         DD  DSN=SYS1.VSCOLIB,DISP=SHR
```

```
//         DD  DSN=SYS1.VSCLLIB,DISP=SHR
//         DD  DSN=LCP.IDMS.&SYSTEM..CDMSLIB,DISP=SHR
//SYSLMOD  DD  DSN=LCP.IDMS.&SYSTEM..LINKLIB(&PROGRAM),DISP=SHR
//LIB      DD  DSN=LCP.IDMS.&SYSTEM..OBJLIB,DISP=SHR
//****************************************************************
//BIND  EXEC PGM=IKJEFT01,DYNAMNBR=20,COND=((8,LT),(4,LT,DB2))
//****************************************************************
//SYSTSIN  DD  DSN=ISD.TEST.PARMCARD(PCRDB21),DISP=SHR
//DSNTRACE DD  SYSOUT=*
//SYSUDUMP DD  SYSOUT=*
//SYSPRINT DD  SYSOUT=*
//SYSTSPRT DD  SYSOUT=*
//SYSIN    DD  DSN=LCP.IDMS.&SYSTEM..LINKLIB(&PROGRAM),DISP=SHR
```

Die Ausführung des COBOL-Programms wird in der Regel erreicht, indem es unter der Domäne des DB2-Vordergrundprozessors läuft. *Listing 9.8* zeigt, wie die ausführende JCL für ein DB2/IDMS-COBOL-Programm aussehen würde:

Listing 9.8:
Die ausführende
JCL für ein daten-
bankübergrei-
fendes COBOL-
Programm

```
//GOFORIT  JOB (CARD)
//GOFORIT  EXEC PGM=IKJEFT01,DYNAMNBR=20
//****************************************************************
//SYSTSIN  DD  *
  DSN SYSTEM    (DB2P)
  RUN PROG      (MYCOBOL) -
  LIB           ('MY.LINK.LIB')  -
  PLAN          (MYCOBOL)
//DSNTRACE DD  SYSOUT=*
//SYSUDUMP DD  SYSOUT=*
//SYSPRINT DD  SYSOUT=*
//SYSTSPRT DD  SYSOUT=*
//STEPLIB  DD  DSN=MY.IDMS.LIBRARIES,DISP=SHR
```

Mit Hilfe dieser Technik können auf IBM-Großrechnern Batch-Programme erstellt werden, die Informationen zwischen den beiden Architekturen austauschen. Es sind zwar viele Methoden zur Einrichtung von Datenbankkonnektivität verfügbar, dennoch verlangt der Handel nach Werkzeugen, die unterschiedlichen Datenbanken die Kommunikation untereinander erlauben. Die Industrie sucht heute nicht mehr nach einer Universaldatenbank, die den Anforderungen aller entgegenkommt, sondern hat erkannt, daß für die Bedürfnisse verschiedener Unternehmen unterschiedliche Datenbankarchitekturen erforderlich sind. Als Konsequenz daraus werden die Hersteller weiterhin die Entwicklung von Methoden vorantreiben, die eine echte Konnektivität erlauben, und zwar unabhängig von der Hardware-Plattform oder Datenbankarchitektur.

Da wir jetzt wissen, welche Themenbereiche beim Verknüpfen des Datenbankzugriffs auf mehreren Plattformen zu berücksichtigen sind, sollten wir die Themenbereiche erforschen, die beim Verknüpfen von Oracle mit anderen Datenbanken eine Rolle spielen.

Oracle und andere Datenbanken per Link verknüpfen

Jetzt ist der richtige Zeitpunkt, um die Methoden zu betrachten, die zum Verknüpfen von Datenbanken verschiedener Hersteller erforderlich sind. Erinnern Sie sich daran, daß für Oracle eine Kommunikation zu Datenbanken jeglicher Architektur hergestellt werden kann, einschließlich relationaler, hierarchischer, Netzwerk- und objektorientierter Datenbanken. In der Regel gibt es drei Verfahren zum Verknüpfen von Datenbanken: in Form einer manuellen Konsolidierung, einer Fernverbindung oder einer Verbindung zu Online-Anwendungen. Es folgt eine Zusammenfassung der verschiedenen Verfahren:

- *Manuelle Konsolidierung* – Die Daten werden aus einer Vielzahl von Datenbanken extrahiert und in einem gemeinsamen Repository gespeichert. Dieses Verfahren wird in der Regel bei Data Warehouses angewendet. Red Brick Systems ist ein Beispiel für eine manuelle Konsolidierung.

- *Fernverbindung* – Viele Datenbanken werden über eine gemeinsame Konsole überwacht. In diesem Zusammenhang werden Statusinformationen von einer Vielzahl von Datenbanken zu einer gemeinsamen Datenbank angeliefert. Die gemeinsame Konsole wird dann eingesetzt, um die Service-Mitarbeiter bei außergewöhnlichen Situationen zu benachrichtigen. Patrol von BMC Software ist ein Beispiel für diesen Typ der Verknüpfung.

- *Online-Anwendungen* – Eine Online-Anwendung (die in der Regel auf einem PC läuft) hat Zugang zu Daten aus einer Vielzahl von Datenbanken und präsentiert die Daten den Benutzern so, als ob sie aus einer einzigen Quelle stammen würden. EDA-SQL und UniFace sind Beispiele für diesen Typ der Verknüpfung.

Wie Sie sehen können, haben Sie für das Verknüpfen von Datenbanken mehrerer Hersteller die Auswahl zwischen verschiedenen Möglichkeiten. Lassen Sie uns ergründen, warum der Einsatz von Datenbanken mehrerer Hersteller so beliebt geworden ist.

Die Geschichte des Einsatzes von Datenbanken mehrerer Hersteller

Es gibt zwei Lager, wenn es um Anwendungen geht, die auf Datenbanken mehrerer Hersteller zugreifen müssen. Eine Partei ist der Meinung, daß ein einziger Hersteller in der Lage sein sollte, eine globale, allwissende Datenbank bereitzustellen. Diese sollte alle Arten von Datenanforderungen unterstützen können – von der Online-Transaktionsverarbeitung bis hin zur Entscheidungsunterstützung. Viele Hersteller nähren diesen Glauben, indem sie in ihren Marketing-Strategien behaupten, ihr Datenbankprodukt wäre für jeden Anwendungstyp geeignet. Dabei weisen sie auf die Alpträume hin, die entstehen, wenn in einer Anwendung die Datenbanken verschiedener Hersteller untereinander Informationen austauschen sollen. Das entgegengesetzte Lager glaubt, daß Datenbanktechnologie sich nur dann erfolgreich implementieren läßt, wenn zahlreiche Datenbanken verwendet werden und die Stärke jeder Engine genutzt wird. Unabhängig von den spezifischen Philosophien priesen die Hersteller noch vor nur fünf Jahren ihre Produkte als Allheilmittel für alle Anliegen eines Unternehmens an, die sich für alle Arten von Daten und Anwendungssystemen eignen.

Dies alles begann, sich ungefähr zu der Zeit zu ändern, als IBM einräumte, daß seine DB2-Datenbank für Systeme mit großem Zugriffsvolumen nicht geeignet sei. Vor diesem Zugeständnis wurde DB2 als Allzweck-Engine vertrieben, die sich unabhängig von Größe- und Performance-Anforderungen für jede Anwendung eignete. Mit der Zeit wurde offensichtlich, daß DB2 nicht für Systeme konzipiert war, die Tausende von Transaktionen pro Sekunde auszuführen hatten. Also begann IBM, für sehr umfangreiche Hochgeschwindigkeitsdatenbanken IMS zu empfehlen.

Der Trend zu mehreren Datenbanken wurde angestoßen als Reaktion auf unternehmensweite Datenerfassung und schwache Entwicklungsstrategien. Die Unternehmen hatten wenig oder keine strategische Richtung für die Entwicklung von Datenbanken, und vermutlich haben sich wenige Firmen absichtlich für eine heterogene Lösung entschieden. Der Einsatz heterogener Datenbanken bedeutet die doppelte Menge an Lizenzen und Wissen; und nur wenige Firmen haben genügend Auswahl an Fachpersonal, um mehrere Datenbanken unterstützen zu können. Daher treffen wir auf Umgebungen, in denen viele Datenbankprodukte nebeneinander existieren und das EDV-Personal Verknüpfungen zwischen den Datenbank-Engines schaffen muß.

Von diesem Ansatz aus begannen die Hersteller, das Konzept der „richtigen Datenbank für die richtige Anwendung" zu umarmen. Systeme, die Flexibilität und Ad-hoc-Abfragen benötigten, wurden in relationalen Datenbanken implementiert, während Systeme mit komplexen Beziehungen zwischen den Daten und Anforderungen für eine hohe Performance in Netzwerk- oder hierarchischen Datenbankarchitekturen implementiert wurden. Neue Typen spezialisierter Datenbankprodukte erschienen in der Szene: spezielle Datenbanken für Textdaten, die sich leicht nach Wörtern durchsuchen ließen, Datenbanken, die speziell für CAD/CAM-Systeme konzipiert waren usw. Datenbanksysteme begannen, sich auf ihrem langen Marsch von den großen Firmen-Repositories hinfort zu bewegen – hin zu den spezialisierten Marktnischen, von denen einige in *Tabelle 9.1* aufgeführt sind:

Tab. 9.1:	DATENBANKTYP	PRODUKT
Beispiele spezia-lisierter Datenbank-produkte	Textverarbeitung	Folio, Fulcrum, Acrobat
	Hochgeschwindigkeitsverarbeitung	IMS, Teradata, CA-IDMS
	Objektunterstützung	Versant, Objectivity, Ontos
	Warehouse-Unterstützung	Pilot Lightship, Oracle Express, Metacube, Fusion

Heute unterstützen viele Produkte, wie PowerBuilder oder SAP, zahlreiche Back-End-Datenbanken, und der Trend geht eindeutig zu Anwendungen, die von der Datenbankplattform unabhängig sind.

Ursprünglich war der Wunsch nach einem zentralen Repository von dem Bedürfnis angetrieben, Kontrolle über die Datenredundanz und mehrfache Aktualisierungen an denselben Informationen in unterschiedlichen Dateisystemen zu gewinnen. Aus dieser Situation entwickelten sich unsere zentralisierten Systeme, die die Datenbank von nur einem Hersteller verwenden. Jedoch trugen Endbenutzersysteme und zu einem gewissen Grad auch langsame Datenübertragungen dazu bei, den Übergang zu Client/Server-Plattformen in der Unternehmenswelt zu rechtfertigen.

Es ist interessant, zu beobachten, daß die Nachfrage nach Großrechnerressourcen nicht immer nachläßt, nachdem sich eine Firma für die Einführung offener Systeme entschieden hat. Das Angebot einer einzigen Datenbank hatte zu Großrechnerzeiten definitive Vorteile, doch große Unternehmen sind heutzutage sowohl dezentralisiert als auch weltweit verteilt. Um die Dinge noch komplizierter zu machen, haben viele der entfernten Standorte die Befugnis, ihre Datenbank selbst auszuwählen – meist entscheiden sie sich für das System, das gerade in Mode ist oder auch für die billigste, verfügbare Datenbank. Diese Vorgehensweise kann zu einem problematischen Anstieg an zeitkritischen Support-Anforderungen führen. Interessanterweise liegt der größte Anteil der Kosten oft immer noch auf seiten des Großrechners, selbst nachdem ein großes Unternehmen seine Umstellung auf offene Systeme bereits abgeschlossen hat. Obwohl neue Entwicklungen sich zu offenen Systemen hinbewegen, stellen die Firmen fest, daß die Großrechneranforderungen zu 15 bis 20 Prozent jährlich ansteigen – und das, obwohl die Gesamtkosten für Großrechnersysteme gesunken sind. Mit anderen Worten: Geerbte Systeme haben sich als schwerer zu entfernen erwiesen, als erwartet.

Da wir uns immer mehr von herstellerspezifischen Betriebssystemen weg und zu offenen Systemen hin bewegen, scheinen die Tage der Umgebungen mit Produkten eines einzigen Herstellers gezählt. Wir sind bereits jetzt Zeugen der Umstellung zu einer Plug-and-Play-RDBMS-Umgebung hin.

Leider gab es kein genormtes Modell für das Client/Server-Datenmanagement. Trotz aller Standards für offene Systeme (OSF, POSIX, X-Windows, IEEE usw.) hat sich für Datenbanken kein wirklich solider Standard entwickelt. Hinzu kommt, daß die wenigen vorhandenen Standards – wie z.B. SQL – auf unterschiedliche Weise implementiert wurden. Während die Entwickler in der Praxis ungeduldig auf die Einführung von Standards warten, treffen sie einfach ihre eigenen Entscheidungen für die beste DBMS-Plattform. Andere Abteilungen in der Unternehmenswelt sind derselben Denkweise gefolgt und haben sich für ihre Vorstellung des besten DBMS entschieden usw. Diese diffuse Vorgehensweise hat zahlreiche Informationsinseln entstehen lassen, die über unsere LANs und WANs verteilt sind – und zwar nicht nur auf unterschiedliche Dateisysteme auf demselben Rechner, sondern auch auf verschiedene Länder auf der ganzen Welt. Die Verknüpfung dieser Datenbanken wurde zu einer sehr komplizierten, doch wichtigen Plackerei.

Externe Einflüsse haben auch die Datenbankkonfigurationen beeinflußt. Sowohl die unternehmensweite Datenerfassung, die Zusammenführung von Daten, als auch die Bemühungen für maßgeschneiderte Konzepte hatten alle denselben Nebeneffekt – sie hinterließen eine Fülle an Datenbank-Engines innerhalb der neu strukturierten Organisationen. Ungeachtet der Weisheit (oder dem Mangel daran) beim Einsatz von Datenbanksystemen mehrerer Hersteller, müssen EDV-Abteilungen heute mehr als eine Datenbank verknüpfen, und datenbankübergreifende Konnektivität wurde zum Regelfall. Das Marktforschungsinstitut Sentry schätzt, daß ein durchschnittliches Unternehmen ca. neun unterschiedliche Datenbanken besitzt. Die Endbenutzer verlangen Anwendungen, die vererbte Daten von Großrechnern mit den Daten offener Systeme zusammenführen können. Während der ganzen Zeit sehen sich MIS-Entwickler mit der unglaublichen Herausforderung konfrontiert, diese verschiedenen Systeme als zusammengehöriges Ganzes funktionieren zu lassen.

Während die Verknüpfung nicht-relationaler Systeme wie IMS und CA-IDMS mit relationalen Datenbanken als Herausforderung angesehen wird, ist es ein weit verbreiteter Irrtum, daß relationale Datenbanken grundsätzlich gleich und daher einfach zu verknüpfen sind.

Selbst die Verknüpfung von Datenbanken, die dieselbe Architektur haben, ist schwierig, insbesondere bei relationalen Datenbanken. Die Vorstellung, daß relationale Datenbanken nach „Plug-and-Play-Manier" zusammengesteckt werden können, ist reine Phantasie. Das beliebte Anwendungsentwicklungswerkzeug PowerBuilder etwa wurde ursprünglich für den Einsatz mit einer relationalen Datenbank von Sybase entwickelt. Für eine Anpassung an PowerBuilder mußte Oracle einen speziellen Parameter in die Datei *init<SID>.ora* aufnehmen, um Cursor für PowerBuilder zwischenspeichern zu können, da PowerBuilder dem Anwender die Kontrolle über bestimmte Cursor nicht überläßt, wodurch viele SQL-Neuübersetzungen entstehen. Auch das Sperren wird bei Oracle und Sybase völlig unterschiedlich abgewickelt. Wenn Sie mit Oracle arbeiten und eine Hochleistungs-OLTP-Anwendung erstellen wollen, sollten Sie zunächst alle Datensätze sperren (eine Option, die in Sybase nicht existiert), dann eine Transaktionsgrenze setzen, um bis auf die Sperre alles zurückzusetzen (für den Fall eines Transaktionsfehlers) und dann Array-Operationen wie *INSERT, DELETE, UPDATE* oder *SELECT* durchführen (die durchweg von Sybase nicht unterstützt werden). Selbst die SQL-Syntax variiert, und die prozeduralen Erweiterungen jedes Datenbank-SQL sind nie gleich.

Um die Stolpersteine für Datenbanken weiter zu veranschaulichen, sollten Sie die Kosten für das Konvertieren einer Anwendung aus einer Datenbank in eine andere berücksichtigen. Vor allem: Verfügen Sie über eine Fachkraft, die die Konvertierung vornehmen kann, wenn die Schnittstellen so sehr variieren? Noch verwirrender ist die Unklarheit über den „Wahrheitsgehalt" dieser Unterschiede. Selten wird ein RDBMS einem anderen vorgezogen, weil es das beste für den betreffenden Anwendungstyp ist.

Glücklicherweise wird langsam klar, daß die Unterschiede zwischen herstellereigenen Datenbanken um so weniger ein Problem darstellen, da robuste Schnittstellen entwickelt werden. Nur wenig Gründe sprechen dafür, sich weiterhin an die Technologie eines einzigen Datenbankherstellers zu binden. Wir befinden uns in einer Ära, in der plattformübergreifende Verknüpfungen verlangt werden. Hersteller, die die Fähigkeit dafür nicht anbieten, müssen sich den Vorwurf gefallen lassen, den Informationsfluß zu behindern und somit die Produktivität zu mindern. Dies muß nicht bedeuten, daß die Hersteller ihre Unterschiede zugunsten einer standardisierten Datenbankumgebung aufgeben. Tatsächlich ist es sehr wahrscheinlich, daß die Unterschiede mit der Erweiterung um diese neue Funktionalität sogar noch größer werden. Denn jedes DBMS wird seine Stärken noch mehr betonen müssen, um seine Überlegenheit gegenüber der Konkurrenz zu behaupten.

Einige Anbieter haben eine Marktchance für ein Werkzeug gesehen, das einen leichten Zugriff auf die Datenbanken mehrerer Hersteller ermöglicht, und zwar sowohl für das Abrufen von Daten als auch für Aktualisierungen. Ein solches Produkt trägt den Namen *Passport. Passport* ist ein objektorientiertes Werkzeug, das die Entwicklung dreischichtiger Anwendungen für Datenbanken mehrerer Hersteller unglaublich einfach macht. Passport hat als Front-End-Tool begonnen, als Oracle und Ingres den Markt dominierten. Es dauerte nicht lange, da wollten die Kunden Datenbankfähigkeiten mischen und aufeinander abstimmen. Die eine Datenbank wollte man etwa wegen des guten Satzes an Werkzeugen und eine andere wegen ihrer SQL-Fähigkeiten. In beiden Fällen wird ein Werkzeug benötigt, daß es dem Entwickler erlaubt, Datenbanken schnell in einen Modus zu versetzen, in dem sie auf Abruf bereitstehen.

Die Herausforderung, Datenbanken mehrerer Hersteller zu verknüpfen, ist keine Anforderung an die Syntax– diese läßt sich mit Hilfe von Standardabfragesprachen, Data Dictionaries usw. lösen. Die wahre Herausforderung liegt in der Semantik begründet: Wie kann aus Daten, die auf so vielen unterschiedlichen Standorten gespeichert sind, eine Bedeutung herausgezogen werden? Ich bin der Meinung, daß sich diese Herausforderung nur durch die Entwicklung ausführbarer Unternehmensmodelle lösen läßt, die als Nebeneffekt der laufenden Operationen zusammengehörige Informationen aus mehreren Datenbanken extrahieren.

Selbst die wichtigsten DBMS-Hersteller erkennen, daß Erweiterungen für die Unterstützung anderer Produkte notwendig sind, wenn sie überleben wollen. Die Schwierigkeit an dieser Situation wird offensichtlich: Die meisten Unternehmen sind nicht in der Lage, ihre Daten in eine einzige Datenbank zu verlagern. Als Antwort auf die tatsächlichen Gegebenheiten hat jeder Datenbankhersteller ein Werkzeug erstellt, das für sich beansprucht, eine nahtlose Kommunikation zwischen ihrer Engine und den Produkten anderer Hersteller zu garantieren. Diese Werkzeuge nennt man *Gateways*.

Gateways

Heutzutage bieten die meisten Hersteller innerhalb ihrer Datenbank-Engines Werkzeuge an, sogenannte *Gateways*, die eine Verknüpfung zu Datenbanken anderer Hersteller herstellen. Einige bedeutende Unternehmen haben großen Erfolg damit gehabt, Datenbanken auf verschiedenen Plattformen mit Hilfe einer Gateway-Technologie zu verknüpfen. Angenommen, eine Firma unterstützt IMS, DB2 und Oracle. Nachdem diverse Lösungen der Kommunikation zwischen diesen Datenbanken untersucht worden sind, entscheidet sich die Firma für zwei verschiedene Gateway-Produkte. Eines ist z.B. von Oracle das Transparent Gateway, das für die Kommunikation von den Oracle-Anwendungen zu DB2 und IMS sorgen soll, und das zweite könnte von IBM DDCS und Data-Joiner sein, das für die Kommunikation von DB2 zu Oracle zuständig ist. Viele Firmen verwenden Oracle Transparent Gateway, da es ihnen erlaubt, DB2-Aufrufe so einzusetzen, als wäre DB2 nur eine weitere Oracle-Datenbank. Das Gateway-Produkt übernimmt auch die Übersetzung in das DB2-SQL. Der Firma wird es jetzt möglich sein, zwei DB2-Tabellen auf verschiedenen Rechnern zu verknüpfen, und das von einer Oracle-Anwendung aus. Diese Gateway-Lösungen funktionieren zwar definitiv, doch ist für die meisten Firmen das langfristige Ziel, Gateways insgesamt zu vermeiden und in eine dreischichtige Architektur mit einer Protokollschicht wie CORBA oder DCE überzugehen. Doch im Moment spielen Gateways noch eine wichtige Rolle bei der Verbindung von Datenbanken mehrerer Hersteller.

Die Oracle Corporation hat eine führende Rolle bei der Verbindung zu anderen Datenbanken übernommen. Die Gateway-Philosophie von Oracle geht auf den Bedarf an einer glatten Umsetzung von Datenbanken anderer Anbieter ein, indem es ein Programm anbietet, das aus drei Phasen besteht. Oracle hat erkannt, daß man von den Kunden eine Umstellung auf Oracle nicht über Nacht erwarten kann, daher ermöglicht seine Gateway-Strategie einen glatten Übergang in eine Oracle-Umgebung.

In Phase eins bieten Oracle-Anwendungen Gateways für andere Datenbanken an, so daß Oracle-Anwendungen (mit Hilfe von Oracle-SQL) Aufrufe an andere Datenbanken vornehmen können. Der Konverter übersetzt das Oracle-SQL in das SQL der Fremddatenbank. Der Entwickler kann jetzt die robusten Erweiterungen verwenden, die er im Oracle-SQL vorfindet. Das Open Gateway von Oracle wiederum verläßt sich auf die *SQL-Kompensierung,* damit die Oracle-SQL-Funktionen auf der Fremddatenbank korrekt ausgeführt werden. Beispielsweise gestattet diese Technik einer Oracle-Anwendung, eine DB2-Tabelle mit einer Sybase-Tabelle zu verknüpfen – alle innerhalb des Gateway-Produkts. Oracle glaubt an die Konnektivität mit allen Datenbanken – nicht nur mit relationalen. Aus diesem Grund wird Oracle mit Information Builders Incorporated ausgeliefert, dessen EDA-SQL-Produkt dabei behilflich ist, eine Front-End-Anwendung von der fremden Datenquelle abzusondern. Dieses Verfahren nimmt die Form eines Zugriffs-Managers an, der die Kommunikation zu und von der Oracle-Datenbank abwickelt, so daß Oracle auch auf nicht-relationale Datenbank zugreifen kann *(siehe Abbildung 9.7).*

Abb. 9.7:
Oracle Transparent Gateway –
Phase eins

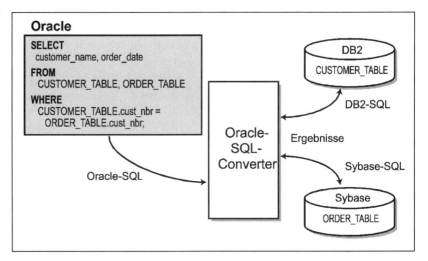

Während dieser Ansatz recht edel scheint, hat Oracle Probleme mit einigen seiner SQL-Erweiterungen erfahren müssen, die keine Äquivalente in anderen relationalen Datenbanken haben. Die Oracle-Funktion *decode* etwa läßt sich nicht in Informix implementieren, da *decode* kein direktes Äquivalent in Informix-SQL besitzt. Der SQL-Konverter für die verschiedenen Datenbanken muß die Übersetzung zwischen den verschiedenen SQL-Dialekten irgendwie schaffen.

Phase zwei der Oracle-Strategie gestattet Fremdanwendungen den Zugriff auf Oracle. Angenommen, ein CICS Cobol-Kunde benötigt Zugriff auf Oracle-Daten. In Phase zwei des Oracle-Gateways, kann die Nicht-Oracle-Anwendung auf dem Großrechner auf Oracle zugreifen, als wenn sich die Nicht-Oracle-Datenbank auf einem lokalen Host befinden würde. Einige Middleware-Anbieter halten den Gateway-Ansatz langfristig nicht für die beste Lösung für die Datenbankkonnektivität (mehr über Middleware erfahren Sie im nächsten Abschnitt). Im Gegensatz zu den Gateway-Produkten, die über eine einzige Schnittstelle verfügen, haben manche Produkte für jede Zieldatenbank spezielle Treiber entwickelt. Diese Abwendung von allgemeinen Schnittstellen, wie etwa bei ODBC, hat primär Performance-Gründe. Zudem ist es nicht ungewöhnlich, daß jedes Produkt seine eigene Schnittstelle für jede der unterstützten Datenbanken anbietet.

Phase drei der Oracle-Strategie ist die heterogene Replikation. Phase drei bietet eine Lösung, die es dem Datenbankentwickler erlaubt, Daten aus einer Vielzahl von Quellen zu replizieren und die Tabellendaten in Oracle zu importieren. Das Oracle-Gateway bietet auch einen Mechanismus, der die replizierten Fremddaten konstant aktualisiert. Der Gateway-Ansatz wird in der Regel bei Data Warehouse-Anwendungen verwendet, doch ermöglicht dieser Ansatz auch, Fremddaten schnell in eine replizierte Oracle-Datenbank zu transportieren, wie in *Abbildung 9.8* gezeigt wird:

Abb. 9.8:
In Oracle impor-
tierte Fremd-
tabellen

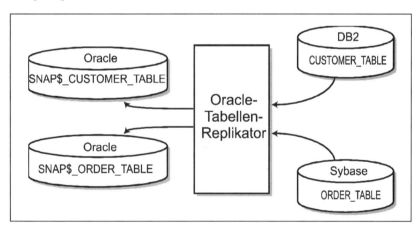

Da wir nun die organisatorischen Fragen verstehen, die beim Zugriff auf Datenbanken mehrerer Hersteller entstehen, sollten wir einige der Verfahren betrachten, die zum Erstellen dieser Verknüpfungen eingesetzt werden. Der führende Ansatz besteht darin, eine Replikation zwischen den Datenbanken anzulegen.

Datenreplikation

Die *Datenreplikation* kann in zwei Richtungen funktionieren – für den Import fremder Tabellen in Oracle oder für die Weiterreichung von Oracle-Tabellen an Fremddatenbanken (wo sie sich wie die Tabellen dieser Datenbank verhalten) – *siehe Abbildung 9.9*:

Abb. 9.9:
In Fremddatenbanken exportierte Oracle-Tabellen

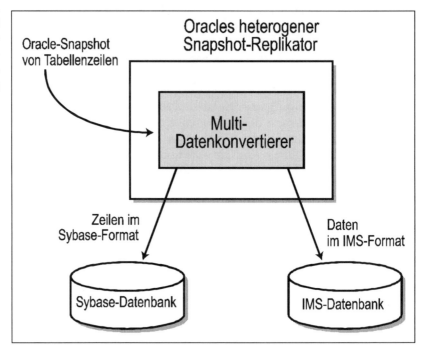

Die Möglichkeit der Replikation in beide Richtungen eröffnet dem Datenbankdesign eine enorme Flexibilität in der Auswahl des besten Ansatzes für die Replikation aufgrund der Anforderungen der Client/Server-Anwendung. Dennoch müssen sich die Entwickler darüber im klaren sein, daß Replikationsschnittstellen kompliziert sind und oft ein manuelles Eingreifen erfordern. Dies ist insbesondere dann der Fall, wenn die Daten von einer Hardware-Architektur zur anderen transferiert werden. Um etwa EBCDIC-Daten aus DB2-Tabellen in die ASCII-Welt der Oracle-Datenbank zu füllen, müssen Zeichen konvertiert werden, die im ASCII-Zeichensatz nicht verfügbar sind (z.B. das „Cent"-Zeichen).

Es gibt verschiedene Wege, um Links zwischen verschiedenen Datenbanken zu erstellen, doch mit der zunehmenden Beliebtheit der dreischichtigen Client/Server-Systeme wurde die Middleware zu einer immer beliebteren Zufahrtsstraße für die Erstellung dieser Links.

Middleware

Es gibt drei Komponenten in einer dreischichtigen Client/Server-Architektur: die Anwendungsschicht mit der Präsentations-Software, die Server-Schicht mit den Daten und die Middleware, welche die Kommunikation zwischen der Anwendung und der Datenbank regelt.

Viele der neuen Middleware-Pakete erlauben es, daß Anwendungen unabhängig von den Datenbanken entwickelt werden können, da sie Treiber für über 25 Datenbankprodukte anbieten. Einige Produkte, wie z.B. UniFace, erreichen dies mit Hilfe der *Datenchoreographie,* bei der der Entwickler die Daten durch eine beispielhafte Abfrage bezeichnet. Der Entwickler braucht keinen SQL-Code zu schreiben, denn UniFace sorgt für die gesamte E/A und übernimmt die Verwaltung der Beziehungen. Zudem wird ein Middleware-Produkt benötigt, das in den verschiedenen Datenbankarchitekturen Geschäftsregeln durchsetzen kann. Ein wichtiger Aspekt von UniFace ist die Fähigkeit, die referentielle Integrität auf den verschiedenen Plattformen zu erzwingen. In der Hauptgeschäftsstelle einer Firma könnte eine Kundendatenbank beispielsweise Oracle verwenden, während die Bestellungen von den Mitarbeitern vor Ort mit Hilfe einer C/ISAM-Datenbank aufgenommen werden. Das Middleware-Tool wird die Geschäftsregeln zwischen den Tabellen erhalten, obwohl sie sich in verschiedenen Datenbanken an verschiedenen Standorten befinden.

Einige der neuen Middleware-Produkte besitzen die Fähigkeit, aufgrund ihrer objektorientierten Architektur einen leichten Zugang zu mehreren Datenbanken zu verschaffen. Manche Middleware behandelt etwa jede Datenbank als Objekt mit seinen eigenen Attributen und Verhaltensweisen. Dadurch ist es ganz einfach, eine Datenbank durch eine andere auszuwechseln. Diese Middleware-Produkte besitzen ein inhärentes verteiltes Datenbankmodell, um Two-Phase-Commits über zahlreiche Mid-Range- und PC-Datenbanken hinweg auszuführen. Somit kann ein einziger Aktualisierungsbildschirm die Daten aus vielen unterschiedlichen Datenbanken anzeigen. Wenn es Zeit für die Aktualisierung ist, verwendet das Werkzeug synchrone Kommunikation, um eine Aktualisierung aller Datenbanken zu gewährleisten.

Aus der Perspektive der Datenbankadministration wurde ein zweites Verfahren zur Überwachung verschiedener Datenbanken immer beliebter: Das *Remote Measurement* (entfernte Messung) verwendet einen speziellen Ansatz, um Datenbanken mehrerer Hersteller mit einer gewöhnlichen Schnittstellenschicht zu verknüpfen.

Remote Measurement

Ein weiterer Trend auf dem Markt ist die Verknüpfung von Datenbanken mit Hilfe eines allgemeinen Werkzeugs, so daß dieses Werkzeug auf die verschiedenen Datenbanken zugreifen kann, als hätten sie alle dieselbe Architektur. Dieser Ansatz wird primär zur Messung der Datenbank-Performance und der Systemleistung verwendet. Das Produkt Patrol von BMC software stellt beispielsweise eine allgemeine Schnittstelle zu zahlreichen relationalen Datenbanken zur Verfügung. Patrol verwendet auf jeder Datenbank ein *Wissensmodul,* um Informationen über die entfernte Datenbank zu sammeln, und liefert Informationen über Exceptions an die Master-Konsole. Man nennt dies eine *Fat-Agent-Technologie,* da der größte Teil der Verarbeitung auf dem Agent vorgenommen wird. Jeder Agent enthält die Protokolle, die für eine Kommunikation mit der Master-Konsole erforderlich sind, und zwar unabhängig von der Plattform des Agent. Die Wissensmodule abstrahieren auch die Bedienoberfläche. Auf diese Weise kann sich das Wissensmodul an eine Unix- oder MVS-Ansicht der Daten anpassen, und es bietet die Möglichkeit, von einer einzigen Konsole aus bis zu 5.000 Datenbanken abzudecken. Eine vollständige Übersicht über die Leistungsmerkmale von Patrol finden Sie in *Kapitel 11: Anwendungsüberwachung in Oracle.*

Heutzutage haben es die Entwickler mit heterogeneren Datenbankplattformen zu tun, als je zuvor. Die Daten residieren weiterhin auf vielen Plattformen und innerhalb vieler unterschiedlicher Datenbanken. Es müssen Methoden entwickelt werden, um Brücken zwischen diesen Informationsinseln zu bauen. Die unmittelbare Zukunft für die Verwaltung datenbankübergreifender Kommunikation liegt in der Festlegung von Standards wie der CORBA-Spezifikation von OMG (die in *Kapitel 12: Die Zukunft der Oracle8-Technologie* erläutert wird) und Microsofts OLE 2-Standard. Nur innerhalb eines solchen Rahmens werden echte, nahtlos verteilte Systeme praktikabel sein.

Zusammenfassung

Nachdem wir die Fragen der Datenbankkonnektivität, einschließlich der Oracle-Client/Server-Systeme, erörtert haben, sollten wir einen Blick auf die Techniken richten, die zum Verknüpfen einer Client/Server-Anwendung mit einem Nicht-Oracle-Datenbank-Server dienen. Es ist Zeit, die Open-Gateway-Architektur von Oracle ebenso näher zu betrachten wie die zahlreichen Hersteller- und programmatischen Lösungen.

Tuning von Oracle Data Warehouse- und OLAP-Anwendungen

KAPITEL

10

Da immer mehr Firmen das Konzept eines historischen Daten-Repository für *OLAP (OnLine Analytical Processing)-Systeme* und *Entscheidungsunterstützungssysteme (DSS = Decision Support System)* annehmen, sind neue Fragen hinsichtlich der Client/Server-Umgebung entstanden. Entwickler kämpfen damit, Oracle-gestützte Client/Server-Anwendungen mit akzeptabler Performance zu erstellen. Im vorliegenden Kapitel wird die Client/Server-Thematik aus der Perspektive des Data Warehouse erörtert, wobei der Schwerpunkt auf der Erstellung schneller Oracle-Anwendungen liegt. Dieses Kapitel umfaßt die folgenden Themen:

■ Data Warehouse und mehrdimensionale Datenbanken

■ Die Geschichte von OLAP

■ Die Leistungsmerkmale des Oracle Data Warehouse

■ Tabellen- und Indexpartitionierung

■ Parallele Operationen

Data Warehouse und mehrdimensionale Datenbanken

Data Warehouse-Systeme und mehrdimensionale Datenbanken gewannen erst dann das Interesse einer größeren Öffentlichkeit, als diese Technologien auf hochentwickelten Systemen wie *Experten-* oder *Entscheidungsunterstützungssystemen* angewendet wurden. Solche Systeme werden zur Lösung schlecht oder gar nicht strukturierter Probleme eingesetzt. Traditionellerweise kombinieren sie die Problemlösungskomponente mit relationalen Datenbanken, um die einzelnen Komponenten der Wissensverarbeitung speichern zu können. Leider wurde für die Anwendung von Warehouse-Datenbanken auf Entscheidungsunterstützungs- und Expertensystemen sehr wenig getan. Die folgenden Abschnitte behandeln die Grundlagen eben dieser Systeme und erörtern, wie sie sich in Zusammenhang mit der Data Warehouse-Technologie einsetzen lassen.

Expertensysteme

Der Begriff des *Expertensystems* wird in der EDV-Gemeinde oft sehr locker gehandhabt und meint alles von einem Kalkulationsprogramm bis hin zu jedem Programm, das *IF*-Anweisungen enthält. In der Regel ist ein Expertensystem ein Modell, das gut strukturierte Entscheidungsprozesse des menschlichen Geistes speichert und diesen kausalen Prozeß auf eine reale Situation anwendet. Für jeden Entscheidungsprozeß mit quantifizierbaren Regeln können diese Regeln in der *Problemlösungskomponente* gespeichert werden, die zur Steuerung der Wissenserwerbskomponente eines Systems dient, um die Lösung eines Problems zu ermitteln.

In der Vergangenheit wurde gesagt, daß ein Expertensystem eine Entscheidung *für* den Anwender trifft, während ein Entscheidungsunterstützungssystem eine Entscheidung *zusammen mit* dem Anwender trifft. Diese Einteilung ist im wesentlichen richtig, da ein Expertensystem beim Entscheidungsprozeß keine Vorkehrungen für die menschliche Intuition einbezieht. Viele Führungsentscheidungen im Arbeitsalltag bedürfen keiner menschlichen Intuition. Zu den wichtigsten Aufgaben eines Leiters im Einzelhandel etwa gehören die Auswahl der zu bestellenden Waren, der Menge und die Festlegung eines Zeitrahmens für die Bestellung. Solche Entscheidungen können ihm auch vom *EOQ (Economic Order Quantity)-Modell* abgenommen werden. Wenn die EOQ-Gleichung die Geschwindigkeit kennt, mit der die Waren verkauft werden, die Lieferzeit bei Nachbestellungen, die durchschnittliche Lagerzeit sowie die Kosten der Waren, so kann der Computer ohne menschliches Eingreifen zuverlässige Tagesberichte darüber erstellen, welche Waren in welcher Menge zu bestellen sind. Auch kann ein Expertensystem Daten vorbereitend zusammenfassen, so daß die Führungskraft die relevanten Zahlen schnell auswerten kann *(siehe Abbildung 10.1)*.

Abb. 10.1: Definition der verschiedenen Aggregationsebenen

Entscheidungsunterstützungssysteme

Entscheidungsunterstützungssysteme (DSS = Decision Support System) werden in der Regel als Systeme definiert, die halb strukturierte Probleme verarbeiten können. Anders ausgedrückt, eignen sie sich für Aufgaben, die sowohl eine strukturierte Seite haben als auch eine Seite, die sich ohne menschliche Intuition nicht entscheiden läßt. Die gut strukturierte Seite umfaßt die Entscheidungsregeln, die als Problemverarbeitungssystem gespeichert sind. Die intuitive oder kreative Seite wird dem Anwender überlassen.

Die folgende Liste nennt einige Beispiele für halb strukturierte Probleme:

- Die Entscheidung für einen Ehegatten

- Das Bauen einer Fabrik

- Die künstlerische Gestaltung eines Magazins

- Die Entwicklung eines neuen Sportautos

- Die Erstellung einer graphischen Bedienoberfläche (GUI) für ein ODBMS

Die Entscheidungsunterstützungstechnologie erkennt an, daß viele Aufgaben nicht ohne die menschliche Intuition zu bewältigen sind. Das Auswählen eines Aktienportefeuille etwa ist eine Aufgabe, die sowohl ein strukturiertes als auch ein intuitives Vorgehen erfordert. Sicher müssen bei der Auswahl eines Portefeuille bestimmte Regeln eingehalten werden, z.B. eine Diversifikation der Aktion und ein bestimmtes Risiko, das man eingehen will. Diese Faktoren lassen sich einfach quantifizieren und in einem Datenbanksystem speichern, so daß der Anwender „Was-wäre-wenn"-Analysen vornehmen kann. Das Vorhandensein gut strukturierter Komponenten in einem System garantiert jedoch noch nicht, daß der gesamte Entscheidungsprozeß gut strukturiert abläuft.

Um ein halb strukturiertes System als solches zu klassifizieren, stellen Sie am besten die Frage: „Stellen Leute mit demselben Wissensstand auf diesem Gebiet dennoch unterschiedliche Fähigkeiten unter Beweis?" Zum Beispiel haben viele Börsenmakler denselben Wissensstand über den Aktienmarkt. Dennoch ist die Erfolgsquote bei der Zusammenstellung von Portefeuilles sehr unterschiedlich.

Die Computersimulation ist ein Bereich, der innerhalb der Modellierungskomponenten von Entscheidungsunterstützungssystemen sehr häufig eingesetzt wird. Tatsächlich war SIMULA eine der ersten objektorientierten Programmiersprachen, die als Treiber für diese „Was-wäre-wenn"-Analysen verwendet wurde, also wurde SIMULA in die Entscheidungsunterstützungssysteme integriert, so daß die Anwender eine bestimmte Situation modellieren konnten. Der Anwender würde mit

Objekten ein Szenario aufbauen, die vorher einem Satz vordefinierter Verhaltensweisen unterworfen wurden.

Es folgt eine Auflistung der generellen Eigenschaften eines Entscheidungsunterstützungssystems:

- *Es kann ein einmaliges Problem lösen* – Die DSS-Technologie wird primär für neue und einzigartige Modellierungssituationen verwendet, die vom Anwender verlangen, daß er das Verhalten eines Problems aus der Praxis simuliert.

- *Es erfordert menschliche Intuition* – Das DSS trifft die Entscheidung *zusammen mit* dem Anwender, im Gegensatz zu Expertensystemen, die eine Entscheidung *für* den Anwender treffen.

- *Es erfordert vom Anwender Wissen auf dem Gebiet des zu lösenden Problems* – Im Gegensatz zu einem Expertensystem, das den Anwender mit Antworten zu gut strukturierten Fragen versorgt, ist es bei der Anwendung eines Entscheidungsunterstützungssystems notwendig, das Problem von Grund auf zu verstehen. Für ein Entscheidungsunterstützungssystem für Finanzfragen, wie das Produkt DSSF, müßte der Anwender beispielsweise die Grundlagen des Beta-Faktors verstehen. Mit Hilfe des Beta-Faktors läßt sich die Abweichung einer bestimmten Aktie vom Marktverhalten als Ganzes messen. Ohne ein Verständnis dieses Konzepts wäre ein Anwender nicht in der Lage, das Entscheidungsunterstützungssystem zu bedienen.

- *Es gestattet Ad-hoc-Abfragen* – Während die Anwender Informationen für ihre Entscheidung zusammentragen, machen sie wiederholte Anfragen an die Online-Datenbank, wobei eine Antwort oft der Auslöser für die nächste Abfrage ist. Da in einer Ad-hoc-Abfrage die Formulierung der Frage nicht vorher bestimmt ist, ist hier die Reaktionszeit ein kritisches Thema.

- *Es generiert mehrere Lösungsmöglichkeiten* – Im Gegensatz zu einem Expertensystem, das in der Regel eine einzige, abgeschlossene Antwort zu einem Problem erzeugt, befaßt sich ein Entscheidungsunterstützungssystem mit Problemen, für die es eine Domäne oder einen Bereich an möglichen Lösungen gibt. Ein DSSF-Anwender kann beispielsweise viele „akzeptable" Portefeuilles entdecken, die seinen Auswahlkriterien entsprechen. Oder stellen Sie sich einen Manager vor, der Produktionsmaschinen in einer leeren Fabrikhalle plazieren muß. Sein Ziel ist es, vom Rohmaterial zur fertigen Ware einen möglichst hohen Arbeitsdurchsatz zu erreichen. Es ist offensichtlich, daß sich dem Manager viele akzeptable Möglichkeiten bieten, die Maschinen unter Berücksichtigung dieses Ziels aufzustellen. Man bezeichnet diese Vorgehensweise in der Problemlösung als *Zustandsraum*-Ansatz. Zunächst wird eine Lösungsdomäne festgelegt, dann stellt der Anwender Modelle zur Erreichung des Zielzustands auf.

- *Es verwendet externe Datenquellen* – Angenommen, ein DSS benötigt die Klassifizierung der Kunden nach dem SIC (Standard Industry Code) oder der Kundenadressen nach dem amerikanischen SMSA-System (Standard Metropolitan Statistical Area). In einem solchen Fall laden viele Warehouse-Verwalter diese externen Daten in das zentrale Warehouse.

Wie Sie in *Abbildung 10.2* sehen, arbeitet ein Entscheidungsunterstützungssystem mit drei Komponenten (dem Endbenutzer, dem Problemverarbeitungssystem und dem Wissenssystem) und erlaubt dem Endbenutzer, die Entscheidung zu treffen. Ein Expertensystem hingegen arbeitet mit dem Endbenutzer und einer Problemlösungskomponente, die eine Lösung für das Problem ermittelt.

Abb. 10.2:
Vergleich von Entscheidungs-unterstützungs- und Experten-systemen

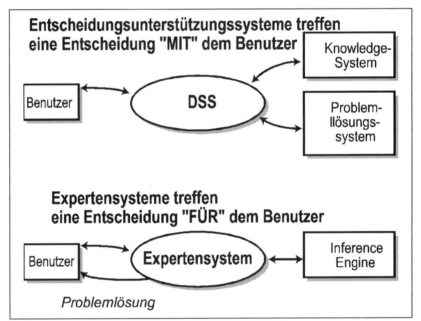

Entscheidungsunterstützungssysteme gestatten dem Anwender, „Was-wäre-wenn"-Analysen zu erstellen. Diese „Einblicke in die Zukunft" sind im wesentlichen Modellierungswerkzeuge, die dem Anwender die Definition einer Umgebung und die Simulation des Verhaltens dieser Umgebung unter sich ändernden Bedingungen erlauben. Der Anwender eines Finanz-DSS etwa kann ein hypothetisches Aktienportefeuille erstellen und dann das DSS anweisen, das Verhalten dieses Portefeuilles unter verschiedenen Marktbedingungen zu modellieren. Sobald diese Verhaltensweisen festgelegt sind, kann der Anwender den Inhalt des Portefeuilles variieren und die Ergebnisse anzeigen lassen.

Im Laufe der Zeit haben sich verschiedene Typen von Entscheidungsunterstützungssystemen entwickelt. Nachstehend folgt eine Auflistung einiger Typen mit einer Erläuterung der Ausgaben, die sie erzeugen:

- *Management-Informationssysteme (MIS)* – Ein MIS erzeugt Standardberichte und Verkaufsvorhersagen.

- *Hypothesenprüfung* – Die Hypothesenprüfung beantwortet Fragen wie: Haben die Verkaufszahlen in der Region Ost wegen geänderter Kaufgewohnheiten innerhalb des letzten Monats zugenommen? Dabei wird eine iterative Fragestellung angewandt, bei der eine Antwort zur nächsten Frage führt.

- *Modellierung* – Bei der Modellierung wird z.B. ein Verkaufsmodell erstellt und sein Verhalten aufgrund der historischen Daten im Warehouse beurteilt. Die *prognostizierende Modellierung* wird oft verwendet, um das Verhalten aufgrund historischer Faktoren vorherzusagen.

- *Ermittlung unbekannter Trends* – Werkzeuge für die Datengewinnung beantworten Fragen in Situationen, in denen Sie vielleicht noch gar nicht wissen, welche Frage Sie genau stellen sollen. Zum Beispiel: Weshalb verzeichnet die Region Ost so hohe Verkaufszahlen?

Die Rolle der menschlichen Intuition bei dieser Art der Problemlösung hat eine heftige Diskussion ins Rollen gebracht. Entscheidungsunterstützungssysteme erlauben dem Anwender eine Kontrolle des Entscheidungsprozesses. Die Argumente für oder gegen den Einsatz künstlicher Intelligenz für die intuitive Komponente dieser Systeme haben starke Verfechter auf beiden Seiten gewonnen. Da wir nun die theoretischen Grundlagen von Experten- und Entscheidungsunterstützungssystemen kennen, sollten wir uns damit beschäftigen, wie diese Systeme innerhalb der Domäne des Data Warehouse eingesetzt werden.

Data Warehouses

Mehrdimensionale Datenbanken, oder *Data Warehouses*, nähern sich dem DSS-Markt durch zwei Methoden. Der erste Ansatz erfolgt über Nischen-Server, die zur Modellierung mehrdimensionaler Datenbanken eine proprietäre Architektur verwenden. Ein Beispiel für einen solchen Nischen-Server ist Arbor und war IRI, die von Oracle aufgekauft wurden. Der zweite Ansatz besteht darin, mehrdimensionale Front-Ends bereitzustellen, welche die Zuordnung zwischen RDBMS und der dimensionalen Repräsentation der Daten verwalten. *Abbildung 10.3* gibt eine Übersicht über die verschiedenen mehrdimensionalen Datenbanken.

Abb. 10.3:
Die wichtigsten
Typen mehr-
dimensionaler
Datenbanken

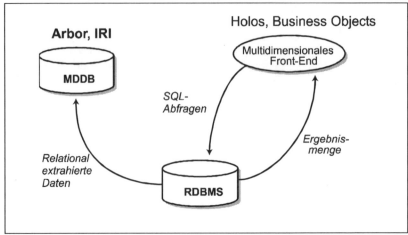

Allgemein gelten für Data Warehouses die folgenden Definitionen:

■ *Subjektorientierte Daten* – Im Gegensatz zu einer transaktionsverar-
beitenden Online-Anwendung (OLTP = OnLine Transaction Processing), die sich auf endliche Geschäftstransaktionen konzentriert,
versucht ein Data Warehouse, in allen Datenquellen innerhalb des
Unternehmens alles zu sammeln, was über einen Anwendungsbe-
reich bekannt ist (z.B. Verkaufsaufkommen, eingenommene Zinsen
usw.)

■ *Abfragen nur mit Schreibschutz* – Data Warehouses werden nach Feierabend aufgefüllt (geladen) und tagsüber für schreibgeschützte Anfragen verwendet.

■ *Stark denormalisierte Datenstrukturen* – OLTP-Systeme verwenden
viele „enge" Tabellen; Data Warehouses hingegen verknüpfen Tabellen vorher durch einen *JOIN*, so daß „fette" Tabellen mit stark
redundanten Datenspalten entstehen.

■ *Vorher zusammengefaßte Daten* – Im Gegensatz zu OLTP werden
bei Data Warehouses die Summen vorberechnet, um die Performance zur Laufzeit zu verbessern. Beachten Sie, daß ein vorheriges
Zusammenfassen von Daten antirelational ist, denn das relationale
Modell bevorzugt eine Erstellung von Summenobjekten während
der Laufzeit und erlaubt nur die Speicherung atomarer Datenkom-
ponenten.

■ *Interaktive Ad-hoc-Abfragen* – Data Warehouses müssen flexibel genug sein, um spontane Abfragen durch die Anwender abwickeln zu
können. Daher ist ein flexibles Design unumgänglich.

Wenn Sie das Data Warehouse mit dem transaktionsorientierten Online-System (OLTP) vergleichen, werden die Unterschiede offensichtlich. In *Tabelle 10.1* werden diese Unterschiede aufgezeigt:

Tab. 10.1:		OLTP	DATA WAREHOUSE
Vergleich zwischen OLTP und Data Warehouses	Normalisierung	Hoch (3NF)	Niedrig (1NF)
	Tabellengröße	Klein	Groß
	Anzahl von Zeilen je Tabelle	Niedrig	Hoch
	Größe/Dauer der Transaktionen	Klein	Groß
	Anzahl der Online-Anwender	Hoch (Tausende)	Niedrig (< 100)
	Aktualisierungen	Häufig	Über Nacht
	Durchsuchen ganzer Tabellen	Selten	Häufig
	Historische Daten	< 90 Tage	Jahre alt

Viele Entwickler verwenden relationale Datenbanken für den Aufbau ihrer Data Warehouses und simulieren ein Vorhandensein mehrerer Dimensionen. Für die Simulationen werden Entwurfstechniken verwendet. Diese plötzliche Hinwendung zum Sternabfrageschema-Entwurf war durchaus sinnvoll, insbesondere da die Entwickler keine mehrdimensionale Datenbank erwerben oder in ein teures Front-End-Tool investieren müssen. Der Einsatz relationaler Datenbanken für OLAP läßt sich in der Regel durch eine beliebige Kombination der folgenden Techniken realisieren:

- *Vorherige Verknüpfung der Tabellen durch einen JOIN* – Dies ist eine etwas andere Art, zu sagen, daß aus der Online-Datenbank in Normalform eine denormalisierte Tabelle angelegt wird. Eine umfangreiche vorherige *JOIN*-Verknüpfung mehrerer Tabellen wird in einem Sternabfrageschema oft auch eine *Faktentabelle* genannt.

- *Vorherige Zusammenfassung (Präaggregation)* – Die vorherige Zusammenfassung bereitet die Daten für aufgegliederte (auch *Drill-down*-) Anfragen vor, die vom Endbenutzer kommen. Im wesentlichen werden die verschiedenen Aggregationsebenen identifiziert, und die Aggregattabellen werden berechnet und beim Laden der Daten aufgefüllt.

- *Massive Denormalisierung* – Dieser Nebeneffekt der so günstig gewordenen Festplatten war einem Umdenken gefolgt und einer Rückbesinnung auf die Vorteile der Ersten Normalform. Heute ist Redundanz bei einer breiten Schicht akzeptiert, wie man an der Beliebtheit der Replikationswerkzeuge und Snapshot-Programme erkennen kann sowie von Datenbanken, die nicht der Dritten Normalform entsprechen. Wenn Sie bereits beim Laden jede mögliche Ergebnistabelle erzeugen können, wird sich Ihr Endbenutzer einer exzellenten Reaktionszeit erfreuen. Das Sternabfrageschema ist ein Beispiel für eine massive Denormalisierung.

■ *Kontrollierte, periodische Batch-Aktualisierung* – Neue Detaildaten werden in regelmäßigen Abständen in der Aggregattabelle „gerollt", solange das System gestoppt ist. Sobald die neuen Daten in die Datenbank gelangen, werden Zusammenfassungen neu berechnet. Die folgenden Kategorien an Werkzeugen werden zum Auffüllen eines Warehouse verwendet:

■ *Werkzeuge für die Datenextrahierung* – Werkzeuge für verschiedene Hardware und Datenbanken.

■ *Metadaten-Repository* – Arbeitsspeicherbereich für allgemeine Definitionen.

■ *Werkzeuge für das Bereinigen von Daten* – Werkzeuge, die eine einheitliche Datenqualität gewährleisten.

■ *Werkzeuge für das Daten-Sequencing* – RI-Regeln für das Warehouse.

■ *Werkzeuge für das Laden des Warehouse* – Werkzeuge, die zum Auffüllen des Data Warehouse dienen.

Wie Sie wohl bereits wissen, werden die meisten Data Warehouses im Batch-Modus geladen, nachdem das Online-System gestoppt wurde. In diesem Sinne beherrscht ein Data Warehouse zwei Modi: ein sehr intensiv ausgelastetes Ladefenster während der Nacht und ein intensiv beanspruchtes, schreibgeschütztes Fenster während des Tages. Da viele Data Warehouses Daten aus nicht-relationalen Datenbanken wie IMS oder CA-IDMS beziehen, sind beim Beladen eines Warehouse keine Standardmethoden für das Extrahieren der Daten verfügbar. Es gibt allerdings einige immer wieder eingesetzte Verfahren zum Extrahieren und Laden von Daten:

■ *„Log sniffing"* – Bei diesem Verfahren werden die archivierten Oracle-*Redo*-Logs vom OLTP-System auf das Data Warehouse angewendet, und zwar mit Hilfe einer sogenannten *false recovery*.

■ *Trigger für das Aktualisieren, Einfügen und Löschen* – An das Data Warehouse wird eine verteilte Aktualisierung geschickt.

■ *Snapshot-Logs für das Auffüllen des Data Warehouse* – Die replizierten Tabellen werden aktualisiert und die Log-Dateien geändert.

■ *Extrahierungs- und Ladeprogramme, die nachts ausgeführt werden* – Dieses Verfahren ruft die Betriebsdaten ab und lädt sie in das Warehouse.

Abhängig von den Verarbeitungsanforderungen gibt es mehrere Methoden, um Daten innerhalb der OLAP-Server zusammenzufassen. Eine beliebte Methode, die in *Abbildung 10.4* aufgezeigt wird, extrahiert Daten aus der relationalen Datenbank-Engine und faßt sie dabei für die Anzeige zusammen. Eine andere beliebte Methode faßt die Daten vorher zusammen (Präaggregation) und hält sie für den Abruf bereit.

Abb. 10.4:
Aggregation und
OLAP-Server

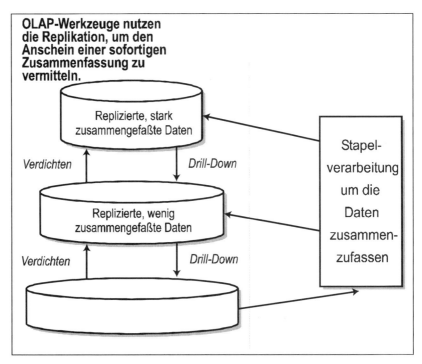

In den letzten paar Jahren gab es zwei wichtige Veränderungen, welche die Hinwendung zum Data Warehouse vorangetrieben haben:

- *Der Festplattenspeicher wird immer günstiger* – 1988 kostete ein Gigabyte Festplattenspeicher noch über DM 100.000,-. Heute kostet ein Gigabyte Festplattenspeicher weniger als DM 1.500,- auf UNIX- und weniger als DM 500,- auf PC-Plattformen. Für umfangreiche Data Warehouses ist ein benötigter Festplattenspeicher von mehreren Terabytes nichts Ungewöhnliches.

- *Die Hinwendung zu offenen Systemen* – Die Abwendung von zentralisierten Rechnern hat dazu geführt, daß Daten auf einer Fülle verschiedener Computer und Datenbankarchitekturen gespeichert sind.

Daten werden aus einer Vielzahl von Quellen zusammengetragen, so daß viele Warehouse-Installationen ein Metadaten-Repository anlegen. Doch was ist die Aufgabe eines Metadaten-Repository? Wenn Daten von einer Vielzahl unterschiedlicher Systeme konsolidiert werden, können viele Probleme auftreten, die innerhalb eines Systems begründet sind:

- *Homonyme* – Verschiedene Spalten mit dem gleichen Namen.

- *Synonyme* – Dieselbe Spalte mit unterschiedlichen Namen

- *Unterschiedliche Meßeinheiten* – Zoll und Zentimeter, DM und Euro usw.

■ *Betriebsweite referentielle Integrität* – Geschäftsregeln, die sich über mehrere betriebliche Systeme erstrecken.

■ *Die Warehouse-Entwurfsregeln* – Festlegungen über den Aufbau der Tabellen, zum Beispiel:

■ *Horizontale Denormalisierung* („fette Tabellen")

■ *Vertikale Denormalisierung* (Zusammenfassen von Tabellen aufgrund von Zeitperioden)

■ *Mehrdimensionale Front-End-Benutzung*

Es gibt noch andere Alternativen zur Verwendung „rein" mehrdimensionaler Datenbanken (MDDB). Ein nicht seltener Ansatz ist der Einsatz eines Metadaten-Servers zwischen der relationalen OLTP-Datenbank und dem Abfragewerkzeug *(siehe Abbildung 10.5).*

Abb. 10.5:
Die Verwendung von Metadaten-Repositories für mehrdimensionale Datenbanken

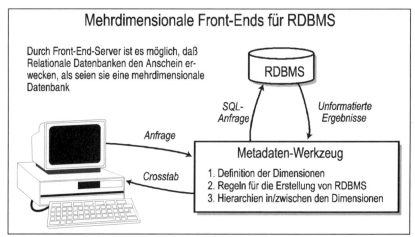

Beispiele für diesen Ansatz sind:

■ DSS Agent von MicroStrategy

■ MetaCube von der Stanford Technology Group

■ Holos von Seagate

Wenn Sie ein Data Warehouse-Projekt neu aufbauen, können viele Hindernisse auftreten, die das Projekt zu zerstören drohen. Es folgt eine Liste von Eigenschaften, die ein erfolgreiches Data Warehouse-Projekt kennzeichnen:

■ *Klare innerbetriebliche Rechtfertigung für das Projekt* – Es müssen meßbare Vorteile für das Data Warehouse-Projekt definiert werden (etwa die Verkaufszahlen werden um 10% steigen, die Stammkundschaft wird um 15% ansteigen usw.). Warehouses sind teuer, und das Projekt muß seine eigene Rentabilität meßbar unter Beweis stellen können.

- *Gut geschulte Mitarbeiter* – Das Data Warehouse involviert viele neue Technologien wie SMP, MPP und MDDB. Das Personal muß daher geschult und im Umgang mit den neuen Werkzeugen vertraut und sicher sein.

- *Datenqualität und Konsistenz* – Data Warehouses beschäftigen sich mit historischen Daten aus einer Vielzahl von Quellen. Deshalb muß viel Sorgfalt darauf verwendet werden, einen Metadaten-Manager zu erstellen, der die Einhaltung allgemeiner Datendefinitionen sicherstellt und Änderungen von historischen Datendefinitionen aufzeichnet.

- *Persönliche Privatsphäre* – Die Ansammlung von Daten aus verschiedenen Quellen kann zu Verletzungen des Datenschutzes führen. Ein gutes Beispiel ist eine Hotelkette, die an die Privatadresse ihrer Stammgäste einen Fragebogen versandte. Einige der Ehepartner bekamen diese Briefe in die Hände, was zu zahlreichen Scheidungen führte.

- *Beginnt im Kleinen und entwickelt sich erst mit der Zeit* – Einige Projekte haben keinen Erfolg, da ihr Wirkungsbereich zu breit angesetzt wurde. Erfolgreiche Projekte betrachten den ersten Versuch als Prototyp und entwickeln das Projekt von diesem Punkt aus weiter.

- *Enge Einbeziehung der Endbenutzer* – Data Warehouses lassen sich nicht in einem Vakuum entwickeln. Das System muß flexibel genug sein, um sich wandelnden Endbenutzeranforderungen gerecht zu werden, und die Endbenutzer müssen die Architektur verstehen, so daß sie sich über die Einschränkungen ihres Warehouse bewußt sind.

- *Gut geplante Infrastruktur* – Eine neue Infrastruktur muß so konzipiert sein, daß sie die Kommunikation zwischen den verschiedenen Datenquellen bewältigen kann. Parallele Computer müssen bewertet und installiert werden, und die Mitarbeiter müssen eine adäquate Ausbildung besitzen.

- *Die Datenmodellierung muß bewertet und getestet werden* – Das Datenmodell muß bewertet und bei hohen Anforderungen getestet werden, so daß das fertiggestellte System eine zufriedenstellende Performance aufweist. Ein Modell, das bei einem Datenaufkommen von 10 GByte problemlos funktioniert, mag Schwierigkeiten bereiten, wenn das Data Warehouse auf 100 GByte anwächst.

- *Die falschen Werkzeuge vermeiden* – Viele Projekte versinken wegen eines falschen Produktwahns im Nichts. Leider bezeichnen viele Hersteller ihre Produkte fälschlicherweise als Warehouse-Anwendungen oder übertreiben, was die Funktionalität ihrer Werkzeuge anbelangt.

Da wir nun die Grundlagen für Data Warehouse-Projekte verstehen, können wir uns überlegen, wie relationale Daten zusammengefaßt und für die Data Warehouse-Anwendungen vorbereitet werden können.

Datenaggregation und Aufgliederung im Data Warehouse

Eines der grundlegendsten Prinzipien des mehrdimensionalen Data Warehouse ist die Idee der *Datenaggregation*. Wie Sie wissen, benötigen Führungskräfte in verschiedenen Positionen die Daten in unterschiedlichen Aggregationsstufen, um intelligente Entscheidungen treffen zu können. Damit ein Manager seine Aggregationsstufe auswählen kann, besitzen viele Warehouse-Angebote ein Leistungsmerkmal für die *Ausgliederung* (auch *Drill-down* genannt). Mit Hilfe dieser Funktion kann der Anwender den Detailgrad so lange erweitern, bis er schließlich bei den ursprünglichen Transaktionsdaten angelangt ist. Aus offensichtlichen Performance-Gründen wird die Aggregation im voraus berechnet und nach Feierabend in das Warehouse geladen.

Von den zahlreichen Aggregationstypen wird die *kumulierende Aggregation* am häufigsten verwendet. Ein Beispiel für diesen Aggregationstypus wäre, die täglichen Verkaufssummen in der monatlichen Verkaufstabelle zu kumulieren – wodurch Berechnungen einfacher werden. Eine etwas schwierigere Art der Aggregation ist die der logischen und vergleichenden Operatoren. Angenommen, die Tabelle eines Verkaufsrepräsentanten enthält die logische Spalte *turkey*. In den USA nennt man einen Verkaufsrepräsentanten einen „Turkey", wenn seine bzw. ihre Verkaufszahlen unter denen des Gruppendurchschnitts liegen. Es kann vorkommen, daß ein Verkaufsrepräsentant an nur 15% der Verkaufstage ein Turkey war, doch wenn die Zahlen in der monatlichen Zusammenfassung kumuliert werden, kann er dennoch zu einem Turkey werden – auch mit wenigen (aber sehr schlechten) Verkaufstagen. *In Tabelle 10.2* sehen Sie den Unterschied zwischen den Präsentations- und Anzeigestilen bei OLAP- und MDDB-Servern:

Tab. 10.2: Unterschiede zwischen OLAP und MDDB	OLAP	MDDB
Präsentationsanzeige	Liste	Kreuztabelle
Extrahierung	Auswahl	Vergleich
Serienvariable "Dimensionen"	Spalten	Einstellbar

Die Grundregel ist einfach: Wenn die Daten aussehen, als würden sie leicht in die Tabelle eines Kalkulationsprogramms passen, so eignen sie sich vermutlich für eine MDDB – oder zumindest für eine MDDB-Repräsentation. Nachdem wir nun eine Übersicht über die Grundlagen der mehrdimensionalen Datenrepräsentation gewonnen haben, sollten wir uns anschauen, wie relationale Datenbankhersteller auf die Nachfrage nach einer mehrdimensionalen Datenrepräsentation reagieren.

Relationale Antworten auf MDDB

Dr. Ralph Kimball, Gründer der Firma Red Brick Systems, popularisierte den Begriff *Sternabfrageschema* für einen Denormalisierungsprozeß, der die Struktur der mehrdimensionalen Datenbank simuliert. Mit einem Sternabfrageschema kann der Entwickler die Funktionen einer mehrdimensionalen Datenbank simulieren, ohne teure Software von Drittbietern einkaufen zu müssen. Kimball beschreibt die Denormalisierung als ein vorheriges Verknüpfen von Tabellen, so daß die Anwendung die Tabellen nicht zur Laufzeit verknüpfen muß. Das Herz des Sternabfrageschemas bildet eine *Faktentabelle,* die in der Regel vollständig aus Schlüsselwerten und Ursprungsdaten besteht. Eine Faktentabelle ist meist sehr lang und kann Millionen von Zeilen umfassen.

Die Faktentabelle ist von einer Reihe von *Dimensionstabellen* umgeben, die dazu dienen, die Basisinformationen der Faktentabelle aufzuwerten. Betrachten Sie beispielsweise das E/R-Modell für die Verkaufsdatenbank in *Abbildung 10.6:*

Abb. 10.6: Ein Beispiel für den Entwurf eines vollständig normalisierten Schemas

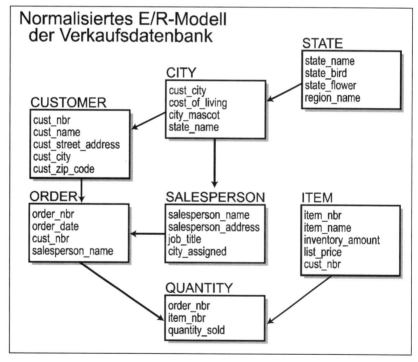

Hier sehen Sie eine Standarddatenbank in der Dritten Normalform (3NF), die zur Repräsentation der Verkaufselemente dient. Es wird keine redundante Information angegeben, daher müssen Daten wie die Summe einer Bestellung aus den atomaren Elementen berechnet werden, aus denen sich jede Bestellung zusammensetzt. In dieser 3NF-Datenbank müßte man eine Positionenliste erstellen, indem für alle Elemente der Bestellung 123 die Bestellmenge mit dem Preis multipliziert wird.

Beachten Sie, daß die Hierarchie zwischen den Tabellen *STATE* und *CITY* in diesem Beispiel beliebig ist. Damit Sie die Dritte Normalform wirklich einhalten, dürfen Sie keine redundanten Informationen zulassen (natürlich mit Ausnahme der Fremdschlüssel). Vorausgesetzt, daß dieses Beispiel vollständig normalisiert wurde, würde eine Abfrage, die dem Endbenutzer sehr einfach erscheint, einen relativ komplexen SQL-Code erfordern.

Um beispielsweise die Summe aller Bestellungen in der Region *West* zu berechnen, wird ein sehr komplexer SQL-Code benötigt, der eine fünfteilige Tabellenverknüpfung beinhaltet:

```
CREATE TABLE TEMP AS
SELECT (QUANTITY.quantity_sold * ITEM.list_price) line_total
FROM QUANTITY, ITEM, CUSTOMER, CITY, STATE
WHERE
QUANTITY.item_nbr = ITEM.item_nbr       /* join QUANTITY and ITEM */
AND
ITEM.cust_nbr = CUSTOMER.cust_nbr       /* join ITEM and CUSTOMER */
AND
CUSTOMER.cust_nbr = CITY.cust_nbr       /* join CUSTOMER and CITY */
AND
CITY.state_name = STATE.state_name      /* join CITY and STATE */
AND
STATE.region_name = 'WEST';
```

In der Praxis würden Sie selbstverständlich genügend Redundanzen implementieren, damit für die Abfrage die Tabellen *CITY* und *STATE* nicht benötigt werden. Der Grund dafür ist offensichtlich: Ein Manager, der eine Reihe von Bestellsummen analysieren möchte, müßte ein beträchtliches Maß an Echtzeitberechnungen vornehmen. Und dies ist die kritische Stelle: Eine wahrhafte Vermeidung von Datenredundanzen ist nur auf Kosten der Abfragezeit möglich.

Denken Sie daran, daß sich die Regeln für den Datenbankentwurf geändert haben. Vor zehn Jahren betonte die Normalisierungstheorie die Notwendigkeit, die Datenredundanzen zu kontrollieren, und warb für die Vorteile einer redundanzfreien Struktur. Heute, da die Festplattenpreise auf einem niedrigen Niveau bleiben, hat sich die Einstellung hinsichtlich der Datenredundanzen radikal geändert. Oracle8 bietet nun eine Fülle von Werkzeugen an, die Snapshots und andere Methoden der Datenreplizierung zulassen. Mit der Oracle8-Objektoption gestattet Oracle nun die Implementierung von Modellen, die nicht in der Dritten Normalform gehalten werden. Heute ist es vollkommen akzeptabel, von normalisierten Datenbanken Implementierungen in der Ersten Normalform anzulegen – wobei Tabellen im voraus verknüpft werden, um die hohen Performance-Kosten von Laufzeit-SQL-*JOINs* zu vermeiden.

Das Grundprinzip hinter dem Sternabfrageschema ist die Einführung hochredundanter Daten, wodurch die Performance verbessert wird. In *Abbildung 10.7* wurde unsere 3NF-Datenbank in ein Sternabfrageschema übergeführt. Dafür wurde eine Faktentabelle angelegt, in der die von jedem Posten (*ITEM*) verkaufte Menge gespeichert wird. Im wesentlichen ist eine Faktentabelle eine Repräsentation der Datenbank in der Ersten Normalform – mit einem hohen Grad zusätzlicher Redundanzen in den Tabellen. Dieser denormalisierte Entwurf wirkt sich zugunsten der Einfachheit des Entwurfs aus, allerdings bei einer höheren Datenredundanz.

Abb. 10.7: Das abgeschlossene Sternabfrageschema

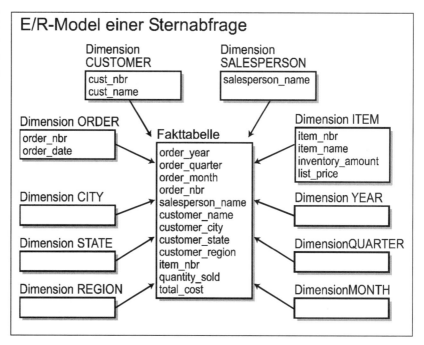

Auf den ersten Blick ist es kaum zu glauben, daß diese Repräsentation dieselben Daten wie die vollständig normalisierte Datenbank enthält. Die neue Faktentabelle enthält jetzt eine Zeile für jeden Posten der Bestellung, was in einer riesigen Menge an redundanten Schlüsselinformationen resultiert. Selbstverständlich wird die Sternabfrage viel mehr Festplattenspeicher beanspruchen als die 3NF-Datenbank, aus der sie erstellt wurde; und höchstwahrscheinlich wird das Sternabfrageschema aufgrund der hohen Redundanz als schreibgeschützte Datenbank angelegt. Auch wird die weit verbreitete Redundanz eine Aktualisierung schwierig, wenn nicht gar unmöglich machen.

Beachten Sie auch die Dimensionstabellen, die die Faktentabelle umgeben. Einige der Dimensionstabellen enthalten Daten, die mit Hilfe von *JOINs* in eine Abfrage einbezogen werden können, während andere Dimensionen, etwa die Tabelle *REGION*, keine wirklichen Daten enthalten und nur als Indizes für die Daten dienen.

Was bietet uns nun dieses Sternabfrageschema in Anbetracht des hohen Bedarfs an Plattenspeicher und der Einschränkung des Schreibschutzes. Der größte Vorteil ist die Einfachheit des Datenabrufs. Wenn Sie erst einmal ein Sternabfrageschema angelegt haben, können Sie SQL-Abfragen schreiben, die die gewünschte Information in kürzester Zeit einholen.

Zum Beispiel ist es jetzt sehr einfach, die Gesamtkosten einer Bestellung zu ermitteln:

```
SELECT sum(total_cost) order_total
FROM FACT
WHERE
FACT.order_nbr = 123;
```

Da ein Teil der Arbeit direkt in der Faktentabelle vorgenommen werden kann, wird die Echtzeitabfrage jetzt sowohl schneller als auch einfacher.

Was würde nun passieren, wenn der Anwender dieses Schemas die Informationen aufgrund zusammengefaßter Werte analysieren möchte? Angenommen, er möchte die Verkäufe nach Regionen zusammenfassen. Die Daten sind nicht nach Regionen organisiert, doch läßt sich die Antwort durch eine Abfrage der Faktentabelle leicht herausfinden.

An diesem Punkt ist es ein leichtes, die Summe aller Bestellungen in der Region *West* abzurufen. Hier der zugehörige Code:

```
SELECT sum(total_cost)
FROM FACT
WHERE
region = 'WEST';
```

Zunächst wurde die Struktur der Abfrage einfacher. Zudem wird die verknüpfende Tabelle nicht mehr benötigt, da Sie die extrahierten Informationen leicht vom Sternabfrageschema beziehen können.

Ein Wert wie REGION wäre ein idealer Kandidat für Bitmap-Indizes, die erst mit Oracle7.3 eingeführt wurden. Spalten mit weniger als 20 eindeutigen Werten können mit Hilfe der Bitmap-Indizierung dramatische Performance-Verbesserungen erfahren. Bitmap-Indizes werden später in diesem Kapitel erläutert.

Die natürliche Konsequenz aus diesem Ansatz ist, daß viele große Unternehmen zwei Kopien ihrer Produktionsdatenbanken halten werden: Eine in der Dritten Normalform für die Online-Transaktionsverarbeitung (OLTP) und eine zweite, denormalisierte Version für Entscheidungsunterstützungs- und Data Warehouse-Anwendungen.

Sternabfrageschemata mit verteiltem SQL-Code auffüllen

Es ist inzwischen klar geworden ist, daß die Haltung mehrerer Exemplare derselben Datenbank oft von Vorteil sein kann. Was bei diesem dualen Ansatz jedoch etwas schwierig sein kann, ist, das Sternabfrageschema mit der operierenden Datenbank synchron zu halten. Glücklicherweise bietet Oracle mehrere Mechanismen an, die den Entwickler bei dieser Synchronisierung unterstützen. Man kann wohl davon ausgehen, daß die Angestellten das Sternabfrageschema eher für längerfristige Trendanalysen heranziehen werden, daher ist es nicht absolut erforderlich, daß das Sternabfrageschema immer den aktuellsten Stand der operierenden Datenbank widerspiegelt. Folglich können Sie für die Aktualisierung des Sternabfrageschemas eine asynchrone Methode entwickeln.

Unter dieser Voraussetzung können Sie mit einer einzigen SQL-Anweisung die Daten aus der operierenden Datenbank extrahieren und das Sternabfrageschema mit den neuen Daten auffüllen. In *Listing 10.1* wird davon ausgegangen, daß sich das Sternabfrageschema im Londoner Firmensitz befindet. Die Tabelle hat den Namen *FACT_TABLE*:

Listing 10.1:
Aktualisieren des
Sternabfrage-
schemas

```
INSERT INTO FACT_TABLE@london
VALUES
(SELECT
    order_year,
    order_quarter,
    order_month,
    order_nbr,
    salerperson_name,
    customer_name,
    customer_city,
    customer_state,
    customer_region,
    item_nbr,
    quantity_sold,
    price*quantity_sold
FROM QUANTITY, ITEM, CUSTOMER, CITY, STATE
WHERE
QUANTITY.item_nbr = ITEM.item_nbr   /* join QUANTITY and ITEM */
AND
ITEM.cust_nbr = CUSTOMER.cust_nbr   /* join ITEM and CUSTOMER */
AND
CUSTOMER.city_name = CITY.city_name /* join CUSTOMER and CITY */
AND
CITY.state_name = STATE.state_name  /* join CITY and STATE */
AND
order_date = SYSDATE                /* get only today's transactions */
);
```

Dies ist eine sehr einfache Methode, um die Daten aus der operierenden Datenbank zu extrahieren, zu normalisieren und in das Sternabfrageschema einzusetzen. Durch die Angabe von *SYSDATE* in der *WHERE*-Klausel wird sichergestellt, daß nur die Transaktionen des aktuellen Tages extrahiert und in das Sternabfrageschema *FACT_TABLE* geladen werden. Selbstverständlich führen Sie immer noch eine sehr umfangreiche fünffache Tabellenverknüpfung durch, doch wird eine solche Extrahierung im Regelfall während der arbeitsfreien Zeit ausgeführt, so daß der Abruf die produktiven Anwender nicht bei ihrer Arbeit stört.

Und was ist mit Zeilen, die gelöscht worden sind? Dieser Fall sollte zwar ungewöhnlich sein, doch müssen Sie damit rechnen, daß einige Bestellungen zurückgenommen wurden. Sie brauchen also einen Mechanismus, um das Sternabfrageschema so zu aktualisieren, daß auch Löschungen berücksichtigt werden.

Die offensichtlichste Methode zum Entfernen von Bestellungen aus dem Sternabfrageschema besteht darin, für die Tabelle *ORDER* im operierenden System einen *DELETE*-Trigger anzulegen. Dieser *DELETE*-Trigger wird eine entfernte Löschung auslösen, die alle Zeilen aus dem Sternabfrageschema löscht, die nicht mehr zulässig sind. Zum Beispiel:

```
CREATE TRIGGER DELETE_ORDERS
    AFTER DELETE ON ORDER
AS
(DELETE FROM FACT_TABLE@london
    WHERE
    order_nbr = :del_ord
);
```

Sie haben jetzt einen Mechanismus, um Ihr Data Warehouse mit der operierenden Datenbank relativ gut synchron zu halten.

Was ist zu tun, wenn die Tabelle *FACT_TABLE* über die normale Tabellenkapazität hinauswächst? Angenommen, Ihr Unternehmen verarbeitet täglich 20.000 Bestellungen, also 7,3 Millionen Zeilen pro Jahr. Bei effizienter Indizierung in der Oracle-DB kann eine Tabelle in dieser Größe eindeutige Performance-Probleme verursachen; in erster Linie, weil der Index viele Ebenen erzeugen muß, um 7,3 Millionen Zeilen korrekt zu indizieren. Während zu einer typischen Abfrage vielleicht drei Indexlesungen gehören, benötigt eine Abfrage in einer 7-Millionen-Zeilen-Tabelle vermutlich an die fünf Indexlesungen, bevor die Zielzeile abgerufen ist.

Um dieses Problem etwas abzuschwächen, entscheiden sich viele Entwickler dafür, die Tabellen in kleinere Teiltabellen zu partitionieren. Als Unterscheidungsfaktor hierfür werden die Daten herangezogen. Sie können beispielsweise für jeden Monat eine eigene Tabelle mit Namen wie *FACT_TABLE_1_97, FACT_TABLE_2_97* usw. anlegen.

Immer wenn Sie in einer einzigen Operation mehrere Tabellen ansprechen müssen, können Sie diese Tabellen mit Hilfe des SQL-Befehls *UNION ALL* wie folgt zusammenführen:

```
SELECT * FROM FACT_TABLE_1_97
UNION ALL
SELECT * FROM FACT_TABLE_2_97
UNION_ALL
SELECT * FROM FACT_TABLE_3_97
ORDER BY order_year, order_month;
```

Zusätzlich zu dem Vorteil kleinerer Tabellenindizes hat diese Art der mit der Anweisung UNION ALL kombinierten Tabellenpartitionierung den Vorteil, daß die parallele Abfrage-Engine von Oracle gleichzeitig jede der Teiltabellen vollständig durchsuchen kann. In diesem Fall wird für das Durchsuchen jeder der drei Tabellen ein gesonderter Prozeß aufgerufen. Anschließend sammelt der Oracle-Abfrage-Manager die Ergebnisdaten und sortiert Sie gemäß der ORDER BY-Klausel. Im vorigen Beispiel könnten Sie eine Performance-Steigerung von ca. 50% gegenüber einer Abfrage in einer einzigen FACT_TABLE erwarten. Zusätzlich bietet Oracle8 automatische Tabellenpartitionierungen, so daß Oracle8-Entwickler die später in diesem Kapitel beschriebene Tabellenpartitionierung verwenden können.

Nun ist ein Sternabfrageschema definiert und aufgefüllt; es umfaßt die Gesamtverkäufe (*total_sales*) für jede Bestellung pro Tag. Es ist zwar einfach, die Summe jeder Bestellung anzuzeigen, doch benötigen die Anwender eines Entscheidungsunterstützungssystems selten einen so detaillierten Datenstand. Die meisten Manager wären eher an der Summe der Verkäufe oder der verkauften Stückzahl interessiert, die vielleicht noch nach Monat, Quartal, Region usw. zusammengefaßt sind.

Aggregation, Kumulation und Sternabfrageschemata

Selbst mit einem Sternabfrageschema ist es schwierig, die Aggregation zur Laufzeit zu berechnen, wenn eine akzeptable Reaktionszeit erreicht werden soll. Grundsätzlich können Sie die Daten entweder zur Laufzeit zusammenfassen oder offline im voraus zusammenfassen, so daß die Summen später während der Laufzeit ohne Echtzeitberechnungen verfügbar sind. Eine einfache Alternative zur Echtzeitaggregation besteht darin, die Daten mit Hilfe von SQL-Abfragen vorbereitend zusammenzufassen, und zwar gemäß der Dimensionen, die der Endbenutzer vermutlich sehen möchte. Angenommen, in unserem Beispiel sollen die monatlichen Verkäufe nach Region (*REGION*), Land (*STATE*), Posten (*ITEM*) und Verkaufsrepräsentant (*SALESPERSON*) zusammengefaßt werden. Sie haben vier mögliche Dimensionen, so daß Sie eine Liste der nachfolgenden sechs Aggregattabellen generieren können, die im voraus erstellt werden sollen. Für jede dieser Tabellen sollte ein Feld mit dem Namen *month_year* angelegt und als Primärschlüssel definiert werden.

- *region by state* – Diese Tabelle soll die Spalten *region_name*, *state_name* und *monthly_sales* umfassen.

- *region by item type* – Mit den Spalten *region_name, item_type* und *monthly_sales*.

- *region by salesperson* – Mit den Spalten *region_name, salesperson_name* und *monthly_sales*.

- *state by item type* – Mit den Spalten *state_name, item_type* und *monthly_sales*.

- *state by salesperson* – Mit den Spalten *state_name, salesperson_name* und *monthly_sales*.

- *item type by salesperson* – Mit den Spalten *item_type, salesperson_name* und *monthly_sales*.

Das SQL-Programm zur Erzeugung dieser Tabellen läßt sich leicht als Batch-Task bei der Verarbeitung am Monatsende ausführen. Der SQL-Code zum Erstellen der Tabelle *REGION_ITEM_TYPE* hätte in etwa folgenden Inhalt:

```
INSERT INTO REGION_ITEM_TYPE
VALUES
(SELECT '3', '1997', region_name, item_type, monthly_sales)
FROM FACT_TABLE_3_97
GROUP BY region_name, item_type
);
```

Die Beispieltabelle *REGION_ITEM_TYPE* kann in etwa wie in *Tabelle 10.3* aussehen:

Tab. 10.3: Ein Beispiel für die Tabelle *REGION_ITEM_TYPE*	DATE	REGION	TYPE	MONTHLY_SALES
	3/97	WEST	Clothes	113.999
	3/97	WEST	Hardware	56.335
	3/97	WEST	Food	23.574
	3/97	EAST	Clothes	45.234
	3/97	EAST	Hardware	66.182
	3/97	EAST	Food	835.342
	3/97	SOUTH	Clothes	1.223
	3/97	SOUTH	Hardware	56.392
	3/97	SOUTH	Food	9.281
	3/97	NORTH	Clothes	826.463
	3/97	NORTH	Hardware	77.261
	3/97	NORTH	Food	43.383

Diese Aggregattabellen können bei Bedarf mitten in der Nacht erstellt werden – unmittelbar nachdem die Master-Faktentabellen mit den Verkaufsdaten des aktuellen Tages aufgefüllt wurden. Am nächsten Morgen werden die Verkaufszahlen des Vortages in diesen Übersichtstabellen kumuliert worden sein, so daß das Management ein präzises, schnelles und leicht zu bedienendes Werkzeug als Entscheidungsunterstützung zur Hand hat.

Selbstverständlich sind diese Tabellen zweidimensional, doch lassen sie sich mit Hilfe einer Anwendung leicht so verarbeiten, daß sie eine tabellarische Repräsentation der Variablen bieten. *Tabelle 10.4* präsentiert diese tabellarische Form.

	CLOTHES	FOOD	HARDWARE
WEST	113.999	23.574	56.335
EAST	45.234	835.342	66.182
NORTH	826.463	43.383	77.261
SOUTH	1.223	9.281	56.392

Tab. 10.4: REGION gegenüber TYPE

Diese Technik repliziert die Funktionalität einer mehrdimensionalen Datenbank: Der Endanwender gibt die Interessenachse an, und die mehrdimensionale Datenbank (MDDB) erstellt eine tabellarische Repräsentation der Daten.

Und wenn das Management eine vierteljährliche Übersicht anstele einer monatlichen verlangt? Oder eine Jahresübersicht? Selbstverständlich lassen sich mit Hilfe dieses Verfahrens die monatlichen Übersichtstabellen in vierteljährliche oder jährliche Übersichten usw. kumulieren, ganz nach den Anforderungen des Endbenutzers.

Da wir jetzt wissen, wie die mehrdimensionale Datenrepräsentation innerhalb einer relationalen Datenbank funktioniert, sollten wir die Rolle der analytischen Online-Verarbeitung untersuchen.

Die Geschichte von OLAP

Dr. E. F. (Ted) Codd prägte den Begriff *OLAP (OnLine Analytical Processing)* in einem Bericht von 1993, der von der Arbor Software gesponsert wurde. Zudem hat er spezifische Regeln für OLAP aufgestellt, doch hat kein OLAP-Hersteller je ein Produkt erschaffen, das alle OLAP-Kriterien von Codd erfüllt. In den siebziger Jahren entwickelte Dr. Codd auch Regeln für relationale Datenbanken, und interessanterweise konnte bisher nicht ein Hersteller relationaler Datenbanken allen Codd'schen Regeln entgegenkommen. Trotz des Anspruchs, daß OLAP eine neue Technologie sei, lassen sich einige Angebote, wie etwa IRI (von Oracle aufgekauft), bis in die frühen Siebziger zurückverfolgen.

Im Internet gibt es eine beliebte Newsgroup, welche OLAP-Fragen erörtert. Sie nennt sich comp.database.olap.

Nachdem wir wissen, wie OLAP entstanden ist, wollen wir uns damit befassen, wie man mit Hilfe einer relationalen Datenbank eine kubische Datenrepräsentation simulieren kann.

Simulation kubischer Datenbanken

Für ein illustratives Beispiel sollten Sie die Beispielkundentabelle in *Tabelle 10.5* betrachten. Nehmen Sie an, diese Tabelle ist physikalisch in der Datenreihenfolge gespeichert. Eine Vorstellung, wie diese Daten als kubische Tabelle dargestellt werden, erhalten Sie in *Abbildung 10.8*:

CUSTOMER NAME	# SALES	YY-MM	CITY	STATE
Bob Papaj & Assoc.	300	91-01	NY	NY
Mark Reulbach Inc.	400	91-01	San Fran	CA
Rick Willoughby Co.	120	91-02	NY	NY
Kelvin Connor Co.	300	91-02	San Fran	CA
Jame Gaston Inc.	145	91-03	NY	NY
Linda O'Dell Assoc.	337	91-03	Fairport	NY
Rick Wahl & Assoc.	134	91-03	San Fran	CA

Tab. 10.5: Ein Beispiel für eine Kundentabelle

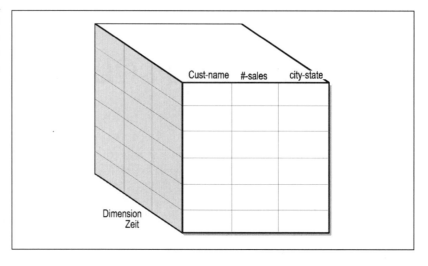

Abb. 10.8: Kubische Repräsentation der relationalen Daten

Selbstverständlich verlangt die kubische Repräsentation, daß die Daten in eine mehrdimensionale Datenbank geladen werden oder in eine mehrdimensionale Tabelle eines Kalkulationsprogramms, das Pivot-Tabellen unterstützt. Im Hinblick auf MDDB kommen zwei Argumente auf. Die Hersteller relationaler Datenbanken weisen darauf hin, daß MDDBs proprietär sind – ihrer Meinung nach sollte das offenere Konzept der relationalen Datenbanken verwendet werden. Die MDDB-Hersteller weisen auf einige ernsthafte Unzulänglichkeiten von SQL hin, die den Einsatz einer relationalen Datenbank sehr schwierig gestalteten.

Wenn man berücksichtigt, daß Dimensionen hierarchisch strukturiert sein können, nimmt die Verwirrung noch zu. Eine Zeitdimension etwa läßt sich als Hierarchie von *year, quarter, month* und *day* darstellen. Jede dieser „Stufen" innerhalb der Dimensionshierarchie kann seine eigenen Werte besitzen. Anders ausgedrückt, kann eine kubische Repräsentation mit *time* als Dimension auf zwei Arten betrachtet werden:

- Als eine Reihe von Würfeln – einer für *year*, ein zweiter für *quarter*, und ein weiterer mit *full_date*.

- Als fünfdimensionale Tabelle.

MDDBs werden meist für Daten verwendet, die sich von ihrer Beschaffenheit her für Pivot-Tabellen eignen, und es sollte nicht verwundern, daß die meisten MDDBs zusammen mit Finanz- und Marketing-Anwendungen verwendet werden. Leider sind die meisten mehrdimensionalen Datenbanken nicht für ein Datenaufkommen konzipiert, das für Warehouse-Anwendungen ausreichen würde. Essbase z.B. unterstützt keine Datenbanken, die größer als 20 GByte sind. Für Data Warehouses hingegen sind Größenordnungen in Terabyte nichts Ungewöhnliches.

Beachten Sie auf jeden Fall, daß die Definition der Aggregation für mehrdimensionale Datenbank nicht von der Definition von Aggregattabellen für relationale Datenbanken unterscheidet. Während des Ladens muß die Datenbank immer noch die Aggregatwerte berechnen. MDDBs verwenden auch das Konzept der Datenstreuung. Da die Daten zusammengefaßt und vorsegmentiert werden, enthalten einige Zellen in einem Würfel möglicherweise keine Daten. Angenommen, ein Würfel zeichnet die Verkaufsposten einer großen Firma auf. Die Zellen, die den Verkauf von Thermo-Unterwäsche repräsentieren, hätten in Hawaii wohl den Wert Null, während die Verkäufe von Surfboards in Wyoming wohl ebenfalls in Null resultierten. Fast alle Produktangebote unterstützen einen Komprimierungsmechanismus, bei dem diese Art der Nullwerte unterdrückt wird.

Alternativen zur kubischen Datenrepräsentation

Viele traditionelle Datenbankentwürfe können zur Simulation eines Datenwürfels verwendet werden. Eine mögliche Alternative zur kubischen

Darstellung ist, die Tabelle in linearer Form zu belassen und per SQL mit sich selbst zu verknüpfen, um ein Ergebnis wie in *Abbildung 10.9* zu erzeugen:

Abb. 10.9:
Selbstverknüpfung
einer relationalen
Tabelle

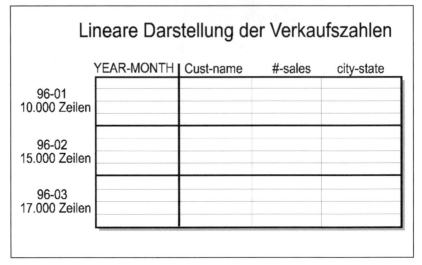

Lassen Sie uns einige Abfragen betrachten, bei denen die Selbstverknüpfung einer Tabelle erforderlich wird:

- Zeige alle Kunden in Hawaii an, die ein Produkt mehr als 500mal erworben haben.

- Zeige alle Kunden in L.A. an, die weniger als 10mal pro Monat einkaufen.

- Zeige alle Großkunden in Alaska an (die mehr als 100 Posten pro Monat einkaufen), deren Benutzung 1996 um mehr als 10% gesunken ist.

- Zeige alle Kunden in New York an, deren Benutzung im März 1996 um mehr als 20% von den Benutzungen im März 1997 abwichen.

- Zeige alle Kunden in Kalifornien an, deren Firmenname den Begriff „Widget" enthält und deren Benutzung 1997 um mehr als 20% gesunken ist.

Im nachfolgenden Beispiel vergleichen Sie alle Benutzerstandorte, bei denen die Benutzung Ihres Produkts um mehr als 5% zurückgegangen ist. Eine Untermenge dieser Daten läßt sich leicht so extrahieren, daß nur Standorte in Kalifornien mit mehr als 100 Benutzungen pro Monat angezeigt werden. Für die Anzeige wurde die prozentuale Abweichung, die Anzahl von Anfragen, die Standortnummer, die Postleitzahl und der Ort verwendet. Beachten Sie die Sortierreihenfolge des Berichts – er wurde zunächst nach Postleitzahl (*zip*), dann nach dem Ort (*city_name*) und anschließend nach der prozentualen Anordnung innerhalb eines Ortes sortiert:

```
SELECT integer
(((E.number_of_sales - S.number_of_sales) / S.number_of_sales) *
100) ,
    E.customer_name , E.city_name , E.zip , S.number_of_sales ,
        E.number_of_sales

FROM DETAIL S , DETAIL E

WHERE
S.customer_name = E.customer_name
 AND
E.state_abbr = 'CA'
 AND
E.date_yymm = 9601
 AND
S.date_yymm = 9701
 AND
E.number_of_sales < S.number_of_sales - (.05 * S.number_of_sales)

ORDER BY E.zip asc , E.city_name asc , 1 ;
```

Wie Sie sehen, wird die Abweichungsanalyse direkt in der SQL-Anweisung vorgenommen. In diesem Fall werden alle Benutzer in Kalifornien angezeigt, deren Einkaufszahlen um mehr als 5% gesunken sind (wobei der Januar 1997 mit dem Januar 1996 verglichen wird).

Und wenn ein Anwender ein ganzes Jahr mit einem anderen Jahr vergleichen will? Die Tabelle ist für den einfachen Vergleich zweier spezifischer Monate strukturiert, doch könnte die SQL-Abfrage leicht modifiziert werden, um die Daten zusammenzufassen und so den Vergleich zwischen zwei Datumsbereichen auszugeben.

Die in *Listing 10.2* gezeigte Abfrage faßt alle Verkäufe eines ganzen Jahres zusammen und vergleicht das Jahr 1996 mit 1997. Auf diese Weise läßt sich die Anfrage „Zeige alle Kunden in Kalifornien an, deren Verkäufe zwischen 1996 und 1997 um mehr als 5% gesunken sind" realisieren:

Listing 10.2:
Zusammenfassung
der Verkäufe eines
ganzen Jahres

```
SELECT integer
(((E.number_of_sales - S.number_of_sales) / S.number_of_sales) * 100) ,
E.customer_name , E.city_name , E.zip , S.number_of_sales ,
    E.number_of_sales

FROM DETAIL S , DETAIL E

WHERE
```

```
S.customer_name = E.customer_name
 AND
E.state_abbr = 'CA'
 AND
substr(E.date_yymm,1,2) = '96'
 AND
substr(S.date_yymm,1,2) = '97'
 AND
E.number_of_sales < S.number_of_sales - (.05 * S.number_of_sales)

ORDER BY E.zip asc , E.city_name asc , 1 ;
```

Oberflächlich betrachtet, scheint es, daß SQL auf zweidimensionale Tabellen angewendet werden kann, um dreidimensionale Zeitreihenprobleme zu lösen. Es scheint auch, daß SQL zum Kumulieren von Aggregationen während der Laufzeit verwendet werden kann, so daß der Bedarf geringer ist, die Kumulierung wie bei einer traditionellen Datenbank während der Ladezeit auszuführen. Diese Implementierung bedarf zwar keiner speziellen mehrdimensionalen Datenbank, doch müssen zwei Themenkomplexe gelöst werden:

- *Performance* – Die Selbstverknüpfung einer Tabelle kann, insbesondere beim Vergleich von Zeiträumen, bei der SQL-Optimierung viele Verschachtelungsebenen erzeugen und somit in einer schlechten Reaktionszeit resultieren.

- *Technische Kenntnisse des Anwenders* – Wenige Anwender wären fähig, eine so ausgereifte SQL-Abfrage zu schreiben.

Wenn man die Lobpreisungen des Marketing und den Industriejargon einmal wegläßt, werden Sie feststellen, daß sich sowohl ein Data Warehouse als auch eine mehrdimensionale Datenbank leicht durch die vorherige Erzeugung vieler redundanter Tabellen simulieren läßt, wobei für jede Tabelle auch die zu kumulierenden Informationen im voraus berechnet werden. Komplexe Aggregationen müssen während der Laufzeit oder beim Laden der Daten berechnet werden.

Heutzutage sind viele unterschiedliche Typen von OLAP- und MDDB-Produkten *(siehe Tabelle 10.6)* am Markt erhältlich. Jedes dieser Produkte besitzt seine eigenen relativen Vorteile und Nachteile, und alle kämpfen um die Anerkennung ihrer Stärken.

	HERSTELLER	WERKZEUG	BESCHREIBUNG
Tab. 10.6: OLAP/MDDB-Produkt-information	Oracle	Express	Excel-Tabellen-Erweiterung, echte OO
	Oracle	Oracle 7.3	Sternabfragehinweise, Parallelabfrage, Bitmap-Indizes
	MicroStrategy	DSS Agent	MDDB-Abfragen an RDBMS

HERSTELLER	WERKZEUG	BESCHREIBUNG
D&B Pilot Software	Pilot LightShip	OLAP mit selbst definierter und Tabellenkalkulations-GUI
IBI	FOCUS Fusion	MDDB-Engine
VMARK	UniVerse	NT-gestützte MDDB-Engine
Kenan	Acumate ES	MDDB mit PC-OLAP-GUI
Arbor	OLAP Builder	Extrahiert Daten aus DW für Essbase
Arbor	Essbase	MDDB-Engine mit Excel-Tabellenkalkulations-GUI
Think Systems	FYI Planner	PC-GUI mit MDDB- und OLAP-Server

Das aktuelle Interesse an Data Warehousing hat viele neue Techniken und Werkzeuge entstehen lassen, um Informationen aus diesen Riesendatenbanken abrufen zu können. Die Datengewinnung ist ein Bereich, der für die Anwender von Data Warehouses sehr vielversprechend ist.

Datengewinnung und OLAP

Die *Datengewinnung* (auch *Data Mining*) ist ein Verfahren, das in großen Datenmengen nach Mustern und Trends sucht. In traditionellen Entscheidungsunterstützungssystemen mußte der Anwender Abfragen schreiben, um die Datenbank abzurufen, und aus dem Ergebnis vorhandene Trends entschlüsseln. Leider ist dieser Ansatz immer nur so gut wie der Anwender selbst, und viele statistisch wertvollen Zusammenhänge zwischen den Datenelementen können verloren gehen. Dies trifft insbesondere auf Data Warehouse-Systeme zu, wo auch weniger augenfällige Trends gegenwärtig sein können. So hat etwa das psychologische Institut der Universität von Minnesota – die Entwickler der *Minnesota Multiphasic Personality Inventory (MMPI)* – einige überraschende Muster entdeckt, die eine psychologische Diagnose mit scheinbar unmaßgeblichen, gewöhnlichen Fragen in Zusammenhang bringt. Die Ergebnisse sind unauffällige Maßstäbe für die Beurteilung der menschlichen Persönlichkeit. So haben diese Wissenschaftler beispielsweise herausgefunden, daß Menschen mit wenig Selbstachtung dazu neigen, ein Bad einer Dusche vorzuziehen. Für diese Präferenz liegt zwar kein offensichtlicher Grund vor, dennoch bleibt der statistisch erwiesene Zusammenhang zwischen Selbsteinschätzung und Waschvorlieben bestehen.

Solche unauffälligen Trends plagen auch die Geschäftswelt, und das Ziel der Datengewinnungs-Software ist, diese Trends für die Warehouse-Anwender zu ermitteln. Viele dieser Anwendungen gehen sogar noch einen Schritt weiter und versuchen, andere Daten zu analysieren und die zugrundeliegenden Gründe für den Trend zu bestimmen.

Während grundlegende Statistik-Tools für die Ermittlung von Zusammenhängen zwischen einer kleinen Anzahl verwandter Variablen ausreichen, bleiben umfangreiche Datenbanken mit Hunderten von Datenelementen schnell in einem Sumpf stark variierender „Chi-Quadrat-Techniken" stecken. An sich sollen die Datengewinnungswerkzeuge nur Hinweise von dem Anwender erhalten und dann mit der Stichprobenanalyse zur Feststellung von Trends fortfahren.

In anderen Fällen werden Datengewinnungstechniken dafür verwendet, eine Hypothese aufgrund der vorhandenen Daten zu beweisen. Angenommen, ein Marketing-Fachmann möchte herausfinden, ob Leute mit einem Einkommen zwischen DM 80.000 und DM 100.000 ein bestimmtes Produkt kaufen werden. In diesem Fall kann eine schnelle Verifizierung dieser Hypothese ausgeführt werden, um sie entweder zu beweisen oder zu widerlegen.

Nun verwendet eine andere Klasse von Werkzeugen einen relativ geradlinigen Mechanismus zur Ermittlung von Ausnahmen, der die Datenbank nach unerwarteten Trends und ungewöhnlichen Mustern absucht. Datengewinnungswerkzeuge verwenden Techniken, die aus der *Künstlichen Intelligenz (KI oder AI = Artificial Intelligence)* geborgt wurden. Dazu gehören Fuzzy Logic, neuronale Netzwerke, Fraktale und eine Vielzahl anderer statistischer Techniken. Viele dieser Werkzeuge führen beträchtliche interne Verarbeitungen durch, so daß viele für die Analyse ausgewählte Informationen aus der relationalen Datenbank in eine proprietäre interne Datenrepräsentation einlesen. Es ist kein weit verbreitetes Datengewinnungswerkzeug verfügbar, das direkt auf eine relationale Datenbank angewendet werden kann, obwohl einige vielversprechende Firmen am Horizont auftauchen *(siehe Tabelle 10.7)*:

Tab. 10.7: Produkte für die Datengewinnung	HERSTELLER	WERKZEUG	BESCHREIBUNG
	Thinking Machines	Darwin	Neuronale Netze
	MIT GmbH	DataEngine	Fuzzy Logic
	Reduct & Lobbe Technologies	DataLogic	Fuzzy Sets
	IBM	Data Mining Toolkit	Fuzzy Logic
	Epsilon	Epsilon	Regel-gestützt
	Cross/Z	F-DBMS	Fraktale
	Info. Discovery	IDIS	Regel-gestützt
	Info. Harvester	InfoHarvester	Regel-gestützt
	Angoss Software	KnowledgeSEEKER	Regel-gestützt
	Software AG	NETMAP	Neuronale Netzwerke
	NeuralWare	NeuralWorks	Neuronale Netze
	Nestor	PRISM	Neuronale Netze
	Cognitive Systems	ReMind	Induktive Logik

Obwohl das Interesse an Datengewinnungswerkzeugen sehr stark ist, hat nicht ein Hersteller den Anspruch erhoben, auf diesem Gebiet marktführend zu sein. Es wird wohl viele Jahre dauern, bis alle Besitzer eines Data Warehouse Werkzeuge besitzen, die zur vollständigen Ausnutzung ihrer Datenressourcen in der Lage sind.

Während Datengewinnung und Data Warehouse sehr beliebte Schlagwörter sind, kann noch einiges unternommen werden, um das Oracle Data Warehouse zu unterstützen, ohne teuere Produkte von Drittanbietern hinzukaufen zu müssen. Im folgenden Abschnitt werden die Data Warehouse-Merkmale von Oracle erläutert.

Die Leistungsmerkmale des Oracle Data Warehouse

Leistungsmerkmale von Oracle, die ab Version 7.2 eingeführt wurden, werden nur dann aktiviert, wenn der folgende Parameter in der *init<SID>.ora* gesetzt worden ist:

```
COMPATIBILITY=8.0.0.0.0
```

Seit Oracle Version 7.3 gibt es einige neue Merkmale, die die Performance von Oracle Data Warehouse- und Entscheidungsunterstützungssystemen dramatisch verbessern können (diese werden in den nachfolgenden Abschnitten vorgestellt).

Parallelabfrage für Data Warehouses

Es ist ein verbreiteter Irrtum, daß nur parallele Prozessoren (*SMP* oder *MPP*) die Vorteile der parallelen Verarbeitung nutzen können. Sogar auf nur einem Prozessor kann die Geschwindigkeit von Abfragen mit Hilfe mehrerer Prozesse beschleunigt werden. In Data Warehouses wird die Paralleltechnologie in der Regel für folgende Lade- und Abfragefunktionen eingesetzt:

- *Paralleles Backup/Wiederherstellen* – Einige Parallelverarbeitungswerkzeuge beherrschen Übertragungsraten von über 40 GByte/Stunde.

- *Parallele Abfrage (SMP und MPP)* – Für das Abrufen von Tabellendaten werden mehrere Prozesse eingesetzt.

- *Paralleles Laden* – Es werden mehrere Prozesse eingesetzt, um mehrere Tabellen gleichzeitig zu laden.

- *Parallele Indizierung* – Auch das Erstellen von Indizes wird mit Hilfe mehrerer Prozesse ausgeführt.

Der leistungsstärkste Einsatz paralleler Abfragen erfolgt mit Hilfe des SQL-Befehls *UNION*, und zwar in sehr großen Datenbanken (VLDB = Very Large Database). In den meisten sehr großen Oracle Data Warehouses ist es üblich, eine Tabelle logisch zu partitionieren, so daß viele kleinere Tabellen entstehen - dadurch verbessert sich der Abfragedurchsatz. Eine nach *date_of_sale* sortierte Verkaufstabelle kann beispielsweise in die Tabellen *1997_SALES, 1998_SALES* und *1999_SALES* aufgeteilt werden. Dieser Ansatz wird häufig in Data Warehouse-Anwendungen verwendet, wo eine einzige logische Tabelle Millionen von Zeilen umfassen kann. Zwar verletzt diese Aufteilung einer Tabelle nach einem Schlüsselwert die Regeln der Normalisierung, doch kann sie die Performance einzelner Abfragen drastisch erhöhen. Bei großen Abfragen, die sich über mehrere logische Tabellen erstrecken können, können die isolierten Tabellen wie folgt mit Hilfe der Oracle-Funktion für parallele Abfragen wieder zusammengefügt werden:

```
CREATE VIEW ALL_SALES AS
    SELECT * FROM 1997_SALES
    UNION ALL
    SELECT * FROM 1998_SALES
    UNION ALL
    SELECT * FROM 1999_SALES;
```

Sie können die Datensicht *ALL_SALES* jetzt wie eine einzelne Datenbanktabelle abfragen. Die parallele Abfrage von Oracle wird automatisch den Parameter *UNION ALL* erkennen und löst gleichzeitige Abfragen an jede der drei Basistabellen aus. Die folgende Abfrage wird beispielsweise die angeforderten Daten aus den drei Tabellen parallel zusammenstellen, wobei jede Abfrage gesondert optimiert wird. Die Ergebnismengen der einzelnen Teilabfrage werden dann wie folgt vom Abfrage-Manager gemischt:

```
SELECT customer_name
FROM ALL_SALES
WHERE
sales_amount > 5000;
```

Die Oracle-Funktionen für parallele Abfragen werden später in diesem Buch erörtert. Weitere Erläuterungen zum Einsatz der parallelen Abfrage in Oracle finden Sie zudem in *Kapitel 3: Physisches Design zur Leistungssteigerung.*

Nachdem wir nun gesehen haben, wie SQL zur Verbesserung der Performance verwendet werden kann, sollten wir uns einmal anschauen, wie Oracle mit Hilfe der Sternabfragehinweise die Geschwindigkeit bestimmter Abfragetypen stark verbessern kann.

Sternabfragehinweise und -verknüpfungen in Oracle

Als Teil des Sternabfrageschema-Entwurfs wird eine Hauptfaktentabelle erstellt, die die Primärschlüssel in zusammenhängenden Tabellen enthält. Diese massive Denormalisierung der Datenbankstruktur bedeutet, daß fast jede Abfrage, die im Sternabfrageschema durchgeführt wird, das Verknüpfen vieler großer Tabellen beinhaltet – einschließlich einer großen Faktentabelle und vieler kleiner Referenztabellen. Mit Hilfe dieser neuen Optimierungsmethode können Data Warehouse-Abfragen in ungeheuerlicher Geschwindigkeit ausgeführt werden, manchmal sogar in zigfacher Geschwindigkeit verglichen mit der Originalabfrage.

Die mit Oracle7.3 gelieferte Sternabfrage ermittelt Sternabfrageverknüpfungen und ruft eine spezielle Prozedur auf, um die Performance der Abfrage zu verbessern. Vor der Oracle Version 7.3 funktionierte dieses Leistungsmerkmal nur mit bis zu fünf Tabellen, doch wurde diese Einschränkung jetzt eliminiert. Auch wird seit Version 7.3 die Verwendung von Sternabfragehinweisen nicht mehr benötigt. Dennoch sind Hinweise in der SQL-Syntax weiterhin zulässig und zu Dokumentationszwecken ist dies in der Regel auch eine gute Sache. In der Oracle8-Implementierung der Sternabfrageverknüpfungen benötigt die Sternabfrage einen einzigen verketteten Index, der in der Faktentabelle für alle Schlüsselwerte gespeichert ist. Damit Sie den Sternabfragepfad aufrufen können, muß folgendes gegeben sein:

- Es müssen mindestens drei Tabellen verknüpft werden – eine große Faktentabelle und mehrere kleinere Dimensionstabellen.

- Die Faktentabelle muß einen verketteten Index mit mindestens drei Spalten besitzen – eine Spalte für jeden Verknüpfungsschlüssel.

- Sie müssen mit Hilfe eines *EXPLAIN PLAN* verifizieren, daß die Verknüpfung unter Verwendung der Operation *NESTED LOOPS* durchgeführt wurde.

Oracle folgt einer einfachen Prozedur zum Verarbeiten von Sternabfragen: Zunächst werden die Abfragen in den kleineren Dimensionstabellen bedient. Dabei werden die Ergebnismengen in einer Tabelle mit kartesischen Produkten zusammengeführt, die im Oracle-Arbeitsspeicher gehalten wird. Diese virtuelle Tabelle umfaßt dann alle Spalten aus allen beteiligten Dimensionstabellen. Der Primärschlüssel für diese virtuelle Tabelle setzt sich aus den Schlüsseln für die einzelnen Dimensionstabellen zusammen. Sobald dieser Schlüssel dem zusammengesetzten Index in der Faktentabelle entspricht, läßt sich die Abfrage sehr schnell verarbeiten. Nachdem die Summe der Referenztabellen angesprochen wurde, verknüpft Oracle die Zwischentabelle über eine verschachtelte Schleife mit der Faktentabelle. Dieses Verfahren ist sehr viel schneller als die traditionelle Methode, bei der zunächst die kleinste Referenztabelle mit der Faktentabelle und dann jede der anderen Referenztabellen mit der Zwischentabelle verknüpft wird. Die Geschwindigkeit ist auf die Reduzierung der physikalischen E/A zurückzuführen. Die Indizes werden gelesen und in der virtuellen Tabelle gesammelt, und auf die Faktentabelle wird erst zugegriffen, nachdem der virtuelle Index so vollständig ist, daß er über den zusammengesetzten Index in der Faktentabelle direkt auf die angeforderten Zeilen zugreifen kann *(siehe Abbildung 10.10)*.

Abb. 10.10:
Verarbeitung einer Oracle-Sternabfrage

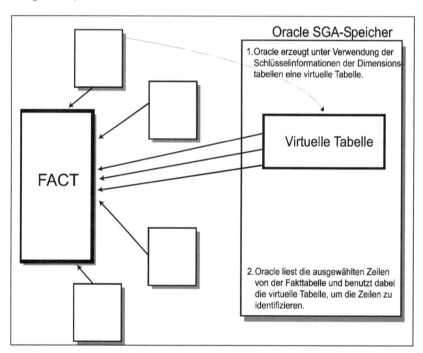

Es kann eine tückische Angelegenheit sein, die Sternabfrage zu implementieren; besondere Sorgfalt muß auf die richtige Plazierung der Indizes gelegt werden. Bei jeder Dimensionstabelle muß der Verknüpfungsschlüssel indiziert sein, und die große Faktentabelle muß einen zusammengesetzten Index besitzen, der aus allen Verknüpfungsschlüsseln aus allen Dimensionstabellen besteht. Zudem muß die Reihenfolge der Schlüssel im zusammengesetzten Index der Faktentabelle korrekt sein, da Oracle sonst nicht in der Lage ist, den Index für die Abfrage zu verwenden.

Da wir nun wissen, wie Sternabfrageverknüpfungen in Oracle8 funktionieren, wollen wir uns der aufregendsten der Oracle8-Funktionen zuwenden – dem *Bitmap-Index*.

Oracle Bitmap-Indizes

Bei Data Warehouse-Anwendungen, bei denen eine möglichst hohe Performance stets wichtig ist, können Situationen auftreten, in denen sich Oracle Bitmap-Indizes als besonders praktisch erweisen. Wie Sie wissen, kann allein durch den Zeilenumfang in sehr großen Tabellen selbst eine schlichte Abfrage sehr lange dauern. Oracle stellte mit der Version 7.3 Bitmap-Indizes vor. Diese sollen die Performance beim Durchsuchen von Indizes verbessern, insbesondere bei Abfragen für die Entscheidungsunterstützung, die oft viele Bedingungen in der *WHERE*-Klausel enthalten. In Oracle8 sorgen Bitmap-Indizes weiterhin für Performance-Verbesserungen und sind auch stabil genug, um sie in Produktionsanwendungen einzusetzen.

Der Bitmap-Ansatz bei der Indizierung ist ganz anders als bei den traditionellen B-Baum-Indizes. Bei einem traditionellen Index werden die Indexschlüssel sortiert und in verschiedene Baumknoten getragen. Bei einem Bitmap-Index wird eine Matrix angelegt. Die eine Achse der Matrix umfaßt alle möglichen Indexwerte, während die andere Achse alle Zeilen der Basistabelle enthält. Angenommen, das Feld *Region* der Tabelle *SALES* ist indiziert und die möglichen Regionen sind *North, South, East* und *West*. Umfaßt die Tabelle *SALES* eineMillion Zeilen, so würde der Bitmap-Index zur Speicherung der möglichen Schlüsselwerte eine Matrix mit vier mal eine Million anlegen. Die Daten innerhalb dieser Matrix sind binär. Wenn ein Wert *True* ist, wird ihm der Binärwert *1* zugewiesen, ist er *False*, so erhält er den Binärwert **0** *(siehe Abbildung 10.11)*.

Abb. 10.11:
Ein Oracle Bitmap-
Index

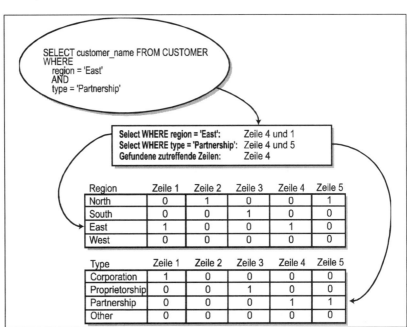

SELECT customer_name FROM CUSTOMER
WHERE
region = 'East'
AND
type = 'Partnership'

Select WHERE region = 'East':	Zeile 4 und 1
Select WHERE type = 'Partnership':	Zeile 4 und 5
Gefundene zutreffende Zeilen:	Zeile 4

Region	Zeile 1	Zeile 2	Zeile 3	Zeile 4	Zeile 5
North	0	1	0	0	1
South	0	0	1	0	0
East	1	0	0	1	0
West	0	0	0	0	0

Type	Zeile 1	Zeile 2	Zeile 3	Zeile 4	Zeile 5
Corporation	1	0	0	0	0
Proprietorship	0	0	1	0	0
Partnership	0	0	0	1	1
Other	0	0	0	0	0

Aus *Abbildung 10.11* können Sie erkennen, warum diese Abfrage schneller als eine traditionelle Abfrage abläuft. Der Oracle-Optimizer wird feststellen, daß die Elemente in der *WHERE*-Klausel Bitmap-Indizes besitzen, in der richtigen Matrixspalte nach *NULL*-Werten suchen und nach kurzer Zeit die Zeilen-ID der Spalten liefern. Eine schnelle Zusammenführung der Ergebnismenge identifiziert nach kurzem alle Zeilen, die den Abfragekriterien entsprechen.

Dieser Index scheint zwar recht umfangreich zu sein, doch hat Oracle ein Komprimierungsverfahren entwickelt, bei dem alle Binär-Nullen aus der Bitmap entfernt werden. Dadurch wird der Index sehr kompakt.

Auf den ersten Blick zwar eine praktische Sache, doch müssen auch einige Nachteile der Bitmap-Indizierung bedacht werden. Der erste und offensichtlichste Nachteil ist, daß Bitmap-Indizes sich am besten auf Spalten anwenden lassen, die nur eine kleine Menge möglicher Werte besitzen. Für Spalten mit vielen Werten, wie etwa *state_name* oder *city_name*, würde der zu umfangreiche Index wohl die durch seinen Einsatz gewonnene Performance-Verbesserung untergraben.

Für Spalten wie *sex, color* und *size* jedoch, die nur eine kleine Anzahl von begrenzter Werten annehmen können, eignen sich Bitmap-Indizes ideal und erhöhen die Geschwindigkeit der Abfragen deutlich. Bitmap-Indizes eignen sich insbesondere für Entscheidungsunterstützungssysteme, bei denen viele Bedingungen in eine einzige *WHERE*-Klausel eingebunden werden.

Oracle bietet eine weitere Methode zur Beschleunigung von Entscheidungsunterstützungs- und Warehouse-Abfragen. Auch diese Methode wurde erst mit Oracle Version 7.3 vorgestellt – es handelt sich um die Methode der *Hash-JOINs*.

Oracle Hash-JOIN

Ein *Hash-JOIN* ist ein Verfahren, bei dem Oracle das traditionelle *JOIN*-Verfahren „Sortieren – Zusammenführen" übergeht und durch einen Algorithmus ersetzt, der die Tabellen vollständig durchsucht und die Zeilen in die Partitionen des Arbeitsspeichers einfügt. Partitionspaare, die nicht in den Speicher passen, werden in den Tablespace *TEMP* eingefügt. Anschließend legt Oracle in der kleinsten Partition eine Hash-Tabelle an, wobei die größere Partition dazu verwendet wird, die neue Hash-Tabelle zu untersuchen. Diese Technik verringert die Notwendigkeit einer Sortierung im Arbeitsspeicher; zudem muß die Indextabelle nicht indiziert werden.

Damit Sie mit Hash-JOINs arbeiten können, müssen in der Datei *init<SID>.ora* die folgenden Parameter gesetzt sein:

- *optimizer_mode=COST*

- *hash_join_enabled=TRUE*

■ *hash_multiblock_io_count=TRUE*

■ *hash_area_size=SIZE*

Zum Ausführen eines *Hash-JOINs* muß der *Hash-JOIN-Hinweis* verwendet werden. Betrachten Sie dazu das folgende Beispiel:

```
SELECT /* USE_HASH */
FROM CUSTOMER, ORDER
WHERE
CUSTOMER.cust_no = ORDER.cust_no
AND
credit_rating = 'GOOD';
```

Der Hinweis *USE_HASH* weist den Oracle8-Optimizer an, für diese Abfrage einen Hash-JOIN zu verwenden.

Nachdem auch die Grundlagen des Hash-JOINs bekannt sind, wenden wir uns den Leistungsmerkmalen zu, die in Oracle Version 8.0 neu vorgestellt worden sind.

Die neuen Leistungsmerkmale in Oracle8

Die neue Oracle8-Architektur konzentriert sich in erster Linie auf die Einführung von Objekten in das relationale Modell, und nur wenige Leistungsmerkmale beschäftigen sich direkt mit Data Warehouse. Die neuen Data Warehouse-Funktionen in Oracle8 lassen sich in die folgenden drei Kategorien einteilen:

■ *Tabellen- und Indexpartitionierung* – Sie brauchen jetzt Tabellen nicht mehr manuell nach Datum in horizontale Partitionen aufzuteilen, denn Oracle8 bietet eine Methode zum automatischen Erstellen partitionierter Tabellen und Indizes. Dieses neue Leistungsmerkmal gestattet es einem Satz partitionierter Tabellen und Indizes, als Einheit zu agieren, so daß sie sich besser verwalten lassen.

■ *Neue parallele Operationen* – Oracle8 erlaubt den Einsatz paralleler DMLs und paralleler Indexabfragen. Unterstützt werden diese parallelen Operationen durch die neuen partitionierten Tabellen- und Indexstrukturen.

■ *Verbesserte JOIN-Optimierung* – Der Optimizer gestattet nun schnellere *JOINs* beim Gebrauch partitionierter Tabellen und Indizes, so daß jetzt auch umfangreiche partitionierte Tabellen problemlos verknüpft werden können. Selbstverständlich ist dies für den Oracle-Spezialisten vollkommen transparent, und es wird nichts benötigt, um dieses Leistungsmerkmal zu aktivieren.

In den nachfolgenden Abschnitten werden die Tabellen- und Indexpartitionierung sowie die neuen parallelen Operationen in Oracle8 eingehend erläutert.

Tabellen- und Indexpartitionierung

Die Möglichkeit zur Partitionierung von Tabellen und Indizes wird sich sehr positiv auf die Verwalter von Oracle Data Warehouses oder jeder sonstigen Oracle-Datenbank, die sehr große Tabellen beinhaltet, auswirken. Die Partitionierung von Tabellen und Indizes erlaubt es den DBAs, die Verfügbarkeit von Datenbanken zu verbessern, indem die Wartungsstruktur einfacher gestaltet wird. Hinzu kommt, daß die Performance der Oracle-Datenbanken schneller ist, da die Oracle-Engine Partitionen erkennt und nur die für eine Abfrage erforderlichen Partitionen abruft.

Erhöhte Verfügbarkeit bei der Partitionierung

Da Tabellen- und Indexpartitionen als getrennte physikalische Einheiten innerhalb der Oracle-Datenbank existieren, können Sie eigenständig gewartet werden, ohne die Verfügbarkeit anderer Partitionen zu beeinflussen *(siehe Abbildung 10.12)*.

Abb. 10.12: Partitionen lassen sich auch offline warten

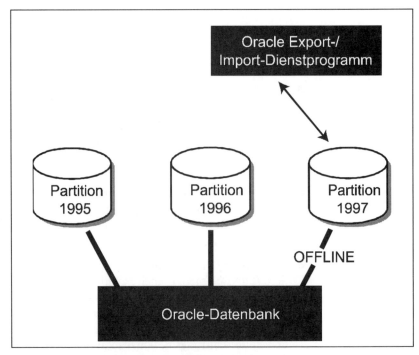

In jeder großen Oracle8-Datenbank gibt es immer wieder Zeiten, in denen diese Partitionierungsfunktion extrem nützlich ist. Wie bereits erörtert, sind die meisten großen Oracle8-Datenbanken viel zu umfangreich für eine vollständige periodische Neuorganisation. Zudem gibt es spezifische Zeiten, in denen Tabellen und Indizes neu generiert werden müssen. Dies ist in folgenden Situationen der Fall:

- *Defekte Festplatte* – Wenn die Festplatte beschädigt ist, kann die Objektpartition offline wiederhergestellt und nachgezogen werden, ohne die Verfügbarkeit der anderen Partitionen zu stören.

- *Sicherung von Objekten* – Dank der Objektpartitionierung können Teile von Tabellen und Indizes gesichert werden, ohne die Verfügbarkeit der anderen Partitionen zu beeinflussen.

- *Tabellen mit zu vielen verketteten Zeilen* – Manchmal kann eine Data Warehouse-Tabelle ursprünglich mit *NULL varchar2*-Spalten geladen werden, so daß diese später mit neuen Werten aktualisiert werden können. In einem solchen Fall kann es passieren, daß Teile der Zeilen in anderen Datenblöcken gespeichert werden und für den Zugriff auf die Zeilen eine zusätzliche E/A erforderlich wird. Um eine solche Konstitution in Ihrer Datenbank ausfindig zu machen, führen Sie das Skript *chain.sql* aus, das sich auf der CD-ROM zu diesem Buch befindet.

- *Tabellen nähern sich ihrer maximalen Anzahl an Extents* – Eine Tabelle mit einer begrenzten Anzahl an Extents wird durch das Einfügen neuer Zeilen erweitert. Die Erweiterung der Tabelle ist zwar kein Problem, doch können neue Zeilen erst wieder eingefügt werden, nachdem die Tabelle einmal exportiert und in einen einzigen Extent wieder importiert worden ist.

- *Der Wert von PCTFREE für statische Tabellen ist zu hoch* – Da Data Warehouses datenbezogen sind, ist oft ein „Rolling"-Effekt zu beobachten, bei dem eine Vielzahl neuer Aktualisierungen für die neueste Partition einer Tabelle eingeht. Wenn diese Partition älter wird, wird sie nicht mehr aktualisiert. Daher kann Speicherplatz geschaffen werden, indem die Partition exportiert und mit niedrigeren *PCTFREE*-Werten neu angelegt wird. Die Zeilen werden dadurch in den Datenblöcken komprimiert, wodurch einiges an Festplattenspeicher freigesetzt wird. Sicher möchte der Warehouse-DBA diese Partitionen auch manchmal in einen schreibgeschützten Tablespace auf CD-ROM verlagern, wobei die aktuelle Partition in einem aktualisierbaren Tablespace erhalten bleibt.

- *Indizes mit zu vielen gelöschten Blöcken in den Blättern* – Ein Oracle-Data Warehouse-Index kann unausgewogen werden, wenn er zu viele gelöschte Blöcke in den Blättern enthält. In einem solchen Fall sollte der Oracle Warehouse-DBA den Index löschen und neu erstellen. Mit Hilfe des Skripts *id1.sql* auf der CD-ROM können Sie feststellen, ob eine solche Situation gegeben ist.

- *Indizes mit mehr als vier Ebenen* – Bei sehr häufigen Aktualisierungen ist es nicht ungewöhnlich, daß ein Index zu viele Ebenen erzeugt. In diesem Fall sollte der Warehouse-DBA den Index löschen und neu erstellen, um die Zahl der Ebenen auszugleichen. Auf der CD-ROM finden Sie das Skript *index.sql*, das Ihnen bei der Aufdeckung solcher Situationen behilflich ist.

- *Die Indizes einer Basistabelle sind nicht im Cluster der Basistabelle abgelegt* – In Oracle ist es möglich, daß ein Index in derselben physikalischen Reihenfolge wie die Tabelle angeordnet ist. Wenn neue Zeilen am Ende der Tabelle eingefügt werden, wird die Cluster-Bildung im Index geringer. In einem solchen Fall wird der Oracle-DBA die Tabelle extrahieren und sortieren, sie dann ersetzen und den Cluster-Index neu erzeugen.

Bei der Tabellenpartitionierung findet eine automatische Cluster-Bildung der Daten mit dem Index statt, da die neuen Tabellenzeilen in eine Partition mit ähnlichen Partitionswerten geleitet werden. Eine Cluster-Bildung innerhalb der Partition kann jedoch zu einer Störung der Synchronisierung führen, wenn am Ende der Partition zu viele Zeilen eingefügt werden.

Sollte eine dieser Situationen eintreten, kann der DBA die verantwortliche Partition offline bearbeiten, das Objekt neu generieren und bei minimaler Dienstunterbrechung wieder in das Data Warehouse eingliedern.

Verbesserte Performance durch Partitionierung

Wie bereits erwähnt gestattet die Oracle8-Architektur die physikalische Absonderung von Tabellen- und Indexpartitionen. Die Oracle8-Engine nutzt die Vorteile dieser Möglichkeit auf verschiedene Weise:

- *Abfrageoptimierung* – Der Oracle8-Optimizer kann die Werte in jeder Partition ermitteln und auf die für die Abfrage erforderlichen Partitionen zugreifen. Da sich für jede Partition eigene Speicherparameter definieren lassen, kann der Oracle8-SQL-Optimizer für jede Partition auch einen eigenen Optimierungsplan auswählen.

- *Lastverteilung* – Die Tabellen- und Indexpartitionierung erlaubt dem Oracle-Data Warehouse-DBA Teile sehr großer Tabellen auf gesonderten Plattengeräten zu isolieren, um so den E/A-Plattendurchsatz zu verbessern und die bestmögliche Performance zu gewährleisten.

- *Parallele Abfrage* – Die Partitionierung von Objekten verbessert auch die Performance paralleler Abfragen beträchtlich. Wenn sich eine Abfrage über mehrere Partitionen erstrecken wird, wie etwa die vollständige Durchsuchung einer Tabelle, so kann Oracle8 parallele Prozesse auslösen, von denen jeder die Daten einer Partition gesondert abruft. Dieses Leistungsmerkmal ist gerade für Indizes besonders wichtig, da parallele Abfragen keinen gemeinsamen Index zu teilen brauchen.

Nachdem wir uns nun überlegt haben, welche Gründe für die Partitionierung von Oracle-Tabellen und Indizes sprechen, wollen wir uns einmal genauer anschauen, wie die Tabellen- und Indexpartitionierung in der Oracle8-Architektur implementiert ist.

Tabellenpartitionierung mit Oracle8

Wie bereits zuvor erörtert, kann das Konzept der Tabellenpartitionierung die Verwaltbarkeit von sehr großen Data Warehouse-Tabellen erheblich verbessern. Jetzt stellt Oracle8 eine Methode bereit, mit der Sie bereits beim Erstellen der Tabellen diese automatisch horizontal partitionieren lassen können *(siehe Abbildung 10.13)*.

Abb. 10.13:
Horizontale
Partitionierung
von Tabellen

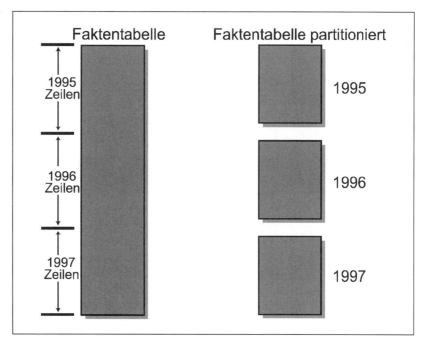

Dies mag zwar auf den ersten Blick wie eine einfache Methode eines Tabellen-Chunking wirken, aber es können in Oracle für jede Partition andere Werte für *PCTFREE, PCTUSED, INITTRANS* und *MAXTRANS* eingestellt werden. Dieses Leistungsmerkmal ist dann besonders praktisch, wenn eine Tabelle so partitioniert ist, daß jeweils nur die neueste Partition aktualisiert werden muß. In diesem Fall würde man in den älteren Partitionen *PCTUSED* auf *100* und *PCTFREE* auf *0* setzen. Da ein DBA die Partitionen ebenso wie getrennte Tabellen steuern kann, kann er statische Daten in den Oracle-Blöcken komprimieren und somit Speicherplatz sparen. Für die aktuelle Partition würde man *PCTFREE* auf eine höhere Zahl einstellen, so daß neue Zeilen aufgenommen werden können.

Partitionierungssyntax

Das Erstellen partitionierter Tabellen ist in Oracle8 ein sehr geradliniger Vorgang. Angenommen, Sie haben eine Tabelle mit dem Namen *ALL_FACTS*, so müßten Sie zunächst einen *Partitionsschlüssel* für die Operation auswählen. Ein Partitionsschlüssel ist im allgemeinen ein Datenwert, aus dem sich der Zeilenbereich ergibt, aus dem sich jede Partition zusammensetzt. Bei einigen Data Warehouse-Anwendungen muß als Partitionsschlüssel nicht unbedingt ein Datenwert verwendet werden. Es ist auch möglich, beispielsweise eine Angestelltentabelle nach der Abteilungsspalte zu partitionieren. In *Listing 10.3* sehen Sie den SQL-Code, den Sie in Oracle8 zum Erstellen einer Tabellenpartition benötigen:

Listing 10.3:
Eine partitionierte
Oracle8-Tabelle

```
CREATE TABLE ALL_FACTS
(
    order_date              date,
    order_year              number(2),
    order_quarter           char(2),
    order_month,            number(2),
    order_nbr               number(5),
    salerperson_name        varchar(20),
    customer_name           varchar(20),
    customer_city           varchar(20),
    customer_state          varchar(2),
    customer_region         char(1),
    item_nbr                number(5),
    quantity_sold           number(4)
)
PARTITION BY RANGE
    (order_date)
(
PARTITION
    year_1995
    VALUES LESS THAN '01-JAN-1996'
    TABLESPACE year_1995
    STORAGE (INITIAL 500M NEXT 5M PCTUSED 99 PCTFREE 1),
```

```
PARTITION
    year_1996
    VALUES LESS THAN '01-JAN-1997'
    TABLESPACE year_1996
    STORAGE (INITIAL 500M NEXT 5M PCTUSED 99 PCTFREE 1),
PARTITION
    year_1997
    VALUES LESS THAN (MAXVALUE)
    TABLESPACE year_1997
    STORAGE (INITIAL 500M NEXT 50M PCTUSED 60 PCTFREE 40),
);
```

Lassen Sie uns einen Blick auf diese Syntax werfen: Für jede der Tabellenpartitionen ist die Spalte *order_date* als Partitionsschlüssel definiert worden, und der Parameter *VALUES LESS THAN* bestimmt, welche Zeilen welchem Tablespace zugeteilt werden. Beachten Sie, daß für *year_1997*, die letzte Partition, *VALUES LESS THAN (MAXVALUE)* angegeben ist, so daß alle verbleibenden Zeilen, die die Auswahlkriterien nicht erfüllen, in diese Partition gesetzt werden. Beachten Sie zudem, daß der Auswahlparameter für die Partition *year_1996* zwar *VALUES LESS THAN 1996* lautet, die Zeilen für 1995 aber trotzdem nicht in der Partition *year_1996* gespeichert werden, da die Wertüberprüfung erst nach dem Filter für die Partition *year_1995* durchgeführt wird.

Außerdem wurde jede Partition mit anderen Speicherparametern für den Tablespace erstellt, und es wird in diesem Beispiel nur die letzte Partition aktualisiert, wie aus dem Wert des Parameters *PCTFREE* im Tablespace *year_1997* ersichtlich ist. Beim Ausführen des SQL-*INSERT*-Befehls wird die DDL konsultiert, und der in *order_date* angegebene Wert bestimmt, innerhalb welcher Partition der Tabelle die Zeilen gespeichert werden.

Eine solche Partitionierung von Tabellen macht es auch möglich, daß auf jede Partition als eindeutige Einheit Bezug genommen werden kann, wodurch Ressourcen innerhalb der Datenbank eingespart werden. So können Sie die Tabelle weiterhin als Ganzes abfragen. Dazu verwenden Sie den folgenden Code:

```
SELECT sum( quantity_sold)
FROM ALL_FACTS
WHERE
order_year = 97
AND
customer_city = 'Albuquerque';
```

Allerdings wäre es einfacher und weniger ressourcenintensiv, diese Abfrage so umzuschreiben, daß die Zielpartition in der Abfrage implizit angesprochen wird, nämlich so:

```
SELECT sum( quantity_sold)
FROM ALL_FACTS PARTITION (year_1997)
WHERE
order_year = 97
AND
customer_city = 'Albuquerque';
```

In derselben Weise lassen sich Aktualisierungsanweisungen auf eine bestimmte Partitionen beschränken. Angenommen, eine umfangreiche Angestelltentabelle wurde nach den Abteilungen partitioniert, so könnten Sie das Gehalt der MIS-Abteilung wie folgt um 10% erhöhen:

```
UPDATE ALL_EMPLOYEE PARTITION ('MIS')
SET
    salary = salary*1.1;
```

Nachdem Sie nun ein Gefühl dafür entwickelt haben, wie partitionierte Tabellen in Oracle8 definiert werden, befassen wir uns damit, wie sich Oracle7-Tabellen in partitionierte Strukturen migrieren lassen.

Migration in partitionierte Tabellenstrukturen

Die Migration in partitionierte Tabellenstrukturen ist mit Oracle8 sehr einfach. Wenn Sie etwa die Beispieltabellendefinition in *Listing 10.3* betrachten, so lassen sich die Daten einer alten Oracle7-Faktentabelle leicht in die neue partitionierte Struktur migrieren. Dazu verwenden Sie den folgenden Code:

```
INSERT INTO ALL_FACT PARTITION (year_1995)
(
SELECT * FROM OLD_FACT
WHERE
order_year = 95
);

INSERT INTO ALL_FACT PARTITION (year_1996)
(
SELECT * FROM OLD_FACT
WHERE
order_year = 96
);

INSERT INTO ALL_FACT PARTITION (year_1997)
(
SELECT * FROM OLD_FACT
WHERE
order_year = 97
);
```

Im vorangegangenen Beispiel ist die WHERE-Klausel redundant. Die Partitionsdefinition wird automatisch die Zeilen herausfiltern, die den Auswahlkriterien der einzelnen Partitionen nicht entsprechen.

Da Sie jetzt wissen, wie Oracle-Tabellen partitioniert werden, lernen Sie, wie man Oracle-Indizes partitioniert. In vielerlei Hinsicht birgt die Partitionierung von Oracle-Indizes mehr Möglichkeiten in sich als die Partitionierung von Tabellen, denn Indizes sind in Oracle-Data Warehouses oft der Anlaß für einen Konflikt.

Indexpartitionierung in Oracle8

Zusätzlich zu einem nicht-partitionierten Index bietet Oracle8 zwei Methoden der Partitionierung von Indizes. Die erste Möglichkeit ist die einer lokalen Partition. Ein lokal partitionierter Index erzeugt eine 1:1-Übereinstimmung zwischen den Indizes und den Partitionen in der Tabelle. Selbstverständlich müssen der Schlüsselwert für die Tabellenpartition und der Wert für den lokalen Index identisch sein. Die zweite Methode ist ein globaler Index, der eine beliebige Anzahl von Partitionen umfassen kann.

Die Partitionierung der Indizes ist für das SQL transparent, doch wird die Oracle8-Abfrage-Engine nur die Indexpartition durchsuchen, die für die Abfrage benötigt wird. Die parallele Abfrage-Engine in Oracle8 kann zudem feststellen, daß der Index partitioniert ist, und wird daraufhin mehrere Abfragen auslösen, die die Indizes gleichzeitig durchsuchen.

Lokal partitionierte Indizes

In einem lokal partitionierten Index entsprechen die Schlüsselwerte und die Anzahl der Indexpartitionen exakt der Anzahl der Partitionen in der Basistabelle. Daraus folgt selbstverständlich, daß es für jede Tabelle nur einen lokal partitionierten Index geben kann. Dieser wird in der Regel vom DBA generiert, damit er einzelne Partitionen einer Tabelle und von Indizes offline warten kann, ohne die anderen Partitionen in der Tabelle zu beeinflussen:

```
CREATE INDEX year_idx
  ON ALL_FACT (order_date)
LOCAL
    (PARTITION name_idx1),
    (PARTITION name_idx2),
    (PARTITION name_idx3);
```

Oracle wird aufgrund der Anzahl der Partitionen in einer indizierten Tabelle automatisch eine einheitliche Partitionierung verwenden. Angenommen, Sie haben in der vorigen Definition vier Indizes für die Tabelle *ALL_FACT* erstellt, so könnte der Befehl *CREATE INDEX* nicht erfolgreich ausgeführt werden, da die Partitionen nicht übereinstimmen. Diese Äquivalenzpartition erleichtert zudem die Wartung der Indizes, da eine einzelne Partition offline neu generiert werden kann, ohne die anderen Partitionen in der Tabelle zu beeinflussen.

Global partitionierte Indizes

Ein global partitionierter Index wird auch für alle anderen Indizes verwendet, außer dem Index, der als Tabellenpartitionierungsschlüssel dient. Ein globaler Index partitioniert OLTP-Anwendungen so, daß weniger Indexprüfungen notwendig sind als bei der Verwendung lokal partitionierter Indizes. Im globalen Indexpartitionierungsschema ist der Index schwerer zu verwalten, da er sich über mehrere Partitionen in der Basistabelle erstrecken kann *(siehe Abbildung 10.14)*. Wenn zum Beispiel eine Tabelle im Zuge einer Umstrukturierung gelöscht wird, so ist davon der gesamte globale Index betroffen. Beim Definieren eines global partitionierten Index hat der DBA die Freiheit, beliebig viele Partitionierungen für den Index anzugeben.

Abb. 10.14: Ein global partitionierter Index

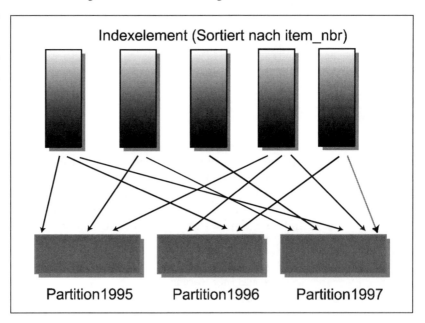

Da Sie jetzt das Konzept globaler Partitionen verstehen, wollen wir die Oracle-Syntax von *CREATE INDEX* für einen global partitionierten Index untersuchen:

```
CREATE INDEX item_idx
  ON ALL_FACT (item_nbr)
GLOBAL
    (PARTITION city_idx1 VALUES LESS THAN (100)),
    (PARTITION city_idx2 VALUES LESS THAN (200)),
    (PARTITION city_idx3 VALUES LESS THAN (300)),
    (PARTITION city_idx4 VALUES LESS THAN (400)),
    (PARTITION city_idx5 VALUES LESS THAN (500));
```

In diesem Beispiel können Sie sehen, daß der Index mit fünf Partitionen definiert wurde, von denen jede eine Untermenge der Bereichswerte für diesen Index umfaßt. Irrelevant ist dabei, daß die Basistabelle selbst in drei Partitionen aufgeteilt wurde. Es ist sogar möglich, einen global partitionierten Index für eine Tabelle anzulegen, die keine Partitionierungen besitzt.

Diese neuen Data Warehouse-Funktionen in Oracle8 unterstreichen wieder einmal die Entschlossenheit der Oracle Corporation, sehr große Data Warehouse-Architekturen zu unterstützen. Es wird aufregend sein, zu beobachten, wie diese Leistungsmerkmale in Oracle 8.2 weiterentwickelt werden, wenn einige der objektorientierten Funktionen auch für das Data Warehouse verfügbar sein werden. Besonders interessant wird die Unterstützung der Klassenhierarchie und Vererbung sein, da diese Funktionen dem Oracle Data Warehouse-Designer Hilfsmittel in die Hand geben, um Ad-hoc-Klassifikationen der Datenattribute in kürzester Zeit zu implementieren.

Damit ist unsere Diskussion der Tabellen- und Indexpartitionierung in Oracle8 abgeschlossen. Als letzten Abschnitt in diesem Kapitel wollen wir ein weiteres wichtiges Gebiet der Data Warehouse-Erweiterungen in Oracle8 behandeln – nämlich die Anwendung paralleler Operationen.

Parallele Operationen

Zu den parallelen Operationen von Oracle8 gehören parallele Datenbanken, parallele Server und parallele Abfragen. Wir beginnen unsere Diskussion mit einer Übersicht zu *Oracle8 Parallel Server (OPS)*. Anschließend betrachten wir parallele Abfragefähigkeiten in Oracle. Das Thema der parallelen Abfrage ist ganz unterschiedlich zu dem des **parallelen Servers**. In den nachfolgenden Abschnitten wird dieser Unterschied deutlich werden.

Parallele Datenbanken und Server in Oracle

Im allgemeinen ist eine *parallele Datenbank* als eine Datenbank definiert, die über mehrere Arbeitsspeicherregionen verfügt, welche eine gemeinsame Festplatte teilen. Innerhalb von Oracle werden innerhalb des RAM-Speichers mehrere Oracle-Instanzen ausgeführt, wobei jede unabhängige Instanz Zugriff auf die gleichen Oracle-Tabellen gewährt. Innerhalb des Oracle Parallel Servers wird dies als eine *shared-nothing-Architektur* bezeichnet. In *Abbildung 10.15* sehen Sie eine solche parallele Server-Konfiguration, die außer einer gemeinsamen Festplatte nichts teilt:

Abb. 10.15:
Eine parallele Server-Konfiguration, die außer einer gemeinsamen Festplatte nichts teilt (shared-nothing-Architektur)

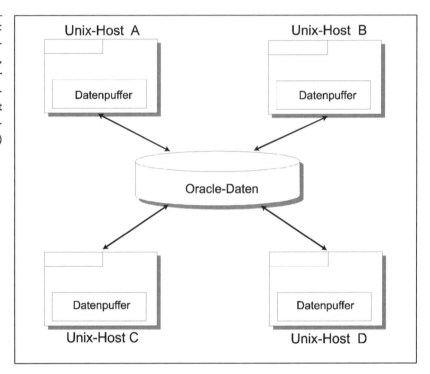

Oracle unterstützt zudem *symmetrische Multiprozessorsysteme (SMP)*, bei denen ein einziger Host-Rechner mehrere Prozessoren enthält *(siehe Abbildung 10.16)*. Bei SMP-Konfigurationen sorgen die mehrfachen Prozessoren zwar für eine gleichzeitige Verarbeitung, allerdings müssen diese Prozessoren einen gemeinsamen Datenpuffer-Pool nutzen. Kurz: Eine symmetrische Multiprozessorkonfiguration ist eine Konfiguration, in der eine Reihe von Prozessoren den gleichen Arbeitsspeicher und die gleichen Festplattenressourcen teilen.

Abb. 10.16:
Eine SMP-Konfigu-
ration mit gemein-
samem Arbeits-
speicher

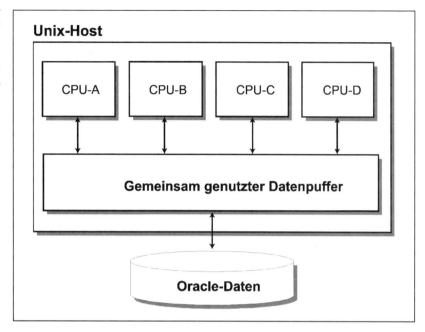

Es gibt recht viel Verwirrung über den Unterschied zwischen dem
Oracle Parallel Server und der parallelen Abfrage von Oracle. Während
die parallele Abfrage auf jeder Computerkonfiguration genutzt werden
kann (auf Einzelplatzsystemen ebenso wie auf SMP- oder MPP-Systemen), kann der Oracle Parallel Server nur auf MPP-Systemen eingesetzt
werden. Wie Sie vielleicht wissen, sind MPPs Systeme, bei denen eine
Reihe unabhängiger Knoten – jeder mit eigenem Arbeitsspeicher – auf
eine gemeinsame Festplattenressource zugreifen. In diesem Sinne werden SMP-Systeme oft auch als *shared memory multiprocessing*-Systeme
bezeichnet, also Multiprozessorsysteme mit gemeinsam genutzten Arbeitsspeicher, und MPP-Systeme als *shared-nothing multiprocessing*-Sy-
steme, also Multiprozessorsysteme, die (abgesehen von der Festplatte)
nichts gemeinsam nutzen. Beispiele für SMP-Prozessoren sind die IBM
SP2 und IBM SP3, die acht Prozessoren umfaßt. Im Fachjargon wird ein
Prozessor des OPS als ein *Knoten* bezeichnet.

Ein OPS funktioniert nur in einem MPP-System, da jeder Knoten auf
dem MPP-Rechner seinen eigenen Speicherbereich für die Oracle-SGA
benötigt. Illustriert wird dies in dem Beispiel in *Abbildung 10.15*. Dort
können Sie sehen, daß ein System aus vier Prozessoren so konfiguriert
wurde, daß es auf eine gemeinsame Datenressource zugreift. Auf diese
Weise gewinnt jeder Benutzer (oder jeder Knoten) eine vollständige
Sicht auf die gesamte Datenbank. So kann sich Benutzer *SCOTT* etwa
bei Knoten *A* anmelden und eine Tabelle mit dem Namen *TIGER* erstellen, die öffentlich zugänglich ist. Unmittelbar nach der Erstellung
kann ein anderer Benutzer auf Knoten *C* ebenfalls auf diese Tabelle zugreifen.

Beim OPS muß die Anwendung des Parallelismus gut überlegt sein, da das resultierende System unter Umständen langsamer ist als ein System mit nur einem Knoten. Bei einem OPS kann der DLM (Distributed Lock Manager) beispielsweise den Oracle-Database-Writer dazu zwingen, Transaktionen öfter in der Datenbank aufzuzeichnen als bei einer Einzelplatz-Oracle-Datenbank.

Bei der Planung paralleler Server-Tasks ist es eine gute Idee, bestimmte Tasks bestimmten Knoten zuzuordnen *(siehe Abbildung 10.16)*. Allgemeine Aktualisierungsroutinen bei Tablespace A können etwa dem Knoten *A* vorbehalten sein, während Abfragen im Tablespace B für Knoten *B* reserviert sind. Da jede Oracle-Instanz ihre eigene vollständige SGA besitzt, führt das vollständige Durchsuchen einer Tabelle auf dem einen Knoten nicht dazu, daß Daten aus dem Datenpuffer-Pool eines anderen Knotens weggeschrieben werden.

Selbstverständlich ist es immer möglich, alle Daten in abgesonderten Puffer-Pools zu speichern, insbesondere bei einem stark denormalisierten Data Warehouse. Ein Oracle-Designer kann die Oracle-Instanzen so partitionieren, daß von derselben Instanz ähnliche Datenabfragen gestartet werden. Dadurch wird die Wahrscheinlichkeit erhöht, daß die Daten im Puffer warten.

Es ist möglich, eine parallele Oracle-Abfrage auf einem Oracle Parallel Server-System auszuführen. In diesem Fall teilt das MPP-System die Unterabfragen gleichmäßig auf die Knoten auf, und der Parallelitäts-Manager koordiniert den Empfang der Daten von jeder Unterabfrage. Selbstverständlich wird eine solche Parallelabfrage schneller ausgeführt als eine parallele Abfrage auf einem SMP-Rechner, denn der MPP-Rechner besitzt isolierte Puffer-Pools. In einem SMP-System lesen die konkurrierenden Abfragen ihre Daten in einen gemeinsamen Puffer-Pool ein.

Die parallele Verarbeitung eignet sich ideal für Oracle Data Warehouses. Warehouse-Anfragen beinhalten meist irgendeine Form von Aggregation (Summe, Durchschnittsberechnung etc.) und erfordern zudem ein vollständiges Durchsuchen von Tabellen. Gerade für solche Abfragen kann die Ausführungszeit dank der parallelen Verarbeitung drastisch reduziert werden.

Die *Parallel Query*-Option verhält sich immer gleich, und zwar unabhängig davon, ob die *Parallel Server*-Option installiert wurde. Weitere Erläuterungen hierzu erhalten Sie im Abschnitt *Parallele Abfragen in Oracle* später in diesem Kapitel.

Tuning des parallelen Servers

Damit Sie die Fähigkeiten des Oracle Parallel Servers richtig zu schätzen wissen, sollten wir nun zwei Typen des Parallelismus besprechen: den *internen* und den *externen Parallelismus*:

■ *Interner Parallelismus* – Für eine SQL-Anfrage werden gleichzeitig auszuführende Prozesse ausgelöst.

■ *Externer Parallelismus* – Das Betriebssystem bearbeitet die Abfrage parallel.

Oracle empfiehlt für Data Warehouse-Anwendungen den Einsatz von OPS, wenn die Hardware in Cluster aufgeteilt oder in einer MPP-Umgebung angeordnet ist. Für SMP können parallele Abfragen verwendet werden, doch werden bei SMP-Systemen die Daten generell über Nacht in Oracle geladen, und während des Tages ist das Warehouse schreibgeschützt.

Das Tuning eines Oracle-Warehouse auf einer einzelnen Instanz verläuft ganz anders als das Tuning eines Warehouse, das mehreren Server zugeordnet wurde. Um diesen Unterschied richtig zu verstehen, müssen Sie den Unterschied zwischen den beiden Parallelismusverfahren verstehen.

In einem Warehouse, das einer einzigen Oracle-Instanz zugeordnet ist, tendieren die DBAs dazu, nach den scheinbar aktivsten Ressourcen zu suchen. Der Grund dafür kann eine „hot" (stark frequentierte)-Datendatei auf einer Festplatte, extremes Paging auf dem Puffer-Cache oder eine Vielzahl anderer Faktoren sein. Wie bereits erörtert, gibt es in einer parallelen Server-Konfiguration mehrere unabhängige Oracle-Instanzen, die dieselbe Datenbank teilen.

Die *shared-nothing-Konfiguration* können Sie sich im Prinzip wie viele unabhängige Oracle-Instanzen vorstellen, von denen jede wie eine unabhängige Instanz getuned werden muß. Auf jeden Fall dürfen Sie nicht vergessen, daß die verschiedenen Oracle-Instanzen um dieselben Datenressourcen kämpfen. Dieser Wettbewerb wird vom DLM direkt gemessen.

Ein OPS erreicht nur dann einen hohen Grad an Parallelismus, wenn die Tasks auf jeder Instanz durch eine sorgfältige Planung so partitioniert wurden, daß nie zwei Instanzen ständig um Datenressourcen kämpfen. Wenn Sie feststellen, daß zwei Oracle-Instanzen oft auf dieselben Datenblöcke zugreifen, so besteht die erste Lösung darin, gemeinsame Tasks in dieselbe Instanz zu verlagern, wo sie denselben Puffer-Cache teilen und DLM-Aufrufe eliminieren.

Beim Tuning eines Parallel Servers müssen vor allem Konflikte durch eine DLM-Sperre vermieden werden. Es sollte Ihr Ziel sein, jede Oracle-Instanz für sich zu tunen und gewissenhaft zu beobachten, wie diese Instanzen Sperren zwischen Knoten untereinander verwalten. Wird ein DLM-Sperrenkonflikt festgestellt, so haben Sie viele Möglichkeiten: Sie können die Anwendung neu partitionieren, um bestimmte Tasks in andere Instanzen zu verlagern, mehrere Freispeicher-Listen in viel beanspruchte Blöcke einfügen oder Tabellenreplizierungstechniken einsetzen, um den E/A-Konflikt abzuschwächen.

Die folgende Vorgehensweise für das Tunen eines parallelen Warehouse-Servers ist sehr einfach:

- *Überwachen Sie die Statusinformationen jeder Oracle-Instanz einzeln* - Das Ziel sollte sein, die physikalische E/A so niedrig wie möglich zu halten, indem Sie den Puffer-Cache tunen und Eingaben für einen übergreifenden Lastverteilungsplan bereitstellen. Wenn Sie beispielsweise feststellen, daß eine Instanz im Vergleich zu anderen Instanzen überlastet ist, sollten Sie die Partitionierung der Tasks betrachten und die Last ausgleichen, indem Sie einige Tasks in andere Instanzen verlagern.

- *Überwachen Sie den Puffer-Cache jeder Instanz, und suchen Sie dort nach gemeinsamen Datenblöcken* - Wenn derselbe Datenblock in mehreren Puffer-Caches vorkommt, sollten Sie einen der Tasks in eine gemeinsame Oracle-Instanz verlagern. Denken Sie daran: Beim Tuning des OPS werden gemeinsame Tasks gemeinsamen Instanzen zugeordnet.

- *Prüfen Sie, ob es mehrere Tasks gibt, die Zeilen im gleichen Block verändern können* - Wenn mehrere Tasks um die Aktualisierung von Zeilen im gleichen Block „kämpfen", kann möglicherweise durch das Hinzufügen von Freispeicherlisten oder Gruppen aus der Freispeicherliste Abhilfe geschaffen werden.

- *Prüfen Sie den DLM auf Sperrkonvertierungen* - Wurde die maximale Sperrkonvertierung Ihres DLM erreicht, müssen Sie die Anwendung neu partitionieren und „ähnliche" Transaktionen in gemeinsame Instanzen verlagern.

Es ist offensichtlich, daß die der parallelen Verarbeitung eigene Komplexität die Festlegung generischer Tuning-Verfahren sehr schwer macht. Jedes parallele System ist einzigartig, und der Oracle-Spezialist muß jedes System gewissenhaft analysieren, und die Struktur und das Verhalten eines jeden Systems in Betracht ziehen.

Parallele Abfragen in Oracle

Eine der aufregendsten Performance-Merkmale ab Oracle Version 7.3 ist die Fähigkeit, eine SQL-Abfrage in mehrere Unterabfragen aufzuteilen und jeder Unterabfrage einen anderen Prozessor zuzuteilen, damit alle Unterabfragen gleichzeitig ausgeführt werden können. An dieser Stelle sind parallele Abfragen nur sinnvoll, wenn „lange" Tabellen vollständig durchsucht werden können, doch können die Performance-Verbesserungen dramatisch sein.

Die beste Wirkung erzielen Sie, wenn die Tabellen auf verschiedene Platten partitioniert werden, so daß jeder Prozeß in seinem Tabellensegment eine E/A durchführen kann, ohne daß die anderen simultanen Abfrageprozesse davon beeinträchtigt werden. Die Client/Server-Umgebung der neunziger Jahre verläßt sich dabei jedoch auf RAID oder einen logischen Volume-Manager (LVM), der Datendateien auf Plattenpakete verlagert, um somit die E/A-Last auszugleichen. Folglich wird eine Tabelle bei vollständiger Anwendung der parallelen Abfrage über mehrere Datendateien verteilt, und zwar jede auf ein anderes Plattengerät.

Paralleles CREATE TABLE AS SELECT

Paralleles *CREATE TABLE AS SELECT* (PCTAS) kann in einer Oracle-Data Warehouse-Umgebung, in der Tabellen über zahlreiche Server repliziert werden oder bei einer vorbereitenden kumulierenden Aggregation in einem Oracle-Warehouse sehr praktisch sein. PCTAS ist auch für kumulierende Aktivitäten in einem Oracle-Warehouse sehr praktisch. Sie könnten die Anzahl paralleler Prozesse für die Berechnung der monatlichen Zusammenfassungswerte in der Faktentabelle angeben. Im folgenden Beispiel werden fünf Prozesse zugewiesen, um die Blöcke in einer *CUSTOMER*-Tabelle zu lesen:

```
CREATE TABLE REGION_SALESPERSON_SUMMARY_03_97
PARALLEL (degree 5)
AS
SELECT region, salesperson, sum(sale_amount)
FROM FACT
WHERE
    month = 3
AND
    year = 1997;
```

Hier werden für die Extrahierung der Daten aus der Faktentabelle fünf Abfrage-Server verwendet und fünf weitere Abfrage-Server für das Auffüllen der neuen Zusammenfassungstabelle *(siehe Abbildung 10.17)*.

Auch hier sollten Sie daran denken, daß keine SMP- oder MPP-Hardware notwendig ist, um die Vorteile der parallelen Abfrage nutzen zu können. Sogar ein Unix-System mit nur einem Prozessor wird von der Verwendung paralleler Prozesse profitieren, selbst wenn alle Prozesse auf derselben CPU ausgeführt werden.

Da wir die Oracle Parallel Server-Operationen jetzt verstehen, sollten wir uns anschauen, wie allgemeine Oracle8-Operationen parallel ausgeführt werden können.

Auch hier sollten Sie daran denken, daß keine SMP- oder MPP-Hardware notwendig ist, um die Vorteile der parallelen Abfrage nutzen zu können. Sogar ein Unix-System mit nur einem Prozessor wird von der Verwendung paralleler Prozesse profitieren, selbst wenn alle Prozesse auf derselben CPU ausgeführt werden.

Da wir die Oracle Parallel Server-Operationen jetzt verstehen, sollten wir uns anschauen, wie allgemeine Oracle8-Operationen parallel ausgeführt werden können.

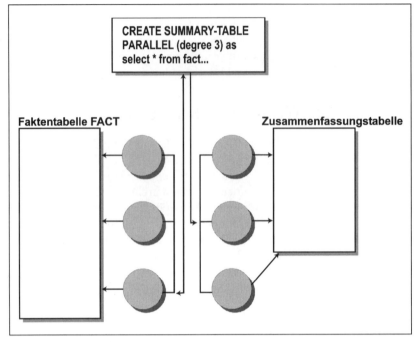

Parallele Indexerstellung

Für Oracle-Datenbankadministratoren ist die parallele Indexerstellung oft praktisch, wenn Indizes neu generiert werden müssen, die entweder zu viele Ebenen erzeugt haben oder zu viele gelöschte Blattzeilen enthalten. Die parallele Indexerstellung ist zudem beim Importieren von Data Warehouse-Tabellen hilfreich. Da Data Warehouses so umfangreich sind, werden in Oracle beim Exportieren nur die Zeilenwerte und keine Indizes exportiert. Wenn eine Tabelle wiederhergestellt werden muß, kann der Oracle-DBA mit Hilfe eines parallelen *CREATE INDEX*-Befehls die Neuerstellung des Index beschleunigen. Die parallele Indexerstellung findet in dem Grad an Parallelismus statt, der in der *ALTER INDEX*-Anweisung festgelegt wird. Zum Beispiel:

```
ALTER INDEX customer_pk
REBUILD PARALLEL 10;
```

Da diese Art der Indexerstellung immer das Lesen der alten Indexstruktur und die Verarbeitung einer umfangreichen Sortierung einbezieht, kann Oracle zahlreiche unabhängige Prozesse übergeben, um gleichzeitig den Basisindex zu lesen und die Schlüssel für die neue Indexstruktur zu sammeln. Wie auch bei einer parallelen Abfrage liefert jeder Unterabfrage-Task eine Zeilen-ID und Schlüsselwerte an den Parallelitäts-Manager. Der Parallelitäts-Manager sammelt diese Information für die Eingabe während der Schlüsselsortierungsphase beim Generieren des Index. Bei sehr großen Data Warehouse-Tabellen kann die parallele Indexerstellung die Dauer für das Neuerstellen oder Wiedergenerieren eines Index erheblich reduzieren.

Einige Oracle-Spezialisten meinen fälschlicherweise, daß ihre parallelen Prozessoren (SMP oder MPP) Voraussetzung für eine Nutzung der parallelen Verarbeitung sind. Aber selbst auf einem einzigen Prozessor können mehrere Prozesse verwendet werden, um die Dauer der Abfragen zu beschleunigen. Die *Parallel Query*-Option kann zusammen mit jedem SQL-*SELECT* verwendet werden – die einzige Einschränkung ist, daß die Abfrage die gesamte Zieltabelle durchsucht.

Selbst wenn Ihr System RAID oder LVM verwendet, lassen sich durch parallele Abfragen Performance-Gewinne erzielen. Der Abfrage-Manager wird für das Abrufen einer Tabelle nicht nur mehrere Prozesse verwenden, sondern auch zahlreiche Prozesse bereitstellen, um die Ergebnismengen einer umfangreichen Abfrage gleichzeitig zu sortieren *(siehe Abbildung 10.18)*.

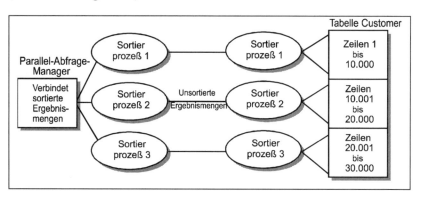

Abb. 10.18: Beispiel für eine parallele Sortierung

Dennoch funktioniert eine parallele Abfrage am besten mit SMP-Rechnern, die mehrere interne CPUs besitzen. Es ist auch wichtig, das System so zu konfigurieren, daß die E/A-Bandbreite möglichst groß ist, entweder durch Platten-Striping oder Hochgeschwindigkeitskanäle. Wegen der parallelen Sortierung ist es auch gut, den Arbeitsspeicher des Prozessors aufzurüsten.

Während das Sortieren kein Ersatz für die Verwendung eines vorsortierten Index ist, wird der parallele Abfrage-Manager Anfragen schneller bedienen als ein einzelner Prozeß. Der Abruf der Daten wird nicht sehr viel schneller erfolgen, da die Abrufprozesse um einen Kanal auf derselben Festplatte kämpfen; dennoch hat jeder Prozeß seinen eigenen Sortierbereich (wie im Parameter *sort_area_size* in der Datei init<*SID*>.ora angegeben), wodurch die Sortierung der Ergebnismenge beschleunigt wird.

Die *Parallel Query*-Option verwendet parallele Prozesse nicht nur für das vollständige Durchsuchen von Tabellen und für das Sortieren, sondern auch für Misch-*JOINs* und verschachtelte Schleifen.

Damit die *Parallel Query*-Option aufgerufen werden kann, müssen alle Indizierungsvorgänge übergangen werden. Und was am wichtigsten ist: In der Abfrage sollte ein vollständiges Durchsuchen der Tabellen festgelegt werden. Wenn die Ausgabe des *EXPLAIN PLAN* keine vollständige Tabellendurchsuchung bezeichnet, kann die Abfrage mit Hilfe von Abfragehinweisen gezwungen werden, den Index zu ignorieren.

Die Anzahl der für eine SQL-Anfrage freigestellten Prozessoren wird letztlich durch den Oracle-Abfrage-Manager bestimmt, doch kann der Programmierer das obere Limit für die Anzahl simultaner Prozesse festlegen. Wenn Sie mit dem statistikorientierten Optimizer arbeiten, kann der Hinweis *PARALLEL* in den SQL-Code eingebettet werden, um die Anzahl der Prozesse festzulegen. Zum Beispiel:

```
SELECT /*+ FULL(EMPLOYEE_TABLE) PARALLEL(EMPLOYEE_TABLE, 4) */
    employee_name
    FROM
    EMPLOYEE_TABLE
    WHERE
    emp_type = 'SALARIED';
```

Wenn Sie SMP mit vielen CPUs verwenden, können Sie eine parallele Anfrage ausgeben, bei der die Oracle-Instanz die Standardeinstellung für den Parallelismusgrad verwendet:

```
SELECT /*+ FULL(EMPLOYEE_TABLE) PARALLEL(EMPLOYEE_TABLE,
    DEFAULT, DEFAULT) */
    employee_name
    FROM
    EMPLOYEE_TABLE
    WHERE
    emp_type = 'SALARIED';
```

Die nachfolgenden wichtigen *init<SID>.ora*-Parameter haben einen direkten Einfluß auf die parallele Abfrage:

- *sort_area_size* – Je höher der Wert, desto mehr Speicher ist für eine individuelle Sortierung auf jedem parallelen Prozeß verfügbar. Beachten Sie, daß der Parameter *sort_area_size* jeder Abfrage im System, die eine Sortierung auslöst, Speicher zuteilt. Wenn etwa eine einzelne Abfrage Speicher benötigt und Sie den Wert *sort_area_size* erhöhen, werden alle Oracle-Tasks mit diesem vergrößerten Speicherbereich arbeiten, selbst wenn sie gar nicht so viel Speicher benötigen.

- *parallel_min_servers* – Die Anzahl von Servern, die mindestens auf einer Instanz aktiv sind. Zum Starten eines Abfrage-Servers werden Systemressourcen benötigt. Wenn daher der Abfrage-Server bereits gestartet ist und auf Anfragen wartet, wird die Verarbeitung dadurch ebenfalls beschleunigt. Beachten Sie, daß die tatsächliche Anzahl erforderlicher Server unter dem Wert für *parallel_min_servers* liegt, denn da die Leerlauf-Server unnötig Ressourcen verbrauchen, sollte der Wert herabgesetzt werden.

■ *parallel_max_servers* – Die maximale Anzahl an Abfrage-Servern auf einer Instanz. Dieser Parameter wird verhindern, daß Oracle zu viele Abfrage-Server startet, um sie alle richtig bedienen zu können.

Um festzustellen, wie viele Abfrage-Server zu einem bestimmten Zeitpunkt beschäftigt sind, können Sie in der Tabelle *V$PQ_SYSSTAT* die folgende Abfrage durchführen:

```
SELECT * FROM V$PQ_SYSSTAT
WHERE STATISTIC = 'Servers Busy';

STATISTIC                VALUE

Servers Busy             30
```

In diesem Fall sehen Sie, daß gerade 30 parallele Server in Betrieb sind. Lassen Sie sich von dieser Zahl nicht irreführen. Parallele Abfrage-Server akzeptieren ständig Aufgaben oder kehren in den Leerlaufstatus zurück. Sie sollten diese Abfrage daher innerhalb von einer Stunde mehrmals ausgeben. Nur so erhalten Sie ein realistisches Maß über die Anzahl der verwendeten parallelen Abfrage-Server.

Damit schließt unsere Diskussion über parallele Operationen in Oracle8.

Zusammenfassung

Da wir nun gesehen haben, wie Oracle8-Data-Warehouse-Anwendungen in einer Client/Server-Umgebung funktionieren, können wir uns mit den Netzwerkfähigkeiten von Oracle befassen und damit, wie sich die Performance von Oracle-Servern überwachen läßt.

Anwendungs-überwachung in Oracle

Da Oracle die weltweit führende relationale Datenbank darstellt, bieten viele Hersteller Werkzeuge an, die für sich beanspruchen, Oracle zu überwachen und die DBAs bei Performance-Problemen zu warnen. Selbst Oracle hat mit seinem Werkzeug Oracle Expert erstmals 1996 den Markt für Überwachungsprogramme betreten. Diese Werkzeuge lassen sich in zwei große Kategorien einteilen: *Proaktive Werkzeuge*, die eine Datenbank „ex ante" überwachen und nach Problemen suchen, bevor der Anwender davon betroffen ist, und *reaktive Werkzeuge*, die ein Problem „ex post" analysieren, nachdem sie davon unterrichtet wurden.

Proaktive und reaktive Meßsysteme

Wenn Sie nach einem Überwachungsprogramm für Ihre Server suchen, müssen Sie sich zuerst entscheiden, ob Sie ein proaktives oder ein reaktives System einsetzen wollen. Es wäre unfair, eine der beiden Methoden als besser oder schlechter zu beurteilen, da jede ihre Berechtigung bei der Oracle-Überwachung hat.

Die erste Kategorie, die *proaktiven Überwachungssysteme*, bestehen aus Werkzeugen, die eine Datenbank kontinuierlich überwachen und bei ungewöhnlichen Bedingungen *Warnsignale* ausgeben. Diese Werkzeuge gestatten einem Entwickler, vorher die Schwellwerte selbst zu definieren. Wird ein Schwellwert überschritten, so wird ein Warnsignal ausgelöst. Warnsignale können in ganz unterschiedlicher Form ausgegeben werden: als Bericht, als Telefonanruf oder als Pager-Benachrichtigung. Einige der ausgereifteren Werkzeuge, wie etwa Patrol von BMC, gestatten es dem Entwickler, korrektive Maßnahmen direkt in die Regelbasis zu programmieren, so daß im Falle eines Warnsignals automatisch die entsprechende korrektive Maßnahme eingeleitet wird. Angenommen, der nächste Extent einer Tabelle liegt bei 10 MByte, doch im Tablespace sind nur noch 8 MByte frei, so kann ein Warnsignal die nächste Extent-Größe erst einmal auf 5 MByte setzen und den DBA auf den Zustand hinweisen. Dank dieser automatischen Maßnahme gewinnt der DBA wertvolle Zeit, so daß er das Problem untersuchen kann, bevor das System angehalten wird.

Im Vergleich dazu ist AdHawk von Eventus Software ein Beispiel für ein reaktives, vergangenheitsorientiertes Werkzeug. AdHawk ermöglicht es dem DBA, Datenbanksperren und SQL in grafischer Form anzuzeigen, so daß sich die Ursache eines bestimmten Performance-Problems schnell ermitteln läßt. Ein solches Werkzeug eignet sich insbesondere in Situationen, in denen nur wenige Anwender von der schwachen Performance betroffen sind, während andere Anwendungen in der Datenbank ungestört weiterarbeiten können. *Tabelle 11.1* bietet einen Überblick über verschiedene, auf dem Markt verfügbare Überwachungswerkzeuge:

Tab. 11.1:	WERKZEUG	HERSTELLER
Repräsentative Oracle-Überwachungs-werkzeuge	DBAnalyzer	Database Solutions
	iVIEW Performance Logger	Independence Technologies
	Patrol	BMC Software
	EcoTOOLS	Compuware
	DBVision	Platinum Technology
	AdHawk	Eventus Software
	R*SQLab	R*Tech Systems

Im vorliegenden Kapitel werden beide Überwachungsverfahren eingehend erläutert. Zur Erinnerung: Ein proaktives System ist ein System, das aufgrund statistischer Informationen *Vorhersagen* macht und selbst feststellt, wann ein Eingreifen notwendig wird, um ein Performance-Problem zu verhindern. Ein reaktives System hingegen wird erst *nach* dem Auftreten von Performance-Problemen eingesetzt. Beide Verfahren liefern ausführliche Informationen über den aktuellen Status einer Oracle-Instanz und erlauben es dem DBA, ein Problem schnell – und hoffentlich korrekt – zu erkennen. Während auf dem Markt viele reaktive Werkzeuge zur Verfügung stehen, gibt es nur wenige Werkzeuge, die den Oracle-Ressourcenverbrauch proaktiv über einen bestimmten Zeitraum hinweg überwachen.

Der nachfolgende Abschnitt erläutert, wie mit Hilfe vorhandener Dienstprogramme in Oracle8 eine einfache und doch robuste proaktive Oracle-Überwachung erstellt werden kann.

Ein proaktives Oracle-gestütztes Überwachungssystem

Lassen Sie uns nun ein Expertensystem entwerfen, das die Oracle-Performance über einen bestimmten Zeitraum überwacht. Bevor Sie damit beginnen, sollten Sie sich zu den folgenden Themen Gedanken machen:

■ Welche Daten wollen Sie sammeln, wie wollen Sie sie sammeln und wie sollen diese Daten angezeigt werden?

■ Wie werden Sie ein zentrales Repository für die Performance-Informationen anlegen?

- Wie kann man auf die zentrale Performance-Datenbank zugreifen?

- Wie werden Sie die Fehlerprotokollierung automatisieren?

Wie Sie wohl schon wissen, haben die *V$*-Tabellen für die Performance-Überwachung nur einen eingeschränkten Wert, da sie während der gesamten Zeit, während der eine Oracle-Instanz ausgeführt wurde, statistische Auswertungen vornehmen. Sie können statt dessen aber den vorhandenen Statistikbericht so abändern, daß er Informationen sammelt und in einer Datenbank speichert, die Sie speziell für diesen Zweck anlegen. Wenn Sie erst einmal die Daten auf Ihrem lokalen Host-Rechner gesammelt haben, können Sie die Performance- und Tuning-Daten in eine eigene Datenbank transferieren. Diese Datenbank wird die Grundlage für die Erstellung eines automatisierten Fehlerprotokollierungs- und Warnsystems sein. Nachdem die Anforderungen an Ihr Oracle-Überwachungssystem bestimmt worden sind, sind Sie soweit, daß Sie mit dem Sammeln der für diese Anforderungen relevanten Performance-Statistikwerte beginnen können.

Sammeln der Oracle-Performance-Statistikwerte

Die schnellste und einfachste Art, den Status einer Datenbank zu überprüfen, ist eine Befragung der *V$*-Tabellen. Diese Methode liefert zwar nur ein grobes Maß für den Gesamtzustand der Datenbank, sollte aber dennoch das erste Hilfsmittel sein, das Sie zu Rate ziehen. Erinnern Sie sich daran, daß es sich bei den *V$*-Tabellen nicht wirklich um Tabellen handelt, sondern um Strukturen innerhalb des Arbeitsspeichers, in denen seit dem Start von Oracle angesammelte Statistikwerte zu finden sind. Diese *V$*-Information wird zur Berechnung langfristiger Durchschnittswerte herangezogen und kann auch dann sehr nützlich sein, wenn Sie Ihre Oracle-Datenbank häufig stoppen und neu starten. Angenommen, Sie schalten Ihre Datenbank über Nacht ab, so kann die *V$*-Information eine Gesamtübersicht und die Durchschnittswerte des vergangenen Tages bieten. Wenn Sie jedoch Ihre Oracle-Datenbank nur einmal im Monat stoppen, so ist der von den *V$*-Tabellen bereitgestellte Monatsdurchschnitt vermutlich nicht sehr aussagekräftig. Das Skript in *Listing 11.1* ist eine Zusammenstellung der nützlichsten *V$*-Skripts:

Listing 11.1:
snapshot.sql – ein vollständiger Snapshot der V$-Tabellen

```
REM    Remember, you must first run $ORACLE_HOME/rdbms/admin/catblock.sql
REM    before this script will work. . .
SET LINESIZE 75;
SET PAGESIZE 9999;
SET PAUSE OFF;
SET ECHO OFF;
SET TERMOUT ON;
SET SHOWMODE OFF;
SET FEEDBACK OFF;
```

```
SET NEWPAGE 1;
SET VERIFY OFF;


SPOOL /tmp/snap


PROMPT ************************************************************
PROMPT  Hit Ratio Section
PROMPT ************************************************************
PROMPT
PROMPT         ==========================
PROMPT         BUFFER HIT RATIO
PROMPT         ==========================
PROMPT (SHOULD BE > 70, ELSE INCREASE db_block_buffers IN init.ora)

—SELECT trunc((1-(sum(decode(name,'physical reads',value,0))/
—                (sum(decode(name,'db block gets',value,0))+
—                (sum(decode(name,'consistent gets',value,0)))))
—           )* 100) "Buffer Hit Ratio"
—FROM V$SYSSTAT;



COLUMN "logical_reads" FORMAT 99,999,999,999
COLUMN "phys_reads"    FORMAT 999,999,999
COLUMN "phy_writes"    FORMAT 999,999,999
SELECT A.value + B.value  "logical_reads",
       C.value            "phys_reads",
       D.value            "phy_writes",
       round(100 * ((A.value+B.value)-C.value) / (A.value+B.value))
         "BUFFER HIT RATIO"
FROM V$SYSSTAT A, V$SYSSTAT B, V$SYSSTAT C, V$SYSSTAT D
WHERE
   A.statistic# = 37
AND
   B.statistic# = 38
AND
   C.statistic# = 39
AND
   D.statistic# = 40;


PROMPT
PROMPT
PROMPT         ==========================
PROMPT         DATA DICT HIT RATIO
PROMPT         ==========================
PROMPT (SHOULD BE HIGHER THAN 90 ELSE INCREASE shared_pool_size
PROMPT IN init.ora)
PROMPT
```

```
COLUMN "Data Dict. Gets"            FORMAT 999,999,999
COLUMN "Data Dict. cache misses"    FORMAT 999,999,999
SELECT sum(gets) "Data Dict. Gets",
       sum(getmisses) "Data Dict. cache misses",
       trunc((1-(sum(getmisses)/sum(gets)))*100)
       "DATA DICT CACHE HIT RATIO"
FROM V$ROWCACHE;


PROMPT
PROMPT            ==========================
PROMPT            LIBRARY CACHE MISS RATIO
PROMPT            ==========================
PROMPT (IF > 1 THEN INCREASE THE shared_pool_size IN init.ora)
PROMPT
COLUMN "LIBRARY CACHE MISS RATIO"       FORMAT 99.9999
COLUMN "executions"                     FORMAT 999,999,999
COLUMN "Cache misses while executing"   FORMAT 999,999,999
SELECT sum(pins) "executions", sum(reloads)
       "Cache misses while executing",
       (((sum(reloads)/sum(pins)))) "LIBRARY CACHE MISS RATIO"
FROM V$LIBRARYCACHE;


PROMPT
PROMPT            ==========================
PROMPT            LIBRARY CACHE SECTION
PROMPT            ==========================
PROMPT HIT RATIO SHOULD BE > 70, AND PIN RATIO > 70
PROMPT
COLUMN "reloads" FORMAT 999,999,999
SELECT NAMESPACE, trunc(gethitratio * 100) "Hit ratio",
       trunc(pinhitratio * 100) "pin hit ratio", reloads "reloads"
FROM V$LIBRARYCACHE;
PROMPT
PROMPT            ==========================
PROMPT            REDO LOG BUFFER
PROMPT            ==========================
PROMPT (SHOULD BE NEAR 0, ELSE INCREASE SIZE OF LOG_BUFFER IN init.ora)
PROMPT
SET HEADING OFF
COLUMN VALUE FORMAT 999,999,999
SELECT substr(name,1,30),
       value
FROM V$SYSSTAT WHERE NAME = 'redo log space requests';


SET HEADING ON
PROMPT
```

```
PROMPT
PROMPT ************************************************************
PROMPT Free memory should be > 1,000
PROMPT ************************************************************
PROMPT


COLUMN BYTES FORMAT 999,999,999
SELECT NAME, BYTES FROM V$SGASTAT WHERE NAME = 'free memory';


PROMPT
PROMPT ************************************************************
PROMPT   SQL SUMMARY SECTION
PROMPT ************************************************************
PROMPT
COLUMN "Tot SQL run since startup"    FORMAT 999,999,999
COLUMN "SQL executing now"            FORMAT 999,999,999
SELECT sum(executions) "Tot SQL run since startup",
       sum(users_executing) "SQL executing now"
FROM V$SQLAREA;


PROMPT
PROMPT
PROMPT ************************************************************
PROMPT   Lock Section
PROMPT ************************************************************
PROMPT
PROMPT          =========================
PROMPT          SYSTEMWIDE LOCKS - all requests for locks or latches
PROMPT          =========================
PROMPT
SELECT substr(username,1,12)  "User",
       substr(lock_type,1,18) "Lock Type",
       substr(mode_held,1,18) "Mode Held"
FROM SYS.dba_locks A, V$SESSION B
WHERE lock_type NOT IN ('Media Recovery','Redo Thread')
AND A.session_id = B.sid;


PROMPT
PROMPT          =========================
PROMPT          DDL LOCKS - These are usually triggers or other DDL
PROMPT          =========================
PROMPT
SELECT substr(username,1,12) "User",
       substr(owner,1,8)  "Owner",
       substr(name,1,15)  "Name",
       substr(A.type,1,20)  "Type",
       substr(mode_held,1,11) "Mode held"
```

```
FROM SYS.dba_ddl_locks A, V$SESSION B
WHERE A.session_id = B.sid;


PROMPT
PROMPT           =========================
PROMPT           DML LOCKS - These are table and row locks...
PROMPT           =========================
PROMPT
SELECT substr(username,1,12) "User",
       substr(owner,1,8) "Owner",
       substr(name,1,20)  "Name",
       substr(mode_held,1,21) "Mode held"
FROM SYS.dba_dml_locks A, V$SESSION B
WHERE A.session_id = B.sid;


PROMPT
PROMPT
PROMPT ************************************************************
PROMPT   LATCH SECTION
PROMPT ************************************************************
PROMPT If miss_ratio or IMMEDIATE_MISS_RATIO > 1 then  latch
PROMPT Contention exists, decrease LOG_SMALL_ENTRY_MAX_SIZE IN init.ora
PROMPT
COLUMN "miss_ratio"           FORMAT .99
COLUMN "immediate_miss_ratio" FORMAT .99
SELECT substr(L.name,1,30) name,
       (misses/(gets+.001))*100 "miss_ratio",
       (immediate_misses/(immediate_gets+.001))*100
       "immediate_miss_ratio"
FROM V$LATCH L, V$LATCHNAME LN
WHERE L.latch# = LN.latch#
AND (
(misses/(gets+.001))*100 > .2
OR
(immediate_misses/(immediate_gets+.001))*100 > .2
)
ORDER BY L.name;


PROMPT
PROMPT
PROMPT ************************************************************
PROMPT   ROLLBACK SEGMENT SECTION
PROMPT ************************************************************
PROMPT If any count below is > 1% of the total number of requests
PROMPT for data then more rollback segments are needed
PROMPT If free list > 1% then increase freelist in init.ora
```

```
SELECT CLASS, COUNT
FROM V$WAITSTAT
WHERE CLASS IN ('free list','system undo header','system undo block',
               'undo header','undo block')
GROUP BY CLASS,COUNT;


COLUMN "Tot # of Requests for Data" FORMAT 999,999,999
SELECT sum(value) "Tot # of Requests for Data" FROM V$SYSSTAT
WHERE
NAME IN ('db block gets', 'consistent gets');


PROMPT
PROMPT          ============================
PROMPT          ROLLBACK SEGMENT CONTENTION
PROMPT          ============================
PROMPT
PROMPT  If any ratio is > .01 then more rollback segments are needed


COLUMN "Ratio" FORMAT 99.99999
SELECT NAME, WAITS, GETS, waits/gets "Ratio"
FROM V$ROLLSTAT A, V$ROLLNAME B
WHERE A.usn = B.usn;
COLUMN "total_waits"    FORMAT 999,999,999
COLUMN "total_timeouts"  FORMAT 999,999,999
PROMPT
PROMPT
SET FEEDBACK ON;
PROMPT ********************************************************
PROMPT  SESSION EVENT SECTION
PROMPT ********************************************************
PROMPT IF average_wait > 0 THEN CONTENTION EXISTS
PROMPT
SELECT substr(event,1,30) event,
       total_waits, total_timeouts, average_wait
FROM V$SESSION_EVENT
WHERE average_wait > 0 ;
—OR total_timeouts > 0;


PROMPT
PROMPT
PROMPT ********************************************************
PROMPT QUEUE SECTION
PROMPT ********************************************************
PROMPT Average wait for queues should be near zero ...
PROMPT
COLUMN "totalq"   FORMAT 999,999,999
COLUMN "# queued" FORMAT 999,999,999
```

```
SELECT paddr, type "Queue type", queued "# queued", wait, totalq,
       decode(totalq,0,0,wait/totalq) "AVG WAIT" FROM V$QUEUE;


SET FEEDBACK ON;
PROMPT
PROMPT
PROMPT ************************************************************
PROMPT  MULTITHREADED SERVER SECTION
PROMPT ************************************************************
PROMPT
PROMPT    If the following number is > 1
PROMPT    Then increase MTS_MAX_SERVERS parm in init.ora
PROMPT
SELECT decode( totalq, 0, 'No Requests',
               wait/totalq || ' hundredths of seconds')
               "Avg wait per request queue"
FROM V$QUEUE
WHERE TYPE = 'COMMON';


PROMPT
PROMPT If the following number increases, consider adding
PROMPT dispatcher processes
PROMPT
SELECT decode ( sum(totalq), 0, 'No Responses',
               sum(wait)/sum(totalq) || ' hundredths of seconds')
               "Avg wait per response queue"
FROM V$QUEUE Q, V$DISPATCHER D
WHERE Q.type = 'DISPATCHER'
AND Q.paddr = D.paddr;
SET FEEDBACK OFF;
PROMPT
PROMPT
PROMPT           =========================
PROMPT             DISPATCHER USAGE
PROMPT           =========================
PROMPT (If Time Busy > 50, then change MTS_MAX_DISPATCHERS in init.ora)
COLUMN "Time Busy" FORMAT 999,999.999
COLUMN busy        FORMAT 999,999,999
COLUMN idle        FORMAT 999,999,999
SELECT name, status, idle, busy,
       (busy/(busy+idle))*100 "Time Busy"
FROM V$DISPATCHER;


PROMPT
PROMPT
SELECT count(*) "Shared Server Processes"
FROM V$SHARED_SERVER
```

```
WHERE STATUS = 'QUIT';

PROMPT
PROMPT
PROMPT High-water mark for the multithreaded server
PROMPT

SELECT * FROM V$MTS;

PROMPT
PROMPT ******************************************************************
PROMPT File I/O should be evenly distributed across drives.
PROMPT

SELECT
        substr(a.file#,1,2) "#",
        substr(a.name,1,30) "Name",
        A.status,
        A.bytes,
        B.phyrds,
        B.phywrts
FROM V$DATAFILE A, V$FILESTAT B
WHERE A.file# = B.file#;

SELECT substr(name,1,55) system_statistic, VALUE
FROM V$SYSSTAT
ORDER BY name;
SPOOL OFF;
```

In *Listing 11.2* sehen Sie die Ausgabe des Snapshot-Skripts:

| **Listing 11.2:** Die Ausgabe von *snapshot.sql* | ```
SQL> @snapshot

******************************************************************
Hit Ratio Section
******************************************************************


=========================
BUFFER HIT RATIO
=========================
(SHOULD BE > 70, ELSE INCREASE db_block_buffers IN init.ora)

logical_reads   phys_reads    phy_writes    BUFFER HIT RATIO
————          ————         ————

46,961,377      2,194,393     154,145                    95


=========================
``` |
```

```
DATA DICT HIT RATIO
==========================
(SHOULD BE HIGHER THAN 90 ELSE INCREASE shared_pool_size IN init.ora)


 Data Dict. Gets  Data Dict. cache misses  DATA DICT CACHE HIT RATIO
 _____           _____             _____

 380,780             13,797                          96


==========================
LIBRARY CACHE MISS RATIO
==========================
(IF > 1 THEN INCREASE THE shared_pool_size IN init.ora)


 executions  Cache misses while executing  LIBRARY CACHE MISS RATIO
 _____      _____                  _____

 380,971         2,437                             .0064


==========================
LIBRARY CACHE SECTION
==========================
HIT RATIO SHOULD BE > 70, AND PIN RATIO > 70 ...
```

NAMESPACE	Hit ratio	pin hit ratio	reloads
SQL AREA	95	97	1,253
TABLE/PROCEDURE	88	93	1,174
BODY	98	97	10
TRIGGER	50	50	0
INDEX	3	31	0
CLUSTER	44	33	0
OBJECT	100	100	0
PIPE	100	100	0

```
==========================
REDO LOG BUFFER
==========================
(SHOULD BE NEAR 0, ELSE INCREASE SIZE OF LOG_BUFFER IN init.ora)


redo log space requests              29


******************************************************************
Free memory should be > 1,000
```

```
*******************************************************************

NAME                                    BYTES
__                                       __

free memory                             54,820


*******************************************************************
SQL SUMMARY SECTION
*******************************************************************


Tot SQL run since startup          SQL executing now
_____                        _____

    60,390                                2


*******************************************************************
Lock Section
*******************************************************************


==========================
SYSTEMWIDE LOCKS - All requests for locks or latches
==========================



User                Lock Type           Mode Held
__                   ____                 ____

OPS$G449488         DML                 Exclusive
DATAPUMP            PL/SQL User Lock    Share


==========================
DDL LOCKS - These are usually triggers or other DDL
==========================



User            Owner           Name                Type
  Mode held
__    __         __              __                  ____

OPS$G241107     GENESIS         VALID_DOMAIN_VA     Table/Procedure    Null
OPS$G499058     GENESIS         REB0004_PKG         Body               Null
OPS$G499058     GENESIS         REB0004_PKG         Table/Procedure    Null
OPS$G241107     SYS             DBMS_STANDARD       Body               Null
OPS$G499058     GENESIS         INSERT_REBPGMCH     Table/Procedure    Null
OPS$G499058     GENESIS         INSERT_REBPGMCH     Table/Procedure    Null


==========================
DML LOCKS - These are table and row locks...
==========================
```

```
*********************************************************************
LATCH SECTION
*********************************************************************
If miss_ratio or IMMEDIATE_MISS_RATIO> 1 then  latch
Contention exists, decrease LOG_SMALL_ENTRY_MAX_SIZE IN init.ora
NAME                          miss_ratio     immediate_miss_ratio
 —                            _____         _____

cache buffers lru chain        ####              .59
redo copy                      ####              .01



*********************************************************************
ROLLBACK SEGMENT SECTION
*********************************************************************
If any count below is > 1% of the total number of requests for data
then more rollback segments are needed
If free list > 1% then increase FREELIST in init.ora


CLASS                   COUNT
 —                       —

free list               0
system undo block       0
system undo header      0
undo block              0
undo header             6


Tot # of Requests for Data
_____

46,961,805


==========================
ROLLBACK SEGMENT CONTENTION
==========================


If any ratio is > .01 then more rollback segments are needed


NAME                        WAITS      GETS    Ratio
 —                           —         —       —

SYSTEM                        0        1431   0.00000
ROLB1                         0       10808   0.00000
ROLB2                         0       11225   0.00000
ROLB3                         0       11832   0.00000
ROLB4                         0        9976   0.00000



*********************************************************************
SESSION EVENT SECTION
```

```
********************************************************************
If average_wait > 0 THEN CONTENTION EXISTS

 no rows selected



********************************************************************
QUEUE SECTION
********************************************************************
Average wait for queues should be near zero ...



no rows selected

********************************************************************
MULTITHREADED SERVER SECTION
********************************************************************
If the following number is > 1
Then increase MTS_MAX_SERVERS parm in init.ora

If the following number increases, consider adding
dispatcher processes

Avg wait per response queue
_____

 hundredths of seconds


==========================
DISPATCHER USAGE
==========================
(If Time Busy > 50, then change MTS_MAX_DISPATCHERS in init.ora)

Shared Server Processes
_____

                 0

High-water mark for the multithreaded server

MAXIMUM_CONNECTIONS SERVERS_STARTED SERVERS_TERMINATED SERVERS_HIGHWATER
_____ _____ _____ _____
                  0               0                  0                0


********************************************************************
File I/O should be evenly distributed across drives.

#  Name                        STATUS      BYTES      PHYRDS
-  _____ ___  _____  _____
```

PHYWRTS
———

1	/oracle/oradata/V733/system01.	SYSTEM	209,715,200	994
	13			
2	/oracle/oradata/V733/rbs01.dbf	ONLINE	131,072,000	8
	10			
3	/oracle/oradata/V733/temp01.db	ONLINE	209,715,200	0
	8			
4	/oracle/oradata/V733/tools01.d	ONLINE	20,971,520	1
	0			
5	/oracle/oradata/V733/users01.d	ONLINE	10,485,760	0
	0			
6	/oracle/oradata/V733/ts31201.d	ONLINE	629,145,600	0
	0			
7	/oracle/oradata/V733/ts31202.d	ONLINE	629,145,600	0
	0			

SYSTEM_STATISTIC	VALUE
background checkpoints completed	0
background checkpoints started	0
background timeouts	42,636
bytes received via SQL*Net from client	18,828
bytes received via SQL*Net from dblink	0
bytes sent via SQL*Net to client	19,328
bytes sent via SQL*Net to dblink	0
calls to get snapshot scn: kcmgss	1,183
calls to kcmgas	14
calls to kcmgcs	214
calls to kcmgrs	1,229
change write time	0
cleanouts and rollbacks - consistent read gets	0
cleanouts only - consistent read gets	12
cluster key scan block gets	949
cluster key scans	338
commit cleanout failure: write disabled	0
commit cleanout failures: buffer being written	0
commit cleanout failures: callback failure	0
commit cleanout failures: hot backup in progress	0
commit cleanout number successfully completed	15
consistent changes	13
consistent gets	6,750
CPU used by this session	0
CPU used when call started	0
CR blocks created	3
cross instance CR read	0
Current blocks converted for CR	10

```
cursor authentications                                      45
data blocks consistent reads - undo records applied          3
db block changes                                            75
db block gets                                            1,738
DBWR buffers scanned                                         0
DBWR checkpoints                                             1
DBWR cross instance writes                                   0
DBWR free buffers found                                      0
DBWR lru scans                                               0
DBWR make free requests                                      0
DBWR summed scan depth                                       0
DBWR timeouts                                           21,316
deferred (CURRENT) block cleanout applications              13
dirty buffers inspected                                      0
enqueue conversions                                          0
enqueue deadlocks                                            0
enqueue releases                                         1,434
enqueue requests                                         1,442
enqueue timeouts                                             0
enqueue waits                                                0
exchange deadlocks                                           0
execute count                                              910
free buffer inspected                                        0
free buffer requested                                    1,864
global lock convert time                                     0
global lock converts (async)                                 0
global lock converts (non async)                             0
global lock get time                                         0
global lock gets (async)                                     0
global lock gets (non async)                                 0
global lock release time                                     0
global lock releases (async)                                 0
global lock releases (non async)                             0
hash latch wait gets                                         0
immediate (CR) block cleanout applications                  12
immediate (CURRENT) block cleanout applications              3
kcmccs called get current scn                                0
kcmgss read scn without going to DLM                         0
kcmgss waited for batching                                   0
logons cumulative                                            6
logons current                                               5
messages received                                           16
messages sent                                               16
next scns gotten without going to DLM                        0
no work - consistent read gets                           5,670
opened cursors cumulative                                  699
opened cursors current                                       1
```

```
parse count                                       847
parse time cpu                                      0
parse time elapsed                                  0
physical reads                                  1,824
physical writes                                    31
process last non-idle time                          0
recovery array read time                            0
recovery array reads                                0
recovery blocks read                                0
recursive calls                                11,817
recursive cpu usage                                 0
redo blocks written                                14
redo buffer allocation retries                      0
redo entries                                       43
redo entries linearized                             0
redo log space requests                             0
redo log space wait time                            0
redo log switch interrupts                          0
redo ordering marks                                 0
redo size                                       7,718
redo small copies                                  43
redo synch time                                     0
redo synch writes                                   5
redo wastage                                    6,282
redo write time                                     0
redo writer latching time                           0
redo writes                                        11
remote instance undo block writes                   0
remote instance undo header writes                  0
remote instance undo requests                       0
rollback changes - undo records applied             0
rollbacks only - consistent read gets               3
serializable aborts                                 0
session connect time                                0
session cursor cache count                          0
session cursor cache hits                           0
session logical reads                           8,452
session pga memory                            551,040
session pga memory max                        551,040
session stored procedure space                      0
session uga memory                             73,896
session uga memory max                        182,720
sorts (disk)                                        1
sorts (memory)                                     58
sorts (rows)                                    4,137
SQL*Net roundtrips to/from client                 219
SQL*Net roundtrips to/from dblink                   0
```

```
summed dirty queue length                                            0
table fetch by rowid                                             1,117
table fetch continued row                                           64
table scan blocks gotten                                         2,544
table scan rows gotten                                           6,514
table scans (cache partitions)                                       0
table scans (direct read)                                            0
table scans (long tables)                                          226
table scans (rowid ranges)                                           0
table scans (short tables)                                          15
total number commit cleanout calls                                  17
transaction lock background get time                                 0
transaction lock background gets                                     0
transaction lock foreground requests                                 0
transaction lock foreground wait time                                0
transaction rollbacks                                                0
transaction tables consistent read rollbacks                         0
transaction tables consistent reads - undo records appl              0
Unnecesary process cleanup for SCN batching                          0
user calls                                                         219
user commits                                                         0
user rollbacks                                                       0
write requests                                                      11
```

Dies ist eine hervorragende schnelle, wenn auch etwas grobe Methode, um den internen Status der Oracle-Datenbank zu erkunden. Sie bietet im wesentlichen einen Snapshot des Oracle-Datenbankzustands. Sie sollten sich jedoch darüber im klaren sein, daß einige dieser Daten irreführrend sein können. Der obige Bericht zeigt beispielsweise an, daß die Puffertrefferrate (*buffer hit ratio*) 95% beträgt, nämlich den Durchschnittswert seit dem Datenbankstart. Die „tatsächliche" Puffertrefferrate zu dem Zeitpunkt als der Bericht ausgeführt wurde, ist nicht verfügbar. Um die aktuelle Trefferrate zu ermitteln, muß der Bericht *utlbstat-utlestat* verwendet werden.

Lassen Sie uns nun einen Blick darauf werfen, wie Sie mit Hilfe der mit Oracle8 gelieferten Dienstprogramme eine Performance-Datenbank anlegen können.

Oracle-Statistiken

Es wurde bereits festgestellt, daß ein Bedarf für die Erstellung von Datenbankstatistiken für die einzelnen Oracle-Instanzen besteht. Kurz: Sie benötigen ein proaktives Performance- und Tuning-System, das folgende Aufgaben für Sie erledigt:

- Vorhersage des künftigen Ressourcenbedarfs (DASD, Arbeitsspeicher, CPU) aufgrund der bisherigen Verbrauchsraten.

- Ad-hoc-Abfrage, die ermittelt, wo Tuning-Ressourcen fällig werden.

- Bereitstellung empirischer Meßdaten hinsichtlich der Vorteile zusätzlicher Ressourcen für eine Datenbank, und zwar sowohl der menschlichen als auch der Hardware-Ressourcen (etwa in der Art „Ein Arbeitsspeicherzuwachs von 20 MByte verbesserte die Puffertrefferrate um 13 Prozent.").

Nun kommt die Frage auf: Wie extrahieren Sie diese Information und setzen Sie in Ihre Oracle-Datenbank ein? Der folgende Abschnitt beschreibt ein einfaches Verfahren, um eine Oracle-Datenbank zu erstellen, die Statusinformationen hinsichtlich der Performance speichert.

Oracle-Dienstprogramme für das Anlegen eines Performance-Repositories

Die grundlegende Prämisse für ein Performance-Repository in Oracle besteht darin, aufzuzeigen, wie ein DBA die mühseligen Analyseaufgaben innerhalb der Oracle-Datenbank automatisieren kann und wie er sich beim Auftreten außergewöhnlicher Situationen automatisch benachrichtigen lassen kann. Zwar gibt es viele Produkte, die diese Funktion übernehmen, doch kann ein DBA durch ein Verständnis der internen Zusammenhänge der Oracle-SGA und durch einen Einblick in die komplexen Interaktionen, die zu einer bestimmten Reaktionszeit beitragen, nur profitieren.

Das Oracle-Tuning läßt sich in zwei Bereiche einteilen: das Festplatten-Tuning und das Arbeitsspeicher-Tuning. Viele Firmen verwenden RAID oder LVM, um Datendateien auf mehrere Festplatten zu schreiben, so daß das Festplatten-Tuning für die meisten Oracle-DBAs zu einem umstrittenen Thema wurde.

Mit dem Arbeitsspeicher-Tuning ist es eine andere Geschichte. Eine Oracle-Instanz residiert im Hauptspeicher des Host-Rechners. Zu wissen, wie die Zuteilung von Arbeitsspeicherseiten und die Konfiguration der SGA funktioniert, ist die erste Voraussetzung für das Verständnis der Performance. Das SGA-Tuning für Oracle besteht aus zwei Teilen: Einstellen der Parameter in der Datei *init<SID>.ora* und der Parameter, die beim Erstellen einer Tabelle verwendet werden. Die Datei *init<SID>.ora* wird beim Start von Oracle verwendet, um die Arbeitsspeicherregion für die Instanz zuzuordnen, denn die Parameter in der *init<SID>.ora* steuern diese Zuteilung. Auch andere Parameter, die beim Erstellen der Tabelle verwendet werden (wie z.B. *FREELISTS* und *PCTUSED*) können die Performance beeinflussen, doch wollen wir uns auf die systemweiten Tuning-Parameter konzentrieren.

Beim Tuning von Oracle sind zwei *init<SID>.ora*-Parameter wichtiger als alle anderen zusammengenommen:

- *db_block_buffers* – Die Anzahl von Puffern, die im Arbeitsspeicher für die Zwischenspeicherung von Datenbankblöcken reserviert werden.

- *shared_pool_size* – Die Größe des Arbeitsspeichers, der für die Zwischenspeicherung von SQL, gespeicherten Prozeduren und anderen Objekten reserviert wird, die keine Daten darstellen.

Diese zwei Parameter definieren die Größe der Region innerhalb des Arbeitsspeichers, die beim Start von Oracle in Anspruch genommen wird, und bestimmen, wieviel Arbeitsspeicher für die Zwischenspeicherung von Datenblöcken, SQL und gespeicherten Prozeduren zur Verfügung steht.

Es empfiehlt sich, die größte für ein System mögliche db_block_size einzustellen. Zum Beispiel liest ein HP-9000-Computer etwa 8-KByte-Blöcke, daher sollte dort die db_block_size auf 8 KByte gesetzt werden.

Denken Sie daran, daß viele dieser Tuning-Fragen in künftigen Versionen von Oracle 8.x geändert werden. Für spätere Oracle8-Versionen wurde nämlich angekündigt, daß eine dynamische Änderung der SGA zugelassen werden soll. Dann wird es beispielsweise nicht notwendig sein, eine Instanz abzubrechen, um die Größe von *db_block_size* zu ändern. Zudem werden bald Dienstprogramme erscheinen, die ungewöhnliche Situationen aufspüren und die SGA dynamisch umkonfigurieren.

SGA für Pakete und gespeicherte Prozeduren vorbereiten

Der gemeinsame Pool in Oracle ist sehr wichtig, insbesondere bei Systemen, die in starkem Maße auf gespeicherte Prozeduren und Pakete angewiesen sind. Dies liegt daran, daß der Code für gespeicherte Prozeduren in den Arbeitsspeicher geladen wird. Der gemeinsame Pool setzt sich aus folgenden Teil-Pools zusammen:

- Dictionary-Cache

- Library-Cache

- Gemeinsame SQL-Bereiche

- Privater SQL-Bereich (existiert während des Öffnens und Schließens eines Cursors und besteht aus dauerhaften und Laufzeitbereichen)

Sowohl der Datenpuffer als auch der gemeinsame Pool nutzen den *LRU (Least Recently Used)-Algorithmus,* um festzustellen, welche Objekte aus dem gemeinsamen Pool ausgelagert werden sollen. Dieser Verdrängungsalgorithmus hinterläßt innerhalb des Arbeitsspeicherbereichs *Arbeitsspeicherfragmente,* also unzusammenhängende Informationsreste.

Stellen Sie sich den gemeinsamen Pool ähnlich wie einen Tablespace vor. Ebenso wie der Fehler *ORA-1547* angezeigt wird, wenn der zusammenhängende freie Speicher im Tablespace nicht ausreicht, so erscheint der Fehler *ORA-4031,* wenn im gemeinsamen Pool der SGA nicht genügend zusammenhängender Arbeitsspeicher zur Verfügung steht. Das bedeutet, daß eine umfangreiche Prozedur, die nach dem Auslesen wieder geladen wird und ursprünglich einmal in den Arbeitsspeicher gepaßt hat, möglicherweise nicht mehr genügend zusammenhängenden Arbeitsspeicher vorfindet. Angenommen, der Rumpf eines Pakets wurde aus der SGA einer Instanz ausgelesen, um einer anderen, neueren oder häufiger vorkommenden Aktivität Platz zu machen. Teile des Arbeitsspeichers werden fragmentiert, und der Server kann nicht mehr genügend zusammenhängenden Speicher finden, um den Paketrumpf wieder einzulesen. In diesem Fall wird der Fehler *ORA-4031* angezeigt.

Um den Speicher effektiv zu messen, wird ein Standardverfahren empfohlen. Führen Sie in regelmäßigen Abständen das Dienstprogramm *bstat-estat* aus (das meist unter *$ORACLE_HOME/rdbms/admin/ utlbstat.sql* und *utlestat.sql* gespeichert ist), um den SGA-Verbrauch über einen bestimmten Zeitraum hinweg zu messen.

Wie wir bereits früher erfahren haben, ist die Trefferrate ein Maß für Änderungen, die über einen gewissen Zeitraum hinweg stattfinden, und kann mit einer einzigen Messung nicht erfaßt werden. Der nächste Abschnitt beschreibt die Richtlinien, die beim Erstellen der *begin-* und *end-*Bereiche für die Messung der Trefferrate zu beachten sind.

Die Oracle-Dienstprogramme utlbstat und utlestat

Die Standarddienstprogramme für das Erstellen eines Performance-Berichts sind unter *bstat-estat* im Verzeichnis *$ORACLE_HOME/rdbms/ admin* bekannt. Die Namen der Dienstprogramme sind *utlbstat.sql (begin statistics)* und *utlestat.sql (end statistics).* Um diese Berichte auszuführen, geben Sie die folgenden SQL*DBA-Befehle ein:

```
$ > cd $ORACLE_HOME/rdbms/admin
$ sqldba mode=line
SQLDBA > connect internal
connected.
SQLDBA > @utlbstat
...
5 rows processed
SQLDBA > @utlestat
```

Das Dienstprogramm *utlbstat* entnimmt der Datenbank Stichproben, und speichert die Ergebnisse in einer temporären Tabelle. Wenn utlbstat erneut ausgeführt und der Datenbank neue Stichproben entnommen werden, läßt sich durch einen Vergleich der Werte zwischen dem Anfangs- und dem End-Snapshot ein Bericht erstellen. Die Ausgabe wird in eine Datei mit dem Namen *report.txt* umgeleitet. Obwohl der Bericht nicht besonders übersichtlich aufgebaut ist, sind die auffälligen Daten darin enthalten. *Listing 11.3* ist ein Beispiel dafür, wie der Statistikbericht aussehen könnte:

Listing 11.3:
Die Ausgabe des
Dienstprogramms
bstat-estat

```
oracle@myhost:mtty-61>more report.txt
SQLDBA>
SQLDBA> SET CHARWIDTH 12
SQLDBA> SET NUMWIDTH 10
SQLDBA> REM Select Library cache statistics...The pin hit rate should
SQLDBA> REM be HIGH.
SQLDBA> SELECT NAMESPACE LIBRARY,
    2>        gets,
    3>        round(decode(gethits,0,1,gethits)/decode(gets,0,1,gets),3)
    4>           gethitratio,
    5>        pins,
    6>        round(decode(pinhits,0,1,pinhits)/decode(pins,0,1,pins),3)
    7>           pinhitratio,
    8>        reloads, invalidations
    9> FROM STATS$LIB;
```

LIBRARY	GETS	GETHITRATI	PINS	PINHITRATI	RELOADS	INVALIDATI
BODY	9	1	9	1	0	0
CLUSTER	0	1	0	1	0	0
INDEX	8	.125	12	.333	0	0
OBJECT	0	1	0	1	0	0
PIPE	0	1	0	1	0	0
SQL AREA	490	.935	1675	.937	21	20
TABLE/PROCED	111	.865	281	.911	8	0
TRIGGER	0	1	0	1	0	0

```
8 rows selected.

SQLDBA>
SQLDBA> SET CHARWIDTH 27;
SQLDBA> SET NUMWIDTH 12;
SQLDBA> REM The total is the total value of the statistic between the
SQLDBA> REM time bstat was run and the time estat was run...Note that
SQLDBA> REM the estat script logs on as "internal" so the per_logon
SQLDBA> REM statistics will always be based on at least one logon.
SQLDBA> SELECT N1.name "Statistic",
    2>        N1.change "Total",
    3>        round(N1.change/trans.change,2) "Per Transaction",
```

```
4>          round(N1.change/logs.change,2)  "Per Logon"
5> FROM STATS$STATS N1, STATS$STATS TRANS, STATS$STATS LOGS
6> WHERE TRANS.name='user commits'
7> AND  LOGS.name='logons cumulative'
8> AND  N1.change != 0
9> ORDER BY N1.name;
```

Statistic	Total	Per Transact	Per Logon
CR blocks created	45	15	9
DBWR buffers scanned	49630	16543.33	9926
DBWR checkpoints	13	4.33	2.6
DBWR free buffers found	49389	16463	9877.8
DBWR lru scans	1515	505	303
DBWR make free requests	1513	504.33	302.6
DBWR summed scan depth	49634	16544.67	9926.8
DBWR timeouts	38	12.67	7.6
background timeouts	114	38	22.8
calls to kcmgas	136	45.33	27.2
calls to kcmgcs	16	5.33	3.2
calls to kcmgrs	1134	378	226.8
cleanouts and rollbacks - c	4	1.33	.8
cleanouts only - consistent	90	30	18
cluster key scan block gets	266	88.67	53.2
cluster key scans	114	38	22.8
consistent changes	48	16	9.6
consistent gets	111477	37159	22295.4
cursor authentications	90	30	18
data blocks consistent read	48	16	9.6
db block changes	1292	430.67	258.4
db block gets	1286	428.67	257.2
deferred (CURRENT) block cl	112	37.33	22.4
enqueue releases	2277	759	455.4
enqueue requests	2282	760.67	456.4
enqueue timeouts	4	1.33	.8
execute count	605	201.67	121
free buffer inspected	146	48.67	29.2
free buffer requested	28628	9542.67	5725.6
immediate (CR) block cleano	94	31.33	18.8
immediate (CURRENT) block c	13	4.33	2.6
logons cumulative	5	1.67	1
messages received	1610	536.67	322
messages sent	1610	536.67	322
no work - consistent read g	109953	36651	21990.6
opened cursors cumulative	387	129	77.4
parse count	502	167.33	100.4
physical reads	28505	9501.67	5701
physical writes	213	71	42.6

recursive calls	6838	2279.33	1367.6
redo blocks written	607	202.33	121.4
redo entries	769	256.33	153.8
redo size	282490	94163.33	56498
redo small copies	723	241	144.6
redo synch writes	33	11	6.6
redo wastage	2306	7686.67	4612
redo writes	94	31.33	18.8
rollbacks only - consistent	44	14.67	8.8
session logical reads	112714	37571.33	22542.8
session pga memory	629940	209980	125988
session pga memory max	629940	209980	125988
session uga memory	14248	4749.33	2849.6
session uga memory max	228624	76208	45724.8
sorts (memory)	23	7.67	4.6
sorts (rows)	5957	1985.67	1191.4
table fetch by rowid	36144	12048	7228.8
table fetch continued row	31679	10559.67	6335.8
table scan blocks gotten	5884	1961.33	1176.8
table scan rows gotten	123829	41276.33	24765.8
table scans (long tables)	11	3.67	2.2
table scans (short tables)	19	6.33	3.8
user calls	188	62.67	37.6
user commits	3	1	.6
write requests	100	33.33	20

```
64 rows selected.
SQLDBA>
SQLDBA> SET CHARWIDTH 27;
SQLDBA> SET NUMWIDTH 12;
SQLDBA> REM Systemwide wait events.
SQLDBA> SELECT  N1.event "Event Name",
     2>          N1.event_count "Count",
     3>          N1.time_waited "Total Time",
     4>          (N1.time_waited/N1.event_count) "Average Time"
     5> FROM STATS$EVENT N1
     6> WHERE N1.event_count > 0
     7> ORDER BY N1.time_waited desc;
```

Event Name	Count	Total Time	Average Time
smon timer	2	0	0
buffer busy waits	3	0	0
control file sequential rea	8	0	0
rdbms ipc reply	12	0	0
log file sync	39	0	0
pmon timer	57	0	0
latch free	73	0	0

```
Event Name                    Count   Total Time   Average Time
                              ─────   ──────────   ────────────

log file parallel write         93            0              0
db file parallel write          96            0              0
client message                 190            0              0
db file scattered read         635            0              0
rdbms ipc message             1600            0              0
db file sequential read      25071            0              0
13 rows selected.
SQLDBA>
```

Die Ausgabe von *utlbstat* und *utlestat* hat einige wertvolle Performance-Informationen anzubieten. *Listing 11.3* zeigt die grundlegenden Statistiken für die Datenbank während des Zeitraums zwischen *bstat (begin statistics)* und *estat (end statistics)*. Zwar können grundsätzlich alle diese Informationen wichtig werden, doch können Sie hier die folgenden kritischen Performance-Werte anzeigen:

- *BUFFER BUSY WAITS* – Ein hoher Wert bedeutet, daß entweder mehr Pufferblöcke oder mehr *Rollback*-Segmente benötigt werden.

- *DBWR CHECKPOINTS* – Bei einem hohen Wert müssen Sie in der Datei *init<SID>.ora* den Parameter *log_checkpoint_interval* erhöhen.

- *DBWR FREE LOW* – Wenn Sie hier einen hohen Wert vorfinden, müssen Sie in der Datei *init<SID>.ora* den Parameter *free_buffer_requested* erhöhen.

- *REDO LOG SPACE REQUESTS* – Hier sollte der Wert *NULL* stehen. Ist dies nicht der Fall, sollten Sie die Größe Ihrer *Redo*-Logs erhöhen.

- *SORTS (DISK)* – Sortierungen auf Festplatte sind zeitaufwendig, daher sollten Sie eine Erhöhung des Parameters *sort_area_size* in der Datei *init<SID>.ora* in Betracht ziehen.

Der Parameter sort_area_size *wirkt sich auf jeden Anwender aus, der auf Oracle zugreift, und zwar ungeachtet der Sortieranforderungen der einzelnen Transaktionen. Überprüfen Sie die* high water mark *in Ihrem* alert.log, *um sicherzustellen, daß Ihr Host-Rechner für Ihre Auswahl genügend Arbeitsspeicher besitzt. Die Syntax lautet wie folgt:*

```
total_memory = high_water_mark * sort_area_size
```

- *TABLE SCANS (LONG TABLES)* – Dies sollte nur vorkommen, wenn zum Beantworten einer Abfrage ein Lesen fast aller Zeilen der Tabelle erforderlich wäre.

Der Vorteil von *bstat-estat* ist die Fähigkeit, Änderungen über einen bestimmten Zeitraum hinweg zu messen. Es ist relativ einfach, ein Skript zu schreiben, das zu einem bestimmten Zeitpunkt *utlbstat* aufruft und später dann das Dienstprogramm *utlestat* ausführt. Auf manchen Standorten wird *bstat-estat* jede Stunde berechnet, so daß sich stündliche Variationen leicht ermitteln lassen.

Das Ausführen der Dienstprogramme ist sehr einfach. Wechseln Sie innerhalb eines Skripts in das Verzeichnis *$ORACLE_HOME/rdbms/ admin*, geben Sie *sqldba* oder *svrmgrl* ein, und rufen Sie das Skript *utlbstat.sql* auf. Der Bericht wird erstellt, sobald *utlestat.sql* aufgerufen wird. Das Standarddienstprogramm *estat* erstellt einen Bericht mit dem Namen *report.txt*, der im Verzeichnis *$ORACLE_HOME* abgelegt wird.

Wenn erst einmal die Datei *report.txt* erstellt ist, gibt es zwei Möglichkeiten, die Informationen zu extrahieren. Sie können in Perl, awk oder in der Korn-Shell ein Befehlsskript schreiben, das den Bericht befragt, die Informationen extrahiert und in die Oracle-Tabellen schreibt. Das Dienstprogramm *estat* kann direkt so abgeändert werden, daß es Daten in Oracle-Tabellen ablegt, während es die Datei *report.txt* erstellt.

Listing 11.4 ist ein Beispiel für ein Unix-Skript, das von einem *cron*-Prozeß aufgerufen werden kann. In diesem Fall würde man das Skript mit dem Namen *Perf* als *perf bstat* und *perf estat* ansprechen:

Listing 11.4:
Ein UNIX-Skript,
das Performance-
Informationen
sammelt

```
if [ $# != 1 ]
then
        echo "usage: $0 { bstat | estat }"
        exit 1
fi

if [ "${1}" != bstat -a "${1}" != estat ]
then
        echo "usage: $0 { bstat | estat }"
        exit 1
fi

SQLPATH=/usr/perfmon

if [ "${1}" = bstat ]
then
        # Begin collection
        sqldba << !
          connect internal
          @${ORACLE_HOME}/rdbms/admin/utlbstat
          exit
!

else
        # End data collection
```

```
      sqldba << !
        connect internal
        @${SQLPATH}/specialestat
        exit
!
      sqlplus / @${SQLPATH}/tracker ${ORACLE_SID}
fi


exit 0
```

Beachten Sie, daß das reguläre Dienstprogramm *estat* durch eine abgeänderte Version mit dem Namen *specialestat* ausgetauscht und anstelle
des im Verzeichnis *$ORACLE_HOME/rdbms/admin* gespeicherten
Dienstprogramms ausgeführt wird. *Specialestat* ist identisch mit *utlestat*,
nur daß es die temporären Tabellen nicht löscht, die zum Erstellen von
report.txt verwendet werden. Auf diese Weise können die temporären
Tabellen befragt und in spezielle Tabellen für die Performance-Überwachung geladen werden. Nach *specialestat* wird das Tracker-Dienstpro-
gramm aufgerufen, das die *estat*-Information in permanenten Tabellen
aufzeichnet und die temporären Tabellen löscht.

Nachdem die Daten in permanente Tabellen transferiert wurden,
kann die statistische Information analysiert und zum Aufzeigen von Performance-Trends grafisch aufbereitet werden. Vorhersagen können aus
den Daten mittels linearer Prognoseverfahren extrapoliert werden, und
Probleme wie volle Tablespaces lassen sich mit relativer Genauigkeit an-
kündigen. *Listing 11.5* präsentiert ein Skript, das die Performance-Ta-
bellen lädt:

Listing 11.5:
tracker.ddl – ein
SQL-Skript, das
Performance-
Werte sammelt

```
INSERT INTO track_stats
(    oracle_sid,    collection_started)
SELECT  '&1',min(stats_gather_times)
FROM    SYS.STATS$DATES;

UPDATE track_stats
SET    collection_ended =
         (SELECT  max(stats_gather_times)
          FROM    SYS.STATS$DATES),
       run_date = to_date(substr(collection_started,1,12),
                  'DD-MON-YY HH24'),
       consistent_gets =
         (SELECT  change
          FROM    SYS.STATS$STATS
          WHERE   name = 'consistent gets'),
       block_gets =
         (SELECT  change
          FROM    SYS.STATS$STATS
          WHERE   name = 'db block gets'),
       physical_reads =
```

```
          (SELECT  change
           FROM    SYS.STATS$STATS
           WHERE   name = 'physical reads'),
       buffer_busy_waits =
          (SELECT  change
           FROM    SYS.STATS$STATS
           WHERE   name = 'buffer busy waits'),
       buffer_free_needed =
          (SELECT  change
           FROM    SYS.STATS$STATS
           WHERE   name = 'free buffer requested'),
       free_buffer_waits =
          (SELECT  change
           FROM    SYS.STATS$STATS
           WHERE   name = 'free buffer waits'),
       free_buffer_scans =
          (SELECT  change
           FROM    SYS.STATS$STATS
           WHERE   name = 'free buffer scans'),
       enqueue_timeouts =
          (SELECT  change
           FROM    SYS.STATS$STATS
           WHERE   name = 'enqueue timeouts'),
       redo_space_wait =
          (SELECT  change
           FROM    SYS.STATS$STATS
           WHERE   name = 'redo log space wait time'),
       write_wait_time =
          (SELECT  change
           FROM    SYS.STATS$STATS
           WHERE   name = 'write wait time'),
       write_complete_waits =
          (SELECT  change
           FROM    SYS.STATS$STATS
           WHERE   name = 'write complete waits'),
       rollback_header_gets =
          (SELECT  sum(trans_tbl_gets)
           FROM    SYS.STATS$ROLL),
       rollback_header_waits =
          (SELECT  sum(trans_tbl_waits)
           FROM    SYS.STATS$ROLL)
WHERE  collection_ended IS NULL;


INSERT INTO LATCHES
(ls_latch_name, ls_latch_gets, ls_latch_misses,
 ls_latch_sleeps, ls_latch_immed_gets, ls_latch_immed_misses)
```

```
SELECT  name, gets, misses, sleeps, immed_gets, immed_miss
FROM    SYS.STATS$LATCHES;

UPDATE LATCHES SET
    ls_collection_started =
        (SELECT  min(stats_gather_times)
         FROM    SYS.STATS$DATES)
WHERE ls_oracle_sid IS NULL;

UPDATE LATCHES SET
    run_date = to_date(substr(ls_collection_started,1,12),
    'DD-MON-YY HH24')
WHERE ls_oracle_sid IS NULL;

UPDATE LATCHES
SET ls_oracle_sid =
        (SELECT  '&1'
         FROM    SYS.DUAL),
    ls_collection_ended =
        (SELECT  max(stats_gather_times)
         FROM    SYS.STATS$DATES)
WHERE ls_oracle_sid IS NULL;
```

Die Methode „Summe der kleinsten Quadrate" würde für eine Prognose ausreichen, doch mag eine einfache oder doppelte exponentielle Glättung unter bestimmten Umständen präzisere Ergebnisse liefern. Da wir jetzt wissen, wie sich die Werte für eine Oracle-Statistik zusammentragen und in speziellen Tabellen speichern lassen, sollten wir uns Gedanken dazu machen, wie man systemweite Statistikwerte in Oracle sammeln kann.

Eine Oracle-Performance-Datenbank

Sie beginnen mit dem Anlegen einer Oracle-Performance-Datenbank, indem Sie bestimmen, welche Daten Sie nachverfolgen wollen und dann eine Tabellenstruktur entwerfen, die diesen Anforderungen entspricht *(siehe Abbildung 11.1)*.

Der Grundgedanke hinter dem Performance- und Tuning-Repository ist, einfach alle Informationen aus den *bstat-estat*-Berichten und den *V$*- und *DBA*-Tabellen zu sammeln. Die ursprüngliche Information wird auf jedem der abgesetzten Agenten gesammelt und in lokalen Tabellen gespeichert. So könnte etwa am Samstag um 8:00 Uhr ein *crontab*-Job einen bestimmten Task starten. Dieser soll die Export- und Komprimierungsdienstprogramme aufrufen, die die Informationen extrahieren und in einer Betriebssystemdatei speichern. Nach der Extrahierung würden die Daten per *anonymous FTP* zum zentralen Host-Rechner übertragen, wo die extrahierten Dateien in die Master-Oracle-Tabellen geladen würden. Auf jedem der entfernten Host-Rechner würden dann die eigenen Performance- und Tuning-Tabellen neu erstellt werden. Zu einem vorherbestimmten Zeitpunkt am Sonntag würde daraufhin ein zweiter *crontab*-Job überprüfen, ob alle entfernten Agenten ihre täglichen Extraktdateien abgeliefert haben, und den DBA über eventuelle Versäumnisse informieren.

Abb. 11.1:
Ein Beispielschema
für das Speichern
der Oracle-Perfor-
mance-Information

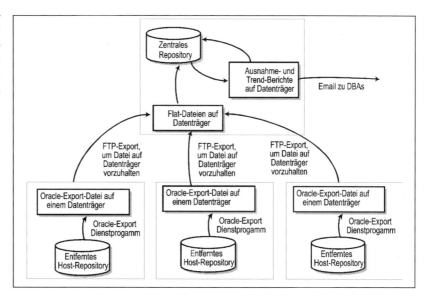

Der nächste Schritt besteht darin, das Modell in einige physikalische Oracle-Tabellen zu übersetzen. Nachdem nun die leere Datenbank erstellt worden ist, müssen Sie das Programm *utlestat.sql* so abändern, daß die Informationen in die neue Tabelle eingefügt werden. Es folgt ein Beispiel, wie etwa die Trefferraten aufgezeichnet werden können:

```
INSERT INTO ORACLE.pt_instance (buffer_hit_ratio)
(
SELECT
round(decode(gets-misses,0,1,gets-misses)/decode(gets,0,1,gets),3)
    hit_ratio,
  sleeps,
  round(sleeps/decode(misses,0,1,misses),3) „SLEEPS/MISS"
  FROM STATS$LATCHES
  WHERE gets != 0
  AND name = 'buffer cache lru'
);
```

Sobald die Änderungen abgeschlossen sind, wird diese neue *utlestat.sql*-Version die ältere ersetzen. Immer wenn das Programm nun aufgerufen

wird, wird es Zeilen in Ihre Performance- und Tuning-Datenbank einfügen.

Um das Dienstprogramm auszuführen, wird die Einrichtung eines
crontab-Jobs empfohlen. Dieser soll *utlbstat.sql* zu einem bestimmten
Zeitpunkt starten und einige Stunden später dann das Programm
utlestat.sql. Auf diese Weise erhalten Sie täglich einen konsistenten Bericht über den Status Ihrer Oracle-Datenbank, und zwar immer zur selben Uhrzeit. Wenn Sie selbstverständlich Trends messen wollen, die sich
während des Verarbeitungstags entwickeln, führen Sie dieselbe Prozedur
jede Stunde aus, mit 15 Minuten Zeitdifferenz zwischen *bstat* und *estat*.

In einer verteilten Umgebung ist es erforderlich, die lokalen statistischen Oracle-Tabellendaten in eine große zentrale Oracle-Datenbank zu
übertragen, die die Performance- und Tuning-Informationen aller
Oracle-Instanzen im Unternehmen speichert. Dies läßt sich leicht realisieren, indem man vom Haupt-Repository aus einen *crontab*-Job ausführt. Dieser *crontab*-Job soll den SQL-Code ausführen, der alle Zeilen
der entfernten Tabelle auswählt, in die Hauttabelle einfügt und schließlich die Tabellen entweder abschneidet oder alle Zeilen aus der entfernten Tabelle löscht.

```
INSERT INTO MAIN.pt_instance
(
SELECT * FROM ORACLE.pt_instance@bankok
);
DELETE FROM ORACLE.pt_instance@bankok;
```

Sie können jetzt Skripts für Berichte und Warnsignale ausführen, die das
zentrale Repository untersuchen und gegebenenfalls Probleme progno-
stizieren. *Listing 11.6* ist ein Beispiel für eine Abfrage, die alle Tabellen
auflistet, welche die am Vortag mehr als dreimal erweitert wurden:

Listing 11.6:
Ein Beispiel für
einen Tabellen-
bericht

```
COLUMN c0  HEADING "SID";
COLUMN c1  HEADING "Owner";
COLUMN c2  HEADING "ts";
COLUMN c3  HEADING "Table";
COLUMN c4  HEADING "Size (KB)" FORMAT 999,999;
COLUMN c5  HEADING "Next (K)"  FORMAT 99,999;
COLUMN c6  HEADING "Old Ext"   FORMAT 999;
COLUMN c7  HEADING "New Ext"   FORMAT 999;

SET LINESIZE 150;
SET PAGESIZE 60;
BREAK ON c0 SKIP 2 ON c1 SKIP 1
TTITLE " Table Report| > 50 Extents or new extents";
SPOOL /tmp/rpt10
SELECT
DISTINCT
        B.sid                    c0,
```

```
            substr(B.owner,1,6)             c1,
            substr(B.tablespace_name,1,10)  c2,
            substr(B.table_name,1,20)       c3,
            (B.blocks_alloc*2048)/1024      c4,
            C.next_extent/1024              c5,
            A.extents                       c6,
            B.extents                       c7
FROM        PERF A,
            PERF B,
            DBA_TABLES C
WHERE
            rtrim(C.table_name) = rtrim(B.table_name)
AND
            A.sid = B.sid
AND
            rtrim(A.tablespace_name) <> 'SYSTEM'
AND
            A.tablespace_name = B.tablespace_name
AND
            A.table_name = B.table_name
AND
            to_char(B.run_date) = to_char(round(SYSDATE,'DAY')-7)
            — start with closest SUNDAY minus one week
AND
            to_char(A.run_date) = to_char(B.run_date-7)
            — compare to one week prior
AND
(
            A.extents < B.extents
            — where extents has increased
OR
            B.extents > 50
)
—AND
—           B.extents - A.extents > 1
ORDER BY B.sid;
SPOOL OFF;
```

Beachten Sie, daß diese Abfrage die Tabelle *PERF* mit sich selbst verknüpft und die Tabellendaten einer Woche mit den Tabellendaten der vorangegangenen Woche vergleicht. Berichte wie diese sind die Grundlage für eine automatisierte Fehlerprotokollierung, da sie ungewöhnliche Situationen feststellen und den Entwickler darauf aufmerksam machen können, noch bevor sie zu einem Problem werden.

Da wir jetzt die allgemeine Architektur unseres Performance-Datenerfassungssystems definiert haben, sollten wir uns überlegen, welche geplanten Tasks erforderlich sind, damit das System automatisch ablaufen kann. Es werden geplante Tasks auf jeder der Oracle-Instanzen erforderlich sein sowie auf der zentralisierten Performance- und Tuning-Datenbank.

Tägliche und wöchentliche Systemverarbeitung

Die in *Abbildung 11.2* dargestellte Systemarchitektur ist so konzipiert, daß auf jedem entfernten Oracle-Host *Agenten* die tägliche Datensammlung durchführen, nämlich mit Hilfe von zwei *cron*-Tasks *(bstat-estat)*. Jeder entfernte Host-Rechner besitzt eine kleine Kopie der Performance- und Tuning-Datenbank, um die Daten einer Woche zu speichern. Jeden Samstag werden die Host-Rechner zwei *crontab*-Jobs ausführen, die die folgenden Aufgaben verrichten:

- *Export_p_and_t_tables* (C-Shell-Skript) – Dadurch werden die Oracle-Performance- und -Tuning-Daten exportiert und komprimiert und die Datei wird per FTP nach *central:/$DBA/$SID/p_and_t* übertragen.

- *Create_p_add_t_tables* (C-Shell) – Dadurch werden die lokalen Datenbanktabellen gelöscht und neu angelegt.

Abb. 11.2:
Ein Beispiel für eine Performance- und Tuning-Architektur

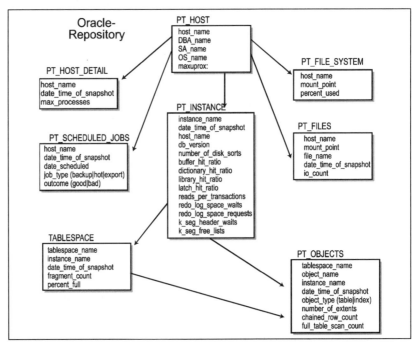

Nachdem alle abgesetzten Standorte ihre Dateien per FTP übertragen haben, wird auf der zentralen Datenbank ein *crontab*-Job ausgelöst, der die folgenden Aktionen durchführt:

- *Import_p_and_t_tables* (C-Shell, wird beispielsweise jeden Samstag um 1:00 Uhr ausgeführt) – Zunächst werden alle Einträge in *$DBA/ $SID/p_and_t/hostfile* (die Liste der SIDs) per Schleife durchsucht, und anschließend wird die Exportdatei für die Performance- und Tuning-Hauptdatenbank geladen.

- Ausführen des Skripts *$DBA/DBAX/p_and_t/reports/ extract_reports*.csh (wird beispielsweise jeden Samstag um 2:00 Uhr ausgeführt) – Mit Hilfe einer Schleife werden alle Einträge in *$DBA/ $SID/p_and_t/hostfile* (die Liste der SIDs) durchsucht. Dann wird für jeden Eintrag *p_and_t_rpt**.sql* ausgeführt (wobei ** = 01–11), und die Berichte werden an *SERVER.SID.p_and_t_rpt*** im Verzeichnis *$DBA/$SID/p_and_t/reports* gespoolt.

- Ausführen des Skripts *$DBA/$SID/p_and_t/reports/mail_reports.csh* (wird beispielsweise jeden Samstag um 3:00 Uhr ausgeführt) – Mit Hilfe einer Schleife werden alle Einträge in *$DBA/p_and_t/hostfile* (die Liste der SIDs) durchsucht. Für jeden Eintrag wird die E-Mail-Adresse des primären DBA für den Host abgerufen (in *$DBA/ p_and_t/hostfile*), und *SERVER.SID_rpt*** wird per E-Mail an die in *hostfile* angegebene Adresse gesendet. Für Referenzzwecke bleiben diese Berichte auch auf der Zentraldatenbank, wie im nächsten Abschnitt noch erläutert wird.

Nachdem wir nun den Code, der in der zentralen Datenbank verwendet wird, überprüft haben, betrachten wir den Code, der auf jedem Oracle-Host existiert, um ursprünglich die Statuswerte zu sammeln.

Lokale Oracle-Verarbeitung

Auf jedem entfernten Host existiert ein Verzeichnis für den Code, der zum Sammeln der Daten benötigt wird. Die zentrale Datenbank liegt auf *central:DBAX*, doch enthält jeder entfernte Host-Rechner eine kleine, lokale Kopie der Master-Datenbank, in der die Performance- und Tuning-Daten bis zum nächsten wöchentlichen Upload gespeichert werden.

Jeder abgesetzte Host-Rechner umfaßt die folgenden Elemente:

- Skripts *(chmod +x)*

- *bstat* – Ein C-Shell-Skript zum Starten des Dienstprogramms *bstat*.

- *estat* – Ein C-Shell-Skript zum Ausführen des Dienstprogramms *estat*.

- *export_p_and_t_tables* – Ein C-Shell-Skript, das die Datei exportiert und per FTP versendet.

- *create_stat* – Ein C-Shell-Skript, das die lokalen Dateien löscht und neu anlegt.

- *PARM*-Dateien *(chmod 440)*

- *pass_system* – Eine geschützte Datei, die das Oracle-*SYSTEM*-Kennwort enthält.

- *pass_oracle_central* – Eine geschützte Datei mit dem UNIX-Oracle-Kennwort für *central*.

- SQL-Dateien

- *p_and_t_collect_b_e_stats.sql* – Eine Datei zum Abrufen von Performance- und Tuning-Daten aus den *BSTAT-ESTAT*-Tabellen.

- *p_and_t_collect_object_stats.sql* – Eine Datei, die Performance- und Tuning-Daten aus den *DBA*-Tabellen abruft.

- *p_and_t_collect_ts_stats.sql* – Diese Datei ruft Performance- und Tuning-Tablespace-Daten aus *DBA*-Tabellen ab.

- *create_p_and_t_tables.sql* – Diese Datei dient zum Löschen und Neuerstellen der lokalen *p_and_t*-Tabellen als Benutzer *SYSTEM*.

- *add_server_name.sql* – Eine Datei, die den Server-Namen in die lokalen *p_and_t*-Tabellen einfügt.

- *p_and_t_utlbstat.sql* – Eine abgeänderte *bstat*-Version.

- *p_and_t_utlestat.sql* – Eine abgeänderte *estat*-Version, die dafür sorgt, daß die *TEMP*-Tabellen erhalten bleiben.

- Sonstige Dateien

- *create_failed* – Eine Fehlermeldungsdatei für *create_stat*.

- *export_failed* – Eine Fehlermeldungsdatei aus *export_p_and_t_tables*.

- *export_p_and_t_tables.par* – Eine Parameterdatei für den Export-Job.

- *Jede sonstige Datei in $DBA/$SID/p_and_t* – Ausgabe (d.h. Log-Dateien), die beim Ausführen der Jobs entstanden ist.

Da Sie nun auch die Komponenten der entfernten Host-Rechner kennen, wollen wir zeigen, wie Sie mit Hilfe des UNIX-Dienstprogramms *cron* diese Tasks in die richtige Reihenfolge bringen.

cron-*Ausführungsplan*

Das Skript *bstat* wird jeden Wochentag um 8:00 Uhr und *estat* um 4:00 Uhr ausgeführt. Hier das Listing für *crontab*:

```
#
# Below are the cron entries for the performance & tuning database
#
00 08 * * 1-5 /u03/home/oracle/admin/tranp/p_and_t/bstat 2>&1
00 16 * * 1-5 /u03/home/oracle/admin/tranp/p_and_t/estat 2>&1
#
00 08 * * 6   /u03/home/oracle/p_and_t/export_p_and_t_tables 2>&1
30 08 * * 6   /u03/home/oracle/p_and_t/create_p_and_t_tables 2>&1
```

Auf dem zentralen Server werden die wöchentlichen Prozesse ausgeführt, die folgende Aufgaben durchführen:

- Dekomprimieren und Laden der eingehenden Daten.

- Extrahieren der wöchentlichen Performance- und Tuning-Berichte.

- Mailen der Berichte an die DBAs.

Hier das Listing für *crontab*:

```
#
#
00 13 * * 1 /u01/dba/oracle/admin/DBAX/p_and_t/
import_p_and_t_tables 2>&1
#
00 14 * * 1 /u01/oracle/p_and_t/reports/extract_reports.csh 2>&1
00 15 * * 1 /u01/oracle/p_and_t/reports/mail_reports.csh 2>&1
```

Jetzt sind alle *cron*-Tasks korrekt eingeplant, also können wir uns die Performance- und Tuning-Berichte anschauen, die sich aus unserer neuen Datenbank leicht generieren lassen.

Performance-Berichte

Dieses System besteht aus zehn Berichten, die detaillierte Performance-Informationen über jede Oracle-Komponente liefern. Die *Tabellen 11.2 bis 11.12* stellen jeweils ein Beispiel für jeden Bericht dar:

	LOGICAL	PHYSICAL	ENQUEUE	HIT
B/ESTAT EXECUTION	READS	READS	WAITS	RATIO
96/07/01 MON 08:00-09:30	127,460,970	29,344,200	192	.77
96/07/02 TUE 09:18-09:30	1,571,052	1,187,076	0	.24
96/07/03 WED 08:00-09:30	18,588	366	0	.98
96/07/04 THU 08:00-09:30	12,548	320	0	.97
96/07/05 FRI 08:00-09:30	12,372	244	0	.98
	- - - - -	- - - -	- - -	- -

Tab. 11.2: Treffer- und Warteschlangen-Berichtsdaten der Instanz *MY_SID* für die letzten sieben Tage (07/08/96 10:06)

B/ESTAT EXECUTION	LOGICAL READS	PHYSICAL READS	ENQUEUE WAITS	HIT RATIO
Average	25,815,106	6,106,441	38	.79
Minimum	12,372	244	0	.244
Maximum	127,460,970	29,344,200	192	.98

Tab. 11.3:
Auszüge aus dem
MY_SID-Statistik-
bericht über
Sortierungen
während der letz-
ten 21 Tage
(07/08/96 10:06)

B/ESTAT EXECUTION	SORTS (MEMORY)	SORTS (DISK)	SORTS (ROWS)
96/06/28 FRI 09:23-09:24	42	0	636
96/06/28 FRI 09:28-16:00	600	0	13,302
96/07/01 MON 08:00-09:30	3,630	282	11,025,378
96/07/02 TUE 09:18-09:30	42	0	660
96/07/03 WED 08:00-09:30	42	0	660
96/07/04 THU 08:00-09:30	44	0	440
96/07/05 FRI 08:00-09:30	28	0	440
– – – –	– – –	– – –	– – – Average 633
40	1,577,359		
Minimum	28	0	440
Maximum	3,630	282	11,025,378

Tab. 11.4:
Auszüge aus dem
MY_SID-Statistik-
bericht über
Benutzeraufrufe
während der
letzten 21 Tage
(07/08/96 10:06)

B/ESTAT EXECUTION	USER CALLS	USER COMMITS	USER ROLL-BACKS	RECURSIVE CALLS	CALL RATIO
96/06/28 FRI 09:23-09:24	270	12	0	156	.58
96/06/28 FRI 09:28-16:00	14,934	54	0	211,998	14.20
96/07/01 MON 08:00-09:30	24,468	2,970	0	2,956,938	120.85
96/07/02 TUE 09:18-09:30	270	30	0	14,868	55.07
96/07/03 WED 08:00-09:30	270	12	0	12,738	47.18
96/07/04 THU 08:00-09:30	180	8	0	8,528	47.38
96/07/05 FRI 08:00-09:30	180	8	0	8,372	46.51
	– – –	– – –	– – –	– – – –	– – –
Average	5,796	442	0	459,085	47.39
Minimum	180	8	0	156	.58
Maximum	24,468		2,970	0	2,956,938
120.85					

Tab. 11.5: Auszüge aus dem MY_SID-Statistik- bericht über Fetch- und Scan-Opera- tionen während der letzten 21 Tage (07/08/96 10:06)	B/ESTAT EXECUTION	FETCH BY ROWID	FETCH CTROW	SCANS LONG	SCANS SHORT	SCANS ROWS	SCAN RATIO
	96/07/01 11:03-11:06	720	0	0	18	18	.00
	96/07/01 11:28-16:00	3,222,765	207	144	947,241	120,345,201	.00
	96/07/02 08:00-16:00	109,052,170	55	240	570,605	355,301,755	.00
	96/07/03 08:00-16:00	2,456,540	164	764	25,000	310,878,908	.03
	96/07/04 08:00-16:00	160	0	0	472	18,312	.00
	96/07/05 08:00-16:00	19,796	0	0	532	92,844	.00
		– – – –	– –	– –	– – – –	– – – – –	–
	Average	22,458,692	71	191	257,311	131,106,173	.01
	Minimum	160	0	0	18	18	.00
	Maximum	109,052,170	207	764	947,241	355,301,755	.03

Tab. 11.6: Auszüge aus dem MY_SID-Bericht über die durch- schnittlichen Warteschlangen- einträge und Redo-Operationen während der letz- ten 21 Tage (07/08/96 10:06)	B/ESTAT EXECUTION	SUMMED DIRTY QUEUE LENGTH	WRITE REQUESTS	AVG WRITE QUEUE LENGTH	REDO SPECIAL REQUESTS
	96/06/26 WED 16:19-16:20	0	128	.00	0
	96/06/27 THU 08:05-12:05	5,572	16,856	.33	28
	96/06/28 FRI 09:28-16:00	18	378	.05	0
	96/07/01 MON 08:00-09:30	35,784	122,334	.29	138
	96/07/01 MON 08:00-12:00	41,909	38,976	1.08	126
	96/07/02 TUE 08:00-12:00	2,016	22,950	.09	126
	96/07/02 TUE 08:00-16:00	116,455	28,080	4.15	40
	96/07/03 WED 08:00-12:00	437	2,207	.20	39
	6/07/03 WED 08:00-16:00	87,396	74,064	1.18	80
	96/07/04 THU 08:00-09:30	0	32	.00	0
	96/07/05 FRI 08:00-16:00	0	184	.00	0
		– – – –	– – – – –	– – –	– – –
	Average	30,612	18,540	.96	32
	Minimum	0	32	.00	0
	Maximum	116,455	122,334	4.15	138

	DATA FILE	TOTAL TOTAL READS	READ TIME	TOTAL TOTAL WRITES	WRITE TIME
Tab. 11.7: Auszüge aus *MY_SID*-Instanz-B/E-Datei-Statistik über Summen nach Datendatei während der letzten 31 Tage (07/08/96 10:06)	/Datadisks/d01/ORACLE/my_sid/mptv.dbf	6,870,264	0	100,596	0
	/Datadisks/d02/ORACLE/my_sid/index.dbf	282,408	0	66,876	0
		– – –	– –	– – –	– –
	Average	806,251	0	54,535	0
	Minimum	0	0	0	0
	Maximum	6,870,264	0	255,474	0
	Sum	7,256,258	0	490,816	0

	FILE SYSTEM	TOTAL READS	TOTAL WRITES
Tab. 11.8: Auszüge aus der OIDB-Instanz-B/E-Datei-Statistik über Summen nach Dateisystem während der letzten 7 Tage (07/09/96 09:22)	/Datadisks/d01/ORACLE	373,144	45,823
	/Datadisks/d02/ORACLE	22,120	67,729
	/Datadisks/d03/ORACLE	449,608	9,107
	/Datadisks/d04/ORACLE	1,119,456	11,920
	/Datadisks/d05/ORACLE	272,716	9,703
	/Datadisks/d06/ORACLE	1,051,170	37,835
	/Datadisks/d09/ORACLE	746	1,186
		– – – – –	– – – – –
	Average	644,920	158,627
	Minimum	0	0
	Maximum	2,876,425	1,444,968
	Sum	9,673,799	2,379,401

	B/ESTAT EXECUTION	GETS	WAITS	RATIO	UNDO BYTES
Tab. 11.9: Auszüge aus der *MY_SID*-Instanz-B/E-Rollback-Statistik während der letzten 21 Tage - Transaction table wait ratio > .05 – Add rollbacks (07/08/96)	96/06/28 FRI 09:23-09:24	28	0	.00	9,576
	96/06/28 FRI 09:28-16:00	2,975	0	.00	99,988
	96/07/01 MON 08:00-07:36	94,101	0	.00	124,102,104
	96/07/02 TUE 09:18-09:30	266	0	.00	501,942
	96/07/03 WED 08:00-09:30	658	0	.00	9,632
	96/07/04 THU 08:00-09:30	470	0	.00	6,880
	96/07/05 FRI 08:00-09:30	470	0	.00	6,880

Tab. 11.10:	B/ESTAT EXECUTION	PINS	RELOADS	REPARSE RATIO
Auszüge aus der	96/06/28 FRI 09:23-09:24	728	21	.0288
MY_SID-Instanz-B-	96/06/28 FRI 09:28-16:00	36,330	742	.0204
E-Lib-Statistik	96/07/01 MON 08:00-07:36	1,123,808	315	.0003
während der letz-	96/07/02 TUE 09:18-09:30	7,315	70	.0096
ten 40 Tage -	96/07/03 WED 08:00-09:30	994	0	.0000
Reparse ratio >	96/07/04 THU 08:00-09:30	700	0	.0000
.01 – Increase	96/07/05 FRI 08:00-09:30	660	0	.0000
shared_pool_size		– – – –	– – – –	– – –
(07/08/96)	Average	167,219	164	.0084

Tab. 11.11:	SID	OWNER	TS	TABLE	SIZE (KB)	NEXT (K)	OLD EXT	NEW EXT
Auszüge aus den	TRANP	HOCK	USERS_01	LOBHOCK11	7,606	352	67	69
Tabellen-/Index-	RPT	USERS_01	USER_TABLES_RPT	660	0	12	15	

Tabellen-/Index-
Extents - TRANP
table report >
80 – Daten über
Extents oder
neue Extents
während der
letzten 7 Tage
(07/08/96 13:40)

Tab. 11.12:	DATE	TABLESPACE	TABLESP PIECES	TABLESP MBYTES	FREE MBYTES	FREE MBYTES	PERCENT FREE
Auszüge aus dem	03-JUL-96	INDEXG	5	600	20	17	3
Tablespace-Be-	03-JUL-96	GSA_DATA	4	600	61	57	10
richt - OIDB-	03-JUL-96	INDEXH	1	200	21	21	10
Instanz-Daten-	03-JUL-96	INDEXE	3	400	42	38	10
dateispeicherung	03-JUL-96	PROSPECTING01	1	900	99	99	11
in Oracle-Mega-	03-JUL-96	PERSON	1	200	30	30	15
bytes: 1.048.576	03-JUL-96	PROSPECTING02	7	750	165	82	22
Byte (07/12/96)	03-JUL-96	ADDRESS	1	200	49	49	24
	03-JUL-96	INDEXB	2	400	114	62	29
	03-JUL-96	RESPONSIBILITY	1	150	45	·45	30
	03-JUL-96	TOOLS	2	10	3	3	32
	03-JUL-96	ORGANIZATION	1	300	121	121	40

Tablespace- und Tabellendaten sammeln

Die Dienstprogramme *bstat-estat* eignen sich zwar wunderbar für die Messung der Arbeitsspeicherzuteilung, doch fehlen dem DBA möglicherweise Informationen über Oracle-Tabellen und Tablespaces. So kann z.B. leicht ein Warnbericht erstellt werden, der alle Tabellen und Indizes anzeigt, die innerhalb der letzten 24 Stunden mehr als zweimal erweitert wurden. Oder Sie können einen Tablespace-Warnbericht schreiben, der alle Tablespaces anzeigt, die weniger als 10% der gesamten Tablespace-Größe freien Speicher haben.

Es ist einfach, eine Routine zu schreiben, die alle Tablespaces befragt und die Informationen in einer statistischen Tabelle speichert *(siehe Listing 11.7)*. Indem diese Tablespace-Informationen ständig nachverfolgt werden, kann eine Vorhersage über die Zuwachsrate und den Zeitpunkt, zu dem eine Datendatei zu dem Tablespace hinzugefügt werden muß, getroffen werden.

Listing 11.7:
Ein Skript, das
Tablespace-
Daten sammelt

```
INSERT INTO TABLESPACE_STAT VALUES (
SELECT   DFS.tablespace_name,
             round(sum(DFS.bytes)/1048576,2),
             round(max(DFS.bytes)/1048576,2)
FROM     SYS.dba_free_space DFS
GROUP BY DFS.tablespace_name
ORDER BY DFS.tablespace_name);
```

Tabellen werden in der Regel nachverfolgt, um Informationen über einen unerwarteten Zuwachs liefern zu können. Eine hohe Zuwachsrate kann darauf hinweisen, daß die Tabelle zu klein angelegt wurde (über den Parameter *NEXT*) oder daß ein Wandel in der Endbenutzerverarbeitung stattfindet. In beiden Fällen möchte der DBA darüber informiert werden, wenn eine Tabelle öfter als zweimal innerhalb von 24 Stunden erweitert wird.

Das Sammeln der Tabellen-Extent-Informationen ist eine einfache Angelegenheit, wie Sie in *Listing 11.8* sehen können. Dieses Skript kann an einen *cron*-Prozeß angehängt werden, um die Extent-Informationen in festgelegten Zeitabständen zu messen:

Listing 11.8:
Ein Skript, das
Tabellendaten
sammelt

```
INSERT INTO TAB_STAT VALUES(
SELECT  DS.tablespace_name,
            DT.owner,
            DT.table_name,
            DS.bytes/1024,
            DS.extents,
            DT.max_extents,
            DT.initial_extent/1024,
            DT.next_extent/1024,
            DT.pct_increase,
            DT.pct_free,
            DT.pct_used
```

```
FROM      SYS.dba_segments DS,
          SYS.dba_tables DT
WHERE     DS.tablespace_name = DT.tablespace_name
AND    DS.owner = DT.owner
AND    DS.segment_name = DT.table_name
ORDER BY 1,2,3);
```

Sobald diese Tabellen mit Daten aufgefüllt sind, ist es relativ einfach, ein SQL-Programm zu schreiben, das Warnberichte für den DBA generiert.

Ein Tablespace-Warnbericht kann vom DBA nach Bedarf definiert werden, doch umfaßt er in der Regel eine Liste der Tablespaces, wobei das größte Fragment weniger als 10% der Größe des Tablespaces beträgt. Unabhängig davon können Daten, die von Tabellenanalyse-routinen erstellt wurden, zur Generierung von Abweichungsberichten verwendet werden, die den DBA auf mögliche Probleme in den Datenbanken hinweisen *(siehe Listing 11.9)*. Beachten Sie den Kunstgriff, bei dem die Extents-Tabelle mit sich selbst verknüpft wurde, um alle Tabellen anzuzeigen, die während der vergangenen Woche erweitert wurden.

Listing 11.9:
Ein Bericht über
Tabellen-Extents

```
BREAK ON c0 SKIP 2 ON c1 SKIP 1
TTITLE " Table Report| > 50 Extents or new extents";
SPOOL /tmp/rpt10
SELECT
DISTINCT
          B.sid                        c0,
          substr(B.owner,1,6)          c1,
          substr(B.tablespace_name,1,10) c2,
          substr(B.table_name,1,20)    c3,
          (B.blocks_alloc*2048)/1024   c4,
          C.next_extent/1024           c5,
          A.extents                    c6,
          B.extents                    c7
FROM      TAB_STAT        A,
          TAB_STAT        B,
          DBA_TABLES      C
WHERE
          rtrim(C.table_name) = rtrim(B.table_name)
AND
          A.sid = B.sid
AND
          rtrim(A.tablespace_name) <> 'SYSTEM'
AND
          A.tablespace_name = B.tablespace_name
AND
          A.table_name = B.table_name
AND
          to_char(A.run_date) = to_char(B.run_date-7)
```

```
                    – compare to one week prior
AND
(
        A.extents < B.extents
        – where extents has increased
OR
        B.extents > 50
)
ORDER BY B.sid;
```

Obwohl es auf dem Markt viele kuriose Werkzeuge zur Messung der Oracle-Performance gibt, kann ein Oracle-DBA mit Hilfe einer selbstge-schriebenen Erweiterung der Oracle-Basis-Performance-Dienstprogram-me ein proaktives Gerüst schaffen, das ihn beim Oracle-Tuning unter-stützt. Heutzutage müssen Oracle-DBAs möglichst viele Funktionen automatisieren, um ihre Produktivität zu maximieren. Eine Möglichkeit zu diesem Ziel besteht in der Erstellung einer menügestützten Oberflä-che, die beim Ausführen des Oracle-Performance-Berichts behilflich ist. Mit einem freundlichen Front-End können andere Oracle-Operatoren leicht Berichte ausführen, ohne die zugrundeliegende Sprache zu ken-nen.

Online-Menü für das Performance-System

Wenn erst einmal ein Mechanismus eingerichtet wurde, der Statistiken an eine zentrale Oracle-Datenbank liefert, kann ein menügestütztes System erstellt werden, das die Generie-rung von Berichten aufgrund dieses Datenmaterials erlaubt. Hier ein Beispielmenü für ein solches System:

```
Performance-Berichte für Oracle

HAUPTMENÜ
  1. SGA waits and Buffer hit ratio report
  2. Cache hit ratio report
  3. Data Dictionary report
  4. File report
  5. Tablespace report
  6. Table report
  7. Index report
  8. SGA - hit ratio/wait count alert
```

```
 9. Tablespace - fragment/free space alert
10. Table - Increased extents alert
11. Index - Increased extents alert
12. Audit
14. Exit
Enter choice ==>
```

Dieses Menü wird von einem Korn-Shell-Skript wie in *Listing 11.10* gesteuert:

Listing 11.10:
Ein Korn-Shell-
Skript, das Oracle-
Performance-Da-
ten extrahiert

```
trap "exit 0" 1 2 3 4 5 6 7 8 10 15



USER_NAME='id -un'
#if [ "$USER_NAME" != "root" -a "$USER_NAME" != "oracle" ]
if [ "$USER_NAME" != "root" ]
then
  echo
  echo "You must be ROOT to execute this script."
  echo
  return 0
fi

# Set PATH
        PATH=/bin:/u01/bin:/etc:/u01/contrib/bin:/u01/oracle/bin:/
          u01/oracle/etc:/u01/lib:/u01/lib/acct:/u01/backup/bin
        export PATH

# Set up Oracle environment
        ORACLE_HOME=/u01/oracle
        ORAKITPATH=/u01/oracle/resource
        FORMS30PATH=/u01/oracle/resource
        MENU5PATH=/u01/oracle/resource
        export ORACLE_HOME ORACLE_SID ORAKITPATH FORMS30PATH MENU5PATH
        PATH=$PATH:${ORACLE_HOME}/bin:
        export PATH
        ORAENV_ASK=NO

TWO_TASK=perfdb
export TWO_TASK
unset ORACLE_SID

get_sid()
{
echo
echo "Enter the database name: \c"
read DBNAME1
END1=${DBNAME1}
```

```
export END1
}

get_parms()
{

#*********************************************************************
# Prompt for database name
#*********************************************************************
echo
echo "Enter the database name: \c"
read DBNAME1


case $DBNAME1 in

    ""              ) END1="\" \""
        ;;

    *               ) END1="\" and upper(rtrim(brndb.sid))
                      =upper('"${DBNAME1}"')\""
        ;;
esac

export END1
} #  End of get_parms()

get_date()
{
#*********************************************************************
# Prompt for start date
#*********************************************************************
echo
echo "Enter a start date:(mm/dd/yy) (or press enter for none) \c"
read DATE1

if [ $DATE1 ]
then
    END2="\" and run_date >=to_date('$DATE1','MM/DD/YY')\""
else
    END2="\" and run_date >=to_date('01/01/01','MM/DD/YY')\""
fi

export END2

#*********************************************************************
# Prompt for end date
```

```
#****************************************************************
echo
echo "Enter an end date:(mm/dd/yy) (or press enter for none) \c"
read DATE2

if [ $DATE2 ]
then
    END3="\" and run_date <=to_date('$DATE2','MM/DD/YY')\""
else
    END3="\" and run_date <=to_date('12/31/99','MM/DD/YY')\""
fi

export END3

}  # end of get_date...

get_extents()
{
#**********************************************************************
# Prompt for number of extents
#**********************************************************************
echo
echo "Where number of extents is greater than (default 0):\c"
read EXT1

if [ $EXT1 ]
then
    END4="\" and extents > $EXT1\""
else
    END4="\" and extents > 0\""
fi

export END4
}  # end of get_extents...


three_mess()
{
echo " "
echo "Data for this report is collected directly from the remote host."
echo " "
echo "Therefore, you may not want to run this against a database"
echo "unless you are prepared to wait awhile."
echo " "
}


#**********************************************************************
```

```
#  Main routine loop
#***********************************************************************
while true ; do
  clear

    echo "                 PER Reports for Oracle"
    echo
    echo "    1. SGA waits & Buffer hit ratio report"
    echo "    2. Cache hit ratio report"
    echo "    3. Data Dictionary report"
    echo "    4. File report"
    echo "    5. Tablespace report"
    echo "    6. Table report"
    echo "    7. Index report"
    echo
    echo "    8. SGA        - hit ratio/wait count alert "
    echo "    9. Tablespace - fragment/free space alert"
    echo "   10. Table      - Increased extents alert"
    echo "   11. Index      - Increased extents alert"
    echo
    echo "   12. Audit      - Check a database for security violations"
    echo
    echo "   14. EXIT"
    echo
    echo $MESS1
    echo

    echo "Enter choice ==> \c:"
    read PICK


    case $PICK in

      "1") PREFIX=ps
          one_mess;
          get_parms;
          get_date;
          /u01/oracle/per/perf/rpt1.sh
          MESS1="Report has been spooled to  /tmp/rpt1.lst"
          ;;
      "2") PREFIX=ds
          one_mess;
          get_parms;
          get_date;
          /u01/oracle/per/perf/rpt2.sh
          MESS1="Report has been spooled to  /tmp/rpt2.lst"
          ;;
```

```
"3")  PREFIX=ls
      one_mess;
      get_parms;
      get_date;
      /u01/oracle/per/perf/rpt3.sh
      MESS1="Report has been spooled to  /tmp/rpt3.lst"
      ;;
"4")  PREFIX=fs
      one_mess;
      get_parms;
      get_date;
      /u01/oracle/per/perf/rpt4.sh
      MESS1="Report has been spooled to  /tmp/rpt4.lst"
      ;;
"5")  get_parms;
      get_date;
      /u01/oracle/per/perf/rpt5.sh
      MESS1="Report has been spooled to  /tmp/rpt5.lst"
      ;;
"6")  get_parms;
      get_date;
      get_extents;
      /u01/oracle/per/perf/rpt6.sh
      MESS1="Report has been spooled to  /tmp/rpt6.lst"
      ;;
"7")  get_parms;
      get_date;
      get_extents;
      /u01/oracle/per/perf/rpt7.sh
      MESS1="Report has been spooled to  /tmp/rpt7.lst"
      ;;
"8")  nohup /u01/oracle/per/perf/rpt8.sh > /tmp/rpt8.lst 2>&1 &
      MESS1="Report will be spooled to  /tmp/rpt8.lst"
      ;;
"9")  nohup /u01/oracle/per/perf/rpt9.sh > /tmp/rpt9.lst 2>&1 &
      MESS1="Report will be spooled to  /tmp/rpt9.lst"
      ;;
"10") nohup /u01/oracle/per/perf/rpt10.sh > /tmp/rpt10.lst 2>&1 &
      MESS1="Report will be spooled to  /tmp/rpt10.lst"
      ;;
"11") nohup /u01/oracle/per/perf/rpt11.sh > /tmp/rpt11.lst 2>&1 &
      MESS1="Report will be spooled to  /tmp/rpt11.lst"
      ;;
"12") three_mess;
      get_sid;
      /u01/oracle/per/perf/rpt12.sh
      MESS1="Report has been spooled to  /tmp/rpt12.lst"
```

```
        ;;
    "14") echo bye
        break
        ;;
  esac
```

Dieses Korn-Shell-Skript bietet einen vollständigen Zugriff auf die Berichte in der Datenbank. Beachten Sie, daß für die Berichte 1 bis 7 bestimmte Parameter geändert werden können und Sie vom System aufgefordert werden, den Namen der Datenbank und die Datenbereiche anzugeben.

Oracle-Berichte und -Warnberichte ausführen

Die nachfolgenden Parameter sind erforderlich, um das Skript aus *Listing 11.10* auszuführen. Das Skript wird den Anwender auffordern, die folgenden Werte anzugeben:

1. Datenbankname (Standard ist *alle* Datenbanken)

2. Anfangsdatum (Standard ist 2000 v. Chr.)

3. Enddatum (Standard ist heute)

Beim Ausführen von Bericht 6 und 7 (Tabellen- und Indexbericht) werden Sie aufgefordert, die Anzahl der Extents anzugeben, die in der Tabellen- bzw. Indexabfrage verwendet werden. Der Anwender erhält die folgenden Eingabeaufforderungen:

```
Enter the database name: (or press enter for all databases) cusdb

Enter a start date:(mm/dd/yy) (or press enter for none) 06/01/95

Enter an end date:(mm/dd/yy) (or press enter for none)

Where number of extents is greater than (default 0):30
```

Beachten Sie auch, daß es sich bei den Berichten 8 bis 11 um Warnberichte handelt. Bei Warnberichten wird keine zusätzliche Information angefordert.

Während sich diese Vorgehensweise ausgezeichnet für die Erstellung einer proaktiven (also langfristigen) Infrastruktur für die Überwachung von Oracle eignet, gibt es für die reaktive Überwachung viele taugliche Herstellerangebote. Wie ich bereits zu Anfang dieses Kapitels erwähnt habe, wird eine reaktive Oracle-Überwachung durch kontinuierliches zyklisches Abfragen nach Exceptions erreicht; wird dabei ein Oracle-Grenzwert überschritten, so wird ein entsprechendes Warnsignal gesendet. Oracle selbst stellt innerhalb der Oracle Enterprise Manager-Konsole einige unausgereifte Überwachungs- und Warnwerkzeuge bereit, doch gibt es schon seit Jahren auch robuste Werkzeuge für die Oracle-Überwachung. Eines der beliebtesten ist Patrol von der Firma BMC Software. Der nächste Abschnitt nimmt Patrol einmal unter die Lupe und zeigt, wie es für eine kontinuierliche Überwachung der Oracle-Performance eingesetzt werden kann.

Näher betrachtet – Patrol von BMC

n dem stark umkämpften Markt der Systemüberwachungswerkzeuge ringen die Hersteller um die Entwicklung von Produkten, die einem DBA oder Systemadministrator die Routine- und profanen Administrationsaufgaben abnehmen können. Mit dem Aufkommen offener Systeme und geographisch ausgedehnter Netzwerke mit verteilten Datenbanken ist ein zentrales Werkzeug für die Überwachung der System-Performance unerläßlich geworden. Patrol ist ein Produkt, das diesem Bedarf entgegenkommt.

Eine vollständig funktionale Demo-Version von BMC Patrol ist auf der CD-ROM zu diesem Buch zu finden.

Als Warnungs- und Überwachungssystem vermarktet, positioniert sich Patrol unter Produkten wie DBVision von Platinum Software und einer Reihe weiterer SNMP-kompatibler Überwachungssysteme. Das Ziel eines solchen Werkzeugs besteht darin, einen intelligenten Agent bereitzustellen, der die Datenbank und die Betriebsumgebung fortlaufend überwacht und gegebenenfalls außergewöhnliche Bedingungen (sogenannte *Ereignisse*) entdeckt. Wenn ein solches Ereignis erst einmal entdeckt worden ist, kann es ein intelligentes Skript auslösen, das ein Problem automatisch korrigiert, während es die „Piepser"-Nr. des DBA wählt (oder eine andere Form von Warnsignal auslöst). Dies mag zwar nach einem etwas zu hochgesteckten Ziel klingen, doch ist es Patrol gelungen, ein Gerüst zu erstellen, das die DBAs und SAs um viele der mühseligen Überwachungsaufgaben entlastet. Patrol ist so benutzerfreundlich konzipiert, daß auch ein Operator ohne Fachwissen Dutzende von Host-Rechnern überwachen und sogar die Ursache vieler Probleme selbst herausfinden kann.

Patrol bietet die Möglichkeit, eine Vielzahl relationaler Datenbanken von einer einzigen Konsole aus zu verwalten, und unterstützt momentan eine Reihe relationaler Datenbanken, wie etwa Oracle, Sybase, Informix, DB2 Version 2, OpenVMS und CA-Ingres. Zudem stellt Patrol spezielle Nebenmodule zur Verfügung, die herstellerspezifische Anwendungspakete wie Oracle Financials überwachen. Die Fähigkeit, ein gemeinsames Überwachungsinstrument für eine Vielzahl unterschiedlicher

Datenbanken bereitzustellen, ist einer der großen Pluspunkte von Patrol, der vor allem die Betreiber großer Datenbankstandorte mit Datenbanktypen unterschiedlicher Hersteller anspricht.

Für ein so ausgereiftes Produkt ist die Installation von Patrol relativ geradlinig und besteht aus zwei Schritten: der Installation der „Konsole" (dem Host, der die Datenbanken überwacht) und der Installation der Agent-Software auf jedem Agent, den es zu überwachen gilt. Das Installationshandbuch ist kompakt und gut geschrieben und beschreibt die Prozeduren zum Laden des Patrol-Installationsprogramms, das die Auswahl zwischen verschiedenen Produktkomponenten erlaubt.

Das Front-End für die Konsole ist Motif-gestützt und bietet eine exzellente GUI-Umgebung mit sehr intuitiven Auf-gliederungsmöglichkeiten. Tatsächlich kann sich ein erfahrener DBA an die Patrol-Konsole setzen und ohne vorherige Schulung sofort ein Problem anzeigen. Das Hauptfenster besteht aus einem Symbol für jeden Host-Rechner, und wenn ein Ereignis innerhalb des Wissensmoduls ausgelöst wurde, wird der Host rot hervorgehoben *(siehe Abbildung 11.3)*.

Abb. 11.3:
Das Hauptfenster
der Patrol-Konsole

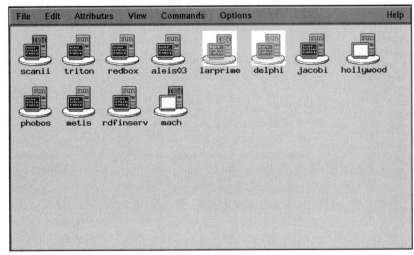

Wenn Sie auf ein Host-Symbol klicken, wird die nächste Ebene, nämlich eine Reihe von Datenbanksymbolen, angezeigt – ein Symbol für jede Datenbank auf dem betreffenden Host. Zudem umfaßt dieses Fenster Symbole für andere Komponenten auf dem Host-Rechner, etwa Datei-systeme und Festplatten. Bei der Aufgliederung eines Datenbanksymbols werden zahlreiche Datenbankstatistiken angezeigt. Trotz dieser überlegenen Darstellungsmöglichkeiten liegt der wahre Wert von Patrol in der Verwaltung der vom Anwender definierten Regeln, die Patrol darüber informieren, wenn etwas schief geht. In *Abbildung 11.4* sehen Sie die zweite Aufgliederungsebene des Patrol-Fensters:

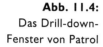

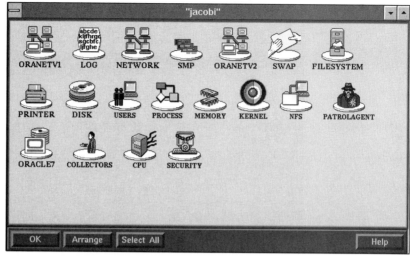

Wer schon mit einem Überwachungs- und Warnsystem in einer Produktionsumgebung gearbeitet hat, weiß, daß der effektive Einsatz eines Werkzeugs von seiner Fähigkeit abhängt, auffällige Probleme zu identifizieren, während es zugleich einen Fehlalarm zu vermeiden weiß *(Precision)*. Gleichzeitig dürfen keine wirklichen Probleme übersehen werden *(Recall)*. Dieser Balanceakt zwischen *Precision* und *Recall* erfordert einen sehr flexiblen Satz veränderbarer Regeln – ein Gebiet, auf dem Patrol sehr effektiv ist.

Das Wissensmodul von Patrol

Patrol unterstützt eine dynamische Wissensbasis, die es einem DBA erlaubt, spezifische Ereignisse innerhalb des Systems kontinuierlich anzupassen. Es kann etwa vorkommen, daß ein DBA wissen will, wann ein Dateisystem fast voll ist. Nun sind Dateisysteme, die Datenbankdateien zugewiesen wurden, immer voll – so daß der DBA fälschlicherweise über eine Situation unterrichtet wird, die es gar nicht zu korrigieren gilt. Patrol sammelt solche Entscheidungsregeln und bezeichnet sie als *Wissensmodule (KM = Knowledge Modules)*. Für Patrol besteht ein Wissensmodul aus einem Satz an Parametern mit aussagekräftigen Namen, wie etwa *BufferBusyRate* oder *CacheHitRatio (siehe Abbildung 11.5)*. Ein Wissensmodul kann auf der Hauptkonsole (dem globalen KM) oder auf jedem der entfernten Agents (den lokalen KMs) in verschiedenen Versionen gehalten, angepaßt und gespeichert werden.

List Of Parameters For "ORACLE7" Class				▼ ▲
File Edit Options				Help
Parameter Name	Class	Active	Param Type	P
BlkGetRate	ORACLE7	Active	STANDARD	6C
BlkVisitsPerTrans	ORACLE7	Active	STANDARD	6C
BufferBusyRate	ORACLE7	Active	STANDARD	6C
CacheHitRatio	ORACLE7	Active	STANDARD	3€
CallRate	ORACLE7	Active	STANDARD	6C
CallsPerTrans	ORACLE7	Active	STANDARD	6C
ChainedRows	ORACLE7	Active	STANDARD	6C
ChangedBlkRatio	ORACLE7	Active	STANDARD	6C
ConsistentChgRatio	ORACLE7	Active	STANDARD	6C
DictCacheHitRatio	ORACLE7	Active	STANDARD	3€
DiskSorts	ORACLE7	Inactive	STANDARD	6C
DispatcherBusyRates	ORACLE7	Active	STANDARD	6C
DispatcherWaitTimes	ORACLE7	Active	STANDARD	6C
EnqueueResourcesUsed	ORACLE7	Active	STANDARD	6C
EnqueueTimeouts	ORACLE7	Active	STANDARD	6C
FreeSpace	ORACLE7	Active	STANDARD	1C
FreeSpaceDeficit	ORACLE7	Active	STANDARD	1C
LatchGetRatio	ORACLE7	Active	STANDARD	6C
LibraryCacheHitRatio	ORACLE7	Active	STANDARD	3€
LongTableScanRatio	ORACLE7	Active	STANDARD	3€
MaximumExtents	ORACLE7	Active	STANDARD	6C
OpenCursorsUsed	ORACLE7	Active	STANDARD	6C
ProcessesUsed	ORACLE7	Active	STANDARD	6C
RecursiveCallsRatio	ORACLE7	Active	STANDARD	6C
RedoAllocationLatch	ORACLE7	Active	STANDARD	6C
RedoCopyLatch	ORACLE7	Active	STANDARD	6C
RedoGenerationRate	ORACLE7	Active	STANDARD	6C
RedoLogSpaceRequestRatio	ORACLE7	Active	STANDARD	6C
RedoNotArchived	ORACLE7	Active	STANDARD	6C
RedoSizeAverage	ORACLE7	Active	STANDARD	6C
RedoSmallCopyRatio	ORACLE7	Active	STANDARD	6C

Die Patrol-Architektur bietet einen Mechanismus, bei dem zuerst auf das globale Wissensmodul und anschließend auf etwaige agentenspezifische Regeln verwiesen wird. Dieses Merkmal ist besonders für Datenbanken mit einmaligen Charakteristiken geeignet. Angenommen, der Wert von *LongTableScanRatio* soll für OLTP-Systeme unter 80 Prozent bleiben, während eine *LongTableScanRatio* von 60 Prozent für eine batch-gestützte Berichtsdatenbank, die sich auf das vollständige Durchsuchen von Tabellen verläßt, völlig in Ordnung ist.

Diese Parameter enthalten die folgenden Attribute:

- *Poll Time* – Ein Parameter, der so eingestellt werden kann, daß er zu einem bestimmten Zeitpunkt ausgelöst wird.

- *Automated Recovery* – Spezifische Aktionen, die so programmiert werden können, daß Sie den DBA benachrichtigen und Aktionen auslösen, die das Problem automatisch korrigieren.

- *Output Range* – Werte, die eine Warnsituation auslösen. So kann etwa der Wert von *MaximumExtents* standardmäßig ein Warnsignal auslösen, wenn eine Tabelle 90% der verfügbaren Extents erreicht, und ein Alarmsignal, wenn 95% der verfügbaren Extents erreicht sind.

- *Manual Recovery* - Hierbei handelt es sich um eine Wissensbasis, die dem DBA eine angebrachte korrektive Maßnahme vorschlägt. Der Wert für *LibraryCacheHitRatio* für Oracle schlägt dem DBA etwa korrekterweise vor, daß ein höherer Wert für *shared_pool_size* das Problem beheben könnte. Dieses Leistungsmerkmal in Patrol ist besonders angenehm für einen neuen DBA, der mit den korrektiven Maßnahmen für Datenbankprobleme noch nicht vertraut ist *(siehe Abbildung 11.6)*.

Abb. 11.6:
Das Patrol-Dialogfenster für die Wartung der Oracle-Parameter

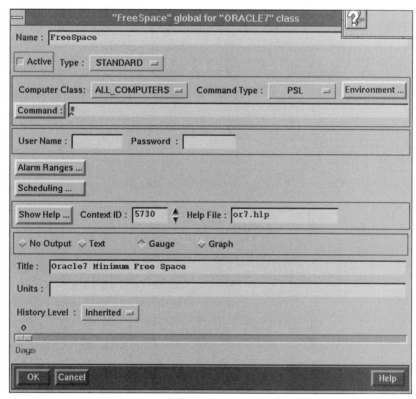

Jeder Parameter läßt sich manuell anpassen, um spezifische Bedingungen auf verschiedenen Standorten widerzuspiegeln. Dazu ändern Sie die Werte für *Output Range* und *Poll Time*. Ein transaktionsorientiertes System kann etwa so eingestellt werden, daß zyklische Abfragen abends nicht mehr durchgeführt werden, da abends die Batch-Berichterstellung beginnt.

Es ist wichtig, festzustellen, daß Patrol systemweite Statistiken mißt und nicht nur das Verhalten jeder Datenbank auf dem Host. Patrol unterstützt derzeit Unix-gestützte Messungen auf Bull, DC-OSX, DG, HP, SCO, Sequent, SGI, Solaris, Sun4 und SVR4. Mit dem Unix-Wissensmodul kann ein Systemadministrator mit Hilfe von Patrol die „Swap"-Speicherbenutzung, das Paging innerhalb des Unix-Puffer-Caches sowie fast jede mögliche Kernel-Komponente messen. Leider bietet Patrol keine Wiederherstellungssektion für die Unix-Komponente. (Vermutlich haben die Entwickler bei BMC befürchtet, die Systemadministratoren würden sich durch ein Werkzeug beleidigt fühlen, das ihnen mögliche Rezepte für Probleme vorschlägt.)

Angepaßte Ereignisse lassen sich ebenfalls in die Wissensmodule von Patrol integrieren. Ein angepaßtes Ereignis kann etwa ein *Backup*-Prozeß sein, der jeden Dienstag morgen um 1:00 Uhr durchgeführt wird. Patrol kann so eingestellt werden, daß es die erfolgreiche Ausführung des Backups untersucht und ein Warnsignal ausgibt, falls ein Problem entdeckt wird.

Patrol umfaßt zudem einen Satz an Menüoptionen, die einem Manager das Erstellen von Berichten und die Anzeige auffälliger Informationen über das System erlauben.

Patrol-Berichte

Die Berichtfunktionalität von Patrol ist sehr robust und umfassend, so daß Datenbankberichte nur noch für ganz spezifische Abfragen erstellt werden müssen. Einige interessante Menüoptionen sind Patrols *CPU Hog Percentage* und *All Problem Users*. Diese lassen sich so programmieren, daß sie „wild gewordene" Prozesse auf dem Host-Rechner erkennen und DBAs über das Ereignis informieren können. Als ein solcher Prozeß kann z.B. jeder Prozeß definiert werden, der mehr als 30% der Gesamtrechenleistung verbraucht *(siehe Abbildung 11.7)*.

Als eine natürliche Erweiterung seiner Berichtfunktionalität bietet Patrol eine Methode zur Fehlerverarbeitung, bei der der Oracle-Anwender Schwellwerte festlegen kann. Werden diese Schwellwerte überschritten, so werden Warnsignale an die Personen gesendet, die für das Beheben des Performance-Problems verantwortlich sind.

Patrol-Fehlerverarbeitung

In Patrol sind einige automatisierte Wiederherstellungsaktionen definiert. Die Oracle-Komponente etwa erlaubt Patrol, den Wert von *NEXT* für Extents automatisch zu ändern. Zur Illustration dieses Leistungsmerkmals sollten Sie sich einmal folgendes Beispiel vorstellen: Eine Kundentabelle wurde so definiert, daß sie in Informationseinheiten von

Abb. 11.7:
Ein Oracle-Bericht
in Patrol

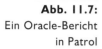

Abb. 11.7:
Ein Oracle-Bericht
in Patrol

```
"File I/O" on "phobos.PPIP".global for "ORACLE7" class

File   Edit   Options                                                    Help

Thu Mar 14 10:49:38 1996
ORACLE7 instance: PPIP
*********************************************************************
File I/O Report Output:

Lists database files by tablespace name, file name, number of physical writes,
number of physical reads, number of physical blocks written, and number of
physical blocks read.

                                            Phys      Phys      Blk      Blk
Tablespace Name     File Name              Writes     Reads    Writes    Reads
-----------         ---------              ------     -----    ------    -----
ADDRESS             /Datadisks/d06/ORACLE/PPIP/address_   458   329083    458   374648
                    01.dbf

APAC                /Datadisks/d08/ORACLE/PPIP/apac_01.     0        0      0        0
                    dbf

APPLTEMP            /Datadisks/d12/ORACLE/PPIP/appltemp  30102    19008  30102    90531
                    _01.dbf

CALL                /Datadisks/d05/ORACLE/PPIP/call_01.    71     1445     71     4083
                    dbf

COMPUTER            /Datadisks/d06/ORACLE/PPIP/computer     0     1284      0     1321
                    _01.dbf

DIRMARKET           /Datadisks/d06/ORACLE/PPIP/dirmarke   117     1987    117    31437
                    t_01.dbf

DST                 /Datadisks/d06/ORACLE/PPIP/dst_01.d   653    11845    653    24916
                    bf

                                            Phys      Phys      Blk      Blk
Tablespace Name     File Name              Writes     Reads    Writes    Reads
```

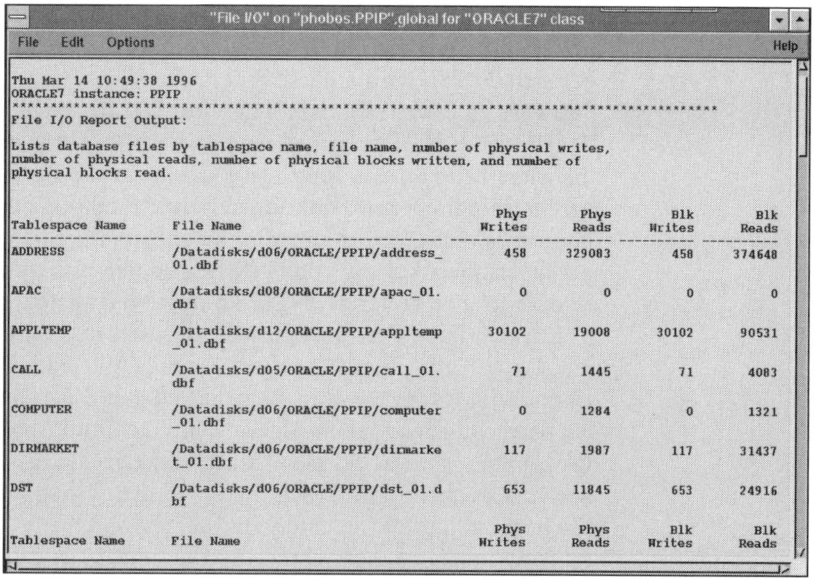

5 MByte anwächst (z.B. *NEXT 5MB*). Sind nun in dem Tablespace mit dieser Tabelle nur 4 MByte verfügbar, so wird Patrol die Tabelle automatisch auf *NEXT 3MB* herabsetzen, so daß sie zumindest noch einmal erweitert werden kann. Dadurch wird Zeit gewonnen, bis der DBA benachrichtigt ist und den betreffenden Tablespace um eine Datendatei ergänzen kann, bevor die Tabelle gesperrt wird. Diese Methode gibt dem DBA die Gelegenheit, die Datendatei zum Tablespace hinzuzufügen, ohne das System unterbrechen zu müssen *(siehe Abbildung 11.8)*.

Abb. 11.8:
Eine Wiederherstellungsaktion in
Patrol

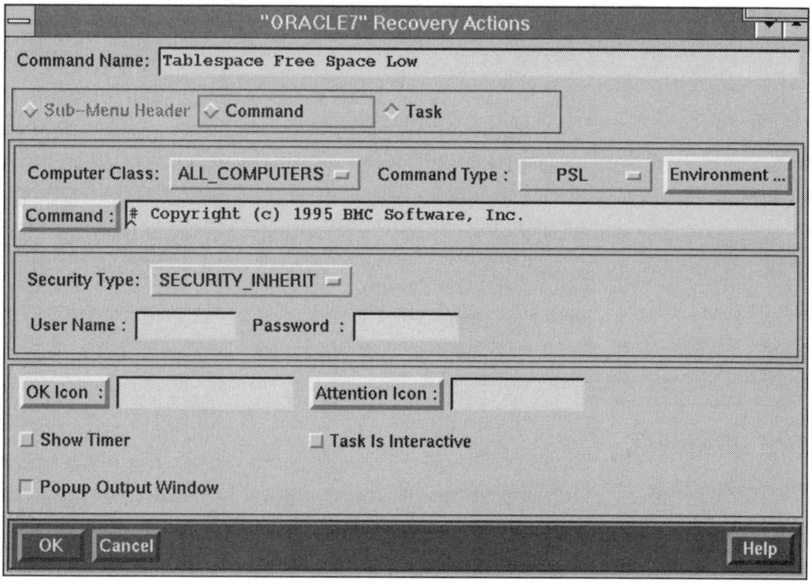

```
"ORACLE7" Recovery Actions

Command Name: Tablespace Free Space Low

◇ Sub-Menu Header  ◇ Command       ◆ Task

Computer Class:  ALL_COMPUTERS ⊟   Command Type :   PSL   ⊟   Environment ...

Command : # Copyright (c) 1995 BMC Software, Inc.

Security Type:  SECURITY_INHERIT ⊟

User Name :            Password :

OK Icon :              Attention Icon :

☐ Show Timer               ☐ Task Is Interactive

☐ Popup Output Window

OK   Cancel                                             Help
```

Patrol bietet Erweiterungen für sein Basissystem an, indem es eine proprietäre Sprache mit der Bezeichnung *Patrol Script Language (PSL)* bereitstellt. PSL wird eingesetzt, um die grundlegende Funktionalität der Software zu erweitern und ausgereifte Wiederherstellungsprozesse, bei denen eine Vielzahl von Bedingungen untersucht werden müssen, automatisieren zu können. Intern ist PSL eine große Bibliothek mit über 100 bereits geschriebenen Funktionen. Diese Funktionen wiederum werden über ein kleines Gerüst aus zehn Befehlen aufgerufen. Diese Funktionen umfassen auch Aufrufe von SNMP-Modulen und dienen somit als Schnittstelle zu anderen SNMP-kompatiblen Werkzeugen.

Kurz und gut: Patrol ist ein sehr robustes und umfassendes System- und Datenbank-Überwachungswerkzeug. Wie jedes leistungsstarke Überwachungswerkzeug ist es nicht „Plug-and-Play"-fähig – es erfordert ein beträchtliches Maß an Voreinstellungen und Anpassungen an die Umgebung. Ist dieses Gerüst jedoch erst einmal erstellt, macht Patrol wie versprochen seine Arbeit, indem es das System kontinuierlich überwacht, bestimmte Probleme selbst behebt und Sie bei Bedarf über Konfliktsituationen benachrichtigt. Das Resultat? Die Eliminierung vieler mühseliger und zeitaufwendiger Arbeiten für System- und DBA-Administratoren.

Ein weiteres aufregendes System-Tool für Oracle-Entwickler ist das Oracle Enterprise Manager Performance Pack. Lassen Sie uns auch dieses Produkt in Augenschein nehmen.

Oracle-Werkzeuge für die Performance-Überwachung

Das Oracle Enterprise Manager Performance Pack ist ein relativ neues Werkzeug, das Sie bei der komplexen Aufgabe, Oracle-Datenbanken zu tunen, unterstützt. Das Performance Pack wird als Ergänzungspaket zum Oracle Enterprise Manager vertrieben. Die nachfolgenden Abschnitte sollen einen Überblick über die grundlegenden Komponenten des Performance Packs bieten und aufzeigen, wie diese dem DBA beim Überwachen seiner Oracle-Datenbanken unter die Arme greifen.

Top Sessions

Die Top Sessions-Überwachung beginnt damit, daß Sie aus einer Liste von Sortierkriterien die für die Top-Sitzungen erforderlichen Kriterien auswählen können. Dies ist daher besonders praktisch, weil sich die wichtigsten Tasks nach jedem erdenklichen Meßkriterium sortieren lassen. Zu diesen Kriterien gehören auch eine Reihe von Bereinigungs- und *Rollback*-Aktionen, die Anzahl konsistenter Lesevorgänge, die Anzahl der von einer Sitzung verwendeten CPUs, die von einer Sitzung durchgeführten E/A-Vorgänge, Aufrufe von SQL*Net und vieles andere mehr. In *Abbildung 11.9* sehen Sie das Startfenster für die Top Sessions, in dem die Sortierkriterien ausgewählt werden. In der Praxis kann ein Entwickler diese Auswahl mehrmals wiederholen, um die wichtigsten Oracle-Tasks nach verschiedenen Kriterien zu sortieren. Dies wird etwa gemacht, um herauszufinden, ob ein Task CPU- oder E/A-abhängig ist.

Abb. 11.9:
Auswahl der
Sortierkriterien für
die Top Sessions

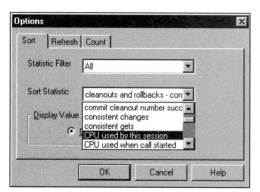

Anschließend werden die Top-Sitzungen gemäß der Sortierkriterien angezeigt (zusammen mit nützlichen Informationen zu den einzelnen Sitzungen). Beachten Sie, daß die Oracle-Hintergrundprozesse in diesem Fenster ebenfalls aufgelistet werden. Es ist möglich, zu allen Tasks Statistiken zu sammeln; zu einem *SQL-EXPLAIN PLAN* allerdings können nur dann Details eingeblendet werden, wenn ein Task als *ACTIVE* gekennzeichnet ist.

Um Details zu einem beliebigen Task dieser Liste anzuzeigen, klicken Sie zweimal auf den betreffenden Task, und es erscheint ein ähnliches Fenster wie in *Abbildung 11.10*. Dieses Fenster besitzt vier Register: *General, Statistics, Cursors* und *Locks*. In *Abbildung 11.10* ist die allgemeine Information zu einem Oracle-Task zu sehen:

Um noch mehr Details zu einem Oracle-Task anzuzeigen, öffnen Sie das Register *Statistics*. Darin sind nützliche Informationen über eine Data-Warehouse-Abfrage zu sehen, einschließlich der SQL*Net-Aktivität vom Client zum Server, der CPU-Nutzung und den konsistenten Lesevorgängen.

Meiner Meinung nach liegt die wahre Fundgrube dieses Fensters im Register *Cursors*. Hier wird zu jeder SQL-Abfrage, die im Hauptfenster als *ACTIVE* gekennzeichnet ist, der tatsächliche SQL-Code aufgezeigt, und zwar so, wie er den Library-Cache verläßt. Beachten Sie, daß mit Hilfe der Schaltfläche *Explain Plan* der Explain-Plan zur betreffenden SQL-Abfrage aufgerufen werden kann.

General | Statistics | Cursors | Locks

Name	Value
SADDR	E0017FE0
SID	5
SERIAL#	1
AUDSID	0
PADDR	E00150E8
USER#	0
USERNAME	BACKGROUND PROCESS
COMMAND	UNKNOWN
TADDR	
LOCKWAIT	
STATUS	ACTIVE
SERVER	DEDICATED
SCHEMA#	0
SCHEMANAME	SYS
OSUSER	oracle
PROCESS	394
MACHINE	sea
TERMINAL	?
PROGRAM	oracle@se
TYPE	BACKGROUND
SQL_ADDRESS	E018BBD4
SQL_HASH_VALUE	-1866047586
PREV_SQL_ADDR	00
PREV_HASH_VALUE	0
MODULE	
MODULE_HASH	0
ACTION	
ACTION_HASH	0
CLIENT_INFO	
FIXED_TABLE_SEQUENCE	0
ROW_WAIT_OBJ#	-1
ROW_WAIT_FILE#	0
ROW_WAIT_BLOCK#	0
ROW_WAIT_ROW#	0
LOGON_TIME	27-DEC-96
LAST_CALL_ET	1829557

For Help, press F1. Press ESC to qui | Refreshed At: 12:59:05 Hours

In *Abbildung 11.11* sehen Sie den *EXPLAIN PLAN* zu einer SQL-Abfrage, die gerade ausgeführt wird. Dies ist eines der leistungsstärksten Merkmale des OEM Performance Packs, da *EXPLAIN PLAN*-Informationen leicht erfaßt und für spätere Referenzzwecke ausgedruckt werden können. Oft kann festgestellt werden, daß eine Datenbankabfrage die gesamte Tabelle durchsucht, obwohl sie eigentlich einen Index verwenden sollte. Dies ist besonders wichtig bei Systemen, in denen eine Vielzahl von Ad-hoc-Abfragen ausgeführt werden.

Da Sie nun wissen, wie Sie einzelne Tasks mit Hilfe des Werkzeugs Top Session aus dem OEM Performance Pack untersuchen, wollen wir uns einige der systemweiten Tuning-Werkzeuge näher betrachten. Beginnen wir mit dem Oracle Expert.

Abb. 11.11:
Der EXPLAIN
PLAN zu einer
SQL-Abfrage

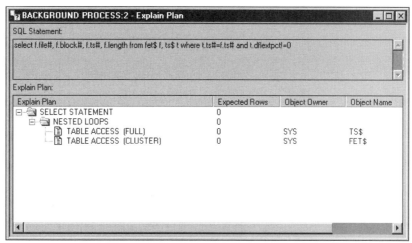

Oracle Expert

Der Oracle Expert hilft den DBAs bei der Performance-Verbesserung und dem Tuning von Oracle-Datenbanken. Auf der Basis von Entscheidungsregeln befragt der Oracle Expert eine Datenbankinstanz und die zugehörige Schemadefinition und schlägt Verbesserungen vor. Zudem verfügt der Oracle Expert über eine Funktion zur Implementierung der vorgeschlagenen Änderungen. Es werden Tuning-Empfehlungen auf drei Gebieten gegeben: Instanzen-Tuning, Anwendungs-Tuning und Struktur-Tuning.

- *Instanzen-Tuning* – Änderungen an den Parametern, die sich auf die Konfiguration einer Oracle-Instanz auswirken, zum Beispiel:

- *Initialisierungsparameter* – SGA-Parameter wie *shared_pool_size* oder *db_block_buffers*.

- *E/A-Parameter* – Parameter wie *checkpoint_processes* oder *db_file_multiblock_read_count*.

- *Parameter für parallele Abfragen* – Parameter wie *parallel_min_servers* oder *parallel_max_servers*.

- *Sortierungsparameter* – Parameter wie *sort_area_size*, *sort_area_retained_size* oder *sort_direct_writes*.

- *Anwendungs-Tuning* – Tuning von SQL-Anweisungen, die in der SGA residieren, solange Oracle Expert ausgeführt wird. Oracle Expert untersucht die Anwendungen, Transaktionen und SQL-Anweisungen, die gerade ausgeführt werden. Folgende Kategorien stehen für das Anwendungs-Tuning zur Verfügung:

- *Identifikation ähnlicher SQL-Anweisungen* – Oracle Expert identifiziert ähnliche SQL-Anweisungen, die sich nur hinsichtlich der Groß-/Kleinschreibung und der Leerstellensetzung unterscheiden. Solche doppelten SQL-Anweisungen müssen wie neue SQL-Anweisungen analysiert werden und sorgen somit für unnötigen Zusatzaufwand bei der Oracle-Verarbeitung.

- *Indexplazierung* – Oracle Expert untersucht vorhandene SQL-Abfragen und prüft, ob einige dieser Abfragen von einem neuen Index profitieren würden. Oracle Expert macht gegebenenfalls auch Vorschläge zum Löschen ungenutzter oder zum Ändern vorhandener Indizes (wie etwa das Hinzufügen von Spalten).

- *Struktur-Tuning* – Mit Struktur-Tuning wird das Abstimmen von Datenbankstrukturen bezeichnet. Oracle Expert kann Empfehlungen hinsichtlich der Größe und Plazierung von Datenbanktabellen und -indizes erstellen. Folgende Kategorien sind verfügbar:

- *Segmentgröße* – Oracle Expert schlägt Standardparameter für die Speicherung eines Tablespaces vor. Diese Parameter betreffen die Zuteilung des ursprünglichen Speichers und die Zuwachsrate der Segmente, die innerhalb eines Tablespaces angelegt werden.

- *Segmentplazierung* – Es wird z.B. empfohlen, bestimmte Tabellen und Indizes in separate Tablespaces abzusondern.

- *Benutzeranalyse* – Oracle Expert-Empfehlungen über die richtige Zuweisung von Standard- und temporären Tablespaces.

Es sollte an dieser Stelle festgehalten werden, daß sich Oracle Expert noch in den Kinderschuhen befindet und manchmal etwas naive Empfehlungen ausgibt. Während Oracle beispielsweise empfiehlt, daß *PCTINCREASE* für einen bestimmten Tablespace auf *1* gesetzt werden soll, damit eine Zusammenführung von Tablespaces möglich ist, wird Oracle Expert nur feststellen, daß ein Wert ungleich *0* vorhanden ist und empfehlen, daß *PCTINCREASE* wieder auf *0* gesetzt wird. Oracle hat sich jedoch dazu verpflichtet, die Intelligenz von Oracle Expert zu verbessern, so daß man von künftigen Versionen zweifellos mehr erwarten kann.

Auch kann die Laufzeit von Oracle Expert etwas frustrierend sein, insbesondere, wenn es zur Untersuchung einer Datenbank aufgefordert wird. Oracle Expert schreitet pflichtbewußt durch alle Indizes und Tabellen und versucht Empfehlungen auszuarbeiten, doch wird der Anwender nicht davon unterrichtet, an welcher Stelle sich das Werkzeug jeweils befindet. Selbst für eine relativ kleine Datenbank könnte eine solche Untersuchung Stunden in Anspruch nehmen, und der Anwender läuft ständig Gefahr, daß die SQL*Net-Verbindung während dieser langwierigen Datenuntersuchungen unterbrochen wird.

Oracle Expert hat die größten Chancen, sich zu einem erfolgreichen Werkzeug zu entwickeln, das Routine-Performance-Aufgaben und Tuning-Prüfungen wahrnehmen kann. Immerhin hat sich Oracle zu der Notwendigkeit eines solches Werkzeugs bekannt, und es wird spannend sein, die Entwicklung des Oracle Expert in ein robustes und intelligentes Werkzeug für das Tuning von Datenbanken zu verfolgen. Damit wollen wir auch schon zu einem der beliebtesten OEM PP-Werkzeuge fortschreiten – dem Performance Manager von Oracle.

Oracle Performance Manager

Bei der Oracle Enterprise Manager Performance Pack-Komponente *Oracle Performance Manager* handelt es sich um ein sehr einfaches Paket, das auffällige Systemmessungen grafisch darstellt, indem es Kreisdiagramme und Histogramme erstellt. Dies ist zwar kein neues Konzept, doch hat Oracle zahlreiche Direktbefehle geschafften, die eine schnelle visuelle Darstellung der Datenbank-Performance erlauben. Die am häufigsten eingesetzte Methode besteht darin, das Menü *Display* zu öffnen und die Option *Overall* auszuwählen. Dieser Befehl bietet eine hochwertige grafische Darstellung ihres Systems *(siehe Abbildung 11.12)*:

Abb. 11.12: Die Gesamtstatistiken im Performance Manager

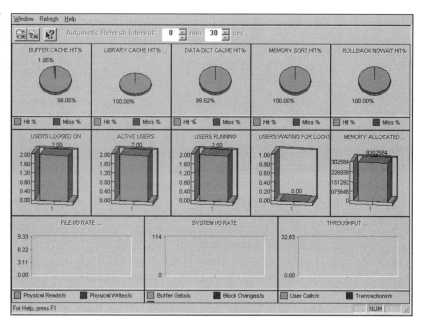

Der Oracle Performance Manager wird in der Regel dazu verwendet, eine schnelle, hochwertige Übersicht über den Zustand einer Instanz zu gewinnen. Mit nur wenigen Mausklicks kann der Oracle-DBA einen Bericht generieren, der die Trefferrate, die Anzahl angemeldeter Benutzer, die Anzahl aktiver Benutzer, die Benutzer, die auf die Auflösung von

Sperren warten, den verbrauchten Arbeitsspeicher, die Datei-E/A, die System-E/A und den Systemdurchsatz anzeigt.

Der Oracle Performance Manager ist ein exzellentes Werkzeug zur Identifizierung hochwertiger Charakteristiken eines Oracle Data Warehouse.

Zusätzlich zum Oracle Expert und Performance-Manager bietet Oracle in seinem Performance Pack-Arsenal zwei weitere beachtenswerte Komponenten an, nämlich das Trace-Werkzeug und den Tablespace Manager.

Oracle Trace

Oracle Trace ermöglicht es dem Entwickler, direkt zu beobachten, auf welche Daten beim Ausführen einer SQL-Anweisung zugegriffen wird. In der Regel wird Oracle Trace nur dann eingesetzt, wenn eine sehr kritische SQL-Anweisung seltsame Ergebnisse liefert, und dieses Werkzeug wird von Administratoren nur sehr selten verwendet. Oracle Trace ist eine grafische Repräsentation des Oracle-Dienstprogramms *TKPROF*, das seit Oracle7 verfügbar ist.

Oracle Trace erzeugt große Mengen an Ausgabe, da es den Inhalt aller Oracle-Zeilen anzeigt, während sie von der Datenbank abgerufen und dann sortiert, zusammengefaßt und ausgegeben werden. Wegen dieses großen Ausgabevolumens wird Oracle Trace meist nur verwendet, wenn eine SQL-Anweisung unerwartete Ergebnisse liefert und es wichtig ist, die Interaktion zwischen den Oracle-Daten und der Ausführung der SQL-Anweisung zu verstehen.

Oracle Tablespace Manager

Eine weitere aufregende Ergänzung des Oracle Enterprise Manager Performance Packs bildet der Tablespace Manager. Dieses Werkzeug ist ein unverzichtbarer Assistent bei der Plazierung von Dateien innerhalb eines Data Warehouse. Zu guter Letzt hat der Oracle-DBA nun ein Werkzeug, das ihm die Position der Tabellen innerhalb eines Tablespaces anzeigt. Der Oracle Tablespace Manager kann die Anzeige in Schemabesitzer aufgliedern und jeden beliebigen Tablespace untersuchen.

Abbildung 11.13 zeigt die Details eines Tablespaces. Auf der linken Seite sehen Sie die Datendateien, aus denen sich der Tablespace zusammensetzt. Auf der rechten Seite sehen Sie eine Liste der Segmentnamen (Tabellen und Indizes), die sich nach verschiedenen Sortierkriterien anordnen lassen. In diesem Beispiel sind die Tablespaces in absteigender Reihenfolge nach der Anzahl an Extents sortiert. Insgesamt ist das Oracle Performance Pack eine direkte Konkurrenz zu den zahlreichen Produkten von Drittanbietern für die Überwachung von Oracle-Datenbanken. Mit der Zeit wird das OEM PP in seiner Beliebtheit zunehmen, schon wegen seiner engen Integration mit Oracle und auch, da sich Oracle fest vorgenommen hat, die Weiterentwicklung seines Tool-Sets voranzutreiben.

Abb. 11.13:
Die Detailanzeige
des Oracle
Tablespace
Managers

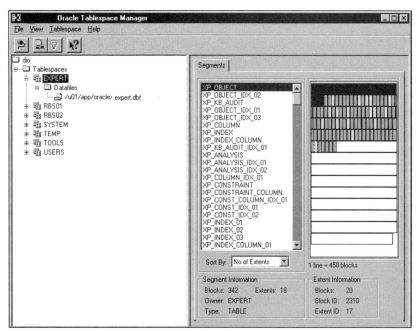

Zusammenfassung

Nachdem wir nun die Techniken zur Überwachung der Datenbank-Performance untersucht haben, können wir dieses Buch abschließen, indem wir einen Blick auf die Zukunft des relationalen Datenbank-Tunings werfen und vor allem auch auf die Integration der Objektorientierung. Das letzte Kapitel soll eine kleine Diskussion darüber aufwerfen, wie Objekte die Implementierung und das Tuning von Datenbanken verändern werden.

Die Zukunft der Oracle8-Technologie

KAPITEL

12

Während Oracle mit Oracle8 immense Fortschritte hinsichtlich der Objektorientierung der Datenbanken gemacht hat, erscheinen viele aufregende neue Oracle-Features am Horizont. Dieses Kapitel soll einige der neuen Technologien begutachten und darstellen, wie Oracle die neuen Leistungsmerkmale implementierten könnte. Es beginnt mit einer Übersicht der Object Management Group und der Standards, die sich in dieser Hinsicht entwickeln, betrachtet die möglichen neuen Erweiterungen für Oracle8-Objekte, erforscht die neue 64-Bit-Option für Oracle und zeigt auf, wie sich Oracle8 für das Jahr 2000 vorbereiten läßt. All diese Gebiete gehören zu den derzeit führenden Datenbankthematiken, und wir können in den nächsten Jahren mit Sicherheit aufregende neue Entwicklungen auf diesen Gebieten erwarten.

Künftige Standards für Datenbank-objekte

Viele Unternehmen erkennen die Bedeutung von Standards in dem aufkommenden Gebiet der objektorientierten Entwicklung an, und Oracle bildet darin keine Ausnahme. Im Frühling 1992 hat die *Object Management Group (OMG)* – eine gemeinnützige Vereinigung, die sich der Entwicklung von Objektnormen verpflichtet hat – den *CORBA-Standard (Common Object Request Broker Architecture)* veröffentlicht. CORBA wurde in Zusammenarbeit der Firmen Sun, Hewlett-Packard, Digital Equipment Corporation, NCR und HyperDesk Corporation entwickelt. CORBA erstellt ein Standardprotokoll für ein Objekt, das Anfragen an andere Objekte stellt, und Antworten von ihnen empfangen kann. Es ist interessant, daß diese Konkurrenten – alle mit verbrieftem Interesse an proprietärer Software – übereingekommen sind, den CORBA-Standard bei der Entwicklung neuer objektorientierter Systeme einzuhalten.

Objektverwaltung

Die meisten Hersteller der wichtigsten verteilten Betriebssysteme haben erklärt, daß sie den CORBA-Standard einhalten werden. Folglich ist ein Verständnis der grundlegenden Architektur verteilter Systeme entscheidend. Der nachfolgende Abschnitt stammt aus dem *Object Management Architecture Guide* und wird an dieser Stelle mit der Erlaubnis der Object Management Group wiedergegeben.

Chris Stone, Präsident und Geschäftsführer der Object Management Group, erklärt:

„Das Ziel der OMG besteht darin, in den folgenden Punkten alle zu einer Einigung zu bewegen: ein gemeinsames Format für die Nachrichtenübermittlung und die Kommunikation der Objekte untereinander, eine gemeinsame Sprache und ein gemeinsames Modell zur Strukturierung der Daten, einige gemeinsame Schnittstellen und einheitliche Wege zur Verwirklichung von Sicherheit und Container-Bildung.... Wahre Bedeutung besitzt die CORBA-Spezifikation für Anwendungsentwickler, die neue Client/Server-Anwendungen für verschiedenartige Plattformen erstellen.

Der zweifache wirtschaftliche Druck durch Dezentralisierung und Globalisierung war eine Aufforderung an die Technik, Beistand zu leisten – eine Aufforderung, der die Technik in Form des PCs und Einzelplatzrechners auch nachkam. Die gesamte Informationsmenge eines Unternehmens war jedoch über viele Rechenressourcen verteilt. Hinzu kommt, daß die Software oft zusätzliche Hindernisse schafft, wie etwa die Entwicklungszeit der Software, die Wartung und Verbesserung, Einschränkungen hinsichtlich der Programmkomplexität für gewinnbringende Software-Verkäufe sowie die Zeit, die zum Einstudieren und Anwenden der Software erforderlich ist. Diese Hindernisse kündigen die vorherrschenden Themen an, denen betriebliche Informationssysteme heutzutage gegenüber stehen – die Qualität, die Kosten und die Zusammenarbeit der verschiedenen Software-Produkte untereinander. Die Kosten für Hardware sinken zwar im Moment, doch die Kosten für Software-Anschaffungen werden immer höher.

Die Object Management Group hat sich zusammengeschlossen, um das Maß an Komplexität zu reduzieren, die Kosten zu senken und die Einführung neuer Software-Anwendungen voranzutreiben. Die OMG plant dies über die Einführung eines Architekturgerüsts mit unterstützenden detaillierten Schnittstellenspezifikationen. Diese Spezifikationen bewegen die Industrie dazu, untereinander funktionale, wiederverwendbare und portierbare Software-Komponenten zu schaffen, die auf objektorientierten Standardschnittstellen basieren.

Der Auftrag der OMG ist wie folgt:

- Die OMG hat es sich zur Aufgabe gemacht, für eine größtmögliche Portabilität, Wiederverwendbarkeit und eine möglichst breite Funktionalität verschiedener Software-Produkte untereinander zu sorgen. Die OMG ist die führende weltweit operierende Organisation, die sich um die Festlegung des Gerüsts und der Spezifikationen für kommerziell verfügbare objektorientierte Umgebungen kümmert.

- Die OMG bietet eine Referenzarchitektur mit Bedingungen und Definitionen, auf denen alle Spezifikationen basieren. Die OMG erstellt Industriestandards für kommerziell verfügbare objektorientierte Systeme, indem sie sich auf verteilte Anwendungen, verteilte Dienste und allgemeine Leistungsmerkmale konzentriert.

- Die OMG stellt ein offenes Forum für den industriellen Dialog, Weiterbildung und die Förderung objektorientierter Technologie, die die OMG-Standards integriert, bereit. Die OMG koordiniert ihre Aktivitäten mit verwandten Organisationen und agiert als Technologie-/Marketing-Zentrum für objektorientierte Software.

- Die OMG definiert das Objektverwaltungsparadigma als die Fähigkeit, Daten und Methoden für die Software-Entwicklung zu kapseln. Dadurch werden aus Programmkomponenten, die *Objekte* genannt werden, Modelle der „realen Welt" erstellt. Eine solche Repräsentation tatsächlicher Gegebenheiten in Form von Objekten resultiert in einer schnelleren Anwendungsentwicklung, einfacheren Wartung, reduzierten Programmkomplexität und in wiederverwendbaren Komponenten. Ein zentraler Vorteil eines objektorientierten Systems ist seine Fähigkeit, seinen Funktionsumfang zu erweitern – zum einen durch die Erweiterung vorhandener Komponenten und zum anderen durch die Aufnahme neuer Objekte in das System.

Die OMG stellt sich vor, daß die Software-Anwender ihre Anwendungen eines Tages ebenso starten, wie sie ihr Auto starten – wobei sie sich ebenso wenig Gedanken über die zugrundeliegende Struktur der zu bedienenden Objekte machen müssen, wie sie sich beim Autofahren Gedanken über die molekulare Struktur des Benzins machen.

Die Mitglieder der OMG haben das gemeinsame Ziel, integrierte Software-Systeme zu entwickeln und zu benutzen. Diese Systeme sollen mit einer Methodik erstellt werden, die eine modulare Produktion der Software unterstützt, die Wiederverwendung von Programmcode ermutigt, eine sinnvolle Integration über verschiedene Entwicklerlinien, Betriebssysteme und Hardware-Komponenten hinweg erlaubt und die Möglichkeiten für eine langfristige Wartung des Codes verbessert. Die OMG-Mitglieder glauben, daß der objektorientierte Ansatz für die Software-Konstruktion ihre Ziele am besten unterstützt."

Objektorientierung bietet, sowohl auf der Ebene der Programmiersprache wie auch auf der Ebene der Anwendungsumgebung, eine unglaubliche Steigerung der Programmiererproduktivität und eignet sich bestens für die Erstellung integrierter Software-Systeme. Die Objekttechnologie verhilft zwar nicht unbedingt zu einem schnelleren Programmieren, doch erlaubt sie ein Mehr an Konstruktion bei weniger Code. Dies liegt teilweise in der Natürlichkeit dieses Ansatzes und seiner rigorosen Forderung von Schnittstellenspezifikationen begründet. Nur ein Satz an Standardschnittstellen für den Betrieb der Software-Komponenten untereinander fehlt noch.

Die Vorteile der Objektorientierung

Der technische Ansatz der Objektorientierung wurde von Firmen gewählt, die Mitglieder der OMG sind – nicht für ihr eigenes Wohlergehen, sondern um bestimmte Ziele des Endbenutzers zu unterstützen.

Die Endbenutzer profitieren durch den objektorientierten Ansatz der Anwendungskonstruktion in vielfacher Weise, und viele dieser Vorteile sollen in diesem Abschnitt aufgezeigt werden. Zunächst bietet eine objektorientierte Bedienoberfläche viele Vorteile gegenüber traditionellen Benutzerschnittstellen. Auf einer objektorientierten Oberfläche werden dem Endbenutzer *Anwendungsobjekte* (vom Computer simulierte Repräsentationen von Objekten aus der realen Welt) dargeboten, die sich in ähnlicher Weise steuern lassen wie aus der Praxis bekannte Objekte. Beispiele für solche objektorientierten Oberflächen finden Sie in Systemen wie Xerox Star, Apple Macintosh, Apple's OPENSTEP, OSF Motif, HP NewWave und, in begrenztem Umfang, in Microsoft Windows. Ein anderes gutes Beispiel für Designkomponenten, die sich ähnlich wie echte Objekte steuern lassen, bilden die CAD-Systeme. Das Ergebnis ist eine reduzierte Lernkurve, da verschiedene Anwendungen eine ähnliche Darstellung und Bedienbarkeit besitzen – schließlich ist „Sehen und Zeigen" einfacher als „Erinnern und Tippen".

Ein eher indirekter Vorteil für den Endbenutzer objektorientierter Anwendungen, vorausgesetzt die Anwender kooperieren gemäß eines gewissen Standards, ist die Tatsache, daß sich unabhängig voneinander und für verschiedene Zwecke entwickelte Anwendungen in einer vom Anwender bestimmten Weise kombinieren lassen. Das zentrale Anliegen der OMG ist die Schaffung eines Standards, der den Betrieb zwischen Anwendungen erlaubt, die unabhängig voneinander und für verschiedenartige Netzwerkcomputer entwickelt wurden. Dies hat zur Folge, daß mehrere Software-Programme dem Endbenutzer wie ein einziges erscheinen – und zwar unabhängig davon, wo die Programme residieren.

Gleiche Funktionalität in verschiedenen Anwendungen – Speichern, Daten abrufen, Mails verschicken, Drucken, Erstellen und Löschen von Objekten, Hilfetexte oder vom Computer gestützte Lernprogramme aufrufen – wird durch die Verwendung mehrfach nutzbarer Objekte erreicht und führt zu einer einheitlichen und konsistenten Bedienoberfläche. Die mehrfache Nutzung von Informationen reduziert auch die Dokumentationsredundanz beträchtlich. Ein einheitlicher Zugriff auf mehrere Anwendungen gestattet eine erhöhte Konzentration auf die Anwendungserstellung, im Gegensatz zu einer Anwendungsschulung.

Der Übergang zur Objektorientierung macht vorhandene Anwendungen nicht unbrauchbar. Vorhandene Anwendungen lassen sich in eine objektorientierte Anwendung einbetten (wobei ein unterschiedlicher Grad der Integration möglich ist).

Durch eine sachbezogene Migration vorhandener Anwendungen kann ein Anwender die Rechenressourcen sowie die Geschwindigkeit, in der sich diese Ressourcen ändern, steuern. In entsprechender Weise profitieren die Anwendungsentwickler von der Objektorientierung und den zugehörigen Standards. Diese Vorteile lassen sich in zwei Kategorien einteilen: *modulare Architektur (Kapselung)* und *Wiederverwendung vorhandener Komponenten.*

■ Die *Kapselung objektorientierter Anwendungen* geschieht in wirklich modularer Weise, wodurch unbeabsichtigte Interaktionen verhindert werden. Die dadurch mögliche schrittweise Anwendungserstellung sorgt wiederum für weniger Fehler während des Entwicklungsprozesses.

■ Durch eine *Wiederverwendung vorhandener Komponenten*, insbesondere wenn sie dem OMG-Standard entsprechen, wird auch die Interaktion zwischen Anwendungen (und Anwendungskomponenten) standardisiert, die unabhängig voneinander entwickelt wurden. Kosten und Entwicklungszeit können durch die Implementierung vorhandener Objektklassen eingespart werden.

Beim Entwickeln von Standards versucht die OMG diese Vorteile der Objektorientierung zu berücksichtigen. Zudem werden die folgenden übergeordneten Ziele verfolgt:

■ *Heterogenität* – Integration von Anwendungen und Leistungsmerkmalen, die in verschiedenen Netzwerksystemen verfügbar sind, und zwar ungeachtet der Übertragungswege und Betriebssysteme.

■ *Möglichkeit zur Anpassung durch den Anwender* – Allgemeine Leistungsmerkmale sollen so konzipiert sein, daß sie der Endanwender an seine gewohnten oder betriebsspezifischen Anforderungen und Einstellungen anpassen kann.

■ *Verwaltung und Steuerung* – Dieser Punkt untersucht Fragen der Sicherheit, Wiederherstellung, Verfügbarkeit, Überwachung und Performance.

■ *Internationalisierung* – Die OMG ist eine internationale Gruppierung; daher fordern ihre Standards auch die integrierte Unterstützung für eine Anpassung der Software an die Gegebenheiten anderer Länder als des Herstellerlandes.

■ *Technische Standards* – Standards, die den Zielen der Anwender entgegenkommen, sind ein zentrales Anliegen der OMG.

Zusätzlich zur Entwicklung objektorientierter Standards und Zielsetzungen hat die OMG ein Objektmodell für die Entwickler geschaffen. Doch bevor wir uns mit dem OMG-Objektmodell näher befassen, soll der übergreifende Zusammenhang klar werden, indem wir die Komponenten untersuchen, die in der Objekt-Management-Architektur verwendet werden.

Die Komponenten des Objekt-Managements

Die Komponenten der Objekt-Management-Architektur bilden ein komplettes Set an Tools, die den Betrieb zwischen den Objekten einer verteilten Umgebung ermöglichen sollen. Diese Komponenten sind:

- Object Request Broker

- Objektdienste

- Gemeinsame Leistungsmerkmale

- Anwendungsobjekte

Lassen Sie uns die einzelnen Komponenten der Objekt-Management-Architektur (OMA) einmal näher betrachten.

Der *Object Request Broker (ORB)* ist das Kommunikationszentrum von CORBA. Der ORB bietet eine Infrastruktur, die den Objekten die Kommunikation untereinander gestattet, und zwar ungeachtet spezifischer Implementierungsplattformen und Techniken für adressierbare Objekte. Die Komponente *Object Request Broker* garantiert in einem Netzwerk heterogener Systeme die Portabilität und Funktionalität zwischen den Objekten.

Die Objektdienste standardisieren die Verwaltung des Lebenszyklus von Objekten. Mit Hilfe von Funktionen werden Objekte erstellt (die „Objektfabrik"), der Zugriff auf die Objekte gesteuert, die Umspeicherung von Objekten nachverfolgt sowie die Beziehungen zwischen verschiedenen Typen von Objekten gesteuert (Klassenverwaltung). Die Komponente der Objektdienste stellt die generische Umgebung zur Verfügung, in der einzelne Objekte ihre Aufgaben durchführen. Die Standardisierung der Objektdienste führt zu einer Konsistenz über verschiedene Anwendungen hinweg und schafft mehr Produktivität für den Entwickler.

Die Komponente *Gemeinsame Leistungsmerkmale* stellt einen Satz generischer Anwendungsfunktionen bereit, die gemäß den besonderen Anforderungen einer bestimmten Konfiguration eingestellt sind. Beispiele dafür sind Druck-, Datenbank- und E-Mail-Funktionen. Die Standardisierung führt zur Uniformität in generischen Operationen und erlaubt den Endanwendern, anstelle einzelner Anwendungen eine einzige Konfiguration zu ändern.

Die Anwendungsobjekte führen spezifische Aufgaben für den Anwender durch. Eine Anwendung setzt sich typischerweise aus vielen Objekten der Basisklassen zusammen, die teilweise speziell für die Anwendung erstellt wurden und teilweise aus dem Satz gemeinsamer Leistungsmerkmale stammen. Neue Klassen von Anwendungsobjekten werden durch Modifizierung vorhandener Klassen erstellt, und zwar durch Verallgemeinerung oder Spezialisierung vorhandener, von den Objektdiensten bereitgestellter Klassen *(Vererbung)*. Dieser Multiobjektansatz für die Anwendungsentwicklung führt zu einer verbesserten Produktivität der

Entwickler und verbessert zudem die Möglichkeit der Anwender, ihre Anwendungen zu kombinieren und zu konfigurieren.

Diese kurze Zusammenfassung sollte Ihnen eine generelle Vorstellung der Hauptkomponenten in der Objekt-Management-Architektur verschaffen. Lassen Sie uns nun das OMG-Objektmodell und seine Strukturierung näher betrachten. Vergessen Sie nicht: Das OMG-Objektmodell ist die Grundlage für die *Common Object Request Broker Architecture (CORBA)* – die Architektur, die Oracle8 für die Implementierung seiner PlugIn-Cartridges gewählt hat.

Das OMG-Objektmodell

Das OMG-Modell definiert die Bedeutung (Semantik) eines gemeinsamen Objekts und legt die extern sichtbaren Eigenschaften der Objekte in einer standardisierten und implementierungsunabhängigen Weise fest. Die gemeinsamen Bedeutungen charakterisieren Objekte in einem OMG-konformen System, das Operationen ausführt und Zustände für Objekte unterhält. Die nachfolgende Erörterung präsentiert die Erstellung von Blöcken des OMG-Objektmodells, nämlich die Oberfläche, Objekte, Typen und Implementierungsdetails:

- *Oberfläche* – Eine Oberfläche beschreibt die extern sichtbaren Eigenschaften von Objekten, die aus Operationssignaturen bestehen. Die externe Ansicht sowohl des Objektverhaltens als auch des Objektzustands (Informationen, die zum Ändern des Resultats einer nachfolgenden Operation erforderlich sind) werden in Form von Operationssignaturen modelliert.

- *Objekte* – Objekte werden in Typen eingeteilt und die einzelnen Objekte sind Instanzen eines bestimmten Typs.

- *Typen* – Ein Typ bestimmt, welche Operationen auf seine Instanzen angewendet werden. Typen nehmen an Subtyp-/Supertyp-Beziehungen teil, die sich wiederum auf den Satz an Operationen auswirken, die sich auf ihre Instanzen anwenden lassen. Auch Typen besitzen eine Implementierung. Die Implementierung eines Objekttyps ist typischerweise ein Satz an Datenstrukturen, die aus einer gespeicherten Repräsentation und einem Satz an Methoden und Prozeduren bestehen. Diese Methoden und Prozeduren bilden den Code, um jeden der definierten Typen der Operation zu implementieren.

- *Implementierungsdetails* – Implementierungsdetails sind in Operationen eingekapselt und werden nie direkt auf der externen Oberfläche präsentiert. Die gespeicherte Repräsentation kann z.B. nur durch eine Operationsanforderung beobachtet oder geändert werden. Formal hat das OMG-Objektmodell gar keine Vorschriften hinsichtlich der Implementierung von Typen. Nur ihre Existenz wird gefordert sowie die Möglichkeit, daß ein bestimmter Typ mehrere Implementierungen haben kann. (Beachten Sie jedoch, daß die Systeme nicht verpflichtet sind, mehrere Implementierungen zu unterstützen.)

Das OMG-Objektmodell definiert einen Satz an Anforderungen, die in jedem System unterstützt werden müssen, das dem Standard des Objektmodells entsprechen soll. Diesen Satz notwendiger Leistungsmerkmale bezeichnet man auch als *Objektmodellkern*. Der Kern dient als Basis für die Portabilität und Zusammenarbeit zwischen den Objektsystemen, und zwar über alle Technologien und auch über Implementierungen innerhalb einer Technologiedomäne hinweg.

Während der Objektmodellkern als gemeinsame Grundlage dient, gestattet das OMG-Objektmodell auch Erweiterungen, so daß sogar noch mehr Gemeinsamkeiten innerhalb der verschiedenen Technologiedomänen möglich werden. Das Objektmodell definiert das Konzept für Komponenten, die kompatible Erweiterungen des Objektmodellkerns sind, aber nicht von allen Systemen unterstützt werden müssen. Beziehungen werden beispielsweise als Komponenten definiert. Die OMG-Dokumentation über die Objektmodellkomponenten enthält Beschreibungen der Komponenten, die als Standard akzeptiert werden.

Das Objektmodell definiert noch einen Mechanismus, die sogenannten *Profile*. Profile sind Komponenten, die als praktisches Set an Erweiterungen für bestimmte Technologiedomänen zu Gruppen zusammengeschlossen werden.

Die Objekt-Management-Architektur (OMA)

Eine OMA-konforme Anwendung besteht aus einem Satz an zusammenarbeitenden Klassen und Instanzen, die mittels Object Request Broker interagieren (der ORB wird später in diesem Kapitel noch näher erläutert). Konformität bedeutet in diesem Fall Konformität mit OMA und den Protokolldefinitionen. Unter Verwendung des ORB senden und empfangen die Objekte Anfragen und Antworten. Um es noch einmal ins Gedächtnis zu rufen: Die Objekt-Management-Architektur besteht überwiegend aus den folgenden Komponenten:

- *Object Request Broker (ORB)* – Ein Dienstprogramm, das Mechanismen für ein transparentes Senden und Empfangen von Anfragen und Antworten bereitstellt.

- *Objektdienste (OS = Object Services)* – Eine Ansammlung von Diensten mit Objektschnittstellen in Form grundlegender Funktionen für die Erstellung und Wartung von Objekten.

- *Gemeinsame Leistungsmerkmale (CF = Common Facilities)* – Eine Sammlung von Klassen und Objektschnittstellen für allgemeine Operationen, die in vielen Anwendungen nützlich sind.

- *Anwendungsobjekte (AO = Application Objects)* – Spezielle, für bestimmte Anwendungen erstellte Objekte.

Allgemein kann man sagen, daß die Anwendungsobjekte und die gemeinsamen Leistungsmerkmale anwendungsorientiert sind, während der ORB und die Objektdienste sich am System bzw. der Infrastruktur des verteilten Objekt-Managements orientieren. In einem Punkt gibt es jedoch eine Überschneidung. Die gemeinsamen Leistungsmerkmale bieten beispielsweise Dienste auf höherer Ebene, wie Transaktionsausführung und Versionskontrolle, die innerhalb der Objektdienste bereitgestellte Funktionen verwenden.

Die Kategorien spiegeln eine Partitionierung in Form von Funktionen wider – von grundlegenden Funktionen, die in den meisten Anwendungen vorkommen, oder Klassen standardisierter Anwendungen bis hin zu denjenigen, die für eine Standardisierung zu anwendungsspezifisch bzw. auf einen bestimmten Zweck ausgerichtet sind. Daher sind der ORB, die Objektdienste und die gemeinsamen Leistungsmerkmale zentrale Faktoren bei den OMG-Standardisierungsbemühungen.

Objektdienste, gemeinsame Leistungsmerkmale und Anwendungsobjekte kommunizieren untereinander mit Hilfe des Object Request Brokers. Objekte können auch über objektlose Schnittstellen auf externe Dienste zurückgreifen, doch liegen diese außerhalb des für die OMA relevanten Bereichs. Es ist zwar im Referenzmodell nicht ausdrücklich vermerkt, doch können Objekte mit den Objektdiensten auch über Objektschnittstellen kommunizieren. So ist etwa die Definition einer neuen Klasse eine Anfrage an das Objekt, das diesen Dienst bereitstellt. Bei einer manuellen Bearbeitung würde man ein Klassendefinitionsskript oder eine C++-Include-Datei ändern.

Anwendungsobjekte und gemeinsame Leistungsmerkmale verwenden und offerieren Funktionen und Dienste über Objektschnittstellen. In der Regel sorgen Objekte sowohl für die Ausgabe als auch für die Verarbeitung von Dienstanfragen, und Anwendungsobjekte stellen Dienste für andere Anwendungen oder Leistungsmerkmale bereit. Ein anwendungsspezifischer Dienst wie das Senden eines Druckauftrags wird z.B. als Anwendungsobjekt ausgegeben, das von einem gemeinsamen Leistungsmerkmal, etwa der Druckerwarteschlange, aufgerufen wird. Gemeinsame-Leistungsmerkmal-Objekte nutzen die Dienste, die an anderer Stelle bereitgestellt werden.

Beachten Sie, daß die Anwendungen OMA-konforme Schnittstellen nur bereitzustellen oder zu verwenden brauchen, um den Anforderungen der Objekt-Management-Architektur zu entsprechen. Anwendungen brauchen nicht unter Verwendung des objektorientierten Paradigmas konstruiert zu werden, was auch für die Bereitstellung der Objektdienste gilt. Vorhandene relationale oder objektorientierte Datenbank-Managementsysteme stellen einige oder alle Objektdienste zur Verfügung. Vorhandene Anwendungen, externe Werkzeuge und Systemunterstützungs-Software werden als Objekte eingebettet, die an der

Objekt-Management-Architektur teilnehmen, und zwar mittels Klassen-schnittstellen-Front-Ends, die man auch als *Adapter* oder *Wrapper* bezeichnet.

Das Referenzmodell erteilt keine Einschränkungen dazu, wie Anwendungen und gemeinsame Leistungsmerkmale zu strukturieren und zu implementieren sind. Objekte einer bestimmten Anwendungsklasse beschäftigen sich mit der Präsentation der Information, der Interaktion mit dem Anwender, der Semantik, der Funktionalität, der dauerhaften Speicherung von Daten oder einer beliebigen Kombination der obigen Funktionen.

Die OMA setzt voraus, daß die Dienste des Betriebssystems einer Plattform und grundlegende Dienste einer niedrigen Schicht (wie etwa Funktionen des Network Computing) verfügbar und von den OMA-Implementierungen nutzbar sind. Insbesondere schreibt die Objekt-Management-Architektur nicht die Unterstützung einer bestimmten Bedienoberfläche vor. Die Schnittstellen zwischen Anwendungen und Systemen mit Fenstertechnik oder die Unterstützung anderer Anzeigesysteme unterliegen Standardisierungsbemühungen außerhalb der OMG. Vielleicht werden die gemeinsamen Leistungsmerkmale irgendwann einmal auch Standardklassen für die Bedienoberfläche bereitstellen. Auch beschäftigt sich das Referenzmodell nicht ausdrücklich mit der Auswahl möglicher Bindemechanismen wie Kompilierungszeit, Ladezeit oder Laufzeit.

Da wir nun die grundlegende Objektarchitektur kennen, sollten wir uns mit den Hintergründen des Object Request Brokers beschäftigen.

Der Object Request Broker

Der ORB bietet Mechanismen für ein transparentes Senden und Empfangen von Anfragen und Antworten. Dadurch ermöglicht der ORB eine Zusammenarbeit zwischen den Anwendungen auf verschiedenen Maschinen in heterogenen verteilten Umgebungen und stellt eine nahtlose Verbindung zwischen mehreren Objektsystemen her.

Das OMG-Objektmodell definiert eine Objektanfrage und das zugehörige Ergebnis (die Antwort) als grundlegenden Interaktionsmechanismus. Eine Anfrage benennt eine Operation und bindet keinen oder mehrere Parameterwerte ein - dabei kann es sich auch um Objektnamen handeln, die bestimmte Objekte identifizieren. Der ORB wickelt die Verarbeitung der Anfrage ab. Dazu gehört auch die Identifizierung und der Aufruf einiger Methoden für die Durchführung der Operation unter Verwendung der angegebenen Parameter. Sobald die Operation abgeschlossen ist, übergibt der ORB die Ergebnisse an die anfragende Stelle.

Der ORB selbst kann jedoch nicht alle Informationen bereitstellen, die zur Ausführung dieser Funktionen erforderlich sind. Daher stellt der ORB eigene Anfragen an die Objektdienste oder verwendet diese im

Verlauf der Anfrageweiterleitung. Anders ausgedrückt: Um herauszufinden, welche spezifische Methode für eine bestimmte Anfrage ausgeführt wird, verwendet der ORB einen Klassen-Dictionary-Dienst oder durchsucht die Laufzeit-Methodenbibliotheken.

Um die technische Zielsetzung der OMG zu erfüllen, muß der ORB – zumindest in einem gewissen Grad – die folgenden Bereiche ansprechen:

- *Namensdienste* – Die Dienste für die Zuordnung von Objektnamen. Solche Dienste ordnen die Objektnamen in der Namensdomäne der anfragenden Stelle entsprechenden Namen in der Domäne der auszuführenden Methode zu. Das OMG-Objektmodell fordert keine eindeutigen oder universellen Namen. Dienste zur Bestimmung der Objektposition, wozu auch eine einfache Suche nach Attributen im Objekt gehört, verwenden die Objektnamen in der Anfrage, um die Methode aufzufinden, die die angeforderte Operation ausführen soll. In der Praxis verwenden verschiedene Objektsysteme oder Domänen lokal bevorzugte Objektbenennungsschemata.

- *Anfrageabfertigung* – Diese Funktion bestimmt die Aufrufmethode. Das OMG-Objektmodell schreibt nicht vor, daß eine Anfrage an ein bestimmtes Objekt weitergeleitet werden muß. Was die anfragende Stelle anbelangt, ist es unerheblich, ob die Anfrage zuerst zu einer Methode geleitet wird, die die Variablen von Objekten bearbeitet, die als Parameter übergeben werden oder die Methode zu einem bestimmten Objekt in der Parameterliste geleitet wird.

- *Parameterverschlüsselung* – Diese Merkmale übermitteln die lokale Repräsentation der Parameterwerte in der Umgebung der anfragenden Stelle an die entsprechende Repräsentation in der Umgebung des Empfängers. Um dies zu erreichen, können die Parameterverschlüsselungen Standards oder Quasi-Standards sein, wie z.B. OSF/DCE, ONC/NFS/XDR, NCA/SCS/NDR oder ANSI.

- *Lieferung* – Anfragen und Ergebnisse werden an die richtige Position geliefert. Diese ist charakterisiert durch einen bestimmten Knoten, eine Adresse, den Speicherplatz, den Thread oder den Eintrittspunkt. Diese Merkmale verwenden Standardübertragungsprotokolle wie TCP/UDP/IP oder ISO/TPN.

- *Synchronisierung* – Die Synchronisierung beschäftigt sich in erster Linie mit der Abwicklung des Parallelismus der Objekte, die eine Anfrage stellen oder verarbeiten, und dem Zusammentreffen der anfragenden Stelle mit der Antwort auf ihre Anfrage. Mögliche Synchronisierungsmodelle sind asynchron (Anfrage ohne Antwort), synchron (Anfrage wurde gestellt und Antwort wird erwartet) und verzögert synchron (die normale Verarbeitung geht nach dem Absetzen der Anfrage weiter und die Antwort wird später eingefordert).

■ *Aktivierung* – Die Aktivierung ist der Prozeß, der vor dem Aufrufen einer Methode ausgeführt werden muß. Die Aktivierung und De-aktivierung dauerhafter Objekte stellt den Objektzustand her, in dem auf das Objekt zugegriffen werden kann, und speichert den Zu-stand, wenn nicht mehr darauf zugegriffen werden muß. Für Objek-te, die dauerhafte Informationen in Speichergeräten enthalten, die nicht objektbezogen sind, wie etwa Dateien oder Datenbanken, müs-sen für eine Aktivierung bzw. Deaktivierung explizite Anfragen ge-stellt werden.

■ *Fehlerverarbeitung* – Über Fehler bzgl. der Objektposition oder der Anfrageweiterleitung werden entweder die anfragende Stelle oder der Empfänger in einer Weise unterrichtet, die sie von anderen Feh-lern unterscheidet. Die erforderlichen Aktionen stellen die Sitzungs-ressourcen wieder her und resynchronisieren die anfragende Stelle und den Empfänger. Der ORB koordiniert die Wiederherstellungsaktiviäten.

■ *Sicherheitsmechanismen* – Der ORB bietet Mechanismen zur Sicherheitserhöhung, die hochwertige Sicherheitskontrollen und -richtlinien unterstützen. Diese Mechanismen gewährleisten eine si-chere Übermittlung von Anfragen zwischen den Objekten. Berechtigungsprüfungen stellen die Identität der anfragenden und empfangenden Objekte, Threads, Adreßräume, Knoten und Kommunikationsrouten sicher. Schutzmechanismen garantieren die Integrität übermittelter Daten und stellen sicher, daß die Daten nur für berechtigte Personen zugänglich sind. Zugriffsverstärkungs-mechanismen kontrollieren die Zugriffs- und Lizenzrichtlinien.

Die OMG ist sehr aktiv bei der Einrichtung von Standardschnittstellen für objektorientierte verteilte Systeme. CORBA ist bei einem großen Entwicklerkreis akzeptiert. Die Hersteller entwickeln Werkzeuge für eine verteilte Objekttechnologie, die den Software-Markt der neunziger Jahre und darüber hinaus zu revolutionieren versprechen. IBM, Hewlett-Packard, DEC und viele andere erkennen das große Marktpo-tential für objektorientierte verteilte Systeme.

Da wir jetzt die Grundlagen von CORBA verstehen, können wir se-hen, warum Oracle seine Cartridges in diesem Standardverfahren ent-wickelt. Doch lassen Sie uns das Thema wechseln und überlegen, welche zusätzlichen Leistungsmerkmale in unmittelbarer Zukunft in die Oracle 8.x-Versionen integriert werden. Das aufregendste Versprechen von Oracle ist die angekündigte Unterstützung der Objektvererbung.

Oracle-Objekte und Vererbung

W ie wir bereits in den vorangegangenen Kapiteln kurz erwähnt haben, wird die *Vererbung* als die Fähigkeit eines Objekts bezeichnet, die Datenelemente und Verhaltensweisen aller Klassen zu übernehmen, die diesem Objekt übergeordnet sind. Oracle8 unterstützt die Vererbung noch nicht, doch wurden viele Versprechen gemacht, daß dieses Leistungsmerkmal in künftigen Versionen unterstützt werden wird. Während die Vererbung in prozeduralen Sprachen wie C++ oder Smalltalk gut definiert ist, gibt es immer noch kontroverse Diskussionen darüber, wie die Vererbung innerhalb der Oracle8-Datenbank implementiert werden soll. Doch lassen Sie uns in die Kristallkugel schauen und betrachten, wie sich das bestehende Oracle8-Objektmodell so erweitern läßt, daß es die Vererbung unterstützt.

Die Zukunft von Oracle – Ein Vererbungsbeispiel

Um zu veranschaulichen, wie die Vererbung in Oracle eines Tages aussehen könnte, wollen wir das folgende Beispiel hinzuziehen. In der Datenbank einer Universität gibt es verschiedene Typen von Studenten. Die wichtigste Frage beim Entwerfen von Klassen besteht darin, zu fragen, ob die verschiedenen Typen von Studenten verschiedene Daten oder verschiedene Verhaltensweisen besitzen. Lassen Sie uns weiter annehmen, daß unsere Analyse der Daten die folgenden Datendefinitionen für Studenten abgeleitet hat:

```
CREATE CLASS student (
    student_ID      number (5),
    student_name
        first_name              varchar(20),
        MI                      char(1),
        last_name               varchar(20)
    );

CREATE CLASS graduate_student
        WITHIN CLASS student
    (
    undergraduate_degree        char(3)
        CONSTRAINT undergraduate_degree IN ('BA','BS'),
    undergraduate_major         varchar(20),
    undergraduate_school_name   varchar(30),
    undergraduate_school_address
        street_address          varchar(20),
```

```
        city_name                varchar(20),
        zip_code                 number(9),
     mentor_name                 varchar(20),
     thesis_review_date          date);

CREATE CLASS non_resident_student WITHIN CLASS student (
    state_of_origin              char(2),
    region_of_origin             char(5)
        CONSTRAINT region_of_origin IN ('NORTH',
'SOUTH','EAST','WEST'));

CREATE CLASS foreign_student WITHIN CLASS non_resident_student (
    country_of_origin            varchar(20),
    visa_expiration_date         date);
```

Im Universitätsbeispiel werden keine ausländischen oder nicht-residenten Studenten zugelassen, daher ist die graduate_school *nur eine Unterklasse der Klasse* student.

Im vorigen Betriebssystem können Sie sehen, daß mit Hilfe der Klausel *WITHIN* angezeigt werden kann, daß ein Klassentyp innerhalb der Domäne einer existierenden Superklassendefinition teilnimmt. Lassen Sie uns nun untersuchen, wie diese Datenstrukturen beim Erstellen eines Objekts von der Oracle 8.x-Datenbank verwendet werden. Sobald das Objekt *foreign_student* angelegt ist, wird auch eine Datenstruktur erstellt, die alle Datenstrukturen von jedem übergeordneten Objekt umfaßt. Das nachfolgende Beispiel zeigt, wie die Datenstrukturen für einen *foreign_student* aussehen würden:

```
foreign_student (
    student_ID               number (5),
    student_name
        first_name           varchar(20),
        MI                   char(1),
        last_name            varchar(20),
    state_of_origin          char(2),
    region_of_origin         char(5)
        CONSTRAINT region_of_origin IN ('NORTH',
'SOUTH','EAST','WEST'),
    country_of_origin        varchar(20),
    visa_expiration_date     date
);
```

Hier können Sie sehen, daß ein *foreign_student* sowohl die Datenstrukturen erbt, die in *student* enthalten sind, als auch die Datenstrukturen in *non_resident_student*. Wenn ein *foreign_student* erstellt wird, wird er wie ein *student*-Objekt behandelt, doch weiß die Datenbank, daß es sich um einen *foreign_student* handelt und wird immer zuerst das Objekt *foreign_student* überprüfen, bevor die Klassendefinitionen der anderen Studenten untersucht werden.

Beachten Sie, daß auch die Einschränkung für zulässige Werte von der Datendefinition geerbt wird. Immer wenn ein *foreign_student*-Objekt erstellt wird, ist die Angabe eines Werts in der Spalte *region_of_origin* obligatorisch.

Während die Vererbung bald die Art revolutionieren wird, in der auf Oracle-Datenbanken zugegriffen wird, stellt uns auch die unmittelbare Zukunft einige interessante Herausforderungen. Oracle8 wird zwar als Jahr-2000-konform bezeichnet, doch bedeutet das nicht, daß Oracle8-Anwendungen Jahrtausendfragen automatisch identifizieren und korrigieren. Der nächste Abschnitt untersucht, wie Sie sich innerhalb von Oracle auf das Jahr 2000 vorbereiten können.

Oracle und das Jahr 2000

Oracle-Datenbanken sind zeitgestützt, daher ist es wichtig, daß die DBAs richtig auf den Übergang in das nächste Jahrhundert/-tausend vorbereitet werden. Oracle, mit all seinen robusten Leistungsmerkmalen, hat eine sehr komplexe Strategie für die Verwaltung von Daten des Typs *date*. An sich müssen Oracle-Entwickler die Fallen erkennen, wenn sie Datumsparameter ändern, sowie die Auswirkung jeder Datumsänderung, die sie implementieren. Schon jetzt hat Oracle ein Datumsformat (*YY*), das sein Verhalten automatisch ändert, wenn das Jahr 2000 beginnt.

Übersicht über Datumsformate in Oracle

Der Datentyp *date* läßt sich innerhalb von Oracle ändern, indem der Parameter *nls_date_format* gesetzt wird. Der Standardwert in Oracle, *DD-MON-YY*, setzt eine 19 vor alle zweistelligen Jahreswerte und ist so programmiert, daß ab dem Jahr 2000 eine 20 vor alle zweistelligen Jahre gesetzt wird. *nls_date_format* akzeptiert die folgenden drei Werte:

- *DD-MON-YYYY* – Bei Verwendung dieses Formats sind für Abfragen und die Datumsspeicherung vierstellige Jahresangaben erforderlich.

- *DD-MON-YY* – Für Abfragen und die Datumsspeicherung sind zweistellige Jahresangaben erforderlich, und das aktuelle Jahrhundert wird beim Einfügen angehängt.

■ *DD-MON-RR* – Für Abfragen und die Datumsspeicherung werden
   zweistellige Jahresangaben verwendet. Wenn die Jahreszahl in den
   Bereich zwischen 00 und 49 fällt, wird für das Jahrhundert automatisch eine 20 vorangestellt. Für Werte zwischen 50 und 99 wird für
   das Jahrhundert eine 19 vorangestellt.

Das Format *nls_date_format* läßt sich auf Sitzungsebene mit Hilfe des
Befehls *ALTER SESSION* ändern, oder es kann permanent geändert
werden, indem in der Datei *init<SID>.ora* der Parameter
nls_date_format gesetzt wird.
   Oracle stellt die folgenden zwei Datensichten bereit, die dem Entwickler bei der Anzeige des aktuellen Datumsstandards helfen sollen:

■ *V$NLS_PARAMETERS.* – Diese Datensicht zeigt die aktuellen
   systemweiten Standardeinstellungen für die Datumsparameter an:

```
SVRMGR> SELECT * FROM V$NLS_PARAMETERS;


PARAMETER               VALUE
_____                 _____

NLS_DATE_FORMAT         DD-MON-YY


...
```

■ *nls_session_parameters* – Diese Oracle-Datensicht zeigt die *NLS (Na-
   tional Language Support)-Parameter* an, einschließlich
   nls_date_format:

```
SVRMGR> SELECT * FROM nls_session_parameters;

PARAMETER               VALUE
_____                 _____

NLS_DATE_FORMAT         DD-MON-YYYY
...
```

Datumsanzeige

Es gibt viele Möglichkeiten, um die Datumsanzeige innerhalb von
Oracle zu ändern. Viele der beliebten vordefinierten Funktionen, wie
z.B. *to_char* und *to_date* werden in der Regel verwendet, um die Anzeige der Datumsangaben in Oracle zu steuern. Selbstverständlich kann
eine vordefinierte Funktion niemals die interne Repräsentation eines
Oracle-Datums ändern, aber mit *nls_date_format* können Sie zumindest
den Jahrhundertbezug eines Datums innerhalb einer Oracle-Tabelle ändern.
   Die Standardanzeige bei *nls_date_format* für Oracle ist *DD-MON-YY.*
Probleme können am Anfang des Jahres 2000 entstehen, wenn SQL-Ab-

fragen so geändert werden, daß sie Jahresangaben mit vierstelligen Zahlen unterstützen. Im folgenden Beispiel gelingt es einer Abfrage nicht, alle Lieferungen nach dem 15. Januar 1997 zu zählen. Die Zeilen lassen sich nicht abrufen, da das Jahr als 2097 interpretiert wird:

```
SELECT count(*) FROM SHPMT
WHERE shpmt_date > '15-JAN-97';


no rows selected
```

Die natürliche Reaktion auf dieses Versagen wäre, die SQL-Abfrage zu ändern und eine vierstelliges Jahr anzugeben. Leider mag Oracle diese Änderung nicht, und die Abfrage erzeugt die unten angeführte Fehlermeldung:

```
SQL> SELECT count(*) FROM SHPMT WHERE shpmt_date > '15-JAN-1997';
ERROR:
ORA-01830: date format picture ends before converting entire
           input string


no rows selected
```

Jetzt scheint es, daß Sie einfach den Oracle-Parameter *nls_date_format* so ändern können, daß in der SQL-Abfrage eine vierstellige Jahreszahl akzeptiert wird. Leider liefert diese Änderung irreführende Ergebnisse. Wenn in der SQL-Abfrage eine vierstellige Jahreszahl verwendet wird, so ist die Abfrage korrekt, doch wenn eine zweistellige Jahreszahl verwendet wird, liefert die Abfrage ein falsches Ergebnis. Sehen Sie sich dazu folgendes Skript an:

```
SQL> ALTER SESSION SET nls_date_format = „DD-MON-YYYY";


Session altered.


SQL> SELECT count(*) FROM SHPMT WHERE shpmt_date > '15-JAN-1997';


COUNT(*)
   ──

      40


1 row selected.


SQL> SELECT count(*) FROM SHPMT WHERE shpmt_date > '15-JAN-97';


COUNT(*)
   ────

   176858


1 row selected.
```

Diese Tests scheinen zu beweisen, daß zwei Ereignisse geschehen müssen, um das Ziel zu erreichen: Ein vierstelliges Datum muß angegeben werden, und das *nls_date_format* muß geändert werden. Damit SQL-Vergleiche auch über die Jahrhundertgrenze hinweg funktionieren, können die Entwickler wie folgt in allen SQL-Abfragen vierstellige Jahreszahlen angeben:

```
SELECT count(*) FROM SHPMT
WHERE shpmt_date
BETWEEN '15-JAN-2000' AND '15-DEC-1999';

COUNT(*)
———
   163632

1 row selected.
```

Allerdings kann ein Entwickler das *nls_date_format* in der Datei *init<SID>.ora* nicht gut ändern, bevor nicht alle SQL-Abfragen, die auf diese Datenbank zugreifen, in vierstellige Jahreszahlen konvertiert wurden. Der schwierigste Teil dabei ist, daß Abfragen mit zweistelligen Jahreszahlen keine Fehlermeldung, sondern irreführende Ergebnisse erzeugen. Die einzige Lösung beim Ändern eines *YYYY*-Formats ist daher, die Änderung am *nls_date_format* sorgfältig mit den Änderungen in allen SQL-Abfragen abzustimmen.

Einfügen von Daten

Beim Einfügen von Datumswerten mit dem Oracle-Standardformat *nls_date_format* wird einer Jahresangabe immer das Jahrhundert 19 vorangestellt, und Oracle gestattet einer Abfrage nicht, einen anderen Jahrhundertwert anzugeben. Betrachten Sie das folgende Beispiel:

```
SQL> ALTER SESSION SET nls_date_format = „DD-MON-YY";

Session altered.

SQL>
SQL> INSERT INTO DT VALUES ('01-JAN-01');

1 row created.

SQL> INSERT INTO DT VALUES ('01-JAN-99');

1 row created.

SQL> INSERT INTO DT VALUES ('01-JAN-2001');
```

```
insert into dt values ('01-JAN-2001')
                          *
ERROR at line 1:
ORA-01830: date format picture ends before converting entire
           input string

SQL> INSERT INTO DT VALUES ('01-JAN-1999');
insert into dt values ('01-JAN-1999')
ERROR at line 1:
ORA-01830: date format picture ends before converting entire
           input string

SQL> SELECT * FROM DT;

DY
──
01-JAN-99
01-JAN-01
```

Doch was passiert, wenn das *nls_date_format* wieder auf *YYYY* gesetzt wird? Die Entwickler können jetzt das Jahrhundert in den SQL-*INSERT*-Anweisungen angeben. Beachten Sie jedoch, daß beim Einfügen des Datums *01-JAN-91* die 91 nicht mehr als das Jahr 1991 gespeichert wird, sondern als das Jahr 91 v. Chr. – das Jahr als die Römer begannen, die Christen den Löwen zum Fraß vorzuwerfen! Betrachten Sie das folgende Beispiel:

```
SQL> ALTER SESSION SET nls_date_format = „DD-MON-YYYY";

Session altered.

SQL> INSERT INTO DT VALUES ('01-JAN-91');

1 row created.

SQL> INSERT INTO DT VALUES ('01-JAN-1901');

1 row created.

SQL> INSERT INTO DT VALUES ('01-JAN-1999');

1 row created.

SQL> INSERT INTO DT VALUES ('01-JAN-2001');

1 row created.

SQL> INSERT INTO DT VALUES ('01-JAN-2099');
```

```
1 row created.

SQL> SELECT * FROM DT;

DY
__

01-JAN-0091
01-JAN-1901
01-JAN-1999
01-JAN-2001
01-JAN-2099
```

Eine Lösung besteht in der Verwendung des *RR*-Datumsformats in *nls_date_format*. Wenn *nls_date_format* auf *DD-MON-RR* gesetzt wird, werden von Oracle Schlüsse hinsichtlich des Jahrhunderts gezogen. Wenn die Jahreszahl in den Bereich zwischen 00 und 49 fällt, wird für das Jahrhundert automatisch eine 20 vorangestellt. Und für Werte zwischen 50 und 99 wird für das Jahrhundert eine 19 vorangestellt. Betrachten Sie das folgende Beispiel:

```
SQL> ALTER SESSION SET nls_date_format = „DD-MON-RR";

Session altered.

SQL> INSERT INTO DT VALUES ('01-JAN-49');

1 row created.

SQL> INSERT INTO DT VALUES ('01-JAN-50');

1 row created.

SQL> ALTER SESSION SET nls_date_format = „DD-MON-YYYY";

Session altered.

SQL> SELECT * FROM DT;

DY
___

01-JAN-2049
01-JAN-1950
```

Selbstverständlich gibt es einige Nachteile bei der Verwendung des Datumsformats *RR*. Bei Anwendungen, in denen die Geburtsdaten von Personen gespeichert sind, die vor 1950 geboren worden sind, haben die Entwickler wohl Konvertierungsprobleme, da der *01-JAN-49* als *01-JAN-2049* gespeichert wird.

Ebensowenig wie das *RR*-Format erlaubt das *YY*-Datumsformat, daß das Jahrhundert explizit angegeben wird. Betrachten Sie dazu das folgende Beispiel:

```
SQL> ALTER SESSION SET nls_date_format = „DD-MON-RR";

Session altered.

SQL>
SQL> INSERT INTO DT VALUES ('01-JAN-49');
1 row created.

SQL> INSERT INTO DT VALUES ('01-JAN-1950');
INSERT INTO DT VALUES ('01-JAN-1950')
                        *
ERROR at line 1:
ORA-01830: date format picture ends before converting entire
           input string
```

Überprüfen vorhandener Jahrhundertwerte

Der erste Schritt in der Jahr-2000-Kompatibilität besteht darin, Ihre vorhandenen Datenbanken daraufhin zu prüfen, ob die Jahreszahlen innerhalb der Oracle-Tabellen richtig gespeichert sind. Der nachfolgende Code wird diese Operation durchführen, indem er die verschiedenen Jahreswerte aller Spalten in allen Tabellen mit Datumswerten auswählt. Die nachfolgende Abfrage veranlaßt eine vollständige Durchsuchung der Tabellen und mag daher einige Zeit laufen, insbesondere, wenn sie auf Data Warehouses angewendet wird. Deshalb empfiehlt es sich, diesen Code außerhalb der Bürozeiten auszuführen.

```
REM  Written by Don Burleson (c) 1995

SET PAGES 9999;
SET HEADING OFF;
SET FEEDBACK OFF;

PROMPT All Distinct Year Values within all tables
PROMPT =========================================

SPOOL checkdate.sql;

SELECT 'spool date_list.lst' FROM DUAL;

SELECT 'select distinct to_char('||
        column_name||
```

```
          ','''YYYY'''') from '||owner||'.'||table_name||';'
   FROM dba_tab_columns
   WHERE data_type = 'DATE'
   AND OWNER NOT IN ('SYS','SYSTEM');

   SELECT 'spool off' FROM DUAL;

   SPOOL OFF;

   @checkdate
```

Ein Vorschlag für einen Implementierungsplan

Es reicht nicht, anzunehmen, daß Ihre Oracle-Anwendung Jahr-2000-kompatibel ist und ein Zauberer alle Probleme in diesem Zusammenhang löst. Ihre Datenbank könnte schneller Probleme bereiten, als Sie denken, insbesondere wenn Ihr System Daten speichert, die ins nächste Jahrhundert hineinreichen. Angenommen, ein System plant Projekte 24 Monate im voraus. Bereits seit dem Januar 1998 gibt es Probleme, denn seit diesem Zeitpunkt werden 00-Daten nicht mehr mit dem Wert 1900, sondern mit dem Wert 2000 gespeichert. Um eine Jahr-2000-Kompatibilität zu erreichen, müssen Sie sich für eine der folgenden drei Möglichkeiten entscheiden:

Möglichkeit eins: Keine Vorkehrungen treffen

Keine Vorkehrungen zu treffen, kann bei Anwendungen, die niemals Datumsabfragen ausführen oder keine Daten zwischen den Jahren 1990 und 1999 speichern, eine durchaus akzeptable Alternative sein. Wie Sie bereits wissen, bedeutet der *YY*-Standard, daß alle Datumsangaben zweistellig angegeben werden müssen und daß in allen Abfragen nach dem *1-JAN-2000* die 20 als Jahrhundert vorausgesetzt wird. Dadurch wird sofort jeder SQL-Zugang zu Daten blockiert, in denen 19 das Jahrhundert ist.

Möglichkeit zwei: Das *nls_date_format* in *DD-MON-RR* umwandeln

Diese Möglichkeit wird an der Funktionsweise der vorhandenen Abfragen nichts ändern. Wenn die Anwendung jedoch eine Speicherung von Daten vor 1950 oder nach 2050 erfordert, kann diese Möglichkeit nicht verwendet werden, da das *RR*-Format die Speicherung dieser Daten in Oracle-Tabellen nicht zuläßt. Das Überschreibungsproblem bedarf der Interpretation. Einige SQL-Abfragen erscheinen aufgrund der Tatsache, daß die Jahre 00 bis 49 höher sind als die Jahre 50 bis 99, rückwärts. Angenommen, die Abfrage unten untersucht alle Datumswerte zwischen 1998 und 2048. Auf den ersten Blick scheint es, daß diese Abfrage für Zeilen zwischen 1948 und 1998 konzipiert ist.

```
REM   Assume that today is 1-JAN-2001;
SELECT * FROM SHPMT WHERE DATE BETWEEN '1-JAN-48' AND '1-JAN-98';
```

Die Option *RR* erlaubt eine leicht implementierbare Änderung, da keine SQL-Änderungen notwendig sind und ein DBA nur den Parameter *nls_date_format* in der Oracle-Datei *init<SID>.ora* ändern muß. Der Nachteil dieses Ansatzes ist, daß einige der jahrhundertübergreifenden Abfragen von Endbenutzern und Programmierern falsch interpretiert werden könnten.

Möglichkeit drei: *nls_date_format* in *DD-MON-YYYY* umwandeln

Bei dieser Möglichkeit muß der vorhandene SQL-Code geändert werden, so daß vierstellige Jahreszahlen verwendet werden. Zudem muß die SQL-Änderung mit einer Änderung des Formats *nls_date_format* koordiniert werden. Mit anderen Worten: Wenn Sie sich für diese Möglichkeit entscheiden, sollten Sie einen Plan ausarbeiten, um die Änderung des Parameters *nls_date_format* mit der Änderung des gesamten SQL-Codes zu koordinieren, der auf die betreffende Datenbank zugreift. Dieser Prozeß macht das folgende Verfahren notwendig:

- Weisen Sie die Entwickler an, in sämtlichen SQL-Abfragen vierstellige Jahresangaben vorzunehmen. Dies kann vor der Änderung des Parameters *nls_date_format* erfolgen.

- Setzen Sie in der Datei *init<SID>.ora* den Parameter *nls_date_format* auf *DD-MON-YYYY*.

- Stellen Sie sicher, daß im gesamten SQL-Code jetzt vierstellige Jahreszahlen verwendet werden. (Vergessen Sie nicht: Wenn Sie nach dieser Änderung noch einmal zweistellige Jahresangaben verwenden, so werden als Jahrhundertwert zwei Nullen benutzt.)

- Durchsuchen Sie alle Bereiche, in denen möglicherweise noch SQL-Code gespeichert ist. Dazu gehören auch die folgenden Bereiche:

- Gespeicherte Prozeduren und Trigger

- Unix-Code-Bibliotheken mit SQL-Abfragen

- Externer Programm-Quellcode, wie z.B. Pro*C-Quellcode-Bibliotheken

Eine Routine zur Überprüfung zweistelliger Datumsangaben ist relativ einfach zu schreiben. Mit Hilfe des folgenden SQL-Codes können Sie alle gespeicherten Prozeduren in Oracle befragen und die Namen aller gespeicherten Prozeduren anzeigen lassen, die möglicherweise auf Datumswerte verweisen:

```
SET PAGES 999;
SET HEADING OFF;

PROMPT Possible stored procedures with date manipulation
PROMPT =================================================
SELECT DISTINCT NAME FROM DBA_SOURCE
WHERE
    TEXT LIKE '%date%'
OR TEXT LIKE '%DATE%'
OR TEXT LIKE '%dt%'
OR TEXT LIKE '%DT%'
AND OWNER NOT IN ('SYS','SYSTEM');
```

Selbst wenn Oracle seine Datenbank als Jahr-2000-kompatibel bezeichnet, liegt es immer noch in der Verantwortung der einzelnen Oracle DBAs, eine korrekte Umstellung der Datumsformate sicherzustellen. Indem Sie die obigen Schritte befolgen, und sorgfältig die SQL-Änderungen mit der Änderung des *nls_date_format* koordinieren, können Sie sicherstellen, daß Ihre Oracle-Datenbank weiterhin richtig funktioniert. Es ist nicht notwendig, bis zur letzten Minute zu warten, um Änderungen für das Jahr 2000 vorzunehmen. Die Auswirkungen könnten für diejenigen, die nicht gewissenhaft im voraus planen, drastisch sein.

Während die Jahr-2000-Thematik die Industrie in den nächsten paar Jahren noch plagen wird, erscheinen aufregende neue Thematiken am Horizont. Die allgemeine Verfügbarkeit der 64-Bit-Prozessoren wird bald Realität werden, und Oracle wird die Herausforderung mit seiner 64-Bit-Option annehmen. Der folgende Abschnitt beschreibt einige der großen Performance-Gewinne, die die Nutzung dieser neuen Hardware-Ressourcen mit sich bringen wird.

Oracle 64-Bit-Option – Ein Blick in die Zukunft

Bei sehr umfangreichen Data Warehouses, bei denen eine Reaktionszeit im Zehntelsekundenbereich entscheidend sein kann, können nur wenige Datenbank-Engines die Performance von Oracle mit seiner 64-Bit-Option schlagen. Für die Alpha-Serie der Digital Equipment Corporation (DEC-Alpha) konzipiert, ist die Performance der Oracle 64-Bit-Architektur 1.000mal schneller als die Standard-Oracle-Software. Es ist interessant, zu beobachten, daß es die DEC-Alpha-Familie der 64-Bit-Prozessoren schon seit 1991 gibt, und die Datenbankhersteller erst jetzt deren Potential für das Data Warehousing entdecken. Da die meisten wichtigen Hardware-Hersteller diese Technik inzwischen eingeholt haben und 64-Bit-Systeme herstellen, sollten wir einen Blick in die Zukunft wagen und den vorhandenen Zustand der Oracle 64-Bit-Option für das Data Warehouse untersuchen.

SQL-Komplexität und Reaktionszeit

Wenn Oracle n-*JOINs* zwischen einer sehr großen Faktentabelle und den Dimensionen durchführt, so läßt die Performance von Oracle mit zunehmender Anzahl verknüpfter Tabellen nach *(siehe Abbildung 12.1)*. Oracle behauptet jedoch, daß durch die Verwendung der Sternabfragehinweise in Oracle zusammen mit Bit-Datenbanken die Reaktionszeit verbessert wird, während die Komplexität der SQL-Abfragen zunimmt. In einer Oracle-Studie zeigte ein DEC-Alpha mit der Oracle 64-Bit-Option, daß die Reaktionszeiten verbessert wurden, während die Anzahl verknüpfter Tabellen zunahm.

Abb. 12.1:
Oracle-
Benchmarks

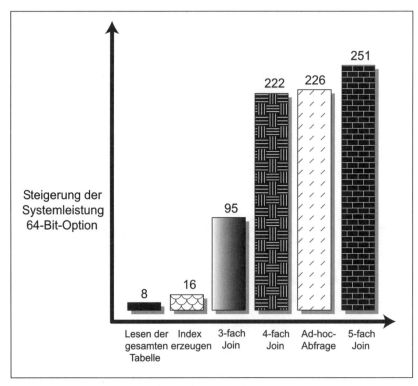

Eine Oracle-Sternabfrage ordnet die Bedingungen der Auswahlkriterien einer Abfrage zu und erstellt aus den Dimensionstabellen ein übergreifendes Produkt. Dieses übergreifende Produkt wird dann mit der Faktentabelle verglichen, und zwar mit Hilfe eines Mehrfachschlüsselindex.

Unter Verwendung einer umfassenden SGA-Konfiguration mit der 64-Bit-Option auf einem DEC-Alpha demonstrierte die Oracle Corporation, daß eine Abfrage, die auf einer Unix-Oracle-Datenbank eine Stunde dauerte, auf einem 64-Bit-Prozessor mit einem Sternabfrageschema und 6 GByte Datenpuffer in weniger als drei Sekunden ausgeführt wurde *(siehe Abbildung 12.2)*.

Abb. 12.2:
Vergleich der
Abfragegeschwin-
digkeit – 32-Bit-
gegenüber 64-Bit-
Prozessoren

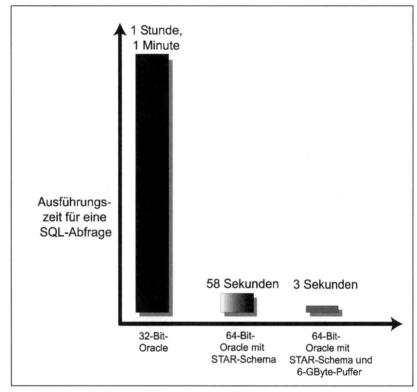

Zusätzlich verfügt die Oracle 64-Bit-Option über zwei verbesserte Leistungsmerkmale: *Big Oracle Blocks (BOB)* und *Large SGA (LSGA)*.

Und was ist mit BOB?

BOB ist vermutlich eines der wichtigsten Merkmale von Oracle auf 64-Bit-Maschinen. Da die Blockgröße 32 KByte erreichen kann, kann eine gesamte (Festplatten-)Spur an Daten mit einer einzigen E/A gelesen werden, und die System-Performance läßt sich dramatisch verbessern. Dies ist bei Data Warehouses, die große Tabellenbereiche durchsuchen können, besonders wichtig. Wenn der *init<SID>.ora*-Parameter *db_file_multiblock_read_count* verwendet wird, kann die physikalische

E/A für Tabellendurchsuchungen beträchtlich reduziert werden. BOB ist also sehr nützlich, wenn Sie Daten in Oracle-Datenbanken speichern, die nicht in Tabellenform sind, wie etwa bei der *Oracle Spatial Data*-Option für räumliche Daten. In diesen Fällen kann auf binäre große Objekte *(BLOBs = Binary Large Objects)* mit einer einzigen physikalischen Platten-E/A zugegriffen werden.

LSGA

LSGA ist extrem wichtig in der Zukunft der Oracle Data Warehouse-Systeme. Während die Kosten für RAM-Speicher fallen, werden Sie große Oracle-SGAs vorfinden, die teilweise in der Lage sind eine ganze Datenbank zwischenzuspeichern („In-memory"-Datenbanken). Angenommen, Sie haben eine Data Warehouse von 10 GByte mit 32-KByte-Blöcken und der Parameter *db_block_buffers* ist auf 10.000 gesetzt für eine totale Puffergröße von 320 MByte. Zudem besitzen Sie eine SGA, die groß genug für die Speicherung der gesamten Datenbank ist. Diese wird gleich beim Start gelesen, so daß sie möglicherweise den ganzen Tag ohne Platten-E/A bleibt (vorausgesetzt natürlich, daß Sie sich im Abfragemodus befinden). Ein Zugriff auf das RAM benötigt ca. 50 Nanosekunden (im Vergleich zu ca. 50 Millisekunden, die für den Zugriff auf die Platten-E/A erforderlich sind). Wie Sie sehen, wird die E/A in einem System, das keine Plattenzugriffe vornimmt, um eine Millionmal schneller.

64-Bit-Architekturen überwinden auch die traditionellen Barrieren von Unix-Systemen. Die Dateigröße kann jetzt 2 GByte überschreiten, SGA-Regionen können bis zu 14 GByte erreichen, und Blöcke können in einer Größe von 32 KByte erstellt werden (dieselbe Größe wie bei Oracle auf Mainframes).

Zusammenfassung

Dieses Kapitel hat einen Blick in die unmittelbare Zukunft von Oracle geworfen und ließ uns einige aufregende neue Leistungsmerkmale kennenlernen, die wohl innerhalb der nächsten paar Jahre auf dem Markt sein werden. Im Laufe der Zeit wird sich Oracle weiterhin neu erfinden, und der Datenbankgemeinde neue Merkmale und Optionen anbieten.

Dieses Buch konnte hoffentlich eine einfache und direkte Vorgehensweise beim Design und der Implementierung des hochwertigen Oracle8-Informationssystems bieten. Während viele der Techniken nur in Oracle7 und Oracle8 vorkommen, lassen sich die Performance- und Tuning-Prinzipien auf alle Gebiete des Datenbank-Managements und alle kommerziellen Datenbankangebote anwenden. Herzlichen Glückwunsch! Sie sind jetzt mit den Kenntnissen und Ressourcen ausgestattet, die für das Tuning Ihrer Oracle8-Datenbank und für eine Maximierung der gesamten Leistungsstärke der Oracle8-Engine erforderlich sind.

Stichwortverzeichnis

/etc/hosts 392, 394
/etc/services 392
@
    Verwendung in Oracle 397
1:1-Beziehung 78
1:N-Beziehung 78
2PC-Transaktion 407
3NF 439
64-Bit-Option 573

A

Abfrage
    korrelierte 230
    nicht korrelierte 231
    parallele 476
    skalare 231
Abfrage-Manager 479
Abfragegeschwindigkeit
    Vergleich 575
Abfrageoptimierung 464
abstrakte Datentypen 18
Abstraktion 55, 246
Accounts
    Benutzer- 398
Acrobat 416
Ad-hoc-Abfragen 429, 432, 542
Adapter 559
AdHawk 484, 485
ADT 97
Aggregation
    kumulierende 438
    und STAR-Schemas 445
Aggregationsebenen 427
Aggregattabellen 433, 447
aggregierte Objekte 43
Aktivierung 561
Aktualisieren
    des STAR-Schemas 443
    von Data Warehouses 434
Aktualisierung 423
    verteilte 434

alert.log 508
ALTER SYSTEM-Berechtigung 402
ALTER TABLE 299
Analyse
    Problem- 484
Analyseparalysierung 63
Anbindung
    Datenbank- 380
Anfrageabfertigung 560
anonymous FTP 513
Anpassung
    durch den Anwender 554
ANSI 387
Anwendungen
    Data Warehousing 398
    datenbankplattformunabhängige 416
    datenbankübergreifende 386
    Gleiche Funktionalität in verschiedenen 553
    objektorientierte 552
Anwendungs-Tuning 543
Anwendungsobjekte 555, 558
    Definition 553
Anwendungsprogrammierschnittstellen 380
Anwendungsverbindung
    mit SQL*Net und Net8 395
APIs 242, 380, 381, 386
    Datenbank- 380, 381
    eingebettete 381
    funktionsaufrufende 385
    in Form von Funktionsaufrufen 381
    ODBC- 384
Apple Macintosh 553
Apple's OPENSTEP 553
Application Objects 555, 558
Application Programming Interface 380
Arbeitsspeicher
    Größe der Region 503
Arbeitsspeicher-Tuning 502
Arbeitsspeicherzuteilung 524
Arbor 431

ARCH 151
Architektur
    Komponenten der Objekt-
        Management- 555
    modulare 554
    Performance- und Tuning- 516
architekturübergreifende Konnektivität 381
Archivierungsprozeß 151
Archivierungsüberwachung 151
ARCHMON 151
ASCII 422
asynchrone Methode
    zur Aktualisierung des STAR-
        Schemas 443
Auffüllen des Data Warehouse 434
aufgegliederte Anfragen 433
Aufgliederung 433
    in Data Warehouses 438
Auftrag der OMG 551
Ausgabe von bstat/estat 505
Ausgabe von utlbstat und utlestat 508
ausgesetzte, verteilte Transaktionen 407
Automated Recovery
    Parameter in Patrol 536
automatische Methodenerzeugung 50

B
Back-End-Datenbanken 416
Basisklasse 103
BASISplus 386
Batch-Aktualisierung 434
Batch-Modus 434
Batch-Programme
    für den Informationsaustausch 413
begin statistics 504, 508
Benchmarks 574
Benutzer-Accounts 398
Benutzeranalyse 544
Bereinigen von Daten 434
Bericht über Tabellen-Extents 525
Bibliotheks-Cache 503
Big Oracle Blocks 575
Bitmap-Indizes 305, 442, 459
BMC 484, 485
    Patrol näher betrachtet 533

BOB 575
BOM 87
breite Funktionalität
    zwischen Software 551
bstat 504, 508, 509, 516, 518, 524
BUFFER BUSY WAITS 508

C
C/ISAM 423
CA-IDMS 386, 416, 417, 434
Cache 300
CAD-Systeme 553
Callout-Warteschlange 151
Checkpoint-Prozeß 151
Chris Stone 551
CICS 420
Client/Server-Anwendungen
    für verschiedene Plattformen 551
    oracle-gestützte 426
Client/Server-Architektur
    dreischichtige 422, 423
Client/Server-Plattformen 416
Client/Server-Systeme 385, 391, 395, 416
    Architektur 380
    dreischichtige 422, 423
Client/Server-Umgebungen 426
Cluster 114, 140
Cluster-Indizes 314
Cluster-Bildung 140
CODASYL 79
Codd, Dr. E. F. 447
Code isolieren 130
commit (festschreiben) 406
Commit point strength 401
Commit-Verarbeitung 406, 407
commit_point_strength 407
Common Facilities 555, 557
Common Object Request Broker
    Architecture 550
Communities
    Definition 392
    Zugriff von Net8 aus 392
Compuware 485
Connectivity 380
Container-Bildung 551

ConText 148
CORBA 550, 555
CORBA-Spezifikation 424
CREATE INDEX 299
CREATE TABLE 298
Create_p_add_t_tables 516
cron 514, 516
cron-Ausführungsplan 518
crontab 512, 518, 519
Cursor
   expliziter 238

D
Data Dictionary 401
Data Mining 431, 453
Data Warehouses 431
   Anwendungen 398
   Größenordnungen 449
   Leistungsmerkmale 455
   Parallelabfrage für 455
   Vergleich zu OLTP 433
Data Warehousing 426
   und 64-Bit-Technologie 574
   und mehrdimensionale Daten-
      banken 426
Database Connectivity 380
Database Solutions 485
Database-Writer 151
DataJoiner 419
Daten-Repository
   historisches 426
Daten-Sequencing 434
Datenaggregation
   in Data Warehouses 438
Datenbank
   relationale 382
Datenbank-APIs 380
Datenbank-Interoperabilität 70
Datenbank-Links 380, 393, 394, 414
   Definition 396
Datenbank-Verbindungen
   Handles auf 386
Datenbankarchitektur
   verteilte 62
Datenbankdesign 65
   logisches 78

Datenbanken
   mehrdimensionale 432
   parallele 472
   verteilte 389
Datenbanken mehrerer Hersteller 414
Datenbankentwurf 440, 449
Datenbankkonnektivität 380, 384
Datenbankobjekte 43, 52
datenbankplattformunabhängige Anwen-
   dungen 416
Datenbanksperren 261
Datenbankstatistiken 501
Datenbankstatus 486
Datenbanktreiber 384, 385, 386
Datenbanktypen 416
datenbankübergreifende
   Anwendungen 386
   Kommunikation 424
   Konnektivität mit IBM-Groß-
      rechnern 410
Datenbankverbindungen 380
Datenbankzustand 501
Datenbeziehung
   rekursive 87
Datenblöcke zwischenspeichern 503
Datenchoreographie 423
Datenerfassung 417
Datenextrahierung 434
Datenflußdiagramm 106
Datengewinnung 431
Datenmodellierung 437
Datenpartitionierung
   horizontale 389
Datenqualität 434, 437
Datenredundanz 416
Datenreplikation 422
Datenreplizierung 440
Datenrepräsentation
   dimensionale 431
Datensatzsperren 261
Datenstreuung 449
Datentyp
   abstrakter 97
   benutzerdefinierter 98
Datenzugriffsdienste 384
Datum/Zeit-Stempel 277

Datumsanzeige 565
Datumsformate 564
Datumsparameter 564
db_block_size 503
DB2 419, 420
    Kommunikation zu IDMS-
       Datenbanken 411
DB2-SQL 419
DBA-Tabellen 512
DBAnalyzer 485
DBVision 485
DBWR 151
DBWR CHECKPOINTS 508
DBWR FREE LOW 508
DD-MON-RR 565
DD-MON-YY 564
DD-MON-YYYY 564
DDCS 419
Deadlocks 269
DEC-Alpha 573
Decision Support Systems 426, 428
dedizierte Prozesse 403
dedizierte Server 400, 401, 404, 408
dekomprimieren 519
DELETE-Trigger 444
Demo-Version von Patrol 533
denormalisierte Datenstrukturen 432
Denormalisierung 432, 433, 439
    horizontale 436
    massive 433
    vertikale 436
Design
    logisches 5, 61, 350
Designer-2000 148
Developer-2000 148
DFD 106
Dictionary
    Data 401
    Oracle- 398
Dictionary-Cache 131, 156, 176, 503
Dienstanbieterschnittstelle 384
Dienstname 394
Dienstprogramm bstat/estat
    Ausgabe 505

Dienstprogramme 524
    für Performance-Repository 502
    utlbstat und utlestat 504
dimensionale Datenrepräsentation 431
Dimensionstabellen 439
Dirty Reads 264
Dispatcher 152, 392, 402
Distributed Recoverer 152
divergente Datenbanksysteme 410
DLM 289
doppelte exponentielle Glättung 512
dreischichtige Client/Server-
    Systeme 422, 423
Drill-down 438
    Anfragen 433
Dritte Normalform 433, 439
DSS 426, 428
DSS Agent 436
DSSF 429
dynamische Änderung des SGA 503
dynamische Substitution 390
dynamische Transparenz 390

E

E/A-Parameter 543
E/R-Diagramm 106
E/R-Modell 439
EBCDIC 422
EcoTools 485
EDA-SQL 414, 420
Einfügen
    in Data Warehouses 434
    von Daten 567
eingebettet
    APIs 381
    SQL-Befehle 381, 382
einheitliche Datenqualität 434
Empfangen und Senden 559
end statistics 504, 508
Endbenutzer 430
Enterprise Backup 148
Enterprise Manager 149, 540
Entscheidungsprozesse 427
Entscheidungsregeln 428
    in Oracle Expert 543

Entscheidungsunterstützungssysteme
426, 428
    Komponenten 430
    Unterschied zu Expertensystemen 430
    Unterschied zum Experten-
        systemen 427
Entwurfsregeln 436
EOQ-Modell 427
Ermittlung unbekannter Trends 431
Erste Normalform 433
Erweiterbarkeit 11
Essbase 449
estat 504, 508, 509, 510, 516, 518, 524
Eventus Software 485
Eventus software 484
EXISTS 235
Expert 543
Expertensysteme 426
    Unterschied zu Entscheidungsunter-
        stützungssystemen 427, 430
EXPLAIN 69
EXPLAIN PLAN 196, 207
Explain-Plan
    zu einer SQL-Abfrage 543
Export 149
Export_p_and_t_tables 516
Express 149
Extents
    Bericht über 525
externer Parallelismus 475
EXTPROC 151
Extrahieren 519
    Performance-Daten 527
    Programme für das 434
Extrahieren von Daten 434
Extrahierung
    der Performance-Daten 512

F

Faktentabelle 439
Fat-Agent-Technologie 424
Fehlerprotokollierung 486
Fehlerverarbeitung 561
Fernanfragen 394, 395, 396
Fernverbindung 395, 396, 397, 414

Definition 414
Festplatten-Tuning 502
festschreiben (commit) 406
Festschreibungspunkt 407
Folio 416
Förderung objektorientierter Techno-
    logie 552
Format für die Nachrichtenübermitt-
    lung 551
Fremdschlüssel 102
FTP 513
Fulcrum 416
Funktionenbibliothek 386
Fusion 416

G

Gateway-Strategie von Oracle 420
Gateways 419, 420, 421
    für andere Datenbanken 420
    für die Konnektivität 381
    ODBC 385
    Strategie von Oracle 420
    Transparent Gateway 419
    verschiedene Produkte 419
gemeinsam nutzbar
    Server 402, 408
gemeinsame
    Leistungsmerkmale 555, 557, 558
    Sprache 551
    SQL-Bereiche 503
gemeinsamer Pool 503
gemeinsames
    Modell zur Datenstrukturierung 551
    Übermittlungsformat 551
gespeicherte Prozeduren
    SGA vorbereiten für 503
Gleiche Funktionalität
    in verschiedenen Anwendungen 553
globales KM 535
grafische Darstellung von Systemmes-
    sungen 545
Großrechner
    -ressourcen 416
    Batch-Programme für den Informa-
        tionsaustausch 413

datenbankübergreifende Konnektivität
mit 410
größtmögliche Portabilität 551

H
Handle 244
Handles auf Datenbankverbindungen 386
Hardware-Interoperabilität 70
Hash-Algorithmus 141
Hash-Cluster 114, 141
Hash-Verknüpfungen 460
herstellerspezifische Betriebssysteme 416
heterogene Replikation 421
Heterogenität 554
high water mark 508
Hintergrundprozesse 151, 400, 404
für die Wiederherstellung 406
RECO 406
Hinweis 82, 213, 217
ALL_ROWS 217
AND_EQUAL 217
CACHE 217
CLUSTER 218
FIRST_ROWS 218
FULL 218
HASH 218
HASH_AJ 218
INDEX 218
INDEX_ASC 218
INDEX_COMBINE 218
INDEX_DESC 218
MERGE_AJ 218
NO_EXPAND 218
NO_MERGE 218
NOCACHE 218
NOPARALLEL 218
ORDERED 218
PARALLEL 218
PUSH_SUBQ 218
ROWID 219
RULE 219
STAR 219
USE_CONTACT 219
USE_HASH 219
USE_MERGE 219
USE_NL 219

historisches Daten-Repository 426
hochentwickelte Systeme 426
Hochgeschwindigkeitsverarbeitung
(Datenbanktyp) 416
Holos 436
Homonyme 435
Hook-Produkte 410
horizontale Partitionierung 389
HP NewWave 553
HP-9000-Computer 503
Hypothesenprüfung 431

I
IBM-Großrechner
Batch-Programme für den Informa-
tionsaustausch 413
datenbankübergreifende Konnektivität
mit 410
IDMS
Kommunikation zu DB2-Daten-
banken 411
IEEE 417
Impedanzabweichung 249
Implementierungsdetails 556
Implementierungsplan 571
Import 149
fremder Tabellen 422
Import_p_and_t_tables 517
importierte Fremdtabellen 421
IMS 386, 416, 417, 419, 434
Independence Technologies 485
Index 114, 115, 204
Auswahl durch Oracle 122
mehrspaltiger 121
verketteter 206
Indexerstellung
parallele 478
Indexpartitionierung 462, 469
global 470
lokal 469
Indexplazierung 544
Indizes 300
rekonstruieren 319
industrieller Dialog 552
Industriestandards
für objektorientierte Systeme 551

Information Builders Incorporated 420
Informationsinseln 417, 424
Informix 420
Informix-SQL 420
init.ora 403, 480, 502, 503
Initialisierungsparameter 543
Instanzen
    Statistiken zu 501
Instanzen-Tuning 543
integrierte Software-Systeme 552
Integrität
    referenzielle 62, 73, 114, 127, 387
Integritätsregel 120, 127
Internationalisierung 554
interner Parallelismus 475
Internet Protocol 394
Intuition 427, 428, 431
IP-Adressen 394
IRI 431
IS-A-Konstruktion 55
IS_A-Beziehungen 14
Ist-Ein-Beziehung 78
iVIEW Performance logger 485

J
Jahr 2000 564
Jahrhundertwerte 570
JCL für ein datenbankübergreifendes
    COBOL-Programm 413

K
Kapselung 10, 97, 240, 266, 552, 554
    objektorientierter Anwendungen 554
    Verletzung 250
Klasse
    abstrakte 90
    konkrete 91
Klassenhierarchie 16
Klassenkonstrukt 90
KM 535
knowledge modules 535
Kommunikation
    mit anderen Datenbanken 380
    über Gateways 419
    zwischen Datenbank und
        Programm 385

    zwischen IDMS- und DB2-Daten-
        banken 411
Kommunikation von Objekten 551
Kommunikationsbereich
    SQL- 384
Kompensierung
    SQL- 420
Komponenten des Objekt-Manage-
ments 555
Konnektivität
    architekturübergreifende 381
    Datenbank- 380, 384
    Gateways 381
    mit IBM-Großrechnern 410
    systemübergreifende 389
    Tools 380
Konsolidierung
    manuelle 414
Konsolidierungsabfrage 388
Korn-Shell-Skript
    für die Extrahierung von Performance-
        Daten 527
korrektive Maßnahmen 484
kubische Datenrepräsentation
    Alternativen 449
kubische Datenbanken
    Simulation 448
Kubische Repräsentation relationaler
    Daten 448
Kumulation und STAR-Schemas 445
kumulierende Aggregation 438
künstliche Intelligenz 431

L
Laden des Warehouse 434
Laden von Datenbanken 449
Ladeprogramme 434
Large Pool 153
Lastausgleich 70
Lastverteilung 464
Laufzeitbereiche 503
Leistungsmerkmale
    des Oracle-Data-Warehousing 455
    für OMG-konforme Produkte 551
    künftige 550
    neu in Oracle8 461

LGWR 152
Library-Cache 131, 156, 172
Lieferung 560
lineare Prognoseverfahren 510
Links 414
Listener 152
   -Befehle 399, 400
   anhalten 404
   Definition 404
   Net8- 399
   SQL*Net- 399
   und lokale Verbindungen 401
   verwalten 404
listener log 405
listener.ora 392
Lock-ID 283
Lock-Prozeß 152
Locking 261
„Log sniffing" 434
Log-Writer 152
lokale KMs 535
lokale Kopie der Master-Datenbank 517
Löschen in Data Warehouses 434
Lösungsmöglichkeiten
   mehrere 429
LSGA 575, 576
LSNRCTL STATUS 399
LVM 502

M

Managementinformationssysteme 431
Manual Recovery
   Parameter in Patrol 537
manuelle Konsolidierung 414
   Definition 414
maßgeschneiderte Konzepte 417
massive Denormalisierung 433
Master-Datenbank
   lokale Kopie 517
Master-Oracle-Tabellen 513
MDDB 436, 449
mehrdimensionale Data Warehouses 438
mehrdimensionale Datenbanken 431,
   432, 436
   relationale Antworten 439
   und Data Warehousing 426

mehrdimensionale Front-End-
   Benutzung 436
mehrdimensionale Front-Ends 431
mehrere Datenbanken
   ODBC-Zugriffe auf 386
   Zugriff auf 389
mehrere Hersteller
   Datenbanken von 414
mehrere Lösungsmöglichkeiten 429
mehrfach nutzbare Objekte 553
mehrfache Aktualisierungen 416
menschliche Intuition 427, 428, 431
Menü
   für das Performance-System 526
menügestütztes System 526
Meßsysteme
   proaktive und reaktive 484
Messung der Datenbank-Performance 424
Messung der Systemleistung 424
Metacube 416, 436
Metadaten 157, 387
Metadaten-Repositories 434, 436
Metadaten-Server 436
Methode 97, 130, 246
   der kleinsten Quadrate 512
Methodenprototypen 45
Microsoft Windows 553
Microstrategy 436
Middleware 421, 423
Migration in partitionierte Tabellen-
   strukturen 468
MIS 431
Modell zur Datenstrukturierung 551
Modellierung 431
Modellierungs-Tools 430
modulare Architektur 554
modulare Software-Produktion 552
MTBF 189
MTS 179, 400, 401
   automatische Lastverteilung 403
   in Net8 392
   init.ora 403
   reduzierte Speicherbeanspru-
      chung 403
   verwalten 402
   weniger Prozesse pro Anwender 403

MTTR 189
Multithread-Net8-Sitzungen 401
Multithread-Server 179, 400, 404
    in Net8 392
    verwalten 402
Multithread-SQL*Net-
    Sitzungen 401
MVS 424

N
N:N-Beziehung 78
    rekursive 78
Namensdienste 560
Net8 380, 391
    -Architektur 391
    -Sitzungen einrichten 408
    -Verbindungen verwalten 401
    Anwendungsverbindung 395
    Beispiel-Datenbank-Anfrage 393
    für Client/Server 395
    Multithread-Sitzungen 401
    Netzwerktransparenz 393
    Unterschied zu SQL*Net 391
    verlorengegangene Verbindungen 402
    verwalten 405
    vs. SQL*Net 1.0 393
Network Programmatic Interface 393
Netzwerk
    von Oracle-Clients 391
Netzwerktopologie 391
Netzwerktransparenz 393
nicht relationale Systeme 417
nicht relationale Datenbanken
    und Data Warehousing 434
Normalform 79
    Aufhebung 81
normalisiertes Schema 439
Normalisierung 439, 440
    Dritte Normalform 433, 439
    Erste Normalform 433
NOT 207
NPI 393

O
Oberflächen 556
    objektorientierte 553

Object Management Architecture
    Guide 550
Object Management Group 550
Object Request Broker 555, 557, 559
Object Services 555, 557
Objectivity 416
Objekt-IDs 22
Objekt-Management 550
    Komponenten 555
Objekt-Management-Architektur 557
Objektanfrage 559
Objektbezeichner 257
Objektdienste 555, 557, 558
Objekte 552, 556
    mehrfach nutzbare 553
Objektkommunikation 551
Objektmodell 556
Objektmodellkern 557
Objektnormen 550
objektorientierte Anwendungen
    Kapselung 554
objektorientierte Oberflächen 553
Objektorientierung 550
    Vorteile 553
Objektunterstützung (Datenbanktyp) 416
Objektverwaltung 550
ODBC
    196, 242, 381, 384, 385, 386, 387
    -Funktionen 386
    -SQL 388
    -Treiber 385
    Architektur 385
    in verteilten relationalen Daten-
       banken 386
    ohne SQL 386
    und SQL 386
    Zugriff auf mehrere Datenbanken 386
offene Systeme 416
offenes Forum 552
OID 25, 30
OLAP 80
    -Kriterien 447
    Geschichte 447
    Newsgroup zu 448
    spezifische Regeln 447
    Systeme 426

OLTP 81, 432
    Vergleich zum Data Warehouse 433
OLTP-Datenbank 436
OLTP-Systeme 432
OMA 557
OMA-konforme Schnittstellen 558
OMG 550
    Auftrag 551
    Ziel 551
OMG-Objektmodell 556, 559
On-Line Transaction Processing 432
OnLine Analytical Processing 426, 447
Online-Anwendungen
    Definition 414
Online-Menü
    für das Performance-System 526
Ontos 416
Open Database Connectivity 242, 381,
    384
Open Gateway 420
Operationssignaturen 556
Operator @
    Verwendung in Oracle 397
OPI 393
ops$ 398, 403
Optimierung
    EXPLAIN PLAN 196
    gespeicherte Prozeduren 196
    Indizes 196
    ODBC 196
    Oracle-Optimizer 196
    PL/SQL 238
    proaktive 105
    SQL-Syntax 196
    Trigger 196
Optimizer
    aufwandsbasierter 215
    regelbasierter 222
    Strategie 227
Oracle Architecture*Reports 149
Oracle ConText 2, 3
Oracle Expert 484, 543
Oracle Express 2, 3, 416
Oracle Names 397
Oracle Performance Manager 545
Oracle Programmatic Interface 393

Oracle Tablespace Manager 546
    Detailanzeige 547
Oracle Trace 546
Oracle*Graphics 149
Oracle-Architektur 148
Oracle-Berichte 532
Oracle-Data-Warehousing
    Leistungsmerkmale 455
Oracle-Dictionary 398
Oracle-Dienstprogramme
    für Performance-Repository 502
    utlbstat und utlestat 504
Oracle-Listener 399
Oracle-Objekte 45
Oracle-Optimizer 212
Oracle-Performance-Datenbank 512
Oracle-SGA 502
Oracle-Sperrungen 261
Oracle-SQL 389, 420
Oracle-Statistiken 501
Oracle-Tools
    für die Performance-Überwachung 540
Oracle-Tuning 502
Oracle8
    neue Leistungsmerkmale 461
    Objekte 259
Oracle8.2 53
Oracle's Data Dictionary 401
Oracle's Enterprise Manager 540
Oracle's Performance Pack 540
ORASRV 152
oratab 405
ORB 555, 557, 558
OSF 417
OSF Motif 553
Output Range
    Parameter in Patrol 537

P
Paging innerhalb des UNIX-Puffer-Cache
    538
Pakete 130, 131
    SGA vorbereiten für 503
Parallel Query Option 474, 479
Parallel Server 289
Parallel Server Option 474

Parallelabfrage 114, 143
    für Data Warehouses 455
parallele Abfragen 464, 476
parallele Datenbanken 472
parallele Indexerstellung 478
parallele Operationen 471
parallele Server 472
parallele Server-Konfiguration 472
parallele Sortierung 479
Parallelismus
    externer 475
    interner 475
Parameter für parallele Abfragen 543
Parameterverschlüsselung 560
Partitionierung
    erhöhte Verfügbarkeit 462
    horizontale 389
    in Oracle8 465
    Index- 462, 469
    Migration in partitionierte Tabellen-
       strukturen 468
    Performance-Verbesserung durch 464
    Syntax 466
    Tabellen- 462, 465
Patrol 414, 424, 484, 485
    -Berichte 538
    -Fehlerverarbeitung 538
    Dialogfenster für die Wartung der
       Oracle-Parameter 537
    Drill-down-Fenster 535
    Hauptfenster 534
    Näher betrachtet 533
    Oracle-Bericht in 539
    Oracle-Parameterliste 536
    script language 540
    systemweite Statistiken 538
    Wiederherstellungsaktion in 539
    Wissensmodul von 535
PC-Verbindungs-Task 409
Performance
    messen 424
    Verbesserung
       durch Partitionierung 464
    von Konnektivitäts-Tools 380
Performance Manager 545
    Gesamtstatistiken 545

Performance Pack 540
Performance-Architektur 516
Performance-Berichte 519, 526
Performance-Daten 486
    extrahieren 527
Performance-Datenbank 486, 512
Performance-Informationen 508, 519
    SQL-Skript für 510
    UNIX-Skript für 509
Performance-Probleme 484
Performance-Repository 502, 512
Performance-Statistikwerte 486
Performance-System
    Menü für 526
Performance-Trends 510
Performance-Überwachung 486
    Oracle-Tools für die 540
Performance-Verbesserungen 442
PGA 153, 156
Pilot Lightship 416
Pipe-Two-task 409
Pivot-Tabellen 449
PL/SQL 149
    Optimierung 238
PLAN_TABLE 209
Platinum Technology 485
Plug-and-play-RDBMS-Umgebung 416
PMON 152
Poll Time
    Parameter in Patrol 536
Polymorphismus 7
Portabilität 386, 551
portierbare Software-Komponenten 551
Portierbarkeit 105
POSIX 417
PowerBuilder 416, 417
Präaggregation 433
Precision 535
Precompiler 149
    SQL- 382
Pro*C-Programme 403
proaktive Meßsysteme 484
proaktive Tools 484
proaktive Überwachungssysteme 484, 485
proaktives System 501
Problemanalyse 484

Problemlösungskomponente 426, 430
    in Expertensystemen 427
Problemverarbeitungssystem 428, 430
Procedure Builder 149
Prognoseverfahren
    lineare 510
Programmcode
    Wiederverwendung 552
Programmiersprachen
    objektorientierte 552
Protokolle
    in Client-Server-Systemen 391
    in SQL*Net und Net8 405
    Internet Protocol 394
Protokollpuffer 153
Prozedur
    gespeicherte 114, 129, 240
Prozeduraufrufe
    ferngesteuerte 380
Prozeß 106
Prozeßüberwachung 152
Prüfregel 121
PSL 540
Puffer-Cache 153, 155
Puffertrefferrate 501, 513

Q
quantifizierbare Regeln 427

R
R*SQLab 485
R*Tech Systems 485
RAID 187, 502
RAID 0 189
RAID 1 189
RAID 2 189
RAID 3 189
RAID 4 189
RAID 5 189
RAID 6 189
Raw-Gerät 190
RDBMS 431
RDBMS Kernel 149
Reaktionszeit 574
reaktive Meßsysteme 484
reaktive Tools 484

Real-Speicher 502
Recall 535
RECO 406, 407
Red Brick Systems 414
REDO LOG SPACE REQUESTS 508
Redundanz 416, 439, 440
REF 258
Referenzarchitektur 551
referenzielle Integrität 423, 436
    datenbankübergreifende 387
Referenzmodell 559
Regel 73
relationale Daten
    kubisch darstellen 448
relationale Datenbanken 382, 386, 447
    und Entscheidungsunterstützungs-
        systeme 426
    und Expertensysteme 426
Remote Measurement 423
Remote Procedure Calls 380
Replikation 422
    heterogene 421
Replikationsschnittstellen 422
Repository 485
    historisches 426
    Metadaten- 434
    Performance- und Tuning- 512
    zentrales 416
Ressourcenbedarf 502
RI 62, 387, 423
RICO 152
rollback (zurücksetzen) 406
RPCs 380, 381

S
sammeln
    Tablespace- und Tabellendaten 524
SAP 416
Schnittstellen
    -spezifikationen 551
    OMA-konforme 558
    Standard- 551
Schreibschutz
    bei Data-Warehouse-Abfragen 432
Schwellwerte 484
Seagate 436

Segmentgröße 544
Segmentplazierung 544
Selbstverknüpfung einer relationalen
    Tabelle 450
SELECT-Recht 397
Semantik 418
Senden und Empfangen 559
Sequencing 434
Server 152
    dedizierte 400, 401, 404, 408
    gemeinsam nutzbare 401, 408
    Multithread- 400, 404
    parallele 472
Server Manager 149
Server-Server-Kommunikation 393
Service Provider Interface 242, 384
Set-Occurrence-Diagramm 88
SGA 131, 150, 502, 503, 575
    dynamische Änderung 503
    Größe 158
shared_pool_size 172
sich wiederholende Gruppen 26
Sicherheit 551
Sicherheitsmechanismen 561
Simulation kubischer Datenbanken 448
SMON 152
SMP-Konfiguration 473
Snapshot der V$-Tabellen 486
Snapshot-Logs für das Auffüllen von Data
    Warehouses 434
Snapshot-Skript 493
Snapshot-Warteschlange 152
snapshot.sql 486
    Ausgabe 493
Snapshots 440
SNMP-kompatible Tools 540
Software-Komponenten
    wiederverwendbare und
        portierbare 551
Software-Produktion
    modulare 552
sort_area_size 508
Sortierkriterien
    für die Top Sessions 541
Sortierungsparameter 543
SORTS (DISK) 508

Spawning 302
specialestat 510
Sperren 261
    überwachen 280
Sperrfunktionen 268
Spezifikationen
    für objektorientierte Umgebungen 551
    Schnittstellen- 551
SPI 242, 384
Splitting 302
Sprachen der vierten Generation 410
SQL 150, 392
    -Befehle 381, 382, 387
    -Dialekte 387, 420
    -Erweiterungen 387, 388, 420
    -Kompensierung 420
    -Konverter 420
    DB2- 419
    Dialekte 385
    dynamische Substitution 390
    EDA- 420
    Indizes 204
    Informix- 420
    logische Operatoren 199
    objektorientiert 244
    ODBC 388
    Oracle- 389, 420
    Syntaxfehler 387
    und ODBC 386
    Vanilla- 386, 387
SQL Communications Area 384
SQL*DBA 149
SQL*DBA-Befehle 504
SQL*Formularanwendungen 403
SQL*Loader 150, 299
SQL*Menu 150
SQL*Net 150, 380, 391
    -Sitzungen einrichten 408
    -Verbindungen verwalten 401
    Anwendungsverbindung 395
    für Client/Server 395
    Multithread-Sitzungen 401
    Netzwerktransparenz 393
    Unterschied zu Net8 391
    verlorengegangene Verbindungen 402
    verwalten 405

SQL*Net 1.0
  vs. SQL*Net 2.0 und Net8 393
SQL*Net 2.0 391
  vs. SQL*Net 1.0 393
SQL*Plus 150, 396, 397
  Skript zur Anzeige der Sitzungen 408
SQL*Report 150
SQL-Anweisungen
  Identifikation ähnlicher 544
SQL-Befehlssatz 386
SQL-Bereiche
  gemeinsame 131, 503
  private 131, 503
SQL-Code
  für STAR-Schemas 443
  verteilter 443
SQL-Kommunikationsbereich 384
SQL-Komplexität 574
SQL-Optimizer 213
SQL-Precompiler 382
SQL-Skript
  für Performance-Informationen 510
SQLCA 384
sqlnet log 405
Standards 417, 424
Standards für Datenbankobjekte
  künftige 550
Standardschnittstellen 551
Standort für den Festschreibungspunkt 407
Standorttransparenz 386, 397
Stanford Technology Group 436
STAR-Abfragehinweise 457
STAR-Schema 433, 439, 441
STAR-Verknüpfungen 457
Start von Oracle
  Arbeitsspeichergröße 503
Statistiken 486, 501
Statistikwerte 486
Status einer Datenbank 486
Sternschema 92
Steuerung 554
Stone, Chris 551
Striping 144, 185
Structured Query Language 150
Struktur-Tuning 544

subjektorientierte Daten 432
SVRMGR 150
Swap-Speicherbenutzung 538
Sybase 420
synchrone Kommunikationen 423
Synchronisierung 443, 560
Synonyme 393, 435
System Global Area 150
System Monitor 152
Systemleistung
  messen 424
Systemmessungen
  grafisch darstellen 545
Systemtabellen 387
systemübergreifende Konnektivität 389
Systemüberwachungs-Tools 533
Systemverarbeitung
  tägliche und wöchentliche 516

T
Tabelle 114, 124
Tabellen-Extents
  Bericht über 525
Tabellenbericht
  Beispiel 514
Tabellendaten sammeln 524
  Skript für 524
Tabellenpartitionierung 445, 462, 465
Tabellenspeicherbereiche 299
Tabellenverknüpfung 440
TABLE SCANS (LONG TABLES) 508
Table-Cache 310
Table-Cache-Option 313
Tablespace
  temporärer 405
Tablespace Manager 546
  Detailanzeige 547
Tablespace-Daten sammeln 524
  Skript für 524
Tablespaces
  volle 510
TCP-Two-task 409
TCP/IP 392
technische Standards 554
Ted Codd 447

temporäre Tablespaces 405, 544
Teradata 416
Textverarbeitungsdatenbank 416
TNS 392
    Definition 392
TNS-Schnittstelle 409
TNSLSNR 152
tnsnames.ora 391, 394, 405
Tools
    für die Performance-Überwachung 540
Top Sessions 540
Top-Sitzungen 540
Trace 546
trace log 405
tracker.ddl 510
Transaktion
    globale 67
transaktionsverarbeitende Online-Anwen-
    dung 432
Transparent Gateway 419, 420
Transparent Network Substrate 392
transparente Produkte 410
Transparenz
    dynamische 390
    dynamischer Standorte 390
    Netzwerk- 393
    örtliche 65
    Standort- 386, 397
Trefferquote 135
Treiber
    Datenbank- 385, 386
    ODBC- 385
Trends 431
Trigger 114, 138, 240
    für das Aktualisieren, Einfügen und
        Löschen 434
Tuning
    Bereiche 502
    des parallelen Servers 474
    von Konnektivitäts-Tools 380
    von OLAP-Anwendungen 426
    von Oracle-Warehouse-Anwen-
        dungen 426
Tuning-Architektur 516
Tuning-Daten 486

Tuning-Repository 512
Tuning-Ressourcen 502
Two-Phase-Commit 279, 406, 407, 423
    verwalten 406
Typen 4, 556

U
Überwachen von Sperren 280
Überwachung
    „ex ante" 484
    „ex post" 484
Überwachungs-Tools
    Produkte und Hersteller 485
Überwachungsprogramme 484
Überwachungssysteme 533
    proaktive 485
unbekannte Trends 431
UniFace 414, 423
UNIX 424
UNIX-gestützte Systeme 389
UNIX-Skript
    für Performance-Informationen 509
UNIX-Umgebungen 394
UNIX-Wissensmodul 538
UNRECOVERABLE 298
unterschiedliche Dateisysteme 416
unterschiedliche Meßeinheiten 435
UPI 392, 393
User Programmatic Interface 392
utlbstat 501, 504
utlbstat.sql 504
utlestat 501, 504, 510
utlestat.sql 504, 513

V
V$-Strukturen in Oracle 401
V$-Tabellen 486, 512
V$LOCKACTIVITY 291
V$SYSSTAT 292
Vanilla-SQL 386, 387
    Alternative 387
Verbindung
    zu Online-Anwendungen 414
Verbindungsarten 409
Verbunddatentyp 98

Vererbung 54, 246, 555, 562
Vererbungsbeispiel 562
Verfügbarkeit
    bei der Partitionierung 462
vergangenheitsorientierte Überwachungs-
    Tools 484
Vergleich der Abfragegeschwindigkeit 575
Verknüpfung
    per Link 414
verlorengegangene Net8-
    Verbindungen 402
verlorengegangene SQL*Net-
    Verbindungen 402
Versant 416
verschachtelte Tabellen 38
Verschachtelung von abstrakten
    Datentypen 21
Verschlüsselung
    Parameter- 560
verteilte Anfrage 395
verteilte Anwendungen 551
verteilte Betriebssysteme
    CORBA-Standard 550
    grundlegende Architektur 550
verteilte Datenbanken 278, 386, 389
    UNIX-gestützte 389
verteilte Dienste 551
verteilte Transaktionen 407
verteilte Verbindungen
    anzeigen und abbrechen 401
Verteilung 116
Verteilungsmethoden 389
verwalten
    des Multithread-Server 402
    Listener-Prozeß 404
    Net8 405
    SQL*Net 405
    SQL*Net- und Net8-Verbin-
    dungen 401
Verwaltung 554
Verweise auf Tabellen 34
Video-Server 150
Vierte-Generation-Sprachen 410
Vorgreifen
    sequentielles 205

vorher zusammengefaßte Daten 432
vorherige Verknüpfung 433
vorherige Zusammenfassung 433
Vorteile der Objektorientierung 553

W

Warehouse-Datenbanken 426
Warehouse-Entwurfsregeln 436
Warehouse-Unterstützung
    (Datenbanktyp) 416
Warnberichte 525, 532
Warnsignale 484
Warnsystem 486
Warnungs- und Überwachungssysteme 533
Warteschlange 151
„Was-wäre-wenn"-Analysen 428, 430
Web-Server 150
Weiterbildung 552
Weiterreichung von Oracle-Tabellen an
    Fremddatenbanken 422
Wiederherstellen von Indizes 328
Wiederherstellung 406
    zweifelhafte Transaktion 407
Wiederherstellungsprozesse 540
wiederverwendbare Software-
    Komponenten 551
Wiederverwendbarkeit 105, 551
Wiederverwendung
    von Programmcode 552
    vorhandener Komponenten 554
Windows Open Service
    Architecture 242, 384
Wissensbasis 535
Wissenserwerbskomponente
    in Expertensystemen 427
Wissensmodul von Patrol 535
Wissensmodule 424, 535
Wissenssystem 430
Wissensverarbeitung 426
WOSA 242, 384
Wrapper 559

X

X-Windows 417
Xerox Star 553

Z

Zeiger 25, 95, 98
    auf Datenbank-Verbindungen 386
zentrale Datenbank 517
zentrales Repository 416
zentralisierte Systeme 416
Zugriff von Fremdanwendungen auf
    Oracle 420
Zukunft
    Objektorientierung 550
    Standards für Datenbankobjekte 550
Zukunft von Oracle 562
zurücksetzen (rollback) 406
Zusammenführung von Daten 417
zweifelhafte Transaktion
    wiederherstellen 407
Zwischenspeicherung von Daten-
    blöcken 503

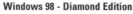

 Ihre Meinung zählt!

7291

Wir machen Bücher für SIE – deshalb interessiert es uns brennend, was Sie von unseren Büchern halten. Marktforschungsdaten helfen uns zu wissen, wie Sie sich das ideale Computerfachbuch vorstellen.

*Erfüllt das Buch **inhaltlich** Ihre Erwartungen?*

- ❑ Mehr als ich erwartet habe
- ❑ Genau das, was ich erwartet habe
- ❑ Weniger, als ich erwartet habe

*Sind **Inhaltsverzeichnis** und **Index** ausführlich genug?*

- ❑ Ja, ich konnte die gesuchten Infos schnell finden
- ❑ Nein, ich habe oft vergeblich gesucht

*Gefällt Ihnen das **Layout** des Buches?*

- ❑ Ja, das Layout ist schön übersichtlich
- ❑ Das Layout interessiert mich nicht
- ❑ Nein, das Layout stört den Lesefluß

*Hat Sie das **Cover** des Buches angesprochen?*

- ❑ Ja, es ist auffallend und peppig
- ❑ Ich achte nicht auf die Covergestaltung
- ❑ Nein, das Cover gefällt mir nicht

*Wie beurteilen Sie den **Schreibstil**:*

- ❑ Leicht verständlich
- ❑ Mit etwas Anstrengung verständlich
- ❑ Zu technisch

*Ihr **Gesamturteil**: Ist das Buch sein Geld wert?*

- ❑ Na klar!
- ❑ Gerade noch akzeptabel
- ❑ Nein, es ist zu teuer

Wie sind Sie auf dieses Buch aufmerksam geworden?

- ❑ Es stand im Buchregal
- ❑ Durch eine Anzeige oder den SYBEX-Katalog
- ❑ Es wurde mir empfohlen

*Haben Sie früher schon mal ein **SYBEX-Buch** gekauft?*

- ❑ Ja
- ❑ Weiß ich nicht
- ❑ Nein

Möchten Sie noch eine konkrete Anregung zum Buch loswerden?

Und jetzt noch einige Fragen zu Ihren Bedürfnissen:

Zu welchen Themen wünschen Sie sich Computerfachliteratur?

Wie würden Sie sich selbst bezeichnen:

❑   PC-Einsteiger
❑   Fortgeschrittener Anwender
❑   Experte und Tüftler

Benutzen Sie Ihren PC

❑   hauptsächlich privat
❑   hauptsächlich beruflich
❑   beruflich und privat?

Wie sind Sie hardwaremäßig ausgestattet?

❑   386
❑   486
❑   Pentium
❑   CD-ROM-Laufwerk
❑   Modem
❑   ISDN-Karte

Möchten Sie über neue Produkte des SYBEX-Verlags informiert werden?

Name, Vorname

Straße/Hausnr.

PLZ/Ort

E-Mail-Adresse   *Alter*

Danke fürs Mitmachen. Natürlich behandeln wir Ihre Angaben vertraulich und geben die Daten an keinen Dritten weiter. Bitte senden Sie diese Seiten an:

SYBEX-Verlag GmbH
Abtlg. Marketing
Postfach 15 03 61
40080 Düsseldorf

Natürlich können Sie auch online Ihre Meinung loswerden, und zwar unter:

www.sybex.de